Angelika Fischenich
139 Crescent Road
London N22

rororo computer

*HERAUSGEGEBEN VON LUDWIG MOOS
UND MANFRED WAFFENDER*

Die Muttersprache des Computers ist Englisch. Viele Fachbegriffe finden unübersetzt Eingang in die Computerliteratur, aber auch in die alltäglichen Medien. «Computer-Englisch» überträgt die Fachterminologie für Spezialisten und Nichtfachleute verständlich ins Deutsche. Mit den rund 38000 Eintragungen dieses Fachwörterbuchs lassen sich selbst die Geheimnisse von Bedienungshandbüchern entschlüsseln, kann man umgekehrt alles Notwendige in der internationalen Computersprache Englisch adäquat ausdrücken.

HANS HERBERT SCHULZE

COMPUTER ENGLISCH

EIN FACHWÖRTERBUCH

ROWOHLT

255.–266. Tausend April 1995
Aktualisierte und erweiterte Neuausgabe

Veröffentlicht im Rowohlt Taschenbuch Verlag GmbH,
Reinbek bei Hamburg, August 1986
Copyright © 1986, 1991 by Rowohlt Taschenbuch Verlag GmbH,
Reinbek bei Hamburg
Umschlaggestaltung Thomas Henning
Satz Times und Helvetica (Linotronic 500)
Gesamtherstellung Clausen & Bosse, Leck
Printed in Germany
2290-ISBN 3 499 19804 5

Vorwort zur erweiterten Neuausgabe 1994

Die bewährte Ausgabe von 1991 ist um mehr als 2000 aktuelle Stichwörter erweitert worden, so daß die Neuauflage nunmehr jeweils fast 19000 Einträge in den beiden Teilen enthält. Dabei wurden vor allem Einträge aus dem Bereich der PCs, der graphischen Benutzeroberflächen, der Tabellenkalkulations- und Textverarbeitungssysteme sowie der Telekommunikationstechnik aufgenommen. Außerdem ist für die Information über die Bedeutung der Computertermini vor wenigen Monaten ein weiteres Lexikon in der Reihe rororo computer erschienen, das PC-Lexikon (Band 9241). Ansonsten ist am Wörterbuch, seiner Einteilung, Buchstabierweise usw. nichts geändert worden (vgl. Vorwort und Benutzerhinweise zur Ausgabe 1991!).

Berlin, im Frühjahr 1994 Hans Herbert Schulze

Vorwort und Benutzerhinweise zur Ausgabe 1991

Computer spielen heute nicht nur in der Berufswelt eine überragende Rolle, sie beeinflussen auch stark unser tägliches Leben, teilweise offen, teilweise aber auch versteckt.

Mit den Computern ist die Computersprache aus dem Englischen fast noch stärker in unsere Fachsprachen und die Umgangssprache eingedrungen als die Computer selbst in unsere Realität. In der Tagespresse, dem Fernsehen und Rundfunk tauchen Fremdwörter aus dem «Computer-Chinesischen» auf, ohne daß wir immer gleich erkennen können, was damit eigentlich gemeint ist. Aber auch die Fachliteratur, die von Experten und fortgeschritteneren Computerfreunden benutzt wird, um die Zusammenhänge besser verstehen zu können und Einzelheiten zu erfahren, ist oft nicht in deutscher Sprache verfügbar. Häufig sind Benutzerhandbücher, Programmieranweisungen, aber auch interessante Fachbücher nur im englischen Original zu haben.

Für den Fachmann ist eine zuverlässige Übersetzungshilfe beim Studium der fremdsprachigen Unterlagen wichtig. Genauso wichtig ist es für den interessierten Laien, die fremde Terminologie in die eigene Sprache übersetzen zu können, um die Computerwelt besser zu verstehen, ihre falsche Mystik zu durchdringen und zu erkennen, daß der Computer eine Maschine ist, die zwar durchaus hervorragende Eigenschaften hat, aber eben nichts weiter ist als eine tote Maschine, die erst durch die Fähigkeit des Menschen zu ihren eigenen Leistungen erwacht.

Neben der reinen Computerterminologie sind auch Nachbarbereiche wie Telekommunikation, Büroautomatisierung, Halbleitertechnik, aber auch bestimmte wirtschaftliche und allgemeintechnische Grundbegriffe erfaßt, um das Umfeld des Computereinsatzes abzudecken. Es ging mir vor allem darum, ein preiswertes und doch ausreichendes Kompendium zu erstellen, das sowohl dem Fachmann bei der Arbeit mit englischsprachiger Fachliteratur und Bedienungshandbüchern usw. die erforderlichen Dienste leistet als auch für den interessierten Nichtfachmann neben der reinen Übersetzung der Fachausdrücke kurze Erklärungen enthält, die die Zusammenhänge und technischen Fakten etwas erhellen. Weiterhin erscheint es mir wünschenswert, daß auch die Übersetzung deutscher Texte in die englische Sprache ermöglicht wird, weil dies beim Kontakt mit Menschen, die nicht die deutsche Sprache beherrschen, immer häufiger erforderlich wird.

Das Buch ist kein Lexikon, sondern eine Übersetzungshilfe. Für die Erklärung der häufig nicht ganz einfachen Sachzusammenhänge stehen das 1988 in einer Neuausgabe mit rund 5800 Begriffen erschienene «rororo-Computerlexikon» (in einem Band/rororo 8105) sowie die 1989 mit rund 26000 Begriffen erschienene «Computer-Enzyklopädie» (in sechs Bänden/rororo 8141) zur Verfügung. Das Wörterbuch ist so angelegt, daß es diese beiden Nachschlagewerke ergänzt und abrundet.

Für den Benutzer hier noch einige Hinweise:
Sämtliche Wörter sind alphabetisch geordnet, wobei Umlaute nicht berücksichtigt sind. Ä wird also beispielsweise wie A eingeordnet. Mit einem Bindestrich verbundene Wörter gelten als ein Wort und sind entsprechend behandelt. Es ist deshalb bei der im Englischen üblichen Schreibweise häufig wichtig, Ausdrücke, die aus mehreren einzelnen Wörtern bestehen, von zusammengeschriebenen zu unterscheiden. So steht beispielsweise ‹computer-assisted› (ein Wort) hinter ‹computer language› (zwei selbständige Wörter). Im englisch-deutschen Teil wurden ferner die deutschen Übersetzungen in einzelne Wortklassen eingeteilt. Am Anfang stehen Adjektive/Adverbien, danach Verben, am Ende Substantiva. Die einzelnen Gruppen sind durch ein Semikolon getrennt. Innerhalb der Wortgruppen wurde streng alphabetisch geordnet, ohne die unterschiedliche Gewichtung der einzelnen Übersetzun-

gen in der Reihenfolge zum Ausdruck zu bringen. In Klammern wurden notwendige Erklärungen hinzugefügt, teilweise auch einige besonders häufig auftretende Abkürzungen. Auf eine phonetische Erklärung der einzelnen Stichwörter wurde aus Platzgründen verzichtet, zumal man davon ausgehen kann, daß in Deutschland grundsätzlich ausreichende englischsprachige Grundkenntnisse vorhanden sind. Außerdem ist die Phonetik für das Verständnis des Inhaltes eines Wortes nur von untergeordneter Bedeutung. Das Wörterbuch wäre durch die Phonetik unangemessen aufwendiger geworden, was ich auf jeden Fall vermeiden wollte.

Für Hinweise zur Verbesserung des Wörterbuches bin ich immer dankbar, denn die schnelle Entwicklung des Fachgebietes, die sich selbstverständlich auf die Terminologie niederschlägt, soll in späteren Überarbeitungen berücksichtigt werden.

Berlin, im August 1990   Hans Herbert Schulze

Abkürzungen / abbreviations

abbr.	abbreviation
Abk.	Abkürzung
am.	amerikanisch
Arbeitsw.	Arbeitswissenschaft
autom.	automatisch, automatisiert, Automat
BDSG	Bundesdatenschutzgesetz
Ben-Ob.	Benutzeroberfläche
Bez.	Bezeichnung
Bildpl.	Bildplatte, optische Platte
Bildsch.	Bildschirm, Bildschirmgerät
brit.	britisch
BS	Betriebssystem
Btx.	Bildschirmtext
bzw.	beziehungsweise
chem.	chemisch / Chemie
CSS	Client-Server-System
Dat-Sich.	Datensicherung
Dat-Sch.	Datenschutz
DB.	Datenbank, Datenbanksystem
DFÜ	Datenfernübertragung
Dok.-Verw.	Dokumentenverwaltung
Druckt.	Drucktechnik
DTP	Desktop-Publishing
DV.	Datenverarbeitung
eigentl.	eigentlich
el.	elektrisch / Elektrizität
entspr.	entsprechend
Fernspr.	Fernsprechwesen
Festsp.	Festspeicher
frz.	französisch
graph.	graphisch / Graphik
Halbl.	Halbleiter / Halbleitertechnik
HW	Hardware
i. S.	im Sinne
jur.	juristisch / rechtlich

kaufm.	kaufmännisch
LAN	Ortsnetz
LK	Lochkarte
magn.	magnetisch/Magnetismus
math.	mathematisch/Mathematik
MBS	Mail-Box-System
mech.	mechanisch/Mechanik
Mult-Med.	Multimedia
OOP	objektorientierte Programmierung
PC	Personalcomputer, Arbeitsplatzrechner
phot.	photographisch/Photographie
pl.	Plural
Schreibm.	Schreibmaschine
sing.	Singular
sl.	Slang/Hackersprache
spez.	speziell, spezifisch
stand.	standardisiert, Standard
stat.	statistisch/Statistik
SW	Software
Tab.	Tabelle
Tab-Kalk.	Tabellenkalkulation, Tabellenkalkulationssystem
Tel.	Telephon
Telev.	Fernsehen, Fernsehtechnik
Textv.	Textverarbeitung, Textverarbeitungssystem
Trans.	Transistor
u.	und
Wissensv.	Wissensverarbeitung
ZE	Zentraleinheit

Englisch-Deutsch

A

AA (abbr. → absolute address) / absolute Adresse

AAD (abbr. → address adder) / Adreßschalter

AAE (abbr. → automatic answering equipment) / automatische Rufbeantwortungseinrichtung

AAS (abbr. → automated accounting system) / automatis. Buchungssystem

abacus / Abakus, Kinderrechenmaschine, Rechenbrett

abandon / abbrechen, verlassen

abandonment / Abbruch

abbreviated address / Kurzadresse

abbreviated addressing / Kurzadressierung

abbreviated dial(l)ing / Kurzwahl

abbreviation / Abkürzung, Akronym

ABEND (abbr. → abnormal end) / Programmabbruch

abend (abbr. abnormal end) / fehlerhaftes Programmende

ability / Fähigkeit

ability to clientele processing / Mandantenfähigkeit

ability to graphic representation / Graphikfähigkeit

ability to information / Auskunftsbereitschaft

able / fähig

able to communication / kommunikationsfähig

able to duplex operation / duplexfähig

able to graphic representation / graphikfähig

ableness / Fähigkeit

abnormal / fehlerhaft

abnormal end (abbr. ABEND) / abnormales, fehlerhaftes Programmende

abort / abbrechen

abortion / Abbruch, Programmabbruch

abrasion / Abrieb (z. B. eines Magnetbandes)

abrupt junction / abrupter Übergang (Halbl.)

abs (abbr. → absolute) / absolut

abscissa / Abszisse, x-Achse

absence / Abwesenheit

absence of interaction / Rückwirkungsfreiheit

absent / abwesend

absolute / absolut

absolute address / absolute Adresse, echte Adresse, Maschinenadresse, wirkliche Adresse

absolute addressing / absolute Adressierung

absolute branch / absoluter Sprung

absolute branch instruction / absoluter Sprungbefehl

absolute cell / absolutes Feld (Tab-Kalk.)

absolute code / Maschinencode

absolute coding / Programmierung mit festen Adressen

absolute command / absoluter Befehl

absolute coordinate / absolute Koordinate, Bezugsmaß

absolute dimension / Bezugsmaß

absolute error / absoluter Fehler

absolute expression / abs. Ausdruck

absolute instruction / absoluter Befehl

absolute jump / absoluter Sprung

absolute jump instruction / absoluter Sprungbefehl

absolute loader / Absolutlader

absolute measurements / Bezugsmaß

absolute point / absoluter Punkt

absolute program / absolutes Programm

absolute programming / Programmieren im Maschinencode

absolute term / absoluter Ausdruck

absolute track address / absolute Spuradresse

absolute value / Absolutwert

absolute zero / absoluter Nullpunkt

absorbency / Saugfähigkeit

absorption / Absorption

abstract / Abstrakt, Kurzbeschreibung, Referat

abstract automaton / abstrakter Automat

abstract data type / abstrakter Datentyp

abstract machine / abstrakte Maschine

abstract number / unbenannte Zahl

abstract symbol / unbenanntes Symbol, unbenanntes Zeichen

abstraction / Abstraktion

abundance / Abundanz (→ Redundanz)

abundant / redundant

abuse / Mißbrauch, unzulässige Verarbeitung (BDSG)

AC (abbr. → access cycle, accumulator, adaptive control, alternating current, analog computer, automatic computer) / Zugriffszyklus, Akkumulator, anpassungsfähige Steuerung, Wechselstrom, Analogrechner, automatische Rechenanlage

ACAU (abbr. → automatic calling and answering unit) / rechnergesteuerte Fernsprechvermittlung

accelerate / beschleunigen

acceleration / Beschleunigung

acceleration distance / Beschleunigungsweg

acceleration time / Anlaufzeit, Beschleunigungszeit, Startzeit

accelerator / Beschleuniger

accelerator board / Beschleunigerkarte (Steckkarte mit schnellerem Prozessor)

accelerator card / Beschleunigerkarte (Steckkarte mit schnellerem Prozessor)

accent / Akzent

accent character / Akzentbuchstabe

accept / annehmen, empfangen (einer Nachricht)

acceptable / annehmbar, zulässig

acceptance / Annahme, Aufnahme (z. B. neuer Technologien)

acceptance certificate / Abnahmeprotokoll

acceptance configuration / Abnahmekonfiguration

acceptance inspection / Abnahmeprüfung, Übernahmeprüfung

acceptance test / Abnahmeprüfung, Übernahmeprüfung

acceptance test procedure / Abnahmeprozedur, Abnahmevorschrift

accepted for use in official documents / dokumentenecht

accepting station / empfangende Datenstation

acceptor / Abnehmer, Empfänger

acceptor handshake / Abnahmequittung

access / zugreifen; Zugriff

access arm / Zugriffsarm (eines Magnetplattengerätes)

access code / Ordnungsbegriff, Paßwort

access condition / Zugriffsbedingung

access control / Zugriffssteuerung

access cycle / Zugriffszyklus

access duration / Zugriffsdauer

access environment / Zugriffsumgebung

access features / Anschlußeinrichtung (für Speicherzugriff)

access hole / Kopffenster (Diskette)

access intent / Zugriffsabsicht

access key / Ordnungsbegriff, Paßwort

access level / Zugriffsebene

access line / Anschlußleitung

access mechanism / Zugriffsmechanismus (Platten-, Diskettenlaufwerk)

access method / Zugriffsart, Zugriffsverfahren

access mode / Zugriffsart, Zugriffsmethode, Zugriffsverfahren

access motion / Zugriffsbewegung (des Plattenarms)

access path / Zugriffspfad

access performance / Zugriffsverhalten

access privileges / Zugriffsberechtigung (auf fremde Dateien in einem Netz)

access protection / Zugriffsschutz

access rate / Zugriffsrate

access right / Auskunftsrecht eines Betroffenen nach dem BDSG, Zugriffs-recht

access supervision / Zugriffskontrolle (BDSG)

access table / Zugriffstabelle

access time / Zugriffsdauer, Zugriffs-zeit

access window / Kopffenster (der Diskette)

accessible / zugreifbar

accessor / Zugriffsberechtigter

accessories kit / Zubehörsatz

accessory / Hilfsmittel, Hilfspro-gramm, Zubehör, Zubehörteile

accident / Unfall, Zufall

accidental / zufällig

account / abrechnen; Guthaben, Kon-to, Rechnung

account number / Kontonummer

accountancy / Rechnungswesen

accounting / Abrechnung, Buchen, Buchführung, Buchhaltung, Buchung

accounting code / Kontonummer

accounting data / Abrechnungsdaten

accounting machine / Buchungsma-schine

accounting routine / Abrechnungspro-gramm

accounting system / Abrechnungssy-stem

accounting terminal / POS-Abbu-chungsautomat

accounts receivable / Debitorenbuch-haltung

accumulate / akkumulieren, ansam-meln, auflaufen, speichern

accumulated error / additiver Fehler

accumulated value / Endwert

accumulating register / Additionsregi-ster

accumulation / Aufrechnung

accumulator / Akkumulator (zentrales Rechenregister einer Einadreßma-schine)

accumulator processor / Akkumula-torrechner (Ein-Adreß-System)

accuracy / Fehlerfreiheit, Genauigkeit

accurate / fehlerfrei, genau

ACE (abbr. →automatic calling equip-ment) / autom. Wähleinrichtung

acknowledge / bestätigen, quittieren

acknowledge character / Quittungs-zeichen

acknowledge input / Eingabebestäti-gung

acknowledge output / Ausgabebestäti-gung

acknowledgement / Bestätigung, Quit-tung, Rückmeldung

acknowledgement key / Bestätigungs-taste

acknowledgement request / Quit-tungsanforderung

ACM (abbr. association for computing machinery) / ACM (amerikanischer Verband der Computerbenutzer)

acoustic alarm / akustische Anzeige

acoustic coupler / Akustikkoppler

acoustic display / akustisches Anzeige-gerät

acoustic enclosure / Schallschutzhau-be

acoustic input / akustische Eingabe, Spracheingabe

acoustic output / akustische Ausgabe, Sprachausgabe

acoustic signal / akustisches Signal

acoustic sleeve / Akustikmuffe

acousto-optical / akusto-optisch (Kombination von akustischen und optischen Zeichen oder Geräten)

acquire data / erfassen; Erfassen (von Daten)

acquisition / Erfassung (von Daten)

acronym / Abkürzung, Akronym

action / Aktion, Bedienungsmaßnahme, Eingriff, Maßnahme, Tätigkeit

action game / Aktionsspiel

action period / Belegzeit, Funktionszeit (eines Systems)

action point / Druckpunkt

activate / aktivieren, einschalten, star-ten

activate a file / Datei aufrufen

activate a macro / Makrobefehl aufru-fen

activate button / Startknopf

activated / betätigt

activation / Aktivierung, Anschaltung, Einschaltung, Start

active / aktiv, eingeschaltet, in Betrieb, tätig

active cell / aktives Feld (einer Tab.)

active circuit / aktive Schaltung

active component / aktives Bauelement

active computer / arbeitender Rechner

active data / aktive Daten (im Arbeitsspeicher)

active file / aktive Datei (in Bearbeitung)

active graphics / Graphikverarbeitung mit graphischer Ein- und Ausgabe

active line / aktive Leitung

active page / aktive Seite

active program / arbeitendes Programm, Arbeitsprogramm

active screen / Sensorbildschirm

active state / aktiver Zustand

active station / arbeitende Datenstation

active storage / aktiver Speicher

active window / aktives Bildschirmfenster

activity / Aktivität, Wirksamkeit

activity file / Änderungsdatei, Bewegungsdatei

activity log / Änderungsprotokoll

activity rate / Bewegungshäufigkeit (einer Datei)

activity state / Aktivierungszustand

actor / Aktor (selbständiges Arbeitselement), Effektor

actual / eigentlich, tatsächlich, wirklich

actual address / absolute Adresse, echte Adresse, Maschinenadresse

actual balance / Tagesabschluß

actual data / eigentliche Daten, Sachdaten

actual device / aktuelles Gerät

actual key / aktueller Schlüssel

actual size / Ist-Wert, tatsächliche Größe

actual state / Ist-Zustand

actual state analysis / Ist-Analyse

actual state inventory / Ist-Aufnahme

actual value / Direktwert (bei Operanden), Ist-Wert, tatsächlicher Wert

actuate / auslösen, drücken

actuator / Effektor, Zugriffsarm

acute accent / Akzent Akut

acyclic / aperiodisch, azyklisch

ADA / ADA (Name einer Programmiersprache nach Ada Byron, Countess of Lovelace 1815–1852)

adapt / anpassen

adaptability / Anpaßbarkeit, Lernfähigkeit

adaptation / Adaptierung, Adaption, Anpassung

adapter / Adapter, Anpassungseinrichtung, Zwischenstecker

adapter base / Anschlußrahmen

adapter board / Anschlußbaugruppe

adapter facility / Anpassungseinrichtung (Schnittstelle)

adapter plug / Zwischenstecker

adapting program / Anpassungsprogramm

adaption / Adaption, Anpassung

adaptive / anpassungsfähig, lernfähig

adaptive control / anpassungsfähige Steuerung, Anpassungssteuerung

adaptor / Anpassungsgerät

ADC (abbr. → analog-digital converter) / Analog-Digital-Wandler

ADCON (abbr. → address constant) / Adreßkonstante

add / addieren, ergänzen

add carry / Additionsübertrag

add function / Addierfunktion

add instruction / Additionsbefehl

add key / Addiertaste

add statement / Additionsanweisung

addend / Addend (2. Summand) → Augend

adder / Addierwerk

adder-subtracter / Addier-Subtrahier-Werk

add-in program / Zusatzprogramm (zur Leistungsverbesserung von SW)

adding circuit / Addierschaltung

adding key / Addiertaste

adding machine / Addiermaschine

adding roll / Addierstreifenrolle

adding slip / Addierstreifen

adding slip reader / Streifenleser (Beleglesegerät für Addierstreifen)

adding tape / Addierstreifen

addition / Addition

addition sign / Additionszeichen

addition slip Additionsstreifen

additional / zusätzlich

additional area / Hilfsbereich

additional bit / Zusatzbit

additional character / Sonderzeichen, Zusatzzeichen

additional instruction / Zusatzbefehl

add-on kit / Nachrüstbausatz

add-on memory / Arbeitsspeichererweiterung, Erweiterungsspeicher, statischer Speicher

address / adressieren; Adresse

address adder / Adreßaddierer, Adreßschalter

address arithmetic / Adreßrechnung

address array / Adreßfeld

address assignment / Adreßzuordnung

address availability table / Freiliste (für Arbeitsspeicher)

address boundary / Adreßgrenze

address bus / Adreßbus (Kanal für Adreßaktivierung)

address calculation / Adreßrechnung

address call / Adreßaufruf

address capacity / Adreßkapazität

address chaining Adreßverkettung

address code / Adreßcode, Adreßteil (des Befehls)

address code format / Adreßcodeformat, Adreßformat

address computation / Adreßrechnung

address conception / Adreßkonzept

address constant (abbr. ADCON) / Adreßkonstante

address conversion / Adreßumrechnung

address counter / Adreßzähler

address decoder / Adreßregister

address decoding / Adreßentschlüsselung

address division / Adreßteilung

address error / Adreßfehler

address field / Adreßfeld

address file / Adreßdatei

address form / Adreßform

address format / Adreßformat

address generation / Adreßbildung

address generator / Speicheradreßregister

address header / Adreßkennsatz, Adreßkopf

address increment / Adreßerhöhung

address level / Adreßpegel

address map / Adreßtabelle

address mode / Adressiermethode

address modification / Adreßmodifikation

address nesting / Adreßverschachtelung

address number / Adreßnummer

address part / Adreßteil (des Befehls)

address pattern / Adreßstruktur

address pointer / Adreßzeiger, Kettfeld

address range / Adreßbereich, Adreßraum

address record / Adreßsatz

address register / Adreßregister

address section / Adreßteil (des Befehls)

address selection / Adreßauswahl

address sequence / Adreßfolge

address sorting / Adreßsortieren

address space / Adreßbereich, Adreßraum

address storage / Adreßspeicher

address structure / Adreßstruktur

address substitution / Adreßersetzung (bei Adreßmodifikation)

address table / Adreßbuch (zur Umsetzung symbolischer in absolute Adressen)

address technique / Adressiermethode

address trade / Adreßhandel

address translation / Adreßumrechnung

addressability / Adressierbarkeit

addressable / adressierbar

addressable dot / adressierbarer Punkt (graph. Datenverarbeitung)

addressable memory / adressierbarer Speicher, Direktzugriffsspeicher

addressable point / adressierbarer Punkt (graph. Datenverarbeitung)

addressable record / adressierbarer Datensatz

addressable register / adressierbares Register

addressable storage / adressierbarer Speicher, Direktzugriffsspeicher

addressed / adressiert

addressed memory / adressierbarer Speicher, Direktzugriffsspeicher

addressed storage / adressierbarer Speicher, Direktzugriffsspeicher

addressee / Adressat, Empfänger

addressing / Adressierung

addressing error / Adressierungsfehler

addressing machine / Adressiermaschine

addressing technique / Adressiermethode

addressless / adreßlos

addressless program / verschiebliches Programm

addressless programming / symbolisches Programmieren

adequacy / Angemessenheit

adequate / angemessen

adhesive label / Aufkleber, Klebeetikett

adhesive splicing tape / Selbstklebeband

adjacent / benachbart; Neben...

adjacent channel / benachbarter Kanal

adjust / berichtigen, einstellen (richtig), justieren

adjustability / Regulierbarkeit

adjustable / einstellbar (justierbar), regulierbar

adjustable key touch / einstellbare Tastenanschlagstärke

adjustable margin / einstellbarer Rand

adjustable penetration control / steuerbare Anschlagstärke (eines Druckaggregates)

adjustable point / einstellbares Komma

adjustment / Adaptierung, Anpassung, Justierung

adjustment instruction / Einstellvorschrift

adjustment knob / Einstellknopf

adjustment range / Einstellbereich (Anpassungsbereich)

administrate / verwalten

administration / Verwaltung

administration and disposition system / Administrations- und Dispositionssystem

administration secretary / Verwaltungsangestellter

administrative / überwachend, verwaltend

administrative command / Systemverwaltungskommando

administrative data processing / administrative Datenverarbeitung (DV in der Verwaltung)

administrator / Überwacher, Verwalter

administrator's console / Überwachungsplatz

admissibility / Zulässigkeit

admissible / zulässig

admission / Zugang, Zutritt (zu einem Rechner)

admission supervision / Zugangskontrolle (i. S. des BDSG)

admittance / Leitwert (el.)

ADP (abbr. → automatic data processing) / automatisierte Datenverarbeitung (Abk. ADV)

ADPS (abbr. → automatic data processing system) / automatisiertes Datenverarbeitungssystem (Abk. ADVS)

advance / fortschreiten, transportieren, vorschieben; Fortschritt, Transport, Vorschub

advance after / Papiervorschub nach dem Drucken

advance before / Papiervorschub vor dem Drucken

advance control / Vorschubsteuerung

advance increment / Vorschubschritt

advanced / entwickelt (i. S. von fortgeschritten)

advanced arithmetic operation / höhere Rechenart

advanced language / höhere Programmiersprache

advanced technology (abbr. AT) /
fortgeschrittene Technologie

advanced training / Fort- und Weiterbildung

advanced workstation / Multifunktionsarbeitsplatz

advancing / Fortschaltung

advantage / Nutzen

adventure game / Abenteuerspiel

advertise / ankündigen, bekanntmachen, werben

adviser / Berater

advising / Beratung

advisor / Berater

aerial / Antenne

AFC (abbr. → automatic frequency control) / automatische Frequenzsteuerung (Funktechnik)

affect / beeinflussen

affiliate / verbinden

affiliated / angeschlossen

affiliation / Angliederung, Zugehörig-
keit

affinity / Ähnlichkeit

affix / beifügen; Anhang

AFIPS (abbr. American Federation of
Information Processing Societies) /
AFIPS (Amerikanischer Dachverband datenverarbeitender Gesellschaften)

after / nach (zeitlich)

after image / Nachabbildung (bei Sicherungsverfahren)

after-advancing option / Vorschubangabe nach dem Druckvorgang

afterglow / nachleuchten; Nachleuchten
(bei Dioden)

after-sales service / Kundendienst

aged data / Altdaten, veraltete Daten

agency / Agentur, Geschäftsstelle, Niederlassung

agenda / Arbeitsvorschrift

aggregate / aggregieren (zusammenfassen)

aggregateability / Aggregierbarkeit

aggregation / Gruppierung

aggregation in parenthesis / Klammerausdruck

aging / Alterung

aging date / Fälligkeitsdatum

agreement / Abkommen, Vertrag

AI (abbr. → artificial intelligence) /
künstliche Intelligenz (Abk. KI)

aid / helfen; Hilfe

aid routine / Unterstützungsroutine (in
Dialogsystemen)

aim / Ziel

aiming symbol / Zielsymbol (bei Zeichenumsetzung)

air / Luft

air bearing / Luftpolster (beim Plattenspeicher)

air circulation / Umluft

air condition / Klimaanlage

air conditioned / klimatisiert

air conditioner / Klimaanlage

air conditioning / Klimatisierung

air cooled / luftgekühlt

air cushion / Luftpolster (beim Platten-
arm)

air duct / Lüftungskanal

air filtering / Luftfilterung

air gap / Luftloch

air lock / Luftschleuse (zur Luftreinhaltung)

air pollution / Luftverunreinigung

air pressure / Luftdruck

airborne computer / Bordcomputer (in
Raum- oder Luftfahrzeugen)

airflow / Luftführung, Luftstrom

AIX (abbr. advanced interactive executive) / AIX (IBM-Version von UNIX)

alarm / Alarm, Fehlersignal

alarm device / Alarmdrahtelement

alarm display / Alarmanzeige

alarm equipment / Alarmeinrichtung

alarm signal / Alarmsignal

ALCOR (abbr. ALGOL converter) /
ALGOL-Umsetzer

ALCOR group / ALCOR-Gruppe (internationale Vereinigung zur Pflege von → ALGOL)

alert / in Alarmbereitschaft versetzen; Warnsignal

alert box / Alarmbox, Hinweisbox (Ben-Ob.)

algebra / Algebra

algebraic / algebraisch

algebraic sign / Vorzeichen

ALGOL (abbr. algorithmic language) / ALGOL (Programmiersprache für Algorithmen, math. Anwendungen)

algorithm / Algorithmus, Rechenanweisung

algorithmic / algorithmisch (als Rechenanweisung formuliert)

algorithmic language (abbr. ALGOL) / algorithmische Programmiersprache (Abk. ALGOL)

algorithmize / algorithmisieren (in Form einer Rechenanweisung formulieren)

alias / Parallelbezeichnung, Pseudonym

aliasing / Treppenkurveneffekt (durch zu geringe Auflösung)

alien machine / Fremdgerät

align (to) / ausrichten (auf)

aligned / ausgerichtet

alignment / Ausrichtung

all digital / volldigital

all electronic / vollelektronisch

all numeric / vollnumerisch

all trunks busy / Besetzmeldung

all-codes holes / Vollochung (Irrungszeichen bei Lochstreifen)

alligator clip / Quetschklemme (für elektrische Kontakte)

allocatable / belegbar (Speicherplatz)

allocate / belegen, reservieren, zuordnen (Speicherplatz, Geräte)

allocated / belegt

allocation / Belegung, Reservierung, Zuordnung (von Speicherplatz, Geräten)

allocation counter / Zuordnungszähler

allocation problem / Zuordnungsproblem

allocation strategy / Zuordnungsstrategie

allocation table / Zuordnungstabelle

allocator / Zuordner

allotment / Zuordnung, Zuteilung

allotter / Vorwähler

allow / zulassen

allowance / Zulassung

allowed / zugelassen

alloy / Legierung

alloyed transistor / legierter Transistor (Bauart von Transistoren)

alloying / Legierung

all-point addressable / punktadressierbar

all-purpose computer / Allzweckrechner, Universalrechner

all-purpose language / Allzwecksprache

all-transistor / volltransistoriert

alone / allein, isoliert

alpha data / Alphadaten (nur aus Buchstaben bestehend)

alpha geometry / Alphageometrie (graph. Darstellungstechnik)

alpha mosaic / Alphamosaik (graph. Darstellungstechnik)

alpha number / Alphanummer (Ordnungsbegriff aus Buchstaben)

alpha photography / Alphaphotographie (graph. Darstellungstechnik)

alpha processing / Alphaverarbeitung, Buchstaben-, Textverarbeitung

alphabet / Alphabet, Zeichenvorrat (in geordneter Reihenfolge)

alphabetic(al) / alphabetisch

alphabetic accounting machine / Volltextbuchungsmaschine

alphabetic character / alphabetisches Zeichen, Alphazeichen, Buchstabe

alphabetic character set / Buchstabenvorrat

alphabetic coding / Buchstabenverschlüsselung

alphabetic key / Buchstabenschlüssel, Buchstabentaste

alphabetic sorting / alphabetisches Sortieren

alphabetic telegraphy / Fernschreiben

alphameric(al) (abbr. alphanumeric[al]) / alphamerisch (Abk. alphanumerisch = alle Zeichen umfassend)

alphanumeric(al) → alphameric(al)

alphanumeric address / alphanumerische Adresse

alphanumeric code / alphanum. Code

alphanumeric data / alphanumerische Daten

alphanumeric data item / alphanumerisches Datenfeld

alphanumeric display / alphanumerischer Bildschirm

alphanumeric key / alphanumerischer Ordnungsbegriff

alphanumeric keyboard / alphanumerische Tastatur

alphanumeric literal / alphanumerisches Literal

alphanumeric representation / alphanumerische Darstellung

alphanumeric sorting / alphanumerisches Sortieren

alphanumeric variable / alphanumerische Variable

ALT key (abbr. alternate coding key) / Codetaste

alter / ändern

alter instruction / Änderungsbefehl

alter statement / Schalteranweisung, Schalterbefehl

alterability / Änderungsfreundlichkeit

alterable / änderbar, änderungsfreundlich

alterable read-only memory (abbr. AROM) / änderbarer Festspeicher

alterable switch / Programmschalter, Weiche

alteration / Änderung

alternate / Doppel..., Ersatz..., Wechsel..., Zweit...

alternate action key / Doppelfunktionstaste

alternate code switching / Codeumschaltung

alternate coding key (abbr. ALT key) / Codetaste

alternate communication / Halbduplexbetrieb, Wechselbetrieb

alternate cylinder / Ersatzzylinder

alternate device capability / Geräteaustauschbarkeit

alternate function / Wechselfunktion

alternate function key / Wechselfunktionstaste

alternate key / Ersatzschlüssel, Wechselschlüssel

alternate route / Ersatzweg

alternate routing / Umsteuerung

alternate track / Ersatzspur

alternate track area / Ersatzspurbereich

alternate track assignment / Ersatzspurzuweisung

alternating current / Wechselstrom

alternating transmission / abwechselnde Übertragung (Halbduplexbetrieb)

alternating voltage / Wechselspannung

alternation / Wechsel, Wechselbetrieb

alternative / abwechselnd; Mehrfachmöglichkeit

alternative address / Ausweichadresse

alternative channel / Ersatzkanal

alternative cylinder / Ersatzzylinder

alternative function / Wechselfunktion

alternative instruction / Sprungbefehl

alternative parameter / Wahlparameter

alternative track / Ersatzspur

ALU (abbr. → arithmetic and logic unit) / Rechenwerk

alumin(i)um / Aluminium (Element für p-dotierte Halbleiter)

AM (abbr. → amplitude modulation, also A. M.; abbr. ante meridiem) / Amplitudenmodulation, Vormittag (in Zeitangaben)

A. M. (abbr. ante meridiem) / Vormittag (in Zeitangaben)

amateur radio / Amateurfunk

ambient / umgebend

ambient noise level / Raumgeräuschpegel

ambient temperature / Raumtemperatur, Umgebungstemperatur

ambiguity / Mehr-, Vieldeutigkeit

ambiguous / mehrdeutig

amend / ändern

amendment / Änderung

amendment file / Änderungsdatei, Bewegungsdatei

amendment programmer / Änderungsprogrammierer

amendment record / Änderungssatz, Bewegungssatz

American National Standard Institute (ANSI) / Amerikanisches Nationales Institut für Normung (etwa wie Deutsches Institut für Normung, DIN)

American Standard Code for Information Interchange (ASCII) / ASCII-Code (Amerik. Standardcode)

ammeter / Amperemeter

ammonia process / Lichtpausverfahren

amount / Betrag, Menge, Summe

amount field / Betragsfeld

amp (abbr. → ampere) / Ampere (Maß für die Stromstärke)

amperage / Stromstärke

ampere / Ampere (Maß für die Stromstärke)

ampere meter / Amperemeter (Stromstärkemesser)

ampersand / kommerzielles Und-Zeichen (&)

amplification / Verstärkung (el.)

amplifier / Verstärker (el.)

amplifier module / Verstärkerbaugruppe

amplify / verstärken (el.)

amplifying equipment / Verstärkereinrichtung

amplitude / Amplitude, Schwingungsweite

amplitude modulation (abbr. AM) / Amplitudenmodulation (binäre Übertragungstechnik)

amplitude sampling / Amplitudenabtastung

analog(ue) / analog (internes Zeichendarstellungsverfahren); Analogon, Nachbildung

analog character / analoges Zeichen, Analogzeichen

analog circuit / analoger Schaltkreis

analog circuitry / Analogschaltung

analog computer / Analogrechner

analog control / Analogsteuerung

analog data / Analogdaten, -zeichen

analog data processing / Analogdatenverarbeitung (mit Analogrechner)

analog display / analoge Anzeige

analog font / Analogschrift

analog input / Analogeingabe

analog line / Analoganschluß

analog output / Analogausgabe

analog pulse / Analogimpuls

analog quantity / Analoggröße

analog representation / Analogdarstellung

analog storage / Analogspeicher

analog telephone network / analoges Fernsprechnetz

analog transmitter / Analogzeichengeber

analog-digital / analog-digital; Analogdigital ...

analog-digital computer / Hybridrechner (mit digitaler und analoger Zeichendarstellung)

analog-digital converter / Analog-Digital-Wandler

analog-to-digital → analog-digital

analogue → analog

analyse → analyze

analyser → analyzer

analysis / Analyse, Auswertung

analyst / Analytiker, Organisator, Problemanalytiker

analytic(al) / analytisch

analytic engine / analytische Rechenmaschine (von Babbage, Turing)

analyze / analysieren, auswerten

analyzer / Analyseprogramm (zur Auswertung anderer Programme)

anchor / Anker (Erstzugriffssatz in einer Datenbank)

anchor record / Ankersatz (→ Anker)

anchor segment / Ankersegment (→ Anker)

anchored graphic / eingebundene Graphik (in einen Text)

ancillary equipment / Zusatzgeräte (periphere Geräte)

AND / logisches UND (der Booleschen Algebra)

AND circuit / Undschaltkreis

AND operation / Konjunktion, Und-Verknüpfung (der Bool. Algebra)

AND operator / Und-Zeichen (der Booleschen Algebra)

AND-NOT operation / Und-Nicht-Verknüpfung (der Booleschen Algebra)

angle / Winkel

angular / Winkel...

angular function / Winkelfunktion

angular section analysis / Winkelschnittverfahren (zum automatischen Lesen von Schriftzeichen)

animate / anregen, beleben, bewegen

animation / Animation, Trickfilm, Trickfilmherstellung

animation computer / Animationsrechner

anisochronous / zeittaktungleich

anneal / tempern

annealing / Tempern

annihilator / Vernichter (für Akten)

annotation / Anmerkung, Annotation (ergänzende Inhaltsangabe)

announcement / Verkaufsfreigabe (eines Systems)

annual / jährlich

annual statement of accounts / Jahresabschluß (der Buchhaltung)

annunciator / Signaleinrichtung (akustisch, optisch)

anode / Anode (positiver Strompol einer Elektronenröhre, eines Transistors)

anode characteristics / Anodenkennnung

anode current / Anodenstrom

anode cutoff current / Anodensperrstrom (des Anodengitters)

anode gate / Anodengitter

anode trigger current / Anodenzündstrom

anode voltage / Anodenspannung

anonymizated data / anonymisierte Daten

anonymization / Anonymisierung

ANS → American National Standard Institute

ANS COBOL / ANS-COBOL (vom American National Standard Institute genormtes COBOL)

ANSI → American National Standard Institute

ANSI COBOL → ANS COBOL

answer / antworten; Antwort

answer code / Namengeberzeichen (beim Fernschreiber), Stationskennung (bei Datenübertragung)

answer code request / Kennungsanforderung, Namengeberanforderung

answer generator / Kennungsgeber, Namengeber

answer mode / Antwortmodus (bei Modems)

answer state / Antwortzustand

answerback → answer

answering / Anrufbeantwortung

answering equipment / Anrufbeantworter

antenna / Antenne

anthropometry / Anthropometrie (Anpassung an den Menschen und seine Bedingungen)

antialiasing / Antialiasing (Technik zur Vermeidung von Treppeneffekten)

anticipate / erwarten

anticipation / Vorgriff

anticipator buffering / Vorpufferung

anticoincidence / Antivalenz, exklusives ODER (der Booleschen Algebra), Kontravalenz

antiferromagnetic / antimagnetisch

antiglare coating / Antiblendbelag

antimony / Antimon (Element für n-dotierte Halbleiter)

antistatic / antistatisch (Vermeidung von statischen Aufladungen)

antistatic coating / Antistatikbelag

antivirus program / Antivirenprogramm, Virenbekämpfungsprogramm

antonym / Gegenbegriff
aperiodic(al) / aperiodisch, frequenzunabhängig
aperture / Blende (phot.)
aperture card / Mikrofilmlochkarte
aperture distortion / Aperturverzerrung
API (abbr. application program interface) / Anwendungsprogramm-Schnittstelle
APL (abbr. a programming language, algorithmic programming language) / APL (dialogorientierte Progr.-Sprache mit interpretierender Übersetzung)
apostrophe / Apostroph, Auslassungszeichen, Hochkomma
apparatus / Apparat, Gerät
apparent power / Scheinleistung
apparent storage / Scheinspeicher (virtueller Speicher)
appeal / anrufen (Gericht); Anrufung (Gericht)
append / anhängen, ergänzen
appendix / Anhang, Ergänzung
appliance / Einrichtung, Gerät, Zubehör
applicable / anwendbar, geeignet
application / Anwendung
application area / Anwendungsgebiet
application control / Anwendungssteuerung
application design / Anwendungsentwurf
application development / Anwendungsentwicklung
application development programmer / Organisationsprogrammierer
application expert / Anwendungsspezialist
application layer / Anwendungsschicht (oberste Schicht des ISO-Kommunikationsprotokolls)
application manual / Anwendungsbeschreibung, Anwendungshandbuch
application organization / Datenverarbeitungsorganisation
application orientation / Anwendungsorientierung

application package / Anwendungspaket, Anwendungssoftware
application profile / Anwendungsprofil
application program / Anwenderprogramm, Anwendungsprogramm, Benutzerprogramm
application program interface (abbr. API) / Anwendungsprogramm-Schnittstelle
application programmer / Anwendungsprogrammierer
application programming / Anwendungsprogrammierung
application software / Anwendungssoftware
application study / Anwendungsstudie
application support / Anwendungsunterstützung
application system / Anwendungssystem
application window / Anwendungsfenster
application-oriented / anwendungsbezogen, anwendungsorientiert
application-specific integrated circuit (abbr. ASIC) / anwendungsspezifischer integrierter Schaltkreis
applied / angewandt
applied computer science / angewandte Informatik
applied informatics / angewandte Informatik
applied mathematics / angewandte Mathematik
apply / anwenden
appoint / bestellen (Datenschutzbeauftragten), ernennen
appointment / Bestellung (Datenschutzbeauftragten), Ernennung
appointment book / Tageskalender
apportion / aufschlüsseln, aufteilen
apportionment / Aufteilung
appraisal / Bewertung
appraise / bewerten, schätzen
apprentice / Lehrling
approach / annähern; Annäherung, Lösung, Methode
approval / Genehmigung

approximate / annähern (einer Rechen-
lösung), approximieren

approximate computation / Approxi-
mierungssrechnung, Näherungsrechnung

approximate value / Näherungswert

approximation / Annäherung (Lösung), Approximierung

approximation error / Näherungsfehler

apron / Schutzabdeckung

APS (abbr. → assembly programming
system) / Assembler (Übersetzungssystem für maschinenorientierte Programmiersprache)

APT (abbr. → Automatical Programmed
Tools) / APT (Programmiersprache
für numerische Werkzeugmaschinensteuerung)

aptitude / Eignung, Tauglichkeit

aptitude test / Eignungsprüfung

APU (abbr. → arithmetic processing
unit) / Rechenwerk

arabic numeral / arabische Zahl (Dezimalzahl)

arbitrary / beliebig, willkürlich

arbitrary access / beliebiger Zugriff

arbitrary parameter / freier Parameter

arbitration / Ausgleich (zwischen gegenläufigen Vorgängen)

arc / Bogen, Lichtbogen, Kante, Petri-
pfeil

arc measure / Bogenmaß

arc suppression / Lichtbogenunterdrückung

architecture (of a system) / Architektur
(eines Systems, charakteristische
Struktur eines Systems)

archival storage / Archivspeicher (für
Altdaten oder zur Sicherung)

archive / archivieren; Archiv

archive data / Archivdaten

archive file / Archivdatei

archive organization / Archivorganisation

archiving / Archivierung (von Sicherungsdateien)

area / Bereich, Speicherbereich

area address / Bereichsadresse

area boundary / Bereichsgrenze

area code / Vorwahlnummer (Fernspr.)

area definition / Bereichsdefinition

area exceeding / Bereichsüberschreitung

area fill / Bereichsfüllmuster (in Graph.)

area graphic / Flächengraphik

area name / Bereichsname

area protect feature / Speicherbereichsschutzeinrichtung

area protection / Speicherbereichsschutz

area variable / Bereichsvariable, lokale
Variable

argument / Argument, Parameter

argument byte / Argumentbyte

arithmetic / arithmetisch; Arithmetik,
Rechen...

arithmetic and logic unit (abbr. ALU)
/ Recheneinheit (der Zentraleinheit)

arithmetic array / arithmetische Datenanordnung

arithmetic check / arithmetische Prüfung

arithmetic combination of terms / zusammengesetzter Rechenausdruck

arithmetic comparison / arithmetischer Vergleich

arithmetic computer / mathematischer
Rechner

arithmetic constant / arithmetische
Konstante

arithmetic conversion / arithmetische
Umwandlung

arithmetic data / arithmetische Daten

arithmetic element / arithmetischer
Elementarausdruck, Rechenwerk

arithmetic expression / arithmetischer
Ausdruck

arithmetic instruction / arithmetischer
Befehl

arithmetic logic unit (abbr. ALU) /
arithmetisch-logische Einheit, Rechenwerk

arithmetic mean / arithmetisches Mittel
(Mittelwert)

arithmetic operand / arithmetischer
Operand

arithmetic operation / Rechenoperation

arithmetic operator / arithmetischer Operator, Rechenzeichen

arithmetic overflow / arithmetischer Überlauf

arithmetic process / Rechenvorgang

arithmetic processing unit (abbr. APU) / Rechenwerk

arithmetic processor / Rechenwerksprozessor

arithmetic progression / arithmetische Reihe

arithmetic register / Rechenregister

arithmetic shift / arithmetisches Schieben

arithmetic unit / Rechenwerk

arithmetical → arithmetic

arm / Arm, Zugriffsarm

ARM (abbr. → availability, → reliability, → maintainability)

AROM (abbr. → alterable read-only memory) / änderbarer Festspeicher

array / Bereich, Feld, Matrixfeld

array declaration / Bereichsvereinbarung, Matrixvereinbarung

array element / Bereichselement, Matrixelement

array processor / Feldrechner, Matrixrechner, Vektorrechner

arrest / ableiten, hemmen; Ableitung, Hemmung

arrester / Ableiter

arrival sequence / Dateiordnung in Eingabe-Reihenfolge

arrow / Richtungspfeil

arrow key / Cursortaste, Pfeiltaste

arsenic / Arsen (Element für n-dotierte Halbleiter)

art → state of the art

artery / Hauptweg (Verbindung)

artificial / künstlich

artificial intelligence (abbr. AI) / künstliche Intelligenz (Abk. KI)

artificial language / künstliche Sprache

artificial voice / künstliche Stimme

artwork / Druckvorlage, Vorlage

artwork mask / Druckvorlage

ascend / aufsteigen (Ordnungsbegriff)

ascender / Oberlänge (von Drucktyp.)

ascending / aufsteigend

ascending key / aufsteigender Ordnungsbegriff

ascending order / aufsteigende Ordnung

ascending sort / aufsteigende Sortierung

ascertain / feststellen (ermitteln)

ascertainable / feststellbar (ermittelbar)

ASCII (abbr. → American Standard Code for Information Interchange)

ASIC (abbr. application-specific integrated circuit) / anwendungsspezfischer integrierter Schaltkreis

ASLT (abbr. advanced solid logic technology) / ASLT (fortgeschrittene Halbleitertechnologie)

aspect / Betrachtungsweise, Gesichtspunkt (Aspekt)

aspect ratio / Seitenverhältnis (Bildschirm, Graph.)

ASR (abbr. → automatic send and receive) / Blattschreiber

assemble / assemblieren (übersetzen), zusammensetzen (montieren)

assembler / Assembler (Übersetzer für maschinenorientierte Programmiersprache)

assembler instruction / Assemblerbefehl

assembler language / Assemblersprache (maschinenorientierte Programmiersprache)

assembler listing / Assemblerprotokoll (Übersetzungsprotokoll)

assembler manual / Assemblerhandbuch

assembler run / Assemblierungslauf

assembling / Assemblierung (Übersetzung)

assembly / Assembler..., Baugruppe, Montage

assembly drawing / Montagezeichnung

assembly language / Assemblersprache

assembly programming system
(abbr. APS) / Assembler (Übersetzungssystem für maschinenorientierte Programmiersprache)

assembly system reference manual /
Assemblerhandbuch

assess / schätzen

assessment / Einschätzung, Schätzung

assertion / Prüfpunkt (in einem Progr.)

asset / Aktivposten (Buchhaltung)

assets accounting / Anlagenbuchhaltung

assign / zuordnen, zuweisen

assignment / Belegung, Zuordnung, Zuweisung

assignment statement / Zuordnungsanweisung

associate / verbinden (gedanklich); Kollege, Mitarbeiter, Teilhaber

associated / angeschlossen

associated document / verbundenes Dokument

association / Gedankenverbindung, Gesellschaft, Verband, Vereinigung

associative / assoziativ (inhaltsorientiert)

associative address / inhaltsorientierte Adresse

associative computer / Assoziativrechner

associative memory / Assoziativspeicher (mit inhaltsorientiertem Zugriff)

associative storage / Assoziativspeicher (mit inhaltsorientiertem Zugriff)

assume / annehmen, unterstellen

assumed binary point / angenommenes (unterstelltes) Binärkomma

assumed decimal point / angenommenes (unterstelltes) Dezimalkomma

assumed mean life time / geschätzte mittlere Lebensdauer

assumption / Annahme, Vermutung

assure / garantieren, zusichern

assurance / Garantie, Zusicherung

astable / astabil, unstabil

astable circuit / astabile Kippschaltung

asterisk / Sternzeichen (das Zeichen «∗»)

asterisk address / Sternadresse (relative Adresse)

asterisk printing / Schutzsterndruck

asymmetric(al) / asymmetrisch

asymptote / Asymptote (Annäherungslinie)

asynchronous / aperiodisch, asynchron (nicht taktgleich)

asynchronous communication / asynchrone Kommunikation

asynchronous computer / Asynchronrechner

asynchronous operation / asynchrone Verarbeitung

asynchronous processing / Asynchronbetrieb

asynchronous transmission / asynchrone Übertragung

asynchronous working / Asynchronbetrieb

asynchronous-synchronous / Asynchron-synchron...

AT (abbr. advanced technology) / fortgeschrittene Technik

at compile time / während der Übersetzung (eines Programms)

at object time / während der Verarbeitung (eines Programms)

at-end address / Endeadresse (bei einer Eingabedatei)

at-end condition / Endebedingung (einer Programmschleife)

attach / anhängen, befestigen

attach device / Anschlußgerät

attachment / Anschluß, Verbindung, Zusatzgeräte

attachment approval / Anschlußgenehmigung

attachment charge / Anschlußgebühr

attachment identification / Anschlußkennung

attachment time / Anschlußzeit

attachment unit / Anschlußeinheit

attack / Angriff (auf die Datensicherheit)

attempt / versuchen; Versuch

attempted call / Anrufversuch

attend / bedienen

attendance / Anwesenheit, Bedienung

attendance recording / Anwesenheitszeiterfassung

attendance supervision / Anwesenheitskontrolle

attended operation / bedienter Betrieb

attention / Abruf, Anforderung

attention interruption / Abrufunterbrechung

attention key / Abruftaste

attenuate / dämpfen

attenuation / Dämpfung

attenuator / Dämpfungselement

attorney / Bevollmächtigter

attribute / Attribut, Merkmal, Satzmerkmal

attribute window / Eigenschaftsfenster

attrition / Abnutzung, Fluktuation

audible / akustisch, hörbar

audible alarm / akustischer Alarm

audible signal / akustisches Signal

audio... / Ton...

audio equipment / Audiogeräte, Tongeräte

audio frequency / Tonfrequenz (des hörbaren Bereichs)

audio output / Akustikausgabe, Sprachausgabe

audio range / Tonfrequenzbereich (Niederfrequenzbereich)

audio response / Sprachausgabe

audio tape / Tonband

audioconference / Fernsprechkonferenz

audiovision / Audiovision (Technik für hör- und sichtbare Kommunikation)

audio-visual / audiovisuell (mit Ohr und Auge erkennbar, hörbar-sichtbar)

audio-visual instruction / audiovisueller Unterricht

audit / Bücher prüfen; Rechnungsprüfung, Revision

audit mode / Sprungfolgemodus

audit trail / Prüfspur (in einem Progr.)

auditing / Rechnungsprüfung, Revision

augend / Augend (1. Summand) → Addend

autment / erhöhen

authenticate / beglaubigen

authenticated / beglaubigt

authentication / Beglaubigung

author / Autor, Programmautor

author language / Autorensprache

authority / Befugnis, Behörde, Zugriffsberechtigung

authority check / Berechtigungsprüfung

authority code / Benutzercode

authorization / Berechtigung, Zugriffsberechtigung

authorization to access / Zugriffsberechtigung

authorize / berechtigen

authorized / berechtigt

authorized access / berechtigter Zugriff

authorized enduser / berechtigter Benutzer

authorized person / Befugter

auto... / selbst...

auto answering / automatische Anrufbeantwortung

auto calling / automatischer Verbindungsaufbau

auto dialling / automatische Wahl

auto polling / automatischer Sendeabruf

auto prompt / automatische Benutzerführung

auto switching / Selbstumschaltung

auto threading / selbsteinfädelnd (Magnetband)

autocode / Autocode (einfache maschinenorientierte Programmiersprache)

autocoder / Programmwandler (für Autocode)

autocorrection / Selbstkorrektur (automatische Korrektur)

autodecrement / selbstdekrementierend (automatisch um 1 subtrahierend)

autoincrement / selbstinkrementierend (automatisch um 1 erhöhend)

autoindexed / selbstindizierend

autological / selbstdokumentierend

automat / Automat

automata theory / Automatentheorie

automate / automatisieren

automated / automatisiert

automated answering equipment / automatische Rufbeantwortungseinrichtung

automated logic diagram / rechnererzeugter Ablaufplan

automated office → office automation

automated typesetting / Lichtsatz

automated typesetting system / automatisiertes Satzsystem (Druckt.)

automatic(al) / automatisch, automatisiert

automatic address increment / Adreßerhöhung

automatic answering / automatische Anrufbeantwortung

automatic answering equipment / automatische Rufbeantwortungseinrichtung

automatic appointment book / automatischer Terminkalender

automatic backup / automatische Datensicherung

automatic booking system / automatisiertes Buchungssystem

automatic bookkeeping machine / Buchungsautomat

automatic call / automatischer Verbindungsaufbau

automatic call recording / automatische Gebührenerfassung

automatic callback / autom. Rückruf

automatic calling / automatischer Wählvorgang

automatic calling and answering unit / rechnergesteuerte Fernsprechvermittlung

automatic calling equipment / automatische Wähleinrichtung

automatic cash dispenser / Geldausgabeautomat

automatic check / Selbstprüfung (eines Gerätes)

automatic coding / rechnerunterstützte Programmierung

automatic computer / automatische Rechenanlage, Computer, Datenverarbeitungssystem

automatic connection setup / automatischer Verbindungsaufbau

automatic control / Selbststeuerung

automatic controller / Regler, Steuergerät

automatic data acquisition / automatische Datenerfassung

automatic data entry / beleglose Datenerfassung

automatic data input / automatische Dateneingabe

automatic data processing (abbr. ADP) / automatisierte Datenverarbeitung (Abk. ADV)

automatic data processing system (abbr. ADPS) / automatisiertes Datenverarbeitungssystem (Abk. ADVS)

automatic data protection feature / Datensicherungsautomatik

automatic data safeguarding / Datensicherungsautomatik

automatic decimal point facility / Kommaautomatik

automatic detector / automatischer Melder

automatic device check / automatische Geräteprüfung

automatic dial exchange / Selbstwähldienst (Tel.)

automatic dial(l)ing / Direktwahl

automatic divert / Umsteuerverkehr

automatic floating-point feature / Gleitkommaautomatik

automatic frequency control (abbr. AFC) / automatische Frequenzsteuerung (Funktechnik)

automatic hyphenation / automatische Silbentrennung

automatic input / Betriebsdatenerfassung

automatic language translation / automatische Sprachübersetzung

automatic library lookup / automatischer Suchlauf

automatic machine / Automat

automatic mode / automatische Betriebsweise

automatic operation / automatischer Betriebszustand

automatic pattern recognition / automatische Mustererkennung

automatic pilot / Selbststeuergerät

automatic plant / automatisierte Fabrik

automatic procedure / automatisiertes Verfahren

automatic recalculation / automatische Neuberechnung (Tab.-Kalk.)

automatic reception / automatischer Empfang

automatic recovery / automatischer Wiederanlauf

automatic redial(l)ing / automatische Anrufwiederholung

automatic send and receive (abbr. ASR) / Blattschreiber

automatic send receive unit / automatische Sende- und Empfangseinrichtung

automatic switching / automatische Vermittlung

automatic switchoff / Abschaltautom.

automatic switchon / Einschaltautomatik

automatic teller machine / POS-Abbuchungsautomat

automatic test / Eigentest

automatic threading / automatische Einfädelung (von Magnetbändern)

automatic typewriter / Schreibautomat

automatic word processing / automatisierte Textverarbeitung

Automatical Programmed Tools (abbr. APT) / APT (Programmiersprache für numerische Werkzeugmaschinensteuerung)

automatics / Automationstheorie

automation / Automation, Automatisierung

automation-oriented / automationsgerecht

automation-oriented legislation / automationsgerechte Gesetzgebung

automaton → automat / Automat

automotive electronics / Fahrzeugelektronik

autonavigator / Selbststeuersystem (für Fahrzeuge)

autonomous / autonom, selbständig

autonomous decision / autonome Entscheidung

auto-polling / Umfragebetrieb

autopurge / automatisches Löschen

autorepeat / Dauertastenfunktion

autorepeat key / Dauerfunktionstaste

autosave / automatische Datensicherung (in zeitlichen Intervallen)

autostart routine / automatisches Startprogramm (im Festsp.)

autotrace / Graphikumsetzung (von Bitgraphik in Vektorgraphik)

auxiliary / Hilfs...

auxiliary assembly group / Zusatzbaugruppe

auxiliary bit / Hilfsbit

auxiliary channel / Hilfskanal

auxiliary device / Hilfsgerät

auxiliary document / Hilfsbeleg

auxiliary equipment / Zusatzgeräte

auxiliary facility / Zusatzeinrichtung

auxiliary field / Hilfskästchen (der OCR-Schrift)

auxiliary file / Hilfsdatei

auxiliary function / Hilfsfunktion

auxiliary program / Hilfsprogramm

auxiliary storage / Hilfsspeicher

AV (abbr. → audiovision) / Audiovision

availability / Verfügbarkeit

availability indicator / Verfügbarkeitsanzeiger

availability ratio / Verfügbarkeitsgrad

available / verfügbar

available ratio / Verfügbarkeitsgrad

avalanche / Stoßentladung (Lawine)

avalanche breakdown / Lawinendurchbruch (Halbl.)

average / durchschnittlich

average access time / mittlere Zugriffszeit

average operation time / durchschnittliche Operationszeit

average rotation decay / durchschnittliche Drehwartezeit (bei Magnetplatten und Disketten)

average speed / Durchschnittsgeschwindigkeit, mittlere Geschwindigkeit

average value / Durchschnittswert

averaging / Mittelwertbildung

avoid / vermeiden

avoidance / Umgehung (von Sicherungseinrichtungen)

await / erwarten, warten

axial / achsenförmig, axial

axiom / Axiom

axis / Mittellinie

axle / Achse, Welle

B

babble / Interferenzgeräusch (in Leitungssystemen)

Bachman diagram / Bachman-Diagramm

back / unterstützen; Hintergrund, Rückseite

back gluing / Rückenklebung

back off / zurückdrehen

back panel / Schnittstellenfeld (an der Rückseite eines PC)

back transfer / Rückübertragung

back up / sichern, sicherstellen

backbone network / Hauptnetz

back-end computer / Nachrechner (nachgeschalteter Rechner)

back-end local area network / Rechner-Rechner-Ortsnetz

back-end system / Nachrechner

background / Hintergrund (niedere Priorität), Nachrangigkeit

background display / Anzeigehintergrund

background noise / Hintergrundgeräusch, Störgeräusch

background partition / Hintergrundbereich

background printing / Drucken im Hintergrund (im Multiprogramming)

background processing / nachrangige Verarbeitung (im Multiprogramming)

background program / nachrangiges Programm (im Multiprogramming)

background shading / Hintergrundschattierung (bei Graph. und Textv.)

backing / zusätzlich; Zusatz...

backing storage / peripherer Speicher, Zusatzspeicher

backlash / Hysterese-Effekt, Spiel (in einer Mechanik)

backlit display / Flüssigkristallbildschirm (mit Hintergrundbeleuchtung)

backlock / Rückstand, Rückstau

backout / zurücksetzen

backslash / negativer Schrägstrich (das Zeichen ⟨\⟩)

backspace / zurücksetzen; Rückwärtsschritt

backspace key / Rücksetztaste, Rücktaste

back-space / rücksetzen

back-spacing / Rücksetzung

back-to-normal signal / Endezeichen, Schlußzeichen

backtracing / Rückverfolgung

backtracking / Rückverfolgung, Rückwärtsfolgerung (Wissensv.)

backup / sichern; Sicherstellung, Sicherung

backup computer / Ersatzrechner, Reserverechner

backup computer center / Ausweichrechenzentrum

backup copy / Sicherungskopie

backup data / Sicherungsdaten

backup disk / Sicherungsplatte

backup diskette / Sicherungsdiskette

backup file (abbr. BAK file) / Sicherungsdatei

backup floppy / Sicherungsdiskette

backup protocol / Sicherungsprotokoll

backup run / Sicherungslauf

backup system / Ausweichsystem

backup tape / Sicherungsband

backup track / Ersatzspur

backup utility / Sicherungsprogramm

backward / rückwärts

backward chaining / Rückwärtskettung

backward channel / Rückkanal

backward compatible / kompatibel mit älteren Programmfassungen

backward reading / Rückwärtslesen

backward search / Rückwärtssuchen (Textv.)

backward sorted / rückwärts (absteigend) sortiert

bad / fehlerhaft, schlecht

bad break / Falschtrennung (Silbentrennung)

bad parity / Paritätsfehler

bad sector / Fehlersektor (Magnetplatte, -diskette)

bad track / Fehlerspur (Magnetplatte, -diskette)

bad track table / Fehlerspurverzeichnis

bad track linking record / Ersatzspurverkettungssatz

badge / Ausweis, Kennzeichen

badge card / Ausweiskarte

badge reader / Ausweisleser

baffle / dämpfen (mechanisch), drosseln; Dämpfung (mechanisch)

bail / Bügel, Haltevorrichtung

BAK file (abbr. →backup file) / Sicherungsdatei

balance / saldieren; Saldierung, Saldo, Symmetrie

balance control / Saldenprüfung

balance sheet / Bilanz

balanced / ausgeglichen, ausgewuchtet, symmetrisch

balanced line / Zweileiterverbindung

balancing calculator / Saldiermaschine

ball / Kugel

ball bearing / Kugellager

ball pen / Kugelschreiber

ball printer / Kugelkopfdrucker

ball resolver / Kugelkoordinatenumrechner

ball roller / Abrollgerät (Maus)

banana jack / Bananenstecker

banana plug / Bananenstecker

band / Band, Spurengruppe, Streifen, Wellenlängenbereich

band gap / Bandabstand

band printer / Banddrucker

band size / Streifenbreite

bandwidth / Bandbreite (Frequenzbereich), Streifenbreite

bang-bang servo / Zweipunktregler

bank / Bank, Reihe, Speicheradreßbereich, Speichermodul

bank automation / Bankautomatisierung

bank code / Bankleitzahl

bank of buttons / Tastenreihe

bank of memory / Speichermodul

bank switching / Bankauswahlverfahren (zur Adreßumschaltung in Speichermodulen)

banner / Schlagzeile

bar / Balken, Querstrich, Streifen

bar chart / Balkendiagramm, Säulendiagramm

bar code / Balkencode, Streifencode, Strichcode

bar code label / Streifenetikett, Strichetikett

bar code reader / Streifenetikettleser

bar code scanner / Streifencodeabtaster

bar graph / Balkendiagramm, Säulendiagramm

bar printer / Stabdrucker, Stangendrucker

bar scanner / Streifenetikettabtaster

bare / abisoliert (freigelegter Kontakt)

bare board / Leerkarte (ohne Schaltelemente)

bargain price / Vorzugspreis

barrel printer / Trommeldrucker, Walzendrucker

barricade / Begrenzung, Sperre

barrier / Sperre

barrier layer / Sperrschicht (Halbl.)

base / basieren; Basis, Basiszahl (Zahlenbasis), Bezugsgröße, Grundlage, Grundplatte, Sockel, Sockelschicht (eines Halbleiterelements)

base address / Basisadresse

base address register / Basisadreßregister

base addressing / Basisadressierung

base channel / Basiskanal (ISDN)

base current / Steuerstrom

base doping / Basisdotierung (eines Halbleiterelements)

base electrode / Basiselektrode (Transistor)

base font / Basisschriftart, Grundschriftart (eines Druckers)

base item / Grundgröße

base line / Grundlinie (einer Schrift)

base memory / konventioneller Speicher (bei MS-DOS die ersten 640 KB des Arbeitsspeichers)

base notation / Stellenwertschreibweise (bei Zahlen)

base number / Basiszahl

base of code / Codebasis

base of decision / Entscheidungsbasis

base of numbers / Zahlenbasis

base plate / Bodenplatte, Grundplatte

base record / Basissatz

base region / Basiszone (eines Halbleiterelements)

base register / Basisregister (für Basisadresse)

base relocation / Basisadreßverschiebung

base price / Grundpreis

base terminal / Basisanschluß

base transformation / Basistransformation (Form eines Hash-Codes)

baseband / Basisband

based / bezogen (auf), relativ (zu)

baseplate / Grundplatte

basic / grundlegend

BASIC (abbr. beginner's all-purpose symbolic instruction code) / BASIC (Allzweckprogrammiersprache für Anfänger)

basic application / Basisanwendung

basic arithmetic operations / Grundrechenarten

basic clock rate / Grundtakt

basic computer science / Kerninformatik

basic configuration / Grundausstattung (eines Rechners)

basic control mode / Basisbetrieb (des Betriebssystems)

basic data / Basisdaten

basic data processing / Basis-DV

basic function of data processing / Grundfunktion der Datenverarb.

basic hardware / Grundausrüstung

basic indissoluble information unit / kleinste denkbare Informationseinheit (Abk. Bit)

basic informatics / Kerninformatik

basic information / Basisinformation

basic input-output system (abbr. BIOS) / Basis-Ein-Ausgabe-System

basic module / Grundbaustein

basic noise / Grundgeräusch

basic number / Grundzahl (Basiszahl)

basic operating system / Grundbetriebssystem

basic pulse code / Grundtakt

basic software / Basissoftware

basic system / Basissystem (einer Systemfamilie)

basis → base

BAT file (abbr. → batch file) / Stapeldatei

batch / stapelweise verarbeiten; Stapel

batch application / Stapelanwendung

batch fabrication / Serienfertigung

batch file (abbr. BAT file) / Stapeldatei, Verarbeitungsstapel

batch input / Stapeleingabe

batch mode / Stapelbetrieb

batch output / Stapelausgabe

batch processing / Stapelverarbeitung

batch size / Losgröße

batch terminal / Stapelstation

batch total / Zwischensumme

batch transmission / Stapelübertragung

batched / aufeinanderfolgen (in Schüben)

batch-fabricated / in Losen gefertigt

battery / Batterie

battery backup / Notstromversorgung (mit Batterien)

battery operation / Batteriebetrieb

battery-operated / batteriebetrieben

battery-powered / batteriebetrieben

baud (abbr. bd) / Baud (Maßeinheit für Schrittgeschwindigkeit)

baudot code / Baudot-Code (5-Kanal-Fernschreibcode)

baud rate / Übertragungsrate (in Baud)

bay / Steckplatz (der noch nicht belegt ist)

BBS (abbr. →bulletin board system) / Mailboxsystem

BCD (abbr. binary coded decimal) / BCD (binärverschlüsselte Dezimalzahl)

BCS (abbr. British Computer Society) / BCS (Britische Computergesellschaft, Fachverband)

bd (abbr. →baud)

beacon message / Fehlernachricht (wird ständig wiederholt, bis der Fehler behoben ist)

beaconing / fortwährende Fehleranzeige (bis der Fehler behoben ist)

bead / Rechenperle (am Abakus)

beam / strahlen; Strahl (Elektronenstrahl)

beam deflection / Strahlenablenkung

bear / tragen

bearing / Lager (mech.), Lagerung

beat / Schwebung (periodische Amplitudenschwankung), Takt

beat frequency / Schwebungsfrequenz

bed / Bahn, Transportbahn (für Datenträger)

beep / Kontrollton (bei Tastatureingabe)

before / vor (zeitlich)

before image / Vorabbildung (bei Sicherungsverfahren)

before-advancing option / Vorschubangabe vor dem Druckvorgang

before-image / Vorabbildung (bei Sicherungsverfahren)

begin / beginnen, starten; Beginn, Start

begin column / Anfangsspalte

beginner's all-purpose symbolic instruction code (abbr. BASIC) / All-zweckprogrammiersprache für Anfänger (Abk. BASIC)

beginning / Anfang, Beginn, Start

beginning file label / Dateianfangskennsatz

beginning of ... / Anfangs...

beginning of extent / Bereichsanfang

beginning of message / Nachrichtenanfang

beginning of program / Programmanfang

beginning of tape / Bandanfang

beginning of track / Spuranfang

beginning routine / Anfangsroutine, Vorlauf

behave / funktionieren, sich verhalten

behavio(u)r / Verhalten

bell / Glocke, Klingel

bells and whistles / Glocken und Pfeifen (Ausdruck für besonders komfortable Möglichkeiten in einem Programm)

belt / Druckkette, Treibriemen

belt printer / Kettendrucker

benchmark / Bezugspunkt, Vergleichspunkt

benchmark program / Bewertungsprogramm (für Leistungsvergleich von DV-Systemen)

benchmark test / Bewertung (Leistungsvergleich bei DV-Systemen)

bend / verbiegen

benefit / Gewinn, Nutzen, Vorteil

Bernoulli box / Bernoulli-Box (auswechselbare Festplatte)

bevel / Schrägfläche

bevel wheel / Kegelrad

bi / doppel..., zweiseitig

bias / Grundmagnetisierung, Vorspannung

bias address / Distanzadresse

bias test / Abstandsprüfung

bible paper / Dünndruckpapier

bibliography / Literaturverzeichnis

bichrome / zweifarbig

bid / Angebot, Preisangebot

bidirectional / in beiden Richtungen, zweiseitig wirkend

bidirectional bus / bidirektionaler Bus

bidirectional counter / Vorwärts-Rückwärts-Zähler

bidirectional data communication / bidirektionale Datenübertragung (Duplexübertragung)

bidirectional printer / Zweirichtungsdrucker

bidirectional transistor / Zweirichtungstransistor

bifilar / zweiadrig

bilateral / zweiseitig

bill / Rechnung, Stückliste

bill explosion / Stücklistenauflösung

bill feed / Blattvorschub, Lochbandvorschub (am Drucker)

bill of material / Stückliste

billable / gebührenpflichtig

billion / Milliarde (am.)

bimetal / Bimetall

bin / Behälter, Magazin

binary / binär, dual, dyadisch (zweiwertig)

binary arithmetic / Binärarithmetik

binary carry / Binärübertrag

binary cell / Binärelement

binary character / Binärzeichen

binary circuit / binärer Schaltkreis

binary code / Binärcode

binary data / Binärdaten

binary digit (abbr. bit) / Binärstelle (Abk. Bit), Binärziffer

binary display / Binäranzeige

binary field / Binärfeld

binary input / Binäreingabe

binary integer / Festkommazahl

binary item / Binärfeld

binary notation / binäre Darstellung

binary number / Binärzahl

binary numerical system / binäres Zahlensystem

binary one / binäre Eins

binary operation / binäre Operation

binary output / Binärausgabe

binary pattern / Bitmuster

binary point / Binärkomma

binary quantity / binäre Größe

binary real number / Gleitkommazahl

binary representation / binäre Darstellung

binary search / binäres Suchen, dichotomisches Suchen (Suchen durch Zugreifen auf die jeweilige Hälfte)

binary shift / binäres Schieben

binary signal / binäres Signal, digitales Signal

binary sorting / binäres Sortieren

binary tree / binärer Baum

binary zero / binäre Null

binary-coded / binär verschlüsselt, dual verschlüsselt

binary-coded decimal (abbr. BCD) / binär verschlüsselte Dezimalzahl

binary-coded decimal digit / binär verschlüsselte Dezimalziffer

binary-coded decimal representation / binär verschlüsselte Dezimalzahlendarstellung

binary-coded decimals / Binärdezimalcode

binary-to-decimal... / binär-dezimal

binary-to-decimal conversion / Binärdezimal-Umwandlung

binary-to-decimal converter / Binärdezimal-Wandler

bind / binden, verknüpfen (von Programm-Modulen); Binden

binder / Bindemittel, Binder (für Programm-Module)

binding / Binden (von Programm-Modulen)

binding offset / Bindungseinzug (einseitig bei Textv.)

binomial / binomisch; Binom

biological circuit / Biochip (Schaltkreis auf der Basis organischer Verbindungen)

biological computer / Biocomputer (auf der Basis organischer Schaltelemente)

biological semiconductor / Biotransistor (auf der Basis organischer Verbindungen)

biological signal / Biosignal (elektrischer Impuls in lebenden Organismen)

biometric identifier / biometrisches
   Kennzeichen (z. B. Fingerabdruck in
   der Datensicherheit)
bionics (abbr. biology and electronics) /
   Bionik (Kunstwort aus Biologie und
   Elektronik; Anwendung von Prinzipien der Biologie in der Elektronik)
BIOS (abbr. →basic input-output system) / Basis-Ein-Ausgabe-System
bio-signal processing / Biosignalverarbeitung
biotechnology / Ergonomie
bipolar / bipolar, doppelpolig, zweipolig
bipolar semiconductor / bipolarer
   Halbleiter
bipolar transistor / bipolarer Transistor
bi-processor system / Doppelrechnersystem
biquinary / biquinär (den →Biquinär-
   code betreffend)
biquinary code / Biquinärcode (binärer
   Zahlencode aus 2 plus 5 Bits, von
   denen jeweils zwei Bits 1 sind)
bisect / halbieren
bistable / bistabil (stabil in 2 verschiedenen Zuständen)
bistable circuit / Flipflop-Register
bistable multifibrator / Flipflop-Register
bistable storage / bistabiler Speicher
bisync (abbr. →binary synchronous
   communication) / binäre Synchron-
   Kommunikation
bit (abbr. binary digit) / Bit (Binärstelle)
bit block / Bitblock (Teil einer Punktgraphik)
bit by bit / bitseriell, bitweise
bit check / Bitprüfung
bit chip / Bitscheibe
bit combination / Bitmuster
bit density / Bitdichte (auf einer Speicherfläche)
bit error / Bitfehler
bit error rate / Bitfehlerrate (bei Übertragungen)
bit extraction / Extrahierung (Form
   eines Hash-Codes)
bit falsification / Bitfehler

bit flipping / Bitinversion (0 zu 1, 1 zu 0)
bit frequency / Bitfrequenz (Bit / sec)
bit image mode / Bitabbildmodus
   (Form des Graphikmodus)
bit location / Bitadresse, Bitposition
bit manipulation / Bitverarbeitung
bit map graphics / Punktgraphik
bit mapping / Bitabbildung
bit pattern / Bitmuster, Maske
bit position / Bitadresse
bit selection / Bitauswahl (aus einem
   Byte)
bit slice / Bitscheibe
bit slicing / Bitscheibenkopplung
bit slip / Bitschlupf (beim Magnetband)
bit string / Bitfolge
bit timing / Bittakt
bit transmission / Bitübertragung
bit-error probability / Bitfehlerwahrscheinlichkeit
bit-map-oriented / rasterpunktorientiert
bit-mapped display / Punktraster-Bild-
   schirm
bit-mapped font / Punktrasterschrift
bit-mapped graphics / Punktgraphik
bit-mapped terminal / Bildschirm mit
   zeilenweise gesteuertem Strahl
bit-oriented / bitorientiert
bit-oriented instruction / bitorientierter Befehl (für die Bearbeitung einzelner Bits)
bit-parallel / bitparallel (mehrere Bits
   parallel, d. h. gleichzeitig übertragen)
bits per inch (abbr. bpi) / Bits je Zoll
   (BPI; Maßangabe für Speicherdichte)
bits per second (abbr. bps) / Bits je Sekunde (BPS; Maßangabe für Übertragungsgeschwindigkeit)
bit-serial / bitseriell (mehrere Bits seriell, d. h. nacheinander übertragen)
bivalent / zweiwertig
black box / Black-Box (Denkmodell)
black letter / Fraktur (Schriftart)
black-and-white... / Kontrast...,
   Schwarzweiß...
black-and-white representation /
   Schwarzweiß-Darstellung

blackboard / Anzeigetafel
blackout / Ausfall, Zusammenbruch
blackout failure / Totalausfall
blade contact / Messerkontakt
blank / leer, unbeschriftet; leeren, löschen; Leerformular, Leerstelle, Leerzeichen, Zwischenraum
blank address / Leeradresse
blank after / Löschen nach Ausgabe
blank cell / Leerfeld (Tab-Kalk.)
blank character / Leerzeichen
blank entry / Leereintrag
blank line / Leerzeile
blank page / Leerseite
blank volume / Leerspalte, Zwischenraum
blanked element / unsichtbares Element (bei der Bildschirmausgabe)
blanking / Austastung, Dunkelsteuerung (Eingabe ohne Sichtbarmachung auf dem Bildschirm)
blanking interval / Austastlücke (bei der Fernsehübertragung)
bleed / verlaufen (von Schriftzeichen)
bleed off / ableiten (Spannung)
bleeper / Piepser (Personenrufeinrichtung)
blemish / Fehler, Fehlerstelle (auf einem Speichermedium)
blind keyboard / Blindtastatur (ohne Zeichenangabe)
blind out / ausblenden
blind search / blindes Suchen (Suchverfahren)
blinker / Blinker, Schreibmarke
blinking / Blinken (der Schreibmarke)
blip / Leuchtzeichen, Markierung
block / blocken, blockieren, sperren; Block, Datenblock, Datenübertragungsblock, physischer Satz
block address / Blockadresse
block by block / blockweise
block check / Blockprüfung
block check character / Blockparitätszeichen
block count / Blockzählen
block counter / Blockzähler
block diagram / Blockdiagramm

block error / Blockfehler
block format / Blockformat
block gap / Blocklücke
block header / Blockanfangskennzeichen
block keyboard / Blocktastatur
block length / Blocklänge
block length field / Blocklängenfeld
block letters / Blockschrift
block mode / Blockmodus (blockweises Übertragen)
block model / Blockschema, Blockdiagramm
block mosaic / Blockmosaik (graphisches Verfahren zur Zeichendarstellung)
block move / Abschneiden und Kleben (Blockverschiebung in der Textv.)
block multiplexing / Blockmultiplexverarbeitung
block number / Blockanzahl, Blockadresse
block operation / Blockoperation (in Graphik u. Textv.: z. B. Verschiebung)
block parity / Blockparität
block prefix / Blockvorspann
block redundancy check / Blockparitätsprüfung
block size / Blocklänge
block sorting / Blocksortieren
block structure / Blockaufbau, Blockstruktur (Programmarchitektur)
block transfer / Blocktransfer (blockweise Übertragung)
blocked / geblockt
blocked data / geblockte Daten
blocked input / geblockte Eingabe
blocked output / geblockte Ausgabe
blocked record / geblockter Satz
block-error probability / Blockfehlerwahrscheinlichkeit
blocking / Blockierung, Blockung, Sperrung
blocking factor / Blockfaktor
blocking flag / Sperrkennzeichen
blocking state region / Sperrzone (beim Halbleiter)

block-multiplex channel / Blockmultiplexkanal

block-multiplex operation / Blockmultiplexbetrieb

blot / Fleck, Schmutzfleck

blow / belüften, blasen, einbrennen (Inhalt in einen Festspeicher)

blowback / Wiedervergrößerung (in der
Graphikverarbeitung)

blower / Belüfter, Gebläse, Lüfter

blowup / Programmabbruch

blue print / Lichtpause

board / Amt, Ausschuß, Behörde,
Karte, Kommission, Leiterplatte, Platine, Steckkarte, Steckplatte

board cage / Platinenrahmen, Steckrahmen

board design / Leiterplattenentwurf

body / Gehalt (Inhalt), Gehäuse,
Hauptteil (Rumpf), Körper

body face / Grundschriftart

body line / Grundlinie (der Schrift)

bogus (sl.) / falsch; Schwindel

boilerplate / Textbaustein (Textv.),
Textkonserve (vorformulierter Satz)

bold / fett, hervortretend (Schrift)

bold type / Drucktype mit Oberlänge

bold-face printing / Fettdruck

bolt / Bolzen

bomb / abbrechen (wegen Systemfehler); Systemzusammenbruch

bond / bonden (Verbinden von Leiterplatten und elektronischen Bauelementen durch das autom. Löten)

bonded / geklebt (Metall), verbunden

bonding / Klebung (Metall), Verbindung

bonding land / Anschlußfleck (bei integrierten Schaltkreisen)

bonding pad / Anschlußfleck (bei integrierten Schaltkreisen)

bonds / Obligationen, Pfandbriefe

bonnet / Lärmschutzhaube

bonus / Prämie

bonus-penalty contract / Bonus-Malus-Vertrag

book / anmelden, buchen, vormerken;
Buch, Liste

booking / Buchung

booking code / Buchungsschlüssel

booking entry / Buchung

booking machine / Buchungsmaschine

booking terminal / Buchungsplatz
(eines Rechners)

bookkeeping / Buchführung, Buchhaltung

booklet / Broschüre

bookmark / Testmarke (Textv.)

Boolean / aussagenlogisch (Boole betreffend)

Boolean addition / logische Addition

Boolean algebra / Aussagenlogik,
Boolesche Algebra, Schaltalgebra

Boolean complementation / logische
Komplementierung (Negation)

Boolean expression / Boolescher Ausdruck, logischer Ausdruck

Boolean function / Boolesche Funktion, logische Funktion

Boolean logic / Boolesche Logik

Boolean operation / Boolesche Operation, logische Operation

Boolean operation table / Boolesche
Wahrheitstabelle

Boolean operator / Boolesches Verknüpfungszeichen

boost / anheben, verstärken

booster / Spannungsverstärker

booster diode / Verstärkerdiode

boot / urladen

boot block / Urladeblock (einer Platte,
Diskette)

boot record / Startprogramm (einer
Platte, Diskette)

boot sector / Urladeblock (einer Platte,
Diskette)

bootable / urladefähig (z. B. Diskette
mit Urladeblock)

bootstrap / laden (urladen); Urlader

bootstrap initialization switch / Urladeschalter

bootstrap loader / Urladeprogramm,
Urlader

bootstrap reading / Urlesen

bootstrapping / Urladeverfahren

border / Grenze

border line / Begrenzungslinie

border-punched card / Randlochkarte

borrow / Zehnervorgriff (bei der Subtraktion)

both-way / beidseitig (Richtung)

bottleneck / Engpaß

bottom / grundlegend, unten; Boden, Unterseite

bottom edge / Unterkante (eines Beleges)

bottom line / Fußzeile (Textv.)

bottom margin / Unterrand (Textv.)

bottom section / Unterteil (eines Gerätes)

bottom side / Unterseite

bottom-up / von unten nach oben

bottom-up method / Von-unten-nach-oben-Methode (Entwurfstechnik für komplexe Systeme)

bounce / prellen (Schwingen von angestoßenen Kontakten)

bouncing / Prellen (Schwingen von angestoßenen Kontakten)

bound → boundary

bound pair / Grenzpaar (Ober- und Untergrenze)

boundary / Grenze, Grenzfläche (Halbl.)

boundary address / Grenzadresse

boundary value / Grenzwert

bounded / begrenzt, beschränkt

bowl / Hohlraum (in Schriftzeichen wie z. B. beim ‹o›)

box / Diagrammblock, Dialogbox, Dialogfeld (Ben-Ob.), Kasten, Rahmen

box style / Rahmenart (Graph., Textv.)

boxing / Einpassen (einer Graphik in einen Rahmen)

bpi → bits per inch

bps → bits per second

brace / geschweifte Klammer

bracket / Auflagekonsole, eckige Klammer

bracket balance / Klammerbilanz

bracket term / Klammerausdruck

braided / geflochten (Umspinnung von Leitungen)

Braille / Blindenschrift, Braille-Schrift

Braille alphabet / Blindenschrift, Braille-Schrift

Braille character / Braille-Zeichen (Blindenschrift)

Braille display / Braille-Ausgabe-Tablett (für Blindenschrift)

Braille keyboard / Braille-Tastatur (für Blindenschrift)

brain / Gehirn, Verstand

brainstorming / Brainstorming (Methode zur gemeinsamen Sammlung von Ideen)

brainware / Brainware (geistiger Anteil beim Entwickeln von Systemen)

brake / bremsen; Bremse

branch / springen, verzweigen; Geschäftszweig, Programmverzweigung, Sprung, Verzweigung, Zweig

branch address / Sprungadresse

branch and link / Verzweigung mit Speicherung der Rücksprungadresse

branch backward / rückverzweigen, rückwärts springen

branch condition / Sprungbedingung, Verzweigungsbedingung

branch destination / Sprungziel

branch distance / Sprungdistanz

branch if ... / springen wenn..., verzweigen wenn...

branch instruction / Sprungbefehl, Verzweigungsbefehl

branch line / Abzweigleitung

branch mark / Sprungmarke

branch on condition / bedingter Sprung

branch page / Abzweigseite (beim Bildschirmtext)

branch point / Verzweigungsstelle (in einem Programm)

branch statement / Sprunganweisung

branch table / Sprungtabelle, Verzweigungstabelle

branch target / Sprungziel

branch to / springen nach, verzweigen nach

branching / Verzweigung (in einem Programm)

braze / hartlöten

brazing / Hartlötung
breach of contract / Vertragsbruch
breach of secrecy / Geheimnisbruch
breadboard construction / Versuchsaufbau
breadth-first search / Breitensuche (Suchstrategie)
break / abschalten, trennen, unterbrechen; Pause, Unterbrechung (eines Programms)
break contact / Unterbrecherkontakt
break jack / Trennsteckerklinke
break jack block / Trennsteckverteiler
break key / Pausetaste, Unterbrechungstaste
break spark / Abrißfunke
break time / Brechzeit (eines Kontaktes)
breaker / Schalter, Trennschalter
breakdown / Ausfall, Durchbruch (Widerstand, Halbl.), Durchschlag (el.)
breakdown region / Durchbruchsbereich (Halbl.)
breakdown temperature / Durchbruchstemperatur
breakdown voltage / Durchbruchsspannung (Widerstand, Halbl.)
breaker (sl.) / Knacker (Einbrecher in ein fremdes System)
break-in / Gegenschreiben (beim Fernschreiben)
break-in (sl.) / einbrechen; Anzapfung
break-in alarm system / Einbruchmeldeanlage
breakout box / Testgerät (für Impulsüberwachung auf Leitungen)
breakover point / Kippunkt
breakpoint / Anhaltepunkt, Fixpunkt, Programmstop
breakpoint method / Fixpunktverf.
breakpoint record / Fixpunktsatz
breed / züchten (von Halbleiterkristallen)
breeding / Züchtung (von Halbleiterkristallen)
bridge / überbrücken; Brücke, Überbrückung
bridge circuit / Brückenschaltung

bridgeware / Brückenprogramme (für die Übertragung auf andere Systeme)
bridging / Überbrückung
briefcase / Aktentasche
briefing / Einweisung
brighten / aufhellen
brightening / Aufhellung
brightness / Helligkeit
brightness control / Helligkeitssteuerung (bei einem Bildschirm)
bring-up / Rollung (bei Tabellenkalkulation)
broadband / Breitband
broadband network / Breitbandnetz
broadcast / rundsenden (nur in einer Richtung); Rundfunk
broadcast videotex / Videotextsystem (Fernsehzusatzsystem in Austastlücke, nicht dialogfähig)
broadcast videotex decoder / Videotext-Decoder
broadcast videotex page / Videotext-Tafel
broadcasting / Rundfunk, Rundfunksendung, Rundsendung (nur in einer Richtung)
broadcasting station / Rundfunksender
broaden / erweitern, verbreitern
broken line / punktierte Linie
broker / Makler
brownout / Spannungsabfall
browse / durchblättern
browse dialog box / Dateisuchfeld (Ben-Ob.)
browse mode / Suchmodus (einer DB.)
browsing / Grobrecherche (in einer DB.)
brush / Abfühlbürste, Bürste, Pinsel (Graph.)
brush style / Pinselbild, Pinselgraphik
bubble / Blase, Magnetblase
bubble chart / Blasendiagramm
bubble sort / Sortieren durch Vertauschen
bubble storage / Blasenspeicher
bucket / Originalspeicherbereich (für bestimmte Daten)

bucket store / Eimerspeicher
budget / Budget, Plan
budget planning / Budgetplanung
budgetary cost accounting / Plankostenrechnung
buffer / puffern, zwischenspeichern; Puffer, Pufferspeicher
buffer circuit / Pufferschaltung
buffer insertion / Registereinschubverfahren
buffer management / Pufferverwaltung
buffer memory → buffer
buffer overflow / Pufferüberlauf
buffer register / Pufferregister
buffer storage → buffer
buffer time / Pufferzeit
buffered / gepuffert
buffering / Pufferung
bug / Abhöreinrichtung, Programmfehler
build / aufbauen, bilden
building block / Baustein
building specification / Bauvorschrift
built-in / eingebaut
built-in check / automatische Prüfung
built-in font / Festspeicherschrift
built-in function / eingebaute Funktion
bulb / Glühbirne
bulk / Großmenge (große Menge)
bulk eraser / Löscheinrichtung (für Disketten, Kassetten, Bänder)
bulk memory / Großspeicher, Massenspeicher
bulk processing / Stapelverarbeitung
bulk storage → bulk memory
bulk updating / Massenaufarbeitung (von Daten)
bullet / Merkpunkt (Punkt am Beginn einer Zeile)
bulletin board / schwarzes Brett (MBS)
bulletin board system (abbr. BBS) / Mailbox-System
bump / nicht adressierbarer Hilfsspeicher
bumper / Stoßstange
bundled software / Gratissoftware (wird im Hardware-Preis berechnet)
burden / Last

bureau → office
bureaucracy / Bürokratie
buried layer / Einbettungsschicht (Halbl.)
burn / einbrennen (Inhalt in einen Festspeicher)
burn-in / einbrennen (Fehler in elektronischen Bauelementen durch Inbetriebnahme finden)
burn-out / durchbrennen (el.)
burr / Grat (scharfer Metallrand)
burst / trennen (Papier); Signalfolge, Stoß
burst mode / Stoßbetrieb
burster / Trenneinrichtung (für Formulare)
bus / Bus (Kanal eines Mikrocomputers), Datenweg, Kanal
bus architecture / Busarchitektur
bus bar / Sammelschiene (Stromanschluß)
bus conception / Buskonzept
bus controller / Bussteuereinheit
bus driver / Bustreiber
bus extender / Busbreitenerweiterer
bus interface / Busschnittstelle
bus mouse / Busmaus (wird über eigene Steckkarte angeschlossen)
bus network / Busnetz, Liniennetz
bus request / Busanforderung
bus topology / Busarchitektur, Bustopologie
bus width / Busbreite
business / geschäftlich; Geschäft
business application / kommerzielle Anwendung (von Rechnern)
business computer / Bürocomputer, kommerzieller Rechner
business data processing / kommerzielle Datenverarbeitung
business graphics / Bürographik, Geschäftsgraphik, Präsentationsgraphik
business information system / betriebliches Informationssystem
business machine / Büromaschine
business software / kaufmännische Programme
bus-oriented / busorientiert

bust / Bedienungsfehler, Operateurfehler

busy / belegt, beschäftigt (mit Arbeit), besetzt (Leitung)

busy signal / Besetztzeichen

busy state / Besetztzustand

busy tone / Besetztton

button / Knopf, Schaltfläche (Ben-Ob.), Taste

button block / Tastengruppe

button release / Tastenfreigabe

buy back / zurückkaufen

buzzer / Summer, Wecker

bypass / überbrücken, umgehen; Überbrückung, Umgehung

bypass channel / Nebenkanal

by-product / Nebenprodukt

by-product data collection / Synchrondatenerfassung (automatische Datenerfassung als Nebenprodukt einer Originalaufschreibung)

byte (abbr. B) / Byte (Bitgruppe, meist 8 Daten- und 1 Prüfbit; Abk. B)

byte address / Byteadresse

byte boundary / Bytegrenze

byte by byte / byteweise

byte code / Bytecode

byte computer / Bytemaschine

byte instruction / Bytebefehl

byte mode / Zeichenbetrieb

byte multiplexing / Bytemultiplexverarbeitung

byte operation / Bytebefehl

byte structure / Bytestruktur

byte-multiplex channel / Byte-Multiplexkanal

byte-multiplex mode / Byte-Multiplexbetrieb

byte-oriented / byteorientiert

byte-parallel / byteparallel (mehrere Bytes parallel, d. h. gleichzeitig übertragen)

byte-serial / byteseriell (mehrere Bytes seriell, d. h. nacheinander übertragen)

C

C / C (Name einer wichtigen Programmiersprache)

CA... (abbr. →computer-aided) / computerunterstützt, rechnerunterstützt

cabinet / Gehäuse, Schrank

cable / Kabel

cable communication / Kabelkommunikation

cable conduct / Kabelkanal

cable conduit / Kabelrohr

cable connector / Kabelstecker

cable core / Kabelseele

cable duct / Kabelführung, Kabelschacht

cable entry point / Kabeleinführung

cable fanning / Kabelmontage

cable fanout / Kabelverzweigung (fächerförmig)

cable funnel / Kabelschacht

cable gland / Kabelmuffe

cable harness / Kabelbaum

cable junction / Kabelanschluß

cable laying / Kabelverlegung

cable matcher / Kabelstecker-Adapter

cable network / Kabelnetz

cable number / Kabelnummer

cable plug / Kabelstecker

cable pothead / Kabelendverteiler

cable reel / Kabeltrommel

cable route / Kabelführung

cable routing / Kabelführung

cable sheath / Kabelmantel

cable shielding / Kabelabschirmung

cable shoe / Kabelschuh

cable support / Kabelhalter

cable splicing / Kabelverbindung (der Enden zweier Kabel)

cable television / Kabelfernsehen

cabling / Verkabelung

CAC (abbr. computer-aided crime) / Computerkriminalität

cache / verstecken; Cache-Speicher, Hintergrundspeicher (Ergänzungsspeicher zum Arbeitsspeicher oder zu Platten zur Arbeitsbeschleunigung)

cache memory→ cache
CAD (abbr. computer-aided design) /
CAD (computerunterstütztes Entwer-
fen, computerunterst. Konstruktion)
CAD / CAM→ CAD, → CAM
CAE (abbr. computer-aided engineering) / CAE (computerunterstütztes
Ingenieurwesen)
CAI (abbr. computer-aided industry,
computer-aided instruction) / CAI
(computerunterstütztes Industriewesen), CUU (computerunterstützte
Instruktion, computerunterstützte
Unterweisung)
CAL (abbr. computer-aided learning) /
CAL (computerunterstütztes Lernen)
calculability / Berechenbarkeit
calculable / berechenbar
calculate / berechnen, kalkulieren,
rechnen
calculated field / Ergebnisfeld
calculating machine / Rechenmaschine
calculating rule / Algorithmus, Rechenvorschrift
calculating speed / Rechengeschwindigkeit
calculation / Berechnung, Kalkulation,
Rechnen
calculation speed / Rechengeschwindigkeit
calculation specification / Rechenvorschrift
calculator / Rechenmaschine
calculator on substrate (abbr. COS) /
Glasscheibenrechner
calculus / Infinitesimalrechnung,
Rechenart
calculus of interest / Zinsrechnung
calendar / registrieren; Geschäftsverteilung, Kalender, Verzeichnis
calendar program / Kalenderprogramm
caliber / Schublehre
calibrate / eichen, kalibrieren
calibrated / geeicht
calibration / Eichung
call / anrufen, aufrufen; Anruf, Aufruf
(eines Programms)

call accepted / Rufannahme
call address / Aufrufadresse
call back / rückrufen (Fernspr.)
call charge computer / Gebührencomputer (Post)
call confirmation / Anrufbestätigung
call data / Rufdaten
call data recording / Rufdatenaufzeichnung
call detection / Anruferkennung
call diversion / Anrufumleitung
call for tenders / Ausschreibung
call forwarding / Anrufumleitung
call identification / Anruferkennung
call instruction / Aufrufbefehl
call interface / Aufrufschnittstelle
call not accepted / Rufabweisung
call number / Rufnummer
call number storage / Rufnummernspeicher
call pickup / Anrufübernahme
call record journaling / Gebührendatenerfassung, Rufdatenaufzeichnung
call repeater / Anrufwiederholer
call repeating / Anrufwiederholung
call repetition / Anrufwiederholung
call sequence / Aufruffolge
call sign / Anrufsignal
call time / Aufrufzeit, Verbindungsdauer
call tracing / Anruffangschaltung,
Fangschaltung
call unit / Gesprächseinheit
call waiting / Anklopfen (Funktion moderner Fernsprechgeräte)
call word / Kennwort, Paßwort
callable / aufrufbar
call-accepted signal / Rufannahmesignal
callback / rückrufen; Rückruf
callback modem / Rückrufmodem
called program / aufgerufenes Programm
called station / Empfangsstation (gerufene Station)
caller / Anrufer (rufende Station)
calling / Anruf, Aufruf
calling equipment / Wähleinrichtung

calling instruction / Aufrufbefehl (für ein Unterprogramm)

calling number / Rufnummer

calling program / aufrufendes Programm

calling sequence / Aufrufroutine

calling station / Sendestation (aufrufende Station)

call-not-accepted signal / Rufabweisungssignal

callout / Erklärung (Text in einer Graphik)

cam / Nocke

CAM (abbr. computer-aided manufacturing, content-addressable memory) / computerunterstützte Fertigung, inhaltsorientierter Speicher (Assoziativspeicher)

cam gear / Nockengetriebe

CAMAC (abbr. computer-aided measurement and control) / computerunterstütztes Messen und Regeln

camera / Kamera

cameralistic accountancy / kameralistische Buchhaltung

camera-ready / druckfertig (DTP)

camp-on / Warten

camp-on circuit / Warteschaltung

can / Hülse, Metallmantel

cancel / abbrechen, annullieren, beenden (bei Programmfehlern), stornieren

cancel button / Abbruch-Schaltfeld (zum Abbrechen einer Funktion)

cancel character / Ungültigkeitszeichen

cancel key / Löschtaste

cancel(l)ation / Annullierung, Aufhebung, Stornierung

canned / vorgefertigt; Fertig…

canonical order / kanonische Ordnung (Ordnung nach Wortlänge und Alphabet)

CAO (abbr. computer-aided office) / computerunterstützte Verwaltung

cap / Kappe, Verschluß

CAP (abbr. computer-aided planning, computer-aided publishing) / computerunterstützte Planung, computerunterstütztes Publizieren

capability / Leistungsfähigkeit, Möglichkeit

capability characteristics / Leistungsmerkmale

capable / fähig

capacitance / Kapazität (eines Kondensators)

capacitive / kapazitiv (den el. Widerstand betreffend)

capacitor / Kondensator

capacitor storage / Kondensatorspeicher

capacity / Fassungsvermögen, Kapazität

capacity overflow / Kapazitätsüberschreitung

capacity usage / Kapazitätsauslastung

capital / hauptsächlich; Kapital

capital letter / Großbuchstabe

capital letters / Versalsatz (nur aus Großbuchstaben)

capital stock / Aktienkapital

capitalization / Großschreibung

capitalize / groß schreiben

caps (abbr. capital letters) / Großbuchstaben

capslock key / Feststelltaste (für Umschalttaste)

capstan / Rollenantrieb

capstan drive / Magnetbandantrieb

capsule / Datenkapsel, Gehäuse, Kapsel

caption / Kopfzeile, Titelzeile

capture / erfassen; Erfassung (Daten)

CAQ (abbr. computer-aided quality control) / computerunterstützte Qualitätskontrolle

car telephone / Autotelephon

carbon paper / Kohlepapier

carbon ribbon / Carbonband, Kohlefarbband

carbonless paper / Noncarbonpapier, selbstdurchschreibendes Papier

card / Karte, Lochkarte, Magnetkarte, Magnetkontenkarte, Platine, Scheckkarte, Steckkarte *card back* / Kartenrückseite

card cage / Platinenträger

card chassis / Platinenaufnahmerahmen

card code / Lochkartencode

card collator / Kartenmischer

card column / Kartenspalte

card corner / Eckenabschnitt (bei LK)

card equipment / Lochkartengeräte

card face / Kartenvorderseite

card feed / Lochkartenzuführung

card guide / Kartenführung

card hopper / Kartenmagazin

card jam / Kartenanstoß

card module / Schaltkarte (Platine)

card numbering / Kartennumerierung

card puncher / Kartenlocher

card random access memory / Magnetkartenspeicher (veraltet)

card reproducer / Kartendoppler

card row / Kartenzeile

card slot / Einbauschlitz (f. Schaltkarte)

card stacker / Kartenablagefach

card system / Lochkartensystem

card type / Kartenart

card verifier / Kartenprüfgerät (Kartenprüfer)

card-controlled / lochkartengesteuert

cardinal number / Grundzahl, Kardinalzahl

card-size / Scheckkartengröße

careful / sorgfältig

caret / Exponentialzeichen (das Zeichen ‹ˆ›)

carriage / Schreibwagen, Vorschub, Wagen

carriage return / Wagenrücklauf

carriage return character / Absatzzeichen (Textv.)

carriage return key / Eingabetaste, Freigabetaste, Wagenrücklauftaste, Zeilenauslösetaste

carriage return-line feed / Wagenrücklauf, Zeilentransport

carriage tape / Vorschubsteuerstreifen (am Drucker)

carrier / Betreiber (von Netzen), Ladungsträger, Netzbetreiber

carrier amplitude / Trägerschwingungsamplitude

carrier concentration layer / Anreicherungsschicht (Halbl.)

carrier current / Trägerstrom

carrier density / Trägerdichte

carrier diffusion / Trägerdurchdringung

carrier form / Trägerband (für zu bedruckende Gegenstände)

carrier frequency / Trägerfrequenz

carrier generation / Trägererzeugung

carrier holes / Führungslöcher (Endlospapier)

carrier mobility / Trägerbeweglichkeit (der Halbleitersubstanz)

carrier plate / Trägerplatte

carrier sense multiple access with collision detection (abbr. CSMA/CD) / CSMA/CD-Verfahren (Methode zum kollisionsfreien Mehrfachzugriff auf private Ortsnetze)

carrier signal / Trägersignal

carrier storage / Trägerspeicherung (Halbl.)

carrier storage time / Speicherzeit (bei Halbl.)

carrier telegraphy / Trägerfrequenztelegraphie

carrier telephony / Trägerfrequenztelephonie

carrier transmission / Trägerfrequenzübertragung

carrier wave / Trägerschwingung, Trägerwelle

carriers duty / Betreiberpflicht

carry / übertragen; Übertrag

carry bit / Übertragsbit

carry look ahead / Vorschauübertrag

carry-out / Stellenübertrag (bei Addition)

Cartesian coordinate / Kartesische Koordinate

cartography / Kartographie

cartridge / Kassette

cartridge font / Kassettenschrift (Ergänzungsschrift bei Druckern)

cartridge tape / Kassetten(magnet)band

CAS (abbr. computer-aided sales) / computerunterstützter Vertrieb

cascade / kaskadenförmig, stufenförmig; Kaskade, Kaskadenschaltung

cascade connection / Filter

cascade sorting / Kaskadensortierung

cascading / schräg hintereinanderstellen (z. B. von Fenstern)

case / Fach, Gehäuse

case → lower case letter, upper case letter

CASE (abbr. computer-aided software engineering) / computerunterstützte Softwareentwicklung

case sensitivity / Groß-Kleinbuchstaben-Unterscheidung

case shift / Buchstabenziffernumschaltung (Fernschreiber), Umschaltung (Schreibmaschine)

case study / Fallstudie

case-sensitive / Groß-Kleinbuchstaben unterscheidend

cash / Bargeld

cash box / Kasse

cash dispenser / Geldausgabeautomat

cash management system / elektronischer Bankdienst

cash register / Kassenmaschine, Registrierkasse

cashier / Kassierer

cash-point dispenser / Bankautomat

cassette / Kassette

cassette tape / Kassetten(magnet)band

cast / umwandeln (von Zahlenformen)

caster / Laufrolle

casting-out-nines / Neunerprobe

CAT (abbr. computer-aided testing) / computerunterstütztes Testen

catalog / katalogisieren; Katalog, Verzeichnis

catalog entry / Katalogeintrag

catalog management / Katalogverwaltung (Dateikatalog)

catalog memory / Katalogspeicher (Assoziativspeicher)

cataloged / katalogisiert

catalogue → catalog

catastrophe / Katastrophe

catch / Riegel, Sperre

catchword / Schlagwort, Stichwort

catchword link / Schlagwortverknüpfung

category / Kategorie (Klasse)

catena / Befehlskette, Kette

catenary / Kettenlinie

catenate / verketten

catenation / Verkettung

cathode / Kathode (negativer Strompol einer Elektronenröhre, eines Transistors)

cathode heating / Kathodenheizung

cathode ray tube / Kathodenstrahlröhre

cathode rays / Kathodenstrahlen

causal / kausal, ursächlich

causality / Kausalität

causative / ursächlich

cause / verursachen; Ursache

caution / Vorsicht

cautious / vorsichtig

CAV (abbr. → constant angular velocity) / konstante Winkelgeschwindigkeit (Bildpl.)

CB (abbr. citizen band) / Amateurfunk

CB... (abbr. computer-based) / computerbasiert

CCD (abbr. → charge-coupled device) / ladungsgekoppelter Halbleiterbaustein

CCITT (abbr. Comité Consultatif International Télégraphique et Téléphonique) / CCITT (Internationales Beratungsorgan der Postgesellschaften für den Fernmeldebereich)

CCL (abbr. common command language) / allgemeine Kommandosprache

CCW (abbr. channel command word) / Kanalbefehlswort

CD (abbr. compact disc) / Bildplatte

CD-ROM (abbr. compact disc / read-only memory) / Bildplatte (nicht überschreibbar)

ceiling / Obergrenze

cell / Feld (Tab-Kalk.), Speicherelement, Speicherzelle

cell address / Feldadresse (Tab-Kalk.)

cell definition / Feldinhaltsfestlegung (Tab-Kalk.)

cell format / Feldgröße (Tab-Kalk.)

cell pointer / Feldzeiger (Cursor bei Tab-Kalk.)

cell protection / Feldsicherung (Tab-Kalk.)

cell reference / Feldverweis (Tab-Kalk.)

cellar / Kellerspeicher

census / Volkszählung

center / zentrieren; Mittelpunkt, Zentrum

center hole / Vorschubloch

centering / Zentrierung (Druckzeile)

centering control / Bildlageregulierung (beim Bildschirmgerät)

centering facility / Zentriereinrichtung

centering instruction / Zentrierbefehl

centerline / Mittelachse

central / zentral; Zentrale

central clock / Taktzentrale, Zentraltaktsteuerung

central computer / Hauptrechner

central mass storage / Speicherserver (im CSS)

central memory / Hauptspeicher

central office / Zentralverwaltung

central processing unit (abbr. CPU) / Zentraleinheit (Abk. ZE)

central processor time / Rechenzeit, Zentraleinheitszeit

central window / Spindelfenster (der Diskette)

centralization / Zentralisierung

centralize / zentralisieren

centralized / zentralisiert

central-processor-bound / programmsteuerungsintensiv

centre → center

Centronics interface / Centronics-Schnittstelle (stand. Druckerschnittstelle)

CEPT (abbr. Conference of European Postal and Telecommunications Administrations) / CEPT (Europäische Vereinigung der Postanstalten zur Entwicklung des Bildschirmtextes)

ceramic / keramisch; Keramik

ceramic package / Keramikgehäuse

cermet (abbr. ceramic metal) / Metall-Keramik-Technik

certainty factor / Wahrscheinlichkeitsfaktor

certificate / Bescheinigung

certification / Bescheinigung, Beurkundung

certify / bescheinigen

CGA (abbr. Colour Graphics Adapter) / CGA (stand. Farbgraphik-Karte)

chad / Stanzabfall

chadbox / Abfallkasten (am Lochstreifenstanzer)

chadded / durchgelocht

chain / verketten; Befehlskette, Kette, Warteschlange

chain address / Kettadresse

chain instruction / Kettbefehl

chain of records / Datensatzkette (in einer verketteten Datei)

chain printer / Kettendrucker

chained / gekettet, verkettet

chained addressing / gekettete Adressierung

chained data / gekettete Daten

chained data base system / verkettete Datenbank

chained file / gekettete Datei, verkettete Datei

chained list / verkettete Liste

chained printing / fortlaufender Druck (mehrerer Dateien)

chaining / Verkettung

chaining address / Folgeadresse

chaining field / Kettfeld

challenge / herausfordern; Herausforderung

chamfer / abschrägen; Abschrägung

change / ändern, verändern, wechseln; Änderung, Wechsel

change bit / Änderungsbit

change code / Änderungskennzeichen

change document / Änderungsbeleg

change file / Änderungsdatei

change level / Änderungsstand

change list / Änderungsliste

change management / Änderungsverwaltung

change over / Umstellung

change program / Änderungsprogramm

change record / Änderungssatz

change recording / Änderungsaufzeichnung, Änderungsprotokoll

change routine / Änderungsprogramm,
Änderungsroutine

change service / Änderungsdienst

change sign key / Vorzeichenwechseltaste

change tape / Änderungsband

change utility / Änderungsdienstprogramm

change voucher / Änderungsbeleg

changeable / veränderlich

changeover / Umschaltung, Umstellung

changeover facility / Umschalteinrichtung

channel / Kanal, Spur

channel access / Leitungszugriff (in
einem LAN)

channel adapter / Kanalanschluß

channel address / Kanaladresse

channel address word / Kanaladreßwort

channel buffer / Kanalspeicher

channel capacity / Kanalkapazität

channel command / Kanalbefehl

channel command word (abbr. CCW)
/ Kanalbefehlswort

channel control / Kanalsteuerung

channel control unit / Kanalsteuereinheit

channel controller / Kanalsteuereinheit

channel decoding / Kanaldecodierung

channel encoding / Kanalcodierung

channel group / Kanalbündel

channel interface / Kanalanschluß

channel loading / Kanalbelegung

channel number / Kanaladresse, Kanalnummer

channel program / Kanalprogramm

channel scheduling / Kanalverwaltung

channel status / Kanalzustand

channel status character / Kanalzustandszeichen

channel status register / Kanalzustandsregister

channel status word / Kanalzustandswort

channel subdivision / Kanalteilung

channel switch / Kanalschalter

chapter / Abschnitt, Kapitel

character / Schriftzeichen, Symbol,
Zeichen

character addressing / Zeichenadressierung

character base line / Zeichengrundlinie

character by character / zeichenweise

character cell / Zeichenfeld (aus Bildpunkten für ein Zeichen)

character centerline / Zeichenachse

character code / Zeichencode

character coding / Zeichenverschlüsselung

character compression / Zeichenverdichtung

character constant / Zeichenkonstante

character conversion / Zeichenumsetzung

character count / Zeichenzählung

character density / Zeichendichte

character erase / Einzellöschzeichen

character font / Schrift

character generator / Zeichengenerator

character height / Schrifthöhe, Zeichenhöhe

character inclination / Schriftneigung,
Zeichenneigung

character mode / Zeichenmodus, zeichenweiser Betrieb

character outline / Zeichenkontur,
Zeichenumriß

character parity / Zeichenparität

character per inch (abbr. cpi) / Zeichen je Zoll

character per line (abbr. cpl) / Zeichen
je Zeile

character per second (abbr. cps) / Zeichen je Sekunde

character pitch / Zeichen(mitten)abstand, Zeichenbreite

character position / Schreibstelle, Zeichenstelle

character printer / Zeichendrucker (serieller Drucker)

character reader / Zeichenleser

character reading / Zeichenerkennung

character recognition / Zeichenerkennung

character reference line / Zeichenmittellinie

character scanner / Zeichenabtaster

character scanning / Zeichenabtastung

character sensing / Schriftlesen, Zeichenabtastung

character set / Zeichenmenge, Zeichenvorrat

character shape / Zeichenform

character shift / Zeichenumschaltung

character size / Zeichengröße

character skew / Zeichenneigung (Schrägstellung)

character space / Typenabstand

character standardization / Schriftnormierung

character string / Zeichenfolge, Zeichenkette

character string processing / Zeichenkettenverarbeitung

character style / Zeichenmerkmal (z. B. fett, unterstrichen usw.)

character subset / Zeichen-Teilvorrat

character suppression / Zeichenunterdrückung

character wheel / Typenrad

character width / Zeichenbreite

character-based / zeichenorientiert

character-imaging / zeichendarstellend

characteristic / typisch; Gleitkommaexponent

characteristic curve / Kennlinie

characteristic frequency / Kennfrequenz

characteristics / Kenndaten

character-oriented / zeichenweise arbeitend

character-parallel / zeichenparallel

characters / Schrift

characters per inch (abbr. cpi) / Zeichen je Zoll

characters per line (abbr. cpl) / Zeichen je Zeile

characters per second (abbr. cps) / Zeichen je Sekunde

character-serial / zeichenseriell

charcoal filter / Kohlefilter

charge / aufladen, belasten, laden; Belastung, Gebühr, Ladung

charge ascribing / Gebührenzuschreibung

charge carrier / Ladungsträger

charge counter / Gebührenzähler

charge metering / Gebührenzählung

charge off / abschreiben (amortisieren)

chargeable / gebührenpflichtig

charge-coupled / ladungsgekoppelt

charge-coupled device / ladungsgekoppelter Halbleiterbaustein

charge-coupled storage / Ladungsspeicher

charged / geladen (el.)

charger unit / Corona (beim Laserdrucker)

chart / graphisch darstellen; Diagramm, Graphik (graphische Darstellung)

chart of accounts / Kontenrahmen

chassis / Chassis, Einbaurahmen, Gestell, Rahmen

chat / Gesprächsverbindung (in einem Netz über Bildschirm und Tastatur)

chatter / stören; Störgeräusch (Knattern)

check / kontrollieren, prüfen (überprüfen); Kontrolle, Prüfung (Überprüfung)

check (am.) / Scheck, Zahlungsanweisung

check bit / Prüfbit

check box / Optionsschaltfeld (BenOb.)

check byte / Prüfbyte

check card / Scheckkarte

check condition / Prüfbedingung

check cycle / Kontrollzyklus

check data / Kontrolldaten

check digit / Prüfziffer
check handler / Prüfroutine
check indicator / Prüfanzeige
check information / Kontrollinformation
check keying / Funktionstastensicherung
check lamp / Kontrollampe
check message / Kontrollnachricht
check number / Prüfziffer
check out / ausprüfen; Ausprüfung
check protection character / Scheckschutzzeichen
check reading / Prüflesen
check symbol / Kontrollzeichen, Prüfziffer
checkbit / Prüfbit
checkbyte / Prüfbyte
checkdigit / Prüfziffer
checkdigit calculation / Prüfziffernverfahren
checked / kontrolliert
checking / Kontrolle, Prüfung
checking facility / Prüfeinrichtung
checklist / Prüfliste
checkout / Austesten
checkpoint / Fixpunkt, Programmhaltepunkt
checkpoint restart / Fixpunktwiederanlauf
checksum / Kontrollsumme
checkup / Kontrolle, Prüfung
cheque (brit.) / Scheck, Zahlungsanweisung
cheque card (brit.) / Scheckkarte
chiclet keyboard / Kleintastatur (mit sehr kleinen Tasten)
chief / Chef
chief information manager / Informationsmanager
chief programmer / Chefprogrammierer
chip / Chip (Schnipsel), integrierter Schaltkreis, Mikrobaustein (Halbleiterscheibe)
chip card / Ausweiskarte (mit integriertem Mikrobaustein)
chip card telephone / Kartentelephon

chip computer / Chiprechner (Computer auf einem einzigen Chip)
chip topology / Chiptopologie
chip-card telephone / Kartentelephon
chips → chad
chip-slice → wafer
choke / Drosselspule
choose / auswählen, Option aktivieren (Ben-Ob.)
chopper / Zerhacker
chord / Sehne (Gerade, die einen Bogen schließt)
chroma / Farbqualität (Farbton plus Farbsättigung)
chromatic(al) / farbig
chromatic terminal / Farbbildschirm
chrominance / Farbsignal (in einem Videosignal)
chronologic(al) / chronologisch (in zeitlicher Folge)
chute / Transportschacht (für Datenträger)
CIM (abbr. computer-integrated manufacturing, computer input microfilm) / CIM (computerintegrierte Fertigung, Mikrofilmeingabe)
cipher / verschlüsseln; Geheimschrift, Verschlüsseln (in Geheimcode)
cipher machine / Chiffriermaschine (zur Geheimverschlüsselung)
ciphering / Geheimverschlüsselung, Chiffrierung
ciphering code / Geheimschlüssel
ciphering equipment / Schlüsselgerät, Chiffriergerät
ciphony / Chiffrierung, Chiffrierverkehr
circle / Kreis
circuit / Schaltkreis, Schaltung
circuit board / Leiterplatte, Platine
circuit card / Schaltkarte, Steckkarte
circuit chip → chip
circuit diagram / Schaltbild
circuit layout / Schaltplan
circuit time / Schaltzeit, Verbindungsdauer
circuitry / Schaltung
circuitry element / Schaltelement
circuitry logic / Schaltlogik

circuitry unit / Schaltelement

circular / kreisförmig; Rundschreiben

circular letter / Serienbrief

circulate / umlaufen

circulating register / Ringschieberegister

circulating storage / Umlaufspeicher

circumference / Peripherie, Umfang

circumflex accent / Akzent Zirkumflex

CISC (abbr. → complex instruction set computer) / CISC-Rechner (Computer mit erweitertem Befehlsvorrat)

citizen information system / Einwohnerinformationssystem

clack function / Klackfunktion

clacking key / Klacktaste

cladding / Mantel (eines optischen Leiters)

clamp / festklemmen (klemmen); Halterung, Klemme

clamping circuit / Blockierschaltung, Klemmschaltung

class / Klasse

class of service / Benutzerklasse

classic(al) / klassisch

classification / Gruppenbildung, Klassifizierung

classified / geordnet

classify / klassifizieren

classifying / Ordnen

clause / Anweisung, Klausel

claw / Klauenhalterung

clean / sauber; reinigen

clean room / Hochreinheitsraum (z. B. in der Halbleiterfertigung)

cleaning fleece / Reinigungsvlies

clear / aufheben (löschen), freigeben (Leitung), löschen

clear area / Freizone (eines Beleges)

clear band / freie Fläche

clear key / Löschtaste

clear screen key (abbr. CLS key) / Bildschirmlöschtaste

clearance / Beseitigung, Freimachung, Löschung, Räumung

cleardown / Auslösung

clearing / Abrechnung (z. B. zwischen Banken), Auslösung

clearing house / Dokumentationsstelle

clearing office / Abstimmungsstelle, Dokumentationsstelle

clearing signal / Schlußzeichen (zur Leitungsfreigabe)

cleartext / Klartext

clerical staff / Büropersonal

clerical work / Büroarbeit, Verwaltungsarbeit

clerical work-station / Schreibarbeitsplatz

clerk / Büroangestellte(r)

click / klicken (Maustaste kurz betätigen)

click function / Klickfunktion

clicking / Anklicken

clicking key / Klicktaste

clicking pip / Klickton

clicking tone / Klickton

client / Benutzerrechner (in einem CSS), Klient, Mandant

client-based application / Benutzeranwendung (auf dem Benutzerrechner eines CSS)

clientele system / Mandantensystem

client-server architecture / Client-Server-Architektur (Struktur eines CSS)

client-server network / Client-Server-Netz, Client-Server-System

client-server system / Client-Server-System (Netz aus Benutzer- und Dienstrechnern)

clip / abschneiden, festklammern, festklemmen; Klammer (Büroklammer), Klemme

clip art / Clip Art (Vorrat an graphischen Grundmustern und Bildern zum Aufbau komplexer Graphiken)

clipboard / graphischer Zwischenspeicher

clipping / Abschneiden (von Teilen einer Graphik)

clobber / überschreiben (unabsichtlich)

clock / Takt geben; Schrittimpuls, Taktgeber

clock card / Stechkarte

clock generator / Taktgeber

clock input / Takteingang

clock marker / Taktspur
clock pulse / Takt, Taktimpuls
clock rate / Taktrate
clock speed / Taktgeschwindigkeit
clock-calendar board / Uhrzeit-Datums-Einrichtung (mit Akku)
clocked pulse / Taktimpuls
clocking / Taktgeben
clockwise / im Uhrzeigersinn
clone / Klon (baugleicher Rechner)
cloning / Klonen (baugleiche Rechner herstellen)
close / abschließen, schließen
close instruction / Abschlußanweisung
close procedure / Abschlußprozedur
close routine / Dateiabschlußroutine
closed / beendet, geschlossen
closed bus system / geschlossener Datenbus (nicht ausbaufähig)
closed circuit / Ruhestrom
closed decision / geschlossene Entscheidung (bei voller Information)
closed loop / geschlossene Schleife (geschlossenes Regelsystem)
closed network / geschlossenes Netz (Ortsnetz)
closed shop / geschlossener Rechenzentrumsbetrieb
closed system / geschlossenes Regelkreissystem
closed user group / geschlossene Benutzergruppe (Bildschirmtext)
closedown / Abschluß, Beendigung
closing / Schließen (einer Datei)
cloth ribbon / Gewebefarbband, Textilfarbband (Drucker)
CLS key (abbr. clear screen key) / Bildschirmlöschtaste
cluster / anhäufen; Anhäufung, Gruppe (statistisch), Speicherbereich (auf einer Platte oder Diskette)
cluster analysis / Clusteranalyse (statistisches Auswertungsverfahren)
clustering / Clusterbildung
clutch / Kupplung
CLV (abbr. constant linear velocity) / konstante Lineargeschwindigkeit (Bildpl.)

CMOS (abbr. →complementary metal-oxide semiconductor) / komplementärer Halbleiter
CMY (abbr. →cyan, magenta, yellow) / cyan, magenta, gelb (Grundfarben der subtraktiven Farbdarstellung)
CMYK (abbr. →cyan, magenta, yellow, black) / cyan, magenta, gelb, schwarz (Grundfarben der subtraktiven Farbdarstellung, durch Schwarz ergänzt)
CNC (abbr. →computerized numeric control) / rechnerunterstützte numerische Werkzeugmaschinensteuerung
coalesce / vereinigen, zusammenfügen
coarse / grob
coarsing / Vergröberung
coat / umkleiden
coating / Beschichtung, Schicht, Umhüllung
coaxial cable / Koaxialkabel
coaxial connector / Koaxialstecker
COBOL (abbr. common business oriented language) / COBOL (kaufmännische Programmiersprache)
co-channel / Zweitkanal
CODASYL (abbr. Conference on Data Systems Languages) / CODASYL (internationaler Ausschuß zur Pflege von →COBOL)
code / codieren, verschlüsseln; Code, Schlüssel
code card / Ausweiskarte
code chart / Codeübersicht
code check / Codeprüfung
code conversion / Codeumsetzung, Verschlüsselung
code converter / Codeumsetzer, Codewandler
code digit / Kennziffer
code element / Codeelement
code extension / Codeerweiterung
code generation / Codeerzeugung
code generator / Codeerzeuger, Textgeber
code key / Chiffreschlüssel
code optimizing / Codeoptimierung
code page / Codeseite
code pen / Handlesegerät, Lesepistole

code pulse / Zeichenschritt
code recognition / Signalerkennung
code segment / Codesegment (Teil eines Objektprogramms)
code set / Codeliste
code sharing / ein ablaufinvariantes Programm gemeinsam benutzen
code table / Codetabelle
code translation / Codeumsetzung
code translator / Codeumsetzer
code value / Codeausdruck
code word / Kennwort
coded / codiert, verschlüsselt
coded data / verschlüsselte Daten
coded representation / verschlüsselte Darstellung
code-dependent / codeabhängig
code-independent / codeunabhängig
code-oriented / codeabhängig
coder / Codierer
codification / Chiffrierung
codify / chiffrieren
coding / Codierung, Programmiermethode
coding form / Codierblatt, Codierformular
coding line / Codierzeile
coding sheet / Codierblatt
coefficient / Kennzahl, Koeffizient
coercion / Formatumwandlung
coercive force / Koerzitivkraft (magnetische Kraft zur Neutralisierung eines Magnetfeldes)
coercivity / Sättigungskoerzitivkraft (→ Koerzitivkraft)
cog / Zahn
cognition / Erkenntnis, Erkennung
cognition science / Kognitionswissenschaft
cognitive / erkennend
cog-wheel / Zahnrad
coherence / Zusammenhang (Kohärenz)
coherent / zusammenhängend (kohärent)
coherer / Fritter (einfacher Detektor)
coil / aufspulen; Spule (Wicklung)
coin returner / Münzgeldrückgeber

coincidence / Gleichzeitigkeit, Übereinstimmung
coincident / gleichzeitig, übereinstimmend
cold / spannungslos (el.)
cold boot / Kaltstart
cold computer center / Ausweichrechenzentrum (für Katastrophenfälle)
cold fault / Systemzusammenbruch (nach Start und Fehlen der Betriebstemperatur)
cold joint / Kaltlötung
cold link / statische Datenverknüpfung
cold restart / kalter Wiederanlauf (Kaltstart)
cold solder connection / Kaltlötung
cold start / Kaltstart (Neustart mit Löschung aller alten Daten)
cold type / Photosatz
collapse / zusammenbrechen
collate / abgleichen (kollationieren), mischen
collating sequence / Sortierfolge
collating sort / Mischsortieren
collator → card collator
collect / sammeln, zusammenfassen
collecting / Erfassen (von Daten)
collector / Kollektor (Trans.), Stromabnehmer (Kollektor)
collision / Kollision
colon / Doppelpunkt
colon equal / Ergibt-Zeichen (das Zeichen ‹:=›)
colo(u)r (color = am., colour = brit.) / Farbe
colo(u)r bit / Farbbit
colo(u)r brightness / Farbhelligkeit
colo(u)r chart / Farbtabelle
colo(u)r dialog box / Farbauswahl-Dialogfeld
colo(u)r fastness / Farbechtheit
Colo(u)r Graphics Adapter (abbr. CGA) / CGA (stand. Farbgraphik-Karte)
colo(u)r instruction / Farbbefehl (bei graphischen Programmiersystemen)
colo(u)r look-up table / Farbumsetztabelle

colo(u)r model / Farbmodell (z. B. Rot-Blau-Grün)

colo(u)r monitor / Farbbildschirm

colo(u)r plotter / Farbplotter, Farbzeichengerät

colo(u)r saturation / Farbsättigung

colo(u)r scanner / Farbabtaster, Farbscanner

colo(u)r scheme / Farbauswahlmenü

colo(u)r screen / Farbbildschirm

colo(u)r shade / Farbton

colo(u)r terminal / Farbbildschirm

colo(u)ration / Farbgebung

colo(u)red representation / Farbdarstellung

column / Spalte

column by column / spaltenweise

column chart / Säulengraphik

column graph / Säulengraphik

column indicator / Spaltenanzeiger (Textv.)

column number / Spaltenzahl (Textv.)

column shift / Kolonnenverschiebung

column splitting / Spaltenaufteilung

column text chart / Textspaltengraphik

column-wise recalculation / spaltenweise Neuberechnung (Tab.-Kalk.)

COM (abbr. communication port, computer-output microfilm) / COM (serielle Schnittstelle bei PCs, Computerausgabe auf Mikrofilm)

COM recorder / COM-Recorder (Aufzeichnungsgerät für →COM)

comb / Kamm

comb printer / Kammdrucker

combinate / kombinieren

combination / Kombination

combinatorial / kombinatorisch

combine / verknüpfen

combined branch instruction / Kombinationssprungbefehl

combined communication network / Kombinationsnetz (aus Stern-, Maschen-, Ring- und Liniennetzen kombiniert)

combined computer / Hybridrechner

combined drive / Kombinationsgerät

combined error / Kombinationsfehler

combined head / Schreiblesekopf

combined keyboard / Kombinationstastatur (Daten- u. Funktionstasten)

combined keyword / kombinierter Ordnungsbegriff

comforts / Komfort

comma / Komma

command / Steuerbefehl

command button / Befehlsschaltfläche, Kommandoschaltfläche (Ben-Ob.)

command chaining / Befehlskettung

command control block / Befehlssteuerblock

command interpreter / Kommandointerpretierer (BS)

command key / Programmsteuertaste

command key panel / Programmsteuertastenfeld

command language / Kommandospr.

command menu / Befehlsmenü

command mode / Kommandozustand

command procedure / Kommandoprozedur

command state / Kommandozustand

command processor / Kommando-Datei (BS)

COMMAND.COM / Kommando-Datei (BS)

command-driven / kommandogesteuert

commence / starten

commencement / Inbetriebnahme, Start

commensurable / meßbar

comment / kommentieren; Bemerkung, Kommentar

comment line / Kommentarzeile

comment statement / Kommentaranweisung

commentary → comment

commentation / Kommentierung

comments field / Bemerkungsfeld

comments statement / Bemerkungsanweisung

commercial / kaufmännisch, kommerziell

commercial a / Klammeraffe (das Zeichen ‹à› oder ‹@›)

commercial data processing / kommerzielle Datenverarbeitung

commercial frequency / Netzfrequenz

commercial power supply / Netzstromversorgung

commercial programming language / kaufmännische Programmiersprache

commercial usage / Handelsbrauch

commissioner / Beauftragter

commissioner for data protection / Datenschutzbeauftragter

commissioning / Inbetriebnahme

commissioning certificate / Inbetriebnahme-Protokoll

commit / sich verpflichten

committed / gebunden

commodity / Artikel (Ware)

common / allgemein, gemeinsam

common area / allgemeiner Speicherbereich, öffentlicher Speicherbereich

Common Business Oriented Language (abbr. COBOL) / COBOL (Programmiersprache für den allgemeinen Geschäftsbetrieb)

common carrier / Netzbetreiber

common command language (abbr. CCL) / allgemeine Kommandosprache

common file / allgemeine Datei, öffentliche Datei

communal computer / Gemeinschaftsrechner

communicate / kommunizieren, übertragen

communication / Informationsaustausch, Kommunikation, Nachrichtenaustausch

communication adapter / Datenübertragungsanschluß

communication analysis / Kommunikationsanalyse

communication application / Kommunikationsanwendung

communication area / Verständigungsbereich

communication behaviour / Kommunikationsverhalten

communication channel / Kommunikationskanal, Kommunikationsverbindung

communication computer / Knotenrechner, Kommunikationsrechner

communication control / Datenübertragungssteuerung, Kommunikationssteuerung

communication control unit / Fernbetriebseinheit

communication controller / Fernbetriebseinheit

communication device / Kommunikationseinrichtung

communication diagram / Kommunikationsdiagramm

communication equipment / Kommunikationseinrichtung

communication interface / Datenübertragungsschnittstelle, Kommunikationsprotokoll

communication interlocking / Kommunikationsverbund

communication line / Datenübertragungsweg, Kommunikationsleitung

communication link / Datenübertragungsabschnitt

communication matrix / Kommunikationsdiagramm

communication network / Datenübertragungsnetz

communication page / Mitteilungsseite (beim Bildschirmtext)

communication parameter / Kommunikationsparameter

communication procedure / Datenübertragungsverfahren

communication process / Kommunikationsprozeß

communication processor / Kommunikationsrechner

communication program / Kommunikationsprogramm

communication protocol / Kommunikationsprotokoll

communication reference model / Datenübertragungsmodell

communication route / Datenübertragungsweg

communication satellite / Nachrichtensatellit

communication science / Kommunikationswissenschaft

communication server / Kommunikationsdiensteinheit

communication software / Datenübertragungs-Software

communication system / Kommunikationssystem

communication technics / Kommunikationstechnik

communication terminal / Datenstation

communication-oriented data processing / aktionsorientierte Datenverarbeitung

communications / Kommunikationstechnik

commutability / Austauschbarkeit

commutable / austauschbar

commutator / Kommutator (Stromwender)

commuter / Pendler

commuting / Pendeln (Fahren zum Arbeitsplatz)

comp (abbr. → composite) / Seitenmuster (DTP)

compact / eng gepackt, kompakt; verdichten

compact cassette / Kompaktkassette (Form der Magnetkassette)

compact computer / Bürocomputer, Kompaktrechner

compact data cartridge / Kompaktkassette (Form der Magnetkassette)

compact design / Kompaktbauweise

compact disc (CD) / Kompaktbildplatte

compact disc/read-only memory (abbr. CD-ROM) / nicht überschreibbare optische Platte

compact floppy disk / Kompaktdiskette, Mikrodiskette (3,5 Zoll)

compact office computer / Bürocomputer

compact telephone / Handfernsprecher

compact videodisk / Kompaktbildplatte

compaction / Verdichtung

compander / Kompander

company / Handelsgesellschaft

company network / Firmennetz (weltweites)

comparable / vergleichbar

comparative / relativ, vergleichend; Vergleichs...

comparator / Vergleichseinrichtung

compare / vergleichen; Vergleich

comparing instruction / Vergleichsbefehl

comparing statement / Vergleichsanweisung

comparison / Vergleich

comparison operator / Vergleichsoperator

compartment / Abteilung

compartmentation / Separierung

compatibility / Verträglichkeit (Kompatibilität)

compatible / verträglich (kompatibel)

compensate / ausgleichen (kompensieren)

compensation / Ausgleich, Kompensation

compensator / Ausgleicher

compete / konkurrieren

competence / Kompetenz

competent / befugt, zuständig

competition / Wettbewerb (Konkurrenz)

competitive / Wettbewerbs...

competitor / Mitbewerber (Konkurrent)

compilate / zusammenstellen

compilation / Kompilierung, Übersetzung (eines Programms)

compilation listing / Übersetzungsliste

compilation run / Übersetzungslauf

compile / übersetzen (eines Programms mit einem Kompilierer)

compile time / Übersetzungszeit

compiler / Kompilierer, Übersetzungsprogramm

compiler language / Kompiliersprache

compiler program / Kompilierprogramm
compiling / Kompilieren (Übersetzen)
compiling program / Kompilierer
complaint / Beschwerde (vor Gericht)
complement / komplementieren; Komplement, Komplementzahl
complement on nine / Neunerkomplement
complement on one / Einserkomplement
complement on ten / Zehnerkomplement
complement on two / Zweierkomplement
complementary / komplementär
complementary addition / komplementäre Addition (= Subtraktion)
**complementary metal-oxide semi-
conductor** (abbr. CMOS) / komplementärer Halbleiter
complementation / Komplementbildung
complementer / Komplementiereinrichtung
complete / vollständig; vervollständigen
completeness / Vollständigkeit
completion / Abschluß, Vervollständigung, Vollendung
completion certificate / Übergabeprotokoll
complex / komplex, zusammengesetzt;
Komplex (zusammengesetztes Gan-
zes)
complex instruction set computer
(abbr. CISC) / CISC-Rechner (Computer mit erweitertem Befehlsvorrat)
complexity / Komplexität, Kompliziertheit
complicated / kompliziert
component / Bauelement, Bestandteil,
Komponente
component density / Packungsdichte
(von Bauelementen)
component modularization / Komponentenmodularisierung

component parallelization / Komponentenparallelisierung
component side / Bestückungsseite
(einer Platine)
components layout / Bestückung
(einer Platine)
compose / setzen (Druckt.)
compose sequence / Kombinationstastenanschlag
composer / Setzmaschine (Lichtsatz)
composite (abbr. comp) / Seitenmuster
(DTP), Verbund...
composite form / Verbundbeleg
composite key / zusammengesetzter
Schlüssel
composite video display / Kombinationsbildschirm (erhält sämtliche Bildinformationen einschl. Farbe in einem
Signal)
composition / Zusammensetzung
composition computer / Satzrechner
compositor / Schriftsetzer
compound / zusammengesetzt; Mischung
compound address / zusammengesetzte Adresse
compound device / Verbundgerät
compound expression / zusammengesetzter Ausdruck
compound fraction / Doppelbruch
compound instruction / Verbundbefehl
comprehensibility / Verständlichkeit
comprehensible / verständlich
compress / komprimieren, verdichten
compressing / Komprimierung, Verdichtung
compression / Komprimierung, Verdichtung
compressor / Verdichtungseinheit
compunication (abbr. computer communication) / Telematik
computability / Berechenbarkeit
computable / berechenbar
computation / Berechnung
computational / rechenbetont
computational item / Rechenfeld
computation-bound / rechenintensiv

compute / berechnen, rechnen

compute statement / Rechenanweisung

compute-bound / rechenintensiv

computer / Computer, Datenverarbeitungsanlage, Rechner (Rechenanlage)

computer abuse / Computerkriminalität, Computermißbrauch

computer abuse insurance / Computermißbrauchsversicherung

computer addiction / Computersucht

computer addictive / computersüchtig

computer aid / Rechnerunterstützung

computer allocation / Rechnerbelegung

computer anxiety / Computerangst

computer application / Computeranwendung

computer architecture / Rechnerarchitektur

computer art / Computerkunst

computer camp / Computer-Camp (Form der Ausbildung)

computer cash register / Computerkasse

computer categories / Computergrößenklassen

computer center / Rechenzentrum

computer classification / Rechnerklassifikation

computer club / Computerclub

computer code / Maschinensprache

computer composition / Computersatz (Druckt.)

computer configuration / Rechnerkonfiguration

computer controlling / Programmsteuerung

computer correspondence / Computerkorrespondenz, elektronische Post

computer coupling / Rechnerkopplung

computer crime / Computerkriminalität

computer criminality / Computerkriminalität

computer dactyloscopy / Computerdaktyloskopie (Fingerabdruckerkennung)

computer democracy / Computerdemokratie

computer diagnosis / Computerdiagnose

computer engineer / Computertechniker

computer engineering / Computerentwicklung (HW)

computer era / Computerzeitalter

computer espionage / Computerspionage

computer evaluation / Rechnerbewertung

computer expert witness / Computersachverständiger

computer family / Systemfamilie

computer fascination / Computerfaszination

computer fraud / Computerbetrug (Computerkriminalität)

computer freak / Computerbegeisterter

computer game / Computerspiel

computer generation / Computergeneration

computer graphic / Computergraphik (als einzelne Darstellung)

computer graphics / graphische Datenverarbeitung (als Anwendungsgebiet)

computer idiom / Computerfachsprache

computer input microfilm (abbr. CIM) / Mikrofilmeingabe

computer installation / Rechnerinstallation

computer instruction / Maschinenbefehl

computer interface / Computerschnittstelle

computer journal / Computerzeitschrift

computer jurisdiction / Computerrechtsprechung

computer kid / computerbegeisterter Jugendlicher

computer kit / Computerbausatz

computer land register / Computergrundbuch

computer language / Maschinensprache

computer law / Computerrecht (als Rechtsgebiet)

computer leasing / Computerleasing (Mietform)

computer letter / Serienbrief (Textv.)

computer linguistics / Computerlinguistik

computer literacy / Computerverstand (Kenntnisse über Computer)

computer literature / Computerliteratur

computer magazine / Computermagazin, Computerzeitschrift

computer mail / Mail-Box

computer manipulation / Computermanipulation (Form der Kriminalität)

computer manufacturer / Computerhersteller

computer market / Computermarkt

computer medicine / Computermedizin

computer music / Computermusik

computer network / Rechnernetz

computer on the job / Computer am Arbeitsplatz

computer output microfilm (abbr. COM) / Mikrofilmausgabe

computer periodical / Computerzeitschrift

computer personnel / DV-Mitarbeiter

computer power / Computerpotenz, Computervermögen

computer program / Computerprogramm, Programm

computer programming / Computerprogrammierung, Programmierung

computer revolution / Computerrevolution (drastische Veränderung von Techniken durch Einsatz von Computern)

computer room / Rechnerraum

computer run / Rechnerlauf

computer sabotage / Computersabotage (Form der Kriminalität)

computer science / Informatik

computer scientist / Informatiker

computer security / Rechnersicherheit

computer shop / Computerladen

computer simulation / Rechnersimulation

computer society / Computergesellschaft

computer sociology / Computersoziologie

computer staff / Computerpersonal

computer system / Datenverarbeitungssystem, Rechnersystem

computer technology / Computertechnik, Rechnertechnik

computer throughput / Computerleistung, Durchsatz

computer tomography / Computertomographie (Schichtaufnahme eines Körpers mit Hilfe eines Rechners)

computer toy / Computerspielzeug

computer typesetting / Computersatz (Druckt.)

computer utility / Dienstprogramm

computer utilization / Rechnernutzung

computer velocity / Rechengeschwindigkeit

computer virus / Computervirus

computer vision / Computer-Vision (Form der graphischen Datenverarbeitung)

computer word / Rechnerwort

computer worm / Computerwurm (Bez. für Computervirus)

computer-aided / computerunterstützt, rechnerunterstützt

computer-aided anamnesis / rechnerunterstützte Anamnese (Aufzeichnung von Patientendaten)

computer-aided design (abbr. CAD) / computerunterstützte Konstruktion, rechnerunterstütztes Entwerfen

computer-aided diagnosis / rechnerunterstützte Diagnose

computer-aided engineering (abbr. CAE) / rechnerunterstütztes Ingenieurwesen

computer-aided industry (abbr. CAI) / rechnerunterstütztes Industriewesen

computer-aided information (abbr. CAI) / rechnerunterstützte Information

computer-aided instruction (abbr. CAI) / rechnerunterstützte Unterweisung (Abk. CUU)

computer-aided learning (abbr. CAL) / rechnerunterstütztes Lernen

computer-aided manufacturing (abbr. CAM) / rechnerunterstützte Fertigung

computer-aided measurement and control (abbr. CAMAC) / rechnerunterstütztes Messen und Regeln

computer-aided medicine / rechnerunterstützte Medizin

computer-aided office (abbr. CAO) / rechnerunterstützte Verwaltung

computer-aided planning (abbr. CAP) / rechnerunterstützte Planung

computer-aided publishing (abbr. CAP) / rechnerunterstützte Publikationserstellung

computer-aided quality (abbr. CAQ) / rechnerunterstützte Qualitätssicherung

computer-aided sales (abbr. CAS) / rechnerunterstützter Vertrieb

computer-aided software engineering (abbr. CASE) / rechnerunterstützte Softwareentwicklung

computer-aided teaching / rechnerunterstütztes Lehren

computer-aided testing / rechnerunterstütztes Testen

computer-aided training / rechnerunterstützte Schulung

computer-assisted / computerunterstützt

computer-based / computergestützt

computer-controlled / computergesteuert

computer-controlled dialog / computergesteuerter Dialog

computer-controlled stockhouse / rechnergesteuertes Hochregallager

computer-controlled switching equipment / rechnergesteuerte Vermittlungseinrichtung

computer-dependent / computerabhängig, rechnerabhängig

computer-guided dialog / rechnergeführter Dialog

computer-independent / computerunabhängig, rechnerunabhängig

computer-independent programming language / maschinenunabhängige Programmiersprache

computer-integrated manufacturing (abbr. CIM) / computerintegrierte Fertigung

computerization / Computerisierung

computerize / computerisieren (mit Rechnern ausstatten, mit Hilfe von Rechnern erledigen)

computerized / computerisiert

computerized dictionary / Computerwörterbuch, maschinelles Wörterbuch

computerized numeric control (abbr. CNC) / rechnerunterstützte numerische Werkzeugmaschinensteuerung

computerized private branch exchange / rechnergesteuerte Nebenstellenanlage

computer-managed / computergeregelt

computer-oriented language / maschinenorientierte Programmiersprache

computer-output microfilm (COM) / Computerausgabe auf Mikrofilm (COM)

computer-readable / computerlesbar, maschinell lesbar

computing capacity / Rechenkapazität

computing center / Rechenzentrum

computing performance / Rechenleistung

computing speed / Rechengeschwindigkeit

computing time / Rechenzeit

comware (abbr. communication ware) / Kommunikationsmethoden (Kunstwort, gebildet analog zu Software, Hardware)

CON (abbr. →console) / Konsole

concatenate / verketten

concatenation / Kettung

concentrate / anreichern

concentration / Anreicherung

concentrator / Konzentrator (Knoten rechner in einem Kommunikations- netz)

concentricity / Konzentrizität

concept / Begriff, Konzept

concept formation / Begriffsbildung

concept of phases / Phasenkonzept

conception / Konzept

conception of levels / Stufenkonzept

conceptual data structure / konzeptio- nelle Datenstruktur

conceptual data view / konzeptionelle Datensicht

conceptual formulation / Aufgaben- stellung (in der Organisation)

conceptual model / konzeptionelles Modell (DB.)

conceptual schema / konzeptionelles Modell (DB.)

conclusion of a contract / Vertragsab- schluß

concordance / Übereinstimmung

concordance file / Indexwortdatei (Textv.)

concrete number / benannte Zahl

concurrency / Gleichzeitigkeit

concurrent / gleichzeitig, simultan

concurrent access / Mehrfachzugriff

concurrent CP/M / CP/M-Betriebssy- stem, das auch MS-DOS-Programme unterstützt, → CP/M

concurrent execution / gleichzeitige Ausführung

concurrent processing / gleichzeitige Verarbeitung

condense / verdichten

condensed font / Schmalschrift

condensed type / Schmalschriftzeichen

condenser / Kondensator, Verdichter

condition / Bedingung

condition bit / Zustandsbit

condition code / Bedingungsschlüssel

condition code register / Bedingungs- anzeigeregister

condition name / Bedingungsname

condition of truncation / Abbruchbe- dingung

conditional / bedingt

conditional branch / bedingter Sprung

conditional branch instruction / be- dingter Sprungbefehl

conditional breakpoint / bedingter Halt

conditional decision / bedingte Ent- scheidung

conditional expression / bedingter Ausdruck

conditional gate / Bedingungseingang (eines Flipflop-Registers)

conditional instruction / bedingter Be- fehl

conditional jump / bedingter Sprung

conditional jump instruction / beding- ter Sprungbefehl

conditional operand / bedingter Ope- rand

conditional request / Bedingungsabfra- ge

conditional statement / bedingte An- weisung

conditional variable / Bedingungsvaria- ble

conditioned / bedingt

conditioning / Bedingungs...

conduct / leiten (el.)

conductance / Leitwert (eines Kabels)

conducting / durchlässig, leitfähig (Halbl.); Leiten (el.)

conducting state current / Durchlaß- strom

conducting state region / Durchlaßbe- reich

conducting state voltage / Durchlaß- spannung

conduction / Leitung (el.)

conduction band / Leitungsband

conductive / leitfähig

conductivity / Leitfähigkeit

conductor / Ader (Kabel), Leiter (el.)

conductor path / Leiterbahn

conduit / Rohr, Rohrleitung

cone / Konus

conference / Konferenz

conference circuit / Konferenzschal- tung

conference service / Konferenzschaltung

confidence / Geheimnis (vertrauliche Mitteilung)

confidential / vertraulich

CONFIG.SYS / Konfigurationsdatei (BS)

configurate / ausstatten (eine Zentraleinheit mit Speicherkapazität und peripheren Geräten)

configuration / Konfiguration (Ausstattung einer DV-Anlage mit Hardware-Einheiten)

configuration file / Konfigurationsdatei (BS)

confine / beschränken

confirm / bestätigen

confirmation / Bestätigung

confirmation message / Bestätigungsmeldung

conflict / Konflikt

conflict resolution / Konfliktlösung

conform / übereinstimmen

conformance / Übereinstimmung

conformity / Übereinstimmung

congestion / Stauung, Überlastung

congress / Kongreß

congruence / Kongruenz, Übereinstimmung

conjunction / Konjunktion, UND-Verknüpfung

connect / anschließen, verbinden

connect charge / Anschlußgebühr

connect through / durchkontaktieren, durchschalten

connect time / Verbindungsdauer

connected / verbunden

connected load / Anschlußwert (el.)

connecting terminal / Klemme (am Kabel)

connecting unit / Anschlußeinheit

connection / Anschluß, Verbindung

connection cleardown / Verbindungsabbau

connection release / Verbindungsabbau

connection setup / Verbindungsaufbau

connectivity / Vernetzung

connector / Konnektor, Stecker, Übergangsstelle (in einem Diagramm)

connector cable / Verbindungskabel

connector plug / Stecker, Verbindungsstecker

connexion → connection

consecution / logische Folge, Reihenfolge

consecutive / aufeinanderfolgend

consecutive numbering / fortlaufende Numerierung

consent / Einwilligung

consider / erwägen

consideration / Hinweis

consistence / Folgerichtigkeit, Übereinstimmung

consistency / Folgerichtigkeit, Konsistenz, Übereinstimmung

consistent / folgerichtig, konsistent

console / Bedienungsfeld, Konsol, Steuerpult

console input / Konsoleingabe

console listing / Blattschreiberprotokoll

console operator / Konsolbediener

console output / Konsolausgabe

console printer / Blattschreiber

console protocol / Blattschreiberprotokoll

console teleprinter / Blattfernschreiber

console typewriter / Blattschreiber

consolidated / gemeinsam

consonant / Konsonant

constancy / Dauerhaftigkeit, Stabilität

constant / gleichbleibend, konstant; Festwert, Konstante

constant angular velocity (abbr. CAV) / konstante Winkelgeschwindigkeit (Bildpl.)

constant data / feste Daten, Konstante

constant expression / fester Ausdruck, Konstante

constant linear velocity (abbr. CLV) / konstante Lineargeschwindigkeit (Bildpl.)

constellation / Anordnung (Stellung zueinander)

constituent / Schaltelement

constraint / Beschränkung, Randbedingung

construct / konstruieren; Konstrukt

construction / Bauweise, Gliederung

consult / nachfragen, sich beraten lassen

consultant / Berater

consulting / Beratung

consulting firm / Beratungsunternehmen

consulting function / Beratungsfunktion

consulting service / Beratung

consume / verbrauchen

consumer / Verbraucher

consumers electronics / Konsumelektronik

consumers reporting agency / Auskunftei

consumers transaction facility / Bankautomat

contact / verbinden; Kontakt, Verbindung

contact break time / Kontaktöffnungszeit

contact brush / Kontaktbürste

contact configuration / Kontaktanordnung (in einem Kabelstecker)

contact erosion / Kontaktabbrand

contact make time / Kontaktschließzeit

contact man / Kontaktperson

contact plug / Kontaktstecker, Stecker

contact socket / Kontaktbuchse

contact stiffener / Kontaktverstärker

contactfree / berührungslos

contactor / Schaltschütz

contain / enthalten

container / Behälter

container computer center / Container-Rechenzentrum (mobiles Rechenzentrum z. B. für Katastrophenfälle)

contaminate / dotieren, verunreinigen

contaminated / dotiert

contamination / Dotierung, Verunreinigung

content(s) / Inhalt

content-addressed / inhaltsadressiert (Assoziativspeicher)

contention / Konkurrenz, Kontroverse (Widerstreit)

contention mode / Konkurrenzbetrieb

content-oriented / inhaltsorientiert

content-oriented access / inhaltsorientierter Zugriff

context / Kontext (Sinnzusammenhang)

context of information / Informationszusammenhang

context-dependent / kontextabhängig

context-sensitive help / umgebungsabhängige Hilfefunktion (Ben-Ob.)

contextual / textabhängig

contiguous / abhängig, zusammenhängend

contiguous item / benachbartes Datenfeld

contingency / Eventualfall (Katastrophe)

contingency manual / Katastrophenhandbuch

continuation / Fortsetzung

continuation address / Folgeadresse

continuation line / Fortsetzungszeile

continuation record / Folgesatz

continuation screen / Folgebild (bei Bildschirmarbeit)

continuation tape / Folgeband

continue / fortsetzen

continuity / Durchgang (el.)

continuous / beständig, kontinuierlich, stetig, ununterbrochen

continuous form / Endlosformular

continuous form paper / Endlospapier

continuous operation / Dauerbetrieb

continuous printed form / Endlosvordruck

continuous processing / schritthaltende Verarbeitung

continuous text / Fließtext

continuous tone / Ton-in-Ton-Abbildung

contour / Umriß (graph.)

contouring / Farbstufendarstellung (ohne kontinuierliche Übergänge)

contra... / Gegen...

contract / Vertrag

contract negotiation / Vertragsverhandlung

contractual relationship / Vertragsverhältnis

contradictory / widersprüchlich

contrast / kontrastieren; Bildschärfe, Kontrast

contrast control / Bildschärferegulierung

control / leiten, regeln, steuern, überwachen; Leitung, Regelung, Steuerung, Überwachung

control arrow / Ablaufpfeil

control ball / Rollkugel

control bit / Steuerbit

control block / Kontrollblock, Steuerblock

control break / Gruppenwechsel, Steuerungsunterbrechung

control bus / Steuerbus

control byte / Steuerbyte

control character / Steuerzeichen

control code / Steuercodezeichen (ASCII)

control command / Kommando, Steuerbefehl

control data / Ordnungsdaten, Steuerdaten

control desk / Bedientisch

control document / Kontrollbeleg

control element / Steuerelement

control engineering / Regeltechnik

control feature / Steuereinrichtung

control footing report group / Gruppenfuß

control heading report group / Gruppenkopf

control instruction / Steuerbefehl

control key (abbr. CTRL key) / Funktionstaste, Programmsteuertaste, Steuertaste

control keyboard / Funktionstastatur

control knob / Bedienknopf

control label / Steuerkennzeichen

control language / Kommandosprache

control lever / Steuerhebel, Steuerknüppel

control mark / Abschnittsmarke (beim Magnetband)

control menu / Steuermenü

control mode / Steuermodus, Systemzustand

control panel / Bedienungsfeld (an einem Gerät oder auf einem Bildschirm)

control paper tape / Steuerlochstreifen

control procedure / Steuerprozedur (des Hauptprogramms)

control process / Regelstrecke (im Regelkreis)

control program / Organisationsprogramm, Steuerprogramm

control pulse / Steuerimpuls

control routine / Steuerprogramm

control section / Regelstrecke (im Regelkreis)

control signal / Steuerimpuls, Steuersignal

control stack / Steuerkeller (Kellerspeicherbereich)

control statement / Steueranweisung

control station / Leitstation

control storage / Steuerspeicher

control structure / Kontrollstruktur

control system / Regelsystem, Steuersystem

control system call / Organisationsaufruf (des Betriebssystems)

control terminal / Leitdatenstation

control unit / Steuereinheit, Steuerwerk

control variable / Laufvariable

control wire / Steuerleitung

control word / Aufbereitungsmaske

controllable / regelbar, steuerbar

controller / Steuereinheit, Steuerungseinrichtung, Überwacher (auch Person)

controller card / Steuereinheit-Steckkarte

controlling / Steuern, Steuerung

controlling by computer / Rechnersteuerung

controlling chip / Steuerchip

controlling variable / Stellgröße (im Regelkreis)

convenience(s) / Komfort
convenient / bequem, komfortabel, praktisch
convention(s) / Vereinbarung
conventional / konventionell
conventional memory / konventioneller Speicherbereich (von MS-DOS, umfaßt 640 KB)
conventional programming / konventionelle Programmierung (mit Sprachen der 3. Generation)
converge / zusammenlaufen
convergence / Zusammenlaufen
conversation / Dialog, Gespräch, Informationsaustausch
conversational / dialogorientiert; Dialog...
conversational graphics / interaktive Bildverarbeitung
conversational language / Dialogsprache
conversational mode / Dialogbetrieb
conversational prompting / Dialogsteuerung
conversational station / Dialoggerät
conversion / Konvertierung, Umsetzung
conversion instruction / Konvertierungsbefehl
conversion program / Umsetzprogramm
conversion table / Umsetztabelle
convert / umsetzen
converter / Umformer (el.), Umsetzer
convertible / umsetzbar
convey / transportieren
conveyor / Förderbahn
cookbook / programmierte Unterweisung (zum Selbstlernen)
cooling / Abkühlung
cooperative / kooperativ
cooperative processing / kooperative Verarbeitung (zweier Rechner an einer Aufgabe oder denselben Daten)
coordinate / koordinieren, zuordnen; Koordinate
coordinate graphics / Koordinatengraphik

coordinate system / Koordinatensystem
coordinating / abstimmend, koordinierend
coordination / Koordinierung, Zuordnung
coordinatograph / Koordinatenschreiber
coordinator / Koordinator
coprocessor / Koprozessor (meist zur Verbesserung mathematischer Anwendungen)
copy / abschreiben, kopieren; Abschrift, Durchschlag, Kopie, Nutzen (Zahl der Durchschläge bei Druckern)
copy capability / Nutzenzahl (beim Drucker)
copy cycle / Bildübertragung
copy holder / Konzepthalter
copy modification / Kopiemodifikation
copy program / Kopierprogramm
copy protect / kopierschützen
copy protected / kopiergeschützt
copy protection / Kopierschutz
copy run / Kopierlauf
copy statement / Kopieranweisung
copying / Kopieren, Nachbauen
copyright / Copyright (Urheberrecht)
copyright notice / Copyright-Hinweis (in Software, Schriftwerken usw.)
cord / Kabel, Litze
cordless / leitungslos
cordless communication / Funkkommunikation
core / Kern, Kernspeicher (veraltet)
core image / Speicherabbild
core image format / Speicherformat (eines Programms)
core image library / Phasenbibliothek (der ablauffähigen Programme)
core matrix / Speichermatrix (des Kernspeichers)
core memory / Kernspeicher (veraltet)
core program / Objektprogramm im Arbeitsspeicher
co-resident / gleichzeitig (im Hauptspeicher) befindlich

corner cut / Eckenabschnitt (der Lochkarte)

corona discharge / Glimmentladung

corona unit / Korona (des Laserdruckers)

corotron / Korona (des Laserdruckers)

co-routine / Koroutine (gleichzeitig im Arbeitsspeicher wie andere Routinen)

corporate/Gesellschafts...(Firmen...)

corporate secrecy/ Betriebsgeheimnis

corporation / Gesellschaft, Körperschaft

correct/ fehlerfrei; korrigieren

correcting feature / Korrektureinrichtung

correcting ribbon/ Korrekturband (bei Schreibmaschinen)

correction/ Berichtigung, Korrektur

correction key/ Korrekturtaste, Löschtaste

correction memory/ Korrekturspeicher (bei Schreibmaschinen)

corrective/ fehlerbehebend, korrigierend

corrective maintenance/ fehlerbehebende Wartung

correctness/ Fehlerfreiheit

correctness of accounting / Ordnungsmäßigkeit der Buchhaltung

correctness of data processing/ Ordnungsmäßigkeit der Datenverarbeitung

correctness of data security/ Ordnungsmäßigkeit der Datensicherung

correlation/ Korrelation, Wechselbeziehung

correlation analysis/ Korrelationsanalyse

correlation coefficient/ Korrelationskoeffizient

correspond/ entsprechen

correspondence/ Entsprechung, Korrespondenz

correspondence quality/ Korrespondenzqualität (hohe Druckqualität)

corresponding/ entsprechend

corresponding data item/ korrespondierendes Datenfeld

corrupt/ verfälscht

corrupted file/ verfälschte Datei

corruption/ Verfälschung

COS (abbr. →calculator on substrate) / Glasscheibenrechner

cosecant/ Kosekans

cosine/ Kosinus

cost/ kosten; Kosten

cost allocation/ Kostenumlage

cost calculation/ Kostenrechnung

cost center/ Kostenstelle

cost item/ Kostenart

cost rating/ Kostenschätzung

cost unit/ Kostenträger

cost-benefit analysis/ Kosten-Nutzen-Analyse

cost-benefit ratio/ Kosten-Nutzen-Verhältnis

cost-cost comparison/ Kosten-Kosten-Vergleich

costing/ Kostenrechnung

costs/ Kosten

costs compensation method/ Kosten-Kompensations-Verfahren

costs of data processing/ Datenverarbeitungskosten

costs of maintenance/ Wartungskosten

costs of programming/ Programmierkosten

costs of repair/ Reparaturkosten

costs of test/ Testkosten

cost-saving/ Kosteneinsparung

cotangent/ Kotangens

cotter/ Sicherungsstift, Splint

count/ zählen; Summe, Zählung

counter/ Hohlraum (in Schriftzeichen wie z. B. beim ‹O›), Schalter (Bank), Zähler

counter cycle/ Zählschleife

counter preset/ Zählervoreinstellung

counter terminal/ Schalterterminal

counting/ Zählen

counting loop/ Zählschleife

country-specific/ länderspezifisch (z. B. Zeichenalphabete, Sprachen usw.)

couple/ koppeln; Verbindung

coupled / gekoppelt

coupled computer / Koppelrechner

coupling / Kopplung

coupling element / Koppelglied

Courier / Courierschrift (Standard-schrift von Druckern)

course of training / Ausbildungsgang

courseware / Courseware (Mittel und Methoden des rechnerunterstützten Lernens)

court-appointed expert / Gerichtsgut-achter

cover / abdecken, schützen; Abdek-kung, Deckel, Gehäuse, Verkleidung

coverage / Reichweite

covert / heimlich, versteckt

cover-up correction / Korrektur durch Abdecken (Schreibm.)

CP (abbr. → control program) / Steuer-programm

cpi (abbr. → characters per inch) / Zei-chen je Zoll

cpl (abbr. → characters per line) / Zei-chen je Zeile

CPM (abbr. → critical path method) / CPM (Methode der Netzplantechnik)

CP/M (abbr. control program for mi-crocomputers) / CP/M (ältestes Be-triebssystem für Mikrocomputer)

cps (abbr. → characters per second) / Zeichen je Sekunde

CPU (abbr. → central processing unit) / ZE (Abk. Zentraleinheit)

CR (abbr. → carriage return) / Wagen-rücklauf

crack / brechen, knacken, zerbrechen; Bruch

cracker (sl.) / Knacker (Einbrecher in ein fremdes System, auch Computer-virus)

cradle / Gabel

CRAM (abbr. → card random access memory) / Magnetkartenspeicher (veraltet)

crank / Kurbel

crash / abstürzen, zusammenbrechen; Absturz, Landen (des Kopfes auf der Magnetplatte)

crash recovery / Störungsbeseitigung

crasher (sl.) / Programmzerstörer (Computervirus)

CRC (abbr. cyclic redundancy check) / CRC (Abk. zyklische Redundanzprü-fung, bei Platten und Diskettten)

create / anlegen, erstellen

creation / Erstellung (zum Beispiel einer Datei)

creation date / Erstellungsdatum

creative office work / kreative Büroar-beit

creator / Dateierzeuger, Erzeuger

credential / Berechtigungsnachweis

credible / glaubwürdig

credit / Habenseite (eines Kontos)

credit card / Kreditkarte

creep / kriechen; Schlupf

crest / Gipfelpunkt, Scheitelpunkt

crime / Kriminalität, Verbrechen

criminality / Kriminalität

crimp / heften, quetschen, riffeln; Kral-le (bei Endlosdrucksätzen)

crimp lock / Krallenbindung (bei End-losdrucksätzen)

crimp connection / Quetschverbindung (bei Kontaktanschlüssen)

crimped / gequetscht

cripple / lahmlegen

criss-cross / gitterartige Störung (Bild-schirm)

criterion (pl. criteria) / Kriterium, Merkmal

critical / kritisch

critical defect / kritischer Fehler

critical error / kritischer Fehler

critical path / kritischer Weg (Netzplan-technik)

critical path method (abbr. CPM) / CPM (Kritischer-Weg-Methode, Me-thode der Netzplantechnik)

crop / abschneiden (von Teilen einer Graphik)

cropping / Abschneiden (von Teilen einer Graphik)

cross / durchlaufen; systemfremd

cross assembler / Fremdassembler (Kreuzassembler, Wirtsassembler) *cross checking* / Überkreuzprüfung (Mehrfachprüfung)

cross compiler / Fremdkompilierer (Kreuzkompilierer, Wirtskompilierer)

cross display (X-ray) / Kathodenstrahlanzeige

cross fade / Überblendung

cross footing / Querrechnung

cross reference / Querverweis

cross section of a line / Leitungsquerschnitt

cross simulator / Kreuzsimulationsprogramm

cross sum / Quersumme

cross sum check / Quersummenkontrolle

crossfoot / Quersumme

crossfooting / Querrechnen

cross-hatching / Kreuzschraffur

cross-linked / kreuzverbunden (schwerer logischer Datei-Fehler)

crosspoint / Koppelpunkt

cross-section / Querschnitt

crosstalk / Kopiereffekt (z. B. bei Magnetband)

crosstalking / Nebensprechen (Fernspr.)

crosswise / quergerichtet

CRT (abbr. →cathode-ray tube) / Kathodenstrahlröhre

crucial / entscheidend (kritisch)

cryogenic / Tieftemperatur...

cryogenic computer / Josephson-Computer, Tieftemperaturrechner

cryogenic conduction / Supraleitfähigkeit, Supraleitung

cryogenic storage / Supraleitspeicher

cryogenics / Tieftemperaturtechnik

cryotron / Kryotron (Supraleitschaltelement)

crypto... / Geheim..., Schlüssel...

cryptoalgorithm / Kryptoalgorithmus

cryptoanalysis / Kryptoanalyse (Versuch zur Entschlüsselung von Geheimcodes)

cryptodata / Chiffrierdaten

cryptograph / Geheimschrift

cryptographic →crypto...

cryptographic compromise / Geheimcodepreisgabe

cryptographic equipment / Schlüsselgerät

cryptographic machine / Schlüsselgerät, Schlüsselmaschine

cryptographic system / Schlüsselsystem (zur Chiffrierung von Daten)

cryptography / Kryptographie (Geheimcode)

cryptology / Kryptologie (Lehre von der Geheimverschlüsselung)

cryptosecurity / Schlüsselsicherheit

cryptotext / Schlüsseltext (eines Geheimcodes)

crystal / Kristall, Quarz

crystal growing / Kristallzüchtung

crystal pulling / Kristallzüchtung

crystal wafer / Halbleiterscheibe, Kristallscheibe

CSMA/CD (abbr. →carrier sense multiple access with collision detection) / CSMA/CD-Verfahren (Methode zum kollisionsfreien Mehrfachzugriff auf private Ortsnetze)

CTRL (abbr. →control) / Steuerung

CTRL key (abbr. →control key) / Steuertaste

CTRL-ALT-DEL (abbr. control key, alternate key, delete key) / CTRL-ALT-DEL (Tastenkombination für einen Warmstart nach einem Fehler)

cubic / kubisch

cue / Aufruf (Stichwort)

cumulate / sammeln (anhäufen)

cumulative / kumulativ

cure / aushärten, beheben

curly bracket / geschweifte Klammer

currency / Zahlungsmittel

currency sign / Währungssymbol (DM, $)

current / aktuell, gegenwärtig, laufend; Strom (el.)

current cell / aktuelle Zelle (Tab-Kalk.)

current cell indicator / Aktuelle-Zellen-Anzeiger (Tab-Kalk.)

current date / aktuelles Datum

current directory / aktuelles Dateiverzeichnis
current drive / aktuelles Laufwerk
current line / aktuelle Zeile
current page / aktuelle Seite
current record / aktueller Satz
current time / Uhrzeit
current-carrying / stromführend
cursor / Cursor, Positionsanzeiger,
Schreibmarke (Bildschirm)
cursor control / Schreibmarkensteuerung
cursor control key / Schreibmarkensteuertaste
cursor control key field / Schreibmarkensteuertastenfeld
cursor control keypad / Schreibmar-
kensteuerungstastatur
cursor key / Cursortaste, Schreibmarkentaste
cursor-movement keys / Schreibmar-
kensteuertasten
curtate / Lochzone (LK)
curvature / Krümmung, Kurve
curve / Krümmung, Kurve
curve follower / Kurvenleser
curve graphics / Kurvengraphik
curve tracer / Kurvenabtaster
curvilinear / kurvenförmig
cusp / Scheitelpunkt, Spitze
custom / kundenspezifisch; Handelsbrauch, Kundschaft, Zoll(gebühren)
custom form width / Sonderbreite (bei
Endlosformularen)
custom software / kundenspezifische
Software
customary in the trade / handelsüblich
customer / Kunde
customer engineer / Wartungstechniker
customer engineering / Wartungsdienst (beim Kunden)
customer field service / Kundendienst
customer service / Kundendienst
customization / Anpassung (kundenspezifisch)
customized / kundenspezifisch
customizing / Anwenderanpassung

cut / abschneiden, verringern; Schlitz
cut and paste / Abschneiden und Kleben (Blockverschiebung in der
Textv.)
cut form / Einzelformular
cut off / abschalten
cutoff / Abschaltung
cutoff current / Reststrom
cutout / Abschaltung, Sicherungsautomat
cut-sheet feeder / Einzelblattzuführung (bei Druckern)
cutter / Schneideeinrichtung
cutting knife / Abreißschiene (bei
Druckern)
cybernetic / kybernetisch
cybernetic model / Regelkreis
cyberneticist / Kybernetiker
cybernetics / Kybernetik (Regelungstechnik)
cyberphobia / Computerangst
cycle / periodisch ablaufen; Ablauf,
Kreislauf, Schleife, Zyklus
cycle count / Schleifenzählung
cycle counter / Programmschleifenzähler
cycle request / Schleifenabfrage
cycle run / Schleifendurchlauf
cycle time / Zykluszeit
cyclic / periodisch, zyklisch
cyclic code / zyklischer Code (Programmschleife)
cyclic program / zyklisches Programm
cyclic programming / zyklische Programmierung
cyclic redundancy check / zyklische
Redundanzprüfung (bei Platten und
Disketten)
cycling / periodisches Durchlaufen
cycloid / Radlaufkurve (Zykloide)
cylinder / Zylinder (Spurengruppe eines
Plattenstapels)
cylinder address / Zylinderadresse
cylinder concept / Zylinderkonzept
cylinder index / Zylinderindex
cylinder overflow / Zylinderüberlauf
cylinder overflow track / Zylinderüberlaufspur

cylindric / zylindrisch; Zylinder...
cyrillic / kyrillisch (Zeichenart)

D

DA (abbr. →desk accessory) / Zubehör (Ben-Ob.)

dactylogram recognition / Fingerabdruckerkennung

dactyloscopy / Fingerabdruckidentifikation

daemon / Geist (Hintergrunddienstprogramm bei UNIX)

daily / täglich

daily keying element / Tagesschlüssel (für Geheimcode)

daisy chain / Verkettung

daisy wheel / Typenrad

daisy-wheel printer / Typenraddrucker

DAL (abbr. →data administration language) / Datenbankverwaltungssprache

DAM (abbr. →direct access method) / Direktzugriff

damage / beschädigen; Beschädigung

damaged sector / defekter Sektor

damaged track / defekte Spur

damp / dämpfen

damped / gedämpft

damper / Dämpfer (Stoßdämpfer)

damping / Dämpfung

danger / Gefahr

dark / dunkel

dark field / Dunkelfeld (für Paßwort)

DASD (abbr. →direct access storage device) / Direktzugriffsspeichergerät

dash / Gedankenstrich

data / Daten

data abstraction / Datenabstraktion

data abuse / Datenmißbrauch

data access / Datenzugriff, Zugriff

data accident / Datenunfall

data acquisition / Datenerfassung

data address / Datenadresse

data address chaining / Datenadreßkettung

data administration / Datenverwaltung

data administration language (abbr. DAL) / Datenbankverwaltungssprache

data aggregate / Datenverbund

data aggregation / Datenverdichtung

data alarm / Datenalarm

data alert / Datenfehler

data alternation / Datenveränderung

data archives / Datenarchiv

data area / Datenbereich

data ascertainment / Datenerhebung

data attribute / Datenattribut

data bank / Datenbank

data bank system / Datenbanksystem

data base / Datenbank, Datenbasis, Datenbestand

data base access / Datenbankzugriff

data base administration language / Datenbankverwaltungssprache

data base administrator / Datenbankverwalter

data base carrier / Datenbankbetreiber

data base computer / Datenbankrechner (Spezialrechner)

data base concepts / Datenbankbegriffe

data base description / Datenbankbeschreibung

data base description language / Datenbankbeschreibungssprache

data base design / Datenbankentwurf

data base diagram / Datenbankdiagramm

data base driver / Datenbanktreiberprogramm

data base engine / Datenbankzugriffssoftware

data base format / Datenbankformat

data base inquiry / Datenbankabfrage

data base integrity / Datenbankintegrität

data base linkage / Datenbankverbund

data base machine / Datenbankmaschine (Spezialrechner)

data base maintenance / Datenbankverwaltung

data base management / Datenbankverwaltung

data base management system (abbr. DMS) / Datenbankverwaltungssystem

data base manager / Datenbankadministrator, Datenbankverwalter

data base manipulation language / Datenbankmanipulationssprache

data base model / Datenbankmodell

data base organisation / Datenbankorganisation

data base program / DB-Programm

data base recovery / Datenbankwiederherstellung

data base scheme / Datenbankbeschreibung, Datenbankschema

data base security / Datenbanksicherheit

data base segment / Datenbanksegment

data base server / Datenbank-Diensteinheit

data base software / DB-Software

data base structure / Datenbankstruktur

data base system (abbr. DBS) / Datenbanksystem

data base user / Datenbankbenutzer

data base wave / Datenbankwelle (Trend zu Datenbanken)

data batch / Datenstapel

data bit / Datenbit

data block / Datenblock

data boundary / Datengrenze

data box / Datenschließfach (im Rechenzentrum)

data buffer / Datenpuffer

data buffering / Datenpufferung

data bus / Datenbus

data bus connector (abbr. DB connector) / Datenbusstecker

data capacity / Datenbreite (eines Kanals oder Busses)

data capsule / Datenkapsel

data capture / Datenerfassung

data capturing / Datenerfassung

data carrier / Datenträger

data carrier erasing device / Datenträgerlöschgerät

data carrier exchange / Datenträgeraustausch

data cartridge / Magnetkassette

data chain / Datenkette

data chaining / Datenkettung

data channel / Datenkanal

data ciphering / Datenverschlüsselung

data coding / Datenverschlüsselung

data collecting / Datensammeln

data collection / Datenerfassung

data collection document / Datenerfassungsbeleg

data collection error / Datenerfassungsfehler

data collection keyboard / Datenerfassungstastatur

data collection management / Datenerfassungsverwaltung

data collection personnel / Datenerfassungspersonal

data collection program / Datenerfassungsprogramm

data collection protocol / Datenerfassungsprotokoll

data collection system / Datenerfassungssystem

data collection work / Datenerfassungsarbeit

data communication (abbr. datacom) / Datenaustausch, Datenfernübertragung, Datenübertragung

data communication adapter unit / Datenanschlußgerät

data communication control / Datenfernübertragungssteuerung

data communication control unit / Datenfernübertragungs-Steuereinheit

data communication equipment (abbr. DCE) / Datenfernübertragungseinrichtung

data communication interface / Datenübertragungsschnittstelle

data communication line / Datenfernübertragungsleitung

data communication network / Datenfernübertragungsnetz

*data communication operating
system* / Datenfernübertragungs-
Betriebssystem

data communication program / Datenübertragungsprogramm

data communication protocol / Kommunikationsprotokoll

data communication system / Datenfernübertragungssystem

data compaction / Datenverdichtung,
Datenkomprimierung

data compression / Datenverdichtung,
Datenkomprimierung

data concentrator / Datenkonzentrator, Konzentrator

data confidentiality / Datengeheimnis

data connection / Datenverbindung

data consistency / Datenkonsistenz
(Fehlerfreiheit)

data constant / Datenkonstante

data contamination / Datenverletzung

data control / Datensteuerung

data conversion / Datenkonvertierung,
Datenumsetzung

data corruption / Datenverletzung

data crime / Datendelikt

data declaration / Datendefinition, Datendeklaration

data decompression / Datendekomprimierung

data defacing / Datenunkenntlichmachung

data definition / Datendefinition

data definition language / Datendefinitionssprache (DB)

data definition statement / Datendefinitionsanweisung

data deletion / Datenlöschung

data dependence / Datenabhängigkeit

data description / Datenbeschreibung

data description language (abbr.
DDL) / Datenbeschreibungssprache
(für DB)

data determination / Datenermittlung

data device / Datenendstation, Datengerät

data dictionary (abbr. DD) / Datenbankbeschreibung, Datenbeschrei-

bungsverzeichnis (im Rahmen eines
Unternehmens / Datenbanksystems)

data dictionary system (abbr. DDS) /
Datenbankbeschreibungssystem

data directory / Datenverzeichnis

data display / Datenanzeige

data dissemination / Datenweitergabe

data division / Datenteil (eines Programms)

data editing / Datenaufbereitung (zum
Druck)

data element / Datenelement

data encapsulating / Datenverkapselung

data enciphering / Datenverschlüssel.

data encoding / Datenverschlüsselung

data encoding scheme / Datenverschlüsselungstechnik (bei Magnetpl.)

data encryption / Datengeheimver-
schlüsselung

data encryption standard (abbr. DES)
/ Blockchiffrierung

data enter key / Datenfreigabetaste,
Freigabetaste

data entering / Datenfreigabe

data entry / Dateneingabe, Tastenerfas-
sung (im Dialog)

data entry form / Datenerfassungsmaske (im Dialog)

data entry keyboard / Datentastatur

data entry station / Betriebsdatenstation (zur automatischen Erfassung),
Datenerfassungsarbeitsplatz

data environment analysis / Datenumfeldanalyse

data erasure / Datenlöschung

data error / Datenfehler

data event / Datenereignis

data exchange (abbr. DATEX) / Datenaustausch, Datenvermittlung

data falsification / Datenverfälschung

data fetch / Datenabruf

data field / Datenfeld

data file / Datendatei

data flow / Datenfluß

data flow analysis / Datenflußanalyse

data flow architecture / Datenflußkonzept

data flow computer / Datenflußrechner

data flow line / Datenflußlinie

data flowchart / Datenflußplan

data forgery / Datenfälschung

data format / Datenformat

data forwarding / Datenweiterleitung

data frame / Datenblock (DFÜ)

data gathering / Datenerfassung

data generator / Datengenerator

data graveyard / Datenfriedhof

data group / Datengruppe

data group level / Datengruppenstufe

data haven / Datenoase (Land ohne oder mit sehr liberalem Datenschutz)

data hierarchy / Datenhierarchie

data identification / Datenkennzeichnung

data inconsistency / Dateninkonsistenz (Fehlerhaftigkeit)

data independence / Datenunabhängigkeit

data input / Dateneingabe

data input station / Dateneingabestation

data input system / Dateneingabesystem

data inquiry / Datenabfrage

data inquiry system / Auskunftssystem

data integration / Datenintegration

data integrity / Datenintegrität (Fehlerfreiheit, Datenrichtigkeit, Datensicherheit)

data interchange / Datenaustausch, Datenübermittlung

data interchange format (abbr. DIF) / Datenaustauschformat

data interlocking / Datenverbund

data item / Datenelement, Datenfeld

data item format / Datenfeldformat

data item name / Datenfeldname

data item separator / Datenfeldtrennzeichen

data keeping / Datenhaltung

data key / Datentaste, Zeichentaste

data keyboard / Datentastatur

data language (abbr. DL) / Datenbanksprache

data larceny / Datendiebstahl

data library / Datenbibliothek

data line / Datenleitung

data link / Datenverknüpfung

data link control / Datenübertragungssteuerung

data link escape / Datenübertragungssteuerzeichen

data link layer / Verbindungsschicht (im OSI-Kommunikationsprotokoll)

data link program / Datenverknüpfungsprogramm

data linking / Datenvernetzung

data list / Datenaufstellung, Parameterliste

data lock / Datensperre

data locking / Datensperrung

data logging / Meßwerterfassung (automatisch)

data loss / Datenverlust

data maintenance / Änderungsdienst, Datenpflege

data management / Datenverwaltung

data manipulation / Datenbearbeitung, Datenhandhabung, Datenmanipulation (i. S. von Fälschung)

data manipulation language (abbr. DML) / Datenbearbeitungssprache, Datenhandhabungssprache (für Datenbanksysteme)

data mask / Datenfeldmaske (schützt vor falscher Dateneingabe)

data media administration / Datenträgerverwaltung

data medium (pl. media) / Datenträger

data memory / Datenspeicher

data mode / Datenmodus (Betriebszustand)

data model / Datenmodell (bei Datenbanken)

data modification / Datenmodifizierung

data module / Datenmodul

data multiplexer / Datenvervielfacher

data name / Datenname

data network / Datennetz

data networking / Datenvernetzung

data oasis / Datenoase (Land ohne

oder mit sehr liberalen Datenschutzvorschriften)

data object / Dateneinheit, Datenobjekt

data order / Datenordnung

data organization / Dateiorganisation,
Datenorganisation

data origin / Datenquelle, Datenurspr.

data output / Datenausgabe

data output station / Datenausgabestation

data owner / Dateneigentümer, ‹Herr
der Daten› (nach Datenschutzrecht
derjenige, der Daten besitzt und dafür
verantwortlich ist)

data packet / Datenpaket

data packet switching / Datenpaketvermittlung

data pen / Handlesegerät

data poaching / Datenwilderei (von
Hackern in fremden Systemen)

data pool / Datenbasis, Datenpool

data preparation / Datenaufbereitung
(für die Erfassung)

data printer / Datendrucker (nicht graphikfähig)

data privacy / Datenschutz

data processing (abbr. DP) / Datenverarbeitung (Abk. DV)

data processing auditing / Datenverarbeitungsrevision

data processing auditor / Datenverarbeitungsrevisor

data processing association / Datenverarbeitungsorganisation (Verband)

data processing by machine / maschinelle Datenverarbeitung

data processing center / Rechenzentrum

data processing commercial clerk /
Datenverarbeitungskaufmann

data processing contact person / Datenverarbeitungskontaktperson

data processing department / Datenverarbeitungsabteilung

data processing instructor / Datenverarbeitungsinstruktor, Datenverarbeitungslehrer

data processing job / Datenverarbeitungsberuf

data processing jurisdiction / Datenverarbeitungsrechtsprechung

data processing law / Datenverarbeitungsrecht (als Rechtsgebiet)

data processing manager / Datenverarbeitungsmanager

data processing network / Datenverarbeitungsnetz

data processing organization / Datenverarbeitungsorganisation

data processing organizer / Datenverarbeitungsorganisator

data processing personnel / Datenverarbeitungspersonal

data processing profession / Datenverarbeitungsberuf

data processing project / Datenverarbeitungsprojekt

data processing right / Datenverarbeitungsrecht (als Rechtsanspruch)

data processing specialist / Datenverarbeitungsspezialist

data processing staff / Datenverarbeitungspersonal

data processing system (abbr. DPS) /
Datenverarbeitungssystem
(Abk. DVS)

data processing teacher / Datenverarbeitungslehrer

data processing terminal / Datenendstation

data processor / Datenverarbeiter
(Person), Rechner

data processor in charge / Datenverantwortlicher (i. S. des BDSG)

data protection / Datenschutz, Datensicherung

data protection act / Datenschutzgesetz

data protection advisory board / Datenschutzbeirat

data protection announcement / Datenschutzveröffentlichung

data protection clause / Datenschutzklausel (in Verträgen)

data protection committee / Datenschutzkommission

data protection compulsery registration / Datenschutzmeldepflicht

data protection council / Datenschutzrat

data protection crime / Datenschutzdelikt

data protection facility / Datenschutzeinrichtung

data protection insurance / Datenschutzversicherung

data protection law / Datenschutzrecht (als Rechtsgebiet)

data protection measure / Datenschutzmaßnahme

data protection method / Datenschutzmethode

data protection offence / Datenschutzdelikt

data protection officer / Datenschutzbeauftragter, betrieblicher Datenschutzbeauftragter

data protection penalty regulation / Datenschutzstrafvorschrift

data protection register / Datenschutzregister

data protection registration / Datenschutzanmeldung

data protection regulation / Datenschutzbestimmung

data protection right / Datenschutzrecht (als Rechtsanspruch)

data protection supervision / Datenschutzkontrolle

data protection surveillance authority / Datenschutzaufsichtsbehörde

data query language / Datenabfragesprache

data rate / Datendurchsatz, Datenrate

data record / Datensatz

data record name / Datensatzname

data record specifier / Datensatzparameter

data record structure / Datensatzstruktur

data recording / Datenaufzeichnung, Datenerfassung

data reduction / Datenaufbereitung (aus Rohdaten)

data redundancy / Datenredundanz

data register / Datenregister

data regroupment / Datenumschichtung

data relation / Datenbeziehung

data representation / Datendarstellung

data request / Datenanforderung

data responsibility / Datenverantwortlichkeit (i. S. des BDSG)

data retrieval / Datenwiedergewinnung

data risk / Datenrisiko

data safe / Datensafe, Datentresor

data safeguarding / Datensicherung

data searching / Datensuche

data secrecy / Datengeheimnis (beim Datenschutz)

data security / Datensicherheit, Datensicherung, Datensicherungs- und -schutzmaßnahmen

data security facility / Datensicherungseinrichtung

data security engineer / Datenschutzbeauftragter

data security measure / Datensicherungsmaßnahme

data security officer / Datensicherungsbeauftragter

data segment / Datensegment

data select / Datenauswahl

data sequence / Datenfolge

data set / Datei, Modem

data set ready (abbr. DSR) / Modem-Bereitmeldung

data sharing / gemeinsame Datenbenutzung

data sheet / Datenblatt

data signal / Datensignal

data sink / Datensenke

data source / Datenquelle

data specification / Datenbeschreibung

data spying / Datenausspähung (Form der Computerkriminalität)

data stock / Datenbestand

data storage / Datenspeicher

data storage surface / Speicherfläche

data storage unit / Datenspeichereinheit, Speichergerät

data stream / Datenstrom
data string / Datenkette
data structure / Datenstruktur
data subsequent treatment / Datennachbehandlung
data supervision / Datenkontrolle
data suppression / Datenunterdrükkung
data switch / Datenschalter
data switching / Datenvermittlung
data system / Datensystem
data systems technology / Datentechnik
data table / Datentabelle
data tablet / Datentablett (Eingabegerät)
data tape / Datenband
data telecommunication / Datenfernübertragung
data telecommunication service / Dateldienst
data telephone / Datentelephon
data terminal / Datenendgerät, Terminal
data terminal equipment (abbr. DTE) / Datenendeinrichtung
data terminal ready (abbr. DTR) / Datenterminal-Bereitmeldung
data throughput / Datendurchsatz
data topicality / Datenaktualität
data track / Datenspur
data transceiving / Datenübertragung (auf einen anderen Datenträger)
data transfer / Datenübertragung (über eine Leitung)
data transfer rate / Datenübertragungsrate
data transformation / Datentransformation, Datenumformung
data transmission / Datenaustausch, Datenübertragung (über eine Leitung)
data transmission line / Datenübertragungsleitung
data transmission rate / Datenübertragungsrate
data transport / Datentransport
data type / Datenart, Datentyp

data typist / Datentypist/in
data unit / Dateneinheit
data unit of transmission / Datenübertragungseinheit
data updating / Datenaktualisierung
data validation / Datenprüfung
data value / Dateninhalt
data vector / Datenvektor
data view / Datensicht
data word / Datenwort
data worth being protected / schutzwürdige Daten (Begriff des Datenschutzrechts)
data-addressed / inhaltsadressiert
data-addressed memory / inhaltsadressierter Speicher (Assoziativspeicher)
datacom (abbr. →data communication) / Datenkommunikation
data-controlled / datengesteuert
data-dependent / datenabhängig
data-directed / datengesteuert
data-driven / datengesteuert
datagram / Datenpaket (Datenmenge in der Paketvermittlung)
data-independent / datenunabhängig
data-logical / datenlogisch
data-oriented / datenorientiert
datapen / Handlesegerät
data-sensitive / datenabhängig
date / datieren; Datum, Tagesdatum
date compiled / Übersetzungsdatum
date expired → expiration date
date format / Datumsformat
date of preparation / Schreibdatum (einer Datei)
date of value / Wertstellungsdatum
date written / Schreibdatum (einer Datei)
dated / datiert
DATEL (abbr. →data telecommunication) / Datenfernübertragung
datel service / Datenübertragungsdienstleistungen der Post
DATEX (abbr. data exchange) / Datenübertragung (Datenaustausch)
datex access feature / Datexanschluß
datex line switching / Datex-L-Betrieb

datex network / Datexnetz (der Deutschen Bundespost)

datex package switching / Datex-P-Betrieb

datex service / Datexdienst (der Deutschen Bundespost)

datex user class / Datex-Benutzerklasse

datum (pl. data) / Datum (selten gebrauchter Singular von ‹Daten›)

daughter board / Tochterkarte, Zusatzkarte

day / Tag

day compiled / Übersetzungstermin

day written / Schreibtermin

DB (abbr. → data base) / Datenbank

DB connector (abbr. → data bus connector) / Datenbusstecker

DBMS (abbr. → data base management system) / Datenbankverwaltungssyst.

DBS (abbr. → data base system) / Datenbanksystem

DC (abbr. → data communication, direct current) / Datenübertragung, Gleichstrom

DCA (abbr. → document contents architecture) / Dokumenten-Inhalts-Architektur (Stand. für Dok-Ver.)

DCE (abbr. → data communication equipment) / Datenfernübertragungseinrichtung

DD (abbr. → data dictionary, → double density) / Datenbankbeschreibung, doppelte Speicherdichte (bei Disketten)

DDB (abbr. → distributed data base) / verteilte Datenbank

DDE (abbr. → dynamic data exchange) / dynamischer Datenaustausch

DDL (abbr. → data description language) / Datenbankbeschreibungssprache

DDP (abbr. → distributed data processing) / verteilte Datenverarbeitung

DDS (abbr. → data dictionary system) / Datenbankbeschreibungssystem

deactivate / abschalten, ausschalten

deactivation / Abschaltung

dead / außer Betrieb, stromlos

dead halt / unbehebbarer Abbruch

dead key / Akzenttaste

dead letter / falsch adressierte Mail-Box-Nachricht

dead space / ungenutzter Raum

dead time / Totzeit

deadline / letzter Termin, Stichtag

deadlock / Blockierung, Verklemmung (gegenseitige Behinderung zweier Aktivitäten im Rechner)

deadly embrace → deadlock

deal / Handel treiben; Handelsgeschäft

dealer / Händler, Lieferant

deallocate / freigeben, Zuordnung aufheben

deallocation / Freigabe

debatable / umstritten

debit / Sollseite (eines Kontos)

debit symbol / Debetzeichen

deblock / entblocken

deblocking / Entblocken

debouncing / Entprellen

debug / austesten, Fehler beseitigen, testen

debugger / Testhilfeprogramm

debugging / Austesten, Fehlerbeseitigung, Testen

debugging support / Testhilfe

decade / Dekade, Zehnergruppe

decadic / dekadisch; Zehner . . .

decal / Abziehbild

decay / abfallen (el.), ausschwingen; Abfall (el.), Ausschwingung

decay time / Abklingzeit

decaying data / veraltete Daten

decelerate / verlangsamen, verzögern

deceleration / Stopzeit, Verlangsamung, Verzögerung

deceleration time / Bremszeit

decentralization / Dezentralisierung

decentralize / dezentralisieren

decentralized / dezentralisiert

decentralized data acquisition / dezentrale Datenerfassung

decentralized data gathering / dezentrale Datenerfassung

decentralized data processing / dezentrale Datenverarbeitung *deception* / Manipulation, Verschleierung

decibel / Dezibel (logarithmische Maßeinheit für den Vergleich physischer Größen)

decidability / Entscheidbarkeit

decidable / entscheidbar

decide / entscheiden

decided / endgültig, entschieden

decimal / dezimal

decimal alignment / Kommaausrichtg.

decimal arithmetic / Dezimalrechnung

decimal carry / Zehnerübertrag

decimal classification / Dezimalklassifikation

decimal counter / Dezimalzähler

decimal instruction / Dezimalbefehl (für Dezimalrechnung)

decimal notation / Dezimaldarstellung

decimal number / Dezimalzahl

decimal number system / Dezimalzahlensystem

decimal place / Dezimalstelle

decimal point / Dezimalkomma

decimal point rule / Kommaregel

decimal power / Zehnerpotenz

decimal system / Dezimalsystem

decimal tab (abbr. →decimal tabulator) / Dezimaltabulator

decimal tabulator / Dezimaltabulator

decimal-packed number / dezimal-gepackte Zahl

decimal-to-binary... / dezimal-binär

decimal-unpacked number / dezimalungepackte Zahl

decipher / dechiffrieren, entschlüsseln

deciphering / Dechiffrierung, Entschlüsselung

decision / Entscheidung

decision box / Auswahlblock (im Programmablaufplan)

decision model / Entscheidungsmodell

decision procedure / Entscheidungsprozeß

decision rule / Entscheidungsregel

decision support system / Entscheidungssystem

decision table / Entscheidungstabelle

decision table program generator / Entscheidungstabellengenerator

decision theory / Entscheidungstheorie

decision tree / Entscheidungsbaum

deck / Laufwerk (für Band bzw. Kassette), Lochkartenstapel

declaration / Vereinbarung

declaration of commitment / Verpflichtungserkärung

declaration part / Vereinbarungsteil (eines Programms)

declarative character / Vereinbarungszeichen

declarative knowledge / beschreibendes Wissen (Wissensv.)

declarative language / nichtprozedurale Programmiersprache, Sprache der 4. Generation

declarative macro instruction / Beschreibungsmakrobefehl

declarative programming language / deklarative Programmiersprache, nichtprozedurale Programmierspr.

declarative statement / Vereinbarungsanweisung

declaratives / Prozedurvereinbarungen, Vereinbarungsteil (eines Programms)

declarator / Vereinbarungszeichen

declare / vereinbaren

declutch / auskuppeln

decode / decodieren, entschlüsseln

decoder / Decodiereinrichtung, Entschlüsselungseinrichtung

decoding / Decodierung, Entschlüsseln

decoding matrix / Decodiermatrix

decoding network / Decodiernetzwerk

decoding phase / Decodierphase (der Befehlsausführung)

decoding unit / Decodierwerk

decollate / trennen

decollator / Trennmaschine (für Endlosformulare)

decompiler / Dekompilierer

decompose / zergliedern, zerlegen

decomposition / Zerlegung

decompress / dekomprimieren

decompression / Dekomprimierung

decouple / entkoppeln
decoupler / Entkoppler
decoupling / Entkoppeln
decrease / abnehmen, vermindern; Abnahme, Verminderung
decrement / rückwärts zählen, vermindern; Abnahme
decrement counter / Dekrementalzähler (Rückwärtszähler)
decremental / dekremental (rückwärts zählend)
decrementer / Rückwärtszähleinrichtung
decrypt / dechiffrieren, entschlüsseln
decryption / Dechiffrierung, Entschlüsselung
dedicate / reservieren, zuordnen, zur Verfügung stellen
dedicated area / reservierter Bereich
dedicated channel / Spezialkanal
dedicated computer / Spezialrechner
dedicated connection / Standverbindung
dedicated line / Standleitung
dedicated system / Spezialsystem
deduction / Deduktion, deduktiver Beweis
deduction calculus / Logikkalkül
deduction system / Deduktionssystem (Expertensystem)
deductive / deduktiv
deenergize / abschalten
deep / gründlich, tief
deep copy / vollständige Kopie
de-facto standard / Quasistandard
default / vorgegeben; Standard...
default button / Standardschaltfläche (Ben-Ob.)
default directory / aktuelles Dateiverzeichnis
default drive / Standardlaufwerk
default extension / Standard-Dateisuffix
default font / Standardschrift
default option / Standardeinstellung
default setting / Standardeinstellung
default value / Ausgangsparameter
defect / Defekt, Fehler, Störung

defective / fehlerhaft
defer / verzögern
deferred addressing / iteriert-indirekte Adressierung
deficiency / Mangelhaftigkeit
deficient / mangelhaft
define / definieren, erklären
definite / bestimmt
definition / Definition
definition statement / Definitionsanweisung
deflect / ableiten (el.), umlenken
deflection / Ableitung (el.), Umlenkung
deflection coil / Ablenkspule (der Bildröhre)
deflection plate / Ablenkplatte (der Bildröhre)
deflector / Ableiter
deflux / säubern (einer Lötung)
defragmentation / Defragmentierung (Dateireorganisation)
degauss / entmagnetisieren
degenerate / entkoppeln
degeneration / Gegenkopplung
degradation / Absinken (z. B. der Signalstärke)
degrade / absinken (z. B. der Leistung)
degree / Grad, Stufe
degree of integration / Integrationsgrad
degree of interaction / Dialogisierungsgrad
degree of penetration / Durchdringungsgrad
dejagging / Antialiasing (Technik zur Vermeidung von Treppeneffekten)
dejam / entstören
DEL key (abbr. → delete key) / Ausführungstaste, Löschtaste
delay / verzögern; Verzögerung, Verzögerungszeit
delay circuit / Verzögerungsschaltung
delay time / Verzögerungszeit
delayed / verzögert
delay-time storage / Laufzeitspeicher
delete / ausfügen (am Bildschirm), löschen

delete character / Löschzeichen

delete key (abbr. DEL key) / Ausfügungstaste, Löschtaste

deletion / Ausfügung, Löschung

deliberate / vorsätzlich

delimit / begrenzen

delimitation of competence / Kompetenzabgrenzung

delimiter / Begrenzer(zeichen)

delimiting / Abgrenzung

deliver / ausliefern

delivery / Auslieferung, Ausstoß

delta connection / Sternschaltung

delta tube / Deltaröhre (Farbbildschirm mit im Dreieck angeordneten Elektronenkanonen)

demagnetization / Entmagnetisierung

demagnetize / entmagnetisieren

demand / anfordern; Anforderung, Nachfrage

demand file / Abrufdatei

demo (abbr. → demo program, demonstration) / Demonstrationsprogramm, Demonstration

demo program (abbr. demo) / Demonstrationsprogramm

demodulate / demodulieren

demodulation / Demodulation

demodulator / Demodulator

demon / Hintergrundprozeß (eigentl. Dämon)

demonstrate / vorführen

demonstration (abbr. demo) / Vorführung

demoscopy / Demoskopie

demount / ausbauen (zerlegen), entnehmen (z. B. Wechselplatte)

demountable / herausnehmbar (z. B. Wechselplatte), zerlegbar

demultiplex / entschachteln

demultiplexer / Demultiplexeinrichtung

denominator / Nenner (Bruch)

dense / dicht (angeordnet)

densitometer / Densitometer (Schichtdickemeßgerät)

density / Abstand, Aufzeichnungsdichte, Dichte, Schwärzungsgrad, Spurdichte

depacketize / zerlegen (eines Datenpaketes)

depacketizing / Depaketierung (Zerlegung von Datenpaketen)

department / Abteilung (eines Betriebes)

departure / Start

depend / abhängen (abhängig sein)

dependability / Zuverlässigkeit

dependable / zuverlässig

dependence (. . . ance) / Abhängigkeit

dependent (. . . ant) / abhängig

dependent variable / abhängige Variable

depletion / Verarmung (einer Halbleiterregion)

depletion layer / Sperrschicht (Halbl.)

depletion region / Randschicht

deposit / deponieren; Schicht

depot / Lager (Ersatzteile)

depreciate / abschreiben (amortisieren)

depreciation / Abschreibung (Amortisation)

depress / drücken (Taste)

depth / Tiefe

depth-first search / Tiefensuche (Suchstrategie)

dequalification / Dequalifikation

dequeue / entfernen (aus einer Warteschlange)

dequeuing / Abbau (Warteschlange)

derate / herabsetzen

derivation / Ableitung (Herleitung)

derivative / Ableitung (Funktion)

derive from / ableiten von

derived / abgeleitet

derived font / abgeleitete Schriftart (aus einer anderen nach Größe und Form)

DES (abbr. → data encryption standard) / Blockchiffrierung

descend / absteigen (Ordnungsbegriff)

descender / Unterlänge (von Drucktypen)

descending / absteigend

descending key / absteigender Ordnungsbegriff

descending order / absteigende Reihenfolge

descending sort / absteigende Sortierung

describe / beschreiben

description / Beschreibung (von Daten)

description method / Beschreibungsmethode

descriptive / beschreibend

descriptive data / beschreibende Daten

descriptive model / Beschreibungsmodell

descriptive programming language / beschreibende Programmiersprache (nichtprozedurale Programmiersprache)

descriptor / Deskriptor (Textbeschreibungsstichwort)

deselect / deaktivieren

deserialize / parallelisieren (von serieller Übertragung auf parallele übergehen)

design / entwerfen, gestalten, konstruieren; Entwurf, Gestaltung, Konstruktion

design cycle / Entwicklungszyklus

design matrix / Entwurfsmatrix

design of dialog / Dialoggestaltung

design review / Entwurfskontrolle

designate / bestimmen, bezeichnen; designiert

designation / Bestimmung, Bezeichnung

designation label / Beschriftungsschild

designator / Bezeichner

desinfect / Viren entfernen

desinfecting / Virenentfernung

desinfection / Virenentfernung

desk / Schreibtisch, Tisch

desk accessory (abbr. DA) / Zubehör (Ben-Ob.)

desk calculator / Tischrechner

desk check / Schreibtischtest

desk test / Schreibtischtest

desk work / Büroarbeit

deskill / vereinfachen (Arbeit durch Mechanisierung)

desktop / Arbeitsfläche (der Ben-Ob.), Tischgerät

desktop calculating function / Tischrechnerfunktion

desktop calculator / Tischrechner

desktop computer / Tischcomputer, Tischrechner

desktop device / Tischgerät

desktop model / Tischgerät

desktop plotter / Tischplotter (Zeichengerät)

desktop printer / Tischdrucker

desktop pattern / Hintergrundmuster (in Ben-Ob.)

desktop publishing (abbr. DTP) / Publikationserstellung am Schreibtisch

desktop video / Multimediaanwendung (auf einem PC)

desolder / ablöten

destage / ausspeichern

destination / Bestimmungsort, Ziel

destination address / Empfangsadresse

destination document / Zieldokument (in das etwas eingefügt wird)

destination field / Empfangsfeld

destination file / Zieldatei (in die etwas übertragen wird)

destroy / zerstören (löschen)

destruction / Löschen (unbeabsichtigt)

destructive / löschend, zerstörend

destructive addition / löschende Addition

destructive read / löschendes Lesen

destructive subtraction / löschende Subtraktion

detach / abtrennen

detachable / abnehmbar

detail drawing / Ausschnittzeichnung

detailed / ausführlich, detailliert

detect / erkennen

detection / Erkennung

detection punch / Kennlochung

detector / Anzeiger, Detektor, Fühler, Gleichrichter

detent / arretieren; Arretierung, Sperrklinke

detergent / Reinigungsmittel

determinable / bestimmbar

determinant / Determinante

determinate / bestimmt

determination / Determiniertheit

determine / bestimmen, verursachen

determined / bestimmt (festgelegt)

determinism / Vorherbestimmbarkeit

develop / entwickeln

developer / Entwickler

developer's toolkit / Entwicklungswerkzeug

developing country / Entwicklungsland

development / Entwicklung

development backlog / Entwicklungsstau

development documentation / Entwicklungsdokumentation

development strategy / Entwicklungsstrategie

development system / Entwicklungssystem (zur Entwicklung von Software)

development time / Entwicklungsdauer

deviate / abweichen

deviation / Abweichung

device / Baustein, Gerät

device address / Geräteadresse, Gerätenummer

device allocation / Gerätebelegung

device assignment / Gerätezuordnung

device byte / Gerätebyte

device certificate / Geräteschein (beim
Kauf- oder Wartungsvertrag)

device character / Gerätezeichen

device class / Geräteklasse

device configuration / Geräteausstattung

device control / Gerätesteuerung

device control character / Gerätesteuerzeichen

device control panel / Gerätebedienungsfeld

device control unit / Gerätesteuereinheit

device controller / Gerätesteuereinheit

device deallocation / Gerätefreigabe

device dependence / Geräteabhängigkeit

device driver / Gerätesteuerprogramm

device error / Gerätefehler

device failure / Geräteausfall

device handling / Geräteverwaltung

device identification / Gerätekennzeichnung

device identifier / Gerätekennzeichen

device independence / Geräteunabhängigkeit

device interface / Geräteschnittstelle

device interlocking / Geräteverbund
(mehrerer Rechner)

device manufacturer / Gerätehersteller

device name / Gerätename

device operation mode / Gerätebetriebsart

device plug / Gerätestecker

device processor / Gerätesteuereinheit

device resolution / Geräteauflösung

device specification / Geräteangabe

device status / Gerätestatus

device status register / Gerätestatusregister

device table / Gerätetabelle

device-controlled / gerätegesteuert

device-dependent / geräteabhängig

device-independent / geräteunabhängig

device-oriented / geräteorientiert

DIA (abbr. → document interchange architecture) / Dokumenten-Übertragungs-Architektur (Standard der
Dok.-Ver.)

diacritical mark / Lautwertzeichen
(z. B. Akzente u. ä.)

diaeresis / Tremazeichen

diagnose / diagnostizieren

diagnosis / Diagnose

diagnostic / diagnostisch

diagnostic computer / Diagnoserechner

diagnostic data / diagnostische Daten

diagnostic facility / Diagnoseeinrichtung

diagnostic program / Diagnoseprogramm

diagnostic system / Diagnosesystem

diagonal / diagonal; Diagonale

diagram / Schaubild

dial / wählen; Wähleinrichtung

dial switch / Wählscheibe (Tel.)

dialect / Dialekt (Spielart einer Programmiersprache)

dial(l)ing / Anruf, Wählen (mit einer Wähleinrichtung)

dial(l)ing in / ankommender Anruf

dial(l)ing out / abgehender Anruf

dial(l)ing tone / Amtszeichen (Tel.)

dialog(ue) / Dialog

dialog box / Dialogfeld (Ben-Ob.)

dialog control / Dialogführung

dialog language / Dialogsprache

dialog page / Dialogseite (Btx.)

dialogue → dialog

dialplate / Wähleinrichtung

dialswitch / Wählscheibe

dial-up / Verbindungsaufbau

dial-up communication terminal / Datenstation für Wählverkehr

dial-up line / Wählleitung

dial-up subscriber's station / Wählanschluß

diameter / Durchmesser

DIANE (abbr. → Direct Access Network for Europe) / DIANE (Datenbanknetz im europ. Netz EURONET)

dibit / Zweibiteinheit

dice / in Scheiben schneiden (trennen)

dichotomizing / dichotomisch (auf dem Wert 2 basierend)

dichotomy / Dichotomie (auf dem Wert 2 basierend)

dictaphone / Diktiergerät

dictate / diktieren

dictation machine / Diktiergerät

dictionary / Lexikon, Verzeichnis, Wörterbuch

didactic / Lehr..., Lern...

didactics / Didaktik

Didot point / typographischer Punkt (Schriftgrößenskala)

die / Matrize (zum Drucken)

dielectric / dielektrisch; Dielektrikum

dielectric medium / Dielektrikum

DIF (abbr. → data interchange format) / Datenaustauschformat

differ / abweichen, unterscheiden

difference / Differenz, Unterschied (Unterschiedlichkeit)

difference engine / Differenzenmaschine (erster Computer von Babbage)

different / unterschiedlich, verschieden

differential / differenziert; Differential

differential analyzer / Integrieranlage

differential calculus / Differentialrechnung

differentiate / differenzieren

differentiation / Differenzierung

differentiator / Differenzierer

diffract / beugen (von elektronischen Strahlen)

diffraction / Beugung, Brechung (von Strahlen)

diffuse / diffundieren (eindringen in eine Substanz)

diffusion / Diffusion (Eindringen in eine Substanz)

diffusion transistor / Diffusionstransistor (Transistorherstellungsart)

digest / Übersicht

digigraphic / Digigraphik (Eingabe von Bildern mit digitaler, punktweiser Technik)

digiset / Satzrechner

digit / Stelle, Ziffer

digit error / Zeichenfehler

digit field / Ziffernfeld

digit item / Ziffernfeld

digit position / Stelle (im Stellenwertzahlensystem)

digital / digital (auf Ziffern beruhend)

digital character / digitales Zeichen

digital circuit / Digitalschaltung

digital computer / Digitalrechner

digital control / digitale Steuerung

digital data / digitale Daten

digital data processing / digitale Datenverarbeitung

digital display / Digitalanzeige

digital font / Digitalschrift

digital image / Digitalbild

digital input / Digitaleingabe

digital monitor / Digitalbildschirm

digital network / Digitalnetz

digital optical recording (abbr. DOR) / digitale Bildaufzeichnung

digital output / Digitalausgabe

digital plotter / digitales Zeichengerät

digital printer / Zifferndrucker

digital pulse / Digitalimpuls

digital representation / digitale Darstellung

digital signal / Digitalsignal

digital telephone network / digitales Fernsprechnetz

digital transmission / Digitalübertragung (Fernspr.)

digital transmitter / Digitalzeichengeber

digital-analog / digital-analog; Digitalanalog...

digital-analog computer / Hybridrechner (mit digitaler und analoger Zeichendarstellung)

digital-analog converter / Digital-analog-Wandler

digitalization / Digitalisierung

digitalize / digitalisieren

digital-to-analog → digital-analog

digitization / Digitalisierung

digitize / digitalisieren

digitizer / Digitalumsetzer, Graphik-Tablett

digitizing / Digitalisierung

dim → dimension

dimension / dimensionieren; Abmessung, Dimension

dimension declaration / Dimensionsvereinbarung (einer Tabelle)

dimensional / dimensional

dimensional information / Größenangabe

dimensioning / Bemaßung

dimmed / abgeblendet

dimmed command / vorübergehend nicht verfügbares Kommando (Ben-Ob.)

dingbat / Phantasiezeichen (eigentl. Säuferwahn)

diode / Diode

diode breakdown / Diodendurchbruch

diode characteristic / Diodenkennlinie

diode effect / Diodeneffekt

diode matrix / Diodenmatrix

DIP (abbr. → dual in-line package) / Chipgehäuse mit zwei parallelen Kontaktreihen

DIP switch / Kippschalterreihe, Mäuseklavier

dipole recording → return-to-zero recording

dip-soldering / Tauchlöten

DIR (abbr. → directory) / Dateiverzeichnis, Inhaltsverzeichnis (einer Bibliothek), Programmverzeichnis

direct / direkt (unmittelbar); steuern

direct access / Direktzugriff, wahlfreier Zugriff

direct access memory / Direktzugriffsspeicher

direct access method (DAM) / Direktzugriffsspeicherung

Direct Access Network for Europe (abbr. DIANE) / DIANE (Datenbanknetz im europäischen Netz EURONET)

direct access storage / Direktzugriffsspeicher

direct access storage device (abbr. DASD) / Direktzugriffsspeichergerät

direct access volume / externer Direktzugriffsspeicher

direct address / direkte Adresse

direct addressing / direkte Adressierung

direct booking / Direktbuchung

direct booking system / Direktbuchungssystem

direct call / Direktruf (über Standleitung)

direct communication adapter / Direktanschluß (über ein Netz)

direct connection (abbr. DC) / Direktanschluß (zwischen Zentraleinheit und peripherem Gerät)

direct current / Gleichstrom

direct data / Direktdaten (im Dialog direkt zugänglich)

direct data acquisition / direkte Datenerfassung

direct data processing / direkte Datenverarbeitung (schritthaltend im Dialog) *direct dial(l)ing* / Selbstwähldienst (Tel.)

direct digital control / Direktsteuerung (Werkzeugmaschinensteuerung)

direct distance dial(l)ing / Selbstwählferndienst

direct drive / direkter Antrieb

direct enduser / Endbenutzer

direct file / Direktzugriffsdatei

direct input / Direkteingabe

direct instruction / Direktbefehl

direct inward dial(l)ing / Durchwahl (Tel.)

direct memory access (abbr. DMA) / direkter Zugriff

direct memory control / direkte numerische Steuerung

direct numeric control (abbr. DNC) / direkte numerische Werkzeugmaschinensteuerung

direct output / Direktausgabe

direct print / direkter Druck

direct processing / Direktverarbeitung

direct read after write / Lesen nach dem Schreiben (Prüftechnik bei Bildpl.)

direct read during write / Lesen während des Schreibens (Prüftechnik bei Bildpl.)

direct reorganization / Direktumstellung

direct search / direktes Suchen

direct station-to-station connection / direkt durchgeschaltete Verbindung

direct trunk call / Amtsverbindung

direct view storage tube / Speicherbildschirm

directed / gerichtet

directed beam / Richtstrahl

directed graph / gerichteter Graph

directed scanning / gerichtete Abtastung

direction / Richtung

direction of light / Lichteinfallrichtung

directional antenna / Richtantenne

directional radio / Richtfunk

directional radio line / Richtfunkstrecke

direction-dependent / richtungsabhängig

direction-independent / richtungsunabhängig

directive / Betriebsanweisung

director / Interpoliereinrichtung

directory (abbr. DIR) / Dateiverzeichnis, Inhaltsverzeichnis (einer Bibliothek), Programmverzeichnis

directory marker / Verzeichniskennzeichen (zeigt übergeordnete Verzeichnisse an)

directory sorting / Verzeichnissortierung (der Dateien eines V.)

directory tree / Verzeichnisbaum

disable / abschalten, ausschalten

disable pulse / Blockierimpuls

disabled / gesperrt

disabling contact / Abschaltkontakt

disassemble / ausbauen (demontieren), zurückübersetzen (aus Objektcode in Quellcode)

disassembler / Zurückübersetzer (aus Objektcode in Quellcode)

disassembly / Demontage

disc / Bildplatte, optische Platte

discard / ablegen (Karteikarte)

discette → diskette

discharge / entladen (el.); Entladung

discharging / Entladen

discipline / Wissenszweig

disclose / mitteilen, offenlegen

disclosure / Bekanntmachung, Offenlegung

disconnect / trennen (einer Verbindung)

disconnect request / Trennaufforderung

disconnection / Trennung (einer Verbindung)

discontinuity / Unstetigkeit, Unterbrechung

discontinuous / diskontinuierlich, unstetig

discontinuous current flow / diskontinuierlicher Betrieb

discount / Preisnachlaß, Rabatt

discrete / digital, diskret, einzeln

discrete character / diskretes Zeichen

discrete circuit / diskreter Schaltkreis

discrete component / diskretes Bauelement

discrete representation / diskrete Darstellung

discrete semiconductor / diskreter Halbleiter

discrete signal / diskretes Signal

discretion / Verschwiegenheit

discretionary / verfügbar

discretionary hyphen →soft hyphen

discriminate / unterschiedlich behandeln

discrimination instruction / Entscheidungsbefehl

discriminator / Impulsunterscheider

disengage / auskuppeln

dish antenna / Parabolantenne

disjoint / zertrennen

disjunction / Disjunktion, ODER-Verknüpfung

disk / Diskette, Magnetplatte

disk access / Disketten-, Plattenzugriff

disk buffer / Disketten-, Plattenpufferspeicher bzw. -cachespeicher

disk capacity / Disketten-, Plattenkapazität

disk cartridge / wechselbare, gekapselte Magnetplatte

disk compare / Diskettenvergleich

disk control unit / Disketten-, Plattensteuereinheit

disk controller / Disketten-, Plattensteuereinheit

disk copy / Diskettenduplikat

disk crash / Plattenlandung (Berührung mit dem Schreib-Lese-Kopf)

disk drive / Disketten-, Plattenlaufwerk

disk interface / Plattenschnittstelle

disk jacket / Diskettenhülle

disk library / Plattenarchiv

disk operating system (DOS) / Plattenbetriebssystem

disk optimizer / Disketten-, Plattenspeicheroptimierer

disk pack / Plattenstapel

disk partition / Plattenbereich

disk recording / Plattenaufzeichnung

disk server / Platten-Diensteinheit

disk support / Abstandsring

disk storage / Disketten-, Plattenspeicher

disk track / Disketten-, Plattenspur

disk unit / Platteneinheit

diskette / Diskette

diskette label / Diskettenaufkleber

diskless workstation / plattenloser Arbeitsplatzrechner (CSS)

disk-oriented / plattenorientiert

dislocation / Versetzung (eines Halbl.)

dispatch / abfertigen, erledigen

dispatcher / Rechenzeitverteiler

disperse / fein verteilen

dispersed / fein verteilt

dispersion / Feinverteilung, Streuung

displace / verschieben

displacement / Adreßabstand, Distanz

displacement address / Distanzadresse

display / anzeigen, ausgeben; Anzeige, Bildschirm

display adapter / Videokarte (eines Bildschirms), Graphikkarte

display attribute / Ausgabemerkmal (z. B. Farbe, Helligkeit u. ä.)

display background / Bildhintergrund (des Bildschirms)

display board / Graphikkarte, Videokarte (eines Bildschirms)

display buffer / Bildpuffer

display console / Bildschirmarbeitsplatz, Bildschirmkonsol

display control / Bildschirmsteuerung

display control unit / Bildschirmsteuereinheit

display controller / Bildschirmsteuereinheit

display cycle / Bildschirmzyklus

display device / Anzeigeeinheit

display element / Darstellungselement (Bildelement)

display field / Anzeigefeld

display file / Anzeigedatei

display for call number / Rufnummernanzeige (Tel.)

display form / Bildschirmformular (Bildschirmmaske)

display format / Anzeigeformat (Bildschirmmaske)

display generator / Bildgenerator

display group / Anzeigegruppe

display height / Bildhöhe

display image / Bildschirminhalt

display mask / Bildschirmmaske

display menu / Anzeigemenü

display page / Bildschirmseite (Menge der Information, die ein Bildschirm zeigt)

display regeneration / Bildwiederholung (bei der Kathodenstrahlröhre)

display screen / Bildschirm

display space / Darstellungsbereich

display suppression / Anzeigeunterdrückung

display surface / Darstellungsbereich

display terminal / Bildschirmstation

display typewriter / Bildschirmschreibmaschine

display unit / Anzeigeeinheit

display width / Bildbreite

display-only unit / Nur-Anzeige-Einheit

display-oriented / bildschirmorientiert

dispose / verfügen, verwenden

disposition / Disposition, Verfügung, Verwendung

disposition system / Dispositionssystem

dissect / aufgliedern

dissemination / Verbreitung (von Informationen)

dissipate / verbrauchen

dissipation / Verlust (an Leistung)

distance / Distanz, Entfernung

distant / entfernt

distant effect / Fernwirkung

distinct / ungleich, verschieden

distinguish / unterscheiden

distortion / Verzerrung

distribute / verteilen

distributed / dezentralisiert, verteilt

distributed data base system / verteilte Datenbank

distributed data processing / verteilte Datenverarbeitung

distributed information system / verteiltes Informationssystem

distributed intelligence / verteilte Intelligenz

distributed network / verteiltes Netz

distributed processing / verteilte Verarbeitung

distributed system / verteiltes System

distribution / Dezentralisierung, Verteilung

distribution list / Verteiler (in Schriftstücken)

distribution network / Verteilnetz

distributor / Verteiler (el.)

disturb / stören, unterbrechen

disturbance / Störgröße (Regelkreis), Störung

dithering / Schwanken (der Bildpunktgröße bei Laserdruckern)

diverge / divergieren

divergence (cy) / Divergenz (Abweichen der Farbpunkte auf dem Bildschirm)

diversion / Umleitung

diversity / Vielfalt

divert / umleiten

divide / dividieren, teilen

dividend / Dividend (zu teilende Zahl)

division / Abteilung, Division (math.), Teil

division by zero / Division durch null (unzulässige Operation)

division error / Divisionsfehler (Teilen durch null)

division remainder / Divisionsrest

division remainder method / Divisionsrestverfahren

division sign / Divisionszeichen

division unit / Dividierwerk

divisor / Divisor (Teiler des Bruches)

divulgence / Verbreitung (von Informationen)

DL (abbr. → data language) / Datenbanksprache

DLL (abbr. → dynamic link library) / dynamische Bibliothek

DMA (abbr. → direct memory access) / direkter Zugriff

DML (abbr. → data manipulation language) / Datenbearbeitungssprache (bei Datenbanksystemen)

DMS (abbr. → data base management system) / Datenbankverwaltungssyst.

DNC (abbr. → direct numeric control) / direkte numerische Werkzeugmaschinensteuerung

do / ausführen (eines Programms)

Do clause / Laufanweisung

Do instruction / Laufanweisung

Do loop / Steuerschleife (Programm)

Do statement / Laufanweisung

document / dokumentieren; Akte, Beleg, Dokument, Schriftstück

document analysis / Dokumentenauswertung

document architecture / Dokumentenarchitektur

document base font / Dokumentengrundschrift

document comparison utility / Dokumentenvergleichsprogramm

document contents architecture (abbr. DCA) / Dokumenten-Inhalts-Architektur (Stand. der Dok-Ver.)

document description / Dokumentbeschreibung

document edge / Belegkante

document feed / Belegvorschub

document file / Dokument-Datei

document file icon / Dokument-Symbol (Ben-Ob.)

document format / Belegaufbau, Dokumentenformat

document interchange architecture (abbr. DIA) / Dokumenten-Übertragungs-Architektur (Stand. der Dok-Ver.)

document number / Belegnummer

document numbering / Belegnumerierung

document position check / Belegfolgeprüfung

document preparing / Belegaufbereitung

document processing / Belegverarbeitung

document processing unit / belegverarbeitende Maschine (Belegleser, Belegsortierer)

document processor / belegverarbeitende Maschine (Belegleser, Belegsortierer)

document protection / Belegsicherung

document reader / Belegleser, Dokumentenscanner

document reader form / Beleglesevordruck

document reference edge / Beleg(bezugs)kante

document retrieval / Dokumentenwiedergewinnung

document sorter / Belegsortierer

document sorter-reader / Belegsortierleser

document window / Dokumentfenster

documentary / dokumentarisch

documentation / Dokumentation

documentation center / Dokumentationsstelle

documentation language / Dokumentationssprache

documentation program / Dokumentationsprogramm

documentation system / Dokumentationssystem

documenting / Dokumentieren

documentor / Dokumentar

dog / Mitnehmer(klinke)

dollar sign / Dollarzeichen (das Zeichen ‹$›), Währungszeichen

domain / Bereich (eines Blasenspeichers), Domäne (eines relationalen Datenbanksystems), Fachbereich, Geltungsbereich

domain expert / Fachmann

domain knowledge / Fachwissen

dominant / beherrschend

dongle / Kopierschutzstecker

donor / Donator (Elektronenspender bei Halbl.)

do-nothing instruction → no-operation instruction

dopand / Dotiersubstanz
dope / dotieren
dope additive / Dotiersubstanz
dope vector / Zeigervektor
doping / Dotierung
doping material / Dotierungsstoff
DOR (abbr. → digital optical recording) / Bildaufzeichnung
dormant / ruhend (nicht in Bearbeitung)
DOS (abbr. → disk operating system) / Platten-Betriebssystem
dossier / Akte
dossier conveyor / Aktentransporteinrichtung
dot / Punkt
dot matrix / Punktraster
dot matrix generator / Punktgenerator
dot matrix printer / Rasterdrucker
dot pitch / Punktabstand (der Lochmaske)
dot printer / Rasterdrucker
dot-addressable / punktadressierbar
dot-matrix printer / Matrixdrucker
dots per inch (abbr. dpi) / Punkte je Zoll (Maß der Auflösung)
dot-scanning / Rasterpunktlesen
dotted / punktiert
double / doppelt; Doppel...
double assignment / Doppelbelegung
double buffering / Doppelpufferung (z. B. bei Druckern)
double byte / Doppelbyte, Halbwort
double chaining / Doppelkettung
double click / Doppelklicken (mit der Maus)
double columns / zweispaltig
double density (abbr. DD) / doppelte Dichte (bei Disketten)
double length / doppelte Länge
double precision / doppelte Genauigkeit (bei Gleitkommazahlen)
double processor / Doppelprozessor
double programming / Zweiprogrammverarbeitung (einfache Form der Multiprogrammverarbeitung)
double recording / Doppelaufzeichnung, Parallelaufzeichnung

double seizure / Doppelbelegung (Kollision)
double space / doppelter Zeilenabstand
double underline / Doppelunterstreichung
double-edged triggering / Zweiflankensteuerung
double-precision floating-point number / Gleitkommazahl mit doppelter Genauigkeit
double-sided / beidseitig
double-sided non-carbon paper / Zweischichtpapier (zum Durchschreiben ohne Kohlepapier)
doublet / Dipol, Zweibiteinheit
doubleword / Doppelwort
doubleword address / Doppelwortadresse
dowel / Dübel
do-while loop / Solange-Schleife (Programmschleifentyp)
down / zusammengebrochen (Absturz eines Systems)
down arrow key / Cursortaste nach unten
download / herunterladen
downloadable / herunterladbar
downloadable font / herunterladbare Schrift (von externen Speichern in den Drucker)
downloading / Herunterladen (im Verbund auf eine tiefere Ebene bringen)
downswing / Absteigen
downtime / Ausfallzeit, Stillstandszeit
downward / absteigend, abwärts
downward chaining / Abwärtskettung
downward compatibility / Abwärtskompatibilität
downward compatible / abwärtskompatibel
downward page turning / Rückwärtsblättern
downward portability / Abwärtsportabilität
downward portable / abwärtsportabel
DP (abbr. → data processing) / Datenverarbeitung

dpi (abbr. → dots per inch) / Punkte je Zoll (Maß der Auflösung)

DPS (abbr. → data processing system) / Datenverarbeitungssystem

draft / Entwurf

draft mode / Konzeptmodus (bei Druckern)

draft sheet / Entwurfsblatt

drag / ziehen

drag-and-drop editing / Ziehen und Auslösen (Transport von Text- oder Bildteilen mit Hilfe der Maus)

dragging / Freihandlinie (graph. Datenverarbeitung)

drain / filtern; Datensenke (Ort, wo die Daten hingehen), Filter, positive Transistorelektrode

DRAM (abbr. → dynamic random access memory) / dynamischer Speicher

draw / zeichnen

DRAW (abbr. → direct read after write) / Lesen nach dem Schreiben (Prüftechnik bei Bildpl.)

draw program / Freihandzeichenprogramm

draw tool / Freihandzeichenwerkzeug

drawer / Schublade, Zeichner

drawing / Zeichnen, Zeichnung

drawing program / Freihandzeichenprogramm

drift / abweichen (vom Kurs); Abweichung (einer Frequenz, eines Signals)

drift error / Abweichungsfehler (bei analogen Signalen)

drill / Bohrer

drive / Antrieb, Laufwerk

drive bay / Laufwerks-Einbauplatz (in einem Computer)

drive capstan / Antriebsrolle

drive chain / Antriebskette

drive control / Antriebssteuerung

drive designator / Laufwerksbezeichner (z. B. ‹C› für die Festplatte)

drive gear / Antriebsrolle

drive hole / Antriebsloch (der Diskette)

drive name / Laufwerksbezeichner (z. B. C für die Festplatte)

drive noise / Antriebsgeräusch

drive number / Laufwerksbezeichner (bei Apple-Rechnern)

drive process / Treiberprozeß

drive program / Treiberprogramm

drive pulse / Treiberimpuls

drive roller / Antriebsrolle

drive spindle / Antriebsspindel

drive spindle hole / Spindelloch (bei Diskettengeräten)

driven / angetrieben, gesteuert

driver / Treiber (Signalerzeuger)

driving mechanism / Laufwerk

drop / abfallen (el.); Abfall (el.)

drop cap / Anfangs-Großbuchstabe (mit größerem Schriftgrad am Anfang eines Absatzes)

drop shadow / Schlagschatten (graph.)

drop-down menu / Pull-down-Menü (wird von oben nach unten geöffnet)

dropin / Störsignal (zusätzliches fehlerhaftes Signal)

dropout / Signalausfall (Fehlen eines Signals)

drop-out type / Negativschrift (helle Konturen auf dunklem Grund)

dropping resistor / Vorschaltwiderstand

drum / Druckwalze, Magnettrommel, Trommel

drum plotter / Trommelzeichengerät

drum printer / Trommeldrucker (Walzendrucker)

drum storage / Trommelspeicher

dry battery / Trockenbatterie

dry joint / Kaltlötung

dry run / Probelauf, Trockentest

dry toner / Tonerpulver (für Laserdrucker)

DSR (abbr. → data set ready) / Modem-Bereitmeldung

DTE (abbr. → data terminal equipment) / Datenendeinrichtung

DTP (abbr. → desktop publishing) / Publikationserstellung am Schreibtisch

DTR (abbr. → data terminal ready) / Datenterminal-Bereitmeldung

dual / binär, doppelt, dual; Doppel...

dual card / Verbundlochkarte

dual carriage / Doppelvorschub (für getrennte Formularführung)

dual code / Dualcode (Binärcode)

dual density (abbr. DD) / doppelte Dichte

dual disk drive / Disketten-Doppellaufwerk

dual floppy / Doppeldiskette (zweiseitig nutzbar)

dual floppy drive / Doppeldisketten-laufwerk (für zwei Disketten)

dual in-line package (abbr. DIP) / Chipgehäuse mit zwei parallelen Kontaktreihen

dual number / Dualzahl

dual processor / Doppelprozessor

dual system / Doppel-, Dualsystem

dual web / zweibahnig

dual working / Doppelbetrieb

dual-carriage print / Doppelvorschub-drucken

dual-channel unit / Zweikanaleinheit

duality / Dualität

dual-sided → double-sided / doppelseitig (Diskette)

due / fällig

dumb / unintelligent

dumb terminal / unintelligente Datenstation (ohne eigenen Prozessor)

dummy / Blind..., Hilfs..., Leer...

dummy block / Leerblock

dummy character / Blindzeichen

dummy data / Blinddaten

dummy file / Leerdatei, Pseudodatei

dummy instruction / Leerbefehl

dummy module / Leermodul

dummy page / Pseudoseite (ohne Programminhalt beim Seitenaustausch-verfahren)

dummy record / Leersatz

dummy routine / Leerroutine

dummy section / Pseudoabschnitt (eines Programms)

dummy statement / Leeranweisung

dump / Speicherinhalt ausgeben; Speicherauszug

duodecimal / duodezimal (auf 12 basierend)

duplex / Duplex (gleichzeitiger Betrieb in beiden Richtungen einer Leitung)

duplex channel / Duplexkanal

duplex computer / Doppelrechner (zur Sicherung)

duplex copying / zweiseitiges Kopieren

duplex mode / Duplexbetrieb (gleichzeitig in beiden Richtungen)

duplex operation / Duplexbetrieb (gleichzeitig in beiden Richtungen)

duplex printing / zweiseitiges Drucken

duplex system / Duplexcomputer (Doppelprozessor)

duplex transmission / Duplexübertragung

duplicate / duplizieren; Duplikat, Vervielfältigung

duplication / Duplizierung, Durchschreiben, Kopieren, Vervielfältigen

duplication check / Doppelprüfung

duration / Dauer

dust / abstauben; Staub

dust cover / Staubschutzhaube

dustless / staubfrei

dustlessness / Staubfreiheit

dust-proof / staubdicht

duty / Betriebszeit (eines Systems)

duty cycle / Arbeitszyklus

dwell / Verweilzeit

dyadic / binär, dyadisch (auf 2 basierend)

dye-polymer recording / Farbstoff-Polymer-Aufzeichnung (Form der Speicherung bei überschreibbaren Bildpl.)

dynamic / dynamisch (im Zeitablauf sich ändernd)

dynamic area / dynamischer Bereich

dynamic array / dynamisches Variablenfeld

dynamic binding / dynamisches Binden (während des Programmlaufs)

dynamic computer group / dynamische Computergruppe (neuartige Rechnerarchitektur)

dynamic data exchange (abbr. DDE) / dynamischer Datenaustausch

dynamic image / Bildvordergrund

dynamic link / dynamische Verknüpfung (zweier Programme, die dieselben Daten verwenden)

dynamic link library (abbr. DLL) / dynamische Bibliothek

dynamic object / dynamisches Objekt (eingebunden in ein anderes, wird mitgeändert, wenn das Original geändert wird)

dynamic picture / Bildvordergrund

dynamic program relocation / dynamische Programmverschiebung

dynamic programming / dynamische Programmierung (Optimierungsverfahren)

dynamic random access memory (abbr. DRAM) / dynamischer Speicher

dynamic storage / dynamischer Speicher

dynamic system architecture / dynamische Systemarchitektur (neuartige Rechnerarchitektur)

dynamic testing / dynamisches Testen

dynamic working storage area / freier Arbeitsspeicherbereich

dynamically redefinable character / frei definierbares Zeichen (Btx.)

dynamicizer / Parallel-Serien-Umschalter

E

EAN (abbr. → European article numbering system) / EAN (Abk. Europäisches Artikelnummernsystem)

EAPROM (abbr. → electrically alterable programmable read-only memory) / elektrisch änderbarer programmierbarer Festspeicher

early / frühzeitig, vorzeitig

early warning system / Frühwarnsystem

EAROM (abbr. → electrically alterable read-only memory) / elektrisch änderbarer Festspeicher

ear-shot / Hörweite

earth / erden (el.); Erde (el.), Erdung, Masse (el.)

earth wire / Erdleiter (el.)

earthed / geerdet (el.)

earthing / Erdung

ease / Bequemlichkeit, Leichtigkeit

easiness of change / Änderungsfreundlichkeit

easy / bequem, einfach, leicht

easy to change / änderungsfreundlich

easy to use / benutzerfreundlich

EBAM (abbr. → electronic beam-addressed memory) / elektronenstrahladressierter Speicher

EBCDIC (abbr. → extended binary-coded decimal interchange code) / EBCDIC (erweiterter binärverschlüsselter Dezimalcode)

echelon / Ebene, Stufe

echo / Echo, Rückmeldesignal

echo check / Echoprüfung

echo suppression / Echounterdrückung

echoplex / Echoplex-Verfahren (empfangene Nachricht wird komplett zur Prüfung an Sender zurückgesandt)

ECL (abbr. → emitter-coupled logic) / emittergekoppelte Schaltlogik

ECMA (abbr. → European Computer Manufacturers Association) / Europ. Computer-Hersteller-Verband

economic(al) / wirtschaftlich

economic efficiency / Wirtschaftlichkeit

economical informatics / Wirtschaftsinformatik

economical obsolescence / wirtschaftliche Veralterung

economics / Wirtschaftswissenschaft

economy / Wirtschaftlichkeit

eddy current / Wirbelstrom

edge / säumen; Belegkante, Kante

edge connector / Randstecker (einer Platine)

edgeboard / Platinenkante

edgeboard connection / Steckerleiste (einer Platine)

edgeboard contact / Randkontakt (einer Platine)

edge-notched card / Kerblochkarte

edge-punched card / Randlochkarte

EDI (abbr. → electronic data interchange) / elektronischer Datenaustausch

edit / aufbereiten (zum Ausdrucken), editieren

edit key / Editiertaste (z. B. Einfügentaste, Löschtaste u. ä.)

edit mode / Editierzustand

edit word / Aufbereitungsmaske (für Druckaufbereitung)

edited data / druckaufbereitete Daten

edited data item / druckaufbereitetes Datenfeld

editing / Aufbereitung (zum Druck, zur Ausgabe), Druckaufbereitung, Redigieren

editing instruction / Druckaufbereitungsbefehl

editing keyboard / Volltastatur

editing mask / Druckaufbereitungsmaske

editing picture / Aufbereitungsmaske (für Druckaufbereitung)

editing symbol / Druckaufbereitungszeichen

editing terminal / Editierstation (für Bildschirmtext)

edition / Auflage, Ausgabe (einer Druckschrift)

editor / Dateiaufbereiter

editorial / redaktionell

EDLIN (abbr. → line editor) / Zeileneditor

EDP (abbr. → electronic data processing) / EDV (Abk. elektronische Datenverarbeitung)

EDPS (abbr. → electronic data processing system) / EDVS (Abk. elektronisches Datenverarbeitungssystem)

educate / unterrichten

educated language / Hochsprache

education / Ausbildung, Unterricht

educational computer / Lerncomputer

educational informatics / pädagogische Informatik

educational language (abbr. ELAN) / Programmiersprache für pädagogische Aufgaben

EEMS (abbr. → enhanced expanded memory specification) / verbessertes Erweiterungsspeicherkonzept (für MS-DOS)

EEPROM (abbr. → electrically erasable programmable read-only memory) / elektrisch löschbarer programmierbarer Festspeicher)

EEROM (abbr. → electrically erasable read-only memory) / elektrisch löschbarer Festspeicher

effective / wirkungsvoll

effective address / absolute Adresse, echte Adresse

effective instruction / endgültiger Befehl

effective speed / tatsächliche Geschwindigkeit

effectiveness / Effektivität

effector / Effektor (Ausgabegerät bei Prozeßrechnern, die einen technischen Prozeß beeinflussen)

efficiency / Durchsatz, Effektivität, Wirkungsgrad

efficiency analysis / Wirtschaftlichkeitsanalyse

efficiency measure / Effektivitätsmaßstab

efficient / wirkungsvoll

effort / Anstrengung, Aufwand

EFM code (abbr. → eight-to-fourteen code) / Acht-zu-vierzehn-Code (14-Bit-Code bei Bildpl.)

EGA (abbr. → enhanced graphic adapter) / EGA-Karte (Platine für verbesserte graphische Auflösung)

EIA (abbr. → Electronic Industries Association) / EIA (amerik. Verband von Rechner- und Elektronikherstellern)

eight-bit microprocessor / Achtbit-Mikroprozessor

eight-bit structure / Achtbit-Struktur

eight-channel tape / Achtspurlochstreifen

eight-to-fourteen code (abbr. EFM code) / Acht-zu-vierzehn-Code (14-Bit-Code bei Bildpl.)

eighty-column card / achtzigspaltige Lochkarte, Normallochkarte

EISA (abbr. → Extended Industry Standard Architecture) / EISA (Industrie-Standard für Mikrorechner)

EITHER-OR operation / Antivalenz, exklusives ODER (der Booleschen Algebra)

either-way / duplex, wechselseitig

eject / ausstoßen, auswerfen

eject key / Auswurftaste

ejecting / Auswerfen

ejection / Ausstoß, Auswurf

ELAN (abbr. → educational language) / ELAN (Programmiersprache für pädagogische Aufgaben)

elapse / ablaufen (Zeit)

elapse time / Ablaufzeit, Laufzeit

elapsed-time multiprogramming factor / Multiprogrammverzögerungsfaktor

elastic(al) / elastisch

elasticity / Anpassungsfähigkeit

electively / wahlweise

electric(al) / elektrisch

electric charge / elektrische Ladung

electric circuit / Stromkreis

electric current / elektrischer Strom

electric field / elektrisches Feld

electrically alterable programmable read-only memory (abbr. EAPROM) / elektrisch änderbarer programmierbarer Festspeicher

electrically alterable read-only memory (abbr. EAROM) / elektrisch änderbarer Festspeicher

electrically erasable programmable read-only memory (abbr. EEPROM) / elektrisch löschbarer programmierbarer Festspeicher

electrically erasable read-only memory (abbr. EEROM) / elektrisch löschbarer Festspeicher

electrician / Elektriker

electricity / Elektrizität

electroanalysis / Elektrolyse

electrochemic(al) / elektrochemisch

electrode / Elektrode

electrographic ink / stromleitende Tinte

electrographic pen / stromleitender Graphitstift

electroluminescent display / Elektrolumineszenzbildschirm

electrolysis / Elektrolyse

electrolyte / Elektrolyt

electrolytic capacitor / Elektrolytkondensator

electrolytic recording / elektrolytische Aufzeichnung

electromagnet / Elektromagnet

electromagnetic(al) / elektromagnetisch

electromagnetic printer / Magnetdrucker

electromagnetic radiation / elektronische Strahlung

electromagnetic spectrum / elektromagnetisches Spektrum (aller elektronischen Strahlungen)

electromechanic(al) / elektromechanisch

electron / Elektron

electron beam / Elektronenstrahl

electron beam lithography / Elektronenstrahl-Lithographie

electron bombardment / Elektronenbeschuß

electron emission / Elektronenemission

electron gun / Elektronenkanone (der Elektronenstrahlröhre)

electron mobility / Elektronenbeweglichkeit

electron orbit / Elektronenschale (im Atom)

electron ray tube / Elektronenstrahlröhre

electron stream / Elektronenstrahl

electron tube / Elektronenröhre

electron-emitting area / Elektronenemissionsbereich (Halbl.)

electronic(al) / elektronisch

electronic banking / elektronischer
Bankdienst

electronic beam-addressed memory
(abbr. EBAM) / elektronenstrahladressierter Speicher

electronic brain / Elektronengehirn
(unzweckmäßiger Ausdruck für Computer, Rechner)

electronic book / elektronisches Buch

electronic bulletin board / elektronische Wandtafel (Mail-Box-System)

electronic calculator / elektronische
Rechenmaschine

electronic calendar / elektronischer
Kalender

electronic circuit / elektronischer
Schaltkreis

electronic data interchange (abbr.
EDI) / elektronischer Datenaustausch

electronic data processing (abbr.
EDP) / elektronische Datenverarbeitung (Abk. EDV)

electronic data processing system
(abbr. EDPS) / elektronisches Datenverarbeitungssystem (Abk. EDVS)

electronic data switching system /
elektron. Datenvermittlungssystem

electronic desk / elektronischer
Schreibtisch, Multifunktionssystem

electronic dictionary / elektronisches
Wörterbuch

electronic disk / elektronischer Plattenspeicher (simulierter Plattenspeicher
in einem RAM-Speicher)

electronic document / elektronisches
Dokument (wird in Telekommunikationssystemen übertragen)

electronic filing / elektronische Ablage
(von Daten)

electronic funds transfer system /
elektronischer Zahlungsverkehr

Electronic Industries Association
(abbr. EIA) / Amerik. Verband von
Rechner- und Elektronikherstellern

electronic industry / Elektronikindustrie

electronic journal / elektronische Zeitung (bisher nicht realisiert)

electronic mail / elektronische Post,
elektronischer Brief

electronic mailbox / elektronischer
Briefkasten, elektronisches Postfach,
Mail-Box-System

electronic mailboxing / elektronische
Briefübermittlung

electronic memory typewriter / elektronische Speicherschreibmaschine

electronic music / elektronische Musik

electronic musical instrument / elektronisches Musikinstrument

electronic newspaper / elektronische
Zeitung

electronic office / elektronisches Büro
(Multifunktionssystem)

electronic publishing / elektronische
Publikation

electronic pulse generator / Impulsgenerator

electronic semiconductor / Halbleiter

electronic shopping / Tele-Einkauf
(über Btx.)

electronic spreadsheet / elektronisches Arbeitsblatt (Tab-Kalk.)

electronic switching system / elektronisches Wählsystem

electronic system / Elektronik (eines
Gerätes)

electronic telephone directory / elektronisches Telephonbuch (über Btx.
zugänglich)

electronic tube / Elektronenröhre

electronic wastebasket / elektronischer Papierkorb (Löschfunktion)

electronic wastepaper basket / elektronischer Papierkorb (Löschfunktion)

electronics / Elektronik

electronization / Elektronisierung

electrophoresis / Elektrophorese
(Elektronenwanderung)

electrophotographic / elektrophotographisch, lichtelektronisch

electrophotographic printer / Laserdrucker

electrosensitive / elektrosensitiv (auf
elektrische Impulse ansprechend)

electrostatic / elektrostatisch

electrostatic memory / elektrostatischer Speicher

electrostatic plotter / elektrostatisches Zeichengerät

electrostatic printer / Laserdrucker

elegant / gekonnt

element / Bauteil, Element

element group / Elementgruppe, Gruppe

element of a list / Listenelement

elemental / elementar, natürlich

elementary / einfach, elementar

elementary address / elementare Adresse

elementary block / Elementarblock

elementary function / Elementarfunktion

elementary operation / Elementaroperation

elevate / hochheben

elevator / Elevator (Aufzug)

eliminate / beseitigen, entfernen

elimination / Beseitigung

elite / Eliteschriftgrad (hat 12 cpi)

ellipse / Ellipse

ellipsis / Auslassungszeichen (‹ . . . ›)

ELOD (abbr. →erasable laser optical disk) / löschbare Bildplatte

else / sonst

em fraction / M-Bruch (einstelliger Bruch der Breite des Buchstabens ‹m›)

e-mail (abbr. →electronic mail) / elektronische Post, Mailboxsystem

embed / einbetten

embedded / eingebettet

embedded command / eingebettetes Kommando

embedded formatting command / eingebettetes Formatierungskommando (Textv.)

embedded instruction / eingebetteter Befehl

embedded object / eingebettetes Objekt

embezzle / veruntreuen

embezzlement / Veruntreuung (Computerkriminalität)

emboss / prägen

embossed printing / Blindenschrift

em-dash / M-Bindestrich (von der Breite des Buchstabens ‹m›)

emergency / Notfall

emergency alarm / Notruf

emergency alarm box / Notrufmelder

emergency cutout / Notabschaltung

emergency maintenance / Störungsbeseitigung

emergency mode / Notbetrieb

emergency power supply / Notstromversorgung

emergency switch / Notschalter

emery / schmirgeln; Schmirgel

emission / Aussendung, Ausstrahlung, Emission

emissivity / Emissionsvermögen

emit / aussenden, senden

emitter / Emitter (Halbl.), Impulssender

emitter electrode / Emitteranschluß

emitter zone / Emissionsbereich (Halbl.)

emitter-coupled logic (abbr. ECL) / emittergekoppelte Schaltlogik

emphasis / Betonung

empiric(al) / empirisch (auf Erfahrung beruhend)

employee / Angestellter

employees / Personal

empty / leer, unbeschriftet

EMS (abbr. →expanded memory specification) / erweiterte Speicherbeschreibung (Technik zur Vergrößerung des Arbeitsspeichers bei MS-DOS)

emulate / emulieren (nachbilden eines Systems durch ein anderes mit Hilfe von Hardware)

emulation / Emulation (→emulieren)

emulator / Emulator (→emulieren)

emulsion / Emulsion (Filmschicht)

emulsion laser storage / Emulsions-Laserspeicher-Technik (Bildpl.)

en fraction / N-Bruch (einstelliger Bruch von der Breite des Buchstabens ‹n›) *enable* / aktivieren, befähigen, einschalten, freigeben

enabling / Freigabe (eines Gerätes, einer Leitung)

enabling signal / Freigabesignal

enameled wire / Lackdraht

encapsulate / einkapseln

encapsulation / Kapselung

encase / einbauen

encasement / Gehäuse

encipher / chiffrieren, verschlüsseln

enciphered data / verschlüsselte Daten

enciphering / Chiffrierung, Verschlüsselung

enclose / einschließen (z. B. durch Apostrophe)

enclosure / Anlage (zu einem Brief)

encode / verschlüsseln

encoder / Codiereinrichtung

encoding / Codieren, Verschlüsselung

encrypt / chiffrieren

encryption / Chiffrierung

encyclop(a)edia / Konversationslexikon, Lexikon

end / beenden; Ende, Ziel

end address / Endadresse

end character / Endezeichen

end condition / Endebedingung

end criterion / Endekriterium

end date / Endtermin

end key / Endetaste

end message / Endemeldung

end of... / Ende von...

end of address / Adreßende

end of block / Blockende

end of extent / Bereichsende

end of file / Dateiende

end of form / Formularende

end of paper / Papierende

end of program / Programmende

end of reel / Spulenende (beim Magnetband)

end of tape / Bandende

end of text / Textende

end of transmission block / Ende des übertragenen Blockes

end of volume / Datenträgerende

end printing / Randbeschriftung

end record / Endesatz

end scanning / Endeabfrage

end statement / Endeanweisung

end symbol / Endezeichen

end user (→ end-user) / Endbenutzer

endanger / gefährden

end-around carry / Schiebeübertrag (Rückübertragung des Überlaufs in die niedrigste Stelle)

end-around shift / logisches Schieben (eines Bitmusters)

en-dash / N-Bindestrich (von der Breite des Buchstabens ‹n›)

ending / Beendigung, Nach...

endless form / Endlosformular

endless loop / Endlosschleife

endnote / Endfußnote (am Ende des Textes, nicht der Seite)

end-of-address character / Adreßendezeichen

end-of-block code / Blockendezeichen

end-of-file label / Dateiendekennzeichen

end-of-line warning / Zeilenendevorwarnung

end-of-message character / Nachrichtenendezeichen

end-of-program routine / Programmenderoutine, Schlußroutine

end-of-text label / Textendezeichen

end-of-transmission label / Übertragungsendezeichen

end-of-volume label / Datenträgerendekennsatz

endpoint / Endpunkt (einer Zeile)

end-to-end transmission / Endpunktübertragung

enduser / Endbenutzer (Benutzer)

end-user / Endbenutzer (Benutzer)

enduser advising / Benutzerberatung

enduser association / Benutzerverband, Benutzervereinigung

enduser club / Benutzervereinigung

enduser department / Fachabteilung

enduser diskette / Benutzerdiskette

enduser request / Benutzeraufruf

enduser requirement / Benutzeranforderung

enduser system / Endbenutzersystem
energize / einschalten
energy / Energie, Kraft
energy band / Energieband
energy gap / Bandabstand (von Energiebändern)
enforceable / einklagbar
engage / belegen, einkuppeln
engine / Maschine
engineer / bauen, konstruieren; Ingenieur, Techniker
engineering / Entwicklung, Ingenieurwesen, Konstruktion, Technik
engineering change / technische Änderung
engineering standards committee / Fachnormenausschuß
engrave / eingravieren
enhance / erweitern
enhanced expanded memory specification (abbr. EEMS) / verbessertes Erweiterungsspeicherkonzept (für MS-DOS)
enhanced graphic adapter (abbr. EGA) / EGA-Karte (Platine für verbesserte graphische Auflösung)
enhanced small device interface (abbr. ESDI) / Festplatten-Schnittstelle (Standard)
enhancement / Anreicherung, Erweiterung
enlarge / vergrößern
enlargement / Vergrößerung
enqueue / einreihen (in eine Warteschlange)
enqueuing / Aufbau (einer Warteschlange)
enquiry / Anfrage (einer Station)
enrich / anreichern
enrichment / Anreicherung
enrol / eintragen (in ein Verzeichnis)
ensue / folgen (nachfolgen)
ensure / garantieren
enter / eingeben, eintreten
enter call / Eingabeaufruf
enter into / einspringen
enter key / Freigabetaste
enterprise / Betrieb, Unternehmen

enter-return key / Eingabe-Rücksprung-Taste (auch Freigabetaste)
entertainment electronics / Unterhaltungselektronik
entity / Entität (Satzinhalt eines Datenbanksegmentes)
entity type / Entitätstyp (Satztyp bei Datenbanken)
entrance / Einsprungstelle
entropy / Entropie (Maß für den Informationsgehalt)
entry / Eingang, Einsprungstelle, Eintrag
entry condition / Eintrittsbedingung
entry data / Eingabedaten
entry line / Eingabezeile
entry point / Einsprungstelle
entry-level system / Einstiegssystem (kleinste Computergröße)
entry-sequenced data set / Datenbestand in Zugangsfolge
enumerability / Aufzählbarkeit
enumerable / aufzählbar
envelop / umhüllen
envelope / Umhüllung, Umhüllungskurve, Umschlag
envelope printer / Kuvertdrucker
enveloping machine / Kuvertiermaschine
environment / Ausstattung (einer Zentraleinheit mit peripheren Geräten), Umgebung
environment analysis / Umfeldanalyse (zur Datensicherung)
environment division / Maschinenteil (eines Programms)
environment variable / Umgebungsvariable
environmental / Umgebungs...
environmental influence / Umgebungseinfluß
EO... (abbr. →end of...) / Ende von...
epitaxial growth / Epitaxialwachstum (Aufwachsen einer Halbleiterschicht)
epitaxial layer / epitaxiale Schicht (durch Epitaxie entstanden)
epitaxial transistor / Epitaxialtransistor (Bauart von Transistoren)

epitaxy / Kristallwachstum
EPROM (abbr. → erasable programmable read-only memory) / löschbarer und programmierbarer Festspeicher
equal / gleich; gleichsetzen
equal sign / Gleichheitszeichen
equality / Gleichheit
equalization / Entzerrung
equalize / entzerren
equalizer / Entzerrer
equals / Gleichheitszeichen
equals key / Resultattaste (Gleichtaste)
equate / gleichsetzen (math.)
equation / Gleichung
equation typesetting / Gleichungssatz (Setzprogramme für komplizierte Formeln mit Brüchen)
equiangular / gleichwinklig
equidistant / gleich weit entfernt
equilateral / gleichseitig
equilibrate / ausbalancieren, ins Gleichgewicht bringen
equilibration / Gleichgewicht
equilibrium / Gleichgewicht
equip / ausstatten
equipment / Ausrüstung, Ausstattung, Einrichtung, Geräte
equipment compatibility / Gerätekompatibilität
equipment manufacturer / Gerätehersteller
equipped / ausgestattet
equivalence / Äquivalenz, Gleichwertigkeit
equivalent / gleichwertig
equivocal / mehrdeutig
equivocation / Mehrdeutigkeit
erasable / löschbar
erasable laser optical disk (abbr. ELOD) / löschbare Bildplatte
erasable programmable read-only memory (EPROM) / löschbarer programmierbarer Festspeicher
erasable storage / löschbarer Speicher
erase / löschen, radieren
erase head / Löschkopf
erase signal / Irrungszeichen
erasure / Löschung

ergonomic(al) / ergonomisch
ergonomics / Ergonomie (Wissenschaft von der Anpassung der Arbeitswelt an die Bedingungen des Menschen)
ergonomist / Ergonomiker (→ Ergonomie)
erroneous / fehlerhaft
error / Fehler
error analysis / Fehleranalyse
error byte / Fehlerbyte
error calculation / Fehlerberechnung
error cause / Fehlerursache
error check / Fehlerkontrolle
error checking / Fehlerkontrolle, Fehlerprüfung
error code / Fehlerzeichen
error correction / Fehlerberichtigung
error detection / Fehlererkennung
error detection character / Prüfzeichen (zur Fehlerverhinderung)
error diagnosis / Fehlerdiagnose
error forms stacker / Fehlerablagefach (bei Beleglesern)
error handling / Fehlerbehandlung
error interrupt / Fehlerunterbrechung
error list / Fehlerliste
error location / Fehleradresse
error message / Fehlermeldung
error printout / Fehlerausdruck
error probability / Fehlerwahrscheinlichkeit
error prompt / Fehlerhinweis
error propagation / Fehlerfortpflanzung
error rate / Fehlerhäufigkeit
error ratio / Fehlerverhältnis (prozentuale Fehlerhäufigkeit)
error recovery / Fehlerbeseitigung
error register / Fehlerregister
error routine / Fehlerroutine
error span / Fehlerbereich
error statistic / Fehlerstatistik
error stop / Fehlerstop (in einem Programm)
error supervision / Fehlerüberwachung
error tracing / Fehlerverfolgung
error trapping / Fehlererkennung (automatisch durch Programm)

error typeout / Fehlerausgabe

error-checking code / Fehlererkennungscode

error-checking program / Fehlerprüfprogramm

error-correcting check method / fehlerkorrigierendes Prüfverfahren

error-correcting code / Fehlerkorrekturcode

error-detecting check method / fehleranzeigendes Prüfverfahren

error-detecting code / Fehlererkennungscode

error-free / fehlerfrei

errors expected / Irrtum vorbehalten

ESC key (abbr. →escape key) / Rücksprungtaste (in ein übergeordnetes Programm), Umschalttaste, Unterdrückungstaste

escape / entweichen (aus einem Programmteil in einen übergelagerten zurückspringen), unterbrechen (eine Funktion); Codeumschaltung

escape key (abbr. ESC key) / Rücksprungtaste (in ein übergeordnetes Programm), Umschalttaste, Unterdrückungstaste (für eine laufende Funktion)

escaping / Funktionsunterbrechung

ESDI (abbr. →enhanced small device interface) / Festplatten-Schnittstelle (Standard)

espionage / Spionage

essential / wesentlich

essential part / wesentlicher Bestandteil

establish / aufbauen (einer Verbindung)

estimate / erwarten, schätzen; Schätzung

estimated / voraussichtlich

etch / ätzen

etched / geätzt

etched circuit / geätzte Schaltung

etching / Ätzung

etching technique / Ätzverfahren

Ethernet / Ethernet (verbreiteter Ortsnetzstand.)

eurocard / Europaplatine (genormt 100 × 160 mm)

europe card / Europaplatine (genormt 100 × 160 mm)

European Article Numbering System (abbr. EAN) / Europäisches Artikelnummernsystem (Abk. EAN)

European Computer Manufacturers Association (abbr. ECMA) / Europ. Computer-Hersteller-Verband

evacuate / evakuieren (ein Vakuum aufbauen)

evaluate / auswerten, bewerten

evaluation / Auswertung, Bewertung

evaluation criterion / Bewertungskriterium

evaluation method / Bewertungsverfahren

evaluation of information / Informationsbewertung

evaluator / Auswerteinrichtung

evaporate / aufdampfen, bedampfen

evaporation / Aufdampfung, Bedampfung

even / gerade (Zahl)

even number / gerade Zahl

even parity / gerade Bitzahl

even-numbered / geradzahlig

event / Ereignis

event-driven / ereignisgesteuert

evident / offensichtlich

evolution / Radizierung, Wurzelziehen

evolve / entwickeln

exact / fehlerfrei, genau

examine / prüfen

examine statement / Prüfanweisung

example / Beispiel, Muster

EXAPT (abbr. →extended automatic programming for tools) / EXAPT (Programmiersprache für numerische Werkzeugmaschinensteuerung)

exceed / übersteigen

except / ausnehmen (Ausnahme)

exception / Ausnahme

exceptional condition / Ausnahmebedingung

excerpt / ausziehen (aus einem Text); Auszug (aus einem Text) *excess* / Überschuß

excess pressure / Überdruck

excess-three code / Dreiexzeßcode (Stibitzcode)

exchange / austauschen; Austausch, Knotenamt, Vermittlungsamt (Tel.)

exchange medium / Austauschdatenträger

exchange off (abbr. XOFF) / Abmeldung (bei Datenfernübertragung)

exchange on (abbr. XON) / Anmeldung (bei Datenfernübertragung)

exchangeable / wechselbar; Wechsel...

excite / erregen

excitation / Erregung

exclamation point / Ausrufungszeichen

exclude / ausschließen

exclusion / Ausschließung

exclusive / ausschließlich, exklusiv

exclusive OR (abbr. XOR) / Antivalenz, exklusives ODER

excursion / Abweichung (von der Normallage)

excursive / kursorisch

EXE (abbr. →execute, execution) / ablaufen (Programm); Ablauf, Ausführung (eines Programms)

executable / ablauffähig, ausführbar

executable program / ablauffähiges Programm, Objektprogramm

executable instruction / ausführbarer Befehl

execute / ablaufen (Programm)

execute cycle / Ausführungszyklus (eines Befehls)

executing phase / Ausführungsphase (eines Befehls)

execution / Ablauf, Ausführung (eines Programms)

executive / leitend (überwachend); Hauptsteuerprogramm

executive control program / Steuerprogramm

executive function / Führungsaufgabe

executive program / Hauptsteuerprogramm

executive routine / Hauptsteuerprogramm

executive storage area / Programmkoordinierungsbereich

executive-secretary telephone / Chef-Sekretär-Anlage (Tel.)

exemplary / exemplarisch, musterhaft

exemplary contract / Mustervertrag

exemplification / Erläuterung (durch Beispiel)

exemplify / erläutern (durch Beispiel)

exemption from redundancy / Redundanzfreiheit

exercise / üben; Übung

exhaust / absaugen; Abluftanlage

exhausted / ausgebraucht, erschöpft

exit / herausspringen (aus einem Unterprogramm); Ausgang, Aussprung (aus einem Unterprogramm)

exit connector / Ausgangskonnektor (in einem Ablaufplan)

exit hub / Ausgangsbuchse

exit statement / Leeranweisung

expand / erweitern

expandable / ausbaufähig, erweiterungsfähig

expandable system / ausbaufähiges System

expanded memory / Erweiterungsspeicher (bei MS-DOS)

expanded memory board / Erweiterungsspeicherkarte

expanded memory specification (abbr. EMS) / Erweiterungsspeicherkonzept (für MS-DOS)

expanded type / Weitschrift

expander / Vervielfacher

expansion / Ausdehnung, Erweiterung

expansion board / Erweiterungskarte

expansion bus / Erweiterungsbus

expansion card / Erweiterungskarte

expansion slot / Erweiterungssteckplatz

expect / erwarten

expectancy / Lebenserwartung (statistische)

expend / ausgeben (Geld)

expendable / Verbrauchsmaterial, Verschleißmaterial

expendable part / Verschleißteil

expenditure / Aufwand

expense / Ausgabe (Geld)

expensive / aufwendig, teuer

experience / Erfahrung

experienced / versiert

experiment / Experiment, Versuch

expert / sachkundig; Fachmann, Gutachter

expert knowledge / Expertenwissen, Sachverstand, Wissensbasis

expert opinion / Sachverständigengutachten

expert system / Expertensystem (DV-System zur Speicherung und Auswertung großer, spezialisierter Informationsmengen)

expert system shell / Expertensystem-Schale (Systemprogramm ohne Wissensbasis; Wissensv.)

expert witness / Sachverständiger

expiration / Verfall

expiration date / Freigabedatum, Verfalldatum

expire / ablaufen, verfallen

explain / erklären

explanation / Erklärung

explanatory model / Erklärungsmodell

explicit / ausdrücklich, explizit

explicit address / explizite Adresse (enthält ausdrückliche Angaben über Länge der Operanden und Basisregister)

explicit addressing / explizite Adressierung

explicit length specification / explizite Längenangabe

exploded picture / auseinandergezogene Darstellung, Explosionsbild

exploded pie graph / auseinandergezogenes Kreisdiagramm bzw. Tortendiagramm

exploded view / auseinandergezogene Darstellung, Explosionsdarstellung

explorative / untersuchend

explore / untersuchen

exponent / Exponent, Potenz, Vertreter

exponential / exponentiell

exponential notation / exponentielle Darstellung (Gleitkommazahl)

exponential representation / exponentielle Darstellung (Gleitkommazahl)

exponential sign / Exponentialzeichen (zeigt das Potenzieren an, meist ‹**›)

exponentiate / potenzieren

exponentiation / Potenzierung

export / ausführen (Handel), in ein anderes Programm übertragen; Ausfuhr

exposé / Denkschrift

exposure / Belichtung(szeit)

express / ausdrücken (bedeuten), durch Eilboten schicken; eilige Nachricht

expression / Ausdruck

expunge / löschen

extend / erweitern

extended (abbr. XT) / erweitert

extended automatic programming for tools (abbr. EXAPT) / EXAPT (Programmiersprache für numerische Werkzeugmaschinensteuerung)

extended binary-coded decimal interchange code (abbr. EBCDIC) / erweiterter Dezimal-Binär-Code (wichtiger Interncode für DV-Systeme)

extended character set / vergrößerter Zeichensatz

extended graphics array (abbr. XGA) / erweiterter Graphikstandard (Stand. für Graphikkarten)

Extended Industry Standard Architecture (abbr. EISA) / EISA (Industriestandard für Mikrorechner in USA)

extended memory / vergrößerter Arbeitsspeicher

extended memory specification (abbr. XMS) / Vergrößerungsspeicherkonzept (für MS-DOS)

extended technology (abbr. XT) / erweiterte Technik (bei PCs, etwa um 1983)

extensibility / Dehnbarkeit

extensible / erweiterbar

extensible stack / Kellerspeicher

extension / Erweiterung, Namenssuffix (bei MS-DOS), Nebenanschluß, Verlängerung

extension program / Erweiterungsprogramm

extent / Speicherbereich

extenuate / dämpfen

exterior / außerhalb; Außen...

external / außen, äußerlich, extern; (das) Äußere

external address / äußere Adresse (eines Peripheriegerätes)

external auditing / externe Revision

external bus / externer Bus

external call / Amtsgespräch (Tel.)

external character / externes Zeichen

external character set / externer Zeichenvorrat

external command (abbr. XCMD) / externer Befehl (MS-DOS)

external communication / externe Kommunikation

external computer / externer Rechner (außer Haus)

external control / externe Steuerung

external control unit / externe Steuereinheit

external controller / externe Steuereinheit

external data / externe Daten

external data gathering / externe Datenerfassung

external data processing / externe Datenverarbeitung

external data protection officer / externer Datenschutzbeauftragter

external data safeguarding / externe Datensicherung

external data view / Benutzersicht, externe Datensicht

external document / externer Beleg

external file / externe Datei

external format / externes Format

external function (abbr. XFCN) / externe Funktion

external hard disk / externe Speicherplatte (in eigenem Gerät)

external instruction / externer Befehl

external interrupt / externe Unterbrechung

external modem / externes Modem (nicht in PC integriert)

external operation / externe Operation, externer Befehl

external point / Aussprungstelle

external processing / externe Verarbeitung

external processing speed / externe Verarbeitungsgeschwindigkeit

external program input / maschinelle Programmeingabe

external reference / externer Verweis (auf ein anderes Programm)

external representation / externe Darstellung

external runtime / externe Rechenzeit

external search / externes Suchen

external sorting / Externsortierung

external storage / externer Speicher

external supervision / Fremdkontrolle

external view / Benutzersicht

externally stored data / Vorratsdaten

extinction / Löschung

extinguish / abschalten, löschen

extinguisher / Feuerlöscher

extra / besonders, zusätzlich; Extra...

extract / auswählen, extrahieren; Auszug

extract the root of / radizieren (Wurzel ziehen)

extracting the root / Radizieren (Wurzelziehen)

extraction / Auszug, Extrakt

extraneous / systemfremd; Fremd...

extraneous making / Fremdherstellung

extraneous programming / Fremdprogrammierung

extraneous software / Fremdsoftware

extraordinary / außergewöhnlich

extrapolate / extrapolieren

extrapolation / Extrapolation

extreme / äußerst; Extrem(wert)

extricate / sich entwickeln (chem.)

extrinsic(al) / äußerlich, fremd

extrude / strangpressen

extrusion / Strangpressen

exudation / Ausschwitzung
exude / absondern

F

fabric / Bau, Gewebe, Struktur
fabric ribbon / Textilfarbband
fabricate / fabrizieren
fabrication / Fertigung, Vorfertigung
face / beschichten; Oberfläche (eines Beleges), Schriftseite
face down / Schriftseite nach unten
face up / Schriftseite nach oben
facile / leicht, mühelos
facilitate / unterstützen
facilities / Einrichtungen
facility / Einrichtung, Erleichterung
facing pages / gegenüberliegende Seiten (eines Buches)
facsimile (abbr. FAX) / Faksimile (genaue Kopie), Fernkopie
facsimile communication / Fernkopieren
facsimile newspaper / Faksimilezeitung (übertragen über Fernkopierer)
facsimile radio / Bildfunk
facsimile receiver / Fernkopierempfänger
facsimile machine / Fernkopiergerät
facsimile set / Fernkopierer
facsimile station / Fernkopierer
facsimile subscriber line / Fernkopierleitung
facsimile telegraphy / Fernkopieren
facsimile transmission / Fernkopieren
facsimile transmission line / Fernkopieranschluß
facsimile transmission service / Fernkopierdienst
facsimile transmitter / Fernkopiersender
fact / Realität, Tatsache, wahre Aussage
fact retrieval / Datenwiedergewinnung
factor / Faktor (math.), Treuhänder, Vertreter

factor analysis / Faktorenanalyse
factorial / faktoriell (math. n-Fakultät betreffend) Fakultät (math.)
factoring / Factoring (Finanzierung durch Verkauf eigener Forderungen)
factory / Betriebsanlage, Fabrik, Fabrikanlage
factory automation / Produktionsautomatisierung
factory data acquisition / Betriebsdatenerfassung
factory data capture / Betriebsdatenerfassung
factory of the future / Fabrik der Zukunft
factual data / Sachdaten
fade / nachlassen, schwinden
fading / Abnutzung
fail / versagen
failsafe / ausfallsicher
failure / Ausfall, Fehler, Störung
failure cause / Fehlerursache
failure frequency / Fehlerhäufigkeit
failure indicator / Fehleranzeige
failure logging / Fehlerprotokollierung, Störungsaufzeichnung
failure rate / Fehlerhäufigkeit
failure safety / Ausfallsicherheit
fall / absinken
fall time / Abfallzeit
fallback / Rückgriff
fallback system / Rückfallsystem, Sicherungssystem (Standby-System)
fallout / Abfallquote
false / falsch, gefälscht
false floor / Doppelboden (für Kabelverlegung)
falsification / Fälschung
falsification security / Fälschungssicherheit
falsify / fälschen
familiarization / Schulung
family / Familie (von Systemen), Schar (math.)
family telephone / Familientelephon (mit mehreren Nebenanschlüssen)
fan / belüften; Belüfter, Ventilator
fan out / auffächern

fanfold / zickzackgefaltet (leporelloge-
faltet)
fanfold form / Leporellopapier (Endlospapier)
fanfold paper / Leporellopapier (Endlospapier)
fanfolding / Leporellofalzung (Zickzackfalzung)
fan-in / Eingangslastfaktor
fan-in-fan-out ratio / Lastfaktorverhältnis
fan-out / Ausgangslastfaktor
farad / Farad (Maßeinheit der el. Kapazität)
Faraday cage / Faradayscher Käfig
fast / schnell
fast access / Schnellzugriff, unmittelbarer Zugriff
fast memory / Zwischenspeicher
fast motion / Zeitraffer
FAT (abbr. → file allocation table) / Dateizuordnungstabelle
fatal / schwer (eigentl. tödlich)
fatal error / unbehebbarer Fehler
father file / Vaterdatei (Dat-Sich.)
father tape / Vaterband (Sicherungstechnik bei Magnetbändern)
father-son principle / Generationsprinzip (Dat-Sich.)
fatigue / Ermüdung
fatigue test / Dauertest
fatigue-proof / ermüdungssicher
faucet / Absperrvorrichtung, Flächen-
füllfunk:ion (graph.)
fault / Fehler, Störung
fault analysis / Fehleranalyse
fault diagnosis / Fehlerdiagnose
fault indicator / Fehleranzeige
fault isolation / Fehleranalyse
fault liability / Störungsanfälligkeit
fault location / Fehlersuche
fault log / Störungsprotokoll
fault message / Störungsmeldung
fault recovery / Fehlerbeseitigung
fault tolerance / Fehlertoleranz
fault-prone / fehleranfällig
fault-tolerant system / fehlertolerantes
System

faulty / fehlerhaft
FAX (abbr. → facsimile) / Fernkopie
fax board / Fernkopierkarte (Zusatz
zum PC)
fax machine / Fernkopiergerät
fax modem / Fernkopiermodem
fax server / Fernkopier-Diensteinheit
FD (abbr. → floppy disk) / Magnetdiskette
FDDI (abbr. → fiber distributed data interface) / verteilte Lichtwellenleiter-
Netzschnittstelle
feasibility / Durchführbarkeit
feasibility study / Durchführbarkeitsuntersuchung
feasible / durchführbar
feature / charakterisieren, kennzeichnen; Charakteristikum, Wesensmerkmal, Zusatz
Federal Law on Data Protection /
Bundesdatenschutzgesetz
fee / Gebühr
feed / vorschieben, zuführen; Vorschub
feed hole / Führungsloch
feed roll / Transportrolle
feedback / rückkoppeln; Rückkopplung
feedback control system / Regelkreis
feeding / Zuführung
feel / abtasten
feeler / Abtaster
fellow / Absolvent (einer Universität),
Mitglied (einer wiss. Institution)
felt / Filz
felt-tip pen / Filzschreiber
female connector / Buchsenstecker
female plug / Steckerbuchse
female screw / Schraubenmutter
female thread / Innengewinde
femtosecond (abbr. fs) / Femtosekunde (10^{-15} Sekunden)
fender / Schutzkappe
FEP (abbr. → front-end processor) /
Vorrechner
ferrite / Ferrit (Eisenoxid mit besonde-
ren magnetischen Eigenschaften)
ferrite core / Ferritkern
ferrite core memory / Ferritkernspeicher, Kernspeicher

ferromagnetic(al) / ferromagnetisch

FET (abbr. → field-effect transistor) / Feldeffekttransistor

fetch / abrufen; Abruf

fetch cycle / Abrufzyklus (eines Befehls)

fetch time / Holzeit (des Befehls aus dem Arbeitsspeicher)

fiber / Faser, Glasfaser, Lichtwellenleiter

fiber distributed data interface (abbr. FDDI) / verteilte Lichtwellenleiter-Netzschnittstelle

fiber optics / Glasfasertechnik, Lichtwellenleitertechnik

fiber optics communication / Glasfaserkommunikation, Lichtwellenleiterkommunikation

Fibonacci number / Fibonacci-Zahl (math.)

fibre → fiber

fibrous / faserförmig

fiche / Mikroplanfilm

fidelity / Genauigkeit

field / Feld (Datenfeld), Kraftfeld (el.)

field attribute / Feldattribut

field boundary / Feldbegrenzung

field check / Feldprüfung

field code / Feldschlüssel

field contents / Feldinhalt

field definition / Felddefinition

field engineer / Außendiensttechniker

field expansion / nachträgliche Erweiterung (eines Rechners)

field experiment / Feldexperiment, Feldversuch

field finding / Feldergebnis (eines realen Versuchs)

field format / Feldformat

field key / Feldschlüssel

field length / Feldlänge

field name / Feldname

field of vision / Sichtfeld

field overflow / Feldüberlauf

field selection / Feldauswahl

field separator / Feldteiler

field service / Außendienst, Kundendienst

field service technician / Kundendiensttechniker, Wartungstechniker

field study / Feldversuch

field template / Datenfeldmaske (schützt vor falscher Dateneingabe)

field transport / Feldübertragung

field trial / Feldversuch

field width / Feldlänge

field-effect transistor (FET) / Feldeffekttransistor (FET)

field-length field / Feldlängenfeld

field-length specification / Feldlängenangabe

field-tested / erprobt (im praktischen Einsatz)

FIFO (abbr. → first in, first out) / FIFO-Methode (bei Warteschlangen: erstes ankommendes Signal wird auch zuerst bearbeitet)

fifth-generation computer / Rechner der 5. Generation (intelligente Rechner, wurden ursprünglich bereits ab 1990/95 erwartet, sind jedoch bisher nicht entwickelt worden)

fifth-generation language / Programmiersprache der 5. Generation (Sprachen für künstliche Intelligenz)

figurative / bildlich

figurative constant / figurative Konstante (besondere Art von Literalen)

figure / berechnen; Gestalt, Ziffer (Zahlzeichen)

figure analysis / Ziffernanalyse (Hash-Code-Verfahren)

figures keyboard / Zifferntastatur

figures shift / Ziffernumschaltung

filament / Heizfaden

filament current / Heizstrom

file / ablegen, ordnen; Aktenstoß, Datei, Kartei

file access / Dateizugriff

file access rate / Dateifrequentierung, Dateizugriffshäufigkeit

file addressing / Dateiadressierung

file allocation / Dateizuordnung

file allocation table (abbr. FAT) / Dateibelegungstabelle

file architecture / Dateiorganisation

file area / Dateibereich
file attribute / Dateiattribut
file backup / Dateisicherung
file beginning / Dateianfang
file boundary / Dateigrenze
file catalog / Dateikatalog
file catalog system / Dateikatalogsystem
file catenation / Dateikettung
file change / Dateiänderung
file changeover / Dateiwechsel
file checkup / Dateiprüfung
file closing / Dateiabschluß
file closing statement / Dateiabschlußanweisung
file combination / Dateienverbund
file compression / Dateikomprimierung
file control / Dateisteuerung
file control block / Dateisteuerblock
file control language / Dateisteuersprache
file control processor / Dateisteuerprogramm
file control table / Dateisteuertabelle
file conversion / Dateikonvertierung
file copy / Dateikopie
file creating / Dateierstellung
file creating date / Dateierstellungsdatum
file creation / Dateigenerierung
file definition / Dateidefinition
file definition block / Dateidefinitionsblock
file definition macro / Dateidefinitionsmakro
file definition statement / Dateidefinitionsanweisung
file defragmentation / Dateidefragmentierung (Dateireorganisation)
file deletion / Dateilöschung
file description / Dateibeschreibung
file description specification / Dateibestimmung
file directory / Dateiverzeichnis
file editing / Dateiaufbereitung
file editor / Dateiaufbereiter
file expiration date / Dateiverfalldatum

file extension / Dateinamenszusatz (Suffix)
file extent / Dateispeicherbereich
file family / Dateifamilie
file fluctuation / Dateifluktuation
file format / Dateiformat
file fragmentation / Dateifragmentierung (Verteilung auf unterschiedliche Speicherbereiche)
file generation / Dateigeneration, Dateigenerierung
file handle / Dateibezeichner
file handler / Dateiaufbereiter
file handling / Dateibehandlung
file header / Dateianfangskennsatz
file header label / Dateianfangskennsatz
file icon / Dateisymbol
file identification / Dateiname
file identifier / Dateikennung
file label / Dateikennsatz
file layout / Dateianordnung
file library / Dateibibliothek
file lock / Dateisperre
file locking / Dateisperrung
file maintenance / Dateipflege
file management / Dateiverwaltung
file management system / Dateiverwaltungssystem
file manager / Dateiverwalter
file medium / Dateiträger
file mode / Dateimodus
file name / Dateiname
file opening / Dateieröffnung
file opening statement / Dateieröffnungsanweisung
file option / Dateiangabe
file organization / Dateiorganisation
file owner / Dateieigentümer
file packing / Dateibelegungsdichte
file parameter / Dateiparameter
file privilege / Dateivorrecht (gibt an, welche Operationen mit der Datei erlaubt sind)
file processing / Dateiverarbeitung
file processor / Dateiprozessor
file profile / Dateiprofil
file protect mode / Dateischutzmodus

file protection / Dateischutz
file protection ring / Schreibring (bei Magnetbändern)
file recovery / Dateiwiederherstellung
file reorganization / Dateireorganis.
file searching / Absuchen einer Datei
file section / Dateiabschnitt
file security / Dateisicherheit
file security block / Dateisicherungs-block
file segment / Dateisegment
file selection / Dateiauswahl
file sequence number / Dateifolge-nummer
file serial number / Dateiarchivnummer
file server / Datei-Diensteinheit (CSS)
file sharing / gemeinsame Dateinutzung
file size / Dateigröße
file specification / Dateikenndaten
file structure / Dateiaufbau, Dateiorga-nisation
file system / Dateisystem
file trailer label / Dateiendekennsatz
file transfer / Dateitransfer (über Tele-kommunikationseinrichtungen)
file type / Dateiart, Dateiform
file type specification / Dateibestim-mung
file updating / Dateiaktualisierung
file utility / Dateidienstprogramm
file-integrated processing / dateiinte-grierte Datenverarbeitung
file-oriented / dateiabhängig, dateige-bunden
filing / Ablage, Archivierung
filing cabinet / Aktenschrank
filing office / Registratur
filing system / Ablagesystem
fill / füllen (einer graph. Fläche mit Far-be oder Mustern)
fill area / Füllbereich (graph. Fläche, die mit Farbe oder Mustern gefüllt wird)
fill character / Füllzeichen
fill out / eintragen (ausfüllen)
filler / Füllfeld (Feld ohne eigenen Na-men)
filler byte / Füllzeichen
filler character / Füllzeichen

filler item / Füllfeld, unbenanntes Da-tenfeld
filling level / Füllstand
filling level indicator / Füllstandsanzei-ger
film / verfilmen; Film, Überzug
film recorder / Filmaufzeichner (zur Aufzeichnung von Bildschirminhal-ten)
film resistor / Schichtwiderstand
film ribbon / Kohlefarbband (auf Kunst-stoffbasis)
FILO (abbr. →first in, last out) / FILO-Methode (bei Kellerspeichern: zuerst eingegebenes Signal wird als letztes wieder ausgegeben, entspricht →LI-FO)
filter / filtern; Filter
filter program / Filterprogramm
final / abschließend, endgültig
final network node / Endknoten (in einem Netz)
final node / Blatt (der Baumstruktur), Endknoten (in einem Graph)
final reflective spot / Schlußmarke (eines Magnetbandes)
finality / Finalität
finance / Finanzwesen
finance company / Finanzierungsge-sellschaft
financial / finanziell
financial accountancy / Finanzbuch-haltung
financial management / Finanzverwal-tung
find / suchen (in einer Datenbank)
find out of m ways / m-Wege-Suchen
fine / fein, genau
fine diagram / Feindiagramm
fine coordination / Feinabstimmung
fine tuning / Feineinstellung
fingerprint reader / Fingerabdruck-Er-kennungsgerät
finish / aufhören, fertigstellen; Ab-schluß
finished / abgeschlossen
finite / endlich (begrenzt), finit
finite algorithm / endlicher Algorithmus

finite automaton / endlicher Automat

fire / auslösen (Impuls), zünden

fire alarm system / Feuermelder

fire brigade / Feuerwehr

fire detector / Brandmelder

fire protection / Brandschutz

fire-proof / feuersicher

fire-resistant / feuerbeständig

firing / Zünden (eines Kontaktes)

firm / fest; Firma

firmware / Firmware (Festprogramm eines DV-Systems)

first / erst, frühest, zuerst

first copy-out time / Erstkopiezeit

first in, first out (abbr. FIFO) / FIFO-Methode (bei Warteschlangen: erstes ankommendes Signal wird auch zuerst bearbeitet)

first in, last out (abbr. FILO) / FILO-Methode (bei Kellerspeichern: zuerst eingegebenes Signal wird als letztes ausgegeben, entspricht → LIFO)

first rules of arithmetic / Grundrechenarten

first-generation computer / Rechner der 1. Generation (ca. 1940–54)

first-generation language / Programmiersprache der 1. Generation (Maschinensprachen)

fit out / ausstatten

fittings / Zubehörteile

five-channel code / Fernschreibcode

five-channel tape / Fernschreiblochstreifen

five-track tape / Fünfspur-Lochstreifen

five-unit code / Fünfschrittcode

fix / fest (Länge); befestigen, festlegen, fixieren

fixed / fest, festgelegt

fixed and removal disk / Fest-Wechsel-Platte

fixed block length / feste Blocklänge

fixed costs / Fixkosten

fixed data item / festes Datenfeld

fixed data record / fester Datensatz

fixed disk / Festplatte

fixed field length / feste Feldlänge

fixed format / festes Format

fixed head disk / Festkopfplatte

fixed image / Festbild

fixed image communication / Festbildkommunikation

fixed image memory / Festbildspeicher

fixed length / feste Länge

fixed magnetic disk / Festplatte

fixed magnetic head / Festkopf

fixed point / Festkomma, Festpunkt

fixed program / Festprogramm

fixed record length / feste Satzlänge

fixed storage / Festplatte

fixed word length / feste Wortlänge

fixed working storage area / reservierter Arbeitsspeicherbereich

fixed-day reorganization / Stichtagumstellung

fixed-disk drive / Festplattenlaufwerk

fixed-disk storage / Festplattenspeicher

fixed-frequency monitor / Festfrequenz-Bildschirm

fixed-length field / Feld mit fester Länge

fixed-length operand / Festlängenoperand

fixed-point arithmetic / Festkommaarithmetik

fixed-point computation / Festkommaarithmetik

fixed-point instruction / Festkommabefehl

fixed-point notation / Festkommadarstellung

fixed-point number / Festkommazahl

fixed-point representation / Festkommadarstellung

fix-length word / Festwort

fix-programmed / festprogrammiert

flag / kennzeichnen, markieren; Kennzeichen, Marke

flag bit / Kennzeichnungsbit

flame (sl.) / Streit (im Mail-Box-System)

flammability / Entflammbarkeit

flammable / entflammbar

flange / anflanschen; Flansch

flanged spool / Bandspule

flank / angrenzen; Seite

flanking / benachbart
flap / klappen; Verschlußumschlag
flare / changieren
flash / blinken; Blinken
flash frequency / Blinkfrequenz
flasher / Blinkeinrichtung (beim Bildsch.)
flashing / Blinken
flashing cursor / blinkender Cursor
flashing display / Blinkanzeige
flashing symbol / Blinkzeichen
flashover / Lichtbogen
flat / flach
flat cathode ray display / Flachelektronenstrahlröhre
flat file / Einfachdatei (ohne Beziehungsangaben zwischen den einzelnen Sätzen)
flat module / Flachbaugruppe
flat pack / Flachgehäuse (für integrierte Schaltungen)
flat screen / Flachbildschirm
flatbed / Flachbett (e. Zeichengerätes)
flatbed plotter / Flachbettzeichengerät
flatbed scanner / Flachbettscanner
flat-panel display / Flachbildschirm
flaw / fehlerhafte Stelle, Schwachstelle
flawed / beschädigt
fleece / Vlies
flex / biegen; Anschlußleitung
flexibility / Anpassungsfähigkeit, Elastizität
flexible / anpassungsfähig, elastisch
flexible disk / Diskette
flexible work time / Gleitzeit (gleitende Arbeitszeit)
flexile / biegsam
flexion / Krümmung
flexowriter / Lochstreifen-Schreibautomat
flextime / Gleitzeit (gleit. Arbeitszeit)
flicker / flimmern; Flimmern
flickerfree / flimmerfrei
flickering / Flimmern
flickerless / flimmerfrei
flickerlessness / Flimmerfreiheit
flight sensing / dynamische Abfühlung (Abfühlung des bewegten Beleges)
flight simulator / Flugsimulator

flight time / Bewegungszeit
flip chart / Schaubild
flip chip / Halbleiterchip (für Dünn- und Dickschichtschaltungen)
flip switch / Kippschalter
flipflop / Kippschaltung (bistabile)
flipflop circuit / Flipflop-Schaltung
flipflop register / Flipflop-Register
flippy-floppy / Diskette (beidseitig benutzbar, muß aber gewendet werden; veraltet)
flipside / Rückseite
float / gleiten
floating / fließend, gleitend; Gleiten
floating file / Umlaufmappe
floating graphic / gleitende Graphik (Abbildung, die sich dort einpaßt, wo im Text eine Lücke ist)
floating head / fliegender Magnetkopf
floating point / Gleitkomma
floating replacement / gleitende Ersetzung
floating-point arithmetic / Gleitkommaarithmetik
floating-point calculation / Gleitkommarechnung
floating-point computation / Gleitkommaarithmetik
floating-point instruction / Gleitkommabefehl
floating-point notation / Gleitkommadarstellung
floating-point number / Gleitkommazahl
floating-point operation / Gleitkommaoperation
floating-point operations per second (abbr. FLOPS) / Gleitkommaoperationen je Sekunde
floating-point representation / Gleitkommadarstellung
floor / Boden(fläche), Etage
floor loading / Bodenbelastung
floor rack / Bodengestell (für doppelten Boden im Rechenzentrum)
floor space / Bodenfläche
floppy disk / Magnetdiskette (8-, 5,25- und 3,5-Zoll-Diskette)

floppy disk access / Magnetdisketten-zugriff

floppy disk address / Magnetdisket-tenadresse

floppy disk code / Magnetdisketten-code

floppy disk computer / Magnetdisket-tencomputer

floppy disk controller / Magnetdisket-tensteuereinheit

floppy disk data safeguarding / Ma-gnetdiskettensicherung

floppy disk density / Magnetdisketten-aufzeichnungsdichte

floppy disk directory / Magnetdisket-teninhaltsverzeichnis

floppy disk drive / Magnetdisketten-laufwerk

floppy disk duplicate / Magnetdisket-tenduplikat

floppy disk envelope / Magnetdisket-tenschutzhülle

floppy disk file / Magnetdiskettendatei

floppy disk filing / Magnetdiskettenar-chivierung

floppy disk formatting / Magnetdisket-tenformatierung

floppy disk jacket / Magnetdisketten-hülle

floppy disk label / Magnetdisketten-kennsatz

floppy disk library / Magnetdiskettenar-chiv

floppy disk name / Mgn.-Diskettenname

floppy disk organization / Magnetdis-kettenorganisation

floppy disk positioning / Magnetdis-kettenpositionierung

floppy disk recording / Magnetdisket-tenaufzeichnung

floppy disk sector / Magnetdisketten-sektor

floppy disk sectoring / Magnetdisket-tensektorierung

floppy disk serial number / Magnetdis-kettenarchivnummer

floppy disk station / Magnetdisketten-station

floppy disk storage / Magnetdisketten-speicher

floppy disk transport / Magnetdisket-tentransport

floppy disk unit / Magnetdiskettensta-tion

FLOPS (abbr. →floating-point opera-tions per second) / Gleitkommaopera-tionen je Sekunde

flow / fließen; Fluß

flow analysis / Ablaufanalyse

flow chart / Flußdiagramm

flow control / Ablaufsteuerung

flow line / Flußlinie

flow of operations / Betriebsablauf

flow rate / Flußrate (je Zeiteinheit)

flowchart / Flußdiagramm

flowcharting template / Zeichenscha-blone (für Flußpläne)

fluctuate / schwanken

fluctuation / Änderungshäufigkeit (bei einer Datei), Fluktuation, Schwan-kung

fluid / flüssig, gasförmig; Flüssigkeit, Gas

fluid drive / hydraulisches Getriebe

fluidics / Strömungslehre, Strömungs-technik

fluidify / verflüssigen

fluoresce / fluoreszieren, glimmen

fluorescent / fluoreszierend, glimmend

fluorescent lamp / Leuchtstoffröhre

flush / bündig, versenkbar, versenkt

flush left / linksbündig

flush right / rechtsbündig

flutter / Gleichlaufschwankung

flux / schmelzen; Fluß, Lötpaste, ma-gnetische Stromdichte

flux change / Flußwechsel (magn.)

flux reversal / Flußwechsel (magn.)

fly / fliegen

flying head / fliegender Magnetkopf

flying lead / freier Anschluß(kontakt)

flying spot / Lichtpunkt

flying-spot scanning / Lichtpunktabta-stung

FM (abbr. →frequency modulation) / Frequenzmodulation

focal / Brennpunkt . . .

focus / scharfstellen; Bildschärfe, Brennpunkt

focusing / Scharfeinstellung

fog / Schleier (phot.)

foil / Folie

fold / falten, falzen; Falte, Falz

fold spacing / Falzabstand

folder / Aktendeckel, Faltprospekt, Verzeichnis

folding perforation / Falzperforation

foldout / ausklappbar

foldout keyboard / Klapptastatur

folio / Seitenzahl

folio format / Folioformat (am. Papierformat 8,5 × 11 Zoll, kommt DIN A4 sehr nahe)

follow / folgen, folgen auf, nachfolgen

follow up / verfolgen

following / folgend

follow-up / Terminüberwachung

font (am.) / Schriftart

font card / Schriftkarte

font cartridge / Schriftkassette (Zusatz bei Druckern)

font change character / Schriftänderungszeichen

font downloader / Schriftherunterlader

font editor / Schriftarteditor

font family / Schriftfamilie

font file / Schriftdatei

font generator / Schriftgenerator

font metric / Schriftmetrik (Höhe und Breite der einzelnen Zeichen einer Schrift)

font size / Schriftgrad, Schrifthöhe

font smoothing / Schriftglättung (Antialiasing bei sehr hoher Auflösung)

font storage / Schriftspeicher

font substitution / Schriftersetzung (Bitgraphikschrift durch Vektorgraphikschrift ersetzen)

foolproof / narrensicher

foot / Basis

foot switch / Fußschalter

footage / Länge

footer / Fußzeile (Textv.)

footing / Fundament

footnote / Fußnote

footprint / Basisfläche (Grundfläche)

FOR statement / Laufanweisung

FOR clause / Laufklausel

forbidden / unzulässig, verboten

force / forcieren, zwingen; Druck, Kraft, Zwang

forced / erzwungen, vorverlegt; Zwangs . . .

forced page break / erzwungener Seitenumbruch (Textv.)

forcing / Erzwingung

forecast / voraussagen; Voraussage

forecasting / Voraussage

foreground / Bildvordergrund, Vordergrund (höhere Priorität beim Multitasking), Vorrangigkeit

foreground display / Anzeigevordergrund, Bildvordergrund

foreground partition / Vordergrundbereich (Multitasking)

foreground processing / Vordergrundverarbeitung (Multitasking)

foreground program / Vordergrundprogramm (Multitasking)

foreground task / Vordergrundprogramm (Multitasking)

foreign / fremd

foreign format / Fremdformat

foreign language translation / Fremdsprachenübersetzung

forge / fälschen

forgery / Fälschung

fork / Gabel, Verzweigung

form / bilden, formen, gestalten; Form, Formular, Gestalt

form alignment / Formularausrichtung

form body / Formularkörper

form depth / Formularhöhe

form dimension / Formularabmessung

form edge / Belegkante

form feed / Formularvorschub

form feed control / Formularvorschubsteuerung

form generator / Maskengenerator

form heading / Formularkopf

form identifier / Formularkennzeichnung

form layout / Formularaufbau, Formularentwurf, Formulargestaltung

form layout sheet / Formularentwurfsblatt

form letter / Serienbrief

form overflow / Formularwechsel (beim Drucker)

form set / Formularsatz

form width / Formularbreite

formal / formal

formal error / Formfehler

formal language / formale Sprache, künstliche Sprache

formal logic / formale Logik

formal objective / Formalziel

formal requirement / Formvorschrift

formal test / formaler Test

formalism / Formalismus

formalization / Formalisierung

formalize / formalisieren

formalized language / formale Sprache, künstliche Sprache

format / formatieren; Format

format character / Formatzeichen

format check / Formatkontrolle

format control / Druckbildsteuerung

format declaration / Formatvereinbarung

format description / Formatbeschreibung

format error / Formatfehler

format file / Formatbibliothek, -datei

format identifier / Formatkennzeichen

format label / Formatkennzeichen

format library / Formatbibliothek

format manager / Formatverwalter (Dienstprogramm)

format name / Formatname

format requirement / Formatvorschrift

format specification / Formatangabe

format statement / Formatanweisung

format storage / Formatspeicher

format superimposition / Formateinblendung (Bildschirmmaske)

formation / Gestaltung, Gliederung, Herstellung

formatted / formatiert, formatisiert

formatted data / formatierte Daten

formatted data base system / formatierte Datenbank

formatter / Formatierer

formatting / Formatierung

former / Spulenkörper (für eine Wicklung)

forms adjustment / Formularausrichtung

forms carrier / Formularträger (Endlosbahn für zu bedruckende Gegenstände, z. B. Ausweiskarten)

forms collecting machine / Zusammentragmaschine (für unterschiedliche Formulare)

forms design / Formularentwurf

forms format / Formularformat, Papierformat

forms guide / Formularführung (beim Drucker)

forms hopper / Belegeingabemagazin

forms layout ga(u)ge / Zeilenlineal (bei Bildschirmmasken)

forms management / Formularverwaltung

forms position check hole / Formularstellungsloch (zur Kontrolle der Zeilensteuerung bei Endlosformularen)

forms printer / Formulardrucker

forms stacker / Formularablage (bei Druckern)

formula / Formel

formula bar / Formelbearbeitungszeile (Tab-Kalk.)

formula translator (abbr. FORTRAN) / FORTRAN (Abk. f. Formelübersetzer, Name einer mathematischen Programmiersprache)

FORTH (abbr. fourth) / FORTH (nichtprozedurale Programmiersprache)

FORTRAN (abbr. →formula translator) / FORTRAN (Name einer mathematischen Programmiersprache)

fortuitous / zufällig

fortuity / Zufall, Zufälligkeit

forward / vorwärts; übermitteln

forward chaining / Vorwärtskettung

forward direction / Durchlaßrichtung (bei Halbleitern)

forward pointer / Vorwärtszeiger (bei Verkettung)

forward resistance / Vorwärtswiderstand (einer Diode)

forwarding / Übermittlung, Weiterleitung

forward-space / vorsetzen

forward-spacing / Vorsetzen

forward-tracing / Vorwärtsfolgerung (bei Expertensystemen)

found / gründen

foundation / Fundament, Gründung, Stiftung

fount (brit.; → font) / Schriftart

four-species calculator / Vierspeziesrechenmaschine

fourth-generation computer / Rechner der 4. Generation (ca. ab 1975)

fourth-generation language / Programmiersprache der 4. Generation (nichtprozedurale Sprachen)

four-wire circuit / Vierdrahtleitung (Telephonleitung)

fractal / Fraktal (unregelm. Muster aus geom. Funktionen gebildet)

fractal geometry / Fraktalgeometrie

fraction / Bruch (math.)

fraction bar / Bruchstrich

fraction line / Bruchstrich

fractional / gebrochen (math.)

fragile / zerbrechlich

fragmentation / Fragmentierung (Verteilung einer Datei auf unterschiedliche Speicherbereiche)

fragmented / fragmentiert (in Fragmenten gespeichert)

frame / aufstellen, bilden, einrahmen; Bandsprosse, Gestell, Gestellrahmen, Nachrichtenrahmen, Rahmen (graph., OOP, Textv.), Vollbild (auf einem Bildschirm), Wissensrahmen

frame buffer / Bildwiederholspeicher

frame check sequence / Blockparitätszeichen

frame clock / Rahmentakt

frame grabber / Bilddigitalisierer (Mult-Med.)

frame layout / Gestellbelegung

frame rate / Bildwiederholrate

framed (graph., Textv.) / eingerahmt

franchise / Alleinverkaufsrecht

franking machine / Frankiermaschine

fraud / Betrug

freak / Begeisterter

free / frei; freigeben

free data / freie Daten (i. S. des BDSG)

free data carrier / freier Datenträger

free dialog / freier Dialog

free drawing / freies Zeichnen

free format / freies Format

free memory table / Freispeicherliste

free programmability / freie Programmierung

free storage administration / Freiplatzverwaltung (bei Speichern)

free text / Freitext

freehand drawing / Freihandzeichnen

freely programmable / frei programmierbar

freemoving / freibeweglich

freerunning / freischwingend

freestanding / freistehend

freestanding device / Standgerät

freeware / Freiware (Software, die kostenlos verfügbar ist)

freewheeling / freilaufend

freeze / blockieren

freeze image / Standbild (Festbild)

freight / Fracht

frequency / Frequenz, Häufigkeit

frequency band / Frequenzband, Frequenzbereich

frequency counter / Frequenzzähler

frequency curve / Häufigkeitskurve

frequency distribution / Häufigkeitsverteilung

frequency division / Frequenzteilung

frequency filter / Frequenzfilter

frequency modulation (abbr. FM) / Frequenzmodulation

frequency scanning / Frequenzabtastung

frequency shift keying / Frequenzumschaltung

frequency-division multiplexing / Frequenzmultiplexverfahren

frequent / beständig, frequent
fresh → refresh
freshing → refreshing
fret / abnutzen (durch Reibung)
friction / Reibung
friction drive / Friktionsantrieb
friction drive roller / Zugwalze
friction feed / Friktionsvorschub
frictional resistance / Reibungswiderstand
frigistor / Kühlelement
frit / sintern, zusammenbacken; Fritte, Sintermasse
front / Vorderseite
front feeder / Fronteinzug
front panel / Bedienfeld (auf der Vorderseite)
front view / Vorderansicht
front-end computer / Knotenrechner (in Netzwerken), Vorrechner
front-end processor (abbr. FEP) / Datenstationsrechner, Vorrechner
fudge (sl.) / fälschen; Fälschung
fuel / Betriebsstoff
full / besetzt, voll, voll belegt
full adder / Volladdierer
full backup / Vollsicherung (Platte)
full duplex transmission / Vollduplexbetrieb
full graphic / Vollgraphik
full justification / Blocksatz
full motion picture / Bewegtbild
full screen / Vollbild
full screen display / Ganzseitendarstellung
full stop / Punkt (als Satzzeichen)
full-duplex / Duplex...
full-page display / Ganzseitenbildschirm
full-scale / maßstäblich
fulltext data base system / Volltextdatenbank
full-text search / Volltextsuche
full-video / Bewegtbild...
fully automatic / vollautomatisch
fully populated / ganz besetzt (Steckkarte)
fully tropicalized / tropentauglich

fume / rauchen; Rauch
function / funktionieren; Aufgabe, Funktion
function argument / Funktionsargument
function assembly / Funktionsbaugruppe
function bit / Funktionsbit
function byte / Funktionsbyte
function call / Funktionsaufruf
function control / Funktionssteuerung
function element / Funktionselement
function generator / Funktionsgenerator
function key / Funktionstaste, Programmfunktionstaste
function keyboard / Funktionstastatur
function name / Funktionsname
function reference / Funktionsaufruf
function safeguarding / Funktionssicherung
function separation / Funktionstrennung
function specification / Funktionsbeschreibung
function statement / Funktionsanweisung
function switch / Funktionsschalter
function test / Funktionstest
function value / Funktionswert
functional / funktional, funktionsgemäß; Funktions...
functional character / Funktionszeichen
functional decomposition / funktionale Auflösung
functional design / funktionaler Entwurf
functional diagram / Funktionsdiagramm
functional interlocking / Funktionsverbund
functional language / funktionale Programmiersprache
functional macro instruction / Funktionsmakrobefehl
functional organization / funktionale Organisation

functional procedure / Funktionsprozedur

functional programming / funktionale
Programmierung

functional programming language /
funktionale Programmiersprache

functional routine / Funktionsablauf

functional test / Funktionstest

functional unit / Funktionseinheit

functionality / Funktionalität, Funk-
tionsvielfalt

function-oriented programming /
funktionale Programmierung

fund / Kapital

fundamental / grundlegend; Grundfrequenz, Grundlage

fundamental operation of arithmetic /
Grundrechenart

furbish / polieren

furnish / ausstatten

furnishing / Ausstattung, Einrichtungsgegenstände

furniture / Ausrüstung

further / fördern

furthering / Förderung

fuse / durchbrennen, fixieren, schmelzen; Sicherung

fuser station / Fixierstation (beim Laserdrucker)

fusible / abschmelzbar

fusing / Fixierung (des Druckbildes
beim Laserdrucker)

fusetron / Elektronensicherung

fusion / Fusion, Verschmelzung

future / zukünftig; Zukunft

future technology / Hochtechnologie,
Zukunftstechnologie

fuzzy / unscharf, verschwommen

fuzzy logic / Fuzzy-Logik (unscharfe
Logik, arbeitet mit Wahrscheinlichkeiten)

G

G (abbr. → GIGA) / Giga ... (Vorsatzzeichen bei Maßeinheiten, 10^9 bzw.
2^{30} Einheiten)

GaAs (abbr. → gallium arsenide) / Gal-
lium-Arsenid (Halbleitergrundstoff)

gadget / Vorrichtung

gain / erwerben, verdienen; Gewinn,
Verstärkung (el.), Vorteil

gainfully employed / erwerbstätig

galley-proof / Korrekturfahne

gallium / Gallium (Element für p-dotierte Halbleiter)

gallium arsenide (abbr. GaAs) / Galliumarsenid (Halbleitergrundstoff)

gallon / Gallone (Hohlmaß 4,54 l; am.
3,78 l)

galvanic(al) / galvanisch

galvanic connected / galvanisch verbunden

galvanic separated / galvanisch getrennt

galvanometer / Galvanometer (el.)

game / Spiel

game adapter / Spiele-Steckkarte

game card / Spiele-Steckkarte

game cartridge / Spiel-Kassette (für
Computerspiele)

game control adapter / Spiel-Steuerkarte

game of roles / Rollenspiel

game port / Spiel-Schnittstelle

game theory / Spieltheorie

gamut / Skala

gang / abgleichen; Gruppe

gap / auseinanderklaffen; Bandlücke,
Blocklücke, Flughöhe (Magnetplatte), Leerstelle, Lücke, Spalt

garbage / Ausschußdaten, Müll

garbage collection / Speicherbereinigung (eigentl. Müllabfuhr)

garbage in, garbage out (abbr. GI-
GO) / unsinnige Daten eingeben, unsinnige Daten ausgeben (Sinnbild für
die Abhängigkeit der DV-Ergebnisse
von richtigen Eingabedaten)

garble / verstümmeln; Verstümmelung

garbling / Verstümmelung

garnish / ausstaffieren

gas / Gas, Plasma

gas panel / Plasmabildschirm

gas plasma display / Plasmabildschirm

gas-discharge display / Gasentladungsbildschirm, Plasmabildschirm

gash / einschneiden; Einschnitt

gasification / Gasbildung

gasiform / gasförmig

gasket / Flanschdichtung

gas-tight / gasdicht

gas-welding / Autogenschweißen

gate / ein Gatter durchfließen, eintasten; Gatter, Gatterschaltung, Gitter, Schaltelement, Tor

gate array / anwendungsspezifischer integrierter Schaltkreis

gate array technique / kundenspezifische Halbleiterschalttechnik

gate switching time / Gatterdurchlaufzeit

gate voltage / Steuerspannung

gateway / Konzentrator, Netzverbindungsrechner

gateway exchange / Knotenamt (Tel.)

gather / erfassen, sammeln (von Daten)

gathering / Erfassen (von Daten)

gating / Austastung, Signalauswertung

gauge / eichen, kalibrieren; Eichmaß, Meßlehre, Spurweite

gauging / Eichung

Gaussian distribution / Gauß-Verteilung

gazette / amtlich bekanntgeben

GB (abbr. → giga byte) / Gigabyte (2^{30} = 1 073 741 824 Byte)

Gbit (abbr. → giga bit) / Gigabit (2^{30} = 1 073 741 824 Bit)

Gbyte (abbr. → giga byte) / Gigabyte (2^{30} = 1 073 741 824 Byte)

gear / verzahnen; Antrieb, Getriebe

geminate / paarig; paarig anordnen

gender changer / Wechselsteckergerät (erlaubt zwei Stecker oder zwei Buchsenstecker zusammenzuschalten)

general / allgemein, üblich; Haupt...

general chart / Übersichtsdiagramm

general format / allgemeines Format (Tab-Kalk.)

general interface / Mehrzweckschnittstelle

general purpose / Mehrzweck...

general purpose computer (abbr. GPC) / Mehrzweckrechner, Universalrechner

general purpose interface bus (abbr. GPIB) / Mehrzweckbus (Spezialentwicklung von Hewlett-Packard)

general purpose language / Allzwecksprache (z. B. PASCAL)

general purpose register / Mehrzweckregister

general storage (abbr. GS) / Hauptspeicher

general test / Gesamttest

generalization / Verallgemeinerung

generalize / verallgemeinern

generally accepted principles of accounting / Grundsätze ordnungsgemäßer Buchhaltung

generally accepted principles of computer security / Grundsätze ordnungsgemäßer Datensicherung

generally accepted principles of computer-stored accounting / Grundsätze ordnungsgemäßer Speicherbuchhaltung

generally accepted principles of data privacy / Grundsätze ordnungsgemäßen Datenschutzes

generally accepted principles of data processing / Grundsätze ordnungsgemäßer Datenverarbeitung

generally accepted principles of data processing documentation / Grundsätze ordnungsgemäßer Datenverarbeitungsdokumentation

generate / errechnen, erzeugen, generieren

generate statement / Erzeugungsanweisung

generated address / errechnete Adresse

generating / erzeugend

generating language / Generierungssprache

generating run / Generierungslauf

generation / Erzeugung, Generation
(von DV-Systemen bzw. Sprachen),
Generierung

generation data set / Dateigeneration
(Großvater-Vater-Sohn)

generation number / Versionsnummer

generation phase / Generierungsphase

generator / Erzeuger, Geber, Generator (Dynamo)

generator program / Generatorprogramm

generic / auswählbar

generic attribute / Auswählbarkeitsattribut

genuine / echt, unverfälscht, wirklich

genus (pl. genera) / Oberbegriff

geodesy / Erdvermessung (Geodäsie)

geodetic(al) / geodätisch

geometric(al) / geometrisch

geometric mean / geometrisches Mittel

geometric progression / geometrische
Reihe

geometry / Geometrie

geostationary / geostationär (im Weltraum immer über derselben Stelle der
Erde)

geosynchronous / erdsynchron (im
Weltraum immer über derselben Stel-
ler der Erde)

german type / Fraktur (Schriftart)

germane / nah verwandt

germanium / Germanium (für Halbleitertechnik geeignetes Element)

germanium diode / Germaniumdiode

germanium transistor / Germaniumtransistor

gerrymander / manipulieren (fälschen)

get / bringen, holen, lesen

get ahead / überholen

get around / Umweglösung finden

get statement / Eingabeanweisung

GFLOPS (abbr. giga floating-point operations per second) / GFLOPS (Abk.
f. GIGAFLOPS, = 1073741824
Gleitkommaoperationen je Sekunde)

ghost / Doppelbild (auf Bildschirmen)

gib / verbolzen; Bolzen, Stift

gibberish total / Prüfsumme

GIF (abbr. → graphics interchange format) / Graphik-Austausch-Format
(Stand.)

giga... / Giga... (Vorsatzzeichen für
Maßeinheiten, 10^9 bzw. 2^{30} Einheiten)

gigabit / Gigabit (2^{30} = 1073741824 Bit)

gigabyte (abbr. GB, Gbyte) / Gigabyte
(2^{30} = 1073741824 Byte)

gigaflops (abbr. giga floating-point
operations per second) / GIGA-
FLOPS (2^{30} = 1073741824 Gleitkommaoperationen je Sekunde)

gigahertz / Gigahertz (10^9
= 1000000000 Hertz)

GIGO (abbr. garbage in, garbage out) /
unsinnige Daten eingeben, unsinnige
Daten ausgeben (Sinnbild für die Abhängigkeit der DV-Ergebnisse von
richtigen Eingabedaten)

gild / vergolden

gill / Kühlrippe

gilt / vergoldet

gimbal / Tragrahmen

gird / einfassen

girdle / Gurt

give notice / kündigen

giving of information / Auskunfterteil-
ung

GKS (abbr. → graphical kernel system) /
graphisches Kernsystem

gland / Buchse

glare / blenden; Blendung

glare filter / Blendschutzfilter

glare-free / blendfrei

glass / verglasen; Glas

glassy / gläsern, glasklar

gleam / glimmen, leuchten; Lichtstrahl

glimmer / flimmern; Flimmern

glimmer-free / flimmerfrei

glint / flackern; Flackern

glitch / Störimpuls (sehr kurze Dauer)

global / global, umfassend, universell

global area / globaler Bereich

global backup / vollständige Sicherung
(Dat-Sich.)

global format / allgemeines Format (Tab-Kalk.)

global joint / Kugelgelenk

global operation / allgemeine Operation, umfassende Operation

global variable / globale Variable

globule / Kügelchen

gloss / Fußnote

glossary / Glossar, Wörterverzeichnis

glow / glimmen; Glimmen

glow lamp / Glimmröhre

glow-discharge lamp / Gasentladungsglimmlampe, Gasentladungslampe

glue / kleben; Kleber

glue strip / Klebestreifen

gnarled / rauh

gnomon / dreidimensionales Koordinatensystem

go / gehen, springen

go in / ankommen (Fernruf)

go into / enthalten sein

go out / abgehen (Fernruf)

go to (goto) / springen, verzweigen nach

goal / Zielpunkt

goal-driven / zielgesteuert

going / funktionierend, in Betrieb

gold-bonded / goldgelötet, goldkontaktiert

gong / Alarmglocke

good-conduct certificate / Führungszeugnis

goods label(l)ing / Warenauszeichnung

gothic / Gotik (Schriftart)

goto → go to

go-to instruction / unbedingter Sprungbefehl

govern / regieren

government / Regierung

governmental / behördlich

governor / Regler (el.), Regulator

GPC (abbr. → general purpose computer) / Universalrechner

GPIB (abbr. → general purpose interface bus) / Mehrzweckbus (Spezialentwicklung von Hewlett-Packard)

grabber / Bilddigitalisierer (Mult.-Med.)

grabber hand / Cursorzeichen in Form einer Hand

gradate / abstufen

gradation / Abstufung, Übergang

grade / einteilen, klassifizieren; Grad, Rang

graded-index fibre / Gradientenfaser (Glasfasertyp)

gradient / abfallend, ansteigend; Gefälle, Steigung

grading / Einstufung, Ordnung

gradual / graduell

graduate / einteilen (Maßstab)

graduation / Einteilung (Maßstab)

grain / Kornstärke (phot.)

grammalogue / Kürzel

grammar / Grammatik

grammatic(al) / grammatikalisch

grand total / Gesamtsumme

grandfather tape / Großvaterband (Dat-Sich.)

grant / bewilligen; Bewilligung

granular / gekörnt

granularity / Körnung

granulate / körnen

granulation / Körnung

granulous / körnig

graph / graphisch darstellen; Graph, graphische Darstellung, Schaubild

graph paper / Millimeterpapier

graph tablet / Graphiktablett (Gerät zur graphischen Darstellung)

graph theory / Graphentheorie (math.)

graphic / graphisch; Graphik

graphic character / sichtbares Zeichen

graphic code / Formcode

graphic computer / Graphikrechner

graphic data / Bilddaten, Piktogramm

graphic data processing / Graphikdatenverarbeitung

graphic display / graphische Anzeige, graphikfähiger Bildschirm

graphic editor / Bildaufbereiter

graphic element / Bildelement

graphic input / graphische Eingabe

graphic input unit / graphische Eingabeeinheit

graphic instruction / graph. Befehl

graphic language / graphische Programmiersprache

graphic library / Bildbibliothek
graphic limits / Bildgrenzen
graphic master / Vorlage
graphic mode / Graphikmodus (Betriebsart von Bildschirmen und Drukkern)
graphic output / graphische Ausgabe
graphic output unit / graphische Ausgabeeinheit
graphic printer / Graphikdrucker
graphic program / Graphikprogramm
graphic programming language / graphische Programmiersprache
graphic scanner / Bildabtaster, Graphik-Scanner
graphic segment / graphisches Segment
graphic symbol / graphisches Sonderzeichen
graphic workstation / graphischer Bildschirmarbeitsplatz
graphical interface / Graphikschnittstelle
graphical kernel system (abbr. GKS) / graphisches Kernsystem (genormtes Grundsystem für graphische Datenverarbeitung)
graphical representation / graphische Darstellung
graphical user interface (abbr. GUI) / graphische Benutzeroberfläche
graphics / Graphik (als Darstellungstechnik), Graphikdatenverarbeitung
graphics accelerator board / Graphik-Zusatzkarte (mit Graphik-Coprozessor)
graphics adapter / Videokarte
graphics application / Graphik-Anwendung
graphics character / Graphiksonderzeichen
graphics computer / Graphikrechner
graphics controller / Bildsteuereinheit
graphics coprocessor / Graphik-Coprozessor
graphics file format / Bilddateiformat
graphics interchange format (abbr. GIF) / Graphik-Austausch-Format

graphics interface / Graphikschnittstelle
graphics mode / Graphikmodus (Betriebsart von Bildschirmen und Drukkern)
graphics port / Graphikanschluß
graphics primitive / Graphikgrundform
graphics printer / Graphikdrucker
graphics processor / Graphik-Prozessor
graphics program / Graphik-Programm
graphics scanner / Bildscanner, Graphik-Scanner
graphics software / Graphik-Software
graphics system / Graphik-System
graphics tablet / Graphik-Tablett
graphics terminal / Graphik-Terminal
graphics view / Graphik-Modus
graphite / Graphit
grate / rastern
graticule / Raster(einteilung)
grating / Rasterung
gratuitous / gratis, kostenlos
gratuity / Abfindung, Gratifikation
grave accent / Akzent Gravis
gray (am.) / grau
Gray code / Gray-Code (einfacher Binärcode)
gray scale / Grautonskala, Schwärzungsgrad
gray tone / Grauton
gray-scale display / Grautonbildschirm
grease box / Schmierbuchse
greater or equal symbol / Größergleich-Zeichen
greater than symbol / Größer-als-Zeichen
Greek character / griechisches Schriftzeichen
Greek text / Pseudotext (zur graphischen Entwurfsgestaltung)
greeking / Druckseiten-Layoutabbildung (auf dem Bildsch.)
grey (brit.) / grau
grid / Gitter (el.), Liniengitter, Raster, Stromnetz
grid voltage / Gitterspannung
grind / reiben, schleifen

grip / Griff
gripping device / Greifwerkzeug
groove / Nut
gross / brutto
gross amount / Gesamtbetrag
gross capacity / Bruttokapazität (von Speichern)
gross income / Bruttoverdienst
gross price / Bruttopreis
ground / erden (el.); Erde (el.)
ground line / Grundlinie
ground radio network / Erdfunknetz
grounded / geerdet (el.)
grounding / Erdung (el.), Masse (el.)
group / gruppieren; Gruppe, Symbolgruppe, Verbund
group code / Gruppencode (zum Fehlerprüfen)
group code recording / Gruppencode-Aufzeichnung (Form der Aufzeichnung auf Platten, bei der die Bitdichte auf allen Zylindern gleich groß ist)
group control / Gruppenprüfung
group control change / Gruppenwechsel
group counter / Gruppenzähler
group icon / Gruppenikone, Gruppensymbol
group level / Gruppenstufe
group processing / Gruppenverarbeitung
grouping / Bündelung, Gruppierung
groupware / Groupware (Software für Anwendungen in kleinen PC-Arbeitsgruppen)
grow / wachsen, zunehmen
growing / Züchten (von Kristallen)
grown transistor / gezogener Transistor (Bauart von Transistoren)
growth / Wachstum, Züchtung (von Kristallen)
growth rate / Wachstumsrate
grub screw / Madenschraube
GS (abbr. → general storage) / Hauptspeicher
guarantee / garantieren, gewährleisten; Garantie
guaranteed / garantiert

guaranty → guarantee
guard / beschützen; Schutzeinrichtung
guard bar / Schutzstreifen
guest computer / Gastcomputer
guest language / Gastsprache
GUI (abbr. → graphics user interface) / graphische Benutzeroberfläche
guidable / lenkbar
guidance / Anleitung, Führungsschiene
guide / anleiten, führen; Anleitung, Einführung
guide book / Betriebsanleitung, Einführung (in ein Wissensgebiet)
guide edge / Führungskante (eines Beleges)
guide line / Richtlinie
guillotine / Schneidemaschine
gun / Elektronenkanone
gusset / Eckblech
gutter / Bundsteg (Textv.)
gyrate / rotieren
gyration / Rotation

H

habit / Beschaffenheit
hachures / Schraffierung
hack (sl.) / hacken; Hieb (Universalwort der → Hacker)
hacker (sl.) / Hacker (jemand, der intensiv Computer als Hobby nutzt, auch zum Eindringen in fremde Systeme)
hacker slang / Hackersprache (spezifische Sprache der → Hacker)
hairline / Haarlinie (dünnstmögliche Darstellung einer Linie)
halation / Lichthof (phot.)
half / halb; Hälfte
half adder / Halbaddierwerk
half card / Halb-Steckkarte
half period / Halbwertzeit
half-adjust / maschinell runden
half-byte / Halbbyte
half-direct / halbdirekt

half-direct data acquisition / halbdirekte Datenerfassung (Erfassung von maschinenlesbaren Belegen)

half-duplex / halbduplex

half-duplex intercommunication system / Wechselsprechanlage

half-duplex operation / Halbduplexbetrieb, Wechselverkehr

half-life period / Halbwertzeit

half-pulse / Halbimpuls

half-subtracter / Halbsubtrahierer

halftone / Autotypie, Halbton (Druckt.)

halftone original / Halbtonvorlage

halfword / Halbwort

halfword address / Halbwortadresse

halfword boundary / Halbwortgrenze

halfword constant / Halbwortkonstante

halfword instruction / Halbwortbefehl

Hall constant / Hall-Konstante (Maß für Stärke des →Hall-Effektes)

Hall effect / Hall-Effekt (Spannungsdifferenz von elektrischen Feldern, die sich in magnetischen Feldern befinden)

Hall generator / Hall-Generator (Gerät, das magnetische Felder mit Hilfe des →Hall-Effektes mißt)

halo / Lichthof (phot.)

halt / anhalten, halten; Halt, Stopp

halted / unterbrochen

halt-point mode / Haltepunktbetrieb

halve / halbieren

hammer / Anschlaghammer (eines Druckers)

Hamming code / Hamming-Code (fehleranzeigender Code)

Hamming distance / Hamming-Abstand (Anzahl der in zwei Wörtern nicht übereinstimmenden Zeichen)

hand / Arbeitskraft, Hand, Geschick

hand feed / Handzuführung

hand gear / Hebel

hand over / übergeben

hand rest / Handauflage

hand set / Handapparat (Tel.)

handbook / Handbuch

handheld computer / Handmikrorechner, Taschencomputer

handheld reader / Handlesegerät

handicraft / Handwerk

handiness / Handlichkeit

handle / behandeln, verarbeiten; Bezeichner, Griff, Kurbel

handler / Steuerprogramm, «Verarbeiter» (Programm zur Steuerung von Vorgängen im Rechner)

handling / Bearbeitung, Bedienung, Handhabung

handling equipment / Handhabungsgerät, Roboter

handling technology / Handhabungstechnik, Robotik

hand-operated / handbetrieben

hand-operated punched card / Handlochkarte

handset / Handapparat

handset scanner / Handabtaster, Handscanner

hand-shaking / Quittungsbetrieb

hands-on / praktisch

hands-on training / praktische Ausbildung

handwriting / Handschrift

handwriting reader / Handschriftleser

handwriting recognition / Handschrifterkennung

handwritten / handgeschrieben

handwritten block letters / Handblockschrift, OCR-H-Schrift

handwritten document / Handschriftbeleg

handy / handlich, geschickt

hang / hängen (fehlerhafte Unterbrechung eines Prozesses)

hanging indent / Ausrückung (der Anfangszeile im Absatz, Textv.)

hang-up / Aufhängen (eines Programms in einer Schleife, Schleifenfehler)

hard / dauerhaft, stabil

hard cash / Münzgeld

hard copy / Hartkopie

hard disk / Hartplatte, Magnetplatte (im Gegensatz zur Diskette)

hard drive / Magnetplattenlaufwerk

hard error / Hardwarefehler
hard failure / Hardwarestörung
hard hyphen / Bindestrich, der immer geschrieben wird (z. B. Müller-Thurgau)
hard return / erzwungener Seitenumbruch (Textv.)
hard sector / Hartsektor (Diskette)
hard space / geschütztes Leerzeichen (hier wird kein Zeilenumbruch vollzogen, Textv.)
hardcopy / Hartkopie
hardcopy unit / Hartkopie-Gerät
hardhole / Hubring (Verstärkungsring der Diskette)
hard-sectored / hartsektoriert (Diskette)
hard-sectoring / Hartsektorierung (Diskette)
hardware / Hardware, Maschinenausrüstung
hardware check / Hardwareprüfung
hardware checking facility / Hardware-Prüfeinrichtung
hardware compatibility / Hardware-Kompatibilität
hardware configuration / Hardware-Konfiguration (Maschinenausstattung)
hardware contract / Hardware-Vertrag
hardware control / Hardware-Steuerung
hardware costs / Hardware-Kosten
hardware defect / Hardware-Störung
hardware ergonomics / Hardware-Ergonomie
hardware failure / Hardware-Fehler
hardware function / Hardware-Funktion
hardware integrity / Hardware-Integrität (Fehlerfreiheit)
hardware interface / Hardware-Schnittstelle
hardware interrupt / Hardware-Unterbrechung
hardware key / Hardware-Schließsystem
hardware maintenance / Hardware-Wartung

hardware malfunction / Hardware-Störung
hardware market / Hardware-Markt
hardware monitor / Hardware-Monitor (Prüfeinrichtung aus Hardware)
hardware platform / Hardwarebasis (des Computersystems)
hardware reliability / Hardware-Zuverlässigkeit
hardware reset / Hardwarerücksetzung (Kaltstart)
hardware-compatible / hardware-kompatibel
hardware-programmed / hardware-programmiert (festverdrahtet)
hardwired / festverdrahtet
hardwired controller / festverdrahtete Steuerung
hardwired memory / Festspeicher, festverdrahteter Speicher
hardwired program / Festprogramm, festverdrahtetes Programm
harmonic / Oberschwingung
harmonize / abstimmen
harness / Kabelbaum
hash / Rautenzeichen, Speicherschrott (bedeutungslose Daten in einem Speicherbereich)
hash algorithm / Hash-Algorithmus, Hash-Code
hash code / Hash-Code (zum Umrechnen eines Ordnungsbegriffes in die physische Adresse)
hash total / Prüfsumme
hashing / Hash-Code-Anwendung
hatch / schraffieren
hatching / Schraffur
haul / Transportweg
HD (abbr. → high density) / hohe Speicherdichte (bei Disketten)
HDLC (abbr. → high-level data link control) / schnelle Datenverbindungs-Steuerung (einfaches Kommunikationsprotokoll, identisch mit SDLC)
HDR (abbr. → heading record) / Anfangskennsatz
head / Kopf (einer Datei), Magnetkopf, Schreib-Lese-Kopf

head address / Kopfadresse (des Schreib-Lese-Kamms bei Plattengeräten, Diskettenstationen)

head card / Leitkarte

head crash / Landung (Berührung des Magnetkopfes mit der Magnetfläche)

head exchange / Zentralvermittlungsamt (Tel.)

head field / Überschriftsleiste (der Bildschirmmaske)

head gap / Flughöhe, Kopfabstand (von der Magnetfläche)

head line / Titelzeile

head positioning / Kopfpositionierung

head selection / Kopfauswahl, Spurwahl

head slot / Kopffenster (der Diskettenhülle)

head stack / Mehrspurkopf

head window / Kopffenster (der Diskettenhülle)

head-cleaning facility / Kopfreinigungseinrichtung

head-clerk / Bürovorsteher

header / Anfangsetikett, Nachrichtenkopf

header card / Leitkarte

header label / Anfangsetikett, Dateianfangskennsatz

header record / Anfangskennsatz

heading / Briefkopf, Nachrichtenkopf, Überschrift

heading line / Kopfzeile

heading record (abbr. HDR) / Anfangskennsatz

headline / Titelzeile, Überschrift

head-per-track disk drive / Festkopfplatte (jede Spur mit eigenem Kopf)

head-to-disk distance / Flughöhe, Kopfabstand (bei Platten)

heap / Haufen

heap sort / Gruppensortieren

heat / erhitzen, erwärmen, heizen; Hitze, Wärme

heat dissipation / Wärmeabgabe

heat exchanger / Wärmeaustauscher

heat flash / Wärmeausstrahlung

heat insulation / Wärmeisolierung

heat sink / Wärmeableiter

heat up / aufheizen

heating / Erwärmung, Heizung

heating up / Aufheizen

heating-up time / Aufheizzeit

heat-proof / hitzebeständig

heavy / schwer, stark

heavy print / Fettdruck

hectograph / Vervielfältiger

hedge clause / Schutzklausel

helical / schraubenförmig, spiralig

helical recording / Schneckenaufzeichnung (bei Magnetkassetten)

heliographic printing / Lichtpausverfahren

helix / Schnecke, Spirale

helix printer / Helixdrucker, Schneckendrucker, Spiraldrucker

help / helfen, unterstützen; Hilfe, Hilfefunktion, Unterstützung

help area / Hilfebereich

help function / Hilfefunktion (eines Betriebssystems)

help key / Hilfetaste

help menu / Hilfemenü

help page / Hilfeseite

help screen / Hilfebildmaske, Hilfemenü

help text / Hilfetext

henry (abbr. H) / Henry (Maß der Induktion)

hertz (abbr. Hz) / Hertz (Hz; Maß für 1 Schwingung/sec)

hermetic(al) / hermetisch, luftdicht (absolut abgeschlossen)

hesitation / Verarbeitungsunterbrechung, Verzögerung

heterodyn / überlagern; Überlagerungs...

heterogeneity / Verschiedenartigkeit

heterogeneous / heterogen, verschiedenartig

heteropolar / mehrpolig

heuristic(al) / heuristisch

heuristic knowledge / heuristisches Wissen

heuristic programming / heuristische Programmierung

heuristic search / heuristische Suche

heuristics / Heuristik (Methoden zur Verbesserung der Erkenntnis)

hexadecimal / sedezimal (auf der Zahl 16 basierend)

hexadecimal digit / Sedezimalziffer (auf der Zahl 16 basierend)

hexadecimal number / Sedezimalzahl (auf der Zahl 16 basierend)

hexadecimal number system / Sedezimalzahlensystem (auf der Zahl 16 basierend)

hexadecimal representation / Sedezimaldarstellung

hexadecimal system / Sedezimalzahlensystem

hexagonal / sechsseitig

hidden / verborgen, versteckt

hidden code / verdeckter Steuercode (bei WYSIWYG)

hidden display / verdeckte Anzeige

hidden file / verborgene Datei

hidden input / verdeckte Eingabe (verdeckte Anzeige)

hidden line / verdeckte Kante (bei graphischer Darstellung)

hidden output / verdeckte Ausgabe (verdeckte Anzeige)

hidden surface / verdeckte Fläche (graph.)

hierarchic(al) / hierarchisch

hierarchic data base system / hierarchische Datenbank

hierarchic data model / hierarchisches Datenmodell

hierarchic decomposition / hierarchische Auflösung (logische Gliederung einer Gesamtheit in Teile)

hierarchic file / hierarchische Datei

hierarchic structure / Baumstruktur, hierarchischer Aufbau

hierarchy / Hierarchie

hierarchy of objectives / Zielhierarchie

hi-fi (abbr. → high fidelity) / Höchstgenauigkeit (der Wiedergabe)

high / hoch; Höchst . . .

high address / Endadresse

high byte / oberes Byte (von zweien)

high density (abbr. HD) / hohe Speicherdichte (bei Disketten)

high end / oberer Bereich

high fidelity (abbr. hi-fi) / Höchstgenauigkeit (der Wiedergabe)

high frequency / Hochfrequenz

high frequency engineering / Hochfrequenztechnik

high level language (abbr. HLL) / höhere Programmiersprache

high level programming language / höhere Programmiersprache

high memory / oberer Speicher (bei MS-DOS)

high memory area / oberer Speicherbereich (bei MS-DOS)

high noise immunity / Störunanfälligkeit (in Übertragungsleitungen)

high performance computer / Hochleistungsrechner

high resolution (abbr. hi-res) / hohe Auflösung

high technology / Hochtechnologie

high-contrast / kontrastreich

high-end model / Spitzenmodell

higher / höher

higher service / höherer Dienst (Telekommunikationssysteme, die Daten zwischenspeichern)

higher-order / höherwertig

highest / höchst; Höchst . . .

highest-order / höchstwertig

highest-order address / höchste Adresse

highest-order bit / höchstwertiges Bit

highest-order group level / höchste Gruppenstufe

highest-order priority / höchste Priorität

high-frequency / Hochfrequenz

high-level data link control (abbr. HDLC) / schnelle Datenverbindungs-Steuerung (einfaches Kommunikationsprotokoll, identisch mit SDLC)

high-level format / Partition-Einteilung (von Platten)

high-level language / höhere Programmiersprache

highlight / hervorheben, markieren

highlighting / Hervorhebung, Markierung

high-order / höherwertig

high-performance / Hochleistung(s…)

high-resolution / hochauflösend

high-speed / Hochgeschwindigkeit

high-speed bus / Hochgeschwindigkeitsbus

high-speed channel / Hochgeschwindigkeitskanal

high-speed memory / Schnellspeicher

high-speed printer / Schnelldrucker

high-tech (abbr. → high-technology) / Hochtechnologie

high-technology / Hochtechnologie

high-value / Höchstwert

highway / Mehrfachleitung

hinge / Gelenk, Scharnier

hinged / drehbar, klappbar

hint / Hinweis

hinting / Schriftverbesserung (bei kleinem Schriftgrad auf Druckern)

hire / mieten; Miete

hire-purchase / Ratenkauf

hi-res (abbr. → high resolution) / hohe Auflösung

hissing / Rauschen (Störgeräusche in Übertragungsleitungen)

histogram / Balkendiagramm

historical / Stamm…

historical data / Stammdaten

hit / stoßen, treffen; Störung, Treffer (beim Absuchen einer Datei)

hitch / ruckweise bewegen

hitchless / stoßfrei

hit-on-the-fly print / fliegender Druck

HLL (abbr. → high-level language) / höhere Programmiersprache

hobby / Liebhaberei

hobby computer / Hobby-Computer

hobby computing / Computerbasteln

hold / enthalten, halten, vorhalten; Halt

hold down / festhalten

hold element / Halteglied

hold on / warten (am Telephon)

hold-file / Wiedervorlage

holding circuit / Warteschaltung

hole / Loch, Lochung

hole conduction / Löcherleitung (bei Halbl.)

hole current / Löcherstrom (bei Halbl.)

hole mobility / Löcherbeweglichkeit (bei Halbl.)

hole site / Lochstelle

hole spacing / Lochabstand

hole-storage effect / Trägerspeichereffekt

hologram / Hologramm (dreidimensionale Abbildung)

holographic(al) / holographisch

holographic memory / holographischer Speicher

holography / Holographie (Technik der dreidimensionalen Abbildung)

home / Ausgangsposition, Grundstellung

home address / Ausgangsadresse, Spuradresse

home banking / Tele-Bank-Verfahren (über Btx.)

home computer / Heimcomputer, Hobbyrechner (für nichtprofessionellen Einsatz)

home key / Heimtaste (für Grundstellung der Schreibmarke)

home position / Ausgangsstellung, Normalstellung

home shopping / Tele-Einkauf (Btx.)

home terminal / Heimterminal (Fernsehgerät als Bildschirm für Heimcomputer)

home working / Heimarbeit, Tele-Arbeit (mit Hilfe von Telekommunikationseinrichtungen)

homegrown / selbsterstellt

homing / in Grundstellung bringen

homogeneity / Gleichwertigkeit, Homogenität

homogeneous / gleichwertig, homogen

homography / Homographie (gleiche Schreibweise von Wörtern unterschiedlicher Bedeutung)

homologous / übereinstimmend

homonym / Homonym (gleichlautendes Wort mit anderer Bedeutung)

homonymous / homonym (gleichlautend)

homonymy / Homonymie (gleiche Aussprache und Schreibweise von Wörtern unterschiedlicher Bedeutung)

homophony / Homophonie (gleiche Aussprache von Wörtern unterschiedlicher Bedeutung)

hone / feinschleifen

hood / Haube

hook / Haken (Stelle im Programm, an der leicht Änderungen, Ergänzungen usw. angebracht werden können)

hook-up / anschließen; Schaltung

hook-up error / Schaltfehler

hop / Etappe, Teilstrecke

hopper / Eingabemagazin

horizontal / horizontal, waagerecht

horizontal blanking interval / horizontale Austastlücke

horizontal centering control / Horizontalbildlageregelung (beim Bildschirm)

horizontal deflection / Horizontalablenkung

horizontal feed / Horizontalzuführung (der Diskette)

horizontal keyboard / Flachtastatur

horizontal parity / Längsparität

horizontal perforation / Querperforation

horizontal recording / Horizontalaufzeichnung

horizontal redundancy check / Horizontalprüfung

horizontal retrace / horizontaler Rücklauf (des Elektronenstrahls beim Bildsch.)

horizontal scrolling / horizontales Bildrollen

horizontal sheet adjustment / Blattseiteneinstellung

horizontal skip / Zeilensprung

horizontal spacing / Zeichenabstand (in der Zeile)

horologe / Zeitmeßgerät

horology / Zeitmessung

hose / Schlauch

host / Hauptrechner (in einer Computernetz), Wirt

host computer / Wirtsrechner (Verarbeitungsrechner, der für dezentrale Satellitenrechner Arbeit übernimmt)

host language / Wirts-Programmsprache (in die andere Sprachelemente eingelagert werden können)

host processor / Wirtsrechner

host system / Wirtsrechner (Verarbeitungsrechner, der für dezentrale Satellitenrechner Arbeit übernimmt)

hostility to technics / Technikfeindlichkeit

hot / radioaktiv, unter Spannung (el.)

hot key / Schnelltaste (Ben-Ob.)

hot line / Schnellberatung (über Tel.)

hot line service / Schnellberatung (über Tel.)

hot link / Schnellverknüpfung (zweier Dokumente)

hot standby / sofort einsetzbarer Ersatz(rechner)

hot type / Bleisatz

hot zone / Ausschließzone (nicht bedruckter Teil einer Zeile)

hotline service / Schnellberatung (über Tel.)

hotspot / Heißpunkt (auf einem Halbl.)

hour / Stunde

hour meter / Stundenzähler

hourly / stündlich

household / Haushalt

housekeeping / organisatorisch; Organisation (Haushalten)

housekeeping computer / Haushaltsrechner (zur Hilfe im privaten Haushalt)

housing / Gehäuse

hub / Buchse

hue / Farbton

hum / brummen; Brummen

hum frequency / Brummfrequenz

human / menschlich

human engineering / Ergonomie

human language / menschliche Sprache

human readable / visuell lesbar (durch den Menschen)

humanization of work / Humanisierung am Arbeitsplatz

human-machine interface / Mensch-Maschine-Schnittstelle

humid / feucht

humidification / Verdunstung

humidify / befeuchten

humidity / Feuchtigkeit, Feuchtigkeitsgehalt

hump / Hindernis

hundred / hundert; Hundert

hung system / abgestürztes System

hunt / suchen, verfolgen

hunting / Nachlauf, Pendeln

hurter / Stoßdämpfer

hybrid / digital und analog; Hybrid..., Zwitter

hybrid circuit / Hybridschaltung

hybrid computer / Hybridrechner (mit digitaler und analoger Zeichendarstellung)

hybrid design / Mischbauart

hybrid network / Kombinationsnetz (öffentlich und privat)

hybrid technology / Hybridtechnik

hydraulic(al) / hydraulisch

hydraulics / Hydraulik

hydrus / wasserhaltig

hygrometer / Feuchtigkeitsmesser

hygroscope / Feuchtigkeitsanzeiger

hygroscopic(al) / feuchtigkeitsbindend

hyper... / über...

hyperbola / Hyperbel

hyperbolic / hyperbolisch

hypermedia system / Multimediasystem

hypertext system / Multimedia-Datenbank-System

hypervisor / Hypervisor (übergeordnetes Betriebssystem)

hyphen / Bindestrich

hyphenation / Silbentrennung

hyphenation program / Silbentrennungsprogramm

hyphenless justification / Blocksatz ohne Silbentrennung

hypotenuse / Hypotenuse

hypothesis / Annahme (Hypothese)

hypothetic(al) / hypothetisch (zweifelhaft)

hysteresis / magnetische Trägheit (Hysterese)

hysteresis effect / Hysterese-Effekt

hysteresis loop / Hysterese-Schleife

Hz (abbr. → hertz) / Hertz (Hz; Maß für 1 Schwingung/sec)

I

IAC (abbr. → inter-application communication) / Mehranwendungs-Kommunikation

IBM-compatible / IBM-kompatibel

IC (abbr. → integrated circuit) / integrierter Schaltkreis

ICE (abbr. → in-circuit emulator) / integrierter Emulator

icon / Bildsymbol, Ikone, Piktogramm

iconic interface / Symbolschnittstelle (Ben-Ob.)

ID (abbr. → identification) / Kennzeichnung

ideal / ideal, vollkommen

identic(al) / gleich, identisch

identifiable / identifizierbar

identification (abbr. ID) / Identifikation, Identifizierung, Kennzeichnung

identification character / Kennung

identification key / Kennungsschlüssel, Ordnungsbegriff

identification mark / Identifikationsmerkmal

identification number / Identifikationsnummer, Ordnungsbegriff

identification request / Kennungsabfrage

identifier / Bezeichner, Feldname, Identifizierungszeichen

identifier list / Feldnamenverzeichnis

identify / identifizieren, kennzeichnen

identifying / Bezeichnen, Erkennungsangaben

identifying signal / Kennsignal

identity / Gleichheit, Identität, Individualität

identity sign / Identitätszeichen

ideography / Begriffsschrift (jedes Zeichen steht für einen Begriff, z. B. im Chinesischen)

idle / frei, nicht in Betrieb; Ruhe...

idle character / Leerzeichen

idle current / Blindstrom

idle interrupt / Ruhemeldung (eines Gerätes an die Zentraleinheit)

idle time / Bereitschaftszeit, Brachzeit

idling / Leerlauf

IDP (abbr. → integrated data processing) / integrierte Datenverarbeitung (Abk. IDV)

IEC (abbr. International Electrotechnical Commission) / IEC (Internationale elektrotechnische Kommission, Normungsinstitution der → ISO)

IEE (abbr. Institution of Electrical Engineers) / IEE (Brit. Vereinigung der Elektroingenieure)

IEEE (abbr. Institute of Electrical & Electronics Engineers) / IEEE (US-Vereinigung der Elektro- und Elektronik-Ingenieure, Normungsinstitution)

if / falls, wenn

if instruction / Bedingungsbefehl

if statement / Bedingungsanweisung

if-then statement / Wenn-dann-Aussage

if-then-else / wenn-dann-anderenfalls (Formel von Bedingungsanweisungen)

ignite / zünden

ignition / Zündung

ignore / auslassen, ignorieren, überlesen

ignore character / Ignorierzeichen

ikon / Ikone, Piktogramm

illegal / falsch, ungültig, unzulässig

illegal character / unzulässiges Zeichen

illegal instruction / unzulässiger Befehl

illegal operation / unzulässige Operation

illegible / unlesbar

illimitable / unbeschränkt

illogical / unlogisch

illuminance / Illuminanz (Maß für die einfallende Lichtmenge)

illuminate / beleuchten

illuminated / beleuchtet; Leucht...

illumination / Beleuchtung, Beleuchtungsstärke

illustrate / erklären, veranschaulichen

illustration / Abbildung, Veranschaulichung

image / abbilden; Abbildung, Bild

image analysis / Bildanalyse

image area / Bildbereich, Bildfeld

image background / Bildhintergrund

image buffer / Bildpufferspeicher

image changing / Bildveränderung

image communication / Bildkommunikation, Bildübertragung

image compression / Bildkomprimierung

image content / Bildinhalt

image contrast / Bildkontrast

image decompression / Bilddekomprimierung

image definition / Bildschärfe

image description language / Bildbeschreibungssprache

image digitizing / Bilddigitalisierung

image dissection / Bildzergliederung

image dissector / Bildzerleger

image editing / Bildaufbereitung

image editor / Bildaufbereiter

image enhancement / Bilderweiterung

image file / Bilddatei

image foreground / Bildvordergrund

image function / Bildfunktion

image generation / Bilderzeugung

image input / Bildeingabe

image library / Bildbibliothek

image light intensity / Bildhelligkeit

image magnifier / Bildlupe

image output / Bildausgabe

image processing / Bildverarbeitung

image quality / Bildqualität

image recognition / Bilderkennung

image recorder / Bildaufzeichnungsgerät

image recording / Bildaufzeichnung

image regeneration / Bildwiederholung

image representation / Bilddarstellung, graphische Darstellung

image set / Bildgerät

image space / Bildraum

image storage / Bildspeicher

image transformation / Bildveränderung

imaginary / imaginär (math.)

imaging / Bildverarbeitung

imaging model / Bilddarstellungsweise (auf Bildsch. oder Drucker)

imbed → embed

imbibe / einsaugen

imbue / durchfärben, durchfeuchten

imitate / fälschen, nachahmen

imitation / Fälschung, Nachahmung, Nachbau

immanent / immanent (einbegriffen)

immaterial / unkörperlich, unwesentlich

immeasurable / unmeßbar

immediacy / Unmittelbarkeit

immediate / direkt, sofort, unmittelbar

immediate access / Direktzugriff

immediate operand / Direktoperand

immediate printing / Direktdruck (ohne Zwischenspeicherung)

immediate processing → real-time processing / schritthaltende Verarbeitung

immediately / unverzüglich

immobile / unbeweglich

immovable / unveränderlich

immunity / Unanfälligkeit

impact / beeinflussen; Anschlag (beim Drucker), Auswirkung

impact of computers / Computerauswirkung

impact of data processing / Auswirkung der Datenverarbeitung

impact printer / Anschlagdrucker (mechanischer Drucker)

impact-strength / Stoßfestigkeit

impalpable / unfühlbar

imparity / Imparität, Ungeradzahligkeit

impartial / objektiv, vorurteilsfrei

impartiality / Objektivität

impassable / unpassierbar

impedance / Scheinwiderstand

impel / antreiben

impellent / Antrieb

impeller / Antriebsrad

impenetrable / unzugänglich

imperative / befehlend, unbedingt

imperative macro instruction / Befehlsmakro

imperceptible / nicht wahrnehmbar

imperfect / fehlerhaft, unvollständig

imperfection / Fehlerstelle (im Kristall)

imperforate / unperforiert

imperishable / widerstandsfähig

impermanent / unbeständig

impermeability / Undurchlässigkeit

impermeable / undurchlässig

implant / einpflanzen, übertragen; Implantat

implantation / Einpflanzung, Übertragung

implausible / unwahrscheinlich

implement / einführen, implementieren, realisieren

implementation / Einführung, Implementierung, Realisierung

implementing / Inbetriebnahme

implicate / zur Folge haben

implication / Folgerung

implicit / nicht ausdrücklich, unausgesprochen

implicit address / implizite Adresse (enthält keine direkten Angaben über Länge der Operanden und Basisregister)

implicit addressing / implizite Adressierung (arbeitet ohne direkte Angabe von Adressen und Feldlängen)

implied → implicit / nicht ausdrücklich, unausgesprochen

implode / implodieren (einer Vakuumröhre)

imply / einschließen, (stillschweigend) voraussetzen

imponderable / unwägbar

import / importieren, übertragen (von Daten oder Software); Import, Übertragung *importability* / Nicht-Übertragbarkeit (von Software)

importable / nicht übertragbar

importance / Wichtigkeit

important / wichtig

impose / auferlegen (z. B. Steuer), ausschießen (Druckt.)

impossible / unmöglich

impossibility / Unmöglichkeit

impracticability / Undurchführbarkeit

impracticable / undurchführbar

impractical / unpraktisch

impregnate / imprägnieren

impress / einprägen, stempeln

impression / Eindruck, Prägung, Stempelung

imprint / Impressum (eines Druckwerkes)

imprint position / Beschriftungsstelle (eines Formulars)

improbability / Unwahrscheinlichkeit

improbable / unwahrscheinlich

improper / falsch, ungenau, unrichtig

improvable / verbesserungsfähig

improve / improvisieren, verbessern

improved / behelfsmäßig

improvement / Verbesserung

improvisation / Improvisation

impulse / Anstoß, Impuls

impurity / Störstelle (in einem Kristall), Verunreinigung

impute / beimessen

IN (abbr. → inch) / Zoll (= 2,54 cm)

inable / unfähig

inaccessible / gesperrt (nicht zugreifbar)

inaccuracy / Ungenauigkeit

inaccurate / ungenau

inactive / inaktiv, untätig

inadequacy / Unangemessenheit

inadequate / unangemessen

inadmissibility / Unzulässigkeit

inadmissible / unzulässig

inadvertency / Unachtsamkeit

inadvertent / nachlässig, unbeabsichtigt

inalterable / unveränderlich

inapplicable / ungeeignet

inaudible / unhörbar

in-band signaling / Schmalbandübertragung (im Bereich der Fernspr.-Frequenz)

inboard / Innen...

in-bound / ankommend (Tel.)

incalculable / unberechenbar

incandescent bulb / Glühlampe

incase → encase / einbauen

incautious / unvorsichtig

incentive wage / Leistungslohn

incessant / ununterbrochen

inch / Zoll (= 2,54 cm)

incident / Ereignis, Fehler, Vorfall

incidental / Neben...

incircle / Innenkreis

in-circuit / schaltungsintern

in-circuit emulator (abbr. ICE) / integrierter Emulator

inclinated / schief, schräg

inclination / Neigungswinkel

inclination of font / Schriftneigung

inclose / enthalten

inclosure / Anlage (eines Schriftstücks)

include / einbeziehen

including / einschließlich

inclusion / inklusive ODER-Schaltung

inclusive / einschließlich

inclusive OR / Disjunktion, inklusives ODER

incoherent / widersprüchlich

income / Einkommen

incoming / ankommend (Tel.)

incommensurable / nicht vergleichbar

incomparable / nicht vergleichbar

incompatibility / Unverträglichkeit

incompatible / unverträglich

incompetent / unbefugt, unzuständig

incomplete / unvollständig

incomprehensible / unverständlich

incompressible / unelastisch

incomputable / unberechenbar

inconsistence / Unvereinbarkeit

inconsistency / Inkonsistenz (Fehlerhaftigkeit)

inconsistent / uneinheitlich

inconstancy / Unbeständigkeit, Unregelmäßigkeit

inconstant / unbeständig, unregelmäßig

incontestable / unwiderlegbar

inconvenient / umständlich

inconvertible / nicht umsetzbar

incorporated company (am.) / Aktiengesellschaft

incorrect / falsch, fehlerhaft

increase / wachsen, zunehmen; Anwachsen, Steigerung

incredible / unglaubwürdig

increment / erhöhen (auch stufenweise); Wachstum, Zunahme

increment counter / Aufwärtszähler

incremental / inkremental (vorwärts zählend)

incremental compiler / Inkrementalcompiler (kann einzelne Befehle übersetzen und in ein Programm einfügen)

incremental backup / fortlaufende Sicherung

incremental update / schrittweise Änderung

incrementer / Vorwärtszähler

indefinite / unbestimmt

indent / einrücken; Einrückung

indentation / Einrückung

independence / Unabhängigkeit

independent / unabhängig

indeterminable / unbestimmbar

indeterminate / unbestimmt

index / hinweisen, indexieren, indizieren; Hinweiszeichen, Index, Verzeichnis

index boundary / Indexgrenze

index bracket / Indexklammer

index card / Karteikarte

index data item / Indexdatenfeld

index file / Kartei

index function / Indexfunktion

index hole / Indexloch (Diskette)

index line / Kennlinie (bei Platten)

index name / Indexname

index register / Indexregister, Modifikationsregister

index sorting / Indexsortieren

index table / Indextabelle

index value / Indexwert

index word / Indexwort

index-chained access / indiziert-verketteter Zugriff

index-chained file / indiziert-verkettete Datei

index-chained organization / indiziert-verkettete Organisation (von Dateien)

indexed / indiziert

indexed address / indizierte Adresse

indexed addressing / indizierte Adressierung

indexed branch instruction / indizierter Sprungbefehl

indexed data / indizierte Daten

indexed expression / Indexausdruck

indexed file / indizierte Datei

indexed organization / indizierte Organisation (von Dateien)

indexed variable / indizierte Variable, Laufvariable

indexed-sequential access / index-sequentieller Zugriff

indexed-sequential file / index-sequentielle Datei

indexed-sequential organization / index-sequentielle Organisation (von Dateien)

indexing / Indexierung, Indizierung

index-sequential / index-sequentiell

index-sequential access mode (ISAM) / index-sequentielle Speicherung

index-sequential organization / index-sequentielle Speicherung (Datei)

India-ink / Ausziehtusche

India-paper / Dünndruckpapier

India-rubber / Radiergummi

indicate / anzeigen, hinweisen

indication / Kennzeichen

indicator / Anzeige (auf der Bedienungskonsole)

indicator lamp / Anzeigelampe

indicator panel / Anzeigefeld

indirect / indirekt, mittelbar

indirect access / indirekter Zugriff

indirect address / indirekte Adresse

indirect addressing / indirekte Adressierung

indirect data collection / indirekte Datenerfassung (Erfassung über einen zusätzlich erstellten Datenträger)

indirect data gathering → indirect data collection / indirekte Datenerfassung

indirect drive / indirekter Antrieb

indirect enduser / indirekter Benutzer (nutzt Rechner über Hilfspersonen)

indirect input / indirekte Eingabe (über Datenträger)

indirect instruction / indirekter Befehl (mit indirekter Adresse)

indirect print / indirekter Druck (über Spulprogramm)

indium / Indium (Element für p-dotierte Halbleiter)

indium antimonide / Indiumantimonid (Halbleitergrundstoff)

individual / einzeln, individuell; Einzel . . ., Individuum

individual communication / Individualkommunikation

individual data / Individualdaten

individual data privacy / individueller Datenschutz

individual software / Individualsoftw.

indivisible number / Primzahl

induce / induzieren

induced / induziert

inductance / Induktivität

induction / Induktion

inductive / induktiv

inductive proof / induktiver Beweis

inductivity / Induktivität

inductor / Induktor

industrial / gewerblich, industriell; Industrie . . .

industrial court / Handelsgericht

industrial data capture / Betriebsdatenerfassung

industrial data processing / industrielle Datenverarbeitung

Industrial Democracy Act / Betriebsverfassungsgesetz

industrial design / Gebrauchsmuster

industrial electronics / Industrieelektronik

industrial engineer / Wirtschaftsingenieur

industrial espionage / Werkspionage

industrial management / Betriebsführung

industrial output / Industrieproduktion

industrial robot / Industrieroboter

industrial safety / Arbeitsschutz

industrial standard / Industriestandard

industrialization / Industrialisierung

industrialize / entwickeln, industrialisieren

industry / Industrie

industry segment / Branche

industry standard architecture (abbr. ISA) / Industriestandardarchitektur (am. Stand.)

ineffective / erfolglos, unwirksam

inefficiency / Unwirtschaftlichkeit

inefficient / unwirtschaftlich

inelastic(al) / unelastisch

inequality / Ungleichheit, Ungleichung

inert / träge

inertia / Masseträgheit

inexact / ungenau

inexpensive / billig, preiswert

inexperienced / unerfahren

inexpert / unfachmännisch

inexplicit → implicit / implizit

infect / infizieren (mit Viren)

infecting / Infizieren (mit Viren)

infection / Infizierung (mit Viren)

infer / folgern

inference / Deduktion, Folgerung

inference engine / Inferenzmaschine (des Expertensystems)

inference machine / Inferenzmaschine (des Expertensystems)

inference system / Inferenzsystem (des Expertensystems)

inferior / tiefgestellt (Index)

infinite / unendlich (math.)

infinite loop / Endlosschleife

infinitely variable / unendlich einstellbar

infinitesimal / infinitesimal

infinitesimal calculus / Infinitesimalrechnung

infinity / Unendlich (math.)

infinity character / Unendlichkeitszeichen

infix / einfügen; Einfügung (in einen Text)

infix notation / klammerlose Darstellung (von Formeln)

inflammable / feuergefährlich

inflated / überhöht

inflation / Inflation (Geldentwertung)

inflexibility / Starrheit

inflexible / starr

infological model / infologisches Modell (informationslogisches Modell)

inform / informieren

informal / formwidrig, informell

informal language / Gemeinsprache

informality / Formwidrigkeit

informant / Informant

informatics / Informatik

information / Auskunft, Information, Nachricht, Unterrichtung

information acquisition / Informationsgewinnung

information and communication technology / Informations- und Kommunikationstechnik

information and planning system / Informations- und Planungssystem

information balance / Informationsgleichgewicht

information barrier / Informationsbarriere

information base / Informationsbank, Informationsbasis

information broker / Informationshändler

information carrier / Inform.-Träger

information center / Informationszentrum

information charge / Auskunftsgebühr

information compression / Informationsverdichtung

information content / Inform.-Gehalt

information demand / Informationsnachfrage

information department / Informationsabteilung, Informationsstelle

information desire / Informationsbegehren

information economy / Informationswirtschaft

information engineer / Informationsingenieur

information explosion / Informationsüberangebot

information flood / Informationsflut

information flow / Informationsfluß

information function / Informationsfunktion

information hiding / Informationsverheimlichung

information input / Informationseingabe

information larceny / Informationsdiebstahl

information logistics / Informationslogistik

information loss / Informationsverlust

information management / Informationsmanagement

information management system / Informationsmanagementsystem

information medium / Informationsmedium

information need / Informationsbedarf, Informationsbedürfnis

information network / Informationsnetz

information object / Informationszweck

information of employees / Mitarbeiterinformation

information output / Informationsausgabe, Informationsausstoß

information page / Informationsseite (Btx.)

information pool / Informationsbank

information process / Informationsprozeß

information processing / Informationsverarbeitung

information procurement / Informationsbeschaffung

information provider / Informationsanbieter (Btx.)

information provider identification / Anbieterkennzeichnung (Btx.)

information provider's connection / Anbieteranschluß (Btx.)

information provider's obligation / Anbieterpflicht (Btx.)

information representation / Informationsdarstellung

information requirement / Informationsbedarf, Informationsbedürfnis

information resource / Informationsquelle

information retrieval / Informationswiederfindung o. -wiedergewinnung

information science / Informationswissenschaft

information scientist / Informatiker

information service / Informationsdienst

information shock / Informationsschock (Informationsüberflutung)

information society / Informationsgesellschaft

information sphere / Informationsbereich

information supervision / Informationskontrolle

information supply / Informationsangebot

information technology / Informationstechnologie

information terminal / Auskunftsgerät

information theory / Informationstheorie

information torrent / Informationsflut

information transmission / Informationsweitergabe

information unit / Informationseinheit

information value / Informationswert

informational good / Informationsgut

informational housekeeping / Informationshaushalt

informational infrastructure / Informationsinfrastruktur

informational organization / Informationsorganisation

informational self-determination / informationelle Selbstbestimmung

informational transparency / informationelle Transparenz

informatization / Informatisierung

informatory model / infologisches Model (informationslogisches Modell)

informed / informiert

informing / Informierung

infra... / Infra...

infrared light / Infrarotlicht

infrared-emitting diode / Infrarotlumineszenzdiode

infrastructure / Infrastruktur

ingot / Rohling (für Produktion von Siliziumscheiben)

ingredient / Bestandteil

ingress / Zugang

inherent / inhärent (anhaftend); Eigen...

inherent error / Anfangsfehler (der bei der Ersterfassung vorhanden ist)

inherit / mitschleppen, vererben (OOP)

inheritance / Vererbung (OOP)

inhibit / sperren, verbieten

inhibit wire / Hemmdraht (Kernspeicher)

inhibition / Hemmung, Sperrung

in-house / betriebseigen, betriebsintern

in-house computer / innerbetrieblicher Rechner

in-house data communication / innerbetriebliche Datenübertragung

in-house data processing / innerbetriebliche Datenverarbeitung

in-house network / privates Ortsnetz

in-house system / innerbetriebliches System

initial / abzeichnen (mit Namenszeichen versehen); Anfangs..., Anfangsgroßbuchstabe, Start...

initial base font / Grundschrift (eines Druckers)

initial call / Startaufruf

initial character / Anfangszeichen

initial input / Ersteingabe

initial inventory / Anfangsbestand

initial line / Kennlinie (bei Platten)

initial loader / Anfangslader

initial loading address / Anfangsladeadresse

initial program loader / Anfangslader

initial positioning / Anfangspositionierung

initial procedure / Anfangsprozedur

initial state / Anfangsstatus

initial storage / erstmalige Einspeicherung

initial value / Anfangswert

initialization / Einleitung (eines Vorgangs), Initialisierung (Kennzeichnung eines Datenträgers)

initialize / einleiten (einen Vorgang), initialisieren (mit Kennzeichen versehen), vorbereiten (eines Magnetdatenträgers)

initialized / initialisiert (mit Kennzeichen versehen)

initializer / Initialisierungsprogramm

initiate / absenden, auslösen, starten

initiation / Anstoß, Einleitung

initiator / Initiator (Steuerprogramm zum Anstoß einzelner Routinen)

inject / injizieren (Ladungsträger)

injection / Injektion (eines Ladungsträgers)

injure / beschädigen

injured / beschädigt

injury / Beschädigung

ink / Farbe, Tinte

ink bottle / Tintenbehälter (Tintenstrahldrucker)

ink cloth / Farbtuch (des Druckers)

ink density / Farbdichte

ink ribbon / Farbband

ink-eraser / Tintenradiergummi

inking / Einschwärzung

ink-jet printer / Tintenstrahldrucker

ink-pad / Stempelkissen

ink-pencil / Tintenstift

inlay / Einschluß

inlet / Eingang

in-line / linear; Reihen...

inner / innere(r, s)

innominate / unbekannt

innovation / Innovation

innovative advance / Innovationsschub

inofficial / inoffiziell

inoperability / Funktionsunfähigkeit

inoperable / funktionsunfähig, unklar

inoperative / funktionsunfähig

inorganic / anorganisch

in-plane / auf gleicher Ebene

in-plant / werksintern

in-plant data communication / innerbetriebliche Datenübertragung

in-plant print office / Hausdruckerei

in-process / prozeßintern

input / eingeben, einlesen; Eingabe, Eingangsleistung

input acknowledgement / Eingabebestätigung

input area / Eingabebereich

input buffer / Eingabepuffer

input connector / Eingangskonnektor (in Ablaufdiagrammen)

input control / Eingabesteuerung

input control program / Eingabesteuerprogramm

input controller / Eingabesteuerwerk

input current / Eingangsstrom

input data / Eingabedaten

input description / Eingabebeschreibung

input device / Eingabegerät

input facility / Eingabeeinrichtung

input field / Eingabefeld

input file / Eingabedatei

input format / Eingabeformat

input format specification / Eingabebestimmung

input instruction / Eingabebefehl

input interrupt / Eingabeunterbrechung

input magazine / Eingabefach

input mask / Eingabemaske (Bildsch.)

input media / Eingabedatenträger (Plural)

input medium / Eingabebeleg, Eingabedatenträger (Singular)

input mode / Eingabemodus

input operation / Eingabeoperation

input port / Eingabeanschluß

input procedure / Eingabeprozedur

input program / Eingabeprogramm

input pulse / Eingangsimpuls

input record / Eingabesatz

input routine / Eingaberoutine

input signal / Eingangssignal
input specification form / Eingabebestimmungsblatt
input spooling / Einspulen
input statement / Eingabeanweisung
input storage / Eingabespeicher
input stream / Eingabedatenstrom
input supervision / Eingabekontrolle (i. S. des BDSG)
input terminal / Eingangsanschluß
input unit / Eingabeeinh., Eingabegerät
input voltage / Eingangsspannung
input voucher / Eingabebeleg
input-bound / eingabeabhängig
input-output / eingeben / ausgeben; Eingabe-Ausgabe ...
input-output analysis / Eingabe-Ausgabe-Analyse
input-output area / Ein-Ausgabe-Bereich
input-output buffer / Ein-Ausgabe-Puffer
input-output bus / Ein-Ausgabe-Bus
input-output channel / Ein-Ausgabe-Kanal
input-output control / Ein-Ausgabe-Steuerung
input-output control system (abbr. IOCS) / Ein-Ausgabe-System
input-output control unit / Ein-Ausgabe-Steuerwerk
input-output controller / Ein-Ausgabe-Steuerwerk
input-output description / Ein-Ausgabe-Beschreibung
input-output device / Ein-Ausgabe-Gerät, peripheres Gerät
input-output file / Ein-Ausgabe-Datei
input-output format / Ein-Ausgabe-Format, externes Format
input-output instruction / Ein-Ausgabe-Befehl
input-output interface / Ein-Ausgabe-Schnittstelle
input-output interrupt / Ein-Ausgabe-Unterbrechung
input-output macro / Ein-Ausgabe-Makrobefehl

input-output parameter / Ein-Ausgabe-Parameter
input-output port / Ein-Ausgabe-Anschluß
input-output processor / Ein-Ausgabe-Prozessor
input-output program / Ein-Ausgabe-Programm
input-output ratio / Kosten-Leistungs-Verhältnis
input-output redirection / Ein-Ausgabe-Umleitung
input-output section / Ein-Ausgabe-Kapitel (eines Programms)
input-output statement / Ein-Ausgabe-Anweisung
input-output system (IOS) / Ein-Ausgabe-Steuersystem
input-output time / Ein-Ausgabe-Zeit
input-output unit / Ein-Ausgabe-Steuerwerk
input-output-oriented processing / physische Verarbeitung
input-processing-output loop / Eingabe-Verarbeitung-Ausgabe-Schleife (Abk. EVA-Schleife)
input-processing-output principle / Eingabe-Verarbeitung-Ausgabe-Prinzip (Abk. EVA-Prinzip)
inquire / abfragen
inquiring / anfragend; Anfragende(r)
inquiry / Abfrage
inquiry-response cycle / Frage-Antwort-Zyklus
inscribe / beschriften, einbeschreiben
inscription / Beschriftung, Eintragung
insecure / unsicher
inseparable / untrennbar
insert / einfügen
insert key / Einfügungstaste
insert mode / Einfügemodus
insertion / Einfügung
insertion character / Einfügungszeichen
insertion track / Zwischenspur
inside / innen
insider / Eingeweihter, Mitglied
insignificant / bedeutungslos

insolvency / Zahlungsunfähigkeit

insolvent / zahlungsunfähig

inspect / prüfen (kritisch)

inspect statement / Suchanweisung

inspection / Inspektion, Prüfung

instability / Instabilität, Unsicherheit

instable → unstable / instabil, labil, unbeständig

install / aufstellen, installieren

installation / Anlage, Aufstellung, Installierung

installation manual / Installationshandbuch

installation program / Installationsprogramm

installer / Installationsprogramm, Monteur

instal(l)ment / Teilzahlung

instance / Instanz, Objekt (OOP)

instancy / Dringlichkeit

instant / sofort; Moment

instantaneous / augenblicklich

instantiate / Instanz bilden (OOP)

in-station / stationsintern

institute / einrichten, gründen

instruct / unterrichten, unterweisen

instruction / Anweisung, Befehl, Schulung, Unterricht

instruction address / Befehlsadresse

instruction address register / Befehlsadreßregister, Befehlszähler

instruction area / Prozedurteil (eines Programms)

instruction byte / Befehlsbyte

instruction chain / Befehlskette

instruction chaining / Befehlskettung

instruction code / Befehlsschlüssel, Operationsteil

instruction control unit / Programmsteuerwerk

instruction counter / Befehlszähler

instruction cycle / Befehlszyklus

instruction decoder / Befehlsdecodierwerk

instruction decoding / Befehlsdecodierung

instruction execution / Befehlsausführung

instruction execution control / Befehlsablaufsteuerung

instruction fetch / Befehlsabruf

instruction field / Befehlsfeld (Steuerleiste eines Bildschirms)

instruction format / Befehlsaufbau, Befehlsformat

instruction key / Programmsteuertaste

instruction key panel / Programmsteuertastenfeld

instruction length / Befehlslänge

instruction length code / Befehlslängenkennzeichen

instruction list / Befehlsliste

instruction mix / Befehlsmix

instruction mode / Befehlsmodus (Systemzustand)

instruction modification / Befehlsänderung

instruction name / Befehlsname

instruction period / Befehlsausführungszeit

instruction phase / Befehlsphase

instruction pointer / Befehlszähler

instruction queue / Befehlswarteschlange

instruction register / Befehlsregister

instruction repertoire / Befehlsvorrat

instruction sequence / Befehlsfolge

instruction set / Befehlsvorrat

instruction termination / Befehlsabschluß

instruction time / Befehlszeit

instruction type / Befehlsart, -typ

instruction word / Befehlswort

instructional / Befehls...

instructions for use / Gebrauchsanweisung

instructor / Instruktor, Lehrer

instrument / Gerät, Instrument

instrument panel / Armaturentafel

instrumental / instrumentell

insular solution / Insellösung

insulate / isolieren (el.)

insulating / isolierend (el.), nichtleitend

insulation / Isolierung (el.)

insulator / Isolator, Nichtleiter

insuperable / unüberwindlich

insurance / Versicherung(sprämie)
insurant / Versicherungsnehmer
insure / gewährleisten, versichern
insured / versichert
insurer / Versicherer, Versicherungsgesellschaft
intact / unbeschädigt
intaglio / Tiefdruck
intaglio printing / Tiefdruck
integer / ganzzahlig; Festkommazahl, Ganzzahl
integer arithmetic / Festkommaarithmetik
integer quotient / ganzzahliger Quotient
integer remainder / ganzzahliger Rest (der Division)
integer variable / Festkommavariable
integral / Integral (math.)
integral calculus / Integralrechnung
integral modem / eingebautes Modem
integrant / wesentlicher Bestandteil
integrate / integrieren
integrated / integriert
integrated accounting package / integriertes Rechnungswesen-Programmpaket
integrated channel adapter / Kanalkopplung
integrated circuit (abbr. IC) / integrierte Schaltung, integrierter Schaltkreis
integrated component / integrierte Baueinheit
integrated data network / integriertes Datennetz
integrated data processing (abbr. IDP) / integrierte Datenverarbeitung (Abk. IDV)
integrated information system / integriertes Informationssystem
integrated injection logic / integrierte Injektionslogik (Halbleiterbautechn.)
integrated optics / integrierte Optik
integrated processor / integrierter Mikroprozessor
integrated semiconductor / integrierter Halbleiter
integrated services digital network

(abbr. ISDN) / integriertes digitales Dienstenetz
integrated software / integrierte Software
integrated workstation / integrierter Arbeitsplatz, Multifunktionsarbeitsplatz
integration / Integration, Integrierung, Verknüpfung
integration level / Integrationsstufe
integration of circuitry elements / Schaltintegration
integration test / Integrationstest (zusammengehöriger Software)
integrator / Integrierer, Integrierschaltkreis
integrity / Unversehrtheit (einer Datenbank)
intelligence / Intelligenz
intelligent / intelligent
intelligent computer / intelligenter Rechner
intelligent printer / intelligenter Drukker (programmierbarer Laserdrucker mit Graphik- und beliebiger Schriftdarstellung)
intelligent terminal / intelligente Datenstation (frei programmierbar mit eigenem Arbeitsspeicher und Programmsteuerung)
intelligibility / Verständlichkeit
intelligible / verständlich
intensification / Helltastung, Verstärkung
intensifier / Verstärker
intensify / helltasten, verstärken
intensity / Intensität, Stärke(grad)
inter... / Zwischen...
interaction / Dialog, Dialogeingriff, Überlagerung, Wechselwirkung
interaction component / Dialogkomponente (Bestandteil komplexer Software)
interaction protocol / Dialogprotokoll
interaction run / Dialogablauf
interaction start / Dialogeröffnung
interaction stop / Dialogabschluß
interaction technique / Dialogtechnik

interactive / interaktiv (Dialogverkehr), wechselseitig beeinflussend

interactive bookkeeping / Dialogbuchhaltung

interactive computer / Dialogrechner

interactive data acquisition / Dialogdatenerfassung

interactive data processing / Dialogdatenverarbeitung

interactive facility / Dialogfähigkeit

interactive graphics / Dialog-Graphikverarbeitung

interactive image processing / Dialogbildverarbeitung

interactive interface / Dialogoberfläche, Dialogschnittstelle

interactive job entry / Dialog-Job-Verarbeitung

interactive language / Dialogsprache

interactive media / Dialogmedien

interactive mode / Dialogbetrieb

interactive processing / Dialogverarbeitung

interactive program / Dialogprogramm

interactive programming / Dialogprogrammierung

interactive programming language / dialogorientierte Programmierspr.

interactive session / Dialogsitzung

interactive station / Dialogstation

interactive system / Dialogsystem

interactive terminal / Dialogstation

interaktive videodisk application / interaktive Bildplattenanwendung

interactive videotex / Bildschirmtext (Btx.)

interactive videotex service / Bildschirmtextdienst

inter-application communication (abbr. IAC) / Mehranwendungs-Kommunikation

interblock gap / Blocklücke

intercalate / interpolieren

intercept / abhängen, abstellen

interception / Abhängen

interchange / austauschen; Austausch

interchangeability / Austauschbarkeit

interchangeable / austauschbar

intercom (abbr. →internal communication) / interne Kommunikation

intercommunicate / in gegenseitiger Verbindung stehen

intercommunication / gegenseitige Verbindung

intercommunication switching system / Wechselsprechanlage

intercompany / zwischenbetrieblich

interconnect / durchschalten, koppeln, miteinander verbinden

interconnection / gegenseitige Verbindung, Kopplung, Querverbindung

interests / Zinsen

interest worth being protected / schutzwürdige Belange (Datenschutz)

interface / anschließen, verbinden; Anschlußstelle, Schnittstelle, Übergangsstelle

interface adapter / Schnittstellenanpassungseinrichtung

interface card / Schnittstellenkarte

interface circuit / Schnittstellenleitung

interface connector / Schnittstellenstecker

interface control / Schnittstellensteuerung

interface multiplier / Schnittstellenvervielfacher

interface standard / Schnittstellennorm

interfere / stören, überlagern

interference / Interferenz, Störung, Überlagerung

interior / inwendig; Innen...

interjacent / dazwischenliegend

interlace / verflechten, verschachteln

interlaced / verflochten, verschachtelt

interlacing / Verflechtung

interlayer connection / Durchkontaktierung (von Leiterschichten)

interleaf / Durchschuß (bei Formularen, Büchern)

interleave / überlappen, verzahnen, zwischenschießen

interleave factor / Interleave-Faktor (beim Plattenzugriff)

interleaved / überlappt

interleaving / Bankauswahl (Technik

zur Nutzung größerer Arbeitsspeicher), Interleave-Technik (zum schnelleren Zugriff auf Platten)

interline / zwischen den Zeilen schreiben, zwischenzeilig

interlinear / zwischenzeilig

interlink / koppeln; Zwischenglied

interlinking / Kopplung

interlock / ineinandergreifen, verbinden, verriegeln

interlocked computer / Verbundrechner

interlocked network / Verbundnetz

interlocking / Verbund

interlude / Vorprogramm, Zwischenprogramm

intermediate / Hilfs..., Zwischen...

intermediate data carrier / Datenzwischenträger

intermediate data storage / Zwischenspeicher

intermediate memory / Zwischenspeicher

intermediate result / Zwischenergebnis

intermediate storage / Zwischenspeicher, Zwischenspeicherung

intermesh / vermaschen

intermeshed / vermascht

intermit / aussetzen (zeitweilig)

intermittency / Periodizität

intermittent / intermittierend (zeitweilig aussetzend)

intermittent fault / intermittierende Störung

internal(ly) / intern, maschinenintern

internal address / interne Adresse

internal auditing / interne Revision

internal bus / interner Bus

internal character / internes Zeichen

internal character set / interner Zeichenvorrat

internal check / interne Kontrolle

internal clock / Internzeitgeber, Realzeituhr

internal code / interner Code, Maschinencode

internal command / interner Befehl (MS-DOS)

internal communication (abbr. intercom) / interne Kommunikation

internal control / interne Steuerung

internal control unit / internes Steuerwerk

internal controller / internes Steuerwerk

internal data / innerbetriebliche Daten

internal data processing / innerbetriebliche Datenverarbeitung

internal data safeguarding / interne Datensicherung

internal data view / interne Datensicht, Systemsicht (bei Datenbanken)

internal device / internes Peripheriegerät (z. B. ein Laufwerk im PC)

internal document / interner Beleg

internal file / interne Datei

internal font / druckerinterne Schriftart

internal format / internes Format

internal hard disk / eingebautes Plattenlaufwerk (in PC)

internal instruction / interner Befehl

internal interrupt / interne Unterbrechung

internal modem / eingebautes Modem

internal operation / interne Operation

internal processing / interne Verarbeitung

internal processing speed / interne Rechengeschwindigkeit

internal programming / Eigenprogrammierung

internal representation / interne Darstellung

internal runtime / interne Rechenzeit

internal search / internes Suchen

internal sorting / Speichersortierung

internal storage / interner Speicher

internal time / interne Zeit

internal view / interne Datensicht, Systemsicht (bei Datenbanken)

international / international, zwischenstaatlich; Auslands...,

international article number / internationale Artikelnummer

international exchange / Auslandsamt (Tel.)

International Standard Organization
(abbr. ISO) / Internationale Standard-
Organisation (Abk. ISO, Normungsinstitution in Genf)

**International Telecommunication
Union** (abbr. ITU) / Internationale
Telekommunikations-Union (Abk.
ITU)

internetwork / Verbundnetz

interoffice / innerbetrieblich; Haus...

interoffice communication / Hausteleᵇhon

interphone / Haustelephon

interpolate / erweitern (Text), interpolieren

interpolation / Erweiterung, Interpolation

interpose / zwischenschalten

interpret / ausdeuten, interpretieren,
übersetzen (eines Programms mit
einem Interpreter)

interpretation / Ausdeutung, Interpretierung (auch als Form der Programmübersetzung)

interpreted language / interpretierte
Programmiersprache

interpreter / Interpretierer (Form eines
Übersetzungsprogramms)

interpreter language / Interpretierspra-
che (Programmiersprache, die interpretierend übersetzt wird)

interpreter program / Interpreterprogramm (interpretierend übersetzen)

interpretive / interpretierend

interprocess communication / Interprozeßkommunikation

interrecord gap / Satzlücke

interrogate / abfragen

interrogation / Abfrage (Tel.)

interrogation point (mark) / Fragezeichen

interrogation station / Abfragestation
(Tel.)

interrogator / Abfrageeinrichtung

interrupt / unterbrechen; Unterbrechung, Verarbeitungsunterbrechung

interrupt analysis / Unterbrechungsanalyse

interrupt condition / Unterbrechungsbedingung

interrupt control / Unterbrechungssteuerung

interrupt handler / Unterbrechungs-
Steuerprogramm

interrupt handling / Unterbrechungsbehandlung

interrupt level / Unterbrechungsebene

interrupt mask / Unterbrechungsmaske

interrupt mask register / Unterbrechungsmaskenregister

interrupt request / Unterbrechungsanforderung

interrupt request line / Unterbrechungsanforderungsleitung

interrupt service routine / Unterbrechungssteuerprogramm

interrupt signal / Unterbrechungssignal

interrupt vector / Unterbrechungsvektor

interrupt-controlled / unterbrechungsgesteuert

interrupt-driven / unterbrechungsgesteuert

interrupted / unterbrochen

interruptibility / Unterbrechbarkeit

interruptible / unterbrechbar

interruption / Unterbrechung

interruption insurance / Betriebsunterbrechungsversicherung

interruption-free / unterbrechungsfrei

intersect / sich schneiden (Linien), teilen, zerlegen

intersection / Schnittmenge (Mengenlehre), Schnittpunkt

intersperse / einstreuen

interstage / Zwischenstufe

interstation / Zwischenstation

interstitial / Zwischenräume bildend (in
Kristallgittern)

interval / Abstand, Zwischenraum

intervene / eingreifen

intervention / Eingriff

interview / befragen; Befragung

intra / intern

intrasystem / systemintern

intricate / kompliziert

intrinsic / eigenleitend, eigentlich, spezifisch, wirklich

intrinsic font / druckerinterne Bitmap-
Schrift (nicht veränderbar)

introduce / einführen

introduction / Einführung, Einleitung

introspection / Selbstbeobachtung

intrude / eindringen

intrusion / Besitzstörung, Eindringen,
Intrusion

intrusion protection / Intrusionsschutz

intrusion tone / Aufschaltton (Tel.)

invalid / formal falsch, ungültig

invalid address / unzulässige Adresse

invalidate / annullieren

invalidation / Annullierung

invalidity / Ungültigkeit

invariable / invariabel

invariant / invariant (sich nicht ändernd); Invariante

invasion / Eingriff, Übergriff

invent / erfinden

invention / Erfindung

inventive / erfinderisch

inventiveness / Erfindungsgabe

inventor / Erfinder

inventory / Bestand, Bestandsverzeichnis, Inventar

inventory data / Bestandsdaten

inventory updating / Bestandsfortschreibung

inventory variation / Bestandsveränderung

inverse / entgegengesetzt, invers; umkehren; Gegenteil, Umkehrung

inverse direction / Sperrichtung (Halbl.)

inverse representation / Negativdarstellung

inverse video / Negativdarstellung

inversed slant / inverser Schrägstrich

inversion / Austausch, Inversion

invert / invertieren, umkehren, umstellen, wechselrichten (el.)

inverted comma / Hochkomma
(Apostroph)

inverted commas / Anführungszeichen

inverted file / invertierte Liste (in Datenbanksystemen)

inverter / Wechselrichter (el.)

investigate / erforschen, erheben

investigation / Erforschung, Erhebung

investigation method / Erhebungsmethode

invigilate / beaufsichtigen

invigilator / Überwachungseinrichtung

invisible / unsichtbar

invoice / in Rechnung stellen; Rechnung (Faktura)

invoicing machine / Fakturiermaschine

invoke / aufrufen

involute / Evolvente (math.)

involve / zur Folge haben

I/O (abbr. → input-output) / Ein-Ausga-
be-...

IOCS (abbr. → input-output control
system) / Ein-Ausgabe-System

ion / Ion

ion implantation / Ionenimplantation
(Dotierung von Halb.)

ion-deposition printer / Ionenbeschuß-
Drucker (Seitendruckertyp)

ionic / Ionen...

ionic migration / Ionenwanderung (im
Halbl.)

ionizable / ionisierbar

ionization / Ionisierung

ionize / ionisieren

ionizing / Ionisierung

IOS (abbr. → input-output system) /
Ein-Ausgabe-System

iron / eisen...; Eisen

irradiance / Beleuchtungsdichte

irrational number / irrationale Zahl

irrecoverable / endgültig verloren,
nicht behebbar

irrecoverable defect / nicht behebbare
Störung

irrecoverable error / nicht behebbarer
Fehler

irregular / unregelmäßig, unvorschriftsmäßig

irregularity / Ordnungswidrigkeit

irretrievable / nicht wiederfindbar

irreversible / nicht umkehrbar (irreversibel)

ISA (abbr. → industry standard architec-

ture) / Industriestandardarchitektur
(am. Stand.)

ISAM (abbr. →index-sequential access
mode) / index-sequentieller Zugriff

ISDN (abbr. →integrated services digital network) / integriertes digitales
Dienstenetz

iso... / gleich... (iso...)

ISO (abbr. →International Standard
Organization) / Internationale Standard-Organisation (Abk. ISO, Normungsinstitution in Genf)

ISO 7-bit data interchange code /
ISO-7-Bit-Code

ISO reference model / ISO-Kommunikationsprotokoll, ISO-Referenzmodell (für systemunabhängige Kommunikation)

isochronous / isochron (zeittaktgleich)

isochronous operation / isochroner
Betrieb

isocline / Isokline (Linie der Punkte mit
gleicher Magnetisierung)

isolate / abgrenzen, eingrenzen

isolated application / Insellösung

isolated data processing / isolierte
Datenverarbeitung (in Form von
Insellösungen)

isolating circuit / Trennschaltung

isometric / isometrisch (nicht perspekti-
visch)

isometric view / isometrische Abbildung (enthält die realen Maße, keine
perspektivischen Verkürzungen)

isomorphic / isomorph (strukturgleich)

isomorphism / Isomorphie (Strukturgleichheit)

isomorphy / Isomorphie (Strukturgleichheit)

issuable / ausgabefähig

issuance / Ausstellung (Scheck)

issue / ausgeben, erscheinen (Buch);
Ausgabe (Buch)

italic / Kursiv (Schrifttyp mit *Schrägstellung*)

italicize / kursiv drucken

item / Datenfeld, Einzelheit, Element,
Gegenstand

item line / Artikelzeile (einer Rechng.)

item master file / Artikelstammdatei

item number / Artikelnummer, Sachnummer

item pricing / Artikelauszeichnung (im
Handel)

item stock / Artikelbestand

item transaction / Artikelbewegung
(im Lager)

item transaction file / Artikelbewegungsdatei

itemize / spezifizieren

itemized costs / Einzelkosten

iterate / wiederholen (iterieren; math.)

iteration / Wiederholung (Iteration;
math.)

iterative / iterativ (math.)

iterative arithmetic operation / iterative Rechenoperation

iterative loop / Iterationsschleife

iterative statement / iterative Anweisung

ITU (abbr. →International Telecommunication Union) / ITU (Abk. Internationale Telekommunikations-Union)

J

jack / anheben; Buchse, Klinke

jacket / umhüllen; Hülle (einer Diskette)

jacketed / ummantelt

jag / Riß (Formular), Zacke

jagged / gezackt (Treppenlinie)

jagged line / Treppenkurve (graph.)

jaggy / eingerissen (Formular), Zackenlinie (Treppenlinie)

jam / stauen; Beleganstoß, Belegstau,
Kartenanstoß, Kartenstau, Papierstau

jamming / Papierstauung (Drucker)

jaw / Klemmbacke

JCL (abbr. →job control language) /
Aufgabensteuerungssprache

jerk / ruckweise bewegen; Ruck

jet / ausstoßen; Strahlrohr

jewelled / spitzengelagert

jig / Montagegestell

jitter / flattern; Flattern (el.), Synchroni-sationsstörung

job / Arbeit, Arbeitsauftrag, Aufgabe, Auftrag, Job

job accounting / Auftragsabrechnung, Rechenzeitabrechnung

job accounting routine / Abrechnungs-programm

job control / Aufgabensteuerung

job control language (abbr. JCL) / Aufgabensteuerungssprache, Auf-tragssteuersprache

job controlling / Auftragssteuerung

job date / Arbeitsdatum

job description / Arbeitsplatzbeschrei-bung, Tätigkeitsbeschreibung

job enlargement / Aufgabenerweiterg.

job enrichment / Aufgabenbereiche-rung

job evaluation / Arbeitsplatzbewertung

job hit / Jobknüller (positiver Ausdruck für die Möglichkeiten des Rechner-einsatzes)

job killer / Jobkiller (negativer Aus-druck für die Möglichkeiten des Rech-nereinsatzes)

job management / Aufgabenverwal-tung

job printing / Akzidenzdruck

job processing / Stapelverarbeitung

job queue / Aufgabenfolge

job rotation / Arbeitsplatzrotation, Aufgabenwechsel

job scheduler / Aufgabenauslöser (Dienstprogramm)

job sequence / Aufgabenablauffolge

job shop computer center / Lohnar-beitsrechenzentrum

job stream / Aufgabenablauffolge

job string / Aufgabenkette

job time / Arbeitszeit, Arbeitszeitanga-be

job-oriented / auftragsbezogen

job-work / Akkordarbeit

joggle / rütteln (zur Ausrichtung von transportierten Gegenständen)

joggling plate / Ausrichtplatte

join / kombinieren; Verbindung

joint / verbunden; Kardangelenk, Löt-stelle, Verbindungsstelle

joint use of systems / Anlagenmitbe-nutzung

joker / Stellvertreterzeichen

joule / Joule (Maßgröße der elektrischen Leistung)

journal / Journal, Protokoll, Tagebuch, Zeitschrift

journal number / Buchungsnummer

journal reader / Streifenleser

journalize / in ein Tagebuch eintragen

joy-stick / Steuerknüppel (von Gra-phik- u. Hobbycomputern)

judge / beurteilen; Sachverständiger

jump → branch / Sprung

jump line / Verweiszeile (Textv.)

jumper / Brücke (el.)

jumper wire / Brücke (el.)

junction / Anschluß, Kontaktstelle, Löt-stelle, Übergangsfläche (Halbl.), Ver-bindung

junction box / Anschlußkasten (el.)

junction diode / Flächendiode

junction transistor / Flächentransistor

junctor / Junktor (Operatorzeichen)

junior programmer / Jungprogrammie-rer (Nachwuchskraft)

junk / Ausschuß

juridic(al) / juristisch

juridical informatics / Rechtsinforma-tik

just / gerade (noch), gerecht

justification / Ausrichtung, Justierung

justified / bündig ausgerichtet, justiert

justified output / Blocksatz

justified print / Blocksatz

justify / ausrichten, justieren

just-in-time production / Produktion auf Abruf

K

K (abbr. → kilo...) / Kilo... (Vorsatzzeichen für Maßeinheiten, 10^3 bzw. 2^{10} Einheiten)

KB (abbr. → kilobyte) / Kilobyte (2^{10} = 1024 Byte)

kbd (abbr. → kilobaud) / Kilobaud (1000 Schaltschritte je Sekunde)

KBit (abbr. → kilobit) / Kilobit (2^{10} = 1024 Bit)

KByte (abbr. → kilobyte) / Kilobyte (2^{10} = 1024 Byte)

keen / scharf

keep / behalten, bewahren; Unterhalt

kern / überschneiden (von Zeichen bei engem Satz)

kernel / Kern, Nukleus (eines Programms)

kerning / Überschneidung (von Zeichen bei engem Satz)

key / eintasten; Ordnungsbegriff, Schlüssel, Taste

key bounce / Tastenprellen

key button / Tastenknopf

key clicking / Anschlagklicken

key code / Tastaturcode, Tastencode

key control / Tastensteuerung

key data / Ordnungsdaten (Schlüsseldaten)

key drop / Tastenhub

key field / Schlüsselfeld, Tastenfeld

key field length / Schlüssellänge

key for abbreviated dial(l)ing / Kurzwahltaste (Tel.)

key for direct call / Direktwahltaste

key in / eintasten

key legend / Tastenbeschriftung

key lock / Schließeinrichtung (an Rechnern), Tastensperre

key number / Ordnungsnummer

key panel / Tastenfeld

key repeat / Dauertastenfunktion

key row / Tastenreihe

key sort / Schlüsselsortierung

key status indicator / Tastenstatusanzeiger

key technology / Schlüsseltechnologie (Hochtechnologie)

key touch / Anschlagstärke

key touch control / Anschlagstärkeregulierung

key variable / Schlüsselvariable

keyboard / Tastatur (auch als selbständiger Geräteteil)

keyboard arrangement / Tastaturanordnung

keyboard buffer / Tastaturpuffer

keyboard cable / Tastaturkabel

keyboard command / Tastaturkommando

keyboard controller / Tastatursteuereinheit

keyboard device / Tastaturgerät

keyboard dialling / Tastaturwahl (Fernspr.)

keyboard disabling / Tastatursperre

keyboard driver / Tastaturtreiberprogramm

keyboard enhancer / Tastaturdienstprogramm

keyboard entry / Tastatureingabe

keyboard field / Tastaturbereich, Tastenfeld

keyboard input / Tastatureingabe

keyboard inquiry / Tastaturabfrage

keyboard layout / Tastaturbelegung

keyboard lock / Tastaturschloß, Tastatursperre

keyboard macro / Tastaturmakrobefehl

keyboard printer / Terminaldrucker

keyboard processor / Tastatursteuereinheit

keyboard program input / manuelle Programmeingabe

keyboard repeat / Tastaturdauerfunktion

keyboard shortcut / Tastenkombination

keyboard signalling / Tastaturwahl (Fernspr.)

keyboard stroke / Tastenanschlag

keyboard template / Tastaturschablone

keyboard-controlled / tastaturgesteuert, tastengesteuert *keyboard-driven* / tastaturgesteuert, tastengesteuert

keyboard-operated / tastaturgesteuert, tastengesteuert

key-controlled / tastaturgesteuert, tastengesteuert

key-driven / tastaturgesteuert, tastengesteuert

keyed / verschlüsselt

keyed sequence / Dateiordnung in Schlüsselreihenfolge

keying speed / Eintastgeschwindigkeit

key-note / Grundgedanke

keypad / Fernbedienungsgerät (von Fernsehgeräten), Kleintastatur (als selbständige Einheit)

keypress / Tastenanschlag

keypunch / Locher (für Lochkarten)

keypunching / Handlochen (von Lochkarten)

key-sequenced data set / Datenbestand in Schlüsselfolge

key-stroke / Tastenanschlag

key-to-disk unit / Magnetplattenerfassungsstation

key-to-diskette unit / Magnetdiskettenerfassungsstation

key-to-print / direktes Schreiben (über Tastatur)

key-to-tape unit / Magnetbanderfassungsstation

keyword / Ordnungsbegriff, Schlüsselwort, Stichwort

keyword in context / Stichwortanalyse

keyword index / Schlüsselwortindex

keyword macro / Kennwortmakrobefehl

keyword parameter / Kennwortparameter

keyword system / Ordnungsbegriffssystem

kHz (abbr. →kilohertz) / kHz (Abk. Kilohertz, = 1000 Schwingungen je Sekunde)

kill / abbrechen, löschen; Abbruch

killer software / Killersoftware (allg. Bez. für Computerviren)

kilo... (abbr. K) / Kilo... (Vorsatzzeichen für Maßeinheiten, 10^3 bzw. 2^{10} Einheiten)

kilobaud (abbr. kbd) / Kilobaud (1000 Schaltschritte/sec; Maß der Schrittgeschwindigkeit bei Übertragungen)

kilobyte (abbr. KB) / Kilobyte (1024 Byte; Maß für Speicherkapazität)

kilohertz (abbr. kHz) / Kilohertz (1000 Schwingungen je Sekunde)

kiloword (abbr. KW) / Kilowort (1024 Wörter, Maß für Speicherkapazität)

kind / Art

kit / Bausatz (zum Nachrüsten)

kludge (sl.) / Improvisationslösung

knife connector / Messerklemme

knock / anklopfen; Anklopfen (Tel.)

knock tone / Anklopfton (Tel.)

know-how / Erfahrung, Wissen (von Menschen)

knowledge / Wissen (Expertensystem)

knowledge acquisition / Wissenserwerb

knowledge base / Wissensbasis (eines Expertensystems)

knowledge consultation / Wissenskonsultation (Wissensv.)

knowledge domain / Wissensdomäne (Teil der Wissensbasis eines Expertensystems)

knowledge engineer / Wissensingenieur (Spezialist für Expertensysteme)

knowledge frame / Wissensrahmen (bei Expertensystemen)

knowledge processing / Wissensverarbeitung (mit Hilfe von Expertensystemen)

knowledge representation / Wissensdarstellung (in Expertensystemen)

knowledge statement / Wissensaussage

knowledge-based system / wissensbasiertes System (Expertensystem)

knowledge-oriented programming language / wissensorientierte Programmiersprache (für Expertensysteme)

knurled screw / Rändelschraube

KW (abbr. →kiloword) / Kilowort (1024 Wörter)

L

lab (abbr. → label, → laboratory) / Kennzeichen, Labor

label (abbr. lab) / etikettieren, kennzeichnen; Bezeichnung, Etikett, Kennung, Kennzeichen

label alignment / Kennzeichenausrichtung (durch Kennzeichenvorsätze bei der Tab-Kalk.)

label byte / Markenbyte

label name / Kennsatzname

label prefix / Kennzeichenvorsatz (Tab-Kalk.)

label printer / Etikettdrucker

label record / Kennsatz

label sector / Kennsatzsektor (der Diskette)

labelled / beschriftet, gekennzeichnet

labelling / Beschriftung, Kennzeichnung

labile / unbeständig

labo(u)r / arbeiten; Arbeit

labor costs / Arbeitskosten, Personalkosten

labor union / Gewerkschaft

laboratory (abbr. lab) / Entwicklungslabor, Forschungsstätte

laboratory stage / Versuchsstadium

lacing / Vollauslochen (LK)

lack / ermangeln; Mangel

lacquer / lackieren; Lack

ladder network / Kettenschaltung

lag / verzögern; Verzögerung

laminate / beschichten, laminieren; Kunststoff(schicht)

lamination / Schichtung

lamp / Lampe

lamp holder / Lampenfassung

lamp panel / Lampenfeld, Leuchtfeld

lamp socket / Lampensockel

LAN (abbr. → local area network) / privates Ortsnetz

LAN manager / Ortsnetz-Steuerprogramm

land / Anschlußfleck (eines integrierten Schaltkreises), Leiterbahn, Lötauge (in gedruckter Leiterbahn)

land pattern / Lötaugenmuster (bei gedruckten Leiterbahnen)

landing / Landen (Berühren der Magnetspur durch den Magnetkopf)

landing zone / Parkzone (auf Platten)

landscape / Querformat

landscape display / Querformatbildschirm (Normalfall)

landscape font / Schrift für Querformatdruck

landscape format / Querformat

landscape mode / Querformatmodus (beim Drucker)

landscaped office / Bürolandschaft (Großraumbüro)

language / Programmiersprache, Sprache

language board / Sprachplatine

language card / Sprachplatine

language generation / Programmsprachengeneration

language laboratory / Sprachlabor

language processor / Übersetzerprogramm

language translation / Sprachübersetzung

language translation program / Sprachübersetzungsprogramm

language translator / Übersetzerprogramm

lap / läppen (polieren), überlappen

lapidary / lapidar (kurz und bündig)

lapping / Überlappung

lapse → elapse / ablaufen (Zeit)

lap-top / tragbar

lap-top computer / tragbarer Rechner

larceny / Diebstahl

large / groß, umfassend

large-scale / Groß...

large-scale integration (abbr. LSI) / Großintegration

large-sized / großformatig

laser (abbr. light amplification by stimulated emission of radiation) / Laser, Lichtverstärker (Lichtverstärkung durch Emissionsanregung von Strahlung)

laser beam / Laserstrahl

laser flatbed scanner / Laserflachbettabtaster

laser font / Umrißlinienschrift, umstochene Schrift

laser light / Laserlicht

laser printer / Laserdrucker

laser scanner / Laserstrahlenabtastgerät

laser storage / Laserspeicher (Bildpl.)

laser technology / Lasertechnik

last / hinterste(r, s), letzte(r, s), späte-
ste(r, s)

last in, first out (abbr. LIFO) / LIFO-
Prinzip (bei Kellerspeichern)

lasting / dauerhaft

latch / sperren; Schalter, Sicherheitsschloß, Signalspeicher

latch circuit / Verriegelungsschaltung

latching current / Sperrstrom

latency / Latenzzeit, Wartezeit

latency time / Latenzzeit, Wartezeit

latent / latent (verborgen vorhanden)

lateral / seitlich; Seiten ...

lateral parity / Querparität

lateral ratio / Seitenverhältnis (bei Formaten)

Latin characters / lateinische Schrift

lattice / Gitter (Kristallgitter)

launch / in Gang setzen

law / Gesetz, Recht

law informatics / Rechtsinformatik

law of communication media / Medienrecht

law of information / Informationsrecht
(als Rechtsgebiet)

lawful / rechtmäßig

lawful data / rechtmäßige Daten

lawyer / Jurist

layer / Ebene, Schicht

layered / geschichtet

layering / Schichtung

layout / Anordnung, Ausstattung,
Layout (graph.)

layout diagram / Bestückungsplan
(einer Platine)

layout sheet / Entwurfsblatt

lazy susan / Karussellspeicher

lbound →lower-bound / Untergrenz...

LCD (abbr. →liquid-crystal display) /
Flüssigkristallanzeige

LCD printer / Flüssigkristallanzeige-
Drucker (Seitendruckertyp)

lead / anführen, leiten; Blei, Graphit,
Kabel, Leitung (auch el.)

lead typesetting / Bleisatz (Druckt.)

leader / Leiter, Leitpunktreihe (Textv.),
Tabellenpunktreihe (Tab-Kalk.),
Vorlauf, Vorspannband (Ma-
gnetbandgerät)

leader routine / Anfangsroutine

leadership / Führung (Menschenführung)

leading / führend (führende Null);
Durchschuß (beim Drucktext), Leiten
(organisatorisch), Zeilenabstand

leading edge / Vorderkante (eines Beleges)

leading organization / Leitungsorganisation

leading videotex page / Leitseite
(Btx.)

leading zero / führende Null

leading-in / Einleitung (el.)

leaf / Blatt (eines Logikbaumes)

leaflet / Broschüre, Werbeprospekt

leak / undicht; ableiten (el.); Ableitung
(el.)

leakage / Ableitung (von Strom)

leakage current / Kriechstrom

leap / überspringen

leap-day / Schalttag (29. Februar)

leap-frog test / Sprungtest

leap-year / Schaltjahr

learn / lernen

learn program / Lernprogramm

learned / fachkundig

learning / Lernen

learning computer / lernender Rechner

learning machine / Lehrmaschine (zum
Einsatz in Schulen), lernende Maschine (adaptives DV-System)

learning program / lernendes Programm

lease / leasen, mieten

lease contract / Leasingvertrag (Mietvertrag)

lease rental charges / Mietkosten
leased / geleast, gemietet
leased connection / Standverbindung (Mietleitung)
leased line / Mietleitung, Standleitung
leased line network / Direktrufnetz
lease-finance company / Mietfinanzierungsgesellschaft
leasing / Leasing, Miete
leasing contract / Leasingvertrag (Mietvertrag)
leasing instal(l)ment / Leasingrate
least significant / niederstwertig
lecture / Vorlesung, Vortrag
lecturer / Dozent
LED (abbr. →light-emitting diode) / Leuchtdiode
LED printer / Leuchtdioden-Drucker (Seitendruckertyp)
ledger / Fixpunkt, Hauptbuch, Konto
ledger card / Kontokarte
ledger card device / Kontokartenzuführung
ledger sheet / Kontoblatt
left / links
left bracket / Klammer auf
left justified / linksbündig
left margin / linker Rand
left parenthesis / Klammer auf
left shift / Linksverschiebung
left side justification / Linksbündigkeit
left-arrow key / Cursortaste nach links
left-hand margin / Anfangsrand
left-hand margin key / Anfangsrandsteller
left-hand zero / führende Null
leftmost / höchstwertig (linke Stelle einer Zahl)
leftmost position / höchstwertige Stelle (einer Zahl)
leg / Kathete (Dreieck), Zweig (eines Programms)
legal / gültig, rechtmäßig
legal basis / Rechtsgrundlage
legal charges / Gerichtskosten
legal opinion / Gerichtsgutachten
legal procedure / Gerichtsverfahren
legal protection / Rechtsschutz

legal protection of software / Software-Rechtsschutz
legal year / Kalenderjahr
legend / Bilduntertext, Erklärung
legibility / Lesbarkeit
legible / lesbar
legitimacy / Legitimität, Zulässigkeit (jur.)
legitimacy of data processing / Zulässigkeit der Datenverarbeitung (bei personenbezogenen Daten)
legitimate / gesetzmäßig (jur.)
legitimated interests of a person concerned / berechtigte Interessen des Betroffenen
legitimated third-party interests / berechtigte Interessen Dritter
lemma / Kurztitel, Seitentitel
length / Länge
length attribute / Längenattribut
length error / Längenfehler
length field / Längenfeld
length of address part / Adreßlänge
length of data block / Blocklänge, Datenblocklänge
length of data field / Datenfeldlänge, Feldlänge
length of data record / Datensatzlänge
length of operand / Operandenlänge
length specification / Längenangabe
length register / Längenregister
lengthwise / längsgerichtet
lens / Objektiv (phot.)
less (than) / kleiner (als), weniger (als)
less or equal symbol / Kleiner-gleich-Zeichen
less than symbol / Kleiner-als-Zeichen
...less / ...frei, ...los
lessee / Mieter
lessor / Vermieter
let / vermieten, zulassen, zuweisen (Variable)
let-in area / Eingabestauraum
let-out area / Ausgabestauraum
letter / Brief, Buchstabe, Drucktype
letter code / Buchstabencode
letter enveloping machine / Briefschließmaschine

letter key / Buchstabentaste
letter of application / Bewerbungsschreiben
letter of attorney / Vollmacht
letter opening machine / Brieföffnungsmaschine
letter post / Briefpost
letter press / Hochdruck (Druckt.)
letter spacing / Sperrdruck (Druckt.)
letter quality (abbr. LQ) / Briefqualität, Schönschrift
letter shift / Buchstabenumschaltung
letter string / Buchstabenkette
letter-press / Vervielfältiger
letter-quality printer / Schönschriftdrucker
letter-quality printing / Schönschriftdruck
letters-figures shift / Buchstaben-Ziffern-Umschaltung (Fernschreiber)
level / Ebene, Kanal (Lochstreifen), Niveau, Pegel, Stufe
level number / Stufennummer
level of abstraction / Abstraktionsgrad
level of organization / Organisationsgrad
lever / Hebel
lexical / lexikalisch
lexical analysis / lexikalische Analyse
lexicographical / lexikographisch
lexicon / Lexikon
LF (abbr. → line feed) / Zeilenvorschub
liabilities / Schulden
liability / Haftpflicht, Verantwortlichkeit
liable / haftpflichtig, verantwortlich
librarian / Bibliothekar, Bibliotheksverwaltungsprogramm
library / Bibliothek, Programmbibliothek
library directory / Bibliotheksverzeichnis
library maintenance / Bibliotheksverwaltung
library maintenance program / Bibliotheksverwaltungsprogramm
library manager / Bibliotheksverwaltungsprogramm

library of data / Datenbibliothek
library owner / Bibliothekseigner
library program / Bibliotheksprogramm, Bibliotheksverwaltungsprogr.
library residence / Bibliotheksspeicher
library routine / Bibliotheksroutine (ist fertig in Bibliothek vorhanden)
licence (se) / erlauben, lizensieren; Lizenz, Lizenzgebühr
licence agreement / Nutzungsvertrag
licence fee / Lizenzgebühr
licensed / zugelassen
licensee / Lizenznehmer
licenser / Lizenzgeber
licensing / Lizenzerteilung
lid / Klappe
life / Lebensdauer, Standzeit
life cycle / Lebensdauer
life cycle conception / Phasenkonzept
life span / Lebensdauer
life time / Standzeit
life utility / Brauchbarkeitsdauer
LIFO (abbr. → last in, first out) / LIFO-Methode (bei Kellerspeichern: letztes eingegebenes Signal wird als erstes wieder ausgegeben)
lift / fördern, hochheben; Aufzug, Hub
lift-off correction / Korrektur durch Abheben (Schreibm.)
ligature / Doppelbuchstabe
light / hell, leicht; beleuchten, erhellen; Beleuchtung, Helligkeit, Licht
light amplification by stimulated emission of radiation (abbr. LASER) / Laser, Lichtverstärker (Lichtverstärkung durch Emissionsanregung von Strahlung)
light barrier / Lichtschranke
light beam / Lichtstrahl
light current / Schwachstrom
light density / Lichtdichte
light engineering / Feinmechanik
light metal / Leichtmetall
light pen / Lichtstift
light pen tracking / Lichtstiftverfolgung
light pulse / Lichtimpuls
light reflexion / Lichtreflexion
lighted / beleuchtet

lighted display / Leuchtanzeige
light-emitting diode (abbr. LED) / Leuchtdiode
light-emitting diode display / Leuchtdiodenanzeige
lighting / Beleuchtung
lightning arrester / Blitzschutz
lightning protection / Blitzschutzsicherung
light-powered / solarzellenbetrieben
light-sensitive / lichtempfindlich
light-sensitive collector / Lichtkollektor
light-wave / Lichtwelle
light-wave cable / Glasfaserkabel, Lichtwellenleiter
like / gleich (wie)
likely / wahrscheinlich
likeness / Ähnlichkeit
limit / begrenzen; Grenze, Grenzwert
limitation / Begrenzung, Einschränkung
limited / begrenzt, beschränkt
limulator (abbr. Lotus / Intel / Microsoft emulator) / Speichererweiterungsemulator (für MS-DOS von Lotus / Intel / Microsoft entwickelt)
line / in Linie anordnen, linieren; Anschluß (Tel.), Gerade, Leitung (Tel.), Linie, Produktlinie, Strich, Zeile
line adapter / Modem
line amplifier / Leitungsverstärker
line art / Liniengraphik (ohne Grautöne)
line band width / Leitungsbandbreite
line buffer / Leitungspuffer
line by line / zeilenweise
line capacity / Leitungskapazität
line casting machine / Zeilensetzmaschine
line charge / Leitungsgebühr
line chart / Liniendiagramm
line communication network / Liniennetz
line concentrator / Leitungskonzentrator
line connection / Durchschaltung, Leitungsverbindung
line control / Leitungssteuerung

line counter / Zeilenzähler
line current / Netzstrom
line display / Zeilenanzeige
line distance / Zeilenabstand
line draw mode / Zeichenmodus
line drawing / Linienzeichnung
line driver / Leitungsverstärker
line editor (abbr. EDLIN) / Zeilenaufbereiter
line enable / Leitungsfreigabe
line fault / Leitungsstörung
line feed (abbr. LF) / Zeilenvorschub
line feed control / Zeilensteuerung
line for direct call / Direktrufleitung
line graph / Liniendiagramm
line group / Leitungsbündel
line height / Zeilenhöhe
line holding time / Verbindungsdauer
line input / zeilenweise Eingabe
line interface / Leitungsschnittstelle
line justification / Zeilenausschluß
line leasing / Leitungsmiete
line length / Zeilenbreite, Zeilenlänge
line level / Leitungsniveau (Signalstärke)
line load / Leitungsbelastung
line loss / Leitungsdämpfung
line multiplexer / Leitungsmultiplexer
line noise / Leitungsgeräusch
line number / Zeilennummer
line numbering / Zeilennumerierung
line occupancy / Leitungsbelegung
line of code (abbr. LOC) / Codierzeile
line operation / Netzbetrieb
line pitch / Zeilenabstand
line printer (abbr. LPT) / Zeilendrucker
line procedure / Leitungsprozedur
line request / Leitungsabfrage (bei Handvermittlung im Fernsprechnetz)
line scanning / Leitungsabfrage (Kontrolle, ob Leitung besetzt ist)
line section / Leitungsabschnitt
line segment / Zeilenabschnitt
line seizure / Leitungsbelegung
line skip / Zeilensprung, Zeilenvorschub
line space / Zeilenabstand
line spacing / Zeilenabstand

line speed / Leitungsgeschwindigkeit
line surge / Spannungsstoß (in Leitungen)
line switching / Durchschalttechnik (Selbstwähldienst)
line system / Leitungssystem
line termination / Leitungsanschluß
line test program / Leitungsprüfprogr.
line throughput / Leitungsdurchsatz
line utilization / Leitungsausnutzung
line utilization rate / Leitungsausnutzungsgrad
line voltage / Leitungsspannung
line width / Zeilenbreite (Textv.)
linear / linear
linear array / lineares Datenfeld
linear code / linearer Code (nichtzyklisches Programm)
linear list / lineare Liste
linear network / Busnetz, Liniennetz
linear optimization / lineare Optimierung
linear program / Geradeausprogramm (ohne Schleifen)
linear programming / lineare Optimierung, lineare Programmierung (ohne Schleifen programmiert)
linear search / lineares Suchen (alle Werte der Reihe nach absuchen)
linearity / Linearität
linearize / linearisieren
line-assembly / Fließband
line-at-a-time printer / Zeilendrucker
line-by-line / zeilenweise
linecasting machine / Zeilensetzmaschine
lineno (abbr. → line number) / Zeilennummer
line-operated / netzbetrieben
liner / Vliesinnenseite (der Diskettenhülle)
lines per second (abbr. lps) / Zeilen pro Sekunde (Maß für Druckergeschwindigkeit)
line-up / Reihe
linguist / Sprachwissenschaftler
linguistic(al) / sprachlich, sprachwissenschaftlich

linguistic informatics / linguistische Informatik
linguistics / Sprachwissenschaft
link / binden (von Programm-Modulen), verketten, verknüpfen; Verbindung (Verknüpfung), Verknüpfungsbefehl, Zwischenglied (Bindeglied)
link address / Verknüpfungsadresse
link field / Kettfeld
link layer / Sicherungsschicht (beim ISO-Kommunikationsprotokoll)
link time / Bindezeit (beim Programmübersetzen)
linkage / Verknüpfung (von Programm-Modulen)
linkage editor / Bindeprogramm, Binder
linked / verknüpft
linked object / verknüpftes Objekt (wird bei Änderung des anderen Objektes mitgeändert)
linked pie/column graph / verbundenes Kreis-Säulen-Diagramm (ein Diagramm ist Untermenge des anderen)
linker / Binder
linking loader / Bindelader (Systemprogramm)
linotype / Linotype (Zeilensetzmaschine)
lint / Papierstaub
lip / Lippe, Schnittkante
LIPS (abbr. → logical inferences per second) / logische Folgerungen je Sekunde (Leistungsmaßstab für Expertensysteme)
liquid / flüssig; Flüssigkeit
liquid crystal display (abbr. LCD) / Flüssigkristallanzeige
liquidate / auflösen (Geschäft), tilgen
liquidation / Geschäftsauflösung, Tilgung
liquid-crystal display (abbr. LCD) / Flüssigkristallanzeige
LISP (abbr. list processing) / LISP (Name einer Programmiersprache für Listenverarbeitung)
list / auflisten; Liste, Tabelle, Verzeichnis

list box / Menü (Ben-Ob.)
list format / Listenformat
list layout / Listenbild
list of descriptors / Deskriptorliste
list of names / Namensliste
list of parameters / Parameterliste
list of providers / Anbieterverzeichnis (Btx.)
list processing / Listenverarbeitung
listen / hören, zuhören
listener / Hörer (Station, die prüft, ob eine andere Station sendet)
listing / Auflistung, Bericht, Liste, Protokoll
list-oriented / listenorientiert
literal / buchstabengetreu; Literal (sebstdefinierender Wert)
literal pool / Literalbereich (eines Programms)
literature / Schrifttum
lithograph / lithographieren; Druckvorlage, Lithographie (lithographischer Druck)
lithography / Lithographie (Druckt.)
litter / Abfall
live / lebendig; leben
live data / Lebenddaten
live test / Test unter Einsatzbedingungen
live wire / Draht unter Spannung
live-stock / lebendes Inventar (Personal)
liveware / Datenverarbeitungspersonal
living / lebend
load / beladen, laden; Belastung, Ladung, Last
load address / Ladeadresse
load and go / Laden und Starten (BS)
load instruction / Ladebefehl
load interlocking / Lastverbund (von Rechnern zur Kapazitätsverbesserung)
load mode / Lademodus
load module / Lademodul (eines Betriebssystems)
load statement / Ladeanweisung
load time / Ladezeit
loadable / ablauffähig, ladbar, ladefähig

load-carrying ability / Belastbarkeit
loaded / geladen
loaded line / Verstärkerleitung
loader / Ladeprogramm
loader routine / Ladeprogramm
loading address / Ladeadresse
loading schedule / Auslastungsplan
loan / ausleihen; Anleihe
lobby / Interessengruppe
LOC (abbr. →line of code) / Codierzeile
local / lokal, örtlich
local area / Nahbereichszone (Tel.), Ortsbereich
local area network (abbr. LAN) / lokales Netz, Ortsnetz (für hausinterne Kommunikation)
local bus / Internbus
local drive / örtliches Laufwerk (im LAN, nur von einem Rechner aus ansprechbar)
local exchange / Ortsvermittlung
local fee zone / Nahbereichszone (Tel.)
local line / Ortsleitung (Tel.)
local memory / örtlicher Speicher (im LAN, nur von einem Rechner aus ansprechbar)
local mode / Nahbetrieb, Ortsbetrieb
local network / Ortsnetz (Tel.)
local printer / örtlicher Drucker (im LAN, nur von einem Rechner aus ansprechbar)
local requirements / Platzbedarf
local variable / lokale Variable
localize / dezentralisieren
locate / ermitteln, fixieren
location / Standort, Stelle
location chart / Speicherbelegungsplan
location counter / Adreßpegelzähler
locator / Positionsanzeiger
lock / schließen, sperren, verschließen; Schleuse, Schloß, Sperre
lock out / aussperren; Aussperrung, Sperre
locked / gesperrt
locked data / gesperrte Daten
locked file / gesperrte Datei
locking / Fixieren, Schließeinrichtung, Sperrung

lockout / Aussperrung (eines Programms vom Zugriff, wenn bereits ein anderes arbeitet)

lock-nut / Klemmring, Kontermutter

locus / geometrischer Ort

log / aufzeichnen, protokollieren; Logbuch, Protokoll

log file / Protokolldatei

log off / sich abmelden; Abmeldung

log on / sich anmelden; Anmeldung

log tape / Protokollband

logarithm / Logarithmus

logarithmic(al) / logarithmisch

logarithmic graph / Diagramm mit logarithmischem Maßstab

logbook / Logbuch (handschriftliches Protokoll am Rechner)

logger / Protokolleinrichtung

logging / Protokollierung

logging program / Protokollprogramm

logging typewriter / Protokollschreibmaschine

logic(al) / boolesch, logisch; Logik (beim einzelnen Denkvorgang)

logic algebra / Schaltalgebra

logic bomb / Logikbombe (Form des Computervirus), logischer Programmfehler (der das Programm unter bestimmter Bedingung zum Absturz bringt)

logic calculus / Logikkalkül

logic chip / integrierter Logikbaustein (enthält Programm)

logic circuit / logischer Schaltkreis

logic comparison / logischer Vergleich

logic diagram / Schaltplan (eines Schaltwerks)

logic element / Schaltelement

logic error / logischer Fehler

logic instruction / logischer Befehl

logic operator / logischer Operator

logic programming / logische Programmierung (Programmiertechnik)

logic unit / Logikbaustein

logical address / logische Adresse, virtuelle Adresse

logical analyzer / Logikanalysator

logical begin / logischer Anfang

logical chip / Logikchip

logical connector / logischer Operator

logical data / logische Daten

logical decision / logische Entscheidung

logical device / logisches Gerät

logical device name / logischer Gerätename

logical device number / logische Gerätenummer

logical diagram / Logikdiagramm

logical drive / logisches Laufwerk

logical end / logisches Ende

logical equivalence / logische Äquivalenz

logical error / logischer (inhaltlicher) Fehler

logical expression / logischer Ausdruck

logical file / logische Datei

logical function / logische Funktion

logical inferences per second (abbr. LIPS) / logische Folgerungen je Sekunde (Leistungsmaßstab für Expertensysteme)

logical level / logische Ebene

logical model / logisches Modell

logical multiplication / logische Multiplikation

logical operation / logische Operation

logical operator / logischer Operator

logical order / logische Ordnung

logical record / logischer Satz

logical search / logisches Suchen

logical sequence / logische Ordnung

logical shift / logisches Schieben

logical step / logischer Schritt

logical symbol / logisches Symbol

logical test / logischer Test

logical view / logische Sicht (in einem Datenbanksystem)

logical work station / logische Dialogstation

logics / Logik

login / Anmeldung

logistic(al) / logistisch; Versorgungs...

logistics / Logistik (Nachschub- und Versorgungswesen)

Logo / Logo (Name einer Programmiersprache für Ausbildungszwecke)

logoff / Abmeldung
logogram / Logogramm (aus Zeichen gebildetes Symbol)
logon / Anmeldung
logon file / Anmeldeprogrammdatei (bindet eine Station in ein LAN)
logon menu / Anmeldemenü
logon message / Anmeldenachricht
logon mode / Anmeldemodus
logon procedure / Anmeldeprozedur
logon request / Anmeldeanforderung
logout / Abmeldung, Fehlermeldung
lone → alone / allein, isoliert
long / lang, weit
long carriage / Breitwagen (Schreibm.)
long precision / doppelte Genauigkeit (bei Gleitkommazahlen)
long wave / Langwelle
long-dated / langfristig
long-distance line / Fernleitung
longevity / Langlebigkeit
long-haul / Weitverkehrs...
longitudinal / längslaufend; Längs...
longitudinal parity / Längsparität
longitudinal recording / Longitudinalaufzeichnung (bei Platten und Disketten)
longitudinal redundancy check (abbr. LRC) / Längssummenkontrolle
longitudinal section / Längsschnitt
longitudinal strength / Ausdehnungsfestigkeit
long-life tape / Dauerlochstreifen (aus Kunststoff)
long-range / weitreichend
long-range communication / Weitverkehr (Tel.)
long-term / Langzeit...
long-time / Langzeit...
long-wave range / Langwellenbereich
look up / nachschlagen, suchen
look-ahead / Vorgriff
look-aside / Vorgriff
look-up function / Suchfunktion
look-up table / Nachschlagetabelle
loom / undeutlich erkennen
loop / Schleife bilden, Schleife durchlaufen; Programmschleife, Ringleitung, Schleife
loop antenna / Peilantenne
loop check / Echoprüfung
loop coding / zyklische Programmierung
loop communication network / Ringnetz
loop line / Ringleitung
loop network / Ringnetz
loop-tip terminal / Kabelklemme
loose contact / Wackelkontakt
loose-leaf notebook / Loseblattbuch
lo-res (abbr. low resolution) / geringe Auflösung
lose / verlieren
loss / Abfall (Minderung), Verlust
lost / verloren
lost chain / verlorene Verkettung
lost motion / Leerlauf
lot / Gruppe, Los (Partie)
lot size / Losgröße
loud / laut
loudness / Lautstärke
loudspeaker / Lautsprecher
louver / Lüftungsschlitz
low / niedrig, schwach, tief (binär)
low byte / unteres Byte (von zweien)
low end / unterer Bereich
low frequency / Niederfrequenz
low memory / unterer Speicherbereich (die ersten 640 KByte bei MS-DOS)
low resolution (abbr. lo-res) / geringe Auflösung
low voltage / Niederspannung
low-charge / gebührengünstig
low-chargeable / gebührengünstig
low-contrast / kontrastarm
low-cost / billig
low-end model / Einstiegsmodell
lower / niedriger, untere(r, s); senken, verringern
lower area boundary / Bereichsuntergrenze
lower bound / untere Grenze (eines Bereiches)
lower case / untere Umschaltung (in einer Tastatur)
lower case letter / Kleinbuchstabe

lower edge / Unterkante
lower-bound address / Adreßunter-
　grenze (eines Bereiches)
lower-case character / Kleinbuchst.
lowering / Senkung, Tiefstellung (eines
　Index)
lower-order / niederwertig
lowest priority / niedrigste Priorität
lowest-order / niedrigstwertig
lowest-order address / niedrigste
　Adresse
lowest-order bit / niedrigstwertiges Bit
lowest-order group level / niedrigste
　Gruppenstufe
lowest-order priority / niedrigste Prio-
　rität
low-level format / Sektoreinteilung (auf
　Platten und Disketten)
low-level programming language /
　maschinenorientierte Programmier-
　sprache
low-noise / störungsarm
low-order / niederwertig
low-profile keyboard / Flachtastatur
low-radiation / strahlungsarm
　(Bildsch.)
low-value / Niedrigstwert
lozenge / Raute(nzeichen)
lps (abbr. → lines per second) / Zeilen
　pro Sekunde (Maß für Druckerge-
　schwindigkeit)
LPT (abbr. → line printer) / Zeilendruk-
　ker
LQ (abbr. → letter quality) / Briefquali-
　tät, Schönschrift
LRC (abbr. → longitudinal redundancy
　check) / Längssummenkontrolle
LSI (abbr. → large-scale integration) /
　Großintegration
lubricant / Schmiermittel
lubricate / schmieren
lubrication / Schmierung
lubricator / Schmierbuchse
lucency / Leuchtfähigkeit, Transparenz
lucent / leuchtend, transparent
lucrative / einträglich
luminance / Leuchtdichte
luminary / Leuchte

luminesce / nachleuchten
luminescence / Lumineszenz (Licht-
　emission durch Energiezufuhr)
luminosity / Lichtstärke
luminous / leuchtend
luminous efficacy / Lichtausbeute
luminous sensitivity / Lichtempfind-
　lichkeit
lumped / konzentriert
lumped sum / Pauschalbetrag
lux / Lux (Maßeinheit der Beleuchtungs-
　stärke)

M

m (abbr. → milli...) / Milli... (Vorsatz-
　zeichen für Maßeinheiten, 10^{-3} Ein-
　heiten)
M (abbr. → mega...) / Mega... (Vor-
　satzzeichen für Maßeinheiten, 10^6
　bzw. 2^{20} Einheiten)
MA (abbr. → memory address) / Spei-
　cheradresse
machinable / automatisch, maschini-
　sierbar
machine / maschinell bearbeiten, ma-
　schinell herstellen; Apparat, Maschi-
　ne, Mechanismus, Roboter
machine address / Maschinenadresse
　(echte Adresse)
machine code / Maschinencode, ma-
　schineninterner Code
machine cycle / Maschinenzyklus
machine employment / Maschinenein-
　satz
machine error / Hardwarefehler
machine failure / Maschinenausfall
machine format / Maschinenformat
machine identification / Maschinen-
　kennzeichen (für das BS)
machine instruction / Maschinenbefehl
machine language / Maschinensprache
machine protocol / Maschinenprotok.
machine room / Maschinenraum
machine run / Maschinenlauf

machine test / Maschinentest
machine time / Maschinen-, Rechenzeit
machine tolerance / Maschinentoleranz
machine tool / Werkzeugmaschine
machine translation / automatische Sprachübersetzung
machine word / Maschinenwort
machine-aided / automatisch
machine-dependent / maschinenabhängig
machine-evaluable / maschinenauswertbar
machine-independent / maschinenunabhängig
machine-machine communication / Maschine-Maschine-Kommunikation
machine-oriented / maschinennah, maschinenorientiert
machine-oriented language / maschinenorientierte Programmiersprache
machine-readable / maschinenlesbar
machine-readable document / maschinell lesbarer Beleg
machine-readable medium / maschinell lesbarer Datenträger
macro / Makro, Makrobefehl
macro assembler / Makroassembler (Programmiersprache für die Erstellung von Makrobefehlen)
macro call / Makroaufruf
macro directory / Makroverzeichnis
macro instruction / Makrobefehl
macro language / Makrosprache
macro library / Makrobibliothek
macro manual / Makrohandbuch
macro name / Makroname
macro processor / Makroprozessor (Umwandlungsprogramm für Makrobefehle)
macro program / Makroprogramm
macro recorder / Makroaufzeichnungsprogramm
macro routine / Makroroutine
macro substitution / Makroersetzung (durch die echten Befehle)
made / gemacht, hergestellt
madistor / Magnetdiode

magamp (abbr. → magnetic amplifier) / Magnetverstärker
magazine / Ablagefach, Magazin
magnet / Magnet
magnetic(al) / magnetisch; Magnet...
magnetic amplifier / Magnetverstärker
magnetic badge card / Magnetstreifenkarte
magnetic bubble / Magnetblase
magnetic bubble memory / Magnetblasenspeicher
magnetic card / Magnetkarte
magnetic card storage / Magnetkartenspeicher
magnetic cartridge / Magnetkassette
magnetic cartridge drive / Magnetkassettenlaufwerk
magnetic cassette / Magnetkassette
magnetic characters / Magnetschrift
magnetic coat / Magnetschicht
magnetic coating storage / Magnetschichtspeicher
magnetic coating technology / Magnetschichttechnologie
magnetic core / Magnetkern
magnetic core memory / Magnetkernspeicher
magnetic disk → disk / Magnetdiskette, Magnetplatte
magnetic disk access / Magnetplattenzugriff
magnetic disk address / Magnetplattenadresse
magnetic disk cartridge / Magnetplattenkassette (Schutzhülle)
magnetic disk code / Mgn.-Plattencode
magnetic disk computer / Magnetplattenrechner
magnetic disk control / Magnetplattensteuerung
magnetic disk control unit / Magnetplattensteuereinheit
magnetic disk controller / Magnetplattensteuereinheit
magnetic disk data safeguarding / Magnetplattensicherung
magnetic disk density / Magnetplattenaufzeichnungsdichte

magnetic disk drive / Magnetplattenantrieb, Magnetplattenlaufwerk
magnetic disk dump / Magnetplattenauszug
magnetic disk duplicate / Magnetplattenduplikat
magnetic disk file / Magnetplattendatei
magnetic disk filing / Magnetplattenarchivierung
magnetic disk input / Magnetplatteneingabe
magnetic disk label / Magnetplattenetikett
magnetic disk library / Magnetplattenarchiv
magnetic disk name / Magnetplattenname
magnetic disk operating system / Magnetplattenbetriebssystem
magnetic disk organization / Magnetplattenorganisation
magnetic disk output / Magnetplattenausgabe
magnetic disk pack / Magnetplattenstapel
magnetic disk positioning / Magnetplattenpositionierung
magnetic disk protection cover / Magnetplattenschutzhülle
magnetic disk recording / Magnetplattenaufzeichnung
magnetic disk sector / Magnetplattensektor
magnetic disk serial number / Magnetplattenarchivnummer
magnetic disk storage / Magnetplattenspeicher
magnetic disk storage unit / Magnetplattenstation
magnetic disk system / Magnetplattensystem
magnetic disk transport / Magnetplattentransport
magnetic disk unit / Magnetplatteneinheit
magnetic diskette / Magnetdiskette
magnetic disk-pack access / Kammzugriff (bei Magnetplattenstapeln)

magnetic disk-pack access-arm /
Schreib-Lese-Kamm (bei Magnetplatten)
magnetic domain / Magnetbereich (in
einer Magnetspur)
magnetic drum / Magnettrommel
magnetic drum access / Magnettrommelzugriff
magnetic drum address / Magnettrommeladresse
magnetic drum data safeguarding /
Magnettrommelsicherung
magnetic drum organization / Magnettrommelorganisation
magnetic field / Magnetfeld
magnetic field strength / magnetische
Feldstärke
magnetic film memory / Dünnschichtspeicher, Magnetschichtspeicher
magnetic head / Magnetkopf, Schreib-
Lese-Kopf
magnetic ink / Magnetfarbe, Magnettinte
magnetic ink character reader / Magnetschriftleser
magnetic ink character recognition
(abbr. MICR) / Magnetschrifterkennung
magnetic ink characters / Magnetschrift
magnetic ink printer / Magnetschriftdrucker
magnetic ink reader / Magnetschriftleser
magnetic inscription / Magnetbeschriftung
magnetic layer / Magnetschicht
magnetic ledger / Magnetkonto
magnetic ledger-card / Magnetkonto-
karte
magnetic ledger-card computer / Magnetkontencomputer
magnetic media / Magnetdatenträger
magnetic memory / Magnetspeicher
magnetic particle / Magnetpartikel
magnetic reading / Magnetabtastung
magnetic recording / Magnetaufzeichnung

magnetic resonance / Kernspinresonanz (Beeinflussung des Drehimpulses von Atomkernen)

magnetic scanner / Magnetabtaster

magnetic scanning / Magnetabtastung

magnetic strip / Magnetstreifen

magnetic strip card / Magnetstreifenkarte

magnetic strip reader / Magnetstreifenleser

magnetic strip storage / Magnetstreifenspeicher

magnetic stripe / Magnetstreifen

magnetic tape → tape / Magnetband

magnetic tape access / Magnetbandzugriff

magnetic tape cartridge / Magnetbandkassette

magnetic tape cassette / Magnetbandkassette

magnetic tape check / Magnetbandprüfung

magnetic tape code / Magnetbandcode

magnetic tape control / Magnetbandsteuerung

magnetic tape control unit / Magnetbandsteuereinheit

magnetic tape controller / Magnetbandsteuereinheit

magnetic tape data transfer / Magnetbandtransfer

magnetic tape density / Magnetbandaufzeichnungsdichte

magnetic tape device / Magnetbandgerät

magnetic tape drive / Magnetbandantrieb, Magnetbandlaufwerk

magnetic tape edge / Magnetbandkante

magnetic tape file / Magnetbanddatei

magnetic tape filing / Magnetbandarchiv

magnetic tape input / Magnetbandeingabe

magnetic tape label / Magnetbandetikett

magnetic tape library / Magnetbandarchiv

magnetic tape organization / Magnetbandorganisation

magnetic tape output / Magnetbandausgabe

magnetic tape passage / Magnetbanddurchlauf

magnetic tape positioning / Magnetbandpositionierung

magnetic tape recording / Magnetbandaufzeichnung

magnetic tape sorting / Magnetbandsortierung

magnetic tape test / Magnetbandprüfung

magnetic tape thickness / Magnetbanddicke

magnetic tape transport / Magnetbandtransport

magnetic tape unit / Magnetbandstation

magnetic tape width / Magnetbandbreite

magnetic ticket / Magnetetikett

magnetic track / Magnetspur

magnetic videodisk / Magnetbildplatte

magnetic wand reader / Magnetetikettleser

magnetic wire / Magnetdraht(speicher)

magnetic writing / Magnetschrift

magnetical medium / Mgn.-Datenträger

magnetical recording / Magnetaufzeichnung

magnetic-striped / Magnetstreifen...

magnetism / Magnetismus

magnetization / Magnetisierung

magnetize / magnetisieren

magnetized / magnetisiert; Magnet...

magnetizing / Magnetisierung

magnetizing force / Magnetfeldstärke

magnetometer / Magnetfeldstärkenmeßgerät

magneto-motoric / magnetomotorisch (Speichertyp)

magneto-optical / magnetooptisch

magneto-resistance / Magnetwiderstand

magneto-resistive / magnetwiderstandsbeständig

magneto-resistor / Magnetwiderstand

magneto-striction / Magnetostriktion (Längenänderung ferromagnetischer Materialien im Magnetfeld)

magneto-strictive / magnetostriktiv (→ Magnetostriktion)

magnetron / Magnetfeldröhre

magnifier / Verstärker (el.)

magnify / vergrößern (phot.), verstärken (el.)

magnitude / Größe, Umfang

mail / versenden; Postsendung

mail boxing / Briefübermittlung (auch elektronisch)

mail charges / Postgebühren

mail merge function / Serienbrieffunktion (Textv.)

mailbox / Briefkasten (elektronischer)

mailgram / Telebrief (papierlos übermittelter Brief, Fernkopie)

mailing / Postbeförderung

mailing machine / Adressiermaschine

mail-order business house / Versandgeschäft

main / Haupt...

main application / Hauptanwendung

main attachment / Hauptanschluß

main body / Hauptprogramm

main catalog / Hauptkatalog

main console / Hauptbedienungsplatz (eines Rechners)

main descriptor / Oberdeskriptor

main directory / Hauptverzeichnis

main group / Hauptgruppe (Gruppenwechsel)

main index / Hauptindex

main key / Hauptschlüssel

main line / Hauptanschluß

main loop / Hauptschleife

main memory / Hauptspeicher

main menu / Hauptmenü

main profession / Kernberuf

main program / Hauptprogramm

main segment / Hauptsegment (Teil des Programms, der bei Ausführung immer im Arbeitsspeicher geladen ist)

main storage / Hauptspeicher

main terminal / Hauptstromanschluß

mainframe / Großrechner, Grundgerät, Universalrechner

mainframer / Großrechnerhersteller

mains / Hauptnetz, Netz (allgem. Stromnetz)

mains current / Netzstrom

mains supply / Netzstromversorgung

mains voltage / Netzspannung

maintain / pflegen, warten

maintainability / Wartbarkeit

maintainable / wartungsfreundlich

maintenance / Pflege, Verwaltung, Wartung

maintenance center / Wartungsstützpunkt

maintenance certificate / Wartungsschein (Wartungsvertrag)

maintenance contract / Wrtgs.-Vertrag

maintenance documentation / Wartungsunterlage

maintenance engineer / Wartungsingenieur, Wartungstechniker

maintenance enterprise / Wartungsunternehmen

maintenance interval / Wartungsabstand

maintenance manual / Wartungshandbuch

maintenance mode / Wartungszustand

maintenance panel / Wartungsfeld

maintenance processor / Wartungsprozessor (für Dialogwartung)

maintenance program / Wartungsprogramm

maintenance recommendation / Wartungsempfehlung

maintenance release / Programm-Revisions-Version

maintenance schedule / Wartungsplan

maintenance service / Wartungsdienst

maintenance specification / Wartungsschein (Wartungsvertrag)

maintenance standby time / Wartungsbereitschaftszeit

maintenance time / Wartungszeit

maintenance work / Wartungsarbeiten

major / hauptsächlich; Haupt..., Hauptgruppe, Oberbegriff

major control change / Übergruppenwechsel (Gruppenwechsel)
major key / Hauptschlüssel, Primärschlüssel
major loop / Hauptschleife
majority / Mehrheit
make / anfertigen, machen; Erzeugnis,
Herstellung, Produktion
make up / umbrechen (Druckt.)
makeshift / behelfsmäßig; Notbehelf
make-time / Kontaktschließzeit
make-up / Umbruch (Druckt.)
making / Herstellung
making clear / Klarmachen (eines Gerätes)
making ready / Klarmachen (eines Gerätes)
maladjusted / unangepaßt
maladjustment / Mißverhältnis
maladministration / Mißwirtschaft
male connector / Stiftstecker (mit Kon-
taktnadeln)
malfunction / Funktionsstörung
manage / handhaben, leiten (führen),
verwalten
manageable / handlich, kontrollierbar
management / Geschäftsführung,
Handhabung, Leitung (Führung),
Verwaltung
management consultant / Wirtschaftsberater
management game / Unternehmensspiel
management information system
(abbr. MIS) / Management-Informationssystem
manager / Direktor, Leiter (Betriebs-)
managing / geschäftsführend
managing clerk / Disponent
mandate / Vollmacht
mandatory / obligatorisch, zwingend
man-day / Arbeitstag, Manntag
mangle / verstümmeln
man-hour / Arbeitsstunde, Mannstunde
manifest / offenkundig; bekanntmachen
manifold / vielfältig; vervielfältigen;
Kopie

manifolder / Vervielfältiger
manifold-writer / Vervielfältiger
manipulate / bedienen, beeinflussen (in
unerlaubter Weise), handhaben
manipulating / Bedienung
manipulation / Bearbeitung, Manipulation
manipulation language / Handhabungssprache (für Datenbanken)
manipulative / manipulierend, manipuliert
man-machine / Mensch-Maschine . . .
man-machine communication /
Mensch-Maschine-Kommunikation
man-machine interface / Mensch-Maschine-Schnittstelle
man-machine system / Mensch-Maschine-System
man-month / Arbeitsmonat, Mannmonat
manner / Art, Methode
manometer / Druckmesser
man-power / Arbeitspotential
mantissa / Mantisse (positive Ziffern
der Gleitkommazahl)
manual / manuell; Hand . . ., Handbuch
manual control device / Handsteuergerät
manual data acquisition / manuelle
Datenerfassung
manual data input / manuelle Dateneingabe
manual data processing / manuelle
Datenverarbeitung
manual exchange / Handvermittlung
(Tel.)
manual input device / Handeingabegerät
manual operation / manueller Betrieb
manual recalculation / handgesteuerte
Neuberechnung (Tab.-Kalk.)
manual switching position / Vermittlungsplatz (Tel.)
manufacture / herstellen; Herstellung
manufacturer / Hersteller
manufacturing / Fabrikation
manufacturing automation / Fertigungsautomatisierung

manuscript / Manuskript (Druckvorlage)

many / viele

man-year / Arbeitsjahr, Mannjahr

map / abbilden; Abbildung, Bildschirmmaske

mapped memory / Bildspeicher

mapper / Bildschirmmaskengenerierungsprogramm

mapping / Abbildung, Bildschirmformatierung, Konvertierung

margin / begrenzen; Begrenzung, Rand, Spielraum

margin alignment / Randausgleich (Blocksatz)

margin perforation / Randführungslochung

margin release / Randauslöser (Schreibm.)

margin stop / Randbegrenzer (Schreibm.)

marginal / Grenz..., Grenzwert

marginal check / Grenzwertprüfung

marginal condition / Randbedingung

marginal notch / Randkerbung

marginal sharpness / Randschärfe (beim Bildschirm)

mark / kennzeichnen, markieren; Kennzeichen, Marke, Markierung, Strichmarkierung

mark detection / Markierabfühlung

mark of correction / Korrekturzeichen

mark page / Seitenmarkierbeleg

mark reader / Markierbelegleser

mark scanner / Markierbelegabtaster, Markierbelegleser

mark sense card / Zeichenlochkarte

mark sensing / Zeichenabfühlung

mark sheet / Markierbeleg

mark sheet reader / Markierbelegleser

marked card / Markierlochkarte

marked sheet / Markierbeleg

marker / Marke, Markierung

market / Markt

market leader / Marktführer

market research / Marktforschung

marketing / Absatzwesen

marking / Markierung

mark-to-space ratio / Zeichen-Zwischenraum-Verhältnis (Streifencodes)

mask / abdecken, maskieren; Bildschirmmaske, Druckaufbereitungsmaske, Maske (Bildschirmeinteilung), Schablone (für die Erstellung von gedruckten Schaltungen)

mask bit / Maskenbit

mask character / Druckaufbereitungszeichen

mask design / Maskenentwurf

mask field / Maskenfeld

mask generator / Bildschirmmasken-Generierungsprogramm, Maskengenerator (für die Erstellung von Bildschirmmasken)

maskable interrupt / deaktivierbare Unterbrechung

mask-controlled / maskengesteuert (Dialogarbeit am Bildschirm)

masking / Maskierung

mask-oriented / maskengesteuert (Dialogarbeit am Bildschirm)

mask-programmed / maskenprogrammiert

masquerading / Maskerade (unberechtigter Zugriff durch illegale Benutzung einer zugriffsberechtigten Identifikationberechtigten Identifikation)

mass... / Groß...

mass communication / Massenkommunikation

mass data / Massendaten

mass storage / Großspeicher, Massenspeicher, Sekundärspeicher

master / Haupt..., Mutter...

master cassette / Mutterkassette (Systemkassette, auf der Software geliefert wird)

master clock / Haupttakt (in einem Rechner)

master computer / Hauptrechner (in einem Verbund)

master console / Bedienungskonsol

master data / Stammdaten

master data updating / Stammdatenänderung

master disk / Mutterdiskette (Systemdiskette, auf der Software geliefert wird)

master diskette / Mutterdiskette (Systemdiskette, auf der Software geliefert wird)

master document / Hauptdokument (Textv.), Ursprungsbeleg

master file / Bestandsdatei, Stammdatei

master index / Hauptindex

master key / Hauptschlüssel

master record / Stammsatz

master software / Originalsoftware

master spool / Mutterspule

master station / Haupt(überwachungs)-station

master switch / Hauptschalter

master tape / Mutterband (Systemband, auf dem Software geliefert wird), Stammband

master terminal / Haupt(überwachungs)station

master-slave / Hauptrechner-Satellitenrechner-...

masthead / Impressum

match / abgleichen, anpassen, übereinstimmen; Gegenstück, Pendant

match code / Abgleichcode, Matchcode (Kombinationsschlüssel)

matched / paarig

matching / Abgleichung, Anpassung, Paarigkeitsvergleich

material / körperlich, materiell, wesentlich; Material

math coprocessor / mathematischer Koprozessor

mathematic(al) / mathematisch

mathematical data processing / mathematisch-technische Datenverarbeitung

mathematical expression / mathematischer Ausdruck

mathematical function / mathematische Funktion

mathematical logics / math. Logik

mathematical model / mathematisches Modell

mathematical programming / mathematische Programmierung

mathematical programming language / mathematische Programmiersprache

mathematics / Mathematik

matrices (pl. of matrix) / Matrizen (pl. von Matrix)

matrix / Matrix, Rastermuster

matrix character / Matrixzeichen

matrix circuit / Matrixschaltung

matrix code / Matrixcode (für Rasterdarstellung)

matrix display / Matrixbildschirm (graphikfähiger Bildschirm)

matrix dot / Rasterpunkt

matrix element / Matrixelement

matrix image / Rasterbild

matrix line printer / Matrixzeilendrukker

matrix memory / Bildspeicher

matrix printer / Matrixdrucker (graphikfähiger Drucker)

matrix scanner / Matrixabtaster (graphikfähiger Abtaster)

matrix storage / Matrixspeicher (Ferritkernspeicher)

matter / Gegenstand, Material

mattress wiring / direkte Verdrahtung (ohne Kabelbaum)

maxidisk / Maxidiskette (8 Zoll)

maximal / größtmöglich, maximal

maximization / Maximierung

maximize / auf Bildschirmgröße vergrößern (Fenster bei Ben-Ob.), maximieren

maximum / Höchstwert, Maximum

maximum configuration / Vollausbau (eines Systems)

MB (abbr. → megabyte) / Megabyte (2^{20} = 1048576 Byte)

MCA (abbr. → microchannel architecture) / Mikrokanalarchitektur

MCGA (abbr. → Multicolor Graphics Array) / Mehrfarben-Graphikstandard (graph.)

MCI (abbr. → Media Control Interface) / Media-Steuer-Schnittstelle

mean / durchschnittlich, mittlere(r, s); bedeuten, wollen; Mittel, Mittelwert

mean access time / mittlere Zugriffszeit
mean life span / mittlere Lebensdauer
mean variation / Streuung (stat.)
meaning / Bedeutung, semantischer
Gehalt
meaningless / bedeutungslos
meantime between failures (abbr.
MTBF) / mittlerer Abstand zwischen
Störungen, mittlerer Störungsabstand
meantime to repair (abbr. MTTR) /
mittlere Reparaturzeit
measurability / Meßbarkeit
measurable / meßbar
measure / messen; Maß, Maßeinheit,
Messung, Mittel, Spaltenbreite
measured data / Meßwerte
measured data acquisition / Meßwerterfassung
measured value / Meßwert
measurement / Messung
measuring / Meß...
mechanic(al) / mechanisch; Mechaniker, Monteur
mechanical mouse / mech. Maus
mechanical reading / maschinelles
Lesen
mechanics / Mechanik
mechanism / Mechanismus, Schaltwerk
mechanistic(al) / mechanistisch
mechanization / Mechanisierung
mechanize / mechanisieren
media (pl. of medium) / Datenträger,
Medien (pl. von Medium)
Media Control Interface (abbr. MCI) /
Media-Steuer-Schnittstelle
media eraser / Datenträger-Löschein-
richtung
media policy / Medienpolitik
media research / Medienforschung
medial / durchschnittlich, mittlere(r, s)
median / Medianwert (mittelster Wert
einer statistischen Menge)
mediate / indirekt, mittelbar
mediation / Interpolation
medical / medizinisch
medical informatics / medizinische Informatik

medium (sing. of media) / durchschnittlich, mittelgroß; Datenträger, Medium
medium wave / Mittelwelle
medium-scale / mittelgroß
medium-scale integration (abbr. MSI)
/ mittlere Integration (von Schaltkreisen)
medium-sized / mittelgroß
medium-wave band / Mittelwellenbereich
meet / berühren, treffen
meeting / Treffen (Besprechung)
meg (abbr. →mega) / Mega... (Vorsatzzeichen für Maßeinheiten, 10^6
bzw. 2^{20} Einheiten)
mega (abbr. M, meg) / Mega... (Vorsatzzeichen für Maßeinheiten, 10^6
bzw. 2^{20} Einheiten)
megabit / Megabit ($2^{20} = 1\,048\,576$ Bits)
megabit chip / Megabitchip
megabyte (abbr. MB) / Megabyte (2^{20}
$= 1\,048\,576$ Byte)
megaflops (abbr. million floating point
operations per second) / Megaflops
(Maßeinheit für interne Rechengeschwindigkeit, $2^{20} = 1\,048\,576$ Gleitkommaoperationen pro Sekunde)
megahertz (MHz) / Megahertz (10^6
$= 1\,000\,000$ Hertz)
megamini / Megamini, Supermini
(hochleistungsfähiger Minirechner)
megapixel / Megapixel (Auflösung von
1024×1024 Bildpunkten)
megaword (abbr. MW) / Megawort (2^{20}
$= 1\,048\,576$ Wörter)
meliorate / verbessern
melioration / Verbesserung
melt / durchbrennen, schmelzen
meltback / rückschmelzen
melting / Einschmelzung, Schmelz...
member / Element (einer Gruppe),
Glied, Teil, Untersatz (in einer Datenbank)
member set / abhängiger Datensatz
membrane keyboard / Folientastatur
memo → memorandum / Mitteilung,
Notiz, Verzeichnis

memo field / Mitteilungsfeld

memorandum / Notiz, Verzeichnis

memorize / merken, speichern

memory / Arbeitsspeicher, Gedächtnis, Internspeicher, Speicher

memory access / Speicherzugriff

memory address (abbr. MA) / Speicheradresse

memory allocation / Arbeitsspeicherzuweisung, Speicherzuweisung

memory area / Speicherbereich

memory bank → bank / Speicherbank, Speichermodul

memory block / Speicherblock

memory board / Speicherplatine

memory bus / Speicherbus

memory card / Speicherkarte, Speicherplatine

memory cartridge / Speicherkassette

memory chip / Speicherchip

memory contents / Speicherinhalt

memory cycle / Speicherzyklus

memory cycle time / Speicherzykluszeit

memory expansion / Arbeitsspeichererweiterung, Speichererweiterung

memory interleave / Speicherverschränkung (Bankauswahl)

memory interleaving / Speicherverschränkung (Bankauswahl)

memory location / Speicherstelle

memory management / Speicherverwaltung

memory manager / Speicherverwalter (Steuerprogramm)

memory map / Speichertabelle

memory module / Speicherbaustein, Speichermodul

memory operation / Speicheroperation

memory pointer / Basis(adreß)register

memory position / Speicherstelle

memory print / Speicherausdruck

memory protect(ion) / Speicher(bereichs)schutz

memory requirements / Speicherplatzbedarf

memory settlement / Speicherbereinigung

memory size / Speichergröße

memory stack / Speicherblock

memory structure / Speicherstruktur

memory technology / Speichertechnik

memory typewriter / Speicherschreibmaschine

memory unit / Speicherwerk

memory word / Speicherwort

memory-resident / arbeitsspeicherresident (im Arbeitsspeicher gespeichert)

mensurability / Meßbarkeit

mensurable / meßbar

mental / Kopf..., Verstandes...

mental arithmetic / Kopfrechnen

menu / Menü (Bildschirmausgabe zur Benutzerführung)

menu bar / Menübalken

menu control / Menüsteuerung

menu generator / Menügenerator

menu level / Menüebene

menu logic / Menütechnik

menu mask / Menümaske

menu name / Menüname

menu page / Auswahlseite (Btx.)

menu prompt / Benutzerführung durch Menü

menu prompting / Menüsteuerung (Benutzerführung)

menu selection / Menüauswahl

menu tree / Menübaum

menu-driven / menügesteuert

mercantile / kaufmännisch; Handels...

merchandise / Handel treiben

merchandising / Verkaufspolitik

merchant / kaufmännisch; Geschäftsmann, Handels..., Händler, Kaufmann

mercury / Quecksilber

merge / mischen; Mischen

merge printing / Serienbriefdruck

merge program / Mischprogramm

merge sorting / Mischsortieren

merging / Mischen

mesa transistor / Tafeltransistor (Bauart von Transistoren)

MESFET (abbr. → metal semiconductor field-effect transistor) / Metall-Halbleiter-Feldeffekttransistor

mesh / einrücken (ineinandergreifen), vermaschen; Masche, Netzwerk *meshed* / vermascht

meshed communication network / Maschennetz

meso... / Zwischen...

message / melden, mitteilen; Meldung, Nachricht

message accounting / Gebührenzählung

message acknowledgement / Nachrichtenquittung

message block / Nachrichtenblock

message distribution / Nachrichtenverteilung

message flow / Nachrichtenfluß

message flow control / Nachrichtenflußsteuerung

message format / Nachrichtenformat

message frame / Nachrichtenrahmen (Formatvorgabe für die Nachrichtenübertragung)

message handling / Nachrichtenbehandlung

message handling system / Mitteilungsübermittlungssystem

message header / Nachrichtenkopf

message information / Nachrichteninhalt

message package / Nachrichtenpaket

message queue / Nachrichtenwarteschlange

message sink / Nachrichtensenke (Empfangsstation)

message source / Nachrichtenquelle (Sendestation)

message structure / Nachrichtenaufbau

message switching / Speichervermittlung (computergesteuerte Leitungsvermittlung)

message transmission / Nachrichtenübertragung

messenger / Bote

meta data / Metadaten (Daten, die andere Daten beschreiben)

meta file / Metadatei (Datei, die andere Dateien beschreibt)

meta language / Metasprache (Sprache zur Beschreibung einer Sprache)

meta notation / Metanotation (Beschreibung einer Sprache und ihrer Ausdrücke)

metal / Metall

metal insulator semiconductor field-effect transistor (abbr. MISFET) / Metall-Isolator-Halbleiter-Feldeffekttransistor

metal rectifier / Trockengleichrichter

metal nitride-oxide semiconductor field-effect transistor (abbr. MNOSFET) / Metall-Nitridoxid-Halbleiter-Feldeffekttransistor

metal oxide semiconductor (abbr. MOS) / Metalloxid-Halbleiter

metal oxide semiconductor field-effect transistor (abbr. MOSFET) / Metalloxid-Halbleiter-Feldeffekttransistor

metal semiconductor field-effect transistor (abbr. MESFET) / Metall-Halbleiter-Feldeffekttransistor

metallic / metallisch

metallization / Metallbeschichtung, Metallisierung

metallize / metallbeschichten, metallisieren

meta-stable / sättigungsgleichgewichtig

meter / Meßgerät, Meter, Takt

metering / Zähl..., Zählen

metering pulse / Zählimpuls

method / Methode

method base / Methodenbank

method base system / Methodenbanksystem

method of changeover / Umstellungsverfahren

method of data collection / Datenerfassungsverfahren

method of estimation / Schätzverfahren

method of investigation / Erhebungsverfahren

methodic(al) / planmäßig, systematisch

metric(al) / metrisch; metrisches System

metric system of measurement / metrisches Maßsystem

MFLOPS → megaflops

MFM (abbr. →modified frequency modulation) / modifizierte Frequenzmodulation

MHz (abbr. →megahertz)

mica / Glimmer (Mineral)

MICR (abbr. →magnetic ink character recognition) / Magnetschrifterkennung

micro… / Mikro…, Mikrocomputer

micro-… / Mikro-… (Vorsatzzeichen für Maßeinheiten, 10^{-6} Einheiten)

micro-assembler / Mikroassembler

micro-assembly / montierter Mikrobaustein

micro-channel / Mikrokanal

micro-channel architecture (abbr. MCA) / Mikrokanal-Architektur

micro-channel bus / Mikrokanalbus

microchip / Mikroschaltbaustein

microcircuit / Mikroschaltkreis

microcode / Mikrocode (Programmiersprache auf der Ebene des Steuerwerks eines Rechners)

microcomputer / Mikrocomputer

microcomputer development system / Mikrorechner-Entwicklungssystem

microcomputer kit / Mikrocomputerbausatz

microcontrol / Mikrosteuerung

microcontrol unit / Mikroprozessorsteuereinheit

microdisk / Mikrodiskette (3,5-Zoll-Diskette)

microdiskette / Mikrodiskette (3,5-Zoll-Diskette)

microelectronics / Mikroelektronik

microfiche / Mikrofilmkarte, Mikroplanfilm

microfilm / Mikrofilm

microfilm camera / Mikrofilmkamera

microfilm reader / Mikrofilmlesegerät

microfilm retrieval unit / Mikrofilmarchivgerät

microfilm viewer / Mikrofilmbetrachter

microfilming / Mikroverfilmung

microfloppy / Mikrodiskette (3,5-Zoll-Diskette)

microfloppy disk / Mikrodiskette

microform / Mikrobildspeicher, Mikrodatenträger

micrographics / Mikrofilmtechnik

microimage / Mikrobild

microinstruction / Mikrobefehl (auf der Ebene des Steuerwerks eines Rechners)

microjustification / Mikroausrichtung (Einfügen von Leerräumen in eine Zeile für den Blocksatz)

micromemory / Mikrospeicher (für Mikroprogramme)

micrometer / Mikrometer (= 0,001 Millimeter)

micromini-computer / kleiner Minicomputer

microminiaturization / Mikrominiaturisierung (Superintegration von Schaltelementen)

micromodule / Mikromodul (integrierter Schaltkreis)

micromotion study / Bewegungsanalyse (Arbeitsw.)

micron / Mikron (= 0,001 mm, veraltet für Mikrometer)

micro-operation / Mikrooperation (auf der Ebene der Mikroprogrammierung)

microphone / Mikrophon

microprocessor / Mikroprozessor

microprogram / mikroprogrammieren; Mikroprogramm (auf der Ebene des Steuerwerks eines Rechners)

microprogramming / Mikroprogrammierung (auf der Ebene des Steuerwerks eines Rechners, statt festverdrahteter Befehlsabläufe)

microscope / Mikroskop

microsecond / Mikrosekunde (10^{-6} = 0,000001 Sekunden)

Microsoft disk operating system (abbr. MS-DOS) / Microsoft-Diskettenbetriebssystem

microstrip / Mikrofilmstreifen

microswitch / Mikroschalter

micro-to-mainframe / PC-Großrechner-Kopplung

microwave / Mikrowelle

mid... / Mittel...

middle / Mitte, Mittel..., Mittelpunkt

middle-class enterprise / mittelständischer Betrieb

middle-sized / mittelgroß

middleware / Middleware (Einrichtungen zur Programmentwicklung auf nichtkompatiblen Rechnern, z. B. Emulatoren, Simulationsprogramme)

midget / Miniatur...

MIDI (abbr. → musical instrument digital interface) / MIDI (Schnittstelle für Ton- und Musikein- und -ausgabe)

mighty / mächtig

mightiness / Mächtigkeit (einer Programmiersprache)

migrate / übergehen (auf ein anderes System), wandern (von Elektronen)

migration / Ionenwanderung, Systemumstellung

military / militärisch; Militär

military classification / Datenklassifikation (nach dem Geheimhaltungsgrad)

mill / Fabrik, Fräsmaschine, Prägepresse

milli-... / Milli-... (Vorsatzzeichen für Maßeinheiten, 10^{-3} Einheiten)

milliard / Milliarde (br.)

millimicrosecond → nanosecond / Nanosekunde (10^{-9} Sekunden)

million instructions per second (abbr. MIPS) / Million Instruktionen je Sekunde

millth / Millionstel

mimeograph / vervielfältigen; Vervielfältiger

mimeographed sheet / Vervielfältigung (als einzelnes Exemplar)

mimeographing / Vervielfältigung (als Verfahren)

mineral / anorganisch

miniaturization / Miniaturisierung

miniaturize / miniaturisieren

miniaturized / miniaturisiert

miniaturized circuit / integrierter Schaltkreis

minicartridge / Minikassette

minicassette / Minikassette

minicomputer / Minicomputer (Computer der mittleren Größenklasse)

minidiskette / Minidiskette (5,25-Zoll-Diskette)

minifloppy / Minidiskette (5,25-Zoll-Diskette)

minifloppy disk / Minidiskette (5,25-Zoll-Diskette)

minimal / kleinst, minimal

minimization / Minimierung

minimize / Fenster (zum Sinnbild) verkleinern, minimieren

minimum / Kleinstwert, Mindest..., Minimal..., Minimum

miniprocessor / Miniprozessor

minor / weniger bedeutend; Neben..., Unterbegriff, Untergruppe

minor control change / Untergruppenwechsel (Gruppenwechsel)

minor group / Untergruppe (von Datenfeldern)

minor key / Nebenschlüssel, Sekundärschlüssel

minority / Minderheit

minuend / Minuend

minus / minus

minus sign / Minuszeichen

minute / protokollieren; Minute

minutely / genau

minuteness / Genauigkeit

minutes / Protokoll

MIPS (abbr. → million instructions per second) / Million Instruktionen je Sek.

mirror / spiegeln; Spiegel

mirror disk / Spiegelplatte (Sicherungsduplikat, das gleichzeitig mit dem Original geschrieben wird)

mirroring / Spiegeln

mis... / falsch..., miß..., schlecht...; Miß...

MIS (abbr. → management information system) / Management-Informationssystem

misalignment / Ausrichtungsfehler, Falschausrichtung

misapplication / falsche Anwendung, Mißbrauch

misappropriate / unterschlagen

misappropriation / Unterschlagung

miscalculation / Rechenfehler

miscellaneous / sonstige

miscount / sich verrechnen; Rechenfehler

misdate / falsch datieren; falsches Datum

misdirect / falsch adressieren

misdirection / falsche Adresse

misentry / falsche Eingabe

misfeed / Zuführungsfehler

MISFET (abbr. → metal insulator semiconductor field-effect transistor) / Metall-Isolator-Halbleiter-Feldeffekttransistor

mishandle / falsch handhaben

misinform / falsch informieren

misinformation / Fehlinformation

misinterpret / falsch auswerten

misinterpretation / Falschauswertung

mismanagement / Mißwirtschaft

mismatch / Ungleichheit

mismatched / ungleich

misprint / verdrucken; Druckfehler

mispunch / fehllochen

mispunching / Fehllochung

misrout / fehlleiten

miss / verfehlen, verpassen

missend / fehlleiten

missent / fehlgeleitet

missing / fehlend

mission / Sendung

misspell / falsch schreiben

misspelling / Schreibfehler

mistakable / mißverständlich

mistake / mißverstehen, verwechseln; Fehler, Irrtum, Mißverständnis

misuse / mißbrauchen; Mißbrauch

mix / kombinieren, mischen, vermischen; Befehlsmix, Kombination

mixed cell reference / kombinierter Feldverweis (Tab-Kalk.)

mixed column/line graph / kombinierte Säulen-Linien-Graphik

mixed communication / Mischkomm.

mixed hardware / Hardwarekombination (von Produkten unterschiedlicher Hersteller)

mixed software / Softwarekombination (von Produkten unterschiedlicher Hersteller)

mixed system / gemischtes System (aus Komponenten unterschiedlicher Hersteller)

mixed ware / Systemkombination (von Hardware- und Softwareprodukten unterschiedlicher Hersteller)

mixer / Misch..., Mischpult

mnemonic / mnemotechnisch

mnemonic address / symbolische Adresse

mnemonic code / mnemonischer Code (mit symbolischer Adressierung)

mnemonic instruction code / mnemonischer Code (mit symbolischer Adressierung)

mnemonics / Mnemotechnik (Technik der Verwendung von gedächtnisstützenden Bezeichnungen bei der Programmierung)

MNOSFET (abbr. → metal nitride-oxide semiconductor field-effect transistor) / Metall-Nitridoxid-Halbleiter-Feldeffekttransistor

mobile / beweglich, dünnflüssig, fahrbar, tragbar

mobile data collection / mobile Datenerfassung

mobile data collection terminal / mobiles Datenerfassungsgerät

mobile data processing / mobile Datenverarbeitung

mobile hole / Defektelektron (Halbl.)

mobile microcomputer / tragbarer Mikrocomputer

mobile radio service / mobiler Funkdienst

mobile radio telephone / mobiles Funktelephon

mobile telephone network / mobiles Fernsprechnetz

mobility / Beweglichkeit, Tragbarkeit

mod function → modulo-n function / Modulo-N-Prüfziffernfunktion (Verfahren zur automatischen Prüfung eingegebener Ordnungsbegriffe)

mode / Betriebsart, häufigster Wert (stat.), Modus, Verfahren

mode indicator / Betriebsartanzeiger

mode of recording / Aufzeichnungsverfahren

model / formen, gestalten; Modell, Muster, Type, Vorlage

model forming / Modellbildung

model(l)ing / Modellbildung

modem (abbr. →modulator/demodulator) / Modem (Modulations- und Demodulationsgerät für Datenübertragung über Fernsprechleitungen)

moderate / Vorsitz führen (bei einer Diskussion)

moderation / Diskussionsleitung

moderator / Diskussionsleiter

modern / modern, neuzeitlich

modifiable / veränderbar

modification / Befehlsänderung, Modifikation (Änderung von Befehlen während des Programmlaufs)

modified / modifiziert

modified frequency modulation (abbr. MFM) / modifizierte Frequenzmodulation

modified non-return-to-zero recording / modifizierte Wechselschrift

modifier / Modifikator

modifier register / Indexregister

modify / modifizieren, verändern (eines Befehls)

modular / bausteinförmig, modular

modular accounting package / modulares Programmpaket für kaufm. Aufgaben

modular correspondence system / Bausteinkorrespondenzsystem

modular design / modularer Entwurf

modular program / modulares Programm (aus einzelnen, kombinierbaren Programm-Modulen bestehend)

modular programming / modulare Programmierung

modular system / Bausteinsystem, modulares System, Modulsystem

modularity / Bausteinprinzip, Modularität

modularization / Modularisierung (in Einzelmodule aufgelöst)

modularize / modularisieren (in Einzelmodule auflösen)

modulate / anpassen, einstellen, modulieren, regulieren

modulation / Anpassung, Einstellung, Modulation, Regulierung

modulator / Modulator, Regulator

modulator/demodulator (abbr. modem) / Modem (Modulations- und Demodulationsgerät für Datenübertragung über Fernsprechleitungen)

module / Baustein, Modul, Programmbaustein, Programm-Modul

module board / Modulkarte

module library / Modulbibliothek (enthält die Programme in Modulform)

module test / Modultest (Test eines einzelnen Programm-Moduls)

modulo-n function / Modulo-N-Prüfziffernfunktion (Verfahren zur automatischen Prüfung eingegebener Ordnungsbegriffe)

moist / feucht

moisten / befeuchten

moisture / Feuchtigkeit

moisture-proof / feuchtigkeitsfest

molecular / molekular

molecular computer / Molekularcomputer (Biocomputer, dessen Schaltelemente auf molekularer Ebene arbeiten)

molecule / Molekül

moment / Augenblick, Zeitpunkt

momentary / kurzzeitig, vorübergehend

momentum / Kraftimpuls

monadic / einstellig

monetary / Geld..., Währungs...

money / Geld

money-office / Kassenabteilung

money-order / Postanweisung

monitor / überwachen; Bildschirm (für Überwachungszwecke), Überwachungsprogramm, Überwachungssystem

monitor control / Monitorsteuerung

monitored / überwacht

monitoring / Überwachung (durch Mitlesen oder Mitschreiben)

monitoring channel / Überwachungskanal

monitoring feedback / Kontrollrückkopplung

monitoring printer / Kontrollblattschreiber

monkey wrench / Universalschraubenschlüssel

mono... / ein...; Ein..., Einzel...

monoboard computer / Einplatinenrechner

monochromatic(al) → monochromic(al) / einfarbig

monochromaticity / Einfarbigkeit

monochrome / einfarbig, schwarzweiß

monochrome screen / Schwarzweiß-Bildschirm

monochrome terminal / Schwarzweiß-Bildschirm

monochromic(al) / einfarbig

monocrystal / Einkristall

monocrystalline / einkristallin

monodisk / Monoplatte

mono-edge triggering / Einflankensteuerung

monolith / Monolith (Festkörperschaltung aus einem Kristallblock)

monolithic(al) / monolithisch

monolithic circuit / monolithischer Schaltkreis

monolithic storage technique / Monolithspeichertechnik

monomode fibre / Monomodefaser (Glasfaserleitungstyp)

monopoly / Alleinverkaufsrecht

monospace font / Einschrittschrift (alle Zeichen haben gleiche Breite)

monostable / monostabil

monostable circuit / monostabile Kippschaltung

Monte-Carlo method / Monte-Carlo-Methode (statistisches Simulationsverfahren)

month / Monat

monthly / monatlich

more / mehr

morpheme / Morphem (kleinste sprachliche Sinneinheit)

morphologic(al) / morphologisch (→ Morphologie)

morphology / Morphologie (Lehre von den Kristallformen, Lehre von den Sprachformen)

Morse code / Morsecode

Morse dash / Morsestrich

Morse dot / Morsepunkt

Morse telegraph / Morse-Telegraph

mortgage / verpfänden; Hypothek

MOS (abbr. → metal oxide semiconductor) / Metalloxid-Halbleiter

mosaic character / Mosaik-Zeichen (Rasterzeichen)

mosaic code / Rastercode

mosaic printer / Mosaikdrucker, Rasterdrucker

MOSFET (abbr. → metal oxide semiconductor field-effect transistor) / Metalloxid-Halbleiter-Feldeffekttransistor

most / größt, höchst, meist; Größt..., Höchst...

most significant / höchstwertig

most significant character / höchstwertiges Zeichen (eines Zeichenvorrates)

most significant position / höchstwertige Stelle (einer Zahl)

motherboard / Grundplatine, Hauptplatine

motion / Bewegung

motion of access arm / Zugriffsbewegung (des Zugriffskamms)

motion study / Bewegungs-Zeit-Untersuchung

motivate / anregen, motivieren

motivation / Anregung, Motivation

motor / Motor

motor-driven / motorisiert

motorized / motorisiert

motor-operated / motorisiert

mould / formen; Form, Mater

mount / befestigen, einlegen, montieren

mountable / austauschbar

mounted / ausgerüstet
mounted board / Leiterplatte
mounting / Fassung, Halterung, Montage
mounting robot / Montageroboter
mousable / mausfähig
mouse / Maus (Rollkugelgerät)
mouse control / Maussteuerung, Rollkugelsteuerung
mouse sensitivity / Maus-Empfindlichkeit (Verhältnis zwischen Mausbewegung und Cursorbewegung)
m-out-of-n-code / m-aus-n-Code
movable / auswechselbar, beweglich
move / bewegen, transportieren, übertragen
move instruction / Transportbefehl
movement / Bewegung
moving / beweglich
moving head disk / Gleitkopfplatte
moving head disk drive / Gleitkopfplattenstation
moving image / Bewegtbild
moving-image transmission / Bewegtbildübertragung
MPC (abbr. → multi-media personal computer) / Multimedia-PC
ms (abbr. → millisecond) / Millisekunde
MS-DOS (abbr. Microsoft disk operating system) / MS-DOS (Microsoft-Diskettenbetriebssystem)
MSI (abbr. → medium-scale integration) / mittlere Integration (von Schaltkreisen)
MTBF (abbr. → meantime between failures) / mittlerer Störungsabstand
MTTR (abbr. → meantime to repair) / mittlere Reparaturzeit
much / viel
multi... / mehr..., viel...; Mehr..., Viel...
multi-access / Mehrfachzugriff
multi-address... / Mehradreß...
multi-address computer / Mehradreßrechner
multi-address instruction / Mehradreßbefehl

multi-address machine / Mehradreßmaschine
multi-address operation / Mehradreßoperation
multi-address system / Mehradreßsystem
multi-addressing / Mehrfachadressierung
multibus / Mehrfachbus
multibyte instruction / Mehrwortbefehl
multichannel / Mehrfachkanal, Multiplexkanal
multichannel system / Mehrkanalsystem
multi-chip / Großbaustein, Mehrfachchip
multichrome / mehrfarbig
multichrome screen / Farbbildschirm
multi-colo(u)r / Mehrfarben...
Multicolor Graphics Array (abbr. MCGA) / Mehrfarben-Graphikstandard (graph.)
multi-colo(u)red / mehrfarbig
multi-computer system / Mehrrechnersystem
multi-core / mehradrig
multidimensional / mehrdimensional
multidimensional access / mehrdimensionaler Zugriff
multidimensional measurement / mehrdimensionale Messung
multidimensional number / Tensor
multidimensional table / mehrdimensionale Tabelle
multifile processing / Mehrdateiverarbeitung
multifunction / Mehrfachfunktion, Mehrfunktions...
multifunction workstation / Multifunktionsarbeitsplatz
multifunctional / mehrfunktional
multifunctional document reader / Mehrfunktionsbelegleser
multifunctional system / Mehrfunktionssystem
multilaunching / Mehrfachstart (eines Programms durch mehrere Benutzer)
multilayer board / Mehrlagen-Leiterplatte

multi-level / indirekt, mehrstufig

multi-line / mehranschluß ... (Station mit mehreren Fernleitungen)

multi-lingual / mehrsprachig

multi-media / Multimedien(technik)

multi-media communication / Multimediakommunikation (audiovisuelle Kommunikation)

multi-media extension / Multimedia-Erweiterung(sprogramm)

multi-media personal computer (abbr. MPC) / Multimedia-PC

multi-media system / Multimediasystem

multimeter / Vielfachmeßgerät

multimode fibre / Multimodefaser (Glasfaserleitungstyp)

multipart form / Durchschreibeformular

multipart form set / Schnelltrennsatz (Formulartechnik)

multipart paper / Mehrlagenpapier

multipath transmission / Mehrwegübertragung

multi-phase / mehrphasig

multi-phase current / Mehrphasenstrom

multiple / mehrfach, vielfach; vielfachschalten; Mehrfach..., Vielfach..., Vielfachschaltung

multiple access / Mehrfachzugriff, Multiplexbetrieb

multiple chaining / Mehrfachkettung

multiple choice question / Auswahlfrage

multiple communication / Mehrfachkommunikation

multiple computer system / Mehrfachprozeßrechnersystem

multiple condition / Mehrfachbedingg.

multiple connection / Mehrfachverbindung

multiple copy / Mehrfachnutzen (beim Drucken)

multiple evaluation / Mehrfachauswertung

multiple image / Geisterbild, Mehrfachbild (auf Bildschirm)

multiple inheritance / Mehrfachvererbung (OOP)

multiple precision / mehrfache Genauigkeit (bei Gleitkommadarstellung)

multiple punching / Mehrfachlochung (einer Spalte)

multiple selection / Mehrfachauswahl

multiple virtual system (MVS) / Teilnehmerbetriebssystem (mit virtueller Speicherung)

multiple-address computer / Mehradreßrechner

multiple-pass printing / Mehrgang-Druck (für stärkeren, fetteren Druck)

multiplex / vielfältig

multiplex channel / Multiplexkanal (kann gleichzeitig mit mehreren angeschlossenen Geräten arbeiten)

multiplex line / Multiplexverbindung

multiplex mode / Multiplexbetrieb

multiplex operation / Multiplexbetrieb

multiplexer → multiplex channel / Multiplexkanal

multiplexing / multiplex betreiben

multiplexing equipment / Multiplexeinrichtung

multiplicand / Multiplikand

multiplicate / vielfach

multiplication / Multiplikation

multiplicity / Vielfalt

multiplier / Multiplikator, Verstärker, Vorwiderstand

multiplier unit / Multiplikationswerk

multiply / multiplizieren, vervielfachen

multipoint / Mehrpunkt...

multipoint connection / Mehrpunktverbindung

multipoint operation / Mehrpunktbetrieb

multiport / Mehrfachanschluß

multi-position system / Mehrplatzsyst.

multiprocessing / Mehrrechnerbetrieb

multiprocessing system / Multiprozessorsystem

multiprocessor conception / Multiprozessorkonzept

multiprocessor system / Mehrrechnersystem

multiprogramming / Multiprogrammbetrieb

multiprogramming operation / Multiprogrammbetrieb

multi-purpose / Mehrzweck...

multipurpose computer / Universalrechner

multipurpose register / Mehrzweckregister

multireel file / Mehrspulendatei (auf
mehreren Magnetbändern)

multistable / multistabil

multistage / mehrstufig

multistation system / Mehrplatzsystem

multisync monitor / Mehrfrequenz-
Bildschirm

multitasking / Multitaskbetrieb
($\rightarrow$ task)

multithread program / Mehrpfadprogramm

multitrack recording / Mehrspuraufzeichnung

multiuser computer / Mehrbenutzerrechner

multiuser game / Mehrbenutzerspiel

multiuser operation / Mehrbenutzerbetrieb

multiuser system / Mehrbenutzersyst.

multi-valued / mehrwertig

multi-way / Mehrweg...

multiweb print / mehrbahniger Druck

multiweb printer / mehrbahniger Drukker

multiwire / mehradrig

multiwired / mehradrig

multiword instruction / Mehrwortbefehl

multiword term / Mehrwortausdruck

municipal / kommunal

municipal data processing center /
kommunales Gemeinschaftsrechenzentrum

music generation / Musikerzeugung

music hold-on / Musikhintergrund
(beim Tel.)

musical instrument digital interface
(abbr. MIDI) / MIDI (Schnittstelle
für Ton- und Musikein- und -ausgabe)

musicassette / Musikkassette (Magnetkassettentyp)

mutated vowel / Umlaut

mutation / Datenänderung

mute / dämpfen (Schall); Schalldämpfer

mutilate / stören, verstümmeln

mutilation / Verstümmelung

mutual / gegenseitig

mutuality / Gegenseitigkeit

MVS (abbr. $\rightarrow$ multiple virtual system)

MW (abbr. megaword) / Megawort
($2^{20} = 1\,048\,576$ Wörter)

N

n (abbr. $\rightarrow$ nano...) / Nano... (Vorsatzzeichen für Maßeinheiten, 10^{-9} Einheiten)

n doping / n-Dotierung (Halbl.)

NAK (abbr. $\rightarrow$ negative acknowledgement) / negatives Quittungszeichen

name / benennen, nennen; Name, symbolische Adresse

name catalog / Namenskatalog

name declaration / Namensvereinbarung

name definition / Namensdefinition

name entry / Namenseintrag

name forming / Namensbildung

name key / Namenstaste (Tel.)

name of variable / Variablenname

name plate / Namensschild, Typenschild

named / benannt

namely / nämlich

NAND (abbr. $\rightarrow$ NOT-AND) / logisches
NICHT-UND (der Booleschen Alge-
bra)

NAND circuit / NICHT-UND-Schaltung

NAND operation / NICHT-UND-Funktion

nanoinstruction / Nanoinstruktion (Befehl auf Chipebene)

nanometer / Nanometer (10^{-9} Meter
$= 0{,}001$ Mikrometer)

nanoprogramming / Nanoprogrammierung (Programmierg. auf Chipebene, statt fester Schaltung der Halbleiter)

nanosecond (abbr. ns, nsec) / Nanosekunde (10^{-9} Sekunden $= 0,001 \rightarrow$ Mikrosekunden)

nap / Noppe

narrow / schmal

narrow band / Schmalband (Niederfrequenz)

narrow-band communication / Schmalbandkommunikation

n-ary / n-stufig

national / national; Inland...

National Television System Committee (abbr. NTSC) / Nationaler Fernsehsystem-Ausschuß (US-Organisation für Fernsehfragen, auch nationales technisches Fernsehsystem)

native / inländisch, systemeigen, ursprünglich

native code / Maschinencode, systemeigener Code

native compiler / systemeigener Compiler

native file format / systemeigenes Dateiformat

native language / Muttersprache, natürliche Sprache, systemeigene Sprache

natural / natürlich

natural binary code / reiner Binärcode

natural frequency / Eigenschwingung

natural language / natürliche Sprache

natural language interface / natürlichsprachliche Schnittstelle

natural logarithm / natürlicher Logarithmus

natural number / natürliche Zahl

natural oscillation / Eigenschwingung

natural programming language / natürliche Programmiersprache

naught / Null

navigate / steuern (Fahrzeug)

navigation / Navigation, Navigieren (in einer Datenbank arbeiten)

navigation computer / Navigationsrechner

NC (abbr. $\rightarrow$ network control, $\rightarrow$ numerical control) / Netzsteuerung, numerische Steuerung

NCP (abbr. $\rightarrow$ non-carbon paper) / Noncarbonpapier (Selbstdurchschreibpapier)

near / beinahe, nahe

near-letter quality (abbr. NLQ) / Korrespondenzfähigkeit (eines Druckers)

necessarity / Notwendigkeit

necessary / erforderlich, notwendig

needle / Nadel

needle printer / Nadeldrucker

needs / Bedarf

negate / negieren, verneinen

negating / Negieren

negation / Negation

negative / negativ; Minuszeichen, negative Größe

negative acknowledgement (abbr. NAK) / negatives Quittungszeichen

negative booking / Stornobuchung (Rückbuchung)

negative image / Negativbild

negative metal-oxide semiconductor (abbr. NMOS) / Negativhalbleiter

negative representation / Negativdarstellung

negative sign / Minuszeichen

negative type / Negativschrift

negative-channel metal-oxide semiconductor (NMOS) / Negativkanal-Metalloxid-Halbleiter

negator / Negationsglied, NICHT-Schaltung

negotiate / handeln, verhandeln

negotiation / Verhandlung

neighbo(u)r / angrenzen; benachbart; Nachbar

neighbo(u)ring / benachbart

neither...nor / weder...noch

NEITHER-NOR $\rightarrow$ NOR

neon lamp / Neonröhre

nest / verschachteln

nested / verschachtelt

nested structure / verschachtelte (Programm-)Struktur

nesting / Verschachtelung

nesting level / Verschachtelungstiefe
nesting routine / geschachteltes Unterprogramm
net / netto, netzartig; vernetzen; Netto..., Netz, Netzwerk
net balance / direkte Saldierung
net capacity / Nettokapazität
net data throughput / Nettodurchsatz
net price / Nettopreis
net throughput / Nettodurchsatz
NetBIOS (abbr. network basic input/output system) / NetBios (Basis-Netz-Ein-Ausgabe-System, Anschlußsystem von MS-DOS für PCs an Ortsnetze)
network / vernetzen; Netzwerk, Sendenetz, Stromnetz
network adapter / Netzadapter
network address / Netzadresse
network addressable unit / adressierbare Netzeinheit
network administrator / Netzverwalter (Systemprogramm)
network architecture / Netzarchitektur
network area / Netzbereich, Netzebene
network buffer / Netzpuffer
network carrier / Netzbetreiber
network clock / Netztakteinheit
network clock pulse / Netztakt
network code number / Netzkennzahl
network computer / Netzrechner
network configuration / Netzarchitektur, Netzform
network control (NC) / Netzsteuerung
network control program / Netzsteuerprogramm
network customer service / Teilnehmerdienst (Dateldienst)
network data base system / vernetzte Datenbank
network data model / vernetztes Datenmodell
network design / Netzgestaltung
network diagnosis / Netzwerkdiagnose
network drive / Netzlaufwerk (im Netz direkt ansprechbare Plattenstation)
network engineer / Netzspezialist
network failure / Netzausfall

network interface / Netzschnittstelle
network interface card / Netzschnittstellenkarte
network interlocking / Netzverbund
network layer / Netzwerkschicht (Schicht des ISO-Kommunikationsprotokolls)
network level / Netzebene
network load / Netzlast
network model / Netzmodell
network node / Netzknoten
network operating system (abbr. NOS) / Netzbetriebssystem
network plan / Netzplan
network planning technique / Netzplantechnik
network printer / Netzdrucker
network processor / Konzentrator, Netzprozessor
network protocol / Datenübertragungsprotokoll, Datenübertragungsvereinbarung, Netzprotokoll
network server / Netz-Diensteinheit
network software / Netzsoftware
network structure / Netzarchitektur
network topology / Netzarchitektur
network user / Netzteilnehmer
network-dependent / netzabhängig
networked / vernetzt
network-independent / netzunabh.
networking / Vernetzung
network-oriented / netzorientiert
neural network / neuronales Netz
neuronal network / neuronales Netz
neutral / neutral; Null..., Ruhe...
neutral lead / Null-Leiter
neutral point / Nullpunkt
neutralization / Neutralisierung
neutralize / neutralisieren
new / neu, unerfahren, ungebraucht
new line (abbr. NL) / neue Zeile
newcomer / Anfänger
new-line character / Zeilenvorschubzeichen
news / Nachrichten
news agency / Nachrichtenagentur
newslet / Kurznachricht
newspaper / Tageszeitung

newspaper columns / Mehrfachspalten (Textv.)

next / folgend, nächste(r, s)

nib / Spitze, Stift

nibble / Halbbyte

night-time / Nacht...

nil / Null

nil byte / Nullbyte

nil return / Fehlanzeige

nine proof / Neunerprobe

nine-edge / Neunerkante (Unterkante der Lochkarte)

nines check / Neunerprobe

nines complement / Neunerkomplement

nine-track recording / Neunspuraufzeichnung

nine-track tape / Neunspurband

nipple / Rohrstutzen

NL (abbr. → new line) / neue Zeile

NLQ (abbr. → near-letter quality) / Korrespondenzfähigkeit (eines Druckers)

n-material / n-leitendes Material (z. B. Antimon, Arsen; Halbl.)

NMI (abbr. → nonmaskable interrupt) / nicht deaktivierbare Unterbrechung

NMOS (abbr. → negative-channel metal-oxide semiconductor) / Negativhalbleiter

no / nein, nicht

no-... / ...frei, kein, ohne

noble gas / Edelgas

noble metal / Edelmetall

nodal / Knoten...

nodal switching center / Knotenamt

node / Knoten

node network / Knotennetz, Sternnetz

noise / Geräusch, Rauschen, Störung

noise factor / Rauschfaktor

noise generator / Rauschgenerator

noise level / Geräuschpegel

noise load / Geräuschbelastung

noiseabsorbing / geräuschdämmend

noisefree / störfrei

noiseless / leise, störfrei

nomenclature / Fachausdrücke, Namensverzeichnis

nomenclatures / Fachsprache

nominal / nominell; Nominal...

nominal amount / Nennbetrag

non... / nicht..., ...frei; Nicht...

nonaddressable memory / Schattenspeicher (nicht vom Programm ansprechbarer Speicher)

nonadvancing key / vorschubfreie Taste (z. B. Akzenttaste der Schreibm.)

nonbreaking hyphen / geschützter Bindestrich (zwischen zwei Wörtern, die immer auf einer Zeile stehen)

nonbreaking space / geschütztes Leerzeichen (zwischen zwei Wörtern, die immer auf einer Zeile stehen)

non-carbon paper (abbr. NCP) / Noncarbonpapier (Selbstdurchschreibpapier)

non-carbon printing / Noncarbonverfahren

nonchargeable / gebührenfrei

non-clocked control / asynchrone Steuerung

non-component side / Verdrahtungsseite (einer Platine)

nonconducting / nichtleitend

nonconductor / Nichtleiter

nonconformance / Nichtübereinstimmung (Fehler)

nonconjunction / NICHT-UND-Funktion

noncontiguous / nicht beieinanderliegend

noncontiguous data item / nichtbenachbartes Datenfeld

noncontiguous data structure / verteilte Datenstruktur (Datei ist in mehreren, auseinanderliegenden Bereichen gespeichert)

noncyclic program / Geradeausprogramm (ohne Schleifen)

nondedicated / nichtspezialisiert

nondescript / unbestimmbar, unbestimmt

non-destructive / nicht löschend, nicht zerstörend

nondisclosure / Geheimhaltung

nondisjunction / logisches ODER-NICHT (der Booleschen Algebra)

non-dynamic area / nichtdynamischer Bereich

none / keine(r, s)

non-effective / unwirksam

nonequivalence / Antivalenz, Kontravalenz (exklusives ODER der Booleschen Algebra)

non-erasable / nicht löschbar

non-erasable storage / Festspeicher

nonescaping key / vorschubfreie Taste (z. B. Akzenttaste der Schreibm.)

nonexecutable / nicht ausführbar

non-ferrous metal / Nichteisenmetall (NE-Metall)

nonformatted / formatfrei, unformatiert

nonformatted capacity / Bruttokapazität (eines Speichers)

nonformatted data / unformatierte Daten

nonformatted data base system / unformatierte Datenbank

nonglare / blendfrei

nonglaring / Blendfreiheit

non-impact printer / anschlagfreier Drucker, nichtmechanischer Drucker

non-inductive / induktionsfrei

nonintelligent terminal / nicht programmierbare Datenstation

non-interactive / nicht dialogfähig

non-interactive processing / nicht dialogfähige Verarbeitung

noninterlaced / nicht verflochten, nicht verschachtelt

non-linear / nichtlinear

non-linear optimization / nichtlineare Optimierung

non-maskable interrupt (abbr. NMI) / nicht deaktivierbare Unterbrechung

non-monotonic / nichtmonoton

non-mouse system / nicht mausfähiges System

nonnegative integer / natürliche Zahl

non-numeric / nichtnumerisch

non-operation (abbr. NOP) / Leerbefehl, Nulloperation

non-pageable / nicht auslagerbar (resident)

non-permanent / flüchtig, nicht dauerhaft

non-polarized / nichtpolarisiert

nonprintable character / nicht abdruckbares Zeichen

nonprinting / nicht abdruckbar, nicht bedruckbar

nonprinting area / druckfreier Bereich

non-procedural programming language / nichtprozedurale Programmiersprache

non-productive / unproduktiv

non-profit / gemeinnützig

non-proportional font / Einschritt-Schrift (alle Zeichen haben gleiche Breite)

nonreadable / nicht lesbar

non-recoverable / unbehebbar

non-rectifying / nicht gleichrichtend

non-reflecting / blendfrei; Blendfreih.

non-relocatable / unverschieblich

non-relocatable program / absolutes Programm (nicht verschieblich)

non-resident / nichtresident

non-return-to-zero recording (abbr. NRZ) / Wechselschrift (Magnetaufzeichnungsverfahren)

non-scheduled / außerplanmäßig

non-sensitive / unempfindlich

non-smudge / wischfest

non-standard / nicht normgerecht, nicht standardisiert

non-stop / durchgehend

non-switched / fest verbunden

non-switched connection / Standverbindung

non-switched line / festgeschaltete Verbindung, Standleitung

non-switched traffic / Direktrufverkehr

non-systematic(al) / unsystematisch

nontransactional / nicht dialogfähig

non-transient / dauerhaft

non-transparent / codegebunden

nontrivial / nichttrivial (bedeutungsvoll, sinnvoll)

non-varying / fest, konstant

non-volatile / nichtflüchtig, permanent

non-volatile memory / nichtflüchtiger Speicher, Permanentspeicher (hält Inhalt auch bei Stromausfall)

non-volatile storage / nichtflüchtiger Speicher, Permanentspeicher (hält Inhalt auch bei Wegfall der Stromversorgung)

non-warranty / Haftungsausschluß

NO-OP (abbr. → no-operation) / Nulloperation (Leeroperation)

no-operating instruction / Nulloperation (Leeroperation)

no-operation (abbr. NOP, NO-OP) / Nulloperation

NOP (abbr. → non-operation) / Leerbefehl, Nulloperation

NOR / logisches ODER-NICHT (der Booleschen Algebra)

NOR circuit / ODER-NICHT-Schaltung

NOR function / ODER-NICHT-Funktion

norm / Norm, Regel, Typ

normal / gewöhnlich, normgerecht, typisch; Normalwert, Senkrechte

normal distribution / Normalverteilung

normal form / Normalform

normal response mode / Aufforderungsbetrieb

normality / Normalzustand

normalization / Normalisierung

normalize / normalisieren

normalized / normalisiert

normalized floating-point number / normalisierte Gleitkommazahl

normative / normativ

NOS (abbr. → network operating system) / Netzbetriebssystem

nose / Vorderteil

not / nicht

NOT / logisches NICHT (der Booleschen Algebra)

NOT circuit / NICHT-Schaltung

not equal / ungleich

NOT function / Negationsfunktion, NICHT-Funktion

NOT-AND / logisches NICHT-UND (der Booleschen Algebra)

NOT-AND circuit / NICHT-UND-Schaltung

NOT-AND function / NICHT-UND-Funktion

notarial / notariell

notarize / notariell beglaubigen

notary / Notar

notation / Notation (nach bestimmten Regeln festgelegte Aufzeichnung von Merkmalen von Zeichen, Zeichenklassen und Zeichengruppen, vor allem bei Programmiersprachen)

notch / Nut, Zahn

note / aufzeichnen, bezeichnen, notieren; Anmerkung, Fußnote, Geldschein, Kommentar, Vermerk

note sentence / Kommentar

note statement / Kommentaranw.

notebook / Notizbuch, Notizbuchcomputer

notebook computer / Notizbuchcomputer

notepad / Notizblock, Pen-Computer, Schreibblock

not-greater-than sign / Nicht-größer-als-Zeichen

nothing / Nichts, Null

notice / bemerken, kommentieren; Anzeige, Kündigung, Mitteilung, Notiz

notice period / Kündigungsfrist

notification / Benachrichtigung

notion / Begriff

notional / begrifflich

not-less-than sign / Nicht-kleiner-als-Zeichen

NOT-OR (= → NOR) / ODER-NICHT (der Booleschen Algebra)

nought / Null

nozzle / Düse, Öffnung

np-junction / np-Übergang (Halbl.)

np-junction zone / np-Übergangsbereich

np-transition / np-Übergang (Halbl.)

np-transition region / np-Übergangsbereich (Halbl.)

NRZ (abbr. → non-return-to-zero recording) / Wechselschrift (Magnetaufzeichnungsverfahren) *ns* (abbr. → nanosecond) / Nanosekunde (10^{-9} Sekunden = 0,001 Mikrosekunden)

nsec (abbr. → nanocecond) / Nanosekunde (10^{-9} Sekunden = 0,001 Mikrosekunden)

NTSC (abbr. → National Television System Committee) / Nationaler Fernsehsystem-Ausschuß (US-Organisation für Fernsehfragen, auch nationales Fernsehsystem)

n-type / negativleitend (Halbl.), n-leitend (überschußleitend)

n-type conduction / n-Leitung (Halbl.)

n-type region / n-leitender Halbleiterbereich

nuclear / Atom..., Kern...

nuclear spin / Kernspin (Drehimpuls des Atomkerns)

nuclear technology / Nukleartechnik

nucleus / Grundprogramm (des Betriebssystems), Kern

nucleus program / Grundprogramm (des Betriebssystems), Kernprogramm

nuisance / Beeinträchtigung

NUL (abbr. → null character) / Zeichen ohne Eigenwert

null / nichtig; Leer...

null character (abbr. NUL) / Zeichen ohne Eigenwert

null modem / Nullmodem (serielle Verbindung zwischen zwei PCs)

null value / Leerwert

nullification / Annullierung

nullify / annullieren, ungültig machen

Num Lock Key / Zahlensperrtaste (zur Verwendung der Zifferntastatur als Cursorsteuertastatur)

number / numerieren, zählen; Anzahl, Nummer, Zahl

number crunching / Zahlen (Daten) schaufeln (sl., große Mengen von Zahlen [Daten] verarbeiten)

number display / Nummernanzeige

number field / Zahlenkörper

number format / Zahlendarstellung, Zahlenformat

number notation / Zahlendarstellung

number of ... / ...-Anzahl

number plate / Nummernschalter, Nummernscheibe (Tel.)

number sign / Nummernzeichen (das Zeichen ‹#›)

number system / Nummernsystem, Zahlensystem

numbered / numeriert

numbering / Numerierung

numbering system / Zahlensystem

numeral / Zahlzeichen, Ziffer

numerator / Zähler (Bruch)

numeric(al) / numerisch, zahlenmäßig

numeric coprocessor / mathematischer Koprozessor

numeric keyboard / Zifferntastatur

numeric keypad / Zifferntastenfeld

numeric portion / Ziffernteil (rechtes Halbbyte)

numerical address / numerische Adresse

numerical area / numerischer Bereich

numerical code / numerischer Code, Zahlencode

numerical constant / numerische Konstante

numerical control (abbr. NC) / numerische Steuerung (von Werkzeugmaschinen)

numerical control computer / Prozeßrechner

numerical data / numerische Daten

numerical data item / numerisches Datenfeld

numerical display / numer. Anzeige

numerical equivalence / numerische Äquivalenz

numerical expression / numerischer Ausdruck

numerical key / numerischer Ordnungsbegriff, Zifferntaste

numerical keyboard / Zifferntastatur

numerical keyword / numerischer Ordnungsbegriff

numerical literal / numerisches Literal

numerical mathematics / numerische Mathematik

numerical portion / Ziffernteil

numerical representation / numerische Darstellung

numerical sorting / numerisches Sortieren

numerical system / Zahlensystem

numerical variable / numerische Variable

numerics / Ziffern

numerous / zahlreich

nut / Schraubenmutter

nybble / Halbbyte

O

OA (abbr. → office automation) / Büroautomatisierung

obey / ausführen (Befehl)

object / Gegenstand, Ziel, Zweck

object code / Maschinencode, Maschinenprogramm, Zielcode

object computer / Ablaufrechner

object file / Objektdatei (Datei im Objektcode)

object language / Zielsprache

object lens / Objektiv

object library / Phasenbibliothek (Programme in ablauffähiger Form)

object linking and embedding (abbr. OLE) / Objektverknüpfung und -einbettung

object listing / Übersetzungsprotokoll

object module / Bindemodul (übersetzter Teil eines Programms)

object program / ausführbares Programm, Objektprogramm, Phasenprogramm

object run / Programmlauf

object time / Programmlaufdauer, Programmlaufzeit

objection / Beanstandung

objectionable / unzulässig

objective / objektiv, sachlich, wirklich; Ziel, Ziel...

objective function / Zielfunktion

objectivity / Objektivität, Wirklichkeit

object-lesson / Anschauungsunterricht

object-oriented / objektorientiert

object-oriented graphics / objektorientierte Graphik (basiert auf verarbeitbaren Bildelementen)

object-oriented programming (abbr. OOP) / objektorientierte Programmierung

object-oriented programming language / objektorientierte Programmiersprache

obligate / verpflichten

obligation / Verbindlichkeit

obligation to accounting / Aufzeichnungspflicht

obligation to blocking / Sperrungspflicht (Datenschutz)

obligation to correction / Berichtigungspflicht (Datenschutz)

obligation to deletion / Löschungspflicht (Datenschutz)

obligation to explanation / Aufklärungspflicht

obligation to information / Auskunftspflicht (Datenschutz)

obligation to notification / Benachrichtigungspflicht

obligation to registration / Meldepflicht (Datenschutz)

obligation to secrecy / Verschwiegenheitspflicht (Datenschutz)

obligatory / verbindlich (zwingend)

oblige / verpflichten, zwingen

oblique / schräg, verzerrt; schrägstellen (Schrift)

obliquing / Schrägstellung (Schrift)

obliterate / unleserlich machen

oblivion / Nichtbeachtung

oblong / rechteckig; Rechteck

oblong format / Querformat

observance / Beachtung

observation / Beobachtung

observation technique / Beobachtungsverfahren

observe / beobachten

obsolescence / Veralterung

obsolete / veraltet

obstacle / Hindernis
obtain / bekommen
obtuse / stumpf
obverse / Vorderseite
obvious / deutlich, offensichtlich
obvious data / offenkundige Daten
obviousness / Deutlichkeit
occasion / Anlaß, Ereignis, Gelegenheit (günstige)
occasional / gelegentlich
occasional supervision / Anlaßkontrolle (Datenschutz)
occult / verborgen
occupancy / Ausnutzung, Belegung
occupancy factor / Ausnutzungsgrad
occupation / Inanspruchnahme
occupational / beruflich
occupied / belegt, besetzt
occupy / belegen, besetzen
occur / auftreten (vorhanden sein)
occurence / Auftreten (Vorhandensein)
o'clock / ... Uhr
OCR (abbr. → optical character recognition) / optische Zeichenerkennung
OCR font / OCR-Schrift
OCR ticket / OCR-Etikett
OCR-A font / OCR-A-Schrift (OCR-Schrifttyp)
OCR-B font / OCR-B-Schrift (OCR-Schrifttyp)
OCR-H font / OCR-H-Schrift (OCR-Handschrifttyp)
octa... / acht...
octal / oktal (auf der Zahl 8 basierend)
octal number / Oktalzahl
octal number system / Oktalzahlensystem
octal numeral / Oktalzeichen
octal representation / Oktaldarstellung
octet / Achtbitzeichen
octo... / acht...
ocular / unmittelbar; Okular
ODA (abbr. → office document architecture) / Dokumentenarchitektur (spez. Verfahren)
odd / einzeln, ungerade
odd number / ungerade Zahl

odd page / ungerade Seite (Textv.)
odd parity / ungerade Bitzahl, Unpaarigkeit
odd-even check / Imparitätskontrolle
odd-numbered / ungeradzahlig
ODIF (abbr. → office document interchange format) / Dokumentaustauschprotokoll (spez. Verfahren)
OEM (abbr. → original equipment manufacturer) / Originalgerätehersteller
of / von
off / aus(geschaltet), weit (weg)
off duty / dienstfrei
offer / anbieten
offering / Aufschalten (Tel.)
off-grade / von geringer Qualität
office / Büro
office automation (abbr. OA) / Büroautomation, Büroautomatisierung
office communication / Bürokommunikation
office communication system / Bürokommunikationssystem
office communications / Bürokommunikationstechnik
office computer / Bürocomputer
office dictation machine / Bürodiktiergerät
office document architecture (abbr. ODA) / Dokumentenarchitektur (spez. Verfahren)
office document interchange format (abbr. ODIF) / Dokumentaustauschprotokoll (spez. Verfahren)
office efficiency / Effektivität der Büroarbeit
office equipment / Bürogeräte
office equipment system / Bürosystem
office graphics / Bürographik
office information system / Büroinformationssystem
office landscape / Bürolandschaft (Großraumbüroausstattung)
office machine / Büromaschine
office of the future / Büro der Zukunft
office organization / Büroorganisation
office printer / Bürodrucker, Vervielfältiger

office printing / Bürodruck, Vervielfältigung (als Verfahren)
office supply / Bürobedarf
office supply dealer / Bürofachhändler
office technology / Bürotechnik
office typewriter / Büroschreibmasch.
office work / Büroarbeit
office worker / Büroarbeitskraft
office workstation / Büroarbeitsplatz
office-hands / Büropersonal
office-hours / Dienststunden
officer / Beamter, Vorstandsmitglied
official / amtlich, offiziell; Amts...
official secret / Amtsgeheimnis
officialdom / Bürokratie
officialism / Bürokratie
off-line / nicht angeschlossen, offline,
rechnerunabhängig
off-line data gathering / rechnerunabhängige Datenerfassung
off-line data transmission / rechnerunabhängige Datenübertragung
off-line peripheral device / rechnerunabhängiges Gerät
off-line processing / rechnerunabhängige Verarbeitung
off-line state / rechnerunabhängiger
Betrieb
off-line storage / rechnerunabhängiger
Speicher
off-line system / rechnerunabhängiges
System
off-line teleprocessing / rechnerunabhängige Datenfernverarbeitung
off-screen formatting / unsichtbare
Formatierung (Textv., wie WYSI-
WYG)
offset / abzweigen, biegen, Bytes versetzen (um ein Halbbyte), Offset druk-
ken; Byteversetzung (um ein halbes
Byte), Knick, Offsetdruck
offset account / Verrechnungskonto
offset printing / Offsetdruck
off-state / Sperrzustand
offtake / Zurückziehen (aus dem Markt)
off-the-shelf / serienmäßig produziert
off-time / Sperrzeit
ohm / Ohm (Maß des el. Widerstands)

oil / ölen; Öl
OK (abbr. →okay)
OK button / Befehlsschaltfläche (Ben-
Ob.)
okay / zustimmen; Zustimmung
OLE (abbr. →object linking and embedding) / Objektverknüpfung und -ein-
bettung
omission / Auslassung
omit / auslassen
omitted / fehlend
omnibus order / Sammelbestellung
on / an(geschaltet), auf
on-board computer / Bordrechner (bei
Fahrzeugen, Maschinen usw.)
on-call maintenance / ständige Wartungsbereitschaft
on-call service / Bereitschaftsdienst
once / einmal
one / ein, eins; Ein..., Eins
one-board computer / Einplatinenrechner
one-digit / einstellig
one-dimensional / eindimensional
one-level / direkt, einstufig
one-line business / Fachgeschäft
one-part form / Einfachformular (ohne
Kopie)
one-pass compiler / Einlauf-Compiler
(nur ein Übersetzungslauf)
one's complement / Einerkomplement
one-sided / einseitig
one-time carbon paper / Einmalkohlepapier
one-time charge / Einmalgebühr
one-way / Einrichtungs... (Einbahn...), Einweg...
on-hook / aufgelegt (Telephonhörer)
on-hook dial(l)ing / Wahl mit aufgeleg-
tem Hörer (Tel.)
on-line / angeschlossen, online, rechnerabhängig
on-line connection / Direktanschluß
(an Zentraleinheit)
on-line data acquisition / rechnerabhängige Datenerfassung
on-line data processing / rechnerabhängige Datenverarbeitung

on-line data transmission / Datendirektübertragung

on-line decryption / Direktentschlüsselung

on-line encryption / Direktverschlüsselung

on-line help / Direkthilfe(funktion)

on-line maintenance / Fernwartung, unterbrechungsfreie Wartung

on-line peripheral device / rechnerabhängiges Gerät

on-line processing / rechnerabhängiger Betrieb, rechnerabhängige Verarbeitung

on-line state / rechnerabhängiger Betrieb

on-line storage / rechnerabhängiger Speicher

on-line system / rechnerabhängiges System, Teilhabersystem

on-line system user / Teilhaber

on-line teleprocessing / rechnerabhängige Datenfernverarbeitung

only / ausschließlich, nur

on-off... / Ein-Aus...

on-off key / Ein-Aus-Taste

on-off switch / Ein-Aus-, Netzschalter

on-state / Durchlaßzustand

on-the-fly print / fliegender Druck

on-the-job training / Ausbildung am Arbeitsplatz

onward / vorwärts

OOP (abbr. →objekt oriented programming) / objektorientierte Programmierung

opacity / Lichtundurchlässigkeit

opaque / dunkel

opcode (abbr. operation code) / Operationsteil (des Befehls)

open / offen; eröffnen, öffnen

open architecture / offene Architektur (nicht herstellergebunden)

open bus / offener Bus (erlaubt den Anschluß beliebiger Peripherie)

open cheque / Barscheck

open decision / offene Entscheidung

open file / eröffnete Datei (kann direkt bearbeitet werden)

open instruction / Eröffnungsanweisung

open listening / Lauthören (am Telephon mit Zusatzlautsprecher)

open loop / offene Schleife (offenes Regelsystem)

open network / offenes Netz

open procedure / Eröffnungsprozedur

open query / freie Abfrage

open shop / offener Rechenzentrumsbetrieb (für jeden zugänglich)

open system / offenes System (nicht herstellergebunden)

open systems interconnection (abbr. OSI) / systemfreie Kommunikation

open wire / Freileitung

open-ended / offen

opening / Eröffnung, Öffnung

open-item method / Offene-Posten-Buchhaltung

open-plan office / Großraumbüro

operability / Funktionsfähigkeit

operable / betriebsfähig, funktionsfähig

operand / Operand (Inhalt eines Speicherplatzes)

operand address / Operandenadresse

operand part / Operandenteil (Befehl)

operand register / Operandenregister

operate / arbeiten, bedienen, in Betrieb sein

operating / Bedienung, Funktionieren

operating area / Bedienungsfläche

operating clock frequency / Betriebstakt

operating communication / Bedienerverständigung

operating console / Bedienungskonsol

operating control language / Bedienungssteuersprache

operating control statement / Bedienungssteueranweisung

operating costs / Betriebskosten

operating crew / Bedienungsmannschaft

operating current / Betriebsstrom

operating data / Betriebsdaten

operating documentation / Bedienungsdokumentation

operating documents / Betriebsunterlagen

operating error / Bedienungsfehler

operating facility / Bedienungseinrichtung

operating feature / Bedienteil

operating hour / Betriebsstunde

operating input / Bedienungseingabe

operating instructions / Bedienungsanweisung

operating interface / Bedieneroberfläche

operating interrupt / Betriebsunterbrechung

operating journal / Bedienungstagebuch

operating language / Betriebssprache (zur Systemsteuerung)

operating manual / Bedienungshandbuch

operating organization / Rechenzentrumsorganisation

operating output / Bedienungsausgabe

operating panel / Bedienungstafel

operating performance / Betriebsverhalten

operating program / Betriebsprogramm (des Betriebssystems)

operating protocol / Bedienprotokoll

operating recording / Bedienungsprotokoll

operating routine / Bedienungsprogramm

operating scheduling / Betriebsplanung (im Rechenzentrum)

operating state / Betriebszustand

operating supervision / Betriebsüberwachung

operating supplies / Betriebsmaterial

operating system (abbr. OS) / Betriebssystem (Abk. BS)

operating system residence / Betriebssystemresidenz

operating temperature / Betriebstemperatur

operating terminal / Bedienungsstation

operating time / Betriebsdauer, Betriebszeit

operating time counter / Betriebsstundenzähler

operating voltage / Betriebsspannung

operation / Arbeitsgang, Bedienung, Befehl, Betrieb, Operation

operation analysis / Arbeitsanalyse, Arbeitsstudie

operation byte / Befehlsbyte (Teil des Befehls)

operation code / Operationsschlüssel, Operationsteil (des Befehls)

operation code trap / nichtdecodierbarer Operationsteil

operation control / Operationssteuerung

operation counter / Befehlszähler

operation cycle / Befehlszyklus

operation decoder / Befehlsdecodiereinrichtung

operation flowchart / Arbeitsdiagramm

operation guide / Bedienungsanleitung

operation limiter / Befehlsabschlußsignal

operation memory / Operationsspeicher

operation mode / Arbeitsweise, Betriebsart

operation mode indicator / Betriebsartanzeige

operation mode switch / Betriebsartschalter

operation of arithmetic / Rechenart

operation part / Operationsteil

operation register / Operationsregister

operation sequence / Arbeitsfolge

operation set / Befehlsvorrat

operation time / Betriebszeit

operation velocity / Operationsgeschwindigkeit

operational / operational (praktisch ausführbar); Betriebs...

operational amplifier / Operationsverstärker

operational sign / Rechenvorzeichen, Rechenzeichen

operationality / Operationalität (praktische Ausführbarkeit) *operations research* (abbr. OR) / Unternehmensforschung

operations scheduling / Arbeitsvorbereitung

operative / funktionsfähig, praktisch

operativeness / Funktionsfähigkeit

operator / Bediener, Operateur, Operationszeichen (math.)

operator action / Bedienungsmaßnahme

operator call / Bedieneraufruf

operator command / Bedieneranweisung

operator control / Bedienersteuerung

operator convenience / Bedienerfreundlichkeit

operator message / Bedienernachricht

operator panel / Schalttafel (einer Maschine)

operator precedence / Operator-Vorrang (math.)

operator prompting / Bedienerführung

operator response / Bedienerantwort

operator's guide / Bedienungsanleitung

opinion / Gutachten, Meinung

opponent / entgegengesetzt

oppose / entgegensetzen, gegenüberstellen

opposed / entgegengesetzt

opposite / entgegengesetzt

oppress / niederdrücken

opt / optieren

optic(al) / optisch; Seh...

optical badge card / optische Ausweiskarte

optical character reader / optischer Leser

optical character recognition (abbr. OCR) / optische Zeichenerkennung

optical character sheet reader / optischer Seitenleser

optical communication / optische Datenübertragung

optical computer / optischer Computer

optical coupler / Optokoppler

optical disc / Bildplatte, optische Speicherplatte

optical disc unit / Bildplattengerät

optical display / optische Anzeige

optical fibre / Lichtwellenleiter (Glasfaser)

optical font / optisch lesbare Schrift

optical line / optische Leitung

optical mark reader / Markierbelegleser

optical medium / optischer Datenträger

optical mouse / optische Maus

optical reader / optischer Leser

optical read-only memory (abbr. OROM) / nurlesbare Bildplatte

optical recognition / optische Erkennung

optical recording / optische Aufzeichnung

optical scanner / optischer Abtaster

optical scanning / optische Abtastung

optical storage / optischer Speicher

optical videodisk / Bildplatte

optical waveguide / Glasfaser

optical waveguide cable / Glasfaserkabel

optical waveguide line / Glasfaserleitung

optical waveguide technology / Glasfasertechnik

optical waveguide transmission / Glasfaserübertragung

optically readable characters / optische Schrift

optically readable font / optische Schrift

optics / Optik

optimal / optimal

optimal program / Optimalprogramm

optimal recalculation / optimale Neuberechnung (Tab-Kalk.)

optimalize / optimieren

optimally coded program / Optimalprogramm

optimation / Optimierung

optimization / Optimierung

optimize / optimieren

optimizing / optimierend

optimizing compiler / optimierender Compiler

optimum / Optimum
option / Wahlmöglichkeit (Option)
option button / Optionsfeld, Optionsschaltfläche (Ben-Ob.)
option frame / Auswahlbild
optional / wahlfrei, wahlweise
optional at extra cost / auf Wunsch gegen besondere Berechnung
optional function / Ergänzungsfunktion
optional parameter / Wahlparameter
optional word / Wahlwort
optionally signed / wahlweises Vorzeichen
opto-coupler → optical coupler
opto-electronic(al) / optoelektronisch
opto-electronic semiconductor / optoelektronischer Halbleiter
opto-electronics / Optoelektronik
opto-mechanical mouse / optomechanische Maus
opulent / reichlich
or / oder
OR / logisches ODER (der Booleschen
Algebra)
OR (abbr. → operations research) / Unternehmensforschung
OR circuit / ODER-Schaltung
OR function / ODER-Funktion
oral / mündlich
orbit / Kreisbahn
orbital / kreisförmig; Kreis...
order / anordnen; Auftrag, Rang, Reihenfolge
order form / Auftragsformular
order of rank / Rangfolge
order processing / Auftragsverarbeitung
order supervision / Auftragskontrolle
(i. S. des BDSG)
orderer / Auftraggeber
ordering / Auftragserteilung, Ordnen
orderless / ungeordnet
orderliness / Ordnung, Regelmäßigkeit
orderly / geordnet, ordentlich, systematisch
ordinal / Ordnungs...
ordinal number / Ordinalzahl, Ordnungszahl

ordinance / Anordnung, Verordnung
ordinary / üblich
ordinate / Ordinate, y-Achse
organic / organisch
organization / Organisation
organization chart / Organigramm, Organisationsdiagramm
organization department / Organisationsabteilung
organization instruction / Organisationsbefehl
organization manual / Organisationshandbuch
organization of computing centers /
Rechenzentrumsorganisation
organization programmer / Organisationsprogrammierer
organization supervision / Organisationskontrolle (i. S. des BDSG)
organizational / organisatorisch; Organisations...
organizational analysis / Organisationsanalyse
organizational consultant / Organisationsberater
organizational design / Organisationsentwurf
organizational instruction / Organisationsauftrag
organizational interface / Organisationsschnittstelle
organizational model / Organisationsmodell
organizational resource / Organisationsmittel
organizational structure / Aufbauorganisation
organizational supervision / Organisationskontrolle (i. S. des BDSG)
organizational support / Organisationsunterstützung
organizational theory / Organisationstheorie
organize / organisieren
organized / geordnet, organisiert
organizer / Organisator
organizing / Organisieren
orgware / Organisationsmethoden

(Kunstwort, analog gebildet zu software, hardware)

orient / ausrichten, orientieren

orientation / Ausrichtung, Orientierung

oriented / ausgerichtet, orientiert

origin / Anfang, Nullpunkt, Ursprung

original / original, ursprünglich; Anfangs..., Original...

original document / Urbeleg

original equipment manufacturer (abbr. OEM) / Fremdgerätehersteller (Lieferant, der eigene Geräte unter fremdem Namen liefert)

original position / Ausgangsstellung

original recording / Uraufschreibung

originality / Echtheit, Originalität

originate / verursachen

origination / Erfindung

originative / erfinderisch

originator / Absender, Ausgangspunkt, Erfinder

originator indicator / Absenderkennung (bei Datenübertragung)

OROM (abbr. → optical read-only memory) / nurlesbare Bildplatte

orphan / Schusterjunge, Waisenkind (Textv., erste Zeile eines Absatzes, die am Ende einer Seite steht)

ortho... / ortho... (gerade, richtig)

orthochromatic(al) / tonwertrichtig

orthographic(al) / orthographisch

orthography / Rechtschreibung (Orthographie)

OS (abbr. → operating system) / Betriebssystem

oscillate / schwingen

oscillating / schwingend; Schwing...

oscillation / Schwingung

oscillator / Oszillator (Schwingungserzeuger)

oscillatory / periodisch, schwingend

oscillograph / Schwingungsschreiber

oscilloscope / Braunsche Röhre (Oszilloskop)

osculant curve / Schmiegungskurve

OSI (abbr. → open systems interconnection) / systemfreie Kommunikation

other / andere(r, s), zusätzlich

outage / Unterbrechung

outboard / Außen...

out-bound / abgehend (Tel.)

outcome / Ergebnis

outer / äußere(r, s); Außen...

outermost / äußerst

outfit / Ausstattung

outgoing / abgehend (Tel.)

outlay / Aufwand

outlet / Ausgang, Auslaß

outlier / Ausreißer (Sonderfall)

outline / umreißen; Kontur, Übersicht

outline characters / Konturschrift, umstochene Schrift

outline font / Konturschrift, umstochene Schrift

outline mode / Überblicksmodus (Textv., zeigt nur die Überschriften eines Dokumentes)

out-of-date / veraltet

out-of-work / arbeitslos; Arbeitslose(r)

outplant / außerbetrieblich

output / ausgeben; Ausgabe, Ausstoß, Datenausgabe

output acknowledgement / Ausgabebestätigung

output area / Ausgabebereich

output buffer / Augabepuffer

output channel / Ausgabekanal

output condition / Ausgabebedingung

output control / Augabesteuerung

output control program / Ausgabesteuerprogramm

output controller / Ausgabesteuerwerk

output current / Ausgangsstrom

output data / Ausgabedaten

output description / Ausgabebeschreibung

output device / Ausgabegerät

output editing / Ausgabeaufbereitung

output facility / Ausgabeeinrichtung

output file / Ausgabedatei

output format / Ausgabeformat

output format specification / Ausgabebestimmung

output instruction / Ausgabebefehl

output interrupt / Ausgabeunterbrechung

output magazine / Ausgabefach

output media / Ausgabedatenträger (pl.)

output medium / Ausgabebeleg, Ausgabedatenträger (sing.)

output mode / Ausgabemodus

output operation / Ausgabeoperation

output procedure / Ausgabeprozedur

output program / Ausgabeprogramm

output pulse / Ausgangsimpuls

output record / Ausgabesatz

output routine / Ausgaberoutine

output signal / Ausgangssignal

output specification form / Ausgabebestimmungsblatt

output spooling / Ausspulen

output spooling file / Ausspuldatei

output stage / Endstufe (eines Schaltwerkes)

output statement / Ausgabeanweisung

output storage / Ausgabespeicher

output terminal / Ausgangsanschluß

output unit / Ausgabeeinheit

output voltage / Ausgangsspannung

output voucher / Ausgabebeleg

outrange / übertreffen

outright / vollständig

outside / systemfremd; Außenseite

outside capital / Fremdkapital

outside help / Fremdhilfe

outside programming / Fremdprogrammierung

outstanding / rückständig; Außenstände

outstation / Außenstation, Gegenstation (Tel.)

outward / äußerlich; Außen...

outwork / Heimarbeit

outworker / Heimarbeiter

over / aus, beendet, übermäßig, vorbei

over... / über...

overall / umfassend; Gesamt...

over-capacity / Überkapazität

over-current / Überstrom...

overdraft / Überziehung (Konto)

overdraw / überziehen (Konto)

overdrive / übersteuern

overdriving / Übersteuerung

overflow / Überlauf, Übertrag

overflow area / Überlaufbereich

overflow error / Überlauffehler

overflow indicator / Überlaufanzeige

overflow record / Überlaufsatz

overflow track / Überlaufspur

overhead / Aufwand, Systemverwaltungsplatzbedarf (im Speicher), Systemverwaltungszeit

overhead costs / Gemeinkosten

overhead projector / Tageslichtprojektor

overheat / heißlaufen

overheated / überhitzt

overheating / Überhitzung

overlaid windows / überlappte Fenster

overlap / überlappen, überschneiden; Überlappung

overlapped keying / überlapptes Eintasten

overlapped processing / überlappte Verarbeitung

overlapping / überlappend; Überlappung

overlapping print / überlappender Druck

overlay / einblenden (Bildschirm), überlagern (Seite); Einblendung, Segment, Überlagerung, Überzug (Aufdampfung)

overlay chart / überlapptes Diagramm

overlay technique / Überlagerungstechnik

overlayable / überlagerbar (Seite)

overlayed keyboard / überlagerte Tastatur

overload / überlasten

overload capacity / Überlastbarkeit

overloadable / überlastbar

overloading / Überlastung

overlook / prüfen, übersehen

overnight / Nacht...

overprint / überdrucken (ein zweites Zeichen an dieselbe Stelle drucken); Überdruck

overprinting / Doppeldruckverfahren (→ overprint)

overpunch / überlochen (in Zeile 11

oder 12 einer Lochkarte); Zonenlochung (in Zeile 11 oder 12)

overpunch zone / Überlochzone

overrun / überlaufen (verlorengehen); Datenverlust

overshoot / überschreiten

oversimplification / Vergröberung

overspeed / zu schnell laufen; Übergeschwindigkeit

overstay / überschreiten (Termin)

overstress / überlasten

overstrike / überdrucken

overstrike mode / Überschreibmodus (Textv.)

oversupply / Überangebot

overt / offenkundig

overtime / Überstunden

overtone / harmonische Oberschwingung

overturn / überdrehen (Schraube)

overtype mode / Überschreibmodus (Textv.)

overvalue / überbewerten; Mehrwert

overview / Überblick

overvoltage / Überspannung

overwrite / überschreiben (und dabei löschen)

overwrite mode / Überschreibmodus (Textv.)

overwriting / Überschreiben (gespeicherter Daten)

owe / schulden

own / eigen

owner / Eigentümer, Inhaber, Obersatz (in einer Datenbank)

owner set / Ankersatz, Basissatz (in einer Datenbank)

ownership / Eigentum

oxidate / oxidieren

oxidation / Oxidation

oxide / Oxid, Oxid...

oxidize / oxidieren

oxigen / Sauerstoff

ozone / Ozon

ozoniferous / ozonreich

P

p (abbr. → pico...) / Pico (Vorsatzzeichen für Maßeinheiten, 10^{-12} Einheiten)

p doping / p-Dotierung (Halbl.)

PABX (abbr. → private automatic branch exchange) / private Nebenstellenanlage (Tel.)

pace / Schritt, Stufe

pacing / Schritt-, Stufensteuerung

pack / packen, verdichten; Bündel, Stapel

pack serial number / Stapelarchivnummer (bei Plattenstapeln)

package / konzentrieren, unterbringen; Gehäuse, Kompaktbaugruppe, Programmpaket

packaged / eng zusammengepackt

packaged software / integriertes Software-Paket

packaging / Gehäuse

packaging density / Packungsdichte

packed / gepackt (Dezimaldarstellung)

packed data / gepackte Daten

packed data item / gepacktes Datenfeld

packed decimal / gepackte Dezimalzahl

packed format / gepacktes Format

packer / Komprimierprogramm

packet / paketieren; Paket

packet assembly-disassembly (abbr. PAD) / Paketier-Depaketier-Einrichtung (Paketvermittlung)

packet switched network / Paketvermittlungsnetz

packet switching / Paketvermittlung

packet terminal / Paketendstation

packetize / paketieren, zusammenfügen (zu einem Datenpaket)

packetizing / Paketieren (Paketvermittlung)

packing / Packen (von Dezimalziffern)

packing density / Zeichendichte (bei Magnetdatenträgern)

pad / auffüllen; Dämpfungsschaltung, Notizblock

PAD (abbr. → packet assembly-disassembly) / Paketier-Depaketier-Einrichtung (Paketvermittlung)

pad character / Auffüllzeichen

padding / Auffüllen, Blindgruppe (Tel.)

paddle / Paddel (Zusatzgerät zur Eingabe bei Computerspielen)

paddlewheel / Stapelrad

padlock / Vorhängeschloß

page / seitenweise überlagern; Seite (Btx-Seite, Programmsegment)

page address / Seitenadresse

page addressing / Seitenadressierung

page area memory (abbr. PAM) / Seitenspeicher

page attribute / Seitenattribut

page body / Seitenkörper (Hauptteil eines Formulars)

page break / Seitenumbruch (Textv.)

page buffer / Seitenpuffer

page counter / Seitenzähler

page demand / Seitenabruf

page depth / Satzhöhe (beim Textdruck)

page description language / Seitenbeschreibungssprache (Textv.)

page footing / Seitenfuß (Formulargestaltung)

page format / Seitenformat

page frame / Kachel (Speicherbereich für virtuelle Seite)

page heading / Seitenkopf (Formulargestaltung)

page layout / Seitenformat

page layout program / Seitenformatprogramm (für kombinierte Dokumente aus Texten und Graphik)

page make-up / Seitenumbruch (Druckt.)

page mode / Seitenmodus (Überlagerungstechnik)

page number / Seitennummer, Seitenzahl

page numbering / Seitennumerierung

page orientation / Seitenausrichtung (Hoch- oder Querformat)

page printer / Blattschreiber (Fernschreiber), Seitendrucker

page reader / Blattleser (Klartextlesertyp)

page replacement / Seitenersetzung (Seitenaustauschverfahren)

page table / Seitentabelle

page turning / Blättern (am Bildschirm)

pageable / auslagerbar

pageable area / auslagerbarer Bereich

page-at-a-time printer / Seitendrucker

paged address / seitenorientierte Adresse (Überlagerungstechnik)

paged memory / seitenorientierter Speicher

page-down key (abbr. PgDn) / Bildnach-unten-Taste

page-image buffer / Seitenbildspeicher (beim Drucker)

page-in operation / Seiteneinlagerung

page-mode random access memory / Direktzugriffsspeicher für Überlagerungstechnik

pageno (abbr. → page number)

page-out operation / Seitenauslagerung

page-proof / Umbruchkorrektur

pages per minute (abbr. PPM) / Seiten pro Minute (Leistungseinheit bei Druckern)

page-stealing / Seitenentzug

page-up key (abbr. PgUp) / Bild-nach-oben-Taste

paginate / paginieren (numerieren)

pagination / Seitenzählung

paging / Seitenaustausch, Seitenaustauschverfahren, Seitenüberlagerung

paging area memory (abbr. PAM) / Seitenspeicher

paging rate / Seitenaustauschrate

paging supervisor / Seitensupervisor (Steuerprogramm für Seitenaustausch)

paint / malen; Ausfüllmuster (graph.), Lack

paint brush / Malbürste (Werkzeug von Graphikprogrammen)

paint coat / Lacküberzug

paint program / Malprogramm (bitorientiert)

pair / Paar

paired bar graph / Doppelsäulendiagramm (mit zwei verschiedenen Maßstäben auf einer Achse)

PAL (abbr. → phase alternation line) / zeilenweise Phasenänderung (Telev.)

pale / schwach (Licht)

palette / Palette

palpable / fühlbar

PAM (abbr. paging area memory) / Seitenspeicher

pan / herausschwenken, schwenken

pan... / all...

panchromatic(al) / farbempfindlich

panel / Armaturentafel, Bedienungsfeld, Diskussionsforum, Feld, Schalttafel

panel envelope / Fensterumschlag

panning / Schwenken

pantograph / Storchschnabel (Zeichengerät)

paper / Abhandlung, Akte, Blatt, Formular, Papier

paper carriage / Papierwagen (bei Druckern)

paper data medium / Papierdatenträger (sing.)

paper data processing / Papierdatenverarbeitung (über Belegeingabe und Druckausgabe)

paper ejection / Papierauswerfer

paper feed / Papiervorschub

paper guide / Papierführung (beim Drucker)

paper jam / Papierstau

paper jamming / Papierstau

paper loop / Vorschublochband (beim Drucker)

paper quality / Papierqualität

paper roll / Papierrolle

paper size / Papierformat

paper tape / Lochstreifen

paper tape channel / Lochstreifenkanal

paper tape filing / Lochstreifenarchivierung

paper tape input / Lochstreifeneingabe

paper tape loop / Lochstreifenschleife

paper tape output / Lochstreifenausgabe

paper tape processing / Lochstreifenverarbeitung

paper tape punch-reader / Lochstreifenlesestanzer

paper tape reader / Lochstreifenleser

paper tape roll / Lochstreifenrolle

paper tape technique / Lochstreifentechnik

paper tape unit / Lochstreifengerät

paper throughput / Papierausstoß, Papierdurchsatz

paper tractor / Papiertraktor (beim Drucker)

paper transport / Papiertransport

paper type / Papiersorte

paper web / Papierbahn

paper weight / Papiergewicht

paper-clip / Büroklammer

paper-free / papierfrei

paperlean administration / papierarme Verwaltung

paperless / papierlos

paperless administration / papierlose Verwaltung

paperless office / papierloses Büro

paper-warfare / Papierkrieg

paper-white monitor / papierweißer Bildschirm

parabola / Parabel

parabolic / parabolisch

parachor / Parachor (Grenzwert für den annehmbaren Leistungsgrad eines DV-Systems)

paradigm / Paradigma (Leitbegriff eines Sachgebietes)

paragon / Text (Schriftart)

paragraph / Absatz, Abschnitt, Paragraph

parallel / gleichlaufend, parallel (zeitlich oder räumlich nebeneinander)

parallel access / gleichlaufender Zugriff (Doppelzugriff)

parallel adder / paralleles Addierwerk

parallel addition / parallele Addition

parallel algorithm / paralleler Algorithmus

parallel circuit / Parallelschaltung

parallel computer / Doppelrechner, Parallelrechner

parallel connection / Parallelschaltung

parallel in, parallel out (abbr. PIPO) / PIPO-Schnittstelle (für parallele Ein- und Ausgabe)

parallel in, serial out (abbr. PISO) / PISO-Schnittstelle (für parallele Ein- und serielle Ausgabe)

parallel interface / Parallelschnittstelle (bitparallel)

parallel operation / Parallelbetrieb

parallel output / Parallelausgabe

parallel port / Parallel-Anschlußbuchse

parallel printer / Paralleldrucker (wird über Parallelschnittstelle versorgt)

parallel processing / Parallelverarbeitung

parallel programming / Parallelprogrammbetrieb

parallel recording / Parallelaufzeichnung

parallel reorganization / Parallelumstellung

parallel subtracter / paralleles Subtrahierwerk

parallel subtraction / parallele Subtraktion

parallel transmission / Parallelübertragung

parallelogram / Parallelogramm

parallel-serial / parallel-seriell

parallel-series conversion / Parallel-seriell-Umsetzung

parallel-series converter / Parallel-seriell-Wandler

parallel-to-serial / parallel-seriell

parallel-to-serial conversion / Parallel-seriell-Umsetzung

parameter / Parameter (Bestimmungsgröße)

parameter-driven / parametergesteuert

parameterization / Parametrisierung

parameterize / parametrisieren

parametric(al) / parametrisch

parametric data / parametrische Daten

parametric programming / parametrisches Programmieren (Programmanpassung mit Hilfe von Parametern)

paraphase / Gegenphase

parasitic(al) / parasitär, störend

PARC (abbr. Palo Alto research center) / Xerox-Forschungszentrum in Palo Alto

parent / Ursprung

parent company / Muttergesellschaft

parent directory / übergeordnetes Verzeichnis

parenthesis / runde Klammer

parenthesize / in Klammer setzen

parenthetic(al) / eingeklammert

parity / Geradzahligkeit, Parität

parity bit / Paritätsbit, Prüfbit

parity character / Paritätszeichen, Prüfzeichen

parity check / Paritätskontrolle

parity error / Paritätsfehler

park / parken (Magnetplattenzugriffskamm)

park position / Parkstellung (des Magnetplattenzugriffskamms)

parliamentary computer / Parlamentscomputer

parse / analysieren (grammatikalisch)

parser / Syntaxanalysierer

parser generator / Parsergenerator

parsing / Syntaxanalyse

parsing algorithm / Parseralgorithmus

parsing tree / Parsebaum

part / lösen, trennen; Bestandteil, Teil

part owner / Miteigentümer

part payment / Teilzahlung

partial / partiell, voreingenommen

partial conception / Teilkonzept

partial failure / Teilausfall

partial integration / Teilintegration

partial migration / Teilumstellung

partiality / Vorurteil

partially / teilweise

participant / teilnehmend; Teilnehmer

participate / partizipieren, teilnehmen

participation / Beteiligung, Partizipation, Teilnahme

participator / Teilnehmer

particle / Teilchen

particular / besonders; Einzelheit
particular test / Einzeltest
particularity / Genauigkeit, Sorgfalt
particulars / Personalien
parting line / Trennlinie
partition / aufteilen; Programmbereich, Speicherzone
partitioned / unterteilt
partly / teilweise
partner / Gesellschafter, Partner, Teilnehmer
parts list / Stückliste
part-time work / Nebentätigkeit
party / Teilnehmer (Tel.)
party line system / Reihenanlage (Tel.)
party-line / Gemeinschaftsanschluß (Tel.)
pass / ablaufen, durchlaufen; Arbeitsgang, Durchlauf
pass back / zurückgeben
pass in / einreichen
pass on / weitergeben
passable / passierbar
passage time / Durchlaßzeit
passe-partout / Hauptschlüssel
passim / verschiedentlich
passing / durchgehend, vorübergehend
passing-on / erneutes Übertragen
passivate / abschalten, passivieren
passivation / Abschaltung, Passivierung
passive / passiv, untätig
passive component / passive Systemkomponente
passive data / passive Daten
passive file / passive Datei
passive graphics / Graphikdatenverarbeitung (nur für graphische Ausgabe)
passive page / passive Seite
passive print / passiver Druck
passive window / passives Fenster
pass-key / Hauptschlüssel
password / Kennwort, Paßwort
password administrator / Paßwortverwalter
password check / Paßwortprüfung
password input / Paßworteingabe
password protection / Paßwortschutz
past / beendet

paste / einfügen (in ein Dokument), kleben; Klebstoff
pastime / Zeitvertreib
patch / flicken, reparieren; Direktkorrektur (eines Programms), Flicken
patch cord / Schaltschnur (für Stecktafel)
patch-board / Steckschalttafel (alte Technik der programmierten Schaltung)
patching / Anschluß
patent / patentiert; patentieren; Patent
patentable / patentfähig
patent application / Patentanmeldung
patent article / Markenartikel
patent infringement / Patentverletzung
patent key / Sicherheitsschlüssel
patented / patentiert
patentee / Patentinhaber
path / Pfad (durch ein Programm = konkrete Reihenfolge der auszuführenden Befehle), Zweig (in einem Programm oder einem Verzeichnis)
pattern / bilden, formen, gestalten; Diagramm, Muster, Schema
pattern analysis / Musteranalyse
pattern processing / Musterverarbeitung
pattern recognition / Mustererkennung, Zeichenerkennung
pause / anhalten; Pause, Unterbrechung, Warteschleife
pause key / Durchlaufunterbrechungstaste
pawl / Sperrklinke
pay / bezahlen, zahlen; Bezahlung, Gehalt, Lohn
pay down / bar zahlen
pay in / einlösen (Scheck), einzahlen
pay off / tilgen
pay out / ausgeben (Geld)
pay station / Münzfernsprecher
pay telephone / Münzfernsprecher
pay television / Abonnementsfernsehen
payable / fällig (Schuld), zahlbar
pay-as-you-earn / Lohnsteuerabzug
payee / Zahlungsempfänger
payer / Einzahler

paying / einträglich, rentabel
payment / Bezahlung, Zahlung
pay-office / Kasse(nbüro)
pay-roll / Gehaltsliste
pay-roll accounting / Gehaltsabrechnung
PBX (abbr. private branch exchange) / private Nebenstellenanlage (Tel.)
PC (abbr. → personal computer, → printed circuit) / Arbeitsplatzrechner, gedruckter Schaltkreis
PCL (abbr. → printer control language) / Druckersteuersprache
PCM (abbr. → plug-compatible manufacturer, pulse code modulation) / Hersteller steckerkompatibler Geräte, Impuls-Code-Modulation
PCR (abbr. → phase change recording) / Phasen-Wechsel-Aufzeichnung (Aufzeichnungsverfahren für überschreibbare Bildplatten)
PDM (abbr. → pulse duration modulation) / Puls-Dauer-Modulation
PE (abbr. → phase encoding) / Richtungstaktschrift
peak / Maximum, Scheitelpunkt, Spitze
peak load / Spitzenbelastung
peak point / Gipfelpunkt
peak point current / Gipfelstrom
peak point voltage / Gipfelspannung
peak traffic / Spitzenbelastung
peak traffic period / Spitzenbelastungszeit
pecker / Abfühlstift
pecuniary / geldlich
pedagogic(al) / pädagogisch
pedagogy / Erziehungswissenschaft
pedal / Fußhebel
pedestal / Sockel
peek / nachsehen (nach Speicherinhalt)
peek-a-boo / Blickkontrolle
peer / gleichrangiges Gerät (arbeiten im Netz mit demselben Protokoll)
peer-to-peer file transfer / Dateitransfer zwischen gleichrangigen Geräten (in einem Ortsnetz)
peer-to-peer network / Netz zwischen gleichrangigen Stationen (Ortsnetz)

pel (abbr. → picture element) / Bildelement, Bildpunkt
pellet / Kügelchen
pen / Lichtstift, Schreibstift
pen computer / Schreibstiftcomputer (Notebook mit Handschrifteingabe)
pen plotter / Stift-Zeichengerät
penalty / Konventionalstrafe, Malus (Vertragsstrafe bei unpünktlicher Lieferung)
pen-based computer / Schreibstiftcomputer (Kleinstcomputer mit Handschrifteingabe)
pencil / Bleistift
pending / unerledigt; Erwartung
penetrability / Durchlässigkeit
penetrable / durchdringbar
penetrate / durchdringen
penetration / Durchdringung
penetration test / Durchdringungstest (von Sicherungseinrichtungen)
pen-on-paper plotter / Stift-Plotter
pen-plotter / Zeichenstift-Plotter
pentade / Fünfbiteinheit (Pentade)
per / je, pro
per-call maintenance / Wartung nach Aufwand
perceive / wahrnehmen
percent / Prozent
percent minus / Abschlagsprozentrechnung
percent plus / Zuschlagsprozentrechng.
percent sign / Prozentzeichen (das Zeichen ‹%›)
percentage / Prozentsatz
percentage calculation / Prozentrechnung
percental error / prozentueller Fehler, relativer Fehler
perceptibility / Wahrnehmbarkeit
perceptible / wahrnehmbar
perception / Wahrnehmung
percipiency / Wahrnehmungsvermögen
percussion / Stoß
perfect / fehlerlos, vollkommen
perfection / Vollendung, Vollkommenheit
perforate / perforieren

perforated / perforiert
perforating / Lochen
perforation / Perforation
perforator / Perforiermaschine
perform / ausführen, durchführen, leisten
perform clause / Laufklausel
perform statement / Laufanweisung, Schleifendurchlaufbefehl (für Unterprogramme)
performance / Ausführung, Betriebsverhalten, Leistung, Leistungsfähigkeit
performance analysis / Leistungsanalyse
performance comparison / Leistungsvergleich
performance criterion / Leistungskriterium
performance evaluation / Leistungsbewertung, Leistungsprüfung
performance guarantee / Leistungsgarantie
performance interlocking / Lastverbund, Leistungsverbund
performance measurement / Leistungsmessung
performance quality / Leistungsqualität
performance rate / Leistungsgrad
performance specification / Leistungsbeschreibung
performance time / Ausführungszeit
peril / riskieren; Risiko
perimeter / Umfang
period / Abschnitt, Phase, Periode, Punkt (Satzzeichen)
period of changeover / Umstellungszeit
periodic(al) / frequenzabhängig, periodisch, regelmäßig wiederkehrend
periodical / Zeitschrift
peripheral / dezentral, peripher; peripheres Gerät, Peripheriegerät
peripheral control / Ein-Ausgabe-Steuerung
peripheral controller / Ein-Ausgabe-Steuerwerk

peripheral device / Peripheriegerät
peripheral equipment / Peripheriegerät
peripheral interface adapter (abbr. PIA) / Schnittstellenadapter
peripheral profession / Randberuf
peripheral storage / externer Speicher, peripherer Speicher
peripheral unit / Peripheriegerät
peripherals interlocking / Betriebsmittelverbund
periphery / Peripherie
perishable / verderblich
permanence / Dauerhaftigkeit, Konstanz
permanency / Dauerstellung
permanent / dauerhaft, permanent
permanent fault / Dauerstörung
permanent file / permanente Datei
permanent storage / nichtflüchtiger Speicher, Permanentspeicher (hält Inhalt auch bei Ausfall der Stromvers.)
permanent swap file / Dauerüberlagerungsdatei (Schnellspeicherbereich auf Platten)
permanently connected / festgeschaltet
permanently switched / festgeschaltet
permeability / Durchlässigkeit
permeable / durchlässig
permissible / zulässig
permission / Erlaubnis, Genehmigung, Zulassung
permission of use / Nutzungsbewilligung (bei Software)
permit / erlauben, zulassen; Lizenz
permitted / erlaubt, zugelassen
permutation / Permutation (systematische Vertauschung)
permutation lock / Zahlenkombinationsschloß
permute / permutieren (systematisch vertauschen)
perpendicular / senkrecht; Senkrechte
perpendicular recording / Vertikalaufzeichnung (auf Platten und Disketten)
perpetual / dauernd
persist / beharren, fortdauern
persistence / Fortdauer, Nachleuchten

persistency / Fortdauer, Nachleuchten
persistent / beständig, ständig
person / Person
person concerned / Betroffener
person in charge / Sachbearbeiter
person involved / Beteiligter
personal / persönlich; Personal...
personal computer (abbr. PC) / Arbeitsplatzrechner, Personalcomputer
personal data / personenbezogene Daten (BDSG)
personal identification number (abbr. PIN) / persönliche Geheimzahl (bei Bankausweiskarten)
personal identifier / Personenkennz.
personal information manager (abbr. PIM) / persönlicher Informationsmanager (Dienstprogramm für PCs für persönliche Dienste wie Terminkalender, Datenbank usw.)
personal information system (abbr. PIS) / Personalinformationssystem
personality / Individualität
personnel / Personal
personnel council / Betriebsrat, Personalrat
personnel records / Belegschaftsdaten
perspex / Plexiglas
persuade / überzeugen
persuasion / Überzeugung
pertinence / Relevanz (Bedeutung)
pertinents / Zubehör
perturb / stören
perturbation / Störung
perusal / Durchsicht (genaue)
peruse / durchsehen (genau)
Petri network / Petrinetz
PFM (abbr. → pulse frequency modulation) / Puls-Frequenz-Modulation
PgDn key (abbr. → page-down key) / Bild-nach-unten-Taste
PgUp key (abbr. → page-up key) / Bild-nach-oben-Taste
phantom circuit / Phantomschaltung, Viererschaltung
phantom image / Geisterbild (Telev.)
phase / Phase (el.), Phase (ablauffähiges Programm), Stadium

phase alternation line (abbr. PAL) / zeilenweise Phasenänderung (Telev.)
phase conception / Phasenkonzept
phase encoding (abbr. PE) / Richtungstaktschrift
phase modulation / Phasenmodulation
phase-change recording (abbr. PCR) / Phasen-Wechsel-Aufzeichnung (Methode der Aufzeichnung bei überschreibbaren Bildplatten)
phase-modulated / phasenmoduliert
phase-shift keying (abbr. PSK) / Phasen-Verschiebungs-Verschlüsselung
phase-to-neutral voltage / Phasen-Nulleiter-Spannung
phasing / Phasen...
phenomenon / Erscheinung (Phänomen)
philologic(al) / philologisch (sprachwissenschaftlich)
philology / Philologie (Sprachwissenschaft)
philosophy / Grundanschauung, Philosophie
p-hole / Defektelektron, Loch (Halbl.)
phon / Phon (Maß der Lautstärke)
phone / telefonieren; Laut, Telephon
phoneme / Phonem (akustisches Bedeutungselement)
phones / Kopfhörer
phonetic / phonetisch (Ausspracheform der Sprache)
phonetic spelling / Lautschrift (zur Darstellung der Aussprache)
phonetic transcription / Lautschrift (Schriftart aus einzelnen abstrakten Buchstaben, aus denen Wörter zusammengesetzt werden)
phonetics / Phonetik
phono connector / Phonostecker
phono plug / Phonostecker
phonogram / Lautzeichen, Telephontelegramm
phonograph / Tonaufzeichnungsgerät
phonology / Phonologie
phonometer / Lautstärkemesser
phosphor / Leuchtsubstanz
phosphoresce / nachleuchten

phosphorescence / Nachleuchten
phosphorus / Phosphor (Element für n-dotierte Halbl.)
photo / Licht..., Photo...
photocell / Photodiode, photoelektrische Zelle
photocomposing equipment / Lichtsatzanlage, Photosatzanlage
photocomposition / Lichtsatz, Photosatz
photoconducting / lichtleitend (elektrisch leitend durch Lichteinstrahlung)
photoconductor / Lichtleiter (elektrischer Leiter, der durch Lichteinfall leitend wird)
photoconductor drum / Schreibtrommel (des Laserdruckers)
photocopy / Photokopie
photodiode / Photodiode
photoelectric(al) / lichtelektrisch, photoelektrisch
photoelectric scanning / photoelektrische Abtastung
photoemitter / Photoemitter (Substanz, die b. Lichteinfall Elektronen abgibt)
photogrammetry / Meßbildverfahren
photograph / photographieren; Photographie
photographic storage / photographischer Speicher
photogravure / Kupfertiefdruck
photolithography / Photolithographie (Druckt.)
photomagnetic(al) / lichtmagnetisch, photomagnetisch
photomasking / Photomaskierung (Verfahren zur photographischen Übertragung komplizierter Muster auf eine Fläche, z. B. bei der Halbleiterherstellung)
photon / Photon (Lichtquant)
photo-optical / photographisch
photo-optical storage / Filmspeicher
photoreceiver / Lichtempfänger
photosemiconductor / Lichthalbleiter
photosensing / optisch lesbar
photosensitive / lichtempfindlich

photosensitivity / Lichtempfindlichkeit
photosensor / Lichtsensor
photosetting / Lichtsatz
photostat / photokopieren; Photokopie
phototype / Lichtdruck
phototelegram / Bildtelegramm
phototelegraphy / Bildtelegraph, Bildübertragung
phototypesetting / Photosatz
phototypesetting computer / Photosatzrechner
phrase / Ausdruck, Satzteil
phraseology / Ausdrucksweise
physic(al) / ein-ausgabe-bezogen (bei Daten), materiell, physisch
physical access supervision / Zugangskontrolle (i. S. des BDSG)
physical address / physische Adresse
physical begin / physischer Anfang
physical connection / direktleitende Verbindung (körperlicher Kontakt)
physical data / physische Daten
physical data model / datenlogisches Modell
physical device / reales Gerät
physical device name / physischer Gerätename
physical drive / physisches Laufwerk
physical end / physisches Ende
physical exit supervision / Abgangskontrolle (i. S. des BDSG)
physical file / physische Datei
physical format / physisches Format (Sektoreinteilung der Platten- und Diskettenspur)
physical layer / Bitübertragungsebene (des ISO-Kommunikationsprotokolls)
physical level / physische Ebene
physical memory / physischer Speicher, Realspeicher
physical order / physische Ordnung
physical record / Block (physischer Satz)
physical sequence / physische Folge
physical unit / Baueinheit
physical-serial / physisch fortlaufend
PIA (abbr. → peripheral interface adapter) / Schnittstellenadapter

pic (abbr. → picture) / Bild, Maske

pica / Cicero (Schriftgröße)

pick / anregen, heraussuchen

pick device / Lichtstift

pick time / Ansprechzeit

picker belt / Zuführungsriemen

picker wheel / Zuführungsrad

picking / mit dem Lichtstift arbeiten

pick-up / lesen, mitnehmen

pick-up current / Ansprechstrom

pick-up voltage / Ansprechspannung

pico... (abbr. p) / Pico... (Vorsatzzeichen für Maßeinh., 10^{-12} Einheiten)

picosecond / Picosekunde (10^{-12} Sekunden = 0,001 → Nanosekunden)

pictograph / Bildzeichen (Piktogramm)

pictorial / bildhaft

pictorial representation / graphische Darstellung

picture (abbr. pic) / darstellen, wiedergeben; Abbild, Darstellung, Formatbeschreibung, Maske

picture clause / Pictureklausel (zur Definition von Bereichen bei COBOL)

picture element (abbr. pel, pixel) / Bildelement

picture tube / Bildröhre

pictured / bildhaft dargestellt

pie / Kreis

pie chart / Kreisdiagramm, Tortendiagramm

pie graph / Kreisdiagramm, Tortendiagramm

piece / Bruchstück, Stück

piecewise / stückweise

piece-work / Stückakkord

piezo-electric(al) / piezoelektrisch (Substanz, die bei Druckeinwirkung elektrische Impulse abgibt)

piezo-resistance / Piezowiderstand (Substanz, die bei Druckeinwirkung ihren elektrischen Widerstand verändert)

piezo-resistive / druckelektrisch (Substanz, die bei Druckeinwirkung ihren elektrischen Widerstand verändert)

PIF (abbr. → program information file) / Programm-Informations-Tabelle

pigeon hole / Postfach, Sortierfach

piggy-back / Huckepack

piggy-back board / Huckepackkarte (Zusatzkarte, die in eine Grundkarte eingesteckt wird)

piggy-back circuit / Huckepackschaltkreis (der auf einen anderen Schaltkreis montiert ist)

piggy-back technique / Huckepacktechnik (zur Montage von Schaltkreisen auf anderen Schaltkreisen)

pigment / Farbstoff(teilchen)

pike / Spitze

pile / anhäufen; Haufen

pillar / Kontaktbuckel (bei Halbl.)

pilot / steuern; Steuergerät

pilot study / Vorstudie

PIM (abbr. → personal information manager) / persönlicher Informationsmanager (Dienstprogramm für persönliche Dienste wie Terminkalender, Datenbank usw.)

pin / anheften, befestigen; Bolzen, Kontaktanschluß, Stift

PIN (abbr. → personal identification number) / persönliche Geheimzahl (bei Bankausweiskarten)

pin assignment / Anschlußzuordnung (in einem Stecker)

pin assignment plan / Belegungsplan (bei Steckern und Buchsen)

pin feed / Nadelvorschub (bei Druckern)

pin grid array / Steckkontaktbereich (eines integrierten Schaltkreises)

pin wheel / Sprossenrad, Stachelrad

pinboard / Anschlußleiste, Anschlußtafel, Steckschalttafel

pinch roller / Andruckrolle

pinch-off / Abschnürung

pin-compatible / steckerkompatibel

pinfeed device / Stachelwalze (beim Drucker)

pinfeed wheel / Stachelrad (beim Drucker)

ping-pong technique / Halbduplexbetrieb

pinion / Getrieberad

pioneer / Bahnbrecher
pipe / Filter
pipe sign / Filterzeichen (das Zeichen
　⟨|⟩)
pipeline / über eine Leitung leiten (hintereinander); Fließband, Leitung
pipeline conception / Fließbandkonzept (bei Befehlsausführung)
pipeline processor / Vektorrechner
pipelining / Befehlsverknüpfung (so,
daß mehrere Befehle nacheinander
mit denselben Daten arbeiten), Fließbandverarbeitung mehrerer Befehle
(in der Steuereinheit eines Rechners)
PIPO (abbr. → parallel in, parallel out) /
PIPO-Schnittstelle (für parallele Ein-
und Ausgabe)
piracy / Diebstahl, Raub (von Software
oder Hardware-Entwürfen)
pirat copy / Raubkopie
pirated copy / Raubkopie
piratical copy / Raubkopie
PIS (abbr. → personal information system) / Personalinformationssystem
PISO (abbr. → parallel in, serial out) /
PISO-Schnittstelle (für parallele Ein-
und serielle Ausgabe)
pit / Grube, Pit (Vertiefung in einer
Bildplatte durch Laserstrahleinwirkung, entspricht dem Bit)
pitch / Abstand, Grad, Höhe, Schaltschrittabstand (Drucker, Schreibm.),
Steigung
pitch circle / Teilkreis
pitch selection lever / Schreibschritteinsteller (Schreibm.)
pivot / schwenken; Achse, Drehpunkt
pivot-industry / Schlüsselindustrie
pivoting range / Schwenkbereich
pixel (abbr. → picture element) / Bildelement
pixel image / Bildpunktabbild
PL/1 (abbr. programming language no.
1) / PL/1 (Programmiersprache für
kaufmännische und technische Anwendungen)
place / plazieren, unterbringen; Stelle
placeholder / Platzhalter

placement / Bestückung, Unterbringung
placement robot / Bestückungsautomat
plain / einfarbig, flach, glatt; Fläche
plain text / Klartext
plain text characters / Klartextschrift
plain text document / Klartextbeleg
plain text document printer / Klartextbelegdrucker
plain text document reader / Klartextbelegleser
plain text document sorter-reader /
Klartextbelegsortierleser
plain writing / Klarschrift (visuell lesbar)
plan / disponieren, planen; Plan
planar / eben (flach)
planar transistor / Planartransistor
(Bauart von Transistoren)
plane / eben, flach; Ebene, Fläche
plane chart / Flächendiagramm
planetary / sich kreisförmig bewegend
planned / geplant, planmäßig
planned conception / Soll-Konzept
planned status / Soll-Zustand
planner / Planer
planning / Planung
planning game / Planspiel
plant / Betriebsanlage, Fabrik, Werk
plant computer / Betriebsrechner
plant data / Anlagedaten
plant of the future / autom. Fabrik
plasma display / Plasmabildschirm
(Röhre enthält ionisierte Edelgase,
die leuchten können)
plastic / biegsam; Kunststoff
plastic card / Ausweiskarte
plastic-foil keyboard / Folientastatur
plate / Anode, Platte, Scheibe, Tafel
plated / metallüberzogen, plattiert
plated wire / Magnetdraht (für Datenspeicherung)
plated wire storage / Magnetdrahtspeicher (veraltet)
plated-through / durchplattiert (durchkontaktiert)
platen / Gummiwalze, Schreibmaschinenwalze

plate-supply / Anodenspannung
platform / Hardwarebasis, Hebebühne
platform dependence / Hardwarebasisabhängigkeit
platform independence / Hardwarebasisunabhängigkeit
platform-dependent / hardwarebasisabhängig
platform-independent / hardwarebasisunabhängig
platter / Plattenscheibe
plausibility / Eingängigkeit, Plausibilität
plausibility check / Plausibilitätsprüfg.
plausible / eingängig, plausibel
play back / wiedergeben; Wiedergabe
pliability / Biegsamkeit
pliable / biegsam
pliers / Zange
plot / graphisch darstellen; Diagramm, Schaubild
plot mode / Graphikmodus
plot routine / Graphikprogramm
plotter / Kurvenzeichner, Zeichengerät (Plotter)
plotter font / Plotterschrift
plotter pen / Plotterstift
plotting / Zeichen..., Zeichnen
plotting speed / Zeichengeschwindigkeit
plotting system / Zeichensystem
plug / einschalten, einstecken (el.); Stecker
plug compatibility / Steckerkompatibilität
plug connection / Steckverbindung
plug-compatible / steckerkompatibel
plug-compatible manufacturer (abbr. PCM) / Hersteller steckerkompatibler Geräte
pluggable / steckbar
plugging chart / Schaltdiagramm
plugging diagram / Schaltdiagramm
plug-in / einsteckbar; einstecken (el.); Steckteil
plug-in card / Steckkarte
plug-in circuit board / Steckbaugruppe
plug-in module board / Modulkarte (Platine)

plumb / lotrecht; loten; Lot
plumbiferous / bleihaltig
plunge / tauchen
plural / mehrfach; Mehrzahl
plus / plus, positiv (el.); Plus, Pluszeichen
plus sign / Pluszeichen
PM (also P. M.; abbr. post meridiem) / Nachmittag (in Zeitangaben)
p-material / p-leitendes Material (z. B. Indium, Gallium für Halbl.)
PMOS (abbr. → positive-channel metal-oxide semiconductor) / Positivhalbl.
pneumatic / pneumatisch
pn-junction / pn-Übergang (Halbl.)
pn-junction zone / pn-Übergangsbereich
pn-transition / pn-Übergang (Halbl.)
pn-transition region / pn-Übergangsbereich
pocket / Ablagefach
pocket calculator / Taschenrechner
pocket computer / Taschencomputer
pocket translator / Taschenübersetzer (für Sprachübersetzung)
point / zeigen (mit der Maus auf eine Stelle des Bildschirms); Punkt (Dezimalpunkt), Punkt (Schriftgrad)
point of origin / Entstehungsort
point of sale (abbr. POS) / Kasse, Verkaufsplatz
point position / Kommastellung
point shifting / Kommaverschiebung
pointer / Zeiger
pointing device / Zeigegerät (z. B. Maus)
point-of-sale system / Kassenterminalsystem
point-of-sale terminal / Kassenterminal
point-to-point connection / Standverbindung
point-to-point switched / festgeschaltet
poke / abspeichern (in eine Speicherstelle)
polar / entgegengesetzt, polar
polar coordinates / Polarkoordinaten

(geben Entfernung vom Ursprung und Winkel im Ursprung an)

polar current working / Doppelstrombetrieb

polarity / Polarität

polarization / Polarisation

polarize / polarisieren

polarized / polarisiert

pole / Bezugspunkt, Pol (el.)

pole reversal / Umpolung

police / schützen, überwachen

policy / Grundsatz, Politik

polish / polieren; Poliermittel

Polish notation / Präfixschreibweise (klammerfreie Schreibweise von Formeln)

polishing / Glättung (von Diskettenoberflächen)

political / politisch

political economy / Volkswirtschaft

politics / Politik

polity / Gemeinwesen

poll / abfragen (zyklisch), umfragen (zyklisch); Erhebung (stat.), Umfrage

polling / Umfragebetrieb (Datenstationen von einer Zentrale zyklisch abfragen)

polling mode / Umfragebetrieb (Datenstationen von einer Zentrale zyklisch abfragen)

polling pass / Umfragedurchlauf

polling technique / Umfragetechnik

pollution / Verunreinigung (einer Halbleitersubstanz)

pollution layer / Fremdschicht (Halbl.)

poly... / Mehr..., Viel...

polychrome / mehrfarbig

polygon / Vieleck (Polygon)

polyline / Mehreckenlinie

polymorphic / vielgestaltig

polynomial / polynomisch; Polynom (math.)

polyphase / mehrphasig

polyvalence / Mehrwertigkeit

polyvalent / mehrwertig

pool / konzentrieren, zusammenfassen; Datenbasis, Pool (Interessengemeinschaft)

pooled / konzentriert, zusammengefaßt

pop / ausspeichern (aus einem Kellerspeicher)

pop stack / Stapelspeicher (Kellerspeicher)

population / Bestand, Grundgesamtheit (stat.)

pop-up menu / Balkenmenü (das aus der unteren Bildzeile nach oben aufgebaut wird)

porosity / Durchlässigkeit

porous / durchlässig

port / Anschluß, Kanalanschluß, Steckanschluß

port expander / Anschlußerweiterung(seinrichtung)

portability / Portabilität (Übertragbarkeit von Software auf ein anderes System)

portable / portabel (Softwareeigenschaft), transportabel, übertragbar (Software); tragbares Gerät

portable computer / mobiler Computer

portable data terminal / mobile Datenendstation

portable microcomputer / mobiler Mikrorechner

portable language / übertragbare Programmiersprache

portable software / übertragbare Software

portfolio / Geschäftsbereich

portion / zuteilen; Teil

portrait / Hochformat

portrait display / Ganzseitenbildschirm (hat Hochformat)

portrait mode / Hochformatmodus

portray / graphisch darstellen

POS (abbr. point-of-sale) / Kasse, Verkaufsplatz

POS bookkeeping machine / POS-Abbuchungsautomat

POS coin changer / POS-Geldrückgeber

position / positionieren (Magnetkopf auf den Plattenzylinder fahren); Stelle, Stellung

position carry / Stellenübertrag

positional macro / Stellungsmakrobefehl

positional notation / Stellenschreibweise (für Zahlensysteme)

positional value / Stellenwert

positioning / Positionierung (des Magnetkopfes über dem Plattenzylinder)

positioning motor / Einstellmotor

positioning time / Positionierzeit

positive / positiv

positive acknowledgement / positives Quittungszeichen

positive image / Positivbild

positive representation / Positivdarstellung

positive sign / Pluszeichen

positive-channel metal-oxide semiconductor (abbr. PMOS) / Positivhalbleiter

positron / Positron (positiv geladenes Elementarteilchen, Gegenteil des Elektrons)

possess / besitzen

possessor / Besitzer

possibility / Möglichkeit

possible / möglich

post / absenden, eingeben (in eine Datenbank); Post, Postsendung

post... / nach...; Nach...

POST (abbr. →power-on self test) / Selbsttest nach Einschaltung

postage / Porto, Postgebühr

postal / postalisch; Post...

postal code / Postleitzahl

postal modem / Postmodem

postal monopoly / Postmonopol (der Nachrichtenübertragung)

postal service / Postdienst

postal treatment machine / Postbearbeitungsmaschine

postcode / Postleitzahl

posterior / später

posting / Buchung, Buchungs...

post-paid / frankiert

postprocessing / Nachbearbeitung

postprocessor / Nachbearbeiter (Hardware- oder Softwareeinrichtung)

PostScript / PostScript (Seitenbeschreibungssprache für Drucker von Adobe)

PostScript font / PostScript-Schrift

PostScript printer / PostScript-Drucker

posture / Schriftstellung (z. B. kursiv)

potential / potentiell; Leistungsfähigkeit, Potential (auch el.)

potentiometer / Teilspannungsmesser

pound sign / Pfundzeichen

power / Energie, Kraft, Leistung, Netz, Potenz (einer Basis), Stromstärke

power cable / Netzkabel, Starkstromkabel

power circuit breaker / Netzsicherung

power connection / Netzanschluß, Stromanschluß (Stromversorgung)

power current / Starkstrom

power diode / Leistungsdiode

power dissipation / Verlustleistung

power down / abschalten

power drain / Leistungsabgabe

power electronics / Leistungselektronik

power failure / Netzausfall

power failure protection / Netzausfallschutz

power frequency / Netzfrequenz

power indicator / Betriebsstromanzeige

power input / Eingangsleistung, Leistungsaufnahme

power line / Starkstromleitung, Stromanschlußleitung

power line filter / Netzfilter

power mode / Potenzschreibweise (Gleitkommazahl)

power of two / Zweierpotenz

power output / Ausgangsleistung

power plug / Netzstecker

power rating / Nennleistung

power set / Stromaggregat

power semiconductor / Leistungshalbleiter

power socket / Netzsteckdose

power supply / Stromversorgung

power supply unit / Netzteil

power surge / Stromstoß (kurze Überspannung)

power switch / Netzschalter
power transistor / Leistungstransistor
power up / anschalten
power user / Computerfreak (nutzt Computer sehr intensiv)
power-down / Abschaltung, Stromsperre
powered / angetrieben; Kraft...
power-on / Anschaltung
power-on self test (abbr. POST) / Selbsttest nach Einschaltung
power-on time / Betriebszeit
PPM (abbr. → pages per minute) / Seiten pro Minute (Leistungseinheit bei Druckern)
PPS (abbr. → production planning and scheduling) / Produktionsplanung und -steuerung
PPX (abbr. → private package switching exchange) / private Paketvermittlung
practicability / Durchführbarkeit
practicable / durchführbar
practical / praktisch
practice / praktizieren; praktische Tätigkeit
practiced / erfahren
pragmatic(al) / pragmatisch
pragmatics / Pragmatik (Beziehungen zwischen sprachlichem Ausdruck und dem handelnden Menschen)
pre... / vor(aus)...; Vor(aus)...
preamble / Einleitung, Vorwort
precarious / unsicher
precast / vorgefertigt
precaution / Vorsichtsmaßnahme
precede / vorangehen, vorgehen
precedence / Vorrang
precedent / vorausgehend; Präzedenzfall
preceding / vorhergehend
preceding documentation / Vorausdokumentation
precemption / Bevorrechtigung
precemptive / bevorrechtigt
precept / Verhaltensmaßregel, Vorschrift
precession / Präzession (Kreiselbewegung)

precinct / Bereich (z. B. Fehlerbereich)
precious metal / Edelmetall
precise / genau, pünktlich
precision / Genauigkeit
precision engineering / Feinwerktechnik
precision mechanics / Feinmechanik
preclude / ausschließen
preclusion / Ausschluß
precompiler / Vorübersetzer
preconception / Vorurteil
precursor / Vorgänger
predefine / festlegen
predefinition / Festlegung, Vereinbarung
predicate / aussagen; Aussage, Eigenschaft, Prädikat (Aussage über eine Eigenschaft)
predominance / Überlegenheit
predominant / überlegen (beherrschend)
prefabricate / vorfabrizieren
prefabricated program / Fertigprogramm
preface / Vorwort
prefer / vorziehen
preference / Bevorrechtigung, Vorzugstarif
prefiguration / Prototyp (Urbild)
prefix / voranstellen; Vorsilbe, Vorspann
prefix notation / Präfixdarstellung (von Formeln ohne Klammern)
prefix number / Vorwahlnummer (Tel.)
prefix representation / Präfixdarstellung (von Formeln ohne Klammern)
preformat / vorformatieren
preformatting / Vorformatierung
pregnant / bedeutungsvoll
preheat / vorwärmen
prejudice / Vorurteil
preliminary / einleitend, vorbereitend, vorläufig; Einleitung, Vorarbeit
preloading / Laden der Anfangsgrößen
premature / vorzeitig
premise / Prämisse, Voraussetzung
premium / Bonus, Prämie, Provision
preparation / Aufbereitung, Vorbereitung

preparative / vorbereitend; vorbereitende Maßnahme

preparatory / vorbereitend; Ankündigungs..., Vorbereitungs...

preparatory phase / Vorbereitungsphase

preparatory program / Vorlaufprogramm

preparatory work / Vorbereitungsarbeit

prepare / vorbereiten

prepared / bereit

prepared data / aufbereitete Daten

preparedness / Bereitschaft

prepay / frankieren, vorauszahlen

prepayment / Anzahlung, Frankierung

preponderant / überwiegend

preponderate / überwiegen

prepotent / vorherrschend

preprint / Vorabdruck

preprinted / vorgedruckt

preprinted form / Formularvordruck

preprocessing / Vorverarbeitung

preprocessing computer / Vorverarbeitungsrechner

preprocessor / Vorbearbeiter (Hardware- oder Softwareeinrichtung)

prepunched / vorgelocht

pre-read head / Doppellesekopf

prescribe / vorschreiben

prescript(ion) / Vorschrift

preselect / vorauswählen

preselection / Vorauswahl

present / gegenwärtig; darstellen

presentation / Darstellung

presentation graphics / Präsentationsgraphik

presentation layer / Darstellungsschicht (ISO-Komm.-Protok.)

present-day / modern

preservation / Erhaltung (Bewahrung)

preserve / erhalten (schützen)

preset / voreinstellen; Standard...

presetting / Voreinstellung

presort / vorsortieren; Vorsortierung

presorting / Vorsortierung

press / betätigen, drücken; Druck, Druckpresse, Pressewesen

press agency / Nachrichtenbüro

press agent / Werbeleiter

press board / Preßspanplatte

press copy / Durchschlag

press date / Redaktionsschluß

press release / Pressemitteilung

pressing / dringend; Preßteil

press-on / andrücken; Andruck...

pressure / Druck, Spannung (el.)

pressure balance / Druckregler

pressure plate / Andruckplatte

pressure-sensitive / druckempfindlich

pressure-sensitive paper / druckempfindliches Papier (Non-Carbon-Papier)

Prestel / Bildschirmtextsystem (in Großbritannien)

prestore / vorspeichern

prestressed / vorgespannt

presumable / voraussichtlich

presume / vermuten

presumption / Annahme, Vermutung

presumptive / vermutlich

prevailing / üblich

prevalence / allgemeine Geltung

prevalent / vorherrschend

prevent / verhindern, vorbeugen

preventible / vermeidbar

prevention / Verhinderung, Vorbeugung

preventive / verhindernd, vorbeugend

preventive maintenance / vorbeugende Wartung

preview / Seitenansicht (zur Kontrolle des Druckbildes)

previous / vorhergehend

price / bewerten, Preis festsetzen; Preis, Wert

price formation / Bewertung (Gesamtpreis = Menge × Einzelpreis)

price list / Preisliste

price maintenance / Preisbindung

price performance ratio / Preis-Leistungs-Verhältnis

price quote / Preisangebot

price-cutting / Preissenkung

primacy / Vorrangstellung

primal / hauptsächlich

primary / primär; Erst..., Primär...
primary data / Primärdaten
primary data entry / beleglose Datenerfassung, Primärdatenerfassung
primary file / Primärdatei
primary key / Primärschlüssel
primary storage / Hauptspeicher, Primärspeicher
primary track / Erstspur
prime / unteilbar; Haupt...
prime data area / Hauptbereich
prime number / Primzahl
priming / Vorbereiten
primitive / einfach; graphische Grundform (z. B. Linie, Rechteck usw.)
principal / hauptsächlich; Chef, Haupt...
principle / Grundsatz, Prinzip, Ursache
print / drucken; Abdruck, Druck
print alignment / Druckeinstellung
print bar / Druckstab, Typenstange
print buffer / Druckpufferspeicher
print chain / Druckkette
print column / Druckspalte
print command / Druckbefehl
print control / Drucksteuerung
print drum / Drucktrommel, Druckwalze
print engine / Druckwerk
print file / Druckdatei
print force / Anschlagstärke
print format / Druckformat
print hammer / Druckhammer
print head / Druckkopf
print height / Druckhöhe
print image / Druckbild, Schriftbild
print mask / Druckmaske
print matrix / Druckmatrix
print out / ausdrucken
print program / Druckprogramm
print quality / Druckqualität
print screen key (abbr. PrtSc key) / Drucktaste (bewirkt, daß der aktuelle Bildschirminhalt gedruckt wird)
print server / Druckserver (zentraler Drucker für mehrere Benutzer)
print space / Satzspiegel
print span / Druckbreite
print spooler / Druckspooler (über-

nimmt Druckdateien in einen Speicher und arbeitet sie seriell ab)
print through / Kopiereffekt
print wheel / Schreibrad, Typenrad
print width / Druckbreite
printable / druckfähig
printable character / abdruckbares Zeichen
printable data item / ausdruckbares Datenfeld
printed / gedruckt
printed circuit (abbr. PC) / gedruckter Schaltkreis
printed circuit board / gedruckte Leiterplatte
printed circuit card / gedruckte Schaltkarte
printed form / Vordruck
printed media / Printmedien
printer / Drucker
printer buffer / Druckerpufferspeicher
printer carriage tape / Formularsteuerungslochstreifen
printer control / Druckersteuerung
printer control language (abbr. PCL) / Druckersteuersprache
printer control unit / Druckersteuerwerk
printer cover / Drucker-Lärmschutzabdeckung
printer driver / Druckertreiberprogramm
printer emulation / Druckeremulation (Nachahmung eines anderen Druckers)
printer error / Druckerstörung
printer failure / Druckerstörung
printer file / Druckerdatei
printer font / Druckerschrift
printer form / Druckerformular, Druckerpapier
printer overflow / Blattende, Formularende, Seitenüberlauf
printer output / Druckausgabe
printer paper / Druckerpapier
printer plotter / graphikfähiger Drucker
printer port / Druckeranschluß
printer queue / Druckerwarteschlange

printer tape / Druckband
printer terminal / Terminaldrucker
printing / Drucken
printing card punch / Schreiblocher
printing costs / Druckkosten
printing line / Druckzeile
printing perforator / Klartextperforator
printing rate / Druckleistung
printing speed / Druckgeschwindigkeit
printing unit / Druckwerk
printing-in / Vordruck (auf Endlosformularen vorher eingedruckt)
printout / Ausdruck (eines Druckers)
printway optimization / Druckwegoptimierung
priority / Priorität (eines Programms vor anderen bei Multitasking)
priority control / Vorrangsteuerung
priority controller / Vorrangsteuerwerk
priority determination / Prioritätsfestlegung
priority level / Prioritätsebene
priority processing / Vorrangverarbeitung
priority program / Vorrangprogramm
prism / Prisma
privacy / Intimspäre (einer natürlichen Person), Persönlichkeitssphäre
privacy protection / Datenschutz (Schutz der Intimsphäre von natürlichen Personen)
private / geheim, privat
private address space / privater Adreßraum
private area / Benutzerbereich
private automatic branch exchange (abbr. PABX) / Nebenstellenanlage (Tel.)
private branch exchange (abbr. PBX) / Nebenstellenanlage (Tel.)
private branch exchange line group / Sammelanschluß (Tel.)
private data / private Daten
private file / private Datei
private library / private Bibliothek
private line / Mietleitung, Standleitung
private package switching exchange (abbr. PPX) / private Paketvermittl.

privilege / bevorrechtigen; Vorrang, Vorrecht
privileged / bevorrechtigt
privileged enduser / privilegierter Benutzer
privileged instruction / privilegierter Befehl
privileged mode / privilegierte Betriebsart
pro rata / verhältnismäßig
probabilistic reasoning / Schließen mit Unsicherheiten
probability / Wahrscheinlichkeit
probability theory / Wahrscheinlichkeitstheorie
probable / wahrscheinlich
probe / Sonde
problem / Problem, Schwierigkeit
problem analysis / Problemanalyse
problem definition / Problemdefinition
problem description / Problembeschreibung
problem solution / Problemlösung
problem solution technique / Problemlösungsverfahren
problem solving method / Problemlösungsverfahren
problem tracking / Problemverfolgung
problem-oriented / problemnah
problem-oriented language / problemorientierte Programmiersprache
procedural / verfahrensorientiert
procedural knowledge / prozedurales Wissen
procedural language / prozedurale Programmiersprache
procedural programming language / prozedurale Programmiersprache
procedure / Befehlsteil (eines Progr.), Prozedur, Verfahren, Vorgang, Vorgehensweise
procedure choice / Verfahrenswahl
procedure declaration / Prozedurvereinbarung
procedure name / Prozedurname
procedure part / Prozedurteil (Progr.)
procedure section / Prozedurteil (eines Programms)

procedure statement / Prozeduranweisung

procedure test / Verfahrenstest

procedure-oriented / verfahrensorientiert

procedure-oriented language / prozedurale Programmiersprache

procedure-oriented programming language / prozedurale Programmiersprache

proceed / fortsetzen

proceeding / Fortsetzung

proceedings / Berichte (unregelmäßig erscheinende Veröffentlichungen)

proceeds / Erlös, Ertrag

process / abarbeitend, verarbeiten; Prozeß, Vorgang

process computer / Prozeßrechner (zum direkten Steuern technischer Abläufe)

process computer language / Prozeßrechnersprache

process computing system / Prozeßrechner (zum direkten Steuern technischer Abläufe)

process control / Prozeßsteuerung

process control system / Prozeßleitrechner

process controlling program / Prozeßsteuerungsprogramm

process coupling / Prozeßkopplung

process engineering / Verfahrenstechnik

process input/output device / Prozeßgerät

process interface / Prozeßgerät

process interface system / Prozeßperipherie

process interfacing / Prozeßkopplung

process monitoring / Anlagenüberwachung

process organization / Ablauforganisation, Arbeitsorganisation

process synthesis / Arbeitssynthese

process time / Bearbeitungszeit

process-coupled / prozeßgekoppelt

process-coupled operation / prozeßgekoppelter Betrieb

process-guided / prozeßgeführt

processible / verarbeitbar

processing / Abarbeitung, Bearbeitung, Verarbeitung

processing instruction / Verarbeitungsbefehl

processing mode / Verarbeitungsart, Verarbeitungsmodus

processing unit / Verarbeitungseinheit

processor / Prozessor (Rechnersteuerungsteil ohne Hauptspeicher)

processor clock / Prozessortaktgeber

processor performance / Verarbeitungsleistung

processor state / Funktionszustand

processor state register / Funktionszustandsregister

processor state word / Funktionszustandswort

process-oriented / ablauforientiert

process-oriented sequential control / prozeßgeführte Ablaufsteuerung

process-oriented system design / ablauforientierter Systementwurf

produce / erzeugen, hervorbringen, produzieren

produced / hergestellt

producer / Hersteller

product / Erzeugnis, Produkt

production / Erzeugung, Fertigung, Herstellung

production control / Fertigungssteuerung

production data / Betriebsdaten (unmittelbar aus der Fertigung)

production planning and scheduling (abbr. PPS) / Produktionsplanung und -steuerung

production rule / Produktionsregel (Wissensv.)

production run / Arbeitslauf (eines Programms)

production schedule / Fertigungsplan

productive / ertragreich, produktiv

productive run / Arbeitslauf (eines Rechners)

productivity / Leistungsfähigkeit, Produktivität

profession / Beruf(sgruppe)
professional / beruflich, berufsmäßig
professional association / Berufsverband, Fachverband
professional journal / Fachzeitschrift
professional secret / Berufsgeheimnis
professionalism / fachliche Qualifikation
proficiency / Fähigkeit (berufliche Erfahrung)
proficient / befähigt
profile / Querschnitt
profit / einbringen, eintragen, lernen; Erlös, Gewinn, Nutzen, Vorteil
profit sharing / Gewinnbeteiligung
profitability / Rentabilität
profitable / nutzbringend, rentabel, vorteilhaft, wirtschaftlich
profitableness / Wirtschaftlichkeit
profound / tiefgreifend
prog (abbr. →program) / Programm
prognosis / Prognose, Vorhersage
prognosticate / prognostizieren, vorhersagen
prognostication / Prognose, Vorhersage
program / programmieren; Programm
program accounting / Programmabrechnung (Rechenzeit)
program adaption / Programmadaptierung (von Standardprogrammen an individuelle Anforderungen)
program address / Programmadresse
program alert / Weckaufruf (Progr.)
program amendment / Programmänderung
program architecture / Programmstruktur
program archive / Programmarchiv
program area / Programmbereich
program auditing / Programmrevision
program author / Programmautor
program beginning routine / Programmanfangsroutine
program block / Programmblock
program board / Programmplatine
program branch / Programmverzweigung, Programmzweig

program card / Programmkarte (steckbarer Festspeicher mit Programm)
program cartridge / Programmkassette
program catalog / Programmkatalog
program change / Programmwechsel
program comment / Programmkommentar
program compatibility / Programmkompatibilität
program control / Programmsteuerung
program control key / Programmsteuertaste
program control section / Programmabschnitt
program control unit / Programmsteuerwerk
program controller / Programmsteuerwerk
program convention / Programmkonvention
program conversion / Programmkonvertierung, Programmumwandlung
program counter / Befehlszähler
program creation / Programmerstellung
program cycle / Programmschleife, Programmzyklus
program cycle counter / Programmschleifenzähler
program dependence / Programmabhängigkeit
program description / Programmbeschreibung
program descriptor / Programmtabelle
program design / Programmentwurf
program design method / Programmentwurfsmethode
program development / Programmentwicklung
program development system / Programmentwicklungssystem
program directory / Programmverzeichnis
program drum / Programmtrommel (bei LK-Lochern)
program dump / Programmabzug
program editing / Programmaufbereitung

program editor / Programmaufbereiter

program end-address / Programmendeadresse

program ending routine / Programmendroutine

program enhancement / Programmaktualisierung

program entry / Programmeingang

program error / Programmfehler

program error recovery / Programmfehlerbehandlung

program event / Programmereignis

program execution / Programmausführung

program execution time / Programmausführungszeit

program exit / Programmausgang

program family / Programmfamilie

program fault / Programmfehler

program feature / Programm-Merkmale

program fetch / Programmabruf

program file / Programmdatei

program flow / Programmablauf

program flowchart / Programmablaufplan

program generation / Programmgenerierung

program generator / Programmgenerator

program identification / Programmbezeichnung, Programmkennzeichnung

program identifier / Programmkennzeichnung

program information file (abbr. PIF) / Programm-Informations-Tabelle

program input / Programmeingabe

program instruction / Programmbefehl

program interface / Programmschnittstelle, Programmübergangsstelle

program interlocking / Programmverbund

program interrupt / Programmunterbrechung

program interrupt level / Programmunterbrechungsebene

program invariance / Programminvarianz

program item / Programm-Ikone

program key / Programmsteuertaste

program language / Programmiersprache

program larceny / Programmdiebstahl

program level / Programmebene

program library / Programmbibliothek

program linkage / Programmverknüpf.

program linking / Programmverknüpfung

program listing / Programm(übersetzungs)liste

program loader / Programmlader

program loading / Programmladen

program logic / Programmlogik

program loop / Programmschleife

program maintenance / Programmpflege

program management / Programmverwaltung

program manager / Programmverwalter (Dienstprogramm)

program manipulation / Programm-Manipulation

program mask / Programm-Maske

program memory / Programmspeicher

program mode / Programmzustand

program modification / Programmänderung, Programm-Modifikation (Änderung eines Programms durch Befehle dieses Programms)

program module / Programmbaustein, Programm-Modul

program name / Programmbezeichnung, Programmname

program optimizing / Programmoptimierung

program output / Programmausgabe

program overlay / Programmüberlagerung

program package / Programmpaket

program page / Programmseite (überlagerbares Segment)

program parameter / Programmparameter

program phase / Phase, Programmphase, Objektprogramm (ablauffähiges Programm)

program planning / Programmplanung

program portability / Programmübertragbarkeit, Programmportabilität
program priority / Programmpriorität
program processor / Programmsteuerwerk
program procurement / Programmbeschaffung
program protection / Programmsicherung
program reclassification / Programmumstufung (hinsichtlich seiner Priorität)
program release / Programmfreigabe
program relocation / Programmumadressierung, Programmverschiebung
(im Arbeitsspeicher)
program request / Programmaufruf
program residence / Programmresidenz (Speicher, in dem sich die Programmbibliothek befindet)
program residence time / Programmverweilzeit
program routine / Programmroutine
(Teilprogramm)
program run / Programmlauf
program runtime / Programmausführungszeit, Programmlaufzeit
program scheme / Programmschema
program security / Programmsicherheit
program segment / Programmsegment
program segmentation / Programmsegmentierung
program selection / Programmwahl
program selection key / Programmsteuertaste
program sentence / Programmsatz
program sequence / Programmfolge
program specification / Programmkenndaten
program start / Programmstart
program start-address / Programmanfangsadresse
program state / Programmstatus, Programmzustand
program statement / Programmanweisung
program status / Programmstatus

program status vector / Programmstatusvektor
program status word / Programmstatuswort
program step / Programmschritt
program stop / Programmbeendigung,
Programmstop
program storage / Programmspeicher
program structure / Programmstruktur
program structure chart / Programmstrukturplan, Struktogramm
program switch / Programmschalter
program system / Programmsystem
program table / Programmtabelle
program target / Programmvorgabe
program termination / Programmbeendigung
program test / Programmtest
program text / Programmkommentar
program translation / Programmübersetzung
program translator / Programmübersetzer
program version / Programmversion
program-compatible / programmkompatibel
program-controlled / programmgesteuert
program-controlled dialog / programmgesteuerter Dialog
program-dependent / programmabhängig
program-independent / programmunabhängig
program-integrated processing / programmintegrierte Verarbeitung
programmability / Programmierbarkeit
programmable / programmierbar
programmable counter / Vorwahlzähler
programmable interface / programmierbare Schnittstelle
programmable memory / programmierbarer (adressierbarer) Speicher
programmable read-only memory
(abbr. PROM) / programmierbarer
Festspeicher
programme → program / Programm

programmed / programmiert
programmed data safeguarding / programmierte Datensicherung
programmed instruction / programmierte Unterweisung
programmed interface / programmierte Schnittstelle
programmed learning / programmiertes Lernen
programmed stop / programmierter Halt
programmer / Programmierer
programmer word / Programmiererwort
programmer's manual / Programmiererhandbuch, Programmierhandbuch
programming / Programmieren, Programmierung
programming by decision tables / Programmierung mit Entscheidungstabellen
programming capacity / Programmierkapazität
programming convenience / Programmierkomfort
programming convention / Programmierkonvention
programming costs / Programmierkosten
programming department / Programmierabteilung
programming device / Programmiergerät (für Festspeicher)
programming education / Programmierausbildung
programming environment / Programmierumgebung
programming error / Programmierfehler
programming flowchart / Programmablaufplan
programming in logic (abbr. PROLOG) / PROLOG (Name einer Programmiersprache)
programming instruction / Programmieranweisung
programming language / Programmiersprache

programming language generation / Programmiersprachengeneration
programming manual / Programmierhandbuch
programming method / Programmiermethode
programming section / Programmierabteilung
programming support / Programmierunterstützung
programming system / Programmiersystem
programming technique / Programmiertechnik
programming training / Programmierausbildung
program-sensitive / programmabhängig
progress / fortschreiten; Fortschritt
progress of the art / technischer Fortschritt
progressing / fortschreitend; Fortschreiten
progression / Fortschreiten, Reihe (math.), Verlauf
progressive / fortschreitend, zunehmend
progressive junction / allmählicher Übergang (Halbl.)
prohibit / verbieten, verhindern
prohibition / Verbot
prohibitive / ausschließend, verhindernd
project / entwerfen, projizieren; Entwurf, Projekt
project control / Projektsteuerung
project documentation / Projektdokumentation
project inspection / Projektkontrolle
project management / Projektleitung, -management, Projektorganisation
project management program / Projektmanagement-Programm
project period / Projektdauer
project planning / Projektplanung
project report / Projektbericht
project supervision / Projektüberwachung

project team / Projekt(arbeits)gruppe
project time / Projektdauer
projection / Projektion, Vorausschau
projection terminal / Projektionsbild-schirm
prolate / abgeplattet, länglich
proliferate / sich vermehren
PROLOG (abbr. →programming in logic) / PROLOG (Name einer Pro-grammiersprache)
prolong / verlängern (zeitlich)
prolongation / Verlängerung (zeitlich)
PROM (abbr.→programmable read-on-ly memory) / programmierbarer Fest-speicher
promise / zusagen; Zusicherung
promote / begünstigen, voranbringen, werben
promoter / Katalysator, Organisator
promotion / Förderung, Unterstützung
prompt / bereit, prompt; veranlassen, wecken; Anforderungszeichen, Be-reitschaftszeichen, Bedienerhinweis
prompt character / Anforderungszei-chen
prompt mode / Anforderungszustand
prompter / Wecker
prompting / Bedienerführung
prone / anfällig
proof / unempfindlich, sicher; Beweis, Erprobung, Prüfung
proof copy / Probedruck
proof load / Probebelastung
proof of correctness / Beweis der Feh-lerfreiheit
proof test / Abnahmeprüfung
proof total / Prüfsumme
propagate / sich ausbreiten, sich fort-pflanzen
propagated error / Fortpflanzungsfeh-ler
propagation / Übertragung, Verbrei-tung (von Wellen)
propagation speed / Ausbreitungsge-schwindigkeit
propagation time / Laufzeit (eines Si-gnals)
proper / geeignet, richtig

proper fraction / echter Bruch (math.)
properties / Eigenschaften
property / Eigentum
property insurance / Sachversicherung
prophylactic(al) / vorbeugend
prophylaxis / Vorbeugungsmaßnahme
proportion / anpassen; Verhältnis
proportional / proportional, verhältnis-mäßig
proportional font / Proportionalschrift
proportionally spaced printing / Pro-portionaldruck
proposal / Vorhaben, Vorschlag
propose / vorschlagen
proprietary / eigen, systemgebunden; Eigentums...
proprietary file format / systemgebun-denes Dateiformat
proprietary operating system / sy-stemgebundenes Betriebssystem
proprietary software / systemgebunde-ne Software
proprietary system / geschlossenes Sy-stem (nicht verträglich mit anderen Systemen, vor allem beim BS)
proprietor / Eigentümer
proprietorship / Eigentum(srecht)
propulsion / Antrieb
propulsive / vorwärtstreibend
prorate / anteilsmäßig zuordnen
proscribe / verbieten
proscription / Verbot
prospect / Aussicht, Erwartung
prospective / vorausblickend, weitsich-tig
prospectus / Werbeprospekt
protect / schützen, sichern
protect switch / Schutzschalter
protected / geschützt
protected area / geschützter Bereich
protected data / geschützte Daten
protected data item / geschütztes Da-tenfeld
protected file / geschützte Datei
protected mode / geschützter Modus
protected working-storage area / ge-schützter Arbeitsspeicherbereich
protection / Schutz, Sicherung

protection by patent / Patentschutz
protection facility / Abschirmeinrichtung, Sicherungseinrichtung
protection of data privacy / Datenschutz
protection of numbers / Zahlensicherung
protective / schützend, sichernd; Schutz..., Sicherungs...
protector / Schutzeinrichtung
protocol / protokollieren; Protokoll
protocol converter / Protokollwandler
protocol layer / Protokollschicht (des ISO-Kommunikationsprotokolls)
protocol program / Protokollprogramm
prototype / Muster, Prototyp
prototyping / Prototyping (Methode der Softwareentwicklung mit Hilfe von Musteranwendungen)
provable / nachweisbar
prove / erproben, nachweisen, prüfen
proved / erprobt
provide / liefern, versorgen
providence / Vorsorge
provident / sparsam, vorsorglich
provider / Anbieter (Btx.)
provider's remuneration / Anbietervergütung (Btx.)
proving / Erprobung
provision / Bereitstellung, Beschaffung, Vorrat
provisional / provisorisch, vorläufig
proximate / unmittelbar
PrtSc key (abbr. → print screen key) / Drucktaste (bewirkt, daß der aktuelle Bildschirminhalt gedruckt wird)
ps (abbr. → picosecond) / Picosekunde (10^{-12} Sekunden)
psec (abbr. → picosecond) / Picosekunde (10^{-12} Sekunden = 0,001 → Nanosekunden)
pseudo / falsch; Pseudo...
pseudoaddress / Pseudoadresse (gibt die Adresse des nächsten Befehls an)
pseudocode / Pseudocode (formale Sprache, die in eine Programmiersprache transformiert werden kann)

pseudodirectory / Pseudoverzeichnis
pseudo-four-bit code / Pseudotetrade (nicht als Ziffer interpretiert)
pseudoinstruction / Pseudobefehl (Anweisung an das Übersetzungsprogramm, einen bestimmten Maschinenbefehl zu generieren)
pseudolanguage / Pseudosprache (formale Sprache, die in eine Programmiersprache transformiert werden kann)
pseudomachine / Pseudorechner (Computer existiert nicht als Hardware, wird durch Software emuliert)
pseudonym / Pseudoname (wird bei Mailbox-Betrieb häufig verwendet), Pseudonym
pseudo-operation / Pseudooperation (wird durch andere Befehle simuliert)
pseudo-random number / Pseudozufallszahl
pseudorecord / Pseudosatz
pseudovariable / Pseudovariable
PSK (abbr. → phase-shift keying) / Phasen-Verschiebungs-Verschlüsselung
p-type / p-leitend (mangelleitend), positivdotiert (Halbl.)
p-type conduction / Löcherleitung, p-Leitung (Halbl.)
p-type conductivity / Löcherleitfähigkeit (Halbl.)
p-type region / p-leitender Halbleiterbereich
public / allgemein, gemeinsam, öffentlich; Publikum
public address space / öffentlicher Adreßraum
public area / öffentlicher Bereich
public corporation / Körperschaft des öffentlichen Rechts
public data / öffentliche Daten
public data base system / öffentliche Datenbank
public data network / öffentliches Datennetz
public domain software / frei benutzbare Software
public file / öffentliche Datei

public library / öffentliche Bibliothek
public network / öffentliches Netz
public opinion / öffentliche Meinung
public opinion research / Meinungsforschung
public relations / Öffentlichkeitsarbeit
publication / Bekanntmachung, Veröffentlichung
publicity / Werbung
public-opinion poll / Meinungsumfrage
publish / bekanntgeben, veröffentlichen
publisher / Verleger
publishing / Bekanntgabe, Herausgabe
puck / Puck (Eingabegerät mit Lupe bei
Graphik-Tabletts)
pull / ziehen; Probeabzug, Zugkraft
pull out / herausziehen
pull through / durchziehen
pull-down menu / Balkenmenü (das aus
der obersten Bildzeile nach unten aufgebaut wird)
pulley / Antriebsrad, Rolle
pulse / Impuls
pulse amplitude modulation / Impuls-
Amplituden-Modulation
pulse code / Impulscode
pulse code modulation (abbr. PCM) /
Impulscode-Modulation
pulse duration / Impulsdauer
pulse duration modulation (abbr.
PDM) / Impulsdauermodulation
pulse emitter / Impulsgenerator
pulse form / Impulsform
pulse frequency / Impulsfrequenz
pulse frequency modulation (abbr.
PFM) / Puls-Frequenz-Modulation
pulse leading edge / Impulsvorderflanke
pulse regeneration / Impulsverstärkg.
pulse repetition / Impulsfolge
pulse repetition frequency / Impulsfolgefrequenz
pulse shape / Impulsform
pulse spacing / Impulsabstand
pulse tilt / Dachschräge (Impulsverzerrung eines Binärimpulses)
pulse trailing edge / Impulshinterflanke

pulse train / Impulsfolge
pulse width / Impulsschrittlänge
pulse-width recording / Wechseltaktschrift
pump / pumpen; Pumpe
pump priming / Ankurbelung (der
Wirtschaft)
pump-fed lubrication / Druckschmierung
punch / lochen, stanzen; Locher, Stanzer
punch area / Lochbereich
punch card / Lochkarte
punch card collator / Lochkartenmischer
punch card collection / Lochkartenerfassung
punch card deck / Lochkartenstapel
punch card input / Lochkarteneingabe
punch card machine / Lochkartenmaschine
punch card processing / Lochkartenverarbeitung (veraltet)
punch card punch-reader / Lochkar-
tenlesestanzer
punch card reader / Lochkartenleser
punch card reproducer / Lochkartendoppler
punch card tabulator / Tabelliermaschine
punch card verifier / Lochkartenprüfer
punch code / Lochcode, Lochschrift
punch combination / Lochkombination
punch device / Lochgerät
punch form / Ablochbeleg
punch hole / Lochstelle, Lochung
punch tape / Lochstreifen
punch unit / Stanzeinheit
punch-card-oriented / lochkartenorientiert
punched / gelocht
punched card / Lochkarte
punched document / Lochbeleg
punched paper tape / Lochstreifen
punched tape / Lochstreifen
punched ticket / Lochetikett
punching / Lochen, Stanzen
punching position / Lochstelle

punctual / pünktlich

punctuality / Pünklichkeit

punctuate / hervorheben (durch Punktierung)

punctuation / Hervorhebung (durch Punktierung), Interpunktion, Zeichensetzung

punctuation character / Satzzeichen

punctuation program / Interpunktionsprogramm

purchase / kaufen; Einkommen, Kauf

purchase price / Kaufpreis

purchaser / Kunde (Käufer)

purchasing / Anschaffung, Erwerb

pure / rein

purge / löschen (systematisch nicht benötigte Daten entfernen)

purge area / Löschbereich

purging / Löschen

purify / veredeln

purpose / Zweck

pursuant / gemäß

pursue / verfolgen (ein Ziel)

push / drücken, einspeichern (in einen Kellerspeicher), fördern; Druck, Schub

pushbutton / Schaltfläche (Ben-Ob.), Taste

pushbutton dial(l)ing / Tastenwahl (Tel.)

pushbutton set / Wähltastatur

pushdown automaton / Kellerautomat

pushdown stack / Kellerspeicher

pushdown storage / Kellerspeicher

push-in / einstecken

pushpin / Reißzwecke

push-pull communication / Gegentaktverkehr

put / ausgeben (Daten), setzen, stellen, übersetzen

Q

QBE (abbr. →query by example) / Abfrage durch Beispiel (Abfragetechnik bei rel. DB)

QIC (abbr. →quarter-inch cartridge) / Viertel-Zoll-Kassette

quad / vierfach; Viereck

quad density / vierfache Speicherdichte (bei Disketten)

quadrangle / Viereck

quadrangular / viereckig

quadrant / Quadrant (des Koordinatensystems)

quadrat / Quadrat

quadrate / quadratisch, rechteckig; Quadrat

quadratic / quadratisch

quadrilateral / vierseitig

quad-row package / Chipgehäuse mit quadratisch angeordneten Kontaktreihen

quadruple / vierfach

qualification / Eignung, Kennzeichnung

qualified / geeignet, zuständig

qualifier / Kennzeichner

qualify / ausbilden, genau beschreiben, sich eignen

qualitative / qualitativ

quality / Eigenschaft, Güte, Qualität

quality assessment / Qualitätsbeurteilung

quality assurance / Qualitätssicherung

quality check / Güteprüfung

quality judgement / Qualitätsbeurteilung

quality seal / Gütesiegel

quantitative / mengenmäßig, quantitativ

quantitative data / Mengendaten, quantitative Daten

quantity / Menge, meßbare Größe, Quantität

quantity listing / Mengengerüst

quantity of images / Bildmenge

quantization / Quantifizierung

quantize / quantifizieren

quantized / quantifiziert

quantum / Betrag, Menge, Quantum

quantum mechanics / Quantenmechanik

quarter / Viertel

quarter-hour / Viertelstunde

quarter-inch cartridge (abbr. QIC) / Viertel-Zoll-Kassette

quarterly / vierteljährlich; Vierteljahres...

quartet / Vierbiteinheit

quartic / biquadratisch

quartz / Quarz

quartz crystal / Quarzkristall

quasi / gleichsam, quasi (Blind..., Schein...)

quasistandard / Quasinorm

quaternary / Vierergruppe

query / abfragen; Frage

query by example (abbr. QBE) / Abfrage durch Beispiel (Abfragetechnik bei rel. DB)

query language / Datenbank(abfrage)-sprache

query station / Abfragestation

query system / Abfragesystem

query technique / Abfragetechnik

query-reply system / Dialogsystem

question / fragen; Frage, Problem

question mark / Fragezeichen

questionable / fraglich

question-answer system / Frage-Antwort-System

questioning / Befragung

queue / Warteschlange bilden; Warteschlange

queued-sequential file / sequentiell-verkettete Datei

queuing / Warteschlangenbildung

queuing circuit / Warteschaltung

quibinary / quibinär (den → Quibinärcode betreffend)

quibinary code / Quibinärcode (binärer Zahlencode aus 5 plus 2 Bits, bei denen jeweils 2 Bits gleich 1 sind)

quick / schnell

quick access / Schnellzugriff

quick-break / Netzwischer (sehr kurzer Spannungsabfall im Stromnetz)

quicken / beschleunigen

quick-motion apparatus / Zeitraffer

quicksort / Schnellsortierung

quiesce / stillegen

quiescence / Stillegung

quiescent / untätig; Ruhe...

quiet / geräuscharm, ruhig

quiet mode / Ruhemodus (ohne akustische Signale)

quieting / Schalldämmung

quietize / Schall dämmen

quietized / schalldämmend

quietness / Geräuschlosigkeit

quinary / quinär (auf 5 basierend)

quinary code / Quinärcode (binärer Zahlencode aus 5 Bits)

quinary number / Quinärzahl (Zahlensystem, das auf der Basis 5 beruht)

quintet / Fünfbiteinheit

quit / abbrechen, aufgeben (Stellung), beenden

quite / vollständig

quota / Anteil, Quote

quotation / Kurs, Quotierung, Zitat

quotation mark / Anführungszeichen

quote / notieren, zitieren; Anführungszeichen

quoted price / Preisangebot

quoted string / Literal

quotient / Quotient

quotient register / Quotientenregister

QWERTY keyboard / QWERTY-Tastatur (englischsprachige Schreibmaschinentastatur)

QWERTZ keyboard / QWERTZ-Tastatur (deutsche Schreibmaschinentastatur)

R

RA (abbr. → random access) / direkter Zugriff, Direktzugriff, Zufallszugriff

raceway / Zuführungsbahn

rack / Gestell(rahmen)

rack-mounted / rahmenmontiert

rack-wheel / Zahnrad
radar (abbr. radio detecting and ranging) / Radar (Funkmeßtechnik)
radarscope / Radarbildschirm
radarscreen / Radarbildschirm
radial / radial (sternförmig)
radial line system / Sternleitungssystem
radial transfer / periphere Übertragung (im Bereich der peripheren Geräte und Kanäle)
radiant / strahlend
radiate / ausstrahlen, strahlen
radiated beam / Richtstrahl
radiated energy / abgestrahlte Leistung
radiated line / Stichleitung
radiation / Abstrahlung, Strahlung
radiator / Heizrippe, Kühlrippe
radical / gründlich; Grund..., Radikand (Zahl, aus der Wurzel gezogen wird)
radical sign / Wurzelzeichen
radicand / Radikand (Zahl, aus der Wurzel gezogen wird)
radio / funken, senden (drahtlos); Funk, Radio(apparat), Rundfunk
radio beam / Funkleitstrahl
radio button / Optionsschaltfläche (Ben-Ob.)
radio call service / Funkrufdienst
radio circuit / Funknetz
radio communication / Funkverbindung, Funkverkehr
radio control / Fernlenkung
radio data transmission / Datenfunk
radio frequency (abbr. RF) / Radiofrequenz
radio frequency shielding / Radiofrequenz-Abschirmung
radio link / Richtfunkstrecke
radio monitoring / Funküberwachung
radio orientation / Funkortung
radio receiver / Empfänger (Funkempfänger)
radio reception / Empfang (Funkempfang)
radio silence / Funkstille
radio technique / Funktechnik
radio technology / Funktechnik, Hochfrequenztechnik

radio telephone / Funktelephon
radio telephone network / Funktelephonnetz
radio teleprinter / Funk-Fernschreiber
radio teletypewriter / Funk-Fernschreiber
radio traffic / Funkverkehr
radio transmitter / Sender (drahtlos)
radio tube / Senderöhre
radioactive / radioaktiv
radioactivity / Radioaktivität
radiobearing / Funkpeilung
radio-broadcasting / Tonrundfunk
radioelement / radioaktiver Grundstoff
radiofrequency / Hochfrequenz
radiogram / Funkspruch, Röntgenaufnahme
radiograph / röntgen (Röntgenaufnahme machen)
radiography / Röntgenaufnahme
radiointerference / Funkstörung
radiometer / Strahlungsmesser
radionetwork / Funknetz
radio-photogram / Funkbild
radiotelegram / Funktelegramm
radiotelegraphy / Funktelegraphie
radiotelephone / Sprechfunkgerät
radiotelephony / Sprechfunk
radiotraffic / Funkverkehr
radium rays / radioaktive Strahlen
radius / Radius (Halbmesser)
radix / Basiszahl, Wurzel
radix complement / Basiskomplement
radix notation / Radixschreibweise (Stellenwertdarstellung von Zahlen), Stellenwertschreibweise
radix notation number system / Stellenwertzahlensystem
radix point / Radixpunkt (wo in Zahlen das Komma gesetzt wird)
radix representation / Stellenwertschreibweise (von Zahlensystemen)
ragged / ausgefranst
ragged-left alignment / rechtsbündige Ausrichtung (links ausgefranst)
ragged-right alignment / linksbündige Ausrichtung (rechts ausgefranst)
rag-paper / Recyclingpapier

rail / Geländer, Schiene

raise / hochheben, hochstellen

raised / hochgestellt (Type beim Druck)

raised floor / Doppelboden (im Rechenzentrum zur Kabelverlegung)

raising / Hochstellung (von Potenzen)

raising to a power / Potenzieren

RALU (abbr. → registers and arithmetic-logic unit) / Rechenwerk (eines Mikroprozessors)

RAM (abbr. → random access memory) / Direktzugriffsspeicher

RAM cache / RAM-Hintergrundspeicher

RAM card / Speicherkarte

RAM chip / Speicher-Chip

RAM disk / Halbleiterplatte

RAM refresh / Speicherauffrischung

RAM-programmed control unit / frei programmierbares Steuerwerk

ramification / Verästelung, Zweiggesellschaft

ramify / verästeln

ramp / Rampe

random / zufällig; Zufalls...

random access (abbr. RA) / direkter Zugriff, Direktzugriff, Zufallszugriff

random access file / Direktzugriffsdatei

random access memory (abbr. RAM) / Direktzugriffsspeicher

random access storage / Direktzugriffsspeicher

random error / statistischer Fehler

random file / Direktzugriffsdatei, gestreute Datei

random noise / Zufallsrauschen (in einer Leitung)

random number / Zufallszahl

random number generator / Zufallszahlengenerator

random organization / gestreute Speicherung (einer Datei)

random processing / wahlfreie Verarb.

random sample / Stichprobe, Zufallsauswahl

random test / Zufallstest

random variable / Zufallsvariable

randomize / umrechnen

randomizer / Zufallszahlengenerator

randomizing / Adreßrechnung, Umrechnung

random-scan terminal / Vektorbildschirm (mit direkt gesteuertem Strahl)

range / klassifizieren, ordnen; Bereich, Reichweite, Wertebereich, Wirkungsbereich, Zellenbereich (Tab.-Kalk.)

range attribute of area / dynamisches Bereichsattribut

range check / Bereichsprüfung

range expression / Bereichsbezeichner (Tab.-Kalk.)

range format / Bereichsformat (Tab.-Kalk.)

range name / Bereichsname (Tab.-Kalk.)

range of function / Funktionsumfang

range of numbers / Nummernbereich, Zahlenraum

range specification / Bereichsangabe

rank / Ebene, Rang, Stufe

ranking / Rangfolgefunktion

rapid / schnell

rapid access / Schnellzugriff

rapid prototyping / Schnell-Prototyping (Programmentwurfsmethode)

rapidity / Schnelligkeit

rapport / Übereinstimmung

rarefied / verdünnt

rarefy / evakuieren

raster / rastern; Raster(muster)

raster display / Rasterbildschirm

raster font / Rasterschrift

raster graphics / Raster-Graphik

raster image / Rasterbild

raster image processor (abbr. RIP) / Rasterbildprozessor

raster scanning / Rasterpunktabfühlung

raster screen / Rasterbildschirm

rasterization / Rasterisierung (Umwandlung einer Vektorgraphik in eine Bitabbildung)

rasterize / rasterisieren (Vektorgraphik in Bitabbildung umwandeln)

raster-scan terminal / Bildschirm mit zeilenweise gesteuertem Strahl

ratch / Sperrklinke
ratchet / Schaltrad
ratch-wheel / Klinkenrad
rate / bewerten, einstufen; Betrag, Grad, Quote, Rate, Verhältnis
rate of innovation / Innovationsrate
rate of transaction / Transaktionsrate
rated / bewertet; Nenn...
rated current / Nennstrom
rated duty / Nennbetrieb
rated output / Nennleistung
rated range / Optimalbereich
rated voltage / Nennspannung
ratification / Bestätigung
ratify / bestätigen
rating / Bewertung, Leistungsfähigkeit, Schätzen
rating method / Schätzverfahren
ratio / Verhältnis, Zahlenverhältnis
ration / bewirtschaften; Ration
rational / rational, vernünftig
rational number / rationale Zahl
rationality / Vernunft
rationalization / Rationalisierung
rationalize / rationalisieren
rationalizing / Rationalisieren
raw / unbearbeitet
raw data / Ausgangsdaten, Urdaten
ray / ausstrahlen; Strahl
ray tracing / Strahlenaufzeichnung (hochwertige dreidimensionale Graphikdarstellungstechnik)
RDB (abbr. → relational database) / relationale Datenbank
RDBMS (abbr. → relational database management system) / relationales Datenbank-Management-System
re... / wieder, zurück
reach / ausreichen, erreichen, reichen; Fassungsvermögen, Reichweite
react / entgegenwirken
reactance / Blindwiderstand
reaction / Gegenwirkung, Reaktion, Rückkopplung
reaction time / Reaktionszeit
reactivate / reaktivieren
reactive / rückwirkend; Blind...
reactor / Drosselspule, Reaktor

read / abfühlen, eingeben, einlesen, lesen
read after write / Prüflesen
read check / Kontrollesen
read coil / Lesespule
read current / Lesestrom
read cycle / Lesezyklus
read direction / Leserichtung
read error / Lesefehler
read head / Lesekopf
read in / eingeben, einspeichern
read instruction / Lesebefehl
read lock / Lesesperre
read me (README) / lies mich (Informationsdatei in Programmen)
read mode / Lesemodus
read off / ablesen, abtasten
read out / auslesen, ausspeichern, herauslesen
read statement / Leseanweisung
read voltage / Lesespannung
readability / Lesbarkeit
readable / lesbar
read-after-write check / Kontrollesen (nach dem Schreiben auf Magnetspeichern)
reader / Lesegerät, Leser, Textbuch (gesammelte Texte zu einem Thema)
readin / Einlesen
readiness / Bereitschaft, Gewandtheit
readiness to access / Zugriffsbereitschaft
readiness to transmission / Übertragungsbereitschaft
reading / Lesen
reading by machine / maschinelles Lesen
reading current / Lesestrom
reading head / Lesekopf
reading point / Lesestelle
reading rate / Lesegeschwindigkeit
reading reliability / Lesesicherheit
reading voltage / Lesespannung
readjust / nachregeln, nachstellen
readjustment / Nachregelung, Reorganisation
read-only / nur-lesen (Eigenschaft des Festspeichers)

read-only attribute / Nur-Lesen-Attribut

read-only memory (abbr. ROM) / Festspeicher (Nur-Lese-Speicher)

read-only optical disc / nur-lesbare Bildplatte

read-only terminal / Nur-Lese-Datenstation

readout / Auslesen

read-write / Schreiben-Lesen

read-write file / Schreib-Lese-Datei

read-write head / Schreib-Lese-Kopf

read-write memory / Schreib-Lese-Speicher

read-write speed / Schreib-Lese-Geschwindigkeit

ready / bereit, betriebsbereit

ready flag / Bereitmeldung

ready reckoner / Rechentabellen

ready state / Bereitzustand

ready status / Bereitzustand

ready-to-transmit status / Sendebereitschaft

real / echt, real, reell, wirklich; Gleitkommazahl, rationale Zahl

real address / reale Adresse, tatsächliche Adresse

real addressing / reale Adressierung

real device / aktuelles Gerät

real line / reale Leitung

real machine / reale Maschine

real memory / realer Arbeitsspeicher, Realspeicher

real memory operating system / reales Betriebssystem

real mode / Realmodus

real name / echter Name

real number / reelle Zahl

real objective / Sachziel

real processing / Echtverarbeitung

real storage / Realspeicher

real workstation / reale Dialogstation

real time / Echtzeit

real variable / Fließkomma-Variable, reelle Variable

realistic / sachlich

reality / Wirklichkeit

realizable / realisierbar

realization / Realisierung

realize / realisieren

real-time / schritthalten; Echtzeit...

real-time clock / Realzeituhr

real-time computer / Realzeitrechner (Prozeßrechner)

real-time data acquisition / schritthaltende Datenerfassung

real-time data processing / schritthaltende Datenverarbeitung

real-time input / Realzeiteingabe

real-time language / Prozeßrechnersprache

real-time processing / schritthaltende Datenverarbeitung

real-time pulse / Absolutzeitimpuls

rear / hinterste(r, s); Rückseite

rearmost / hinterste(r, s)

rearrange / reorganisieren

rearrangement / Neuordnung, Reorganisation

reason / Vernunft, Verstand

reasonable / vernünftig

reasonableness / Plausibilität, Verständigkeit

reasoning / Beweisführung, Urteilsvermögen

reassemble / wieder zusammensetzen

reassign / neu zuordnen

reassignment / Neuzuordnung

reassurance / Rückversicherung

reblock / neu blocken, umblocken

reblocking / Neublockung, Umblockung

reboot / wiederanlaufen (neu starten); Warmstart, Wiederanlauf

rebound / Rückprall

recalculate / neuberechnen (Tab-Kalk.)

recalculation / Neuberechnung (Tab-Kalk.)

recalculation method / Neuberechnungsverfahren

recalculation order / Neuberechnungsreihenfolge

recalibrate / neu einstellen

recall / abrufen, rückrufen (Tel.); Abruf, Rückruf (Tel.)

recast / umformen; Umformung

receipt / quittieren; Quittung
receivable / fällig, zulässig
receivables / Forderungen
receive / empfangen, erhalten
receive mode / Empfangsbetrieb
received / empfangen (habend)
receive-only printer / Hartkopiegerät
receive-only unit / Nur-Empfangs-Gerät
receiver terminal / Empfangsgerät
receive-site / empfangsseitig
receiving / Empfang
receiving antenna / Empfangsantenne
recency / Neuheit
recension / revidierter Text
recent / modern, neu
receptacle / Steckerbuchse
receptible / aufnahmefähig
reception / Empfang
receptive / aufnahmebereit
receptivity / Aufnahmebereitschaft
recess / Unterbrechung
recession / Rückgang
recessive / nachlassend
recherche / recherchieren; Recherche
recipient / empfangsbereit; Empfänger
reciprocal / wechselseitig (entsprechend)
reciprocate / pendeln
reciprocation / Wechselwirkung
reciprocity / Wechselwirkung
recirculate / ständig umlaufen
recirculation / Dauerumlauf
reckon / rechnen, zählen
reckon up / verrechnen (aufrechnen)
reckoning / Berechnung, Rechnung, Zählung
reclaim / regenerieren
reclaimable / verbesserungsfähig
reclamation / Rückgewinnung
recode / umschlüsseln
recoding / Umschlüsselung
recognition / Bestätigung, Erkennung
recognition of characters / Zeichenerkennung
recognition of images / Bilderkennung
recognition of pattern / Mustererkennung

recognition of speech / Spracherkennung
recognizable / erkennbar, lesbar
recognize / erkennen
recoil / zurückprallen
recoilless / rückstoßfrei
recombination / Rekombination (Wiederverbindung von Atomkern und Elektron)
recombination velocity / Rekombinationsgeschwindigkeit
recombine / rekombinieren (Atomkern und Elektron wieder verbinden)
recommend / empfehlen
recommendable / empfehlenswert
recommendation / Empfehlung
recompense / zurückerstatten; Rückerstattung
recompile / neu übersetzen, rückübersetzen
recompiler / Rückübersetzer
recomplement / rekomplementieren; Rekomplement
recomplementing / Rekomplementierung
recompose / neu setzen (Druckt.)
recondition / überholen (wiederherstellen)
reconditioning / Überholung (Wiederherstellung)
reconfigurate / anders ausstatten (Zentraleinheit)
reconfiguration / Umgestaltung (einer Zentraleinheit)
reconnaissance / Untersuchung
reconnect / wiederverbinden
reconnection / Wiederverbindung
reconsider / überdenken
reconstruct / rekonstruieren
reconstruction / Rekonstruktion
reconversion / Rückwandlung
reconvert / rückwandeln
record / aufzeichnen, protokollieren, schreiben, speichern; Datensatz, Rekord, Satz, Schreib...
record address / Satzadresse
record area / Datensatzbereich
record by record / satzweise

record card / Karteikarte
record carrier / Datenträger
record chaining / Satzkettung
record contains clause / Satzlängenklausel
record description / Datensatzbeschreibung
record format / Datensatzformat
record head / Aufzeichnungs(magnet)kopf, Schreibkopf
record identification / Datensatzerkennung
record identifier / Datensatzkennzeichen
record key / Datensatzschlüssel
record layout / Datensatzaufbau
record length / Satzlänge
record length field / Satzlängenfeld
record locking / Datensatzsperre
record name / Datensatzname
record number / Datensatznummer
record pointer / Datensatzzeiger
record segment / Satzsegment
record selection / Datensatzauswahl
record set / Satzgruppe (einer Datenbank)
record structure / Satzaufbau
record type / Satzart
recordable / aufzeichenbar, beschreibbar
record-by-record / satzweise
recorded / aufgezeichnet, beschrieben
recorder / Aufzeichnungsgerät
recording / Aufzeichnen (von Daten), Aufzeichnung
recording beam / Schreibstrahl
recording comb / Aufzeichnungskamm (bei Plattenstapelgeräten)
recording density / Aufzeichnungsdichte
recording disk / Speicherplatte
recording error / Aufzeichnungsfehler
recording gap / Schreib-Lese-Spalt
recording key / Aufnahmetaste (an Aufzeichnungsgeräten)
recording level control / automatische Aussteuerung (bei Aufzeichnungsgeräten)

recording medium / Aufzeichnungsmedium
recording speed / Aufzeichnungsgeschwindigkeit
recording technique / Aufzeichnungsverfahren
record-oriented / satzorientiert
record-oriented data processing / satzorientierte Datenverarbeitung
record-oriented file / satzorientierte Datei
record-oriented processing / logische Verarbeitung
recount / nachzählen
recourse / Regreß (Rückgriff)
recover / beheben (Fehler), wiederanlaufen, wiederherstellen
recoverable / behebbar, reparierbar
recoverable error / behebbarer Fehler
recovery / Korrektur, Wiederanlauf, Wiederherstellung
recovery time / Erholzeit
recreate / wiederherstellen
recreation / Wiederherstellung
rectangle / Rechteck
rectangular / rechtwinklig
rectangular pulse / Bitimpuls, Rechteckimpuls
rectification / Gleichrichtung
rectifier / Gleichrichter
rectify / gleichrichten, richtigstellen
rectifying / gleichrichtend; Gleichrichtung
rectilinear / geradlinig
recto / rechte (Seite eines Druckwerks, ungerade numeriert)
recur / sicher wiederholen
recurrence / Wiederauftreten
recurrent / periodisch wiederkehrend
recurring / immer wiederkehrend
recurring decimal / periodischer Dezimalbruch
recursion / Rekursion (Wiederholung eines Programms oder einer Befehlsfolge)
recursive / rekursiv (sich selbst aufrufendes Programm)
recycle / regenerieren

recycling / Regenerierung, Wiedergewinnung (Recycling)

red green blue (abbr. RGB) / rot grün blau (additive Farbdarstellung)

red tape / Bürokratie

redact / redigieren

redacting / Redigieren

redaction / Ausgabe (eines Buches)

redactor / Herausgeber (Buch)

redeem / zurückkaufen

redefine / neu definieren

redefining / Neudefinition (eines bereits definierten Speicherbereichs)

redefinition / Redefinition (eines bereits definierten Speicherbereichs)

redemption / Rückkauf

redial / wiederwählen (Tel.)

redialing / Wahlwiederholung (Tel.)

redirect / nachsenden, umadressieren

redirection / Umleitung (z. B. einer Ausgabe auf ein anderes Gerät)

redlining / Anmerkung (durch einen Ko-Autor in der Textv.)

redo / neu machen

redraw / neuzeichnen; Neuzeichnung

red-tape... / Organisations..., Verwaltungs...

reduce / herabsetzen, reduzieren, vermindern, verringern

reduced instruction set computer (abbr. RISC) / Rechner mit reduziertem Befehlsvorrat (besonders leistungsfähiger Rechnertyp)

reducible / reduzierbar, zurückführbar

reducing / Verminderg., Zurückführg.

reduction / Kürzung, Verkleinerung, Verminderung

reduction of working hours / Arbeitszeitverkürzung

reduction rate / Verkleinerungsfaktor (Mikrofilm)

redundancy / Redundanz (Zeichenüberfluß zur sicheren Übertragung von Informationen)

redundancy check / Redundanzprüfung

redundant / redundant (zusätzlich vorhanden)

redundant code / redundanter Code

reed relay / Schutzgasrelais

reel / Band, Bandspule

reengineer / neugestalten, sanieren (der vorhandenen Software)

reengineering / Neugestaltung, Sanierung (vorhandener Software)

re-enlarge / rückvergrößern

re-enlargement / Rückvergrößerung (eines Mikrofilms)

re-enter / rückverzweigen

reenterable → reentrant / ablaufinvariant (Programm, das von mehreren Benutzern gleichzeitig benutzt werden kann)

reentrant / ablaufinvariant (Programm, das von mehreren Benutzern gleichzeitig benutzt werden kann)

reentry / Rücksprung

refer (to) / Bezug nehmen (auf), verweisen (auf)

referable / bezüglich

referee / Referent, Sachverständiger

reference / Bezugnahme, Verweis(ung)

reference address / Bezugsadresse

reference display window / Hinweisfenster

reference edge / Ausgangskante (bei einem Klartextbeleg)

reference input / Führungsgröße (Regelkreis)

reference list / Referenzliste

reference manual / Bedienungshandbuch

reference number / Aktenzeichen

reference number system / Aktenplan

reference point / Bezugspunkt

reference reading rule / Ableselineal (transparentes Lineal zur Schriftgrößen- und Schrittweitenbestimmung)

reference tape / Bezugsband

refill / nachfüllen

refine / verfeinern

refinement / Verfeinerung

refit / überholen (wiederherstellen); Überholung (Wiederherstellung)

reflect / nachdenken, reflektieren, widerspiegeln

reflectance / Reflexion(sgrad)

reflected / reflektiert

reflection / Reflexion, Widerspiegelung

reflective / reflektierend, reflektiert

reflective spot / Reflektormarke (beim Magnetband)

reflex / Reflex, Spiegelung

reflexion → reflection / Reflexion, Widerspiegelung

reflexive → reflective / reflektierend, reflektiert

reflux / Rückfluß

reformat / umformatieren

reformatting / Umformatierung

refract / ablenken (Strahlen)

refraction / Lichtbrechung

refractive / lichtbrechend

refractory / hitzebeständig

refresh / auffrischen (einer Ladung)

refresh circuit / Auffrischschaltung

refresh cycle / Auffrischzyklus

refresh memory / Auffrischspeicher

refresh rate / Bildwiederholfrequenz

refresh terminal / Bildschirm mit Bildwiederholung

refreshing / Auffrischen (einer Ladung)

refresh-time interval / Auffrischungsintervall

refrigerant / kühlend

refrigerate / kühlen

refrigeration / Kühlung

refuse / wertlos; ablehnen; Ausschuß (Abfall)

regenerate / neu erstellen, regenerieren

regeneration / Neuerstellung, Regenerierung, Wiederherstellung

regeneration buffer / Bildwiederholspeicher

regenerative / regenerativ, regenerierend

regenerative repeater / entzerrende Übertragungseinrichtung (durch Wiederholung), Entzerrer

regenerator / Signalverstärker

region / Bereich, Region

region fill / Bereichsfüllmuster (graph.)

regional / lokal, örtlich

register / eintragen, registrieren, verzeichnen; Liste, Register, Verzeichnis, Zählwerk

register address / Registeradresse

register addressing / Registeradressierung

register capacity / Registerlänge

register insertion / Registereinschubverfahren

register instruction / Registerbefehl

register length / Registerlänge

register name / Registername

register pair / Registerpaar

register release / Registerfreigabe

registered / eingetragen

registered design / Gebrauchsmuster

registered trade-mark / eingetragenes Warenzeichen

registers and arithmetic-logic unit (abbr. RALU) / Rechenwerk (eines Mikroprozessors)

registrate / registrieren

registration / Registrierung

registration act / Meldegesetz

registration fee / Registriergebühr (bei Shareware)

regress / sich rückwärtsbewegen; Rückschritt

regression / Regression, Rückgang, Rückwärtsbewegung

regression analysis / Regressionsanalyse

regressive / rückläufig

regular / ordentlich, regelmäßig, vorschriftsmäßig

regularity / Regelmäßigkeit, Vorschriftsmäßigkeit

regulate / regeln, steuern

regulating / Einstellen, Regeln

regulating screw / Stellschraube

regulation / Regelung

regulative / regelnd

regulator / Regler

rehosting / Übertragbarkeit (eines Programmentwicklungssystems auf einen anderen Rechner)

reimburse / rückerstatten

reimbursement / Rückerstattung

reinit (abbr. → reinitialization)

reinitialization (abbr. reinit) / Neuinitialisierung (eines bereits initialisierten Datenträgers)

reinitialize / neu vorbereiten

reinsurance / Rückversicherung

reissue / Neuauflage

reject / aussteuern, rückweisen; Ausschuß (Abfall)

reject stacker / Aussteuermagazin (im Belegleser)

rejectable / zurückweisbar

rejection / Aussteuerung, Rückweisung

rejection number / Rückweisungsquote

rejection rate / Rückweisungsquote

relate / verknüpfen

related standard (abbr. RSxxx) / verbundene Norm

relation / Beziehung, Relation, Vergleich, Verhältnis

relation chart / Datengitter

relation condition / Vergleichsbedingung

relational / relational (auf Relationen beruhend)

relational calculus / Relationenkalkül

relational database (abbr. RDB) / relationale Datenbank

relational database management system (abbr. RDBMS) / relationales Datenbank-Management-System

relational database system / relationales Datenbanksystem

relational data model / relationales Datenmodell

relational expression / relationaler Ausdruck (enthält Vergleichsoperator)

relational operator / Vergleichsoperator

relationship / Beziehung

relative / bezüglich, relativ, verhältnismäßig

relative address / relative Adresse

relative addressing / relative Adressierung

relative branch / relativer Sprung (bezogen auf die Aussprungadresse)

relative cell reference / relativer Zellenverweis (Tab-Kalk.)

relative coordinate / relative Koordinate

relative error / relativer Fehler

relative jump / relativer Sprung (bezogen auf die Aussprungadresse)

relative throughput / relativer Durchsatz

relative track / relative Spur

relative track address / relative Spuradresse

relative zero / relativer Nullpunkt

relativity / Relativität

relativization / Relativierung

relay / übertragen, verstärken; Relais, Verstärker

release / auslösen, freigeben; Auslöser, Freigabe

release notice / Freigabeankündigung

release number / Freigabenummer (einer Programmversion)

relevancy / Bedeutung

relevant / wichtig

reliability / Zuverlässigkeit

reliable / zuverlässig

relief / Entlastung, Unterstützung

relief notch / Entspannkerbe (Diskettenhülle)

relief valve / Überdruckventil

relieve / entlasten

reload / nachladen

reloadable / wiederladbar

reloading / Nachladen

relocatability / Verschiebbarkeit

relocatable / verschieblich

relocatable address / relative Adresse

relocatable code / verschieblicher Programmcode

relocatable library / Modulbibliothek

relocatable loader / Relativlader

relocatable program / verschiebliches Programm

relocate / auslagern, verschieben

relocating / verschiebend; Verschieben

relocation / Programmverschiebung, Verschiebung

reluctancy / magnetischer Widerstand

rely / sich verlassen

REM (abbr. →remark) / Bemerkung

remagnify / rückvergrößern

remain / übrigbleiben; Rest

remainder / Rest, Teilungsrest

remaining / restlich

remake / Neuauflage

remand / Rücksendung

remanence / Remanenz (magnetische Trägheit)

remanent / remanent (magnet. träge)

remark (abbr. REM) / bemerken; Bemerkung

remedial / abhelfend

remedial maintenance / Bedarfswartung, fallweise Wartung

remind / mahnen

reminder / Erinnerung

reminder signal / Erinnerungssignal

remission / Gebührenbefreiung

remit / herabsetzen, überweisen

remittance / Überweisung

remittee / Überweisungsempfänger

remitter / Überweisungsabsender

remote / entfernt (vom Rechner), rechnerfern; Fern...

remote access / Fernzugriff

remote alarm / Fernalarmierung

remote batch processing / Stapelfernverarbeitung

remote batch terminal / Stapelfernstation

remote communication / Telekommunikation

remote control / Fernsteuerung

remote control device / Fernbedienungsgerät

remote control system / Fernwirksystem

remote copier / Fernkopierer

remote data transmission / Datenfernübertragung

remote diagnosis / Ferndiagnose

remote diagnostic system / Ferndiagnosesystem

remote entry / Ferneingabe

remote front-end processor / Knotenrechner

remote input / Ferneingabe

remote inquiry / Fernabfrage

remote job entry / Aufgabenferneingabe

remote maintenance / Fernwartung

remote mode / Fernbetrieb

remote output / Fernausgabe

remote station / Außenstation

remote terminal / Teledatenstation

remote working / Telearbeit

remote-controlled / ferngesteuert

remoted / entfernt untergebracht

remount / wieder einhängen (von Datenträgern)

removable / auswechselbar (Bänder, Platten)

removable data carrier / Wechseldatenträger

removable disc / opt. Wechselplatte

removable disk / Wechselplatte

removable magnetic disk / Wechselplatte

removable magnetic disk storage / Wechselplattenspeicher

removable magnetic disk-pack / Wechselplattenstapel

removable mass storage / Wechsel-Massenspeicher

removable storage medium / Wechsel-Speichermedium

removable storage unit / Wechselspeichergerät

removal / Entnahme (eines Wechseldatenträgers)

removal supervision / Abgangskontrolle (i. S. des BDSG)

remove / entfernen (z. B. eines Wechseldatenträgers)

removing / Wechsel (eines Datenträgers)

remunerate / erstatten

remuneration / Erstattung

REN (abbr. →rename) / umbenennen

rename (abbr. REN) / umbenennen

renaming / Umbenennung

render / vervollständigen (einer Strichgraphik zum vollen Bild)

rendering / Vervollständigung (einer Strichgraphik zum vollen Bild)

rendering an account / Rechenschaftslegung
renew / erneuern
rent / mieten; Miete
rental / Mietgebühr
renting costs / Mietkosten
renumber / umnumerieren
renumbering / Umnumerierung
reopen / neu eröffnen
reorder / neu ordnen
reordering / Umordnung
reorganization / Reorganisation
reorganize / reorganisieren
reorganizing / Reorganisieren
repaginate / neu numerieren (eines
Dokumentes)
repagination / Neunumerierung (eines
Dokumentes)
repair / reparieren; Reparatur
repair service / Kundendienst
repair shop / Reparaturwerkstatt
repair time / Reparaturzeit
repairable / reparaturbedürftig
reparable / reparierbar
reparation / Reparatur
repartition / neu zuweisen (des Arbeitsspeichers); Neuzuweisung
repay / zurückzahlen
repayable / rückzahlbar
repayment / Rückzahlung
repeat / wiederholen; Wiederholung
repeat function / Wiederholfunktion
repeat key / Dauerfunktionstaste
repeatability / Reproduzierbarkeit,
Wiederholbarkeit
repeated / mehrmalig
repeater / Verstärker (Tel.)
repeating decimal / periodischer Dezimalbruch
repeat-until loop / Bis-Schleife (Programmschleifentyp)
repel / rückweisen
reperforator / Lochstreifenstanzer (am
Fernschreibgerät)
repertoire / Vorrat
repetition / Wiederholung
repetition loop / Wiederholschleife
(Programmschleife)

repetitive / iterativ, sich (periodisch)
wiederholend
repetitive strain injury (abbr. RSI) /
Dauerbelastungserkrankung (z. B.
Sehnenscheidenentzündung bei anhaltender Tastaturarbeit)
repetitiveness / Wiederholungshäufigkeit
replace / austauschen, ersetzen
replaceable / austauschbar
replacement / Austausch, Ersetzung
replacement character / Ersetzungszeichen
replacement part / Ersatzteil
replacement part service / Ersatzteildienst
replacing / Austauschen, Ersetzen
replenish / auffüllen
replenishment / Auffüllung
replicate / wiederholen
replicator / Wiederholangabe
reply / antworten; Antwort
replying identification / Bezug (in Briefen)
report / berichten, melden; Bericht, Liste, Meldung, Protokoll
report date / Berichtsdatum
report generator / Listprogrammgenerator, Reportprogrammgenerator
report group / Steuerleiste (auf der
Bildschirmmaske)
report period / Berichtszeitraum
report program generator (abbr.
RPG) / Listprogrammgenerator, Reportprogrammgenerator
reporting / Berichtswesen
reporting facility / Meldeanlage
reposition / neu positionieren
repositioning / Umpositionierung
repository / Aufbewahrungsort, Datenbankbeschreibung, Verwahrungsort
represent / darstellen
representation / Darstellung
representation element / Darstellungselement
representation layer / Darstellungsschicht (Schicht des ISO-Kommunikationsprotokolls)

representative / darstellend, repräsentativ

repress / unterdrücken

repression / Unterdrückung

reprint / nachdrucken; Nachdruck

reproduce / kopieren, nachbilden, vervielfältigen

reproducer / Vervielfältiger, Wiedergabegerät

reproducibility / Reproduzierbarkeit

reproducible / reproduzierbar

reproducing / Vervielfältigen

reproduction / Wiedergabe

reproductive / sich wiederholend

reprogram / umprogrammieren

reprogrammable / wiederprogrammierbar (Eigenschaft bestimmter Festspeicher)

reprogrammable read-only memory (abbr. REPROM) / wiederprogrammierbarer Festspeicher

reprogramming / Umprogrammierung

reprography / Reprographie, Vervielfältigung

REPROM (abbr. → reprogrammable read-only memory) / wiederprogrammierbarer Festspeicher

repunch / neu stanzen

repurchase / zurückkaufen; Rückkauf

request / abfragen, anfordern; Abfrage, Anforderung, Rückfrage

request for repeat / Wiederholungsaufforderung

request key / Anforderungstaste

request mode / Anforderungsmodus

require / benötigen, brauchen

required hyphen / normaler Trennstrich (Textv.)

required parameter / Zwangsparamet.

requirement / Anforderung, Bedingung (Voraussetzung), Erfordernis, Vorschrift

requirement definition / Anforderungsbestimmung

requirement of access / Zugriffserfordernis

requirements specification / Pflichtenheft

reread / wiederholt lesen

rereading / Lesewiederholung

reroute / umsteuern

rerouting / Umsteuern, Umsteuerung

rerun / wiederholen; Wiederholungslauf

rerun time / Wiederherstellungszeit

resale / Weiterverkauf

rescan / neu abtasten

rescanning / Neuabtastung

rescue / retten; Rettung

research / forschen; Forschung

reservation / Buchung, Vorbehalt

reservation terminal / Buchungsstation

reserve / belegen, reservieren

reserved / belegt, reserviert

reserved area / reservierter Bereich

reserved character / reserviertes Zeichen (hat in einem Programm eine bestimmte Funktion)

reserved library / reservierte Bibliothek

reserved memory / reservierter Speicher(bereich)

reserved word / reserviertes Wort (einer Programmiersprache)

reserved working-storage area / reservierter Arbeitsspeicherbereich

reset / löschen, rücksetzen (in einen normierten Anfangszustand), ummagnetisieren

reset button / Rücksetzknopf

reset key / Rücksetztaste

resetting / Rücksetzen, Ummagnetisierung

reshape / regenerieren (von Impulsen)

reside / sich befinden (gespeichert sein)

residence / Residenz (Speicher für Programme)

residence device / Residenzeinheit (Direktzugriffsspeicher, auf dem das Betriebssystem und die Programmbibliothek gespeichert sind)

residence time / Verweilzeit

resident / speicherresident (im Hauptspeicher ständig gespeichert)

resident command / residentes Kommando (im Arbeitsspeicher)

resident compiler / residenter Compiler

resident data / residente Daten
resident file / residente Datei
resident font / residente Schrift
resident program / residentes Programm
residual / restlich; Rest
residual current / Reststrom
residual risk / Restrisiko
residual voltage / Restspannung
residue / Restbetrag, Rückstand
resiliency / Elastizität (im Hinblick auf den Ausgleich von Störungen)
resilient / elastisch
resist / entgegenwirken
resistance / Widerstand
resistant / widerstandsfähig
resistive / Widerstands...
resistivity / Widerstandsgröße
resistor / Widerstand(selement)
resolder / rücklöten
resoldering / Rücklöten
resoluble / lösbar
resolution / Auflösung, Bildauflösung, Entschluß
resolvable / lösbar
resolve / auflösen
resolver / Koordinatenwandler
resolving / Auflösen
resonance / Resonanz
resonant / mitschwingend
resonant circuit / Schwingkreis
resorb / resorbieren (aufsaugen)
resort (to) / zurückgreifen (auf)
resource / Betriebsmittel, Hilfsmittel
resource data / Betriebsmitteldaten (z. B. Menüs, Symbole bei einer BenOb.)
resource interlocking / Betriebsmittelverbund
resource scheduling / Betriebsmittelplanung
respond / antworten, reagieren
response / Antwort, Reaktion
response behaviour / Antwortverhalten
response field / Antwortfeld
response frame / Antwortseite (Btx.)
response mode / Antwortmodus

response performance / Antwortverhalten
response time / Antwortzeit
responsibility / Verantwortung
responsible / verantwortlich
responsive / ansprechbar
responsiveness / Ansprechbarkeit
rest / ruhen; Ruhe...
restart / wiederanlaufen; Wiederanlauf (nach einem Ausfall)
restart capability / Wiederanlauffähigkeit
restart point / Wiederanlaufpunkt
restart-proof / wiederanlaufsicher
resting state / Ruhezustand
restitution / Wiederherstellung
restorability / Instandsetzbarkeit, Wiederherstellbarkeit
restorable / instandsetzbar, rückführbar, wiederherstellbar
restorable change / rückführbare Änderung
restoration / Wiederherstellung
restore / umspeichern, wiederherstellen
restoring / Umspeichern, Wiederherstellen
restrict / einschränken
restricted / begrenzt
restricted access / eingeschränkter Zugriff
restricted dialog / eingeschr. Dialog
restricted function / eingeschränkte Funktion
restriction / Einschränkung
restriction of access / Zugriffsbeschränkung
result / resultieren; Resultat
result of a test / Testergebnis
resultant / resultierend; Resultante
resume / wiederaufnehmen
resumption / Wiederaufnahme
retail trade / Einzelhandel
retailer / Händler (Einzelhändler)
retain / festhalten
retainer / Spannbügel
retard / verzögern
retardation / Abbremsung
retardation distance / Bremsweg

retardation time / Bremszeit
retarding / Verzögern
retention / Aufbewahrung
retention period / Aufbewahrungsfrist, Aufbewahrungszeitraum, Sperrfrist
retention regulation / Aufbewahrungsvorschrift
retention time / Aufbewahrungsfrist
reticle / Fadenkreuz
reticle facility / Fadenkreuzeinrichtung
reticle lens / Fadenkreuzlupe
reticular / netzartig
reticule / Fadenkreuz
retrace / zurückverfolgen
retract / zurückziehen
retractable / einziehbar
retrain / umschulen
retraining / Umschulung
retransmission / erneutes Übertragen
retransmit / neu übertragen
retrench / einschränken
retrievable / wiedergewinnbar
retrieval / Wiederfinden, Wiedergewinnung (von Daten)
retrieval system / Wiedergewinnungssystem
retrieval terminal / Abfragestation
retrieve / wiedergewinnen; Abruf (Btx.)
retroact / zurückwirken
retroaction / Rückwirkung
retroactive / rückwirkend
retrocession / Rückübertragung
retrofit / nachrüsten
retrofitting / Nachrüstung
retrograde / rückläufig
retrospection / Rückblick
retrospective / rückblickend
retry / erneut versuchen
return / antworten, zurückkehren; Rücklauf, Rücksenden, Rücksprung
return address / Rücksprungadresse
return circuit / Rückleitung
return instruction / Rücksprungbefehl
return key / Eingabetaste, Rücklauftaste
return statement / Rücksprunganweisung
return-to-bias recording / Magnetaufzeichnungsverfahren mit Rückkehr zum Ausgangspunkt
return-to-zero recording (abbr. RZ) / Magnetaufzeichnungsverfahren mit Rückkehr in den neutralen Zustand
retype / umschreiben (neu schreiben)
reusable / mehrfach aufrufbar (Programm, das ohne Neuladen mehrfach benutzt werden kann)
reuse / erneut benutzen; Wiederverwendung
revaluate / neu bewerten
revenue / Einkommen
reversal / Stornobuchung, Umkehrung
reversal point / Wendepunkt
reverse / entgegengesetzt; Rückseite
reverse charge call / R-Gespräch (Tel., Angerufener zahlt Gebühren)
reverse clipping / Ausblenden
reverse current / Sperrstrom
reverse engineering / Produktfunktionsuntersuchung (Ableitung der Struktur eines Produktes aus seinen Funktionen und seinem Aufbau, oft bei Konkurrenzprodukten)
reverse order / umgekehrte Reihenfolge
reverse presentation / inverse Darstellung (positiv statt negativ und umgekehrt auf dem Bildschirm)
reverse slant / negativer Schrägstrich (‹\›)
reverse video / inverse Bildschirmdarstellung (positiv statt negativ und umgekehrt)
reversed / rückwärts
reversibility / Umkehrbarkeit
reversible / umkehrbar
reversing / Umschalten
reversion / Umkehrung, Umpolung
revert / umkehren
revertive / Rück...
review / überprüfen; Revision, Überprüfung
revisal / Revision, Überprüfung
revise / überprüfen
revision / Änderungs..., Durchsicht, Redigieren, Revision, Überarbeitung

revocable / widerruflich
revoke / annullieren
revolution / Revolution, Umdrehung, Umwälzung
revolve / rotieren
revolving / rotierend, umlaufend
rewind / zurücksetzen, zurückspulen; Rückspulung
rewind key / Rücksetztaste (Bandstation)
rewinding / Rücksetzen (Band)
rework / überarbeiten
rewritable optical disc (abbr. ROD) / überschreibbare optische Platte
rewrite / neu schreiben, überschreiben, zurückschreiben
RF (abbr. → radio frequency) / Radiofrequenz
RGB (abbr. → red green blue) / rot grün blau (additive Farbdarstellung)
rheostat / Regelwiderstand
rhomb / Raute, Rhombus
rhombic(al) / rautenförmig, rhombisch
rhombus / Raute, Rhombus
ribbon / Farbband
ribbon cable / Flachkabel
ribbon cartridge / Farbbandkassette
ribbon lift / Farbbandhub
ribbon shift / Farbbandumschaltung
ribbon zone selector / Farbbandzoneneinsteller
rich text format / Volltextformat (Textv., enthält neben dem eigentlichen Text auch alle Steuerzeichen)
riffle / riffeln; Riffelung
rift / reißen; Riß
right / rechts, richtig; Berechtigung, Recht
right angle / rechter Winkel
right arrow key / Cursortaste nach rechts
right bracket / Klammer zu, rechte Klammer
right justification / Rechtsbündigkeit
right justified / rechtsbündig
right margin / rechter Rand
right of a person concerned / Recht des Betroffenen

right parenthesis / Klammer zu, rechte Klammer
right shift / Rechtsverschiebung
right to access / Auskunftsrecht, Zugriffsrecht
right to admission / Zugangsberechtigung
right to blocking / Sperrungsrecht
right to codetermination / Mitbestimmungsrecht
right to correction / Berichtigungsrecht
right to deletion / Löschungsrecht
right to information / Auskunftsrecht, Informationsrecht (als Rechtsgut)
right to inspection / Einsichtsrecht
right to notification / Benachrichtigungsrecht
right to objection / Beanstandungsrecht
right to participation / Mitwirkungsrecht
right to recovery of damages / Schadensersatzrecht
right to use / Nutzungsrecht
right-angled / rechtwinklig
right-hand margin / Endrand, rechter Rand
rightmost / niedrigstwertig
rightmost position / niedrigstwertige Stelle (einer Zahl)
rigid / starr, unbeweglich
rigid disk / Hartplatte
rigorous / streng
rim / Randstreifen
ring / läuten; Ring, Rufzeichen (Tel.)
ring back / zurückrufen (Tel.)
ring network / Ringleitungsnetz
ring off / Hörer auflegen (Tel.)
ring-connection / Ringschaltung
ringer / Rufstromgeber (Tel.)
ringing / Rufzeichen (Tel.)
ringing tone / Freiton (Tel.)
rip / reißen; Riß
RIP (abbr. → raster image processor) / Rasterbildprozessor
ripple / Brummspannung, Welligkeit (el.)
ripple-through carry / durchlaufender Übertrag

ripple-through effect / Durchlaufeffekt (Tab-Kalk.)

RISC (abbr. → reduced instruction set computer) / Rechner mit reduziertem Befehlsvorrat (besonders leistungsfähiger Rechnertyp)

rise / ansteigen; Ansteigen (eines Impulses)

rise time / Anstiegszeit

riser / Steigeleitung

risk / riskieren; Risiko

rivet / nieten; Niet

riveted / genietet

RLL (abbr. → run-length limited) / begrenzte Lauflänge (Platten-Aufzeichnungsverfahren)

robot / Roboter

roboticist / Roboteringenieur

robotics / Robotertechnik

robust / widerstandsfähig

robustness / Widerstandsfähigkeit

rod / Draht, Stab

ROD (abbr. → rewritable optical disc) / überschreibbare optische Platte

rod memory / Drahtspeicher

Roentgen rays / Röntgenstrahlen

roentgenize / durchleuchten

role / Funktion

roll / rollen, rotieren; Rolle, Walze

roll in / einspeichern (in größeren Abschnitten)

roll down / zurückrollen (von Text auf dem Bildschirm)

roll out / ausspeichern (in größeren Abschnitten)

roll up / vorrollen (von Text auf dem Bildschirm)

rollback / wiederholen; Wiederholung

roller / Laufrolle

rolling / Bilddurchlauf (auf einem Bildschirm)

rolling capital / Betriebskapital

roll-out/roll-in / Umspeichern (den Arbeitsspeicher in größeren Abschnitten frei machen für andere Programme oder Daten)

rollover / überlappende Eingabe (auf einer Tastatur)

ROM (abbr. → read-only memory) / Festspeicher

ROM card / Festspeicher-Steckkarte

roof / Deckel

room / unterbringen; Raum

room noise / Raumgeräuschpegel

room temperature / Raumtemperatur

roominess / Geräumigkeit

roomy / geräumig

root / Grund..., Wurzel

root directory / Hauptinhaltsverzeichnis (einer Bibliothek)

root extraction / Radizierung (Wurzelziehen)

root mean square / Effektivwert, quadratischer Mittelwert

root segment / Wurzelsegment (bei einer Datenbank)

ropebelt conveyor / Bandförderer

roster / Dienstplan

rotary / rotierend

rotary current / Drehstrom

rotary switch / Drehschalter

rotate / drehen (graph.), rotieren

rotation / Drehung (graph.), Rotation, Wechsel (turnusmäßig)

rotational / Umdrehungs...

rotational delay / Drehwartezeit (bei Platten- und Diskettenzugriff)

rotational latency / Drehwartezeit (bei Platten- und Diskettenzugriff)

rotational speed / Umdrehungsgeschw.

rotative / rotierend, turnusmäßig wechselnd

rotogravure / Rotationstiefdruck

rotor / Drehzylinder, Induktor, Motorläufer

rough / grob, roh

rough adjustment / Grobeinstellung

rough calculation / Grobkalkulation

rough conception / Grobkonzept

rough copy / Grobentwurf

rough diagram / Grobdiagramm

rough estimate / Grobschätzung

rough system design / Grobprojektierung

roughs / Rohentwurf (einer Druckseite bei DTP)

round / kreisförmig, rund; abrunden, runden; Kreis, Kreisbewegung

round down / abstreichen (von Stellen einer Zahl)

round off / aufrunden (kaufmännisch: 0,5 und mehr = 1, unter 0,5 = 0)

round up / aufrunden (absolut: 0,0... bis 0,9... = 1)

roundabout storage / Karussellspeicher

rounded / gerundet (Zahlen)

rounding / Runden (Zahlen)

route / leiten, senden, steuern; Leitung, Leitweg, Richtung, Strecke, Verbindungsweg

routine / laufend, gewohnheitsmäßig; Programmroutine, Routine

routing / Leit..., Leitweglenkung

RPG (abbr. → report program generator) / Listprogrammgenerator, Reportprogrammgenerator

row / Reihe, Zeile

row-wise / zeilenweise

RSxxx (abbr. → related standard) / verbundene Norm

RSI (abbr. → repetitive strain injury) / Dauerbelastungserkrankung (z. B. Sehnenscheidenentzündung bei anhaltender Tastaturarbeit)

rub / reiben, scheuern; Reiben, Scheuern

rub out / ausradieren, löschen, radieren

rubber / Radiergummi (auch Funktion in graph. Ben-Ob.)

rubber banding / Einpassen (von graphischen Darstellungen am Bildschirm; Gummibandfunktion)

rubber coating / Gummierung

rubber tape / Isolierband

rubber-bonded metal / Schwingmetall

rubberize / gummieren

rubber-joint / Gummidichtung

rubbing / Reiben, Scheuern

rubbish / Abfall, Unsinn

rubric / Rubrik, Überschrift

rubout / Radieren

rude / rauh

rugged / stabil

ruggedness / Unempfindlichkeit

rule / anordnen, festlegen, regeln; Grundsatz, Lineal, Linie (Druckt.), Regel (Wissensv.), Vorschrift

rule of computing a numerical value / Rechenregel

rule of precedence / Rangfolge(regel)

rule of signs / Vorzeichenregel

rule of thumb / Faustregel

rule-based / regelbasiert (Wissensv.)

ruler / Zeilenlineal (Textv., DTP)

rumple / zerknittern

run / arbeiten, laufen (Programm); Ablauf, Durchlauf, Lauf (eines Programms)

run chart / Ablaufanweisung

run in / einfahren (neues System)

run out / auslaufen

run time / Durchlaufzeit, Laufzeit

run up / hochfahren

run-length limited (abbr. RLL) / begrenzte Lauflänge (Platten-Aufzeichnungsverfahren)

runner / Laufrad

running costs / Betriebskosten

running down / Herunterfahren (eines Systems)

running headline / Kolumnentitel

running time / Laufzeit

running title / Kolumnentitel

running untrue / Unwucht

running up / Hochfahren (eines Syst.)

running-in / Einfahren (eines neuen Systems)

runtime / Laufzeit

runtime computer / Laufzeitrechner

runtime counter / Laufzeitzähler

runtime library / Objektbibliothek (von lauffähigen Programmroutinen)

runtime performance / Zeitverhalten (eines Rechners)

runtime system / Laufzeitrechner

runtime version / Objektprogramm (voll ablauffähig)

rupture / zerbrechen; Bruch

rush / schnell erledigen; Ansturm

rush-order / Eilauftrag

rust / rosten; Rost

rustless / rostfrei

rusty / rostig

r/w (abbr. →read-write) / Schreiben-Lesen

RZ (abbr. →return-to-zero recording) / Magnetaufzeichnungsverfahren mit Rückkehr in den neutralen Zustand

S

SAA (abbr. →systems application architecture) / System-Anwendungs-Architektur (herstellergebundene Anwendungsarchitektur)

sabotage / sabotieren; Sabotage

safe / geschützt, sicher, unversehrt; Schutz, Sicherung, Tresor, Vorsichtsmaßnahme

safe format / Sicherungsformat (bei Disketten, schützt vor unbeabsichtigter Neuformatierung)

safeguard / sichern; Schutzvorrichtung, Sicherung

safeguarding / Sicherungs...

safeguarding method / Sicherungsverfahren

safeguarding program / Sicherungsprogramm

safety / Sicherheit

safety cabinet / Sicherheitsschrank

safety glass / Sicherheitsglas

safety instruction / Sicherheitsvorschrift

safety representative / Sicherheitsbeauftragter

sag / absinken (Kurve); Senkung

salaried / angestellt

salary / besolden; Gehalt

sale / Absatz, Verkauf, Vertrieb

saleable / gut verkäuflich

sales documentation / Vertriebsunterlagen

sales manager / Vertriebsleiter

sales order / Verkaufsauftrag

sales price / Verkaufspreis

sales promotion / Absatzförderung

sales representative / Vertriebsbeauftragter

sales situation / Absatzlage

sales slip / Kassenbeleg

sales tax / Umsatzsteuer

sales terms / Verkaufsbedingungen

salesclerk / Verkäufer

saltus / Sprungstelle (einer Funktion)

salutation / Begrüßung

salvage / Altmaterialverwertung

salvage value / Schrottwert

SAM (abbr. →sequential access mode) / serieller Zugriff

same / derselbe (dieselbe, dasselbe)

same area / gemeinsamer Bereich (in dem unterschiedliche Daten nacheinander behandelt werden)

same record area →same area

sample / abfragen, abtasten; Abtastung, Probe, Stichprobe

sampling / Abtasten, Repräsentativbefragung (Marktforschung), Stichprobenentnahme

sampling rate / Abtastrate

sans serif (frz.) / serifenfrei (Schriftart ohne Serifen)

satellite / Satellit

satellite communication / Nachrichtenaustausch über Satelliten

satellite computer / Satellitenrechner

satellite station / Außenstelle (eines Rechners)

satellite system / Satellitensystem

satellite transmission / Satellitenfunk

satisfactory / zufriedenstellend

satisfy / zufriedenstellen

saturate / sättigen

saturated / gesättigt

saturated mode / Sättigungszustand

saturating / Sättigen

saturation / Ausnutzung, Sättigung

save / ausgenommen, außer; einsparen, schützen, sichern

save area / Schutzbereich

saved data / geschützte Daten

saved file / geschützte Datei

saved-time multiprogram factor / Multitasking-Beschleunigungsfaktor *saving* / Ausnahme, Sichern, Sicherung

savings / Einsparungen

sawtooth diagram / Sägezahndiagramm

sawtooth distortion / Sägezahnverformung (Treppeneffekt)

scalable / größenveränderbar, skalierbar

scalable font / skalierbare Schrift (beliebig vergrößer- bzw. verkleinerbar)

scalable processor architecture (abbr. SPARC) / skalierbare Prozessor-Architektur

scalar / Skalar (undimensionierte Zahl)

scalar expression / skalarer Ausdruck

scale / messen, normieren, skalieren; Maßstab, Skala, Skalierung

scale down / verkleinern (maßstäblich)

scale factor / Einteilungsfaktor (für eine Skala)

scale line / Teilstrich (einer Skala)

scale paper / Millimeterpapier

scale unit / Maßeinheit

scale up / vergrößern (maßstäblich)

scaled / eingeteilt (im Rahmen einer Skala)

scaling / Normieren, Skalieren

scan / abfragen, abtasten, rastern

scan code / Tastaturcode

scan head / Abtastkopf

scan line / Abtastzeile (des Bildschirms)

scan rate / Abtastrate

scan spot / Abtastpunkt

scan window / Abtastöffnung

scan-line algorithm / Abtastalgorithmus

scannable / abtastbar

scanner / Abtasteinrichtung

scanner device / Abtastgerät

scanning / Abfragen, Abtasten, Zeichenabtastung, Zeichenerkennung

scatter / streuen; Streuung

scatter diagram / Punktgraphik

scatter read / gestreutes Lesen (aus verschiedenen Bereichen)

scatter write / gestreutes Speichern (in verschiedene Bereiche)

scattered / diffus, gestreut

scattered file / gestreute Datei

scattered loading / gestreutes Laden

scattered organization / gestreute Organisation (von Dateien)

scattered storage / gestreute Speicherung

scattering / Streuung (von Licht)

scenario / prognostizierend; Szenario (Methode zur prognostischen Darstellung komplexer Sachverhalte)

schedule / planen; Aufstellung, Liste, Plan, Schema, Tabelle, Übersicht

scheduled / planmäßig

scheduled conception / Soll-Konzept

scheduled maintenance / planmäßige Wartung

scheduled value / Sollwert

scheduler / Steuerprogramm, Zeitzuordnungsprogramm

scheduling / Terminplanung

schema / Datenbankschema, Schema

schematic / schematisch

schematize / schematisieren

scheme / Schema

Schmitt-trigger / Schmitt-Trigger (Trigger, der rechteckförmige Impulse erzeugt)

Schottky-diode / Schottky-Diode (besonders schnelle Diode)

science / Wissenschaft

scientific(al) / systematisch, wissenschaftlich

scientific computer / wissenschaftlicher Rechner

scientific data processing / wissenschaftliche Datenverarbeitung

scientific management / Betriebswissenschaft

scientific notation / wissenschaftliche Darstellung (von Zahlen, entspricht der Gleitkommadarstellung)

scientist / Wissenschaftler

scissoring / Abschneiden (einer Graph.)

scope / Bereich, Gültigkeitsbereich, Oszilloskop

scope attribute of area / statisches Bereichsattribut

score / abreißen, bewerten; Abriß, Punktzahl

scored card / Abrißkarte

scoring sheet / Auswertformular

scramble / verschlüsseln (chiffrieren)

scrambling / Geheimverschlüsselung

scrap / ausrangieren; Schrott

scrapbook / graphischer Zwischenspeicher

scratch / kritzeln; Gekritzel

scratch area / Arbeitsbereich

scratch disk / Arbeitsplatte

scratch diskette / Arbeitsdiskette

scratch file / Hilfsdatei

scratch pad / Notizblock

scratch pad facility / Notizblockfunktion

scratch pad memory / Notizblock-(speicher)

scratch tape / Arbeitsband

scratchpad / Notizblock, Notizblockspeicher (für schnelle Zwischenergebnisse)

screen / durchleuchten, rastern; Bildschirm, Raster

screen buffer / Bildwiederholspeicher

screen capacity / Bildschirmkapazität

screen capture / Bildschirmabspeicherung

screen contents / Bildschirminhalt

screen diagonal / Bildschirmdiagonale (Größenmaß für Bildschirme)

screen dot / Rasterpunkt

screen dump / Bildschirmabdruck (über Drucker oder Speicher)

screen elements / Bildschirmdarstellungselemente (z. B. Dialogfeld, Schaltflächen usw.)

screen filter / Bildschirmfilter

screen flicker / Bildschirmflimmern

screen font / Bildschirmschrift

screen format / Bildschirmformat

screen frequency / Bildschirmfrequenz

screen grabber / Bilddigitalisierer

screen handling / Bildschirmarbeit

screen layout / Bildschirmaufteilung

screen mode / Bildschirmmodus

screen page / Bildschirmseite

screen refresh frequency / Bildwiederholfrequenz, Bildwiederholrate

screen refresh memory / Bildwiederholspeicher

screen refreshing / Bildauffrischung

screen resolution / Bildschirmauflösung

screen roll (abbr. scroll) / Bild rollen

screen rolling (abbr. scrolling) / Bildrollen

screen saver utility / Bildschirm-Schon-Programm (schaltet Bildschirm dunkel, wenn er eine gewisse Zeit unverändert geblieben ist)

screen size / Bildschirmgröße

screen support / Bildschirmunterstützung

screen surface / Bildschirmoberfläche

screen type / Bildschirmart

screen window / Fenster (Teil des Bildschirms zur gesonderten Darstellung)

screen work / Bildschirmarbeit

screen-based / bildschirmorientiert

screened / abgeschirmt, gerastert

screening / Abschirmung, Rasterung

screw / schrauben; Schraube

screw joint / Verschraubung

screw-cap / Schraubdeckel

screw-conveyor / Förderschnecke

screwdriver / Schraubenzieher

screwed / verschraubt

screw-nut / Schraubenmutter

screw-wrench / Schraubenschlüssel

scribal error / Schreibfehler

scribe / anreißen, ritzen

scriber / Reißnadel, Ritzgerät

scribing / Anreißen, Ritzen

script / Makroprogramm, Manuskript, Schreibschrift, Skript (Wissensv.)

scripture / Dokument, Manuskript

scroll (abbr. →screen roll) / Bild rollen

scroll arrow / Bildrollpfeil

scroll bar / Bildrollbalken

scroll box / Bildroll-Schaltfläche

scroll down / zurückrollen (von Text auf dem Bildschirm)

scroll downward / zurückrollen (von Text auf dem Bildschirm) *scroll lock key* / Bildroll-Sperrtaste

scroll up / vorrollen (von Text auf dem Bildschirm)

scroll upward / vorrollen (von Text auf dem Bildschirm)

scroll-bar pointer / Bildrollbalken-Anzeiger

scrolling / Rollen (des Bildschirminhaltes)

scruting / genaue Prüfung

scrutinize / genau prüfen

SCSI (abbr. → small computer system interface) / Systemschnittstelle für kleine Computer (parallele Standardschnittstelle)

scuff / abnutzen; Abnutzung

SD (abbr. → single density) / einfache Dichte (bei Disketten)

SDLC (abbr. → synchronous data link control) / synchrone Datenverbindungssteuerung (einfaches Kommunikationsprotokoll, wie HDLC)

seaborne computer / Bordcomputer (in einem Wasserfahrzeug)

seal / abdichten (luftdicht); Dichtung (luftdicht)

seal of approval / Prüfsiegel

sealant / Abdichtmittel

sealed / luftdicht

sealing / Dichtung (luftdicht)

seam / Fuge

seamless / nahtlos

seamless integration / nahtlose Einfügung (neuer Systemkomponenten)

search / absuchen, erforschen, suchen; Durchforschung, Durchsuchung, Suchen

search algorithm / Suchalgorithmus

search and replace / suchen und ersetzen (Textv.)

search argument / Suchargument

search cycle / Suchschleife

search dialog / Suchdialog

search for / suchen nach

search instruction / Suchbefehl

search key / Suchschlüssel

search method / Suchverfahren

search query / Suchfrage

search routine / Suchroutine

search run / Suchlauf

search speed / Suchgeschwindigkeit

search statement / Suchanweisung

search strategy / Suchstrategie

search time / Suchzeit

search tree / Suchbaum

searching / Durchforschung, Durchsuchung

seat / einpassen, einsetzen; Sitz (einer Firma), Sitzplatz

seat reservation / Platzreservierung (in Verkehrsgesellschaften)

seating / Auflagefläche, Fundament

secant / Sekante

seclude / absondern

seclusion / Absonderung

second / zweite(r, s); Sekunde

second generation / zweite Generation

second source / Unterlieferant

secondariness / Zweitrangigkeit

secondary / sekundär (zweitrangig)

secondary channel / Nebenkanal, Steuerkanal

secondary data / Sekundärdaten (Ordnungsdaten, die zum Auffinden der Primärdaten dienen)

secondary data entry / Datenerfassung vom Urbeleg

secondary error / Sekundärfehler

secondary file / Sekundärdatei

secondary key / Sekundärschlüssel

secondary objective / Nebenziel

secondary program / Sekundärprogramm

secondary storage / Sekundärspeicher (externer Speicher)

secondary storage medium / Sekundärspeichermedium (z. B. Platten, Disketten, Bänder, Bildplatten)

second-generation computer / Rechner der 2. Generation (ca. 1955–1961)

second-generation language / Programmiersprache der 2. Generation (Assemblersprachen)

second-hand / gebraucht

second-hand computer / Gebrauchtrechner

secrecy / Geheimhaltung
secrecy of letters / Briefgeheimnis
secret / geheim, versteckt
secretarial / Büro...
secretarial computer / Sekretariatsrechner
secretariat(e) / Sekretariat
secretary / Geschäftsführer, Sekretär(in)
secretary telephone / Sekretärfernsprecher
section / unterteilen; Abschnitt, Kapitel, Referat (Abteilung)
section name / Kapitelname (eines Programms)
sectional / eingeteilt (in Abschnitte)
sectioning / Schnittdarstellung (graph.)
sector / Sektor (Abschnitt auf einer Platte, Diskette)
sector address / Sektoradresse
sector hole / Sektorloch
sector interleave / Sektorversetzung
sector interleave factor / Sektorversetzungsfaktor
sector identifier / Sektorkennungsfeld
sector of application / Anwendungsbereich
sector map / Sektortabelle
sector number / Sektoradresse, Sektornummer
sectoring / Sektorieren (eine Spur in Sektoren einteilen), Sektorierung
secure / sicher
secured / geschützt
security / Sicherheit, Sicherung
security administrator / Sicherheitsbeauftragter
security function / Sicherungsfunktion
security interlocking / Sicherungsverbund
security representative / Sicherungsbeauftragter
security technology / Sicherheitstechnik
security unit / Abschaltbereich
sedecimal / sedezimal (auf der Basis 16 beruhend)
see / anzeigen

see over / genau ansehen
see through / durchschauen
seed / impfen (Halbl.); Anfangswert, Kristallisierungskern (Halbl.)
seed crystal / Impfkristall
seek / positionieren, suchen; Positionierung
seek time / Positionierungszeit (bei Platten, Disketten)
segment / segmentieren; Halbwort, Segment, Struktursegment
segment address / Segmentadresse
segment display / Segmentanzeige
segment label / Abschnittsetikett
segment name / Segmentname
segment table / Segmenttabelle
segment transformation / Segmenttransformation
segmental / segmentweise
segmentation / Segmentierung
segmented / segmentiert
segmented address space / segmentierter Adreßraum
segmented addressing / segmentierte Adressierung
segment-oriented file / segmentierte Datei
segregate / isolieren, trennen
segregation / Absonderung, Trennung
seize / belegen (Gerät, Speicherplatz)
seized / belegt (Gerät, Speicherplatz)
seizing / Belegen (Gerät, Speicherplatz)
seizure / Belegung (Gerät, Speicherplatz)
select / ansteuern, aussteuern, auswählen, wählen
select instruction / Aussteuerungsbefehl
select menu / Auswahlmenü
select mode / Auswahlbetrieb
selectable / ansteuerbar
selected / angesteuert, ausgewählt
selecting / Ansteuern, Auswählen
selecting mode / Umfragebetrieb (Datenstationen von einer Zentrale zyklisch abfragen)
selection / Auswahl, Wahl
selection number / Rufnummer

selection screen / Anzeigemaske
selection signal / Wählzeichen (Tel.)
selection sort / Auswahlsortierung
selection state / Wählzustand
selective / empfindlich, selektiv, trennscharf, wahlweise
selective dissemination of information / selektive Informationsverbreitung
selectivity / Empfindlichkeit, Trennschärfe
selector / Selektor, Wähler (Tel.)
selector channel / Selektorkanal
selector pen / Auswahlstift (für die Arbeit an aktiven Bildschirmen), Lichtstift
selector switch / Wähler (Tel.)
selenium / Selen (photoelektrisches Element)
selenium cell / Selenzelle (Photozelle)
self... / selbst...; Selbst...
self test / Eigentest
self-acting / automatisch
self-adapting / selbstanpassend
self-check / Eigentest
self-checking / selbstprüfend
self-configurating / selbstkonfigurierend
self-control / Selbststeuerung
self-controlling / selbststeuernd
self-correcting / selbstkorrigierend
self-defining / selbstdefinierend
self-defining constant / Literal
self-defining data / Literal
self-defining value / Literal
self-documenting / selbstbeschreibend, selbstdokumentierend
self-evident / selbstverständlich
self-excitation / Selbsterregung
self-explanatory / selbstdokumentierend, selbsterklärend
self-loading / selbstladend
self-making / Eigenherstellung
self-modifying / selbstmodifizierend
self-programming / Eigenprogrammierung
self-recording / Selbstaufschreibung
self-regulating / selbstregelnd

self-resetting / selbstzurücksetzend
self-scanning / selbstabtastend
self-surveillance / Selbstkontrolle
self-test / Eigentest
self-triggering / selbststartend
sell / verkaufen
selling / Verkauf, Vertrieb
selsyn / Gleichlaufanlage
semantic(al) / semantisch (die Bedeutung betreffend)
semantic analysis / semantische Analyse
semantic error / Bedeutungsfehler (logischer Fehler)
semantic indistinctness / semantische Unschärfe
semantic network / semantisches Netz
semantics / Semantik (Lehre von den Bedeutungsgehalten der sprachlichen Ausdrücke)
semaphore / Zeichenträger (Semaphor)
semi... / halb...; Halb...
semi-automatic(al) / halbautomatisch
semicolon / Semikolon
semiconductor / Halbleiter
semiconductor chip / Halbleiterchip
semiconductor circuit / Halbleiterschaltkreis
semiconductor crystal / Halbleiterkristall
semiconductor diode / Halbleiterdiode
semiconductor device / Halbleiterbauelement
semiconductor industry / Halbleiterindustrie
semiconductor junction / Halbleiterübergang
semiconductor manufacture / Halbleiterherstellung
semiconductor memory / Halbleiterspeicher
semiconductor physics / Halbleiterphysik
semiconductor read-only memory / Halbleiterfestspeicher
semiconductor region / Halbleiterzone

semiconductor technology / Halbleitertechnologie

semiconductor topography / Halbleitertopologie

semiconductor topology / Halbleitertopologie

semiconductor wafer / Halbleiterplättchen, Halbleiterscheibe

semidirect access / halbdirekter Zugriff

semifinished product / Halbfabrikat

semigraphic / Halbgraphik (Bildschirm oder Drucker mit teilgerasterter Darstellung)

semilogarithmic / halblogarithmisch

seminar / Lehrgang, Seminar

semiotics / Semiotik (Wissenschaft von den Zeichen)

semipermanent storage / semipermanenter Speicher (Festspeicher, der bedingt änderbar ist, z. B. → EPROM)

semi-skilled / angelernt

send / absenden, funken, senden, übertragen

send back / zurückschicken

send mode / Sendebetrieb

send off / absenden

send out / aussenden

send round / rundsenden

send up / weiterleiten

send wire / Sendeader (einer Leitung)

sender / Sender, Zeichengeber

sending / sendend; Sendung

sending address / Sendeadresse (in einem Befehl)

sending field / Sendefeld

send-receive mode / Sende-Empfangs-Betrieb

send-site / sendeseitig

senior programmer / Seniorprogrammierer (erfahrener Programmierer)

sense / abfühlen; Verstand, Wahrnehmung

sense wire / Lesedraht (Kernspeicher)

sensible / fühlbar

sensing / Abfühlen

sensing command / Abfragekommando

sensing element / Meßfühler

sensing lever / Fühlhebel

sensitivation / Sensitivierung

sensitive / empfindlich

sensitive data / Sensitivdaten (empfindliche Daten entspr. BDSG)

sensitivity / Empfindlichkeit, Sensitivität

sensitivity analysis / Sensitivitätsanalyse

sensitivity level / Sensitivitätsstufe

sensor / Meßfühler, Sensor (Maschinenaggregat, das Reize in Form von Lichtimpulsen, akustischen Lauten usw. empfängt und in elektrische Impulse umwandelt)

sensor engineering / Sensortechnik

sensor facility / Sensoreinrichtung

sensor input / Berührungseingabe

sent / gesendet

sentence / Programmsatz, Satz

sentinel / Hinweiszeichen, Markierung

separable / trennbar

separate / getrennt; trennen

separate excitation / Fremderregung

separate network / Einzelnetz

separating / trennend; Trenn...

separating filter / Trennfilter

separating machine / Separiermaschine (für Endlosformular)

separator / Trenneinrichtung, Trennzeichen

septet / Siebenbiteinheit

sequence / aufreihen, in eine Reihenfolge bringen; Ablauf, Folge (Sequenz), Reihenfolge, Reihung

sequence address / Verkettungsadresse

sequence cascade / Ablaufkette

sequence check / Folgekontrolle

sequence control / Folgesteuerung

sequence error / Folgefehler

sequence of ... / Folge von ...

sequence of numbers / Zahlenfolge

sequence of regions / Zonenfolge (Halbl.)

sequence processor / Ablaufschaltwerk

sequenced / folgegebunden, geordnet (in einer Folge)

sequenced macro / Reihenfolgemakrobefehl

sequenced parameter / Stellungsparameter

sequencer / Sequenzer (Schaltwerk, das eine Ablauffolge regelt)

sequencing / Sequentialisieren (in eine Reihenfolge bringen)

sequent / folgend

sequential / sequentiell (logisch geordnet); Folge...

sequential access / Reihenfolgezugriff, serieller Zugriff

sequential access mode (abbr. SAM) / sequentieller Zugriff

sequential algorithm / serieller Algorithmus

sequential execution / sequentielle Ausführung

sequential file / sequentielle Datei

sequential logic system / Schaltwerk (Schaltung, bei der die Ausgangssignale abhängig sind vom zeitlich verschiedenen Eintreffen mehrerer Eingangssignale)

sequential operation / sequentieller Betrieb

sequential order / fortlaufende Reihenfolge

sequential organization / sequentielle Speicherung (einer Datei)

sequential processing / sequentielle Verarbeitung

sequential search / sequentielles Suchen

sequential storage / sequentielle Speicherung, sequentieller Speicher

serial / fortlaufend, laufend, reihenweise (nacheinander), seriell (zeitlich oder räumlich hintereinander)

serial access / serieller Zugriff

serial adder / serielles Addierwerk

serial addition / serielle Addition

serial in, parallel out (abbr. SIPO) / SIPO-Schnittstelle (für serielle Ein- und parallele Ausgabe)

serial in, serial out (abbr. SISO) / SISO-Schnittstelle (für serielle Ein- und Ausgabe)

serial interface / bitserielle Schnittstelle

serial letter / Serienbrief

serial modem / serielles Modem

serial mouse / serielle Maus (wird an serielle Schnittstelle angeschlossen)

serial number / Laufnummer

serial numbering / fortlaufende Numerierung

serial operation / serielle Arbeitsweise, serieller Betrieb

serial port / serieller Anschluß (für bitserielle Übertragung)

serial printer / serieller Drucker (Zeichendrucker)

serial processing / serielle Verarbeitung

serial production / Serienproduktion

serial storage / sequentieller Speicher

serial subtracter / serielles Subtrahierwerk

serial subtraction / serielle Subtraktion

serial transmission / serielle Übertrag.

serializability / Serialisierbarkeit

serializable / serialisierbar

serialization / Durchnumerierung, Serialisierung

serialize / durchnumerieren, in serielle Reihenfolge bringen, serienmäßig herstellen

serial-parallel conversion / Seriell-parallel-Umsetzung

serial-parallel converter / Seriell-parallel-Wandler

serial-to-parallel / seriell-parallel

serial-to-parallel conversion / Seriell-parallel-Umsetzung

series / Folge, Reihe (auch math.), Serie

series connection / Reihenschaltung, Serienschaltung

series line / Linienleitung

series network / Liniennetz

series of reactions / Kettenreaktion

series of statistical values / Zeitreihe

series production / Serienproduktion

series resistance / Vorwiderstand

series-parallel conversion / Seriell-parallel-Umsetzung

serif / Serife (waagerechter Querstrich an lateinischen Zeichen)

serious / schwerwiegend

serious error / unbehebbarer Fehler

serpentine / gewunden

serrate / gezahnt

serve / dienen

server / Diensteinheit (Server), Dienstprogramm

service / instandhalten, verwalten, warten; Bedienung, Dienst (der Post), Dienstleistung, Kundendienst, Wartung

service bureau / Serviceunternehmen (Dienstleistungsbetrieb, der DV-Leistungen für Dritte übernimmt)

service center → service bureau / Serviceunternehmen

service computer center / Kundenrechenzentrum

service contract / Dienstleistungsvertrag

service data processing / Datenverarbeitung außer Haus

service department / Dienstleistungsabteilung

service instruction / Dienstanweisung

service life / Nutzungsdauer

service market / Dienstleistungsmarkt

service program / Dienstprogramm

service routine / Dienstprogramm

service technician / Servicetechniker, Wartungstechniker

serviceability / Betriebsfähigkeit, Gebrauchsfähigkeit, Nutzbarkeit

serviceable / betriebsfähig, gebrauchsfähig

serviceable time / verfügbare Betriebszeit

service-man / Kundendiensttechniker

services enterprise / Dienstleistungsbetrieb

servicing / Bedienung, Wartung

serving mode / Servotechnik

servo… / Servo…

servomechanism / Servomechanismus, Servosystem

servo-motor / Stellmotor

servo-system / Servosystem

session / tagen; Sitzung

session layer / Verbindungsschicht (des ISO-Kommunikationsprotokolls)

set / festgesetzt; auf Eins setzen (Bit), einstellen, justieren, setzen (Druckt.); Menge, Set (Gruppe zusammengehöriger Gegenstände)

set on / vorantreiben

set point / Sollwert

set theory / Mengentheorie

set up / installieren, rüsten, vorbereiten

set-screw / Stellschraube

setting / Einstellung (Justage), Satz (Druckt.)

setting-up / Rüst…, Rüsten

setting-up time / Rüstzeit

settle / regeln

settled / erledigt

settling / Beruhigung, Beseitigung, Erledigung, Stabilisierung

settling time / Stabilisierungszeit (des Schreib-Lese-Kamms nach einer Positionierung)

setup / Einrichtung, Installierung (z. B. eines Programms)

setup program / Installationsprogramm

setup routine / Installierungsroutine

setup site / Aufstellungsort

setup time / Aufstellungszeit

seven-bit code / Siebenbitcode (ASCII)

seven-segment display / Segmentanzeige (nur für Ziffernausgabe)

seven-track tape / Siebenspurband

sever / abbrechen, auflösen

several / einige

several times / mehrmals

severance / Abbruch

severe / schwierig

severity / Schwierigkeit(sgrad)

severity code / Schweregrad(angabe)

sextet / Sechsbiteinheit

shade / abtönen, schraffieren

shaded / dunkel getönt, schraffiert

shaded memory / Ergänzungsspeicher (Schattenspeicher)

shading / Abschattung, Dunkeltönung, Schraffierung

shadow mask / Lochmaske (Bildsch.)

shadow printing / schattierter Druck (Zeichen haben einen angedeuteten Schatten)

shadow storage / Ergänzungsspeicher (Schattenspeicher)

shadowing / Schattierung

shaft / Achse, Welle

shaft drive / Antriebswelle

shake-hand → hand-shaking / Quittung

shakesort / Schüttelsortieren

shallow knowledge / Oberflächenwissen

sham / Fälschung, Schein...

shape / formen; Form

shaping / Formgebung

share / gemeinsam benutzen, teilhaben; Aktie, Anteil

shareability / Mehrbenutzbarkeit, Simultanbenutzbarkeit

shareable / gemeinsam benutzbar, mehrbenutzbar

shared / gemeinsam benutzt

shared area / gemeinsamer Bereich

shared data / gemeinsame Daten

shared device / gemeinsames Gerät

shared file / gemeinsame Datei

shared library / gemeinsame Bibliothek

shared memory / gemeins. Speicher

shared resource / gemeinsame Betriebsmittel

shareware / Shareware (Software, die erst nach kostenloser Prüfung durch eine Gebühr bezahlt wird)

sharing / gemeinsame Benutzung

sharp-edged / scharfkantig

sharpener / Bleistiftanspitzer

sharpness / Bildschärfe

shear / abschneiden; Schere

sheath / Kabelummantelung

sheathe / ummanteln

sheathing / Ummantelung

sheathing safety system / Außenhautsicherung

sheave / Laufrolle

sheet / Beleg, Blatt, Einzelformular

sheet conveyor / Einzelblattförderer

sheet counter / Seitenzähler

sheet counting / Seitenzählung

sheet document / Seitenbeleg (für Klartextleser)

sheet document reader / Seitenleser (spez. Klartextleser)

sheet feeder / Einzelblattzuführung

sheet fold perforation / Blattfalzperforation

sheet inverter / Blattwendeeinrichtung

sheet length / Blatthöhe

sheet length adjustment / Blatthöheneinstellung

sheet perforation / Seitenperforation

sheet resistance / Flächenwiderstand (Halbl.)

sheet size / Blattgröße

sheet width / Blattbreite

Sheffer function / Sheffer-Funktion (→logisches NICHT-UND)

shelf (pl. shelves) / Einlegeboden

shell / Schale (Benutzeroberfläche)

...shelled / ...schalig

shelve / zu den Akten legen

shield / abschirmen, ausblenden; Abschirmung

shielded / abgeschirmt, ausgeblendet

shielding / Abschirmung, Ausblenden

shift / schieben, umschalten, versetzen (Stellen); Schieben, Umschaltung, Versetzen (Stellen)

shift display / Bildschirminhalt verschieben

shift instruction / Schiebebefehl

shift key / Umschalttaste

shift left / nach links verschieben

shift lock / feststellen (Umschalttaste)

shift register / Schieberegister

shift right / nach rechts verschieben

shift supervisor / Schichtleiter (im Rechenzentrum)

shift work / Schichtarbeit

shift-click(ing) / Mausziehen (Maustaste drücken und festhalten)

shift-in / Rückschaltung

shifting / Umschalten, Verschieben
shift-key / Umschalttaste
shift-lock / Umschaltsperre (an der Umschalttaste)
shift-lock key / Feststelltaste (für die Umschalttaste)
shiftman / Schichtarbeiter
shift-out / Dauerumschaltung
shim / Unterlegscheibe
ship / versenden
shipment / Versand
shock / Schlag (el.), Stoß
shock absorber / Stoßdämpfer
shock-proof / stoßfest
shock-resistant / stoßgeschützt
shoe / Polschuh
shop / Geschäft, Werkstatt
shop chairman / Betriebsratsvorsitzender
shop language / Fachsprache
shop operation / Arbeitsgang
shop steward / Betriebsratsvorsitzender
shop-accident / Betriebsunfall
shop-hours / Öffnungszeiten
shoptalk / Fachsimpelei
short / kurz; Kürze, Kurzschluß
short arithmetic operation / abgekürzte Rechenoperation
short block / abgekürzter Datenblock
short card / Halb-Steckkarte, kurze Steckkarte (benötigt nur den halben Steckplatz)
short circuit / Kurzschluß
short delivery / Teillieferung
short message / Kurztelegramm
short precision / einfache Genauigkeit (bei Gleitkommazahlen)
short time / Kurzarbeit
short wave / Kurzwelle
shortage / Mangel
shortcut / abkürzen
shortcut key / Schnelltaste
short-dated / kurzfristig
shorten / kürzen
shortening / Kürzung
shorthand / Stenographie
shorthand note / Stenogramm

shorthand typist / Stenotypist(in)
short-haul / Nahverkehrs...
shortly / in Kürze
shortness / Mangel
short-term / Kurzzeit...
short-time / Kurzzeit...
shortwave / Kurzwelle
shortwave range / Kurzwellenbereich
shredder / Aktenvernichter
shrink / schrumpfen, verkleinern
shrink-wrap contract / Schutzhüllenvertrag
SHSI (abbr. →super high scale integration) / Superintegration (Stufe der Halbleiterintegration)
shunt / parallel schalten; Ableitung, Nebenanschluß, Nebenschluß
shunt circuit / Parallelschaltung
shut down / abschalten
shut off / abschalten
shutdown / Stillegung
shutoff / Abschaltung
shutter / Blendenverschluß (phot.)
shuttle / pendeln; Pendelverkehr
shuttle-sort / Schüttelsortieren
side / Rand, Seite
side effect / Fernwirkung, Nebenwirkung
side head / Marginaltitel (Textv.)
sideband / Seitenfrequenzband
side-bar / zusätzlich
side-by-side column / Nachbarspalte (Textv.)
side-face / Seitenansicht
side-issue / Nebenproblem
sidetone / Nebengeräusch
sideways / seitlich
sight / beobachten; Blickfeld
sight check / Sichtprüfung
sigma sign / Summenzeichen
sign / kennzeichnen, unterschreiben; Rufzeichen, Vorzeichen, Zeichen
sign check / Vorzeichenprüfung
sign off / abmelden
sign on / anmelden
signal / signalisieren; Impuls, Signal
signal conversion / Signalumsetzung
signal converter / Signalumsetzer

signal distance / Hamming-Abstand

signal edge / Schrittflanke (Anfang bzw. Ende eines Signals), Signalbegrenzung, Signalflanke

signal edge triggering / Flankensteuerung

signal element / Zeichenschritt

signal generation / Signalerzeugung

signal generator / Signalerzeuger

signal input device / Signaleingang

signal level / Signalpegel

signal output device / Signalausgang

signal parameter / Signalparameter

signal pulse / Schrittpuls

signal repetition / Signalwiederholung

signal sequence / Signalfolge

signal-beam / Peilstrahl

signal(l)er / Signalgeber

signal(l)ing / Signalisieren

signal(l)ing unit / Fernschaltgerät

signalize / signalisieren

signal-service / Fernmeldedienst

signal-to-noise distance / Signal-Störabstand

signal-to-noise ratio / Signal-Störverhältnis (Rauschabstand)

signature / unterschreiben; Unterschrift

signature reader / Unterschriftenleser

signed / mit Vorzeichen versehen, unterschrieben

signet / Unterschriftstempel

significance / Bedeutung (Wichtigkeit)

significant / bezeichnend, gültig, signifikant

significant digit / positive Ziffer (einer Zahl)

signification / Bedeutung

signify / bezeichnen

sign-on procedure / Eröffnungsprozedur (Dialog)

silex / feuerfestes Glas

silicon / Silizium (Grundelement für Halbleiterbau)

silicon chip / Silizium-(Halbleiter)-Scheibe

silicon gel / Kieselgel

silicon slice / Siliziumscheibe (zur Aufnahme von Halbleiterschaltkreisen)

Silicon Valley / Silicon Valley (Silizium-Tal; Bezeichnung für eine Gegend südlich San Francisco, wo um die Stanford University eine große Zahl von Elektronikfirmen angesiedelt ist)

silicon wafer / Siliziumscheibe (zur Aufnahme von Halbleiterschaltkreisen)

silicone / Silikon

silk ribbon / Seidenfarbband

silk-screen printing / Siebdruck (Druckt.)

similar / ähnlich

similarity / Ähnlichkeit

SIMM (abbr. →single in-line memory module) / SIMM-Speichermodul (einreihiges Speichermodul)

simple / einfach

simplex / simplex (Betrieb nur in einer Richtung)

simplex mode / Simplexbetrieb (nur in einer Richtung)

simplex operation / Simplexbetrieb (nur in einer Richtung)

simplex transmission / Simplexübertragung (nur in einer Richtung)

simplicity / Einfachheit

simplification / Vereinfachung

simplify / vereinfachen

simulate / simulieren

simulated / künstlich, simuliert

simulation / Simulation

simulation language / Simulationssprache

simulation model / Simulationsmodell

simulation program / Simulationsprogramm

simulator / Simulator (Einrichtung zur Simulation der Verhältnisse eines Rechners auf einem anderen Rechner)

simultaneity / Gleichzeitigkeit

simultaneous / gleichzeitig, simultan

simultaneous access / Simultanzugriff

simultaneous computer / Parallelrechner

simultaneous control / Simultansteuerung

simultaneous data gathering / Simultandatenerfassung

simultaneous documentation / Simultandokumentation

simultaneous mode / Simultanbetrieb

simultaneous operation / Simultanbetrieb

simultaneous processing / Simultanverarbeitung

simultaneous working / Simultanarbeit

sine / Sinus

sine wave / Sinusschwingung

single / einzeln; Einzel...

single chaining / Einfachkettung

single crystal / Monokristall (Einkristall)

single current operation / Einfachstrombetrieb

single density (abbr. SD) / einfache Dichte (bei Disketten)

single device / Einzelgerät

single document / Einzelbeleg

single error / Einfachfehler

single in-line memory module (abbr. SIMM) / SIMM-Speichermodul (einreihiges Speichermodul)

single in-line package (abbr. SIP) / SIP-Speichergehäuse (einreihiges Speichergehäuse)

single item / Einzelposten

single medium / Einzeldatenträger

single precision → short precision / einfache Genauigkeit (bei Gleitkommazahlen)

single pulse recording / Einfachimpulsschrift

single quotation mark / Apostroph, Hochkomma

single space / einfacher Zeilenabstand

single tasking / Einzelprogrammverarbeitung

single test / Einzeltest

single step / Einzelschritt

single user / Einzelbenutzer

single-address computer / Einadreßrechner

single-board computer / Einplatinenrechner

single-chip microprocessor / Einchipprozessor

single-column / einspaltig (Textv.)

single-edge / einseitig

single-font reader / Einschriftleser

single-level / einstufig

single-line / einzeilig

single-phase / einphasig

single-program operation / Einprogrammbetrieb

single-position system / Einplatzsystem

single-precision floating-point number / Gleitkommazahl mit einfacher Genauigkeit

single-purpose / Einzweck...

single-purpose computer / Spezialrechner

single-row / einreihig, einzeilig

single-sheet / Einzelbeleg

single-sheet feeder / Einzelblatteinzug

single-sided / einseitig

single-sided non-carbon paper / Einschichtpapier

single-stage / einstufig

single-station computer / Einplatzrechner

single-station operating system / Einplatzbetriebssystem

single-station operation / Einplatzbetrieb

single-station system / Einplatzsystem

single-step operation / Einzelschrittbetrieb

single-task processing / Einzelprogrammverarbeitung

single-threaded code / gereihter Code

single-track recording / Einspuraufzeichnung

single-user system / Einplatzsystem

single-word instruction / Einwortbefehl

singular / ungewöhnlich; Ausnahme...

sink / senken, sinken; Datensenke (Empfänger von Daten im Netz)

sinter / sintern

sintering / Sintern

sinusoid / Sinuskurve

sinusoidal / sinusförmig

SIP (abbr. → single in-line package) / SIP-Speichergehäuse (einreihiges Speichergehäuse)

SIPO (abbr. → serial in, parallel out) / SIPO-Schnittstelle (für serielle Ein- und parallele Ausgabe)

SISO (abbr. → serial in, serial out) / SISO-Schnittstelle (für serielle Ein- und Ausgabe)

site / Aufstellungsort, Standort

site licence (se) / Standort-Lizenz (Lizenz für Software, die es einem Betrieb erlaubt, die intern erforderlichen Kopien gegen geringe Gebühr zu erstellen)

situate / aufstellen, unterbringen

situated / befindlich

situation / Lage, Stellung

six-bit-structure computer / Sechsbitrechner, Stellenmaschine (veraltet)

six-channel tape / Sechsspurlochstreifen

sixteen-bit microprocessor / Sechzehnbit-Mikroprocessor

sixteen-bit structure / Sechzehnbit-Struktur

sixty-four-bit microprocessor / Vierundsechzigbit-Mikroprozessor

sixty-four-bit structure / Vierundsechzigbit-Struktur

size / Größe, Umfang

size class / Größenklasse

size icon / Größensymbol (Ben-Ob.)

sizing / Größeneinteilung

sketch / skizzieren; Skizze

skew / Bitversatz, Schräglauf (von Bitsprossen auf einem Band)

skil(l)full / erfahren

skill / Können (von Menschen)

skilled / fachlich erfahren

skilled worker / Facharbeiter

skin / abisolieren

skinning / Abisolieren

skip / überlesen, überspringen; Überlesen, Überspringen

skip after / Papiervorschub nach dem Drucken

skip before / Papiervorschub vor dem Drucken

skip function / Sprungfunktion

skip key / Sprungtaste, Tabulatortaste

skipping / Überlesen, Überspringen

skylight / Deckenbeleuchtung

slack / Pufferzeit, Schlupf

slack byte / Füllzeichen

slack joint / Wackelkontakt

slackness / Spiel (mech.)

slackness loop / Kabelbewegungsschleife

slant / abschrägen; Schrägfläche, Schrägstellung

slant character set / Schrägzeichensatz (*Kursiv*schrift)

slash / Schrägstrich

slave / abhängiger Rechner, Neben...

slave computer / abhängiger Rechner, Nebenrechner (dem Hauptrechner untergeordnet)

slave key / Nebenschlüssel

slave station / Nebenstation (der Hauptstation untergeordnet)

sleep / inaktiv sein, ruhen

sleeve / Diskettenhülle, Muffe

slice / Siliziumscheibe, Zeitanteil

sliced processor / Scheibenprozessor (aus einer Halbleiterscheibe bestehend)

slicing → time slicing / Zeitscheibenverfahren (Zeitanteilsverfahren)

slide / gleiten; Gleitbewegung

slide in / einschieben

slide rule / Rechenschieber

slide show / Dia-Show, Folge von Standbildern (Mult-Med.)

slide-in / Einschub...

slide-in unit / Einschubeinheit

sliding contact / Schleifkontakt

sliding rule / Rechenschieber

slimline / Abmagerung, Niedrigbauweise

slip / Kassenbeleg, Kassenzettel

slip printer / Kassenbelegdrucker

slippage / Schlupf

slit / in Streifen schneiden (trennen)

slitting / Längstrennung

slogan / Werbespruch

slope / Steigung (Kurve)

slope arrow / Schrägpfeil

slot / Einschubschlitz, Kontaktschlitz, Steckplatz

slow / langsam, träge

slow down / verlangsamen

slow motion / Zeitlupe

slow-down / Drosselung

slow-motion facility / Zeitlupeneinrichtung

SLSI (abbr. →super large scale integration) / Höchstintegration (Stufe der Halbleiterintegration)

slug / Madenschraube, Type (Druckt.)

small / klein, niedrig

small air conditioning unit / Klimabox

small business / Kleinbetrieb

small business computer / kommerzieller Kleinrechner

small capitals (abbr. small caps) / Kapitälchen (Schriftart, bei der ausschließlich höhere und niedrigere Großbuchstaben verwendet werden; Textv.)

small caps (abbr. →small capitals)

small computer / Kleinrechner

small computers system interface (abbr. SCSI) / Systemschnittstelle für kleine Computer (parallele Standardschnittstelle)

small letter / Kleinbuchstabe

small punched card / Kleinlochkarte

smallest addressable memory unit / kleinste adressierbare Speichereinheit (Speicherstelle)

small-scale integration (abbr. SSI) / Kleinintegration (erste Stufe der Halbleiterintegration)

small-sized / klein; Klein...

small-sized computer / Kleincomputer

SmallTalk / SmallTalk (objektorientierte Programmiersprache)

smart / intelligent

smart cable / intelligentes Leitungssystem (enthält eigenen Steuerprozessor)

smart card / Chipkarte (Ausweiskarte mit integriertem Prozessor-Chip)

smart machine / intelligente Maschine (enthält eigenen Steuerprozessor)

smart terminal / intelligentes Terminal (enthält einen eigenen Prozessor)

smear / verwischen, wischen

smear resistance / Wischfestigkeit

smear-resistant / wischfest

smoke / rauchen; Rauch

smoke-alarm system / Rauchmelder

smooth / geschmeidig; abflachen, glätten

smoothing / Glättung (von Kurven)

smudge / verwischen; Schmutzfleck

smudge-proof / wischfest

smudging / Verschmierung (von Klartextbelegen)

smutch → smudge

SNA (abbr. → systems network architecture) / System-Netz-Architektur (Produkt von IBM)

snail-wheel / Schneckenrad

snaking columns / Mehrfachspalten (Textv.)

snap / ermitteln

snap back / zurückschnappen

snap in / einrasten

snap off / abreißen

snap-back effect / Hysterese-Effekt (bei Ferrit)

snap-out form / Schnelltrennformularsatz

snapping / Ermittlung

snapshot / Speicherauszug

SNOBOL (abbr. StriNg-Oriented symBOlic Language) / SNOBOL (zeichenkettenorientierte symbolische Programmiersprache)

snow / Hintergrundrauschen

social / sozial

social impact / soziale Auswirkung

social income / Volkseinkommen

social insurance / Sozialversicherung

social legislation / Sozialgesetzgebung

social sciences / Sozialwissenschaften

social security / soziale Sicherheit

social state / Sozialstatus

society / Gesellschaft, Verband

socio-economic / sozialwirtschaftlich

sociological / soziologisch
sociology / Soziologie
socket / Buchse, Fassung
socket adapter / Anschluß (Einbau-platz)
socket board / Buchsenfeld
socket option / Steckstellenauswahl
socket wrench / Steckschlüssel
soft / vorübergehend, wechselbar
soft copy / Bildschirmausgabe
soft error / behebbarer Fehler
soft font / herunterladbare Schrift (von externen Speichern in den Drucker)
soft hyphen / Bindestrich, der nur bei Silbentrennung geschrieben wird (z. B. Com-puter)
soft iron / Weicheisen
soft key / Schaltfläche (Ben-Ob.)
soft page break / automatischer Seiten-umbruch (verändert sich bei Einfü-gung oder Löschung von Zeilen)
soft return / automatischer Zeilenum-bruch (verändert sich bei Einfügung oder Löschung von Text), Fließtext
soft sectoring / Softsektorierung (einer Diskette), Software-Sektorierung
soft-sectored / softsektoriert (Diskette)
soft-soldering / Weichlöten
software / Programmausstattung, Soft-ware
software architecture / Software-Ar-chitektur
software compatibility / Software-Kompatibilität
software control / Software-Steuerung
software crisis / Software-Krise
software design / Software-Entwurf
software design method / Software-Entwurfsmethode
software development / Software-Ent-wicklung
software development method / Soft-ware-Entwicklungsverfahren
software development tool / Software-Entwicklungswerkzeug
software engineer / Software-Inge-nieur (Systemanalytiker)

software engineering / Software-Ent-wicklung
software enhancement / Software-Verbesserung
software ergonomics / Software-Ergo-nomie
software exchange / Software-Aus-tausch
software fault / Software-Fehler
software house / Software-Haus
software integrity / Programmfehler-freiheit, Software-Integrität
software interface / Software-Schnitt-stelle
software investigation / Software-Prü-fung (Qualitätsprüfung)
software larceny / Software-Diebstahl
software leasing / Software-Lizenz
software licence (se) / Software-Lizenz
software maintenance / Software-Pfle-ge, Software-Wartung
software market / Software-Markt
software modularity / Software-Modu-larität
software monitor / Software-Monitor (Meßprogramm)
software package / Programmpaket, Softwarepaket
software piracy / Software-Piraterie (Urheberrechtsverletzung)
software portability / Software-Porta-bilität (Übertragbarkeit auf andere Systeme)
software producer / Software-Herstel-ler
software product / Software-Erzeugnis
software protection / Software-Schutz (Sicherungsverfahren)
software provider / Software-Anbieter (Btx.)
software quality / Software-Qualität
software reliability / Software-Zuver-lässigkeit
software technology / Software-Tech-nologie
software test / Software-Test
software tool / Programmentwicklungs-system

software-compatible / software-kompatibel

software-dependent / software-abhängig

software-independent / software-unabhängig

solar battery / Lichtkollektor, Solarbatterie

solar calculator / Solarrechner (Taschenrechner mit Solarzellenbetrieb)

solar cell / Solarzelle (Lichtbatterie)

solar-powered / solarzellenbetrieben

solder / löten; Lötzinn

solder joint / Lötstelle

solderability / Lötbarkeit

solderable / lötbar

soldering / Löten, Lötung

soldering gun / Lötpistole

soldering iron / Lötkolben

soldering tag / Lötauge

solderless connection / lötfreie Verbindung

sole agency / Alleinvertretung

solenoid / Magnet..., Spule

solenoid switch / Magnetschalter

solenoid-operated / magnetgesteuert

solicit / abrufen; Abruf

solicited input / erforderliche Eingabe

solicitor / Aufrufprogramm, Werber (Agent)

solid / fest, massiv

solid body / Festkörper

solid logic / Festkörperschaltkreis

solid model / Festkörpermodell

solid state / Festkörper

solidification / Kristallisierung

solidify / kristallisieren

solid-state / Festkörper...

solid-state circuit / integrierter Schaltkreis

solid-state disk / Halbleiterplatte

solid-state memory / integrierter Speicherbaustein

solid-state physics / Festkörperphysik

solidus / Schrägstrich

soluble / löslich

solution / Lösung

solve / lösen (Problem)

solvency / Zahlungsfähigkeit

solvent / zahlungsfähig; Lösungsmittel

some / einige, manche

sometimes / manchmal

son tape / Sohnband (Sicherungstechnik bei Magnetbändern)

sonar / Schallmeßgerät

sonic / akustisch; Schall...

sophisticated / fortgeschritten, hochentwickelt, trickreich

sort / sortieren; Sorte, Sortierung

sort algorithm / Sortieralgorithmus

sort by / sortieren nach

sort criterion / Sortiermerkmal

sort data / Sortierdaten

sort field / Sortierfeld

sort file / Sortierdatei

sort key / Sortierbegriff

sort order / Sortierreihenfolge

sort program / Sortierprogramm

sort routine / Sortierprogramm

sort sequence / Sortierfolge

sort stacker / Sortierfach

sortable / sortierfähig

sorted / geordnet, sortiert

sorter / Sortierer, Sortierprogramm

sorting / Sortieren, Sortierung

sorting capability / Sortierfähigkeit

sorting method / Sortierverfahren

sort-merge generator / Sortier-Misch-Generator

sound / Geräusch, Hörweite, Schall

sound board / Sound-Karte (Steckkarte für Tonerzeugung)

sound card / Sound-Karte (Steckkarte für Tonerzeugung)

sound generator / Tonerzeugungseinheit

sound hood / Schallschutzhaube (für Drucker)

sound intensity / Lautstärke

sound recorder / Tonaufzeichnungseinheit

sound signal / akustisches Signal

sound-absorbing / schalldämmend

sound-damping / Schalldämmung

soundless / geräuschlos

source / negative Transistorelektrode,

Quelle (eines Programms, = symbolisches Programm), Sender (von Daten in einem Netz), Ursprung

source code / Quellcode (Primärcode)

source computer / Übersetzungsrechner

source data / Ursprungsdaten

source data collection / dezentrale Datenerfassung

source disk / Ursprungsdiskette (von der Daten erstmalig ins System gelangen)

source document / Originalbeleg, Originaldokument

source file / Ursprungsdatei (von der Kopien erstellt werden)

source identifier / Absenderkennung

source input / Primärprogrammeingabe

source instruction / Quellenbefehl (der Primärsprache)

source language / Ausgangssprache, Primärsprache

source library / Primärbibliothek (enthält die Programme in der Primärsprache)

source listing / Übersetzungsliste

source output / Primärprogrammausgabe

source program / Primärprogramm (in symbolischer Programmiersprache)

source statement / Quellenanweisung (der Primärsprache)

source worksheet / Ursprungstabelle (von der andere abgeleitet werden; Tab-Kalk.)

source-drain spacing / Quelle-Senke-Abstand

space / Abstand, Leerzeichen, Raum, Zwischenraum

space after / Papiertransport nach dem Druck

space bar / Leertaste

space before / Papiertransport vor dem Druck

space character / Leerzeichen

space charge / Raumladung (Halbl.)

space key / Leertaste

space line / Leerzeile

space out / ausschließen, sperren (Druckt.)

space satellite / Weltraumsatellit

spaced / gesperrt (Druckt.)

spaced characters / Sperrschrift

spaced letters / Sperrdruck

spaced out / gesperrt (Schrift)

space-division multiplexing / Raum-Multiplex-Betrieb (über separate Leitungen)

spacial / räumlich

spacing / Abstand, Formularentwurf, Sperren (Schrift), Zeilentransport

spacing after / Leerzeile nach Absatz (Textv.)

spacing before / Leerzeile vor Absatz (Textv.)

spaghetti code / Spaghetti-Code (unübersichtliches Programm)

span / umfassen; Bereich, Spanne

spanned / segmentiert, übergreifend

spanner / Schraubenschlüssel

SPARC (abbr. scalable processor architecture; standard planning and requirement committee) / skalierbare Prozessor-Architektur (RISC-Standard); Standard-Planungs- und Anforderungskomitee (ANSI-Normungsgruppe)

spare / frei, überzählig; sparen, übrig haben; Reserve...

spare capacity / freie Kapazität

spare part / Ersatzteil

spare part service / Ersatzteildienst

spark / Funke

sparse / spärlich

spatial / räumlich

spec (abbr. → specification) / Bauvorschrift, Beschreibung, Pflichtenheft, Spezifizierung

special / außergewöhnlich; Ausnahme..., Sonder..., Spezial...

special character / Sonderzeichen

special configuration / Sonderausstattung

special design / Sonderausführung

special exit / Sonderausgang (aus einer Programmroutine)

special fair / Fachausstellung, -messe

special graphic character / graphisches Sonderzeichen

special language / Fachsprache

special model / Sonderausführung

special price / Sonderpreis

special subject / Spezialgebiet

special terms of trade / besondere Vertragsbedingungen

specialism / Fachgebiet

specialist / Fachmann, Sachbearbeiter

specialistic / fachmännisch

speciality / Besonderheit

specialization / Spezialisierung

specialize / spezialisieren

specialized / spezialisiert

special-purpose computer / Spezialrechner

special-purpose language / Spezialprogrammiersprache

specialty → speciality / Besonderheit

specific / spezifisch

specific address / absolute Adresse

specification (abbr. spec) / Bauvorschrift, Beschreibung, Pflichtenheft, Spezifizierung

specification certificate / Spezifikationsschein (eines Vertrages)

specification form / Bestimmungsblatt

specification language / Spezifikationssprache (Beschreibungssprache)

specification test / Abnahmeprüfung

specificator / Spezifikationssymbol

specified / spezifiziert

specifier / Spezifikationssymbol

specify / beschreiben, spezifizieren

specimen copy / Belegexemplar

specious / scheinbar

spectacular / ungewöhnlich

spectral / Spektral...

spectral colo(u)r / Spektralfarbe

spectrum / Bandbreite, Skala, Spektrum

speech / Sprache, Sprechweise

speech analysis / Sprachanalyse

speech pattern recognition / Spracherkennung

speech recognition / Spracherkennung

speech synthesis / Sprachsynthese

speech synthesizer / Sprachgenerator

speed / Drehzahl, Eil..., Geschwindigkeit

speed calling / Kurzwahl, Schnellwahl (Tel.)

speed up / beschleunigen

speed-up / Beschleunigung

spell / buchstabieren, richtig schreiben

spell aid / Rechtschreibhilfe

spell checker / Rechtschreibhilfe

spell verification / Rechtschreibprüfung

spelling / Rechtschreibung

spelling checker / Rechtschreibhilfe

spherical / kugelförmig, sphärisch

spherical printhead / Kugelkopf (Schreibm.)

spherical typehead / Kugelkopf (Schreibm.)

spike / Spannungsspitze, Spitze, Stromstoß (kurze Überspannung)

spill / überlaufen; Überlaufen

spill volume / Reservedatenträger

spin / drehen, rotieren; Drehbewegung, Kernspin (Drehimpuls des Atomkerns)

spindle / Drehachse

spiral / spiralig; Schraubenlinie

splash / spritzen

splice / kleben, spleißen, verbinden; Klebung, Verbindungsstelle

splicer / Klebeeinrichtung (Lochstreifen)

splicing / Spleißen (Verbinden von Kabeladern), Verbinden (von Lochstreifen, Mikrofilmen)

splicing facility / Spleißeinrichtung (für Kabel)

spline curve / Spline-Kurve (Interpolationstechnik)

splint / Splint

split / aufgeteilt, gesplittet; aufsplitten, aufteilen

split bar / Trennbalken (zur Teilung des Bildsch.)

split off / abtrennen

split screen / Bildschirmaufteilung, geteilter Bildschirm

splits / Reste
splitter / Splitteinrichtung
splitting / Spaltung, Teilung
splitting strip / Trennleiste (bei Formu-
	larsätzen)
spoil / beschädigen; Schaden
spoilage / Makulatur
spoilt / Ausschuß...
spoliation / Urkundenunterdrückung
sponge / Schaumstoff
sponsion / Bürgschaft
sponsor / Geldgeber
spontaneous / spontan
spoofing / Manipulation, Verschleie-
	rung
spoofing program / Schwindelpro-
	gramm (zur Verbreitung von Compu-
	terviren)
spool / aufspulen; Bandspule
SPOOL (abbr. simultaneous peripheral
	operations online) / Spulbetrieb
	(Druckumleitung über Band oder
	Platte)
spool buffer / Spulpufferspeicher
spool in / einspulen (beim Spulbetrieb)
spool out / ausspulen (beim Spulbe-
	trieb)
spooler / Spulprogramm (Hilfspro-
	gramm für bessere Druckernutzung)
spool-in / Einspulen (beim Spulbetrieb)
spooling / Spulbetrieb (Druckumleitung
	über Band oder Platte)
spool-out / Ausspulen (beim Spulbe-
	trieb)
sporadic(al) / unregelmäßig, vereinzelt
	(auftretend)
sporadic fault / sporadischer Fehler
sports game / Sportspiel (Computer-
	spiel-Art)
spot / Fleck, Punkt, Spurenelement
spot beam / Bündelstrahl
spot business / Bargeschäft
spot check / Stichprobe
spot-welding / Punktschweißen
spray / spritzen, spritzlackieren; Spritz-
	pistole, Sprühdose, Sprühnebel
spray can / Sprühdose (Hilfsmittel in
	Graphikprogrammen)

spread / ausbreiten, verteilen; Verbrei-
	tung
spread-sheet / Bildschirmtabelle, elek-
	tronisches Arbeitsblatt
spread-sheet analysis / Tabellenkal-
	kulation
spread-sheet program / Tabellenkal-
	kulationsprogramm
spring / federn; Feder, Federkraft, Fe-
	derung
spring belt / Antriebspese
spring clip / Federklemme
springing / Federung
springy / federnd
sprinkler nozzle / Sprinklerdüse
sprinkler system / Feuerlöschanlage,
	Sprinkleranlage
sprite / Geist, Kobold (bewegliches klei-
	nes Bild, das auf dem Bildsch. vor fe-
	stem Hintergrund bewegt werden
	kann; Computerspiele)
sprocket / Sprossenrad, Stachelrad,
	Zahn, Zahnkranz
sprocket feed / Sprossenradvorschub,
	Stachelradvorschub (beim Drucker)
sprocket tractor / Stacheltraktor
	(Drucker)
sprocket hole / Führungsloch (bei
	Druckerformularen)
sprocket wheel / Sprossen-, Stachelrad
sprocketed / perforiert
spur / Sporn
spur gear / Stirnrad
spur line / Stichleitung
spurious / störend
sputter / zerstäuben
spy / ausspionieren; Spion
spying / Spionage
SQL (abbr. → structured query lan-
	guage) / SQL (strukturierte Abfrage-
	sprache für DB)
square / quadratisch, rechteckig; qua-
	drieren; Quadrat, Rechteck
square bracket / eckige Klammer
square bracket close / eckige Klam-
	mer zu
square bracket open / eckige Klammer
	auf

square pulse / Bitimpuls, Rechteckimpuls

square root / Quadratwurzel

square wave / Rechteckwelle (Bitimpulsfolge)

squareness / Rechteckigkeit

SRAM (abbr. →static random access memory) / statischer RAM-Speicher

SSI (abbr. →small-scale integration) / Kleinintegration (erste Stufe der Halbleiterintegration)

stability / Dauerhaftigkeit, Stabilität

stabilization / Stabilisierung

stabilize / stabilisieren

stabilized / konstant, stabilisiert

stabilizer / Konstanthalteeinrichtung

stable / dauerhaft, haltbar, stabil

stableness → stability

stack / kellern, sammeln, stapeln; Einschub, Kellerspeicher, Stapel

stack basis / Kellerbasis

stack computer / Kellermaschine

stack header / Kelleretikett

stack instruction / Kellerbefehl

stack pointer / Kellerzähler

stack procedure / Kellerungsverfahren

stack program / Kellerprogramm

stacked → sequential / gestapelt, sequentiell

stacked column graph / gestapeltes Säulendiagramm (mehrere Werte in einer Säule)

stacker / Ablagemagazin

stacker select / Ablagefachsteuerung

stacking / Ablage, Aufstapeln, Kellern

staff / Belegschaft, Personal, Stab

staff department / Stabsabteilung

staff executive / Personalleiter

staff locator / Mitarbeiterrufanlage

staff office / Stabstelle

stage / einspeichern; Phase, Stufe

stagger / staffeln; Staffelung

staggered windows / gestaffelte Fenster

stagnancy / Stagnation, Stillstand

stagnant / stagnierend, stockend

stagnate / stagnieren, stocken

stagnation → stagnancy

stain / abfärben, schmutzen; Schmutzfleck

stainless / fleckenfrei, rostfrei

stair-stepped line / Treppenkurve, Treppenlinie

stairstepping / Treppenlinie (in Graphiken bei zu geringer Auflösung)

stamp / frankieren, stempeln; Briefmarke, Stempel

stamp-pad / Stempelkissen

stand / andauern, stehen, stellen; Gestell, Stand(ort), Ständer, Stillstand

stand by / bereit-, zur Verfügung stellen

stand for / bedeuten

stand on / bestehen auf

standalone / selbständig

standalone computer / autonomer Rechner, Einzelrechner

standalone program / isoliertes Programm (ohne Beziehung zu anderen)

standard / normgerecht, vorschriftsmäßig; Norm, Normal..., Standard

standard application / Standardanwendung

standard channel / Normalkanal

standard character / Standardzeichen

standard committee / Normenausschuß

standard design / Standardausführung

standard deviation / Standardabweichung (stat.)

standard device / Standardgerät

standard distribution / Normalverteilung (stat.)

standard file label / Standardkennsatz

standard format / Standardformat

standard function / Standardfunktion

standard input device / Standardeingabegerät

standard interface / Normanschluß, Standardschnittstelle

standard language / Gemeinsprache

standard letter / Standardbrief

standard mode / Standardbetriebsart, Standardmodus

standard module / Standardbaustein

standard output device / Standardausgabegerät

standard paper / Normalpapier

standard plug connection / Standard-steckverbindung

standard print program / Standard-druckprogramm

standard program / Standardprogramm

standard register / Standardregister

standard software / Standardsoftware (Programme, die für bestimmte Anwendungsbereiche mit größerer Varianzbreite erstellt wurden)

standard tape / Bezugsband

standard text / Standardtext

standard video terminal / genormtes Bildschirmgerät

standardization / Normung, Standardisierung

standardize / normen, standardisieren

standardized / genormt, standardisiert

standardized characters / Normschrift

standardized programming / normierte Programmierung

standardizing → standardization / Normung, Standardisierung

standards committee / Normenausschuß

standards organization / Normungsinstitution

standby / einsatzbereit; Bereitschaft, Reserve...

standby computer / Bereitschaftsrechner, Reserverechner

standby computer center / Bereitschaftsrechenzentrum

standby costs / Bereitschaftskosten

standby system / Ausweichsystem

standby time / Bereitschaftszeit

standing / dauernd, stehend, untätig; Dauer...

standing print / stehender Druck

standpoint / Standpunkt

standstill / Stillstand

stapling machine / Heftmaschine

star / Stern, Sternzeichen

star communication network / Stern-netz

star connection / Sternschaltung

star line / Sternleitung

star network / Sternnetz

starred / mit Sternzeichen versehen

star-shaped / sternförmig

start / anfangen, beginnen, starten; Anfang, Beginn, Start

start address / Anfangsadresse

start bit / Start-Bit

start distance / Startweg

start element / Startschritt

start of... / Anfang von...

start position / Anfangslage, Ausgangsposition

start pulse / Startschritt

start signal / Startzeichen

start up / urladen

starter / Startprogramm

starting / startend; Start, Start...

starting address / Startadresse

starting delimiter / Anfangsbegrenzer

starting position / Anfangslage, Ausgangsposition

starting up / Anlauf

starting-up time / Anlaufzeit

start-stop mode / Start-Stop-Betrieb

start-stop operation / Start-Stop-Betrieb

start-stop signal / Start-Stop-Zeichen

start-stop working / Start-Stop-Verfahren

start-up / Anlauf, Urladevorgang

start-up disk / Urladediskette (auch -platte)

start-up peak / Einschalt-Stromspitze

start-up ROM (abbr. start-up read-only memory) / Start-Festspeicher (enthält die Urladeroutine, die auch beim Abschalten nicht gelöscht wird)

start-up screen / Einschalt-Bildschirm (Bild, das unmittelbar nach dem Systemstart gezeigt wird)

state / festlegen, melden; Lage, Staat, Status, Zustand

state of readiness / Betriebsbereitschaft

state of the art / Stand der Technik

stated / spezifiziert

statement / Anweisung (einer höheren

Programmiersprache), Aussage, Feststellung

static / elektrostatisch, stationär, statisch

static array / statisches Variablenfeld

static charge / statische Aufladung

static check / Zustandsprüfung

static electricity / statische (elektr.) Aufladung

static image / statisches Bild

static memory / statischer Speicher

static noise / Störgeräusch

static object / statisches Objekt

static optical memory / optischer Speicher (nicht änderbar)

static picture / statisches Bild

static random access memory (abbr. SRAM) / statischer RAM-Speicher

static testing / statisches Testen

staticizer / Serien-Parallel-Umsetzer

staticizing / Befehlsübernahme

statics / Statik

station / aufstellen, unterbringen; Sender, Sprechstelle (Tel.), Station (Datenstation)

station address / Stationsadresse

station cycle polling / Stationsumfrage

station identification / Stationsidentifizierung

stationary / stationär

stationery / Bürobedarf

statistic(al) / statistisch

statistical program / Statistikprogramm

statistical software / Statistiksoftware

statistics / Statistik

stator / Motorständer

status / Funktionszustand, Zustand

status bar / Statusbalken, Statuszeile

status bit / Statusbit

status block / Zustandsblock

status byte / Statusbyte

status data / Zustandsdaten

status indicator / Zustandsanzeiger

status information / Zustandsinformation

status inquiry / Zustandsabfrage

status line / Statuszeile

status message / Zustandsmeldung

status register / Zustandsregister

status request / Zustandsabfrage

status signal / Statussignal

status table / Zustandstabelle

status vector / Zustandsvektor (bei Mikroprozessoren)

status word / Zustandswort

statute / Satzung

statutory / satzungsgemäß

statutory corporation / Körperschaft

statutory declaration / eidesstattliche Erklärung

stay / warten; Halt

stay-down key / feststellbare Taste

steadiness / Zuverlässigkeit

steady / beständig, konstant, zuverlässig

steady signal / kontinuierliches Signal

steal / entziehen

stealth / heimlich

stealthing / Arbeitsspeicherentlastung (durch Auslagerung nicht benötigter Systemsoftware)

steel / Stahl

steep / steil

steeped / gesättigt

steer / führen (mech.), lenken

steering committee / Lenkungsausschuß

steering plate / Führungsplatte

stem / Grundstrich (bei Schrift), Tastenschaft

stencil / auf Matrize schreiben; Vervielfältigungsmatrize

stenograph / stenographieren; Stenogramm

stenographic(al) / stenographisch

stenography / Stenographie

stenotypist / Stenotypist(in)

step / abstufen, einen Schritt machen; Schritt, Stufe

step mode / Schrittechnik

step switching / Schrittschaltung

step-by-step / schrittweise; Einzelschritt...

step-index fibre / Stufenfaser (Glasfasertyp)

stepped / gestuft; Stufen...
stepper motor / Schrittmotor
stepping / Schritt..., Stufen...
stepping motor / Schrittmotor
step-rate time / Schrittschaltzeit (beim Schreib-Lese-Kamm von Platten)
steps of programming / Programmierstufen
stepwise / stufenweise
stepwise changeover / schrittweise Umstellung
stepwise refinement / schrittweise Verfeinerung
stepwise search / stufenweises Suchen
sterile / keimfrei
sterility / Keimfreiheit
stick / Steuerknüppel
stick printer / Stabdrucker
sticker / Aufkleber, Klebeetikett
stickup initial / Großinitial (am Anfang von Absätzen; Textv.)
still / unbewegt
still image / Festbild, Standbild (stehendes Bild)
still picture / Festbild, Standbild (stehendes Bild)
stimulate / anregen
stimulus / Auslöseimpuls
stochastic(al) / zufällig
stochastics / Stochastik (Teilgebiet der Stat.)
stock / vorrätig; Bestand (an Daten), Lager, Lagerbestand
stock account / Bestandskonto
stock accounting / Bestandsrechnung
stock-check / Bestandsaufnahme
stock-keeping / Lagerhaltung
stock-receipt / Wareneingang
stop / anhalten; Halt, Stop
stop bit / Stop-Bit
stop button / Stoptaste
stop condition / Haltbedingung
stop delimiter / Endbegrenzer
stop distance / Stopweg
stop element / Stopschritt
stop instruction / Endebefehl
stop position / Endlage
stop signal / Stop-Signal

stop statement / Endeanweisung
stop time / Stop-Zeit
storage / Speicher, Speichern, Speicherung
storage address / Speicheradresse
storage allocation / Speicherzuweisung
storage and retrieval / Speichern und Wiederfinden
storage capacity / Speicherkapazität
storage cell / Speicherzelle
storage class / Speicherklasse
storage compaction / Speicherverdichtung
storage control / Speichersteuerung
storage control unit / Speichersteuerwerk
storage controller / Speichersteuerwerk
storage density / Speicherdichte
storage device / Speichergerät
storage drum / Speichertrommel
storage dump / Speicherauszug
storage element / Speicherelement
storage hierarchy / Speicherhierarchie
storage imparity / Speicherimparität
storage location / Speicherelement
storage media / Speichermedien (pl.)
storage medium / Speichermedium
storage occupancy / Speicherbelegung
storage operand / Speicheroperand
storage operation / Speicheroperation
storage organization / Speicherorganisation
storage parity / Speicherparität
storage position / Speicherstelle
storage protection / Speicherschutz
storage requirements / Speicherplatzbedarf
storage space / Speicherraum (Kapazität)
storage supervision / Speicherkontrolle (i. S. des BDSG)
storage surface / Speicherfläche
storage technology / Speichertechnik
storage tube / Speicherbildschirm
storage type / Speichertypus
storage unit / Speichereinheit, speichernde Stelle (BDSG)

storage utilization / Speicherausnutzung

storage write protection / Speicherschreibschutz

store / speichern; Lager

store and forward / speichern und weitersenden (Übertragungstechnik)

store programming / Speicherprogrammierung

store condition / Lagerungsbedingung

store-and-forward network / Kommunikationsnetz (mit Übertragungs- und
Speicherfunktion)

store-and-forward principle / Teilstreckenverfahren (bei der Datenübertragung)

store-and-forward switching / Speichervermittlung

store-and-forward transmission /
Teilstreckenübertragung

stored / gespeichert

stored paragraph / gespeicherter Absatz (eines Programms oder Textes)

stored program / gespeichertes Programm

stored-program concept / Speicherprogramm-Konzept (Grundkonzept
aller Computer)

storehouse control / Lagerhausssteue-
rung

store-programmed / speicherprogrammiert

store-programmed switching / speicherprogrammierte Wählvermittlung
(Tel.)

straight / gerade, rein (unverfälscht)

straight-line / geradlinig, linear; Gerade

straight-line code / Geradeaus-Pro-
gramm (ohne Sprungbefehle)

strain / dehnen; Dehnung

strand / Ader, Litze

strange / fremd

strange system / Fremdsystem

strap / verbinden (beweglich)

strappable connection / bewegliche
Verbindung (zweier Geräte durch Kabelbrücke)

strappable line / bewegliche Kabelverbindung

strapping plug / Brückenstecker

strategic(al) / strategisch

strategy / Strategie

stratify / schichten

stray / vagabundieren (el.)

stray capacitance / Streukapazität

stream / strömen; Strom (von Daten)

streamer / Magnetbandstation (kontinuierlich arbeitend)

streaming mode / Streaming-Betrieb
(kontinuierliches Schreiben und Lesen beim Magnetband)

streaming tape drive / Streamer-Magnetbandstation

streamline / rationalisieren; Stromlinie

streamlined / rationell

strength / Stärke, Widerstandskraft

stress / auf Zug beanspruchen, belasten, betonen, hervorheben; Belastung, Betonung, Streß

stress mark / Betonungszeichen (bei
phonetischer Darstellung)

stressed / belastet

stretch / dehnen; Dehnung (Magnetband)

stretching / Längung (beim Magnetband)

strict / genau

strike / anschlagen (Taste), streiken;
Streik

strike out / durchstreichen (Textv.)

strike through / durchstreichen (Textv.)

striking / beachtlich

striking hammer / Anschlaghammer
(beim Zeilendrucker)

strike-out / Durchstreichung (Textv.)

strike-through (thru) / Durchstreichung

string / aufreihen; Kette, sortierte Folge
von Sätzen, Zeichenfolge

string device / Textgeber

string operation / Zeichenkettenoperation

string statement / Aufreihungsanweisung

string terminator / Zeichenkettenbegrenzer

string variable / Zeichenkettenvariable

stringency / zwingender Beweis (Stringenz)

stringent / zwingend beweisen

strip / abisolieren, demontieren; Addierstreifen

strip reader / Streifenleser

stripe → strip / Addierstreifen

stripper / Abisolierzange

strobe / abtasten; Zeitsignal

strobe pulse / Abtastimpuls

strobing / Signalauswertung

stroke / Anschlag, Strich, Tastenhub

strong / dauerhaft, stark

structural / strukturell; Struktur...

structural description / Strukturbeschreibung

structural model / Strukturmodell

structure / strukturieren; Aufbau, Gliederung, Struktur

structure analysis / Strukturanalyse (Aufbauanalyse)

structure block / Strukturblock

structure chart / Struktogramm

structure chart symbol / Struktogramm-Sinnbild

structure diagram / Bachman-Diagramm

structure of data record / Datensatzstruktur

structured / gegliedert, strukturiert

structured data / strukturierte Daten

structured design / strukturierter Entwurf

structured graphics / objektorientierte Graphikverarbeitung

structured language / Struktursprache

structured program / strukturiertes Programm

structured programming / strukturierte Programmierung (Programmiermethode)

structured query language (abbr. SQL) / strukturierte Abfragesprache (Abk. SQL)

structured systems development / strukturierte Systementwicklung

structureless / ungegliedert

structuring / Gliederung

stub / Abriß, Abreißzettel, Stichleitung (el.)

stub card / Kurzlochkarte

stub sheet / Abrißbeleg

stud / Stiftschraube

student / Schüler, Student

studied / durchdacht

study / studieren; Analyse, Projektstudie

stuff / Material

style / entwerfen; Ausdrucksweise, Schriftstil

style bar / Druckformatleiste (Ben-Ob. für Textv.)

style of font / Schriftstil

style sheet / Seitendruckformatvorlage (Textv.)

styling / Formgestaltung

stylograph / Füllfederhalter

stylus / Stylus (stiftartiges Gerät für Graphik-Tabletts)

suability / Einklagbarkeit

suable / einklagbar

suasive / überzeugend

sub... / Hilfs..., Neben..., Unter...

subaccount / Unterkonto

subaltern / untergeordnet

subarea / Teilbereich

subassembly / Teilmontage, Unterbaugruppe

subaudio frequency / Tonfrequenz (im nichthörbaren Bereich)

subbranch / Unterabteilung

subcarrier / Unterträger, Zwischenträger

subchannel / Unterkanal

subcontractor / Unterlieferant

subdescriptor / Unterdeskriptor (→ Deskriptor)

subdir (abbr. → subdirectory) / Unterverzeichnis (einer Bibliothek)

subdirectory (abbr. subdir) / Teilinhaltsverzeichnis, Unterverzeichnis (einer Bibliothek)

subdivide / untergliedern

subdivision / Untergliederung, Unterteilung

subdivision of functions / Aufgabengliederung, Aufgabenteilung
subfield / Teilfeld
subfile / Unterdatei
subject / abhängig; Fachgebiet, Sachgebiet, Thema
subject catalog / Schlagwortverzeich-
nis
subject index / Sachregister
subject matter / Inhalt (eines Buches)
subject of function / Aufgabenträger
subjection / Abhängigkeit
subjective / subjektiv
subjectivity / Subjektivität
subjoin / hinzufügen
subjoinder / Anhang
sublayer / Teilschicht
sublease / untervermieten
submenu / Untermenü
submit / vorschlagen
submodule / Untermodul
subnetwork / Teilnetz
subordinate / abhängig, untergeordnet;
unterordnen
subordination / Unterordnung
subprogram / Unterprogramm
subroutine / Unterprogramm
subroutine address / Unterprogrammadresse
subroutine call / Unterprogrammaufruf
subroutine declarative area / Unterprogrammvereinbarungsbereich
subroutine entry / Unterprogrammeinsprung
subroutine library / Unterprogrammbibliothek
subroutine management / Unterprogrammverwaltung
subroutine nesting / Unterprogrammverschachtelung
subschema / Subschema
subscribe / abonnieren, subskribieren
(Felder einer Tabelle mit einem Index
bezeichnen), tiefstellen (Textv.)
subscriber / Teilnehmer (Tel., Datenbank)
subscriber call / Teilnehmerabruf
subscriber lockout / Teilnehmersperre

subscriber trunk dialing / Selbstwählfernverkehr (Tel.)
subscriber-call statistics / Abrufstatistik
subscriber's line / Anschlußleitung
subscribing / Subskribierung (Art der
Tabellenverarbeitung)
subscript / indexieren, indizieren; Subskript (Indexangabe bei einem Tabellenfeld), tiefgestellte Schrift, Tiefstellung (Textv.)
subscript field / Subskriptfeld
subscript list / Indextabelle
subscripted / indexiert, indiziert
subscription / Abonnement, Indexierung, Indizierung
subscription contract / Abonnementsvertrag, Dauervertrag
subsection / Unterabschnitt
subsequent / nachfolgend, nachträglich
subsequent documentation / nachträgliche Dokumentation
subset / Untergerät, Untermenge
subsidiary / sekundär, stellvertretend
subsidiary bookkeeping / Nebenbuchhaltung
subsidize / subventionieren
subsidy / Subvention
substance / Inhalt, Wesentliches
substandard / minderwertig
substantial / wesentlich
substantiate / konkretisieren
substation / Nebenstelle
substitute / austauschen, ersetzen; Ersatz...
substitution / Austausch, Ersatz, Ersetzung, Substitution
substitution instruction / Ersetzungsbefehl
substitution method / Ersetzungsverfahren (Chiffriermethode)
substitutional / Austausch...
substrate / Substrat, Trägermaterial
substratum → substrate
substring / Teilkette, Teilzeichenfolge
substruction / Unterbau
subsume / klassifizieren
subsumption / Klassifizierung

subsystem / Teilsystem, Untersystem
subtasking / Unteraufgabenbildung
subtitle / Untertitel
subtotal / Zwischensumme
subtract / subtrahieren
subtract carry / Subtraktionsübertrag
subtract instruction / Subtraktionsbefehl
subtract register / Subtraktionsregister
subtract statement / Subtraktionsanweisung
subtracter / Subtrahierwerk
subtracting / Subtrahieren
subtracting key / Subtrahiertaste
subtraction / Subtraktion
subtrahend / Subtrahend
subtree / Teilbaum
subvention / Subvention
subwindow / Teilfenster
succeed / Erfolg haben, folgen
succeeding / folgend (räumlich und zeitlich)
success / Erfolg
successful / erfolgreich
succession / Folge, Nachfolge
successive / folgend (räumlich und zeitlich), fortlaufend
successive data gathering / sukzessive Datenerfassung
successor / Nachfolger
successor program / Folgeprogramm
suck / saugen
suction system / Ansaugsystem (pneumatische Förderung)
sudden / plötzlich, unvorhergesehen
sufferable / zulässig
sufficient data security / ausreichende Datensicherung
suffix / Zusatz(kennzeichen), Zusatzname (von Dateien)
suggestion / Vorschlag
suitable / angemessen, passend
suitableness / Angemessenheit
suitcase / Piktogramm (Ikone)
sum / addieren, zusammenfassen; Betrag, Summe, Wesen
sum check / Summenkontrolle
sum up / zusammenfassen

sum total / Gesamtsumme
summable / addierbar, aggregierbar
summand / Summand
summarization / Zusammenfassung
summarize / zusammenfassen
summary / summarisch; Zusammenfassung (eines Textes)
summation / Addition
summing-up / Zusammenfassung
sundry / sonstig
super... / Ober..., Super..., Über...
superabundance / Überfluß
superaudio frequency / Ultraschallfrequenz
superchip / Superchip (Chip mit 10 MBit)
supercomputer / Größtrechner, Spitzenrechner
superconduction / Supraleitung
superconductive / supraleitfähig
superconductivity / Supraleitfähigkeit
superconductor / Supraleiter
superficial / oberflächlich
supergroup / Übergruppe (Gruppenwechsel)
superheat / überhitzen
super-high-scale integration (abbr. SHSI) / Superintegration (Stufe der Halbleiterintegration)
superimpose / überlagern (el.)
superimposition / Überlagerung (el.)
superior / übergeordnet, überlegen
superlarge / größt
superlarge computer / Größtrechner
super-large-scale integration (abbr. SLSI) / Höchstintegration (Stufe der Halbleiterintegration)
superlative / äußerst, hervorragend
supermicro / Supermikro (Abk. für →Supermikrorechner)
supermicrocomputer / Supermikrorechner (besonders leistungsfähiger Mikrorechner)
supermini / Supermini (Abk. für →Superminirechner)
superminicomputer / Superminirechner (besonders leistungsfähiger Minirechner)

supernumerary / überzählig
superpose / überlagern (el.)
superposition / Überlagerung (el.)
superprogram / Hauptsteuerprogramm
supersaturate / übersättigen
supersaturation / Übersättigung
superscribe / hochstellen (Textv.)
superscript / Exponent, hochgestellte Schrift, Hochstellung (Textv.)
superstruction / Aufbau, Überbau
supervise / überwachen
supervising / Überwachen
supervising mode / Kontrollzustand
supervising routine / Kontrollablauf
supervision / Steuerung, Überwachung
supervisor / Hauptsteuerprogramm
supervisor call / Steuerprogrammaufruf
supervisor state / Systemzustand (unter Steuerung des Hauptsteuerprogr.)
supervisor's console / Bedienungskonsol
supervisory / überwachend; Überwachungs...
supervisory circuit / Kontrollschaltung
supervisory data flow / Kontrollfluß
supervisory equipment / Kontrolleinrichtung
supervisory facility / Kontrolleinrichtung
supervisory listing / Überwachungsprotokoll
supervisory panel / Bedienungsfeld
supervisory procedure / Kontrollverfahren
supervisory system / Kontrollsystem
supplement / Anhang, Zusatz
supplementary / ergänzend; Zusatz...
supplementary education / Fort- und Weiterbildung
supplementary machine / Ergänzungsmaschine
supplementation / Ergänzung
supplier / Auftragnehmer, Lieferant
supplies / Zubehör
supply / versorgen; Versorgung
supply and demand / Angebot und Nachfrage

supply current / Netzstrom
supply frequency / Netzfrequenz
supply region / Versorgungsbereich (von Postdiensten)
supply voltage / Netzspannung
supply voltage fluctuation / Netzspannungsschwankung
support / unterstützen; Träger, Unterstützung
support service / Betreuung (von Kunden)
suppose / voraussetzen
supposed / vermutlich
supposition / Hypothese, Voraussetzung
suppress / unterdrücken
suppressed / unterdrückt
suppressing / unterdrückend; Unterdrücken
suppression / Unterdrückung (bestimmter Zeichen)
supraconduction / Supraleitung
supraconductive / supraleitfähig
supraconductivity / Supraleitfähigkeit
supraconductor / Supraleiter
supranational / übernational
supremacy / Überlegenheit
supreme / überlegen (besser)
surcharge / überlasten (el.)
surd / irrational (math.)
surface / Oberfläche
surface barrier transistor / Oberflächensperrschichttransistor
surface conduction / Oberflächenleitung
surface diffusion / Oberflächendiffusion (Halbl.)
surface etching / Oberflächenätzung (Halbl.)
surface leakage / Kriechstrom
surface model / Flächenmodell, Oberflächenmodell (graph.)
surface mountable / oberflächenmontierbar (Platine)
surface passivation / Oberflächenneutralisierung (Halbl.)
surface treatment / Oberflächenbehandlung

surface-contact rectifier / Flächengleichrichter
surge / Stromstoß, Überspannung (el.)
surge current / Spitzenstrom
surge protector / Spannungsableiter
surge suppressor / Spannungsableiter
surge voltage / Stoßspannung (el.)
surmount / übersteigen
surpass / übersteigen
surpassing / überdurchschnittlich
surplus / Überschuß
surplus load / Mehrbelastung
surplus production / Überproduktion
surplus supply / Überangebot
surprisal value / Überraschungswert
surprise / überraschen; Überraschung
surprising / erstaunlich
surrogate / Ersatz (nicht vollwertig)
surrogate name / Aliasname (Hilfsname)
surround / umgeben; Einschließung
surrounding / umgebend; Rand...
surveillance / Überwachung
surveillance authority / Aufsichtsbehörde
survey / überblicken; Überblick
suspect / fehlerverdächtig; mißtrauen
suspend / in der Schwebe sein, unterbrechen
sustain / stützen
sustainer / Stütze
swap / überlagern (von Seiten), wechseln; Wechsel
swap file / Überlagerungsdatei
swap in / einlagern
swap out / auslagern
swap table / Seitentabelle (für Überlagerung)
swap time / Überlagerungsdauer
swapping / Überlagern (von Seiten)
swapping area / Überlagerungsbereich
swapping-in / Einlagerung
swapping-out / Auslagerung
sweep / kippen
sweep frequency / Kippfrequenz
swell / anschwellen
swelling / Zunahme
swim / verschwimmen (Bildsch.)

swing / sich drehen, sich frei bewegen;
Anschlag (Skala), Hub
swing gate / Schwenkrahmen
switch / schalten, umschalten; Programmschalter, Schalter
switch function / Schaltfunktion
switch network / Wählnetz
switch off / abschalten, ausschalten
switch on / anschalten, einschalten
switch panel / Bedienungsfeld, Schalterleiste
switch setting / Schalterstellung
switchboard / Schaltschrank, Schalttafel
switched / geschaltet
switched connection / Wählverbindung
switched line / Wählleitung
switched network / Wählnetz
switched system / Wählsystem
switched traffic / Wählverkehr
switchgear / Schaltanlage
switching / Schalten, Vermittlung
switching center / Vermittlungsstelle,
Vermittlungszentrale
switching center area / Amtsbereich
(Tel.)
switching computer / Vermittlungsrechner
switching element / Koppelglied
switching equipment / Vermittlungseinrichtung
switching logic / Schalttechnik
switching network / Vermittlungsnetz
switching node / Vermittlungsknoten
switching speed / Schaltgeschwindigkeit
switching system / Vermittlungssystem
switching technology / Vermittlungstechnik
switching time / Schaltzeit
switching variable / Schaltvariable
switching-oriented / vermittlungstechnisch
switchpoint / Programmschalter
swivel / sich drehen; drehbar, schwenkbar; Drehlager, Drehring
swivel-mounted / schwenkbar montiert

swung dash / Ersatzzeichen, Tilde (das Zeichen ‹~›)

syllabication / Silbentrennung

syllable / Silbe

syllogism / logischer Schluß

symbol / Symbol, Zeichen

symbol font / Symbolzeichenschrift

symbol set / Symbolvorrat

symbol table / Symboltabelle

symbolic(al) / symbolisch

symbolic address / symbolische Adresse (in einem Primärprogramm)

symbolic addressing / symbolisches Adressieren (bei Primärprogrammen)

symbolic coding / symbolische Codierung

symbolic device name / symbolischer Gerätename

symbolic instruction / symbolischer Befehl

symbolic language / symbolische Programmiersprache

symbolic logic / formale Logik

symbolic name / symbolischer Name

symbolic program / symbolisches Programm

symbolic programming / symbolische Programmierung

symbolic programming language / symbolische Programmiersprache

symmetric(al) / symmetrisch

symmetry / Symmetrie

symposium / Konferenz mit Beiträgen zu einem Thema (Symposium)

symptom / Merkmal

symptomatic(al) / charakteristisch

sync → synchronous / gleichtaktig, gleichzeitig, synchron

synchro… / Synchron…

synchronal → synchronous / gleichtaktig, gleichzeitig, synchron

synchronic → synchronous / gleichtaktig, gleichzeitig, synchron

synchronism / Gleichlauf, Gleichzeitigkeit

synchronization / Synchronisierung

synchronization signal / Synchronisierungssignal

synchronize / synchronisieren

synchronized / synchronisiert

synchronizer / Synchronisiereinrichtung

synchronizing / Synchronisierung

synchronizing character / Synchronisierzeichen

synchronizing unit / Synchronisiereinh.

synchronous / gleichtaktig, gleichzeitig, synchron

synchronous check / Gleichlaufprüfung

synchronous communication / synchrone Kommunikation

synchronous communication interface adapter / synchrone Datenschnittstelle

synchronous computer / Synchronrechner

synchronous data collection / Synchrondatenerfassung (automatische Datenerfassung als Nebenprodukt einer Originalaufzeichnung)

synchronous data link control (abbr. → SDLC) / synchrone Datenverbindungssteuerung (einfaches Kommunikationsprotokoll, wie HDLC)

synchronous idle character / Synchronisierzeichen

synchronous operation / Synchronbetrieb

synchronous processing / Synchronverarbeitung

synchronous protocol / synchrones Übertragungsprotokoll

synchronous transfer / Synchronübertragung

synchronous transmission / Synchronübertragung

synchronous working / Synchronbetr.

synchrotron / Synchrotron (Elektronenbeschleuniger)

synectics / Synektik (Problemlösungsverfahren)

synergistics / Synergie (Zusammenwirken)

synonym / Synonym (gleichbedeutendes Wort)

synonym dictionary / Synonymwörterbuch

synonymic(al) / synonym (gleichbedeutend)

synonymous / synonym (gleichbedeutend)

syntactic(al) / syntaktisch (die Zeichenform betreffend)

syntactic analysis / Syntaxanalyse

syntactic error / Formfehler

syntax / Syntax (Lehre von den Formen
sprachlicher Ausdrücke)

syntax check / Syntaxprüfung

syntax error / Formfehler, Syntaxfehler

synthesis / Synthese

synthesize / aufbauen, künstlich herstellen

synthesized voice / künstliche Sprachausgabe (synthetische Stimme)

synthesizer / Sprachgenerator, Tongenerator

synthetic / Kunststoff

synthetic material / Kunststoff

synthetic(al) / künstlich, synthetisch

syntonic / abgestimmt

syntonize / abstimmen

syntony / Resonanz

SYSGEN (abbr. →system generation) /
Systemgenerierung

SYSOP (abbr. →system operator) / Systembediener, Systembetreiber (einer
Mail-Box)

system / Anlage, Netz, System

system administrator / Systemverwalter

system analysis / Systemanalyse

system analyst / Systemanalytiker, Systemberater

system architecture / Systemarchitektur (charakterist. Systemstruktur)

system attendant / Systembetreuer

system auditing / Systemprüfung (Revision)

system behaviour / Systemverhalten

system breakdown / Systemausfall

system call / Systemaufruf

system check / Systemprüfung

system choice / Systemauswahl

system clock / Systemtakt, Systemuhr

system command / Systembedienungsbefehl

system comparison / Systemvergleich

system compatibility / Systemkompatibilität

system component / Systemkomponente

system configuration / Systemkonfiguration (Ausstattung eines Systems)

system console / Systembedienungskonsol

system control / Systemsteuerung

system control command / Systemsteuerbefehl

system control language / Systemsteuersprache

system convention / Systemkonvention

system crash / Systemausfall

system date / Systemdatum (Tagesdatum)

system dependence / Systemabhängigkeit

system description / Systembeschreibung

system design / Systementwurf, Systemplanung

system developer / Systementwickler
(Systemanalytiker)

system development / Systementwicklung

system directory / Systemverzeichnis

system disk / Systemplatte

system diskette / Systemdiskette

system distance / Systemabstand

system documentation / Systemdokumentation

system engineer / Systemanalytiker

system engineering / Projektplanung,
Systemanalyse

system environment / Systemumgebung

system error / Systemfehler

system expansion / Systemerweiterung

system failure / Systemstörung

system familiarization / Systemschulung

system fault / Systemfehler
system file / Systemdatei
system folder / Systemverzeichnis
system font / systemeigene Schriftart
system generation (abbr. SYSGEN) /
Systemgenerierung (Aufbau der Software innerhalb des Systems, so daß es voll einsetzbar ist), auch Systemgeneration
system generator / Systemgenerator
system house / Systemhaus
system implementation / Systemimplementierung (Einführung)
system independence / Systemunabhängigkeit
system input / Systemeingabe
system integration / Systemintegration
system integrity / Systemintegrität (Fehlersicherheit eines Systems)
system interface / Systemschnittstelle
system language / Systemsprache
system level / Systemebene
system library / Systembibliothek
system log / Systemprotokoll
system macro / Systemmakrobefehl
system manager / Systemverwalter
system management / Systemverwaltung
system message / Systemmeldung
system migration / Systemumstellung
system model / Anlagenmodell
system monitoring / Systemüberwachung
system nucleus / Systemkern (Betriebssystem)
system objects / Systemobjekte
system of concepts / Begriffssystem
system of evaluation / Bewertungssystem
system of registration / Meldewesen
system operating / Systembedienung
system operator (abbr. SYSOP) / Systembediener, Systembetreiber (einer Mail-Box)
system orientation / Systemorientierung
system output / Systemausgabe
system parameter / Systemparameter

system performance / Systemleistung
system peripherals / Systemperipherie
system predicate / Systemprädikat
system program / Systemprogramm
system programmer / Systemprogrammierer
system programming / Systemprogrammierung
system prompt / System-Eingabeaufforderung
system recovery / Systemfehlerbehebung
system reliability / Systemzuverlässigkeit
system request key / Systemabfragetaste
system requirements / Systemanforderungen
system residence / Systemresidenz (Speicher für Programmbibliothek eines Systems)
system resource / System-Betriebsmittel (z. B. Arbeitsspeicher, periphere Geräte)
system retailer / Systemhaus (Systemhändler)
system run / Systemlauf
system security / Systemsicherheit
system self-test / Systemeigentest
system simulation / Systemsimulation
system software / Systemsoftware (Betriebssystem)
system state / Systemzustand
system status / Systemzustand
system status panel / Systemzustandsanzeigefeld
system support / Systemunterstützung
system theory / Systemtheorie
system throughput / Systemdurchsatz
system time / Systemzeit
system timer / System-Zeituhr
system training / Systemschulung
system tuning / Systemoptimierung
system unit / Systemeinheit (Zentraleinheit)
system upgrading / Systemausbau
system utilization / Systemauslastung
system valuation / Systembewertung

system version / Anlagenmodell
systematic(al) / planmäßig, systematisch
systematic error / systematischer Fehler
systematical numbering / systematische Numerierung
systematical test / Systemtest
systematics / Systematik
systematization / Systematisierung
system(at)ize / systematisieren
system-compatible / systemkompatibel
system-dependent / systemabhängig
system-independent / systemunabhängig
system-oriented / systemgebunden, systemorientiert
system-resident / systemresident (im System abgespeichert)
systems analysis / Systemanalyse
systems analyst / Systemanalytiker, Systemberater
systems application architecture (abbr. SAA) / System-Anwendungs-Architektur (Produkt von IBM)
systems network architecture (abbr. →SNA) / System-Netz-Architektur (Produkt von IBM)

T

T (abbr. → tera) / Tera... (Vorsatzzeichen für Maßeinheiten, 10^{12} bzw. 2^{40} Einheiten)
tab / tabellieren; Karteireiter, Lötöse, Tabulator
tab character / Tabulatorzeichen
tab clear / Tabulator löschen
tab form / Endlosformular
tab key / Tabulatortaste
tab set / Tabulator setzen
tab stop / Tabulatorstop
table / Tabelle, Tisch(platte)
table control / Tabellensteuerung

table element / Tabellenelement, Tabellenfeld
table element number / Tabellenelementnummer
table field / Tabellenfeld
table field name / Tabellenfeldname
table generator / Tabellengenerator
table graphics / Tabellen-Graphik
table handling / Tabellenbearbeitung
table look-up / Tabellensuchen
table of addresses / Adreßbuch (zur Umsetzung symbolischer Adressen in absolute)
table of contents / Inhaltsverzeichnis
table of logarithms / Logarithmentafel
table processing / Tabellenverarbeitung
table sort / Tabellensortieren
table utility / Tabellen-Unterstützungsroutine (Textv.)
table-oriented / tabellenorientiert
tablet / Tablett (Gerät für mobile Datenerfassung)
tabletop computer / Tischrechner
tabletop printer / Tischdrucker
table-track / Führungsschiene
tabular / flach, tabellarisch
tabular operand / Tabellenwert
tabular value / Tabellenwert
tabulate / tabellarisch; anordnen, tabellieren
tabulating / Tabellieren
tabulating feature / Tabelliereinrichtung
tabulating key / Tabulatortaste
tabulating machine / Tabelliermaschine (LK)
tabulation / tabellarische Anordnung, Tabellierung
tabulator / Tabelliermaschine, Tabulator
tabulator character / Tabulatorzeichen
tabulator clear key / Tabulatorlöschtaste
tabulator key / Tabulatortaste
tabulator memory / Tabulatorspeicher
tabulator set key / Tabulatorsetztaste
tactile / fühlbar

tactility / Fühlbarkeit

tag / etikettieren; Etikett, Öse, Trennzeichen

tagged / gekennzeichnet, markiert

tagged image file format (abbr. TIFF) / TIFF-Format (Dateiformat für Bitabbildungen)

tagging / Identifizieren

tail / Ende, Rest

tailor to / zuschneiden auf

tailored / zugeschnitten

tailor-made / maßgeschneidert

take / nehmen; Einnahme

take from / entnehmen

take off / abspulen, abwickeln, wegnehmen

take out / entfernen

take over / verbinden (Tel.)

take up / aufspulen, aufwickeln, einnehmen (Platz)

take-apart / zerlegbar

take-off reel / Abwickelspule

taker / Abnehmer (Kunde)

take-up reel / Aufnahmespule, Aufwickelspule

take-up speed / Aufwickelgeschwindigkeit

taking / Aufnahme (phot.)

talk / reden, sprechen; Gespräch

talk-back circuit / Gegensprechschaltung

talker / Sprecher (Station, die sendet)

tally / Zähler (vor allem bei COBOL)

tally counter / Zählerfeld (vor allem bei COBOL)

tallying / Zählen

talon / Abriß (eines Beleges)

tambour door / Rolltür

TAN (abbr. →transaction number) / Transaktionsnummer (beim Telebank-Verfahren)

tandem / hintereinander; Reihe

tandem computer / Doppelrechner

tandem connection / Kaskadenschaltung

tandem processing / Tandembetrieb (Daten werden gleichzeitig in mehreren Rechnern bearbeitet)

tandem processor / Doppelprozessor (fehlertolerant)

tandem switching / Durchgangsvermittlung (Tel.)

tangent / Tangens, Tangente

tangential / tangential

tangibility / Verständlichkeit

tangible / verständlich

tap / antippen (Sensortastatur), anzapfen (Tel.), Gewinde schneiden; Anzapfung, Gewindebohrer

tape / auf Band ausgeben, umwickeln; Band, Isolierband, Lochstreifen, Magnetband

tape block / Bandblock

tape card / Lochstreifenkarte

tape card index file / Lochstreifenkartei

tape card punch / Lochstreifenkartenstanzer

tape card reader / Lochstreifenkartenleser

tape card unit / Lochstreifenkartengerät

tape cartridge / Magnetband-Cartridge (Spezialkassette hoher Präzision)

tape cassette / Magnetbandkassette

tape cassette storage / Magnetkassettenspeicher

tape control / Magnetbandsteuerung

tape control unit / Magnetbandsteuereinheit

tape data safeguarding / Magnetbandsicherung

tape deck / Bandgerät, Kassettengerät

tape density / Bandspeicherdichte

tape drive / Bandstation

tape dump / Magnetbandauszug

tape duplicate / Magnetbandduplikat

tape edge / Magnetbandkante

tape edge damage / Bandkantenschaden

tape error / Magnetbandfehler (in den Daten)

tape fault / Magnetbandfehler (des Bandes selbst)

tape file / Magnetbanddatei

tape header label / Bandanfangsetikett

tape label / Bandkennsatz
tape leader / Bandführungsstück, Vorspannband
tape length / Magnetbandlänge
tape level / Bandkanal, Streifenkanal
(Spur)
tape library / Magnetbandarchiv
tape loop / Magnetbandschleife
tape loop storage / Magnetbandschleifenspeicher (veraltet)
tape mark / Bandabschnittsmarke
tape movement / Magnetbandvorschub
tape operating system / Bandbetriebssystem (veraltet)
tape pocket / Lochstreifentasche
tape position / Bandposition
tape positioning / Bandpositionierung
tape processing / Bandverarbeitung,
Streifenverarbeitung
tape protection / Magnetbandsicherung
tape protection ring / Schreibschutzring (bei Magnetband)
tape record / Bandsatz
tape recording / Bandaufzeichnung
tape reel / Bandspule
tape rewind / Bandrückspulung
tape serial number / Magnetbandarchivnummer
tape skew / Bandschräglauf
tape slippage / Bandschlupf
tape speed / Magnetbandgeschwindigkeit
tape station / Magnetbandeinheit
tape stretching / Magnetbandstreckung
tape swapping / Magnetbandwechsel
tape tension / Bandspannung, Streifenspannung
tape threading / Magnetbandeinfädelung, Magnetbandführung
tape threading path / Bandführung
tape track / Magnetbandspur
tape trailer label / Bandendeetikett
tape typewriter / Lochstreifenschreibmaschine
tape unit / Magnetbandeinheit
tape width / Magnetbandbreite
tape winder / Lochstreifenaufwickler
tape-controlled / streifengesteuert

tape-controlled carriage / Lochbandvorschub (beim Drucker)
tape-operated / streifengesteuert
tape-operated carriage / Lochbandvorschub (beim Drucker)
tape-oriented / bandorientiert
tape-out / Bandende, Streifenende
tape-printer routine / Banddruckroutine
taper / Kegel
tapped / angeklemmt (an eine el. Leitung)
tappet / Mitnehmer (Nocke)
tappet switch / Kippschalter
tapping / Anzapfung (Tel.)
tardiness / Langsamkeit
tardy / langsam
target / Datensenke, Ziel
target address / Zieladresse
target computer / Zielrechner
target data / Zieldaten
target disk / Zieldiskette (auch -platte)
target file / Zieldatei
target information / Zielinformation
(in einer Datenbank)
target language / Zielsprache (in die
übersetzt wird)
target processor / Zielprozessor
target program / Objektprogramm,
Zielprogramm
target record / Zielsatz
tariff / Gebührensatz, Gesprächsgebühr
(Tel.), Tarif
tariff time switch / Gebührenzähler
tarnish / mattieren
task / beschäftigen, in Anspruch nehmen; Aufgabe, Auftrag (in sich geschlossener Rechnerprozeß)
task control / Aufgabensteuerung
task management / Aufgabenverwal-
tung (Steuerung)
task manager / Aufgabenverwalter
(Steuerprogramm)
task-dependent / aufgabenabhängig
task-independent / aufgabenunabhängig
task-oriented / aufgabenabhängig
taut / gespannt, straff

tauten / spannen

tautologic(al) / tautologisch (doppelt erklärend)

tautology / Tautologie (doppelte Erklärung)

tax / besteuern, einstufen; Abgabe, Steuer

tax bracket / Steuerklasse

tax consultant / Steuerberater

tax evasion / Steuerhinterziehung

tax exemption / Steuerfreibetrag, Steuerfreiheit

tax law / Steuergesetz

tax liability / Steuerpflicht

taxable / steuerpflichtig

taxation / Besteuerung, Steuerveranlagung

tax-exempt / steuerfrei

tax-free / steuerfrei

taxing / Steuerfestsetzung

tax-payer / Steuerzahler

taxonomy / Taxonomie (Klassifizierung)

taxreduction / Steuerermäßigung

taxrefund / Steuererstattung

TB (abbr. → terabyte) / Terabyte (2^{40} = 1 099 511 627 776 Bytes)

TBit (abbr. → terabit) / Terabit (2^{40} = 1 099 511 627 776 Bits)

TByte (abbr. → terabyte) / Terabyte (2^{40} = 1 099 511 627 776 Bytes)

TCAM (abbr. → telecommunication access method) / TCAM (Zugriffsverfahren bei Datenfernverarbeitung)

TCP/IP (abbr. transport control protocol/interface program) / TCP/IP (Standard-Kommunikations-Protokoll)

teach / lehren, unterrichten

teachable / lehrbar

teacher / Lehrer

teaching / Unterricht

teaching machine / Lehrautomat

teachware / Ausbildungsmethoden (Kunstwort, analog gebildet zu software, hardware)

team / Arbeitsgruppe

teammate / Arbeitskollege

teamwork / Gemeinschaftsarbeit

tear / reißen, zerreißen; Reißen, Riß

tear off / abreißen

tear-off blade / Abrißschiene

tear-off edge / Abrißkante

technical / technisch

technical data processing / technische Datenverarbeitung

technical device manual / Gerätebeschreibung

technical documentation / technische Unterlagen

technical facilities / technische Einrichtungen

technical journal / Fachzeitschrift

technical measure / technische Maßnahme

technical obsolescence / technische Veralterung

technical support / technische Unterstützung

technical term / Fachausdruck

technical terminology / Fachsprache

technicality / technische Einzelheit

technician / Fachmann, Techniker

technics / Ingenieurwissenschaften, Technik (als Wissensgebiet)

technique / Technik (als Verfahren), Verfahren

technocentrism / Technozentrismus

technocracy / Technokratie

technologic(al) / technologisch

technology / Technik (als Wissensgebiet), Technologie

technology transfer / Technologietransfer (Übertragung von Techniken in andere Bereiche, auch unterentwickelte Länder)

teflon / Teflon (besonders hitzebeständiges Material)

teflon-coated / teflonbeschichtet

tele... / fern...; Fern...

teleautogram / Bildtelegramm

teleautograph / bildfernschreiben; Bildfernschreiber

teleautography / Bildfernschreiben

telebanking / Telebankdienst (Btx.)

telebox / elektronischer Briefkasten

telecamera / Fernsehkamera

telecast / im Fernsehen übertragen; Fernsehsendung

telecommand / fernsteuern; Fernsteuern

telecommunicate / fernübertragen

telecommunication / Fernübertragung

telecommunication access method (abbr. TCAM) / TCAM (Zugriffsverfahren bei Datenfernverarbeitung)

telecommunication authority / Fernmeldebehörde

telecommunication charges / Fernmeldegebühren

telecommunication decree / Fernmeldeordnung, Telekommunikationsordnung

telecommunication equipment / Fernmeldeanlage, Fernmeldeeinrichtung

telecommunication law / Fernmelderecht

telecommunication line / Fernmeldeleitung

telecommunication monopoly / Fernmeldemonopol

telecommunication satellite / Fernmeldesatellit

telecommunication service / Dateldienst, Telekommunikationsdienst

telecommunication system / Telekommunikationssystem

telecommunications / Fernmeldetechnik

telecommunications engineer / Fernmeldeingenieur

telecommunications engineering / Fernmeldetechnik

telecommuting / Telearbeit (Büroheimarbeit über Telekommunikation)

teleconference / Telekonferenz (Zusammenschaltung von mehr als 2 Teilnehmern über Telephon oder Bildtelephon)

telecontrol / fernsteuern; Fernsteuerung

telecopier / Fernkopiergerät

telecopy / fernkopieren; Fernkopie

telecopying / Fernkopieren

telediagnose / fernüberwachen

telediagnosis / Ferndiagnose

teledrawing / Fernzeichnen

telefax / fernkopieren; Fernkopieren

telefax unit / Fernkopierer

telegram / Telegramm

telegraph / fernschreiben, telegraphieren; Telegraph

telegraph exchange / Fernschreibvermittlung

telegraph line / Fernschreibleitung

telegraph network / Fernschreibnetz

telegraph principle / Telegraphieprinzip

telegraph signal / Telegraphiezeichen

telegraphese / Telegrammstil

telegraphic(al) / telegraphisch

telegraphy / Telegraphie

teleguidance / Fernbedienung

teleguide / fernbedienen

telemaintain / fernwarten

telemaintenance / Fernwartung

telematics (abbr. telecommunication and automatics) / Telematik (Kunstwort aus Telekommunikation und Automatik)

telemeter / fernmessen; Fernmeßgerät

telemetering / Fernmessung

telemetry / Fernmeßtechnik

telemetry exchange (abbr. TEMEX) / Fernmeßvermittlungsstelle

telemonitor / fernüberwachen; Fernüberwachungsgerät

telemonitoring / Fernüberwachung

telephone / fernsprechen, telephonieren; Fernsprecher, Telephon

telephone answering equipment / Anrufbeantworter

telephone bandwidth / Fernsprechbandbreite

telephone call / Anruf

telephone charges / Fernsprechgebühren

telephone conference / Telephonkonferenz (Zusammenschaltung von mehr als 2 Teilnehmern)

telephone directory / Fernsprechverzeichnis, Telephonbuch

telephone display / Fernsprechanzeige (am Fernsprecher)

telephone exchange / Fernsprechvermittlungsstelle

telephone line / Fernsprechleitung

telephone network / Fernsprechnetz

telephone receiver / Telephonhörer (Handapparat)

telephone responder / Anrufbeantw.

telephone set / Fernsprechapparat

telephone subscriber line / Fernsprechanschluß

telephone switching / Fernsprechvermittlung

telephone switching center / Fernsprechvermittlungsstelle

telephonee / Angerufener

telephoner / Anrufer

telephonic / telephonisch

telephony / Fernsprechwesen

telephote / Fernkamera

telephoto / Telebild

telephotograph / Telebild

teleprint / fernschreiben

teleprinted communication / Fernschreiben

teleprinter / Fernschreibgerät

teleprinter character / Fernschreibzeichen

teleprinter charge / Fernschreibgebühr

teleprinter communication / Fernschreiben

teleprinter direct call / Fernschreibdirektruf

teleprinter keyboard / Fernschreibtastatur

teleprinter line / Fernschreibleitung

teleprinter message / Fernschreiben (als einzelne Nachricht)

teleprinter network / Fernschreibnetz

teleprinter tape / Fernschreiblochstrf.

teleprocess / fernverarbeiten

teleprocessing (abbr. TP) / Datenfernverarbeitung

teleprocessing monitor / Datenfernverarbeitungssteuersystem

teleprocessing system / Datenfernverarbeitungssystem

teleprogramming / Fernprogrammierung

teleran (abbr. television radar air navigation) / Flugnavigation mit Radar und Fernsehen

telescopic / ausziehbar

telescreen / Fernsehbildschirm

telescript / fernschreiben

tele-shopping / Tele-Einkauf (Btx.)

telesignaling / Fernschalten

telesoftware / Telesoftware (über Fernsysteme abrufbare Software)

teletex / Teletex (verbesserte Form des Fernschreibens)

teletex network / Bürofernschreibnetz

teletex service / Bürofernschreiben (als Postdienst)

teletex typewriter / Bürofernschreibmaschine

teletext / Videotextsystem (Fernsehzusatzsystem in Austastlücke, nicht dialogfähig)

teletype / fernschreiben

teletypewriter (abbr. TTY) / Fernschreibgerät

teleview / fernsehen

televise / im Fernsehen übertragen

television / Fernsehen

television phone / Bildfernsprecher

television set / Fernsehgerät

televisor / Fernsehgerät, Fernsehzuschauer

telework / Telearbeit leisten (Büroheimarbeit über Telekommunikation)

teleworking / Telearbeit (Büroheimarbeit über Telekommunikation)

teleworking place / Telearbeitsplatz

teleworkstation / Telearbeitsplatz

telewrite / fernschreiben (mit Fernkopiereinrichtungen)

telex (abbr. → telegraph exchange) / Fernschreibvermittlung

telex service / Fernschreibdienst

telex system / Fernschreibsystem

teller / Kassenbeamter, Kassierer

teller terminal / Bank(kassen)-Datenstation, Schalterterminal

telpher / Aktenförderbahn

TEMEX (abbr. → telemetry exchange) / Fernmeßvermittlungsstelle

temper / abstimmen, härten; Härtegrad

temperature / Temperatur

temperature-sensitive / temperaturabhängig

template / Zeichenschablone

temporal / zeitlich

temporary / vorläufig, vorübergehend

temporary file / temporäre Datei

temporary storage / Hilfsspeicher

ten / zehn; Zehn

tenacity / Zuverlässigkeit

tenant / Mieter

tendency / Neigung

tender / anbieten; Angebot

tenor / Grundhaltung, -einstellung

ten's complement / Zehnerkomplement

tense / gespannt; spannen

tensibility / Dehnbarkeit

tensile / dehnbar

tension / Spannung

tension arm / Spannbügel

tensor / Tensor (dimensionale Zahl)

tentative / provisorisch

tera... (abbr. T) / Tera... (Vorsatzzeichen für Maßeinheiten, 10^{12} bzw. 2^{40} Einheiten)

terabit (abbr. TBit) / Terabit (2^{40} = 1099511627776 Bits)

terabyte (abbr. TB, TByte) / Terabyte (2^{40} = 1099511627776 Bytes)

term / Ausdruck, Term, Termin

terminable / befristet, kündbar

terminal / abschließend, beschließend, termingemäß; Anschluß, Anschlußstelle, Datenendstation, Datenstation, Endstelle, Lötstelle, Terminal

terminal adapter / Bildschirmadapter

terminal assignment / Anschlußbelegung

terminal block / Klemmenleiste, Verteiler

terminal box / Anschlußkasten

terminal emulation / Terminalemulation (Imitierung eines Terminals durch geeignete Software)

terminal exchange / Endvermittlungsstelle

terminal input / Bildschirmeingabe

terminal output / Bildschirmausgabe

terminal session / Terminalsitzung

terminal system / Terminalsystem

terminal work desk / Bildschirmarbeitstisch

terminal workstation / Bildschirmarbeitsplatz

terminal tag / Lötöse

terminal-controlled / terminalgesteuert

terminalization / Terminalisierung

terminalize / terminalisieren

terminate / beenden

terminate flag / Endekriterium

terminate-and-stay-resident program (abbr. TSR) / Programm, das nach Beendigung im Arbeitsspeicher verbleibt

terminating / abschließend; End...

terminating routine / Enderoutine

termination / Abschluß, Anschluß (Tel.), Beendigung

terminator / Abschlußprogramm, Endezeichen

terminologic(al) / terminologisch

terminology / Fachsprache, Terminologie

terms of... / ...-Bedingungen

terms of purchase / Kaufbedingungen

ternary / dreifach, ternär (auf der Basis 3 beruhend)

ternary number system / ternäres Zahlensystem (auf der Basis 3 aufbauend)

ternary representation / ternäre Darstellung

terse / gedrängt, knapp

terseness / Kürze

tertiary / tertiär

tertiary storage / Tertiärspeicher (ausgelagerte Datenträger wie Magnetbänder, Wechselplatten usw.)

test / ausprüfen, austesten, prüfen, testen; Prüfung, Test

test address / Testadresse

test bed / Testumfeld

test case / Testdatensatz

test certificate / Abnahmeprotokoll
test conductor / Testader (eines Kabels)
test data / Testdaten
test data description / Testdatenbeschreibung
test data file / Testdatei
test data generator / Testdatengenerator
test documentation / Testdokumentation
test environment / Testumfeld, Testumgebung
test equipment / Testeinrichtung
test evaluation / Testauswertung
test instruction / Testbefehl
test log / Testprotokoll
test method / Prüfverfahren
test object / Testobjekt
test planning / Testplanung
test print / Probedruck
test program / Prüfprogramm
test protocol / Testprotokoll
test register / Abfrageregister
test report / Prüfbericht
test run / Testlauf
test state / Prüfzustand
test statement / Testanweisung
testability / Testbarkeit
testable / testbar
test-bench / Prüfstand
tested / getestet
tester / Testgerät
testing / Prüf..., Prüfen, Test..., Testen
testing time / Programmtestzeit, Testzeit
test-state message / Prüfzustandsmeldung
tetrade / Vierbiteinheit (Tetrade)
tetrode / Vierpolröhre
tetrode transistor / Vierpoltransistor
text (abbr. TXT) / Text
text analysis / Textanalyse
text chart / Textdiagramm
text communication / Textkommunikation
text data / Textdaten
text editing / Textbearbeitung

text editor / Texteditor (Textbearbeitungsprogramm)
text entry / Texterfassung
text field / Textfeld
text file / Textdatei
text generation / Texterstellung
text library / Textbibliothek
text manual / Texthandbuch
text menu / Textmenü
text mode / Textmodus
text module / Textbaustein
text organization / Textorganisation
text processing / Textverarbeitung
text processing system / Textverarbeitungssystem
text production / Texterstellung
text retrieval / Textwiedergewinnung
text string / Textfolge
text terminal / Textendgerät
textile ribbon / Gewebefarbband
textual / wörtlich; Text...
textual information / Textinformation
textural / strukturell
texture / Oberflächenmusterung, Struktur
than / als (in Vergleichen)
theft / Diebstahl
then / dann (wenn... dann)
theorem / Lehrsatz
theoretic(al) / theoretisch
theoretician / Theoretiker
theoretist / Theoretiker
theorize / theoretisieren
theory / Theorie
theory of... / ...-Theorie
thermal / thermisch, warm
thermal conductivity / Wärmeleitfähigkeit
thermal printer / Thermoprinter
thermal resistance / Wärmewiderstand
thermal transfer printer / Thermotransferdrucker
thermal wax-transfer printer / Thermo-Wachstransferdrucker
thermionic / heiß
thermistor / temperaturgesteuerter Widerstand
thermobattery / Wärmebatterie

thermocompression / Wärmedruckverfahren
thermocouple / Thermoelement
thermodynamic / thermodynamisch
thermoelectric / thermoelektrisch
(elektrisch durch Wärmeeinfluß)
thermoswitch / Wärmeschalter
thermotransfer printer / Thermotransferdrucker (Thermodruckertyp)
thesaurus / Synonymwörterbuch,
Wortschatz, Wortvorrat (bei DB.)
thesis / These
thick / dick
thick-film circuit / Dickschichtschaltkreis
thick-film storage / Dickschichtspeicher
thickness / Dicke, Stärke
thin / dünn
thin space / schmales Leerzeichen (hat
nur ¼ der normalen Zeichenbreite)
thin-film circuit / Dünnschichtschaltkreis
thin-film storage / Dünnschichtspeicher
third party / Dritte (jur.)
third shift / dritte Umschaltung (Fernschreibtastatur)
third-generation computer / Rechner
der 3. Generation (ca. 1962–1975)
third-generation language / Programmiersprache der 3. Generation (höhere prozedurale Sprachen)
third-party data processing / Datenverarbeitung für Dritte
thirty-two-bit microprocessor / Zweiunddreißigbit-Mikroprozessor
thirty-two-bit structure / Zweiunddreißigbit-Struktur
thorough / sorgfältig, vollständig
thousand / tausend; Tausend
thousands separator / Tausenderpunkt
thrash / niederwerfen
thrashing / Flattern, Überlastung (eines
schritthaltenden DV-Systems durch
zu häufiges Überlagern von Programmsegmenten)

thread / einfädeln; Gewinde
threaded code / gereihter Code
threading / Einfädelung (von Magnetbändern), Interpreterbeschleunigung
three-address computer / Dreiadreßrechner
three-address instruction / Dreiadreßbefehl
three-address system / Dreiadreßsystem
three-dimensional array / dreidimensionaler Bereich
three-dimensional chart / dreidimensionale Graphik
three-dimensional graph / dreidimensionale Graphik
three-dimensional model / dreidimensionales Modell
three-dimensional spreadsheet / dreidimensionales Arbeitsblatt (Tab-
Kalk.)
three-level concept / Drei-Schichten-
Schema (Datenbankmodell)
three-pass compiler / Compiler mit
drei Durchläufen (ist normal)
three-phase / dreiphasig
three-phase current / Drehstrom
thresh → thrash
threshold / Schwelle
threshold value / Schwellenwert
throat / Schlitz
through / durch (räumlich)
through-connection / Durchkontaktierung, Durchschaltung
throughput / Durchsatz
throughput rate / Durchsatzrate
throughput time / Durchsatzzeit
throw / Zeilensprung
throw-off / Auswurf
thru → through / durch (räumlich)
thumb wheel / Rändelrad
thumbnail / Rohentwurf (einer Druckseite bei DTP)
thyratron / Thyratron (gasgefüllte Elektronenröhre)
thyristor / Thyristor (vierschichtiger
Steuerhalbleiter)

tick / ticken; Uhrsignal (zum Steuern interner Vorgänge)

ticket / Etikett (für maschinelles Lesen)

ticket office / Schalter (für Kundenbedienung)

ticket printer / Etikettdrucker

ticket reader / Etikettleser

ticket unit / Auszeichnungsgerät

tidy / ordentlich

tie / Perforationssteg

tie line / Festleitung

tie trunk / Querverbindung (Tel.)

tiebreaker / Ausgleichsschaltkreis (löst Verklemmungen zwischen anderen auf)

tie-cut ratio / Steg-Schlitz-Verhältnis (bei Perforation)

tier / Reihe

TIFF (abbr. → tagged image file format) / TIFF-Format (Dateiformat für Bitabbildungen)

TIGA (abbr. Texas Instruments graphics architecture) / Texas-Instruments-Graphikprozessor

tight / dicht (luft- u. wasserdicht)

tighten / abdichten

tight-fitting / genau eingepaßt

tilde / Tilde (Wiederholungszeichen ‹~›)

tiled windows / verteilte Fenster (mehrere sichtbar nebeneinander)

tiling / Nebeneinanderabbildung (von Graphiken auf einem Bildsch.)

tilt / kippen, verkanten; Schrägfläche

tilt angle / Neigungswinkel

tilt out / ausschwenken

tilt-swivel stand / Drehkippständer (für Bildsch.)

time / zeitlich bestimmen; Dauer, Zeit

time accounting / Zeitabrechnung

time bomb / Zeitbombe (Form des Computervirus)

time card / Zeitkontrollkarte

time delay / Verzögerung

time delay circuit / Verzögerungsschaltung

time division / Zeitmultiplexverfahren

time emitter / Zeitgeber

time estimate / Zeitschätzung

time format / Zeitanzeigeformat

time lag / Verzögerung

time need / Zeitbedarf

time of preparation / Vorbereitungszeit

time rating / Zeitschätzung

time registration / Zeiterfassung

time saving / Zeitersparnis

time selection / Zeitbemessung

time share / Zeitanteil

time sharing / Zeitanteilsverfahren (Betriebsart für Teilnehmerbetrieb)

time slice / Zeitanteil, Zeitscheibe

time slicing / Zeitscheibenverfahren (→ Zeitanteilsverfahren)

time slot / Zeitschlitz

time theft / Zeitdiebstahl (Rechenzeit)

time-consuming / zeitaufwendig

time-critical / zeitkritisch

timed / zeitlich festgelegt

timed backup / zeitgesteuerte Sicherung (erfolgt in regelmäßigen Intervallen)

time-dependent / zeitabhängig

time-displaced / zeitversetzt

time-division multiplex channel / Zeitmultiplexkanal

time-division multiplex method / Zeitmulitplexverfahren

time-division multiplexing / Zeitmultiplexbetrieb

time-independent / zeitunabhängig

timely / rechtzeitig

time-oriented / zeitabhängig

time-out / Unterbrechung, Zeitabschaltung

timer / Realzeituhr

timer supervision / Zeitüberwachung

time-sharing / Zeitanteilsverfahren (Betriebsart für Teilnehmerbetrieb)

time-sharing operating system / Teilnehmerbetriebssystem

time-sharing operation / Teilnehmerbetrieb

time-sharing system / Teilnehmersystem

time-saving / zeitsparend

time-slot method / Zeitschlitzverfahren

time-slot pattern / Zeitraster

time-table / Stundenplan
time-tested / lange erprobt
timeware / Timeware (Kunstwort wie Hardware usw.; Software, kann nur zeitlich begrenzt genutzt werden, zerstört sich dann selbst)
timing / Zeitaufnahme, zeitliche Regulierung, Zeitmessung
timing circuit / Zeitgeberschaltung
timing mark / Taktmarke
timing pattern / Taktraster
timing signal / Taktsignal (zur internen Systemkoordination)
tincture / Farbton
tin-solder / Lötzinn
tint / Farbton
tiny / klein
tiny model / Einstiegsmodell
tip / Spitze
tissue filter / Gewebefilter
title / Name, Titel, Überschrift
title bar / Titelleiste (Ben-Ob.)
title retrieval / Titelsuche (in einer Literaturdatenbank)
title screen / Eröffnungsbildschirm (zeigt Name der Software an und enthält Copyrighthinweis)
today / heute; Gegenwart
today's date / Tagesdatum
together / gemeinsam
toggle / Zweistellungsschalter
toggle key / Zweistellungstaste (z. B. Feststelltaste)
toggle switch / Kippschalter
token / Petrinetzknoten, Sendezeichen (in Ringnetzen), Token
token bus / Token-Bus
token loop / Token-Ring
token passing / Token-Verfahren (zur Vermeidung von Kollisionen in Ringnetzen)
token ring / Token-Ring (Netzarchitektur von Ortsnetzen)
token-ring network / Token-Ring-Netz
tolerable / tolerierbar
tolerance / Toleranz(bereich)
tolerant / fehlertolerant (widerstandsfähig gegen Fehler)

tolerant computer / fehlertoleranter Rechner
tolerate / vertragen (aushalten)
toll / Fernsprechgebühr
tome / Band (Buch)
tomography / Schichtaufnahme (phot.)
tone / tonen; Farbton, Ton
tone generator / Tongenerator
toner / Toner (Farbpuder des Vervielfältigers und Laserdruckers)
toner cartridge / Tonerkassette
toner collector / Tonerabscheider
toner feed / Tonerzuführung
toner powder / Tonerpulver
toner supply bin / Tonerkassette
toner supply level / Tonerfüllstand
tongs / Zange
tool / Instrument, Werkzeug
tool bar / Werkzeugleiste (Ben-Ob.)
tool box / Werkzeugkasten (Software-Werkzeug-Paket)
tool change / Werkzeugwechsel
tool kit / Werkzeug(ausstattung)
tool storage / Werkzeugspeicher (bei Werkzeugmaschinen)
toothed / gezahnt
toothed belt / Zahnriemen
toothed wheel / Zahnrad
top / Anfang, Kopfende
top edge / Oberkante
top level / höchste Ebene
top margin / Oberrand (einer Seite bei Textv.)
top of form / Formularanfang
top priority / höchste Priorität
top secret / streng geheim
top section / Oberteil (eines Gerätes)
top side / Oberseite
top-down / von oben nach unten
top-down method / strukturierte Programmierung, Top-down-Methode, Von-oben-nach-unten-Methode (Entwurfstechnik für komplexe Systeme)
top-down programming / Top-down-Programmierung (strukturierte Programmierung)
top-down strategy / Top-down-Strategie (Top-down-Methode)

top-form feed operation / Formularanfangsvorschub

topic / Inhalt, Thema

topical / thematisch

topology / Topologie (räumliche Struktur)

torn / gerissen (Band, Streifen)

toroidal core / Ringkern

torque / Drehmoment

torsion / Drehung

tortuous / gewunden

torus / Ring

TOS (abbr. Tramiel's operating system)
/ Tramiels Betriebssystem (nach Jack
Tramiel)

total / völlig, vollständig; Gesamtsumme

total changeover / Gesamtumstellung

total line / Summenzeile

total of the digits / Quersumme

total test / Gesamttest

total throughput / Gesamtdurchsatz

totalize / zusammenrechnen

touch / berühren; Berührung

touch key / Sensortaste

touch keyboard / Sensortastatur

touch pad / Sensor-Notebook (Notebook-Computer mit Sensortastenfeld)

touch panel / Sensorbildschirm

touch screen / Sensorbildschirm

touch system / Zehnfingersystem

touch typing / Zehnfinger-Blindschreiben

touchfree / berührungslos

touch-sensitive / berührungsempfindlich

touch-sensitive input / Sensoreingabe

touch-sensitive screen / Sensorbildschirm

touch-sensitive tablet / Sensortablett

touch-type / blindschreiben

touch-typing input / Blindeingabe

tough / robust

tour / Arbeitsschicht, Umlauf

toward(s) / in Richtung auf

tower / Turm (Form einer PC-Zentral-
einheit)

tower case / Turmgehäuse (Bauform
leistungsfähiger PCs)

TP (abbr. → teleprocessing) / Datenfernverarbeitung

tpi (abbr. → tracks per inch) / Spuren je
Zoll (Angabe der Spurendichte auf
Platten und Disketten)

trace / verfolgen; Ablaufverfolgung

trace back / zurückverfolgen

trace log / Ablaufverfolgungsprotokoll

traceable / nachweisbar

tracer / Ablaufverfolger (Testhilfe)

tracing / Ablaufverfolgung (protokollierendes, schrittweises Testen)

track / Speicherspur, Spur

track address / Spuradresse

track ball / Rollkugel

track density / Spurendichte

track description record / Spurkennsatz

track pitch / Spurenabstand

track switching / Spurwechsel

trackball device / Rollkugelgerät (Art
des Zeigegerätes)

tracking / Nachführen, Verfolgen

tracking character / Nachführzeichen

tracks per inch (abbr. tpi) / Spuren je
Zoll (Angabe der Spurendichte auf
Platten und Disketten)

tractability / Lenkbarkeit

tractable / lenkbar

traction / Beförderung, Transport

tractor / Stachelrad, Stachelwalze,
Traktor (beim Drucker)

tractor feed / Traktorvorschub

tractor margin / Führungsrand (beim
Endlosformular)

trade / Handel treiben; Gewerbe, Handel

trade barriers / Handelsschranken

trade control / Gewerbeaufsicht

trade cycle / Konjunkturzyklus

trade discount / Händlerrabatt

trade register / Handelsregister

trade usage / Handelsbrauch

trade-mark / Warenzeichen

trade-union / Gewerkschaft

trade-unionism / Gewerkschaftswesen

trading / kaufmännisch; Handels ...

trading area / Absatzgebiet

trading company / Handelsgesellschaft
trading year / Geschäftsjahr
traditional / herkömmlich
traffic / Datenverkehr, Verkehr
traffic control / Verkehrssteuerung
traffic load / Verkehrsbelastung
traffic measurement / Verkehrsmessung
traffic simulation / Verkehrssimulation
trail / nachziehen
trailer / Bandende, Nachspann
trailer label / Dateiendekennsatz
trailer record / Nachsatz
trailing / abschließend
trailing edge / Hinterkante (eines Beleges)
trailing space / nachfolgendes Leerzeichen
train / schulen, üben; Folge, Reihe, Serie, Zug
trained / ausgebildet
training / Ausbildung, Schulung
training center / Ausbildungszentrum
training on the job / Ausbildung am Arbeitsplatz
training schedule / Ausbildungsplan
transact / durchführen
transaction / Arbeitsvorgang (an einem Dialogsystem), Dialog (als einzelner Vorgang), Interaktion, Transaktion
transaction code / Transaktionscode
transaction data / Änderungsdaten, Bewegungsdaten
transaction file / Bewegungsdatei
transaction number (abbr. TAN) / Transaktionsnummer
transaction processing / Dialogverarbeitung
transaction rate / Transaktionsrate
transaction record / Änderungssatz, Bewegungssatz
transaction system / Dialogsystem
transaction tape / Bewegungsband
transactional application / Dialoganwendung
transaction-driven system / Teilhabersystem
transaction-oriented programming /
transaktionsorientierte Programmierung (Dialogprogrammierung)
transborder / grenzüberschreitend
transceiver (abbr. transmitter and receiver) / Sender-Empfänger (mit Halbduplexbetrieb)
transcendental number / transzendente Zahl
transcode / umschlüsseln
transcoder / Codeumsetzer
transcribe / umsetzen (von einem Medium auf ein anderes)
transcriber / Umsetzeinrichtung (von einem Medium auf ein anderes)
transcription / Umsetzung (von einem Medium auf ein anderes)
transducer / Meßwertwandler
transfer / übergeben, übertragen, weiterleiten; Sprung, Übertragung (zwischen Zentraleinheit und Peripherie), Weiterleitung
transfer area / Übergabebereich
transfer in channel / verzweigen in das Kanalprogramm (bei Ein- und Ausgaben)
transfer instruction / Transferbefehl
transfer page / Übergabeseite (Btx.)
transfer protocol / Übertragungsprotokoll
transfer rate / Durchsatzrate (eines Kanals), Übertragungsrate
transfer statement / Übertragungsbefehl
transfer time / Übertragungszeit
transferable / übertragbar
transfluxor / Transfluxor (magn. Schalt- u. Speicherelement)
transform / transformieren, umformen, umspannen
transformation / Umformung, Umspannung
transformation program / Transformationsprogramm (graph.)
transformational grammar / Transformationsgrammatik (Linguistik)
transformative / umformend
transformer / Transformator, Umformer

transforming / Umformen

transfrontier / grenzüberschreitend

transient / flüchtig, nicht resident, vorübergehend; Einschwingvorgang

transient command / nicht residentes Kommando

transient error / vorübergeh. Fehler

transient suppressor / Signalunterdrücker, Spannungsableiter

transinformation / übertragene Information

transistor / Transistor (Halbleiterschaltelement auf Siliziumbasis)

transistor chip / Transistorplättchen

transistor cutoff region / Transistorsperrbereich

transistor lead / Transistoranschlußleitung

transistor manufacture / Transistorherstellung

transistor saturation region / Transistorsättigungsbereich

transistorize / mit Transistoren bestükken (transistorisieren)

transistorized / mit Transistoren bestückt (transistorisiert)

transistor-transistor logic (abbr. TTL) / Transistor-Transistor-Logik (verbreitete Form der Schaltlogik)

transit / Übergang

transit switching / Durchgangsvermittlung (Tel.)

transit switching center / Durchgangsamt (Tel.)

transit time / Durchgangszeit (durch einen Transistor)

transition / Kippen, Übergang

transition region / Transistorübergangsbereich

translate / übersetzen, verschieben

translating / Übersetzen

translating program / Übersetzerprogramm, Übersetzungsprogramm

translation / Übersetzung, Verschiebung (von Kristallflächen)

translation table / Übersetzungstabelle

translation time / Übersetzungszeit

translator / Übersetzer(programm)

translator listing / Übersetzungsliste

translator program / Übersetzerprogr.

translatory movement / Verschiebung (von Kristallflächen)

transliterate / transkribieren (Zeichenvorrat in einen anderen umschlüsseln)

transliteration / Umschlüsselung

translucence / Lichtdurchlässigkeit

translucent / lichtdurchlässig

transmissibility / Übertragbarkeit

transmissible / übertragbar

transmission / Übertragung

transmission announcement / Sendeankündigung

transmission channel / Übertragungskanal

transmission circuit / Übertragungsstrecke

transmission computer / Übertragungsrechner

transmission confirmation / Sendebestätigung

transmission control / Übertragungssteuerung

transmission control unit / Übertragungssteuerwerk

transmission direction / Übertragungsrichtung

transmission equipment / Übertragungseinrichtung

transmission error / Übertragungsfehler

transmission interface / Übertragungsschnittstelle

transmission line / Übertragungsleitung

transmission link / Übertragungsabschnitt

transmission method / Übertragungsverfahren

transmission network / Übertragungsnetz

transmission path / Übertragungsweg

transmission procedure / Übertragungsprozedur

transmission protocol / Übertragungsprotokoll

transmission rate / Übertragungsrate

transmission reliability / Übertragungssicherheit

transmission speed / Übertragungsgeschwindigkeit

transmission supervision / Übermittlungskontrolle (i. S. des BDSG)

transmission unit / Übertragungseinrichtung

transmission way / Übertragungsweg, Verkehrsweg

transmit / senden, übertragen

transmit mode / Sendebetrieb

transmittal / Übertragung

transmittal data / Übermittlungsdaten

transmittance / Durchlässigkeitsgrad

transmitter / Sender, Zeichengeber

transmitting / Sende..., Senden

transmitting antenna / Sendeantenne

transmitting unit / übermittelnde Stelle (i. S. des BDSG)

transmitting width / Übertragungsbreite

transnational / grenzüberschreitend

transnational data communication / grenzüberschreitender Datenverkehr

transnational data processing / grenzüberschreitende Datenverarbeitung

transnational data transmission / grenzüberschreitende Datenübertragung

transoceanic cable / Überseeleitung

transparency / Codeunabhängigkeit, Transparenz

transparent / codeunabhängig, transparent

transparent folder / Klarsichttasche

transpiler (abbr. translator / compiler) / Übersetzungsprogramm (um eine höhere Sprache in eine andere zu übersetzen)

transponder (abbr. transmit and respond) / Übertragungs- und Antwortsystem

transport / transportieren, zuführen; Transport, Zuführung

transport control / Transportsteuerung

transport layer / Transportschicht (ISO-Kommunikationsprotokoll)

transport supervision / Transportkontrolle (i. S. des BDSG)

transportability / Transportierbarkeit

transportable / transportierbar

transportable computer / transportierbarer Computer

transpose / austauschen

transposition / Austausch, Umstellung (z. B. von Zeichen)

transputer (abbr. trans-computer) / Transputer (Kunstwort aus ‹trans› [über etwas hinausgehen] und ‹Computer›: Rechner, der über die Neumann-Architektur hinausgeht)

transsonic / Überschall...

transversal / Transversale (Linie, die einen Körper schneidet)

transverse / quer laufend

transverse section / Querschnitt

trap / fangen (von Ladungsträgern in einem Halbl.); Auffangvorrichtung, Unterbrechung

trapdoor / Falltür (Bez. für Computerviren)

trapezium / Trapez (math.)

trapezoid / Trapez, Trapezoid (math.)

trapping / Abfangen, Fangen (von Ladungsträgern in einem Halbl.), unprogrammierter Sprung (bei Vorliegen bestimmter Systemzustände)

trash / Ausschuß (Abfall)

trash-can / Abfallbehälter, Mülleimer (Ben-Ob., Piktogramm für Löschfunktion)

travers / durchlaufen; Drehbewegung, Querlinie

tray / Ablagekasten

treat / behandeln

treatise / wissenschaftliche Abhandlung

treatment / Behandlung

tree / Baum (Strukturbaum)

tree model / Baumschema

tree structure / Baumstruktur

tree topology / Baumtopologie

trend / tendieren; Tendenz, Trend

trend chart / Trenddiagramm

trend-setter / richtungweisendes Produkt oder Unternehmen

trend-setting / richtungweisend

triac / Zweirichtungsthyristor (Doppel-transistor)

triad / Dreibiteinheit (Triade)

trial / Untersuchung, Versuch

trial and error / Versuch und Irrtum (Forschungsmethode)

trial print / Probedruck

trial run / Probelauf

trial-and-error method / Versuch-und-Irrtum-Methode (empir. Erprobung)

triangle / Dreieck

triangular / dreieckig

tributary / abhängig

tributary computer / Trabantenrechner

tributary station / Trabantenstation

tri-chromatic(al) / dreifarbig

trick / Kunstgriff

tricky / kompliziert, verzwickt

tried / erprobt

trier / Prüfer, Prüfgerät

trigger / auslösen, einleiten; Auslöser, Steuerimpulsauslöser (Trigger)

trigger circuit / Auslöseschaltung

trigger current / Zündstrom (bei einem Schaltwerk)

trigger equipment / Ansteuereinrich-tung

trigger pulse / Auslöseimpuls

trigger switch / Auslöseschaltung

trigger voltage / Zündspannung (bei einem Schaltwerk)

triggering / Ansteuerung, Auslösen

trigonometric function / Winkelfunkt.

trigonometry / Trigonometrie

trim / beschneiden (Endlosformular)

trimming / Beschneiden (Endlosformu-lare von Führungsrändern trennen)

triode / Triode (Schaltelement mit drei Elektroden)

trip / ausklinken, auslösen, schalten

triphase / dreiphasig

triple / dreifach

triplicate / dritte Ausfertigung

trippet / Auslöser

trivial / nichtssagend, unbedeutend

Trojan horse / Trojanisches Pferd (Computervirus)

trolley / Transportkarren

tropicalized / tropentauglich

trouble / stören; Problem, Schwierig-keit, Störung

trouble locating / Fehlerabgrenzung

troubled / gestört

troubleshoot / Fehler suchen

troubleshooting / Fehlersuche

troubleshooting chart / Fehlersuch-liste

true / echt, richtig, wahr

True Basic / True-Basic (Standardform von BASIC, die compiliert wird)

true complement / echtes Komplement (Zehner- oder Zweier-Komplement)

true to scale / maßstabgetreu

trueness / Richtigkeit

TrueType / True-Type (skalierbare Schriftart)

truncate / abschneiden (von Stellen einer Zahl), beenden (eines Pro-grammlaufs)

truncation / Abbruch (eines Programm-laufs), Abschneiden (von Stellen einer Zahl)

truncation error / Abschneidefehler, Rundungsfehler

trunk / Anschlußkabel, Kabel, Leitung

trunk circuit / Hauptleitung

trunk group / Leitungsbündel

trunk line / Hauptleitung (el.)

truth table / Wahrheitstabelle (für Boolesche Funktionen)

try / prüfen, untersuchen, versuchen

TSR (abbr. → terminate-and-stay-resi-dent program) / Programm, das nach Beendigung im Arbeitsspeicher ver-bleibt

TTL (abbr. → transistor-transistor logic) / Transistor-Transistor-Logik (ver-breitete Form der Schaltlogik)

TTY (abbr. teletypewriter) / Fern-schreibgerät

tub file / Ziehkartei

tube / Röhre

tumble / taumeln

tune / abstimmen

tuneable / abstimmbar

tuned / abgestimmt, frequenzabhängig, periodisch

tuning / Abstimmung

tunnel diode / Tunneldiode

tunnel effect / Tunneleffekt

tuple / Tupel (DB: Folge von Feldern, Relation)

turbo mode / Höchsttaktfrequenz-Modus

turbo switch / Taktfrequenz-Umschalter

Turing machine / Turingmaschine (Modell zur Bestimmung von Algorithmen)

turn / drehen, rotieren; Windung (einer Spule)

turn around / umkehren

turn off / abschalten

turn on / anschalten

turn over / umpolen

turn page downward / zurückblättern

turn page upward / vorblättern

turnaround / Richtungsänderung

turnaround time / Umlaufzeit

turning error / Drehfehler

turn-key / schlüsselfertig

turn-key system / schlüsselfertiges System

turn-off delay / Abschaltverzögerung

turn-on delay / Anschaltverzögerung

turn-over / Umpolung

turnpike effect / Sperreffekt (in Netzen durch Überlastung)

turns rate / Wicklungsverhältnis (beim Transformator)

turnscrew / Schraubenzieher

turn-switch / Drehschalter

turtle / Schildkröte (Cursorzeichen der Programmsprache Logo)

tutorial / Übung (unter Anleitung)

tween (abbr. between) / umsetzen (einer Graphikform in eine andere)

tweening (→ tween) / Umsetzung (einer Graphikform in eine andere)

twice / doppelt

twin / doppelt, paarig; Zwillings...

twin computer system / Doppelrechnersystem

twin drive / Doppellaufwerk

twin floppy-disk drive / Doppeldiskettenlaufwerk

twin processor system / Doppelprozessorsystem

twin system / Doppelsystem

twinaxial cable / Doppel-Koaxialkabel

twist / verdrillen (Kabel)

twisted / verdrillt (Kabel)

twisted line / verdrillte Leitung

twisted-paic cable / Zweiader-Drillkabel

two-address computer / Zweiadreßrechner

two-address instruction / Zweiadreßbefehl

two-address system / Zweiadreßsystem

two-colo(u)r printing / Zweifarbendruck

two-colo(u)r ribbon / Zweifarbenfarbband

two-column(ed) / zweispaltig

two-condition / bivalent

two-core / zweiadrig

two-dimensional / zweidimensional

two-dimensional array / zweidimensionaler Bereich (Tabelle)

two-dimensional model / zweidimensionales Modell (graph.)

two-frequency recording / Wechseltaktaufzeichnung

two-motion switch / Hebdrehwähler

two-out-of-five code / Zwei-aus-fünf-Code

two-part / zweilagig, zweiteilig

two-party line / Zweieranschluß (Tel.)

two-phase / zweiphasig

two's complement / Binärkomplement (Zweierkomplement)

two-sided / zweiseitig

two-stage / zweistufig

two-valued / zweiwertig

two-way / Zweiwege...

two-wire circuit / Zweileiterschaltung

two-wire line / Zweidrahtleitung

two-wire operation / Zweidrahtbetrieb (Halbduplexbetrieb)

TXT (abbr. → text) / Text

type / mit der Maschine schreiben; Art, Drucktype, Typ

type area / Satzspiegel

type ball / Typenkugel (Kugelkopfdruckwerk)

type bar / Typenhebel, Typenstange

type basket / Typenkorb (Schreibm.)

type carrier / Typenträger

type chain / Typenkette (Kettendrucker)

type checking / Datentypprüfung

type cylinder / Typenzylinder (Drucker)

type declaration / Typvereinbarung (Definitionsanweisung)

type drum / Schreibwalze (Schreibm.), Typenwalze (Walzendrucker)

type error / Eingabefehler (manuell)

type face / Schriftbild, Schrifttype

type font / Schrift

type in / eintasten

type obliquing / Schriftschrägstellung *(Kursivdruck)*

type of... / ...art

type of characters / Zeichenart

type of costs / Kostenart

type of current / Stromart

type of defect / Störungsart

type of device / Geräteart

type of error / Fehlerart

type of fault / Fehlerart

type of program / Programmtyp

type of representation / Darstellungsart

type of storage / Speicherart

type of switching / Vermittlungsart

type of user / Benutzertyp

type out / ausgeben (Fernschreiber, serieller Drucker)

type over / überdrucken, überschreiben (beim Drucker)

type plate / Typenschild

type printer / Typendrucker

type reader / Druckschriftleser

type representation / Schriftdarstellung

type size / Schriftgrad (Schriftgröße)

type statement / Typanweisung (Definitionsanweisung)

type style / Schriftcharakter, Schriftstil

type wheel / Typenrad

type-ahead buffer / Tastaturpufferspeicher

type-ahead capability / Tastenanschlagskapazität (die das System in eine zeitliche Folge von Impulsen umsetzen kann)

typebar / Typenhebel

type-in / Eingabeaufruf

typematic / Anschlagwiederholung

type-out / Ausgabemeldung

type-over mode / Überschreibmodus (Drucker)

typesetter / Schriftsetzmaschine

typesetting / Schriftsetzen

typesetting machine / Setzmaschine

typesize / Schriftgrad

type-wheel printer / Typenraddrucker

typewriter / Schreibmaschine

typewriter composition / Schreibsatz (Druckt.)

typewriter keyboard / Schreibmaschinentastatur

typic(al) / charakteristisch, typisch

typing department / Schreibdienst

typing error / Eingabefehler (manuell), Tippfehler

typing force / Anschlagstärke

typing office / Schreibbüro

typing paper / Durchschlagpapier

typist / Maschinenschreiber(in)

typographic(al) / drucktechnisch

typographic character / Satzzeichen (Steuerzeichen für Druck von Daten)

typographic composition program / Satzprogramm (eines Satzrechners)

typographic computer / Satzrechner

typographic computer center / Satzrechenzentrum

typographic instruction / Satzbefehl (eines Satzrechners)

typography / Drucktechnik

U

UART (abbr. → universal asynchronous receiver/transmitter) / universelle asynchrone Parallel-seriell-Schnittstelle

UCSD (abbr. University of California San Diego) / Universität San Diego / Californien

ULSI (abbr. → ultra-large-scale integration) / Superintegration (Stufe der Halbleiterintegration)

ultimate / äußerste(r, s), letzte(r, s)

ultimate configuration / Endausbaustufe

ultimate consumer / Letztverbraucher

ultimo / Ultimo (letzter Werktag des Monats)

ultrafiche / Ultra-Mikrofiche (mit mindestens 90 facher Verkleinerung)

ultrahigh frequency / Ultrakurzwelle

ultrahigh frequency range / Ultrakurzwellenbereich

ultra-large-scale integration (abbr. ULSI) / Superintegration (Stufe der Halbleiterintegration)

ultralarge / größte(r, s) ; Größt...

ultra-light computer / Ultraleicht-Computer (Notebook-Computer)

ultramodern / supermodern

ultrared / infrarot

ultra-short wave / Ultrakurzwelle

ultra-short wave range / Ultrakurzwellenbereich

ultrasonic / Überschall...

ultraviolet / ultraviolett

ultraviolet erasing / Löschen mit ultraviolettem Licht (bei Festspeichern)

UMA (abbr. → upper memory area) / oberer Speicherbereich (MS-DOS)

umbrella information provider / Umbrella-Anbieter (Btx-Anbieter, die Informationen von Dritten verbreiten)

umbrella network / Sternnetz

unabbreviated / unverkürzt

unable / unfähig, untauglich

unacceptable / unannehmbar

unadaptable / nicht anpaßbar

unaligned / unausgerichtet

unalterable / unveränderbar

unaltered / unverändert

unambiguity / Eindeutigkeit

unambiguous / eindeutig

unapproachable / unerreichbar

unapt / untauglich

unary / unitär

unascertainable / nicht feststellbar

unassigned / nicht zugewiesen

unassigned device / freies Gerät

unattended / unbedient

unattended activation / automatische Anschaltung

unattended operation / unbedienter Betrieb

unattended reception / unbedienter (automatischer) Empfang

unattended time / Ruhezeit

unauthorized / unbefugt, unberechtigt

unauthorized access / unberechtigter Zugriff

unauthorized person / Unbefugter

unavailable / nicht vorhanden

unbalance / aus dem Gleichgewicht bringen; Ungleichgewicht, Unsymmetrie

unbalanced / unausgewogen, unsymmetrisch

unbalanced state / Flattern, Unwucht

unblanked / sichtbar

unblanked element / sichtbares Element (graph.)

unblanking / Helltastung

unblock / entblocken, freigeben

unblocked / ungeblockt

unblocked input / ungeblockte Eingabe

unblocked output / ungeblockte Ausgabe

unblocking / Entblockung, Freigabe

unbounded / unbegrenzt

unbreakable / unzerbrechlich

unbuffered / ungepuffert

unbundle / entbündeln

unbundling / Entbündelung (der Hard- und Softwarepreise)

uncase / herausnehmen

uncertain / unsicher
uncertainty of information / Informationsunsicherheit
unchain / entketten
unchained / unverkettet
unchallengeable / unwiderlegbar
unchangeable / unveränderlich
uncharged / ungeladen (el.)
unchecked / unkontrolliert
unclaimed / unzustellbar
unclassified / ungeordnet
unclean / unsauber
uncode / entschlüsseln
uncoded / uncodiert
uncoil / abspulen
uncommitted / frei, ungebunden
uncommon / ungewöhnlich
uncompleted / unvollständig
uncomplicated / unkompliziert
unconditional / bedingungslos, unbedingt
unconditional branch / unbedingter Sprung
unconditional branch instruction / unbedingter Sprungbefehl
unconditional jump / unbedingter Sprung
unconfined / uneingeschränkt
unconfirmed / unbestätigt
unconnected / unverbunden
uncontaminated / nicht verunreinigt, undotiert
uncontrollable / unkontrollierbar
uncontrolled / ungesteuert
unconvertible / nicht umsetzbar
uncorrect / fehlerhaft
uncorrected / unverbessert
uncouple / auskuppeln, ausschalten
uncritical / unkritisch
undamped / ungedämpft
undated / undatiert
undebugged / unausgetestet
undecided / unentschieden
undefined / unbestimmt
undefined record / undefinierter Datensatz
undelete / entlöschen (Löschvorgang rückgängig machen)

under / unter
undercharge / ungenügende Ladung
undercut / unterätzen
underdeveloped / unterentwickelt
underflow / Unterlauf (Überlauf von Rechenfeldern bei extrem kleinen Zahlen)
underline / betonen, unterstreichen; Unterstreichung
undermost / unterste(r, s)
underrate / unterschätzen
underscore / unterstreichen; Unterstreichung
undershoot / Unterschwingg. (Impuls)
understand / verstehen
understandable / verständlich
untertake / unternehmen
undertaking / Unternehmung
undervaluation / Unterschätzung
undervalue / unterschätzen
underwrite / unterschreiben
undetected / unentdeckt
undected error / Restfehler
undetermined / unbestimmt
undeveloped / unentwickelt
undifferentiated / undifferenziert
undirected / ungerichtet
undirected graph / ungerichteter Graph
undisturbed / ungestört
undisturbed one / Lesespannung der ungestörten Eins
undisturbed one output / Ausgangsspannung der ungestörten Eins
undisturbed zero / Lesespannung der ungestörten Null
undisturbed zero output / Ausgangsspannung der ungestörten Null
undo / rückgängig machen
undo function / Aufhebefunktion (macht vorangehende Funktion rückgängig)
undue / noch nicht fällig, unzulässig
undulated / wellenförmig
undulation / Wellenbewegung
unemployed / arbeitslos
unemployment / Arbeitslosigkeit
unending / endlos

unequal / ungleich, unsymmetrisch
unequal sign / Ungleichheitszeichen
unequation / Ungleichung (math.)
unerase / entlöschen (Löschvorgang rückgängig machen)
uneven / uneben, ungerade
uneven number / ungerade Zahl
uneven-numbered / ungeradzahlig
unexampled / beispiellos
unexchangeable / nicht auswechselbar
unexpected / unerwartet, unvorhergesehen
unexperienced / unerfahren, unerprobt
unfailing / zuverlässig
unfeasibility / Undurchführbarkeit
unfeasible / undurchführbar
unfinished / unfertig
unformat / entformatisieren
unformatted / formatfrei, unformatiert
unformatted data record / unformatierter Datensatz
unfragmented / unfragmentiert
ungear / auskuppeln
ungrounded / ungeerdet
unguarded / ungeschützt
unhandiness / Unhandlichkeit
unhandy / unhandlich
uni... / ein...; Ein...
unidimensional / eindimensional, linear
unidimensional access / eindimensionaler Zugriff
unidimensional number / eindimensionale Zahl
unidimensional table / eindimensionale Tabelle
unidirectional / einseitig gerichtet, einseitig wirkend
unidirectional bus / unidirektionaler Bus
unidirectional data communication / unidirektionale Datenübertragung
unidirectional data transmission / unidirektionale Datenübertragung
unification / Vereinheitlichung
unify / vereinheitlichen
uniform / einheitlich, gleichförmig
uniformity / Einheitlichkeit, Gleichförmigkeit

unijunction transistor / Transistor mit einer p-n-Übergangsstelle
unilateral / einseitig
unimportant / unwichtig
unimproved / unverbessert
uninformed / uninformiert
uninitialized / uninitialisiert (ohne Kennzeichen)
uninjured / unbeschädigt
uninstall / Installation rückgängig machen
uninsured / unversichert
unintelligent / unintelligent
uninterrupted / dauerhaft, ununterbr.
uninterruptible / unterbrechungsfrei
uninterruptible power supply (abbr. UPS) / unterbrechungsfreie Stromversorgung
union / Gewerkschaft, Vereinigungsmenge (Mengenlehre)
unionism / Gewerkschaftswesen
unionist / Gewerkschaftler
unipolar / einpolig
unipolar semiconductor / unipolarer Halbleiter
unipolar transistor / unipolarer Transistor
unique / eindeutig, einzigartig
unique data / Einzeldaten
unisonous / übereinstimmend
unit / einfach; Einheit, Gerät, Glied
unit of charge / Gebühreneinheit
unit position / Einerstelle
unit record / Einzelsatzdatenträger
unitary / einheitlich
unitize / modularisieren, vereinheitl.
unitized / modular, modularisiert
Univac (abbr. universal automatic computer) / Univac (erster zivil genutzter Computer, 1951 von Remington Rand auf den Markt gebracht)
universal / allgemeingültig, universell; Allzweck..., Universal...
universal asynchronous receiver/transmitter (abbr. UART) / universelle asynchrone Parallel-seriell-Schnittstelle
universal synchronous/asynchro-

nous receiver/transmitter (abbr. USART) / universelle synchron/asynchrone Parallel-seriell-Schnittstelle

universal synchronous receiver/transmitter (abbr. USRT) / universelle synchrone Parallel-seriell-Schnittstelle

universal firm code / einheitliche Betriebsnummer

universal product code (abbr. UPC) / Universeller Produktcode (am. Artikelnummernsystem, identisch mit →EAN)

universality / Allgemeingültigkeit

universalize / verallgemeinern

UNIX / UNIX (mehrplatzfähiges Standard-Betriebssystem für Rechner beliebiger Größenklassen)

UNIX shell / UNIX-Schale (Ben-Ob. von UNIX)

unjustified / unausgerichtet, unjustiert

unjustified output / Flattersatz (Druckt.)

unjustified print / Flattersatz (Druckt.)

unknown / Unbekannte (math.)

unlabelled / unbeschriftet, ungekennzeichnet

unlatch / aufklinken

unlearn / verlernen

unlearned / ungelernt

unlicensed / unerlaubt

unlike / ungleichartig

unlimited / unbegrenzt

unlined / unliniiert

unlink / trennen

unload / entladen

unloading / Entladen

unlock / aufschließen, entsperren

unlock key / Entsperrtaste, Korrekturtaste

unlocking / Entsperrung

unmanned / bedienungsfrei, unbemannt

unmark / (ein) Kennzeichen löschen, Markierung rückgängig machen

unmarked / ungekennzeichnet

unmatched / unpaarig

unmethodical / unsystematisch

unmodified / unmodifiziert

unmount / herausnehmen (Diskette aus Laufwerk)

unmounted / nicht montiert

unnamed / unbenannt

unnormalized / nicht normalisiert

unnumbered / unnumeriert

unoccupied / unbesetzt

unorganized / ungeordnet, unorganisiert

unpack / entpacken

unpacked / entpackt, ungepackt

unpacked data / entpackte Daten, ungepackte Daten

unpacked data item / ungepacktes Datenfeld

unpacked format / ungepacktes Format

unpacketize / entpaketisieren (Datenpaket auflösen)

unpacketizing / Entpaketisieren (Datenpaket)

unpacking / Entpacken

unpaid / unbezahlt

unperforated / unperforiert

unplumbed / ungelötet

unpopulated / unbestückt (z. B. Steckkarte)

unpredictable / unvoraussagbar

unprepared / unvorbereitet

unpreventible / unvermeidlich

unprintable / druckungeeignet, nicht abdruckbar

unprivileged / nicht bevorrechtigt

unproductive / unergiebig

unprofessional / laienhaft

unprofitable / zwecklos

unprotected / ungeschützt

unprotected data / ungeschützte Daten

unprotected data item / ungeschütztes Datenfeld

unproved / unbewiesen, unerprobt

unpublished / unveröffentlicht

unreadable / nicht lesbar

unready / nicht bereit

unrecoverable / nicht wiederherstellbar

unrecoverable error / nicht zu behebender Fehler (Dauerfehler)

unreel / abspulen
unregistered / nicht eingetragen
unreliability / Unzuverlässigkeit
unreliable / unzuverlässig
unreserved / frei, nicht reserviert
unrestricted / uneingeschränkt
unrestricted data / freie Daten (i. S. des BDSG)
unrig / abmontieren
unsafe / unsicher
unsafety / Unsicherheit (im Betrieb)
unsalable / nicht absetzbar, unverkäuflich
unsatisfactory / unbefriedigend, unzulänglich
unsaved / ungesichert
unsaved data / ungesicherte Daten
unsaved file / ungesicherte Datei
unscannable / nicht abtastbar, nicht lesbar
unscheduled / außerplanmäßig
unscrew / abschrauben, aufschrauben
unsecured / ungesichert
unset / auf Null setzen (Bit)
unsettled item method / Offene-Posten-Buchhaltung
unshift / umschalten auf Buchstaben (Fernschreiber)
unsigned / vorzeichenlos
unskilled / ungelernt
unsocial / unsozial
unsolder / ablöten
unsoldering / Auslöten
unsoldering tip / Auslötspitze
unsolicited / unaufgefordert, unverlangt
unsolved / ungelöst
unsophisticated / unverfälscht
unsorted / unsortiert
unspanned / nicht segmentiert
unspecified / nicht spezifiziert
unsprocketed / unperforiert
unstable / labil, unbeständig
unsteady / unbeständig
unstressed / unbelastet
unstructured / unstrukturiert
unsubscripted / nicht indexiert, nicht indiziert

unsuccessful / erfolglos
unsymmetric(al) / unsymmetrisch
unsystematic(al) / unsystematisch
unsystematical numbering / wahllose Numerierung
untempered / ungehärtet
untested / ungetestet
untidy / unordentlich
until / bis (zum Eintritt einer Bedingg.)
until loop / Bis-Schleife (Programmschleifentyp)
untimely / vorzeitig
untrained / ungeschult
untransferable / nicht übertragbar
untranslatable / unübersetzbar
untried / unerprobt
untroubled / ungestört
untrue / unrichtig, unwahr
untuned / aperiodisch, frequenzunabhängig, unabgestimmt
unused / unbenutzt, ungebraucht, ungewohnt
unusual / ungewöhnlich
unvalued / unbewertet
unvaried / unverändert
unveil / aufdecken
unverified / unbestätigt
unweighted / unbewertet
unwind / abwickeln (Band)
unwind key / Vorsetztaste (Bandstation)
unwinder / Abwickeleinrichtung
unwinding / Vorsetzen (Band)
unworkable / unausführbar
unzoned-decimal / ungezont-numerisch (ungepackt)
up / aufwärts, bereit, hoch (binär)
up-and-down / auf- und absteigend
UPC (abbr. →universal product code) / Universeller Produktcode (am. Artikelnummernsystem, identisch mit →EAN)
update / aktualisieren, fortschreiben
update file / Bewegungsdatei
update program / Änderungsprogramm
update run / Änderungslauf
updated / aktualisiert

updating / Änderungsdienst, Aktualisierung

updating service / Fortschreibung

upgrade / ausbauen, erweitern

upgrade board / Erweiterungsplatine

upgrade card / Erweiterungsplatine

upgradeability / Ausbaufähigkeit, Erweiterungsfähigkeit

upgradeable / ausfbaufähig, erweiterungsfähig

upgrading / Ausbau, Erweiterung

uplink / Übertragungsstation (von der Erde zum Satelliten)

upload / hinaufladen

uploading / Hinaufladen (in einem Verbund auf eine höhere Ebene bringen)

upper / obere(r, s)

upper area boundary / Bereichsobergrenze

upper bound / obere Grenze (eines Bereiches)

upper case / obere Umschaltung (bei einer Tastatur)

upper case letter / Großbuchstabe

upper edge / Oberkante

upper memory area (abbr. UMA) / oberer Speicherbereich (MS-DOS)

upper-bound address / Adreßobergrenze (eines Bereiches)

upper-case character / Großbuchstabe

uppermost / höchste(r, s)

upright / senkrecht

upright format / Hochformat

UPS (abbr. →uninterruptible power supply) / unterbrechungsfreie Stromversorgung

upshift-downshift / Schreibwerkumschaltung

upshot / Ergebnis

upstroke / Hub

upswing / Ansteigen

uptime / Betriebszeit

up-to-date / auf dem laufenden

upward / ansteigend, aufwärts

upward chaining / Aufwärtskettung

upward compatibility / Aufwärtskompatibilität

upward compatible / aufwärtskompatibel

upward page turning / Vorwärtsblättern

upward portability / Aufwärtsportabilität

upward portable / aufwärtsportabel

urge / drängen

urgency / Dringlichkeit

urgent / dringend

usability / Ausnutzbarkeit, Brauchbarkeit

usable / ausnutzbar, brauchbar

usage / Verwendung

usage clause / Verwendungsklausel

usages / Handelsbrauch, Usancen

USART (abbr. → universal synchronous / asynchronous receiver / transmitter) / universelle synchron / asynchrone Parallel-seriell-Schnittstelle

use / belegen, benutzen; Benutzung

use of capital and small letters / Groß- und Kleinschreibung

use of capital letters / Großschreibung

use of small letters / Kleinschreibung

used / belegt, gebraucht, gewohnt

useful / nützlich; Nutz...

usefulness / Nützlichkeit

useless / nutzlos, wertlos

uselessness / Nutzlosigkeit

user / Anwender, Benutzer

user acceptance / Benutzerakzeptanz

user administration / Benutzerverwaltung

user application / Benutzeranwendung

user authorization / Benutzerberechtigung

user behaviour / Benutzerverhalten

user call / Benutzeraufruf

user class / Benutzerklasse

user class of service / Teilnehmerbetriebsklasse

user command / Benutzerkommando

user configuration / Anwenderkonfiguration

user consideration / Benutzerhinweis

user default / Benutzer-Standardparameter

user definition / Benutzerdefinition

user dependence / Benutzerabhängigkeit

user documentation / Benutzerdokumentation

user error / Benutzerfehler

user event / benutzerbedingtes Ereignis

user exit / Benutzerausgang (in Progr.)

user field / Benutzerfeld

user file / Benutzerdatei

user friendliness / Benutzerfreundlichkeit

user function / Benutzerfunktion

user group / Benutzergruppe

user guide / Benutzerhandbuch

user header label / Benutzeranfangskennsatz

user help function / Benutzerhilfe

user identification / Benutzerkennzeichen

user independence / Benutzerunabhängigkeit

user inquiry / Benutzerabfrage

user interface / Benutzeroberfläche, Benutzerschnittstelle

user label / Benutzerkennsatz

user language / Benutzersprache

user level / Benutzerebene

user library / Benutzerbibliothek

user manual / Benutzerhandbuch

user message / Benutzermeldung

user name / Benutzername

user orientation / Benutzerorientierung

user participation / Benutzerbeteiligung, Benutzermitwirkung

user port / Benutzer-Anschlußbuchse

user procedure / Benutzerprozedur

user profile / Benutzerprofil

user program / Anwenderprogramm, Benutzerprogramm

user prompting / Benutzerführung

user requirement / Benutzeranforderung

user routine / Benutzerroutine

user rules / Benutzerordnung

user service / Benutzerservice

user software / Anwendersoftware, Benutzersoftware

user state / Benutzerzustand

user supervision / Benutzerkontrolle (i. S. des BDSG)

user support / Benutzerunterstützung

user terminal / Benutzerstation

user trailer label / Benutzerendekennsatz

user training / Benutzerschulung

user verification / Benutzerüberprüfung

user view / Benutzersicht

user-controlled / benutzergesteuert

user-defined / benutzerbestimmt

user-dependent / benutzerabhängig

user-driven / benutzergesteuert

user-friendly / benutzerfreundlich

user-independent / benutzerunabhängig

user-oriented / benutzerorientiert

user-own / benutzereigen

user's guide / Benutzerhandbuch

user's view / Benutzersicht

user-specific / benutzerspezifisch

user-written / benutzergeschrieben

usher / einführen

USRT (abbr. →universal synchronous receiver/transmitter) / universelle synchrone Parallel-seriell-Schnittstelle

usual / gewöhnlich, normal

usual in trade / handelsüblich

utility / Dienstprogramm

utility program / Dienstprogramm

utility value / Gebrauchswert, Nutzen

utility value analysis / Nutzwertanalyse

utilization / Auslastung, Ausnutzung, Verwendung

utilization factor / Auslastungsgrad

utilization profile / Auslastungsprofil

utilization rate / Auslastungsgrad

utilize / anwenden, auslasten, nutzbar machen

UUCP (abbr. UNIX-to-UNIX copy) / UUCP (weltweites Kommunikationsnetz für UNIX-Rechner)

V

vacancy / Kristallgitterlücke
vacant / unbesetzt
vacate / leer machen
vaccine / Impfstoff (Bezeichnung für
Antivirusprogramm)
vacuous / leer
vacuousness / Leere
vacuum / Vakuum
vacuum blower / Unterdruckgebläse
vacuum chamber / Unterdruckkammer
vacuum cleaner / Staubsauger
vacuum stack / Vakuumschacht (Magnetbandstation)
vacuum tube / Vakuumröhre
vade-mecum / Leitfaden
valence / Valenz (Wertigkeit)
valence electron / Valenzelektron (bestimmt die chemophysikalische Eigenschaft eines Atoms)
valid / gültig, zulässig
validate / validieren (bewerten)
validation / Bewertung, Prüfung (eines
Wertes), Validierung
validation printer / Belegdrucker
validation suite / Bewertungstestreihe
validity / Gültigkeit
validity check / Gültigkeitsprüfung,
Plausibilitätsprüfung
valorization / Aufwertung
valorize / aufwerten
valuable / wertvoll
valuation / Bewertung
value / Wert
value-added network (abbr. VAN) /
Zusatznutzennetz (ermöglicht dem
Benutzer unterschiedliche Dienste)
value-added tax / Mehrwertsteuer
valued / bewertet
valve / Ventil
VAN (abbr. → value-added network) /
Zusatznutzennetz (ermöglicht dem
Benutzer unterschiedliche Dienste)
vanish / gegen Null gehen (math.), verschwinden
vapor deposit / aufdampfen

vapor deposition / Aufdampfung
vaporize / bedampfen
vaporized / bedampft
vaporware / Dunstware (Kunstwort für
angekündigte Software, die noch
nicht realisiert ist)
varactor diode / Kapazitätsdiode
variability / Veränderlichkeit
variable / variabel; Variable
variable block / variabellanger Block
variable block length / variable Blocklänge
variable capacitor / Drehkondensator
variable costs / variable Kosten
variable cycle / variable Taktlänge
variable data / variable Daten
variable data item / variabellanges Datenfeld
variable data record / variabellanger
Datensatz
variable declaration / Variablendeklaration
variable expression / Variablenausdruck
variable field / variabellanges Feld
variable field length / variable Feldlänge
variable format / variables Format
variable identifier / Variablenname
variable length / variable Länge
variable operand / variabellanger Operand
variable operand length / variable
Operandenlänge
variable record / variabellanger Satz
variable record length / variable Satzlänge
variable word / variabellanges Speicherwort
variable word length / variable Wortlänge
variable-length / variabellang
variable-length field / variabellanges
Feld
variable-length record / variabellanger
Satz
variance / Streuung (math.)
variant / abweichend; Variante (Sonderform)

variate / abweichen
variation / Abwandlung, Abweichung
varicolo(u)red / mehrfarbig
varied / variiert, verschiedenartig
variegate / abwandeln
variety / Vielfalt
variform / vielgestaltig
variometer / Variometer (Selbstinduktionsmesser)
various / verschiedenartig
varistor / Varistor (Widerstand mit von der Spannung abhängigem Leitwert)
vary / abwandeln
varying / veränderbar, veränderlich, wechselnd
VDT (abbr. → video display terminal) / Datensichtstation (Kathodenstrahlröhre)
VDT radiation / Bildschirmstrahlung
VDU (abbr. → video display unit) / Bildschirmgerät
vector / Unterbrechungszeiger (Vektor, dessen Werte eine Unterbrechung charakterisieren und steuern), Vektor
vector algebra / Vektoralgebra
vector computer / Feldrechner, Vektorrechner (besonders leistungsfähiger, rechenintensiver Computer)
vector editor / Vektorgraphik-Aufbereiter
vector font / Vektorschrift (durch geom. Funktionen erzeugt)
vector generator / Vektorgenerator
vector graphics / Vektorgraphik (durch geom. Funktionen erzeugt)
vector interrupt / zeigergesteuerte Unterbrechung
vector operation / Vektoroperation (Rechenoperation)
vector processor / Vektorrechner (besonders leistungsfähiger Computer)
vector table / Vektortabelle
vectored / zeigergesteuert (Unterbrechungssteuerungstechnik bei Mikrorechnern)
vectorial / vektoriell; Vektoren...
vector-to-raster conversion / Vektor-Bitabbild-Umwandlung

veil / verschleiern
veiling / Verschleierung
velocity / Geschwindigkeit
velocity converter / Geschwindigkeitsumsetzer
vend / verkaufen
vendor / Lieferant, Verkäufer
vent / Luftloch
ventiduct / Luftschacht
ventilate / belüften
ventilation / Belüftung, Entlüftung
ventilator / Lüftungsanlage
venture / Risiko
venture capital / Risikokapital
venturous / riskant
venue / Gerichtsstand
verb / Verb, Zeitwort
verbal / mündlich, wörtlich
verbal description / verbale Beschreibung (Programmbeschreibung)
verbalize / in Worten ausdrücken
verifiable / nachprüfbar
verification / Nachweis, Prüfung
verified / bestätigt, verifiziert
verifier / Prüflocher
verify / prüfen
verifying / Prüfen
vernier / Feineinstellung
vernier adjustment / Feinjustierung
version / Ausgabe, Version
version number / Versionsnummer
verso / linke (Seite eines Druckwerks, gerade numeriert)
vertical / senkrecht, vertikal
vertical application / Branchenanwdg.
vertical centering / Vertikalzentrierung
vertical centering control / Vertikalbildlagesteuerung (beim Bildschirm)
vertical deflection / Vertikalablenkung
vertical feed / Vertikalzuführung (von Disketten)
vertical format / Seitenformat (Zeilenanordnung)
vertical image control / Bildstabilisierung (beim Bildschirm)
vertical justification / Vertikalausrichtung (alle Spalten enden auf derselben Zeile)

vertical market software / Branchensoftware

vertical perforation / Längsperforation

vertical recording / Vertikalaufzeichnung (Magnetplatte)

vertical redundancy check (abbr.
VRC) / vertikale Redundanzprüfung
(bei Datenübertragung)

vertical retrace / Vertikalrücksprung
(des Elektronenstrahls bei der Kathodenstrahlröhre)

vertical scrolling / Vertikal-Bildrollen

vertical section / Aufriß

very / sehr

very high-frequency range / Ultrakurzwellenbereich

very high-level language / Hochsprache, höhere Programmiersprache

very high-speed integration / Hochge-
schwindigkeitsintegration, Hochgeschwindigkeitstechnik

very large-scale integration (abbr.
VLSI) / Hochintegration (Stufe der
Halbleiterintegration)

VHS (abbr. → video home system) /
VHS-System (verbreitetes System für
Videoaufzeichnung)

viability / Funktionsfähigkeit

viable / funktionsfähig

vibrant / schwingend

vibrate / schwanken, schwingen, vibrieren

vibrating / vibrierend; Vibrieren

vibration / Schwingung, Vibration

vibration alarm system / Vibrationsmelder

vibration strength / Vibrationsstärke

vibration-free / vibrationsfrei

vibrator / Kippschaltung, Wechselrichter

vicious circle / Teufelskreis

video... / Bild...

video adapter / Bildsteuersystem (bei
einem Bildsch.)

video board / Graphikkarte, Videokarte (mit der Steuerungselektronik des
Bildsch.)

video buffer / Bildwiederholspeicher

video camera / Videokamera (zur Aufzeichnung auf Magnetband)

video card / Graphikkarte, Videokarte
(mit der Steuerungselektronik des
Bildsch.)

video cassette / Videokassette

video communication / Bildkommunikation

video computer / Bildschirmrechner

video conference / Telekonferenz (mit
Bildtelephon), Videokonferenz

video controller / Bildsteuersystem (bei
einem Bildsch.)

video digitizer / Bilddigitalisierer
(Mult-Med.)

video disk / Bildplatte, optische Platte,
Videoplatte

video display / Bildausgabe

video display adapter / Bildsteuersystem (bei einem Bildsch.)

video display console / Datensichtstation

video display page / Bildschirmseite
(Gesamtheit der zu einem Bild gehö-
renden Bits im Bildschirmpuffer)

video display terminal (abbr. VDT) /
Datensichtstation

video display tube / Bildröhre

video display unit (abbr. VDU) / Bildschirmgerät

video game / Videospiel (Computerspiel)

video graphics array (abbr. VGA) /
VGA (Videokarten-Standard)

video graphics board / Videokarte

video home system (abbr. VHS) /
VHS-System (verbreitetes System für
Videoaufzeichnung)

video look-up table / Farbumsetztabelle

video memory / Bildspeicher

video mode / Bild-, Graphikmodus

video monitor / Bildschirmgerät

video printer / Hardcopy-Gerät

video program system / Video-Programmsystem

video RAM (abbr. → video random-access memory) / Bildspeicher

video random-access memory (abbr. VRAM, video RAM) / Bildspeicher

video receiver / Bildempfangsgerät

video recorder / Bildaufzeichnungsgerät (Videorecorder)

video scanner / Bildabtastgerät

video screen / Bildschirm

video signal / Bildsignal

video standard / Videokarten-Standard

video system / Videosystem

video tape / Magnetband für Bildaufzeichnung, Videoband

video technology / Videotechnik

video telegraph / Bildtelegraph

video telegraphy / Bildtelegraphie

video telephone / Bildtelephon

video telephony / Bildschirmtelephonie

video terminal / Bildschirmgerät, Datensichtgerät

video set / Bildschirmgerät

videocast / Videotextsystem (Fernsehzusatzsystem in Austastlücke, nicht dialogfähig)

videodisk / Bildplatte

videography / Bildaufzeichnung und -übertragung

videotex / Bildschirmtext (Btx.)

videotex character / Bildschirmtextzeichen

videotex charges / Bildschirmtextgebühren

videotex computer network / Bildschirmtext-Rechnerverbund

videotex connection / Bildschirmtextanschluß ,

videotex decoder / Bildschirmtextdecoder

videotex inquiry / Btx.-Abfrage

videotex keyboard / Bildschirmtexttastatur

videotex message / Bildschirmtextmitteilung

videotex network / Bildschirmtextnetz

videotex page / Bildschirmtextseite

videotex page number / Bildschirmtextseitennummer

videotex password / Bildschirmtextkennwort

videotex register / Bildschirmtextverzeichnis

videotex selection tree / Bildschirmtextsuchbaum

videotex software / Bildschirmtext-Software

videotex subscriber number / Bildschirmtext-Teilnehmernummer

videotex subscriber's station / Bildschirmtextanschluß

videotex terminal / Bildschirmtextterminal

videotex-compatible / bildschirmtextfähig

videotext / Bildschirmzeitung, Videotext (nicht dialogfähige Fernsehzusatzleistung)

view / betrachten; Betrachten, Blick, Sicht

viewer / Betrachterprogramm (für Betrachtung von Dateien auf dem Bildsch.), Bildschirmtextbenutzer, Fernsehzuschauer

viewer program / Betrachterprogramm (für die Betrachtung von Dateien auf dem Bildsch.)

viewing / Besichtigung

viewing angle / Betrachtungswinkel

viewing distance / Augenabstand (vom Bildschirm)

viewpoint / Standpunkt

viewport / Darstellungsfeld

vindicate / rechtfertigen

vindication / Rechtfertigung

violate / übertreten, verletzen

violation / Übertretung, Verletzung

violator / Verletzer

violent / gewaltsam

virgin / fabrikneu (Datenträger)

virgule / Schrägstrich

virtual / gedacht, virtuell

virtual address / virtuelle (gedachte) Adresse

virtual addressing / virtuelle Adressierung

virtual circuit / virtueller Schaltweg (besteht real, kann aber später nicht rekonstruiert werden) *virtual device* / virtuelles Gerät

virtual disk / virtuelle Platte (RAM-Speicher, der wie eine Platte organisiert ist)

virtual image / virtuelles Bild (existiert nur im Speicher, kann nicht vollständig auf dem Bildsch. gezeigt werden)

virtual key / virtuelle Funktionstaste

virtual line / virtuelle Leitung (Paketvermittlung)

virtual machine / virtueller Rechner (mit virtueller Adressierung)

virtual memory / virtueller Arbeitsspeicher

virtual memory management / virtuelle Speicherverwaltung

virtual memory operating system / virtuelles Betriebssystem

virtual peripheral / virtuelles Peripheriegerät

virtual point / virtuelles Komma

virtual real mode / virtueller Realmodus (Betriebsart von MS-DOS auf Mikroprozessoren vom Typ 80386 an)

virtual route / virtueller Schaltweg (besteht real, kann aber später nicht rekonstruiert werden)

virtual storage (abbr. VS) / virtuelle Speicherung

virtual storage access method (abbr. VSAM) / virtuelle Speicherzugriffsmethode

virtual teleprocessing access method (abbr. VTAM) / virtuelle Fernverarbeitungs-Zugriffsmethode

virus / Virus (Computervirus)

visibility / Sichtbarkeit

visible / sichtbar

visible file / Sichtkartei

visible indicator / Sichtzeichen (Tel.)

vision frequency / Bildfrequenz

visual / sichtbar, visuell; Sicht ...

visual angle / Gesichtswinkel

visual check / Blickkontrolle, Sichtkontrolle

visual display / Sichtanzeige

visual display unit / Bildschirmgerät

visual field / Blickfeld

visual inspection / Sichtprüfung

visual interface / Bildschirm-Benutzeroberfläche

visual readability / visuelle Lesbarkeit

visual telephone / Bildtelephon

visualization / Visualisierung (Abstraktes bildhaft darstellen)

visualize / visualisieren (in Bildern darstellen)

visually readable / visuell lesbar

visually readable medium / visuell lesbarer Datenträger

vital / wesentlich

VLSI (abbr. →very large-scale integration) / Hochintegration (Stufe der Halbleiterintegration)

vocabulary / Vokabular, Wörterverzeichnis

VOCODER (abbr. →voice coder) / Sprachverschlüsseler (künstliche Stimme)

voice / Stimme

voice analysis / Sprachanalyse

voice coder (abbr. VOCODER) / Sprachverschlüsseler (künstliche Stimme)

voice coil / Schwingspule

voice coil motor / Linearmotor (für kontinuierliche Bewegung des Platten-Schreib-Lese-Kamms)

voice communication / Sprachkommunikation

voice entry / Spracheingabe

voice entry device / Spracheingabegerät

voice generator / Sprachgenerator

voice mail / Sprachpost (künftiger Postdienst zur Speicherung zugesprochener Texte)

voice memory / Sprachspeicher

voice mode / Sprachmodus (Betriebsart von Kommunikationsleitungen)

voice output / Sprachausgabe

voice output device / Sprachausgabegerät

voice print / Stimmenspeicherung

voice processing / Sprachverarbeitung

voice radio / Sprechfunk

voice recognition / Spracherkennung
voice response / Sprachausgabe
voice store and forward / Sprachpost (künftiger Postdienst zur Speicherung zugesprochener Texte)
voice synthesis / Sprachgenerierung
voice synthesizer / Sprachgenerator
voice-grade line / Sprechleitung (geeignet für analoge Signale)
void / leer; farbfreie Stelle, Fehlstelle
volatile / flüchtig
volatile memory / flüchtiger Speicher (Stromausfall löscht Inhalt)
volatile storage / flüchtiger Speicher (Stromausfall löscht Inhalt)
volatility / Flüchtigkeit (von Speichern)
volt / Volt (Stromspannungsmaßeinheit)
voltage / Spannung (el.)
voltage arrester / Spannungsableiter
voltage drop / Spannungsabfall
voltage metering / Spannungsmessung
voltage regulator / Spannungsregler
voltage rise / Spannungsanstieg
voltage source / Spannungsquelle
voltage stabilizer / Spannungsregler
voltage swing / Spannungsschwankung
voltage-dependent / spannungsabhg.
voltage-sensitive / spannungsempfindlich
voltmeter / Spannungsmesser
volume / Band (Buch), Jahrgang (Zeitschrift), Magnetdatenträger (Band, Platte, Kassette, Diskette)
volume catalog / Datenträgerkatalog
volume header label / Datenträgeranfangskennsatz
volume identification / Datenträgerkennsatz (vor allem bei Bändern)
volume label / Bandetikett, Datenträgeretikett, Datenträgerkennsatz
volume name / Datenträgername
volume reference number / Datenträgerarchivnummer
volume security / Datenträgerschutz
volume serial number / Datenträgerarchivnummer, Magnetbandarchivnummer
volume switch / Datenträgerwechsel

volume table of contents (abbr. VTOC) / Datenträgerinhaltsverzeichnis (bei Magnetplatten)
volume trailer label / Datenträgerendekennsatz
von-Neumann architecture / von-Neumann-Architektur
voucher / Beleg, Originalbeleg
voucher date / Belegdatum
vowel / Vokal
VRAM (abbr. → video random-access memory) / Bildspeicher
VRC (abbr. → vertical redundancy check) / vertikale Redundanzprüfung (bei paralleler Datenübertragung)
VS (abbr. → virtual storage) / virtuelle Speicherung
VSAM (abbr. → virtual storage access method) / virtuelle Speicherzugriffsmethode
VTOC (abbr. → volume table of contents) / Datenträgerinhaltsverzeichnis (bei Magnetplatten)
vulnerable (to) / anfällig (für)

W

wad / Bündel, Stoß
wafer / Kristallplättchen, Siliziumscheibe (zur Aufnahme von Halbleiterschaltkreisen)
wafer-scale integration / Wafer-Integration (Stufe der Halbleiterintegration)
wage / Arbeitsentgelt, Lohn
wage agreement / Tarifvertrag
wage group / Tarifgruppe
wage increase / Lohnerhöhung
wage payment / Lohnzahlung
wage-price spiral / Lohn-Preis-Spirale
wages accounting / Lohn- und Gehaltsabrechnung
wait / warten
wait call / Warteaufruf
wait for / warten auf

wait function / Wartefunktion

wait instruction / Wartebefehl

wait list / Warteschlange

wait loop / Warteschleife

wait state / Wartestatus

wait until / warten bis

waiting / wartend; Warten

waiting line / Warteschlange

waiting list / Warteschlange

waiting loop / Warteschleife

waiting state / Wartezustand

waiting time / Bereitschaftszeit, Wartezeit

waive / verzichten

wake-up facility / Weckeinrichtung

walkie-talkie / tragbares Sprechfunkgerät

walkthrough / Durchdenken (eines Problems)

wall / Wand

wall-mounted telephone / Wandfernsprecher

wallpaper / Tapete(nmuster; graph.)

WAN (abbr. →wide area network) /
Fernnetz

wand / Lichtstift (für Sensorbildschirm;
eigentl. Zauberstab)

want / benötigen

warm boot / Warmstart (Wiederanlauf
an der Stelle der Unterbrechung)

warm link / Schnellverknüpfung (zweier
Dokumente)

warm restart / Wiederanlauf (an der
Stelle, an der der Ausfall stattfand)

warm start / Warmstart (Wiederanlauf
an der Stelle der Unterbrechung)

warm up / warmlaufen; Anlaufen

warming up / Anlaufen, Anwärmen

warm-up time / Anlaufzeit, Anwärmzeit

warn / alarmieren

warning bell / Alarmklingel

warning equipment / Alarmanlage,
Warneinrichtung

warning light / Alarmlicht

warrant / garantieren; Gewähr

warranted / garantiert

warrantee / Garantieempfänger

warranter / Garantiegeber

warranty / Gewährleistung

warranty engagement / Gewährleistungsverpflichtung

warranty liability / Gewährleistungshaftung

washer / Dichtungsring, Unterlegscheibe

wastage / Abnutzung, Verbrauch

waste / vergeuden

waste instruction / Nulloperation
(Leeroperation)

waste paper / Altpapier

watch / beobachten, überwachen; Armbanduhr, Überwachung

water / Wasser

water conduit / Wasserleitung

water-cooled / wassergekühlt

water-cooling / Wasserkühlung

water-mark / Wasserzeichen (Papier)

waterproof / wasserdicht

watertight / wasserdicht

watt / Watt (Maßeinheit der Stromstärke)

wattage / Stromverbrauch, Wattleistung

wattage rating / Nennleistung

watt-second / Wattsekunde (Maßeinheit für die Leistung)

wave / schwingen; Welle

wave angle / Einfallswinkel (von Strahlen)

wave band / Frequenzband

wave form / Wellenform (Analog- oder
Digitalimpuls)

wave guide / Wellenleiter (Glasfaser)

wave length / Wellenlänge

wavy / wellenförmig

way / Art und Weise, Möglichkeit, Weg

weak / schwach

weak point / Schwachstelle

weak point analysis / Schwachstellenanalyse

wealth / Überfluß

wear / Abnutzung, Verschleiß

wear out / abnutzen, verschleißen

wearing part / Verschleißteil

wearout / Abnutzung, Verschleiß

web / Bahn, Papierrolle
week / Woche
weekly / wöchentlich
weigh / abwiegen, wiegen
weight / gewichten; Gewicht, Stellenwert
weighted / gewichtet
weighting / Gewichtung
weighting factor / Gewichtungsfaktor
welcome / begrüßen; Begrüßung (bei Telekommunikation)
welcome page / Begrüßungsseite (Btx.)
weld / schweißen
welded joint / Schweißstelle
well / Senke, Vertiefung
well-structured programming language / strukturierte Programmiersprache (für strukturierte Programme geeignet)
wet / feucht
what-if analysis / Was-wenn-Analyse (Form der Simulation bei Tab-Kalk.)
what-you-see-is-what-you-get (abbr. WYSIWYG) / Was Sie sehen, bekommen Sie (Schlagwort aus dem Bereich der Text- und Bildverarbeitung: Gedruckt wird die Form, die auf dem Bildschirm sichtbar ist)
Wheatstone bridge / Wheatstone-Brücke (z. Messen v. Widerständen)
wheel / Rad
wheel printer / Typenraddrucker
when / sobald (eine Bedingung eintritt)
while / solange (eine Bedingung gegeben ist)
while loop / Solange-Schleife (Programmschleifentyp)
white / weiß
white noise / Allfrequenz-Rauschen
white-collar worker / Büroangestellte(r)
whiten / aufhellen
whitening / Aufhellung
who-are-you key / Wer-da-Taste (Fernschreiber)
who-are-you symbol / Wer-da-Zeichen (Fernschreiber)

whole number / ganze Zahl
whole-numbered / ganzzahlig
wholesale / Großhandel
whole-time / ganztägig
wide / breit
wide area network (abbr. WAN) / Fernnetz
wide font / Breitschrift
wide punched tape / Breitlochband
wideband / Breitband
wideband channel / Breitbandkanal
wideband communication / Breitbandkommunikation
wideband data communication / Breitbanddatenkommunikation
wideband distribution network / Breitbandverteilnetz
wideband leased line / Breitbandmietleitung
wideband line / Breitbandleitung
wideband network / Breitbandnetz
widow / Hurenkind (Textv.; letzte Zeile eines Absatzes, die am Anfang einer Seite steht)
width / Breite, Schriftdicke (Breite der Schriftlinien)
width of access / Zugriffsbreite
wild branch / fehlerhafte Verzweigung
wild card / Stellvertretersymbol
wil(l)ful / absichtlich, vorsätzlich
Winchester disk drive / Winchester-Plattenlaufwerk (Festplattenlaufwerk; Platte und Zugriffsmechanik sind in Kapsel eingeschlossen)
Winchester magnetic disk / Winchesterplatte (→ Winchester-Plattenlaufwerk)
wind / spulen, wickeln
wind up / aufwickeln (Band)
winding / Wicklung
window / Fenster (Teil des Bildschirms zur gesonderten Darstellung)
window attribute / Fenstereigenschaft
window closing / Fensterschließung
window opening / Fenstereröffnung
window property / Fenstereigenschaft
window transformation / Fenstertransformation

windowing / Fenstertechnik

windowing environment / Fensterumgebung (graph. Ben-Ob.)

windowing software / Fenstersoftware (Programme, die unter einer graph. Ben-Ob. laufen)

WINDOWS / Windows (graph. Ben-Ob. von Microsoft)

WINDOWS application / Windows-Anwendung (Programm, das unter Windows läuft)

WINDOWS NT (abbr. WINDOWS new technology) / Windows NT (mehrplatzfähiges Betriebssystem von Microsoft)

wipe / abstreifen

wiper / Abstreifer

wire / verbinden (durch Drähte), verdrahten; Ader, Draht, Leitung

wire bond / Drahtanschluß (zwischen Kabelader und Transistoranschluß)

wire bonding / Drahtanschluß (zwischen Kabelader und Transistoranschluß)

wire communication / kabelgebundene Übertragung

wire matrix printer / Nadeldrucker

wire pair / Leiterpaar

wire printer / Nadeldrucker

wire printing head / Nadeldruckkopf

wire printing mechanism / Nadeldruckkopf

wire through-connection / Drahtdurchkontaktierung

wire strap / Drahtbrücke

wire wrapping / Drahtsteckanschluß (Drahtspirale auf Vierkantkontakt)

wired / festverdrahtet, verdrahtet

wired broadcasting / Kabelrundfunk

wired program / verdrahtetes Programm (Festprogramm)

wire-frame model / Drahtmodell

wireless / drahtlos; Funk ...

wire-pin printer / Nadeldrucker

wire-wound / drahtgewickelt

wire-wrapped / drahtgewickelt

wire-wrapping / Drahtwickel-Kontaktierung

wiring / Schaltung, Verdrahtung

wiring diagram / Stromlaufplan

wiring pin / Kontaktstift

wiring side / Verdrahtungsseite (einer Platine)

with / mit

withdraw / abheben (Geld)

withdrawal / Abhebung (Geld)

wizard / Experte (eigentl. Hexenmeister)

woman (sing.) / Frau

woman's work / Frauenarbeit

women (pl.) / Frauen

word / Datenwort, Speicherwort, Wort

word address / Wortadresse

word addressability / Wortadressierbarkeit

word computer / Wortmaschine

word length / Wortlänge

word processing (abbr. WP) / Textverarbeitung

word processing program / Textverarbeitungsprogramm

word processing system / Textverarbeitungssystem

word processor / Textverarbeitungssystem (PC für Textverarbeitung)

word size / Wortlänge

word structure / Wortstruktur

word-addressable / wortadressierbar

word-oriented / wortorientiert

word-structured / wortorganisiert

word-wrapping / Fließtext (Textv.)

work / arbeiten; Arbeit, Tätigkeit

work analysis / Arbeitsanalyse

work area / Arbeitsbereich (Speicher)

work chair / Arbeitsstuhl

work contract / Arbeitsvertrag

work cylinder / Arbeitszylinder (Magnetplatte)

work data / Arbeitsdaten

work desk / Arbeitsplatte (Tisch)

work disk / Arbeitsplatte

work diskette / Arbeitsdiskette

work file / Arbeitsdatei

work flow / Arbeitsablauf

work load / Arbeitspensum

work load planning / Kapazitätsplang.

work sampling / Multimomentaufnahme

work scheduling / Arbeitsvorbereitung

work session / Dialogsitzung

work stack / Arbeitsstapel

work station / Arbeitsstation, Dialogstation

work stress / Arbeitsbelastung

work tape / Arbeitsband

work time / Arbeitszeit

work unit / Arbeitseinheit

work volume / Arbeitsdatenträger

workability / Betriebsfähigkeit, Durchführbarkeit

workable / durchführbar

work-flow chart / Arbeitsablaufplan

work-flow processing / Arbeitsfluß-Computerverarbeitung

workgroup / Arbeitsgruppe

workgroup computing / computergestützte Teamarbeit

working / arbeitend; Arbeits...

working area / Arbeitsbereich

working condition / Arbeitsbedingung

working environment / Arbeitsumgebung

working hours / Arbeitszeit

working hours supervision / Arbeitszeitkontrolle

working key / Buchertaste (an Kassenmaschinen)

working load / Arbeitsbelastung

working operation / Arbeitsgang

working schedule / Arbeitsplan

working state / Arbeitszustand

working storage / Arbeitsspeicher

working storage allocation / Arbeitsspeicherzuweisung

working storage area / Arbeitsspeicherbereich

working storage bank / Arbeitsspeicherbank

working storage capacity / Arbeitsspeicherkapazität

working storage characteristics / Arbeitsspeichermerkmale

working storage description / Arbeitsspeicherbeschreibung

working storage dump / Arbeitsspeicherauszug

working storage imparity / Arbeitsspeicherimparität

working storage location / Arbeitsspeicherstelle

working storage management / Arbeitsspeicherverwaltung

working storage map / Arbeitsspeicherabbild (bitweise)

working storage parity / Arbeitsspeicherparität

working storage print-out / Arbeitsspeicherausdruck

working storage protection / Arbeitsspeicherschutz

working storage requirement / Arbeitsspeicherbedarf

working storage saving / Arbeitsspeichersicherung

working storage section / Arbeitsspeicherkapitel

working storage size / Arbeitsspeichergröße

working storage upgrading / Arbeitsspeichererweiterung

working storage utilization / Arbeitsspeicherauslastung

workplace / Arbeitsplatz

workplace illumination / Arbeitsplatzbeleuchtung

works council / Betriebsrat

worksheet / Arbeitsblatt (Tab-Kalk.)

workshop / Arbeitsstätte, Seminar

workstation / Arbeitsplatz, Arbeitsplatzrechner (der oberen Leistungsklasse)

workstation computer / Arbeitsplatzrechner (der oberen Leistungsklasse)

world / Welt

world economy / Weltwirtschaft

world market / Weltmarkt

world-wide / weltweit

worm / Wurm (Form eines Computervirus)

WORM (abbr. → write once, read many) / optische Platte für einmaliges Schreiben und beliebig häufiges Lesen *worm drive* / Schneckenantrieb

worm gear / Schneckengetriebe

worn / abgenutzt

worst case / schlimmster Fall (eines Schadens)

worth / Wert

wound / gespult

WP (abbr. → word processing) / Textverarbeitung

wrap / herumwickeln

wrap around / umlaufen (Bild), umspringen

wrap connection / Steckkontakt (Drahtspirale auf Vierkantkontakt)

wrap pin / Steckkontaktstift

wraparound / Bildumlauf, zyklische Adreßfolge

wraparound type / bildumhüllender Textdruck

wrapped connection / gesteckter Kontakt, gewickelter Kontakt

wrapping / Drahtwickeltechnik (für Kontakte)

wreck / anstoßen (Lochkarten); Kartenanstoß, Beleganstoß

write / beschreiben, schreiben

write address / Schreibadresse

write coil / Schreibspule (des Magnetkopfes)

write current / Schreibstrom

write cycle / Schreibzyklus

write error / Schreibfehler

write head / Schreibkopf

write in / einschreiben, einspeichern

write instruction / Schreibbefehl

write lockout / Schreibsperre

write mode / Schreibmodus

write once, read many (abbr. WORM) / optische Platte für einmaliges Schreiben und beliebig häufiges Lesen

write out / ausgeben, herausschreiben

write operation / Schreiboperation

write overlap / Schreibüberlappung

write protection / Schreibschutz (gegen unerwünschtes Löschen und Überschreiben von Magnetdatenträgern)

write shorthand / stenographieren

write statement / Schreibanweisung

writeable / beschreibbar

write-enable notch / Schreibkerbe (Diskette ist beschreibbar, wenn Kerbe offen)

write-enable ring / Schreibring (Band ist beschreibbar, wenn Ring in Spule eingelegt ist)

write-protect notch / Schreibschutzkerbe (Diskette ist beschreibbar, wenn Kerbe offen)

write-protect ring / Schreibschutzring (Magnetband)

write-read head / Schreiblesekopf

writing / druckend, schreibend; Schreiben, Schriftstück

writing-reading speed / Schreiblesegeschwindigkeit

written communication / Textkommunikation

written text / Schriftgut

wrong / falsch

WYSIWYG (abbr. → what-you-see-is-what-you-get) / Was Sie sehen, bekommen Sie (Schlagwort aus dem Bereich der Text- und Bildverarbeitung: Gedruckt wird die Form, die auf dem Bildschirm sichtbar ist)

X

x-axis / Abszissenachse, x-Achse

XCMD (abbr. → external command) / externer Befehl (MS-DOS)

x-coordinate / Abszissenwert

XENIX / XENIX (UNIX-Version von Microsoft)

xerographic printer / xerographischer Drucker (Seitendrucker)

xerography / Xerographie (Vervielfältigungstechnik)

XFCN (abbr. → external function) / externe Funktion

XGA (abbr. extended graphics array) / erweiterter Graphikstandard (Stand. für Graphikkarten)

x-height / Kleinbuchstabengröße (einer
  Schriftart)
XMODEM / x-Modem (Kommunika-
  tionsprotokoll für Dateitransfer auf
  PCs)
XMS (abbr. → extended memory specification) / Vergrößerungsspeicherkonzept (für MS-DOS)
XOFF (abbr. → exchange off) / Abmeldung (bei Datenfernübertragung)
XON (abbr. → exchange on) / Anmeldung (bei Datenfernübertragung)
XON mode / Anmeldemodus (bei Datenfernübertragung)
XON procedure / Anmeldeprozedur
  (bei Datenfernübertragung)
XON request / Anmeldeaufforderung
  (bei Datenfernübertragung)
XOR (abbr. → exclusive OR) / Antivalenz
x-plates / Horizontalablenkplatten (Kathodenstrahlröhre)
XPS (abbr. → expert system) / Expertensystem (Wissensv.)
x-read-write wire / Zeilendraht
XT (abbr. → extended technology) / erweiterte Technik
x-y display / Vektorbildschirm
x-y plotter / Koordinatenschreiber,
  Kurvenschreiber
x-y recorder / Koordinatenschreiber

Y

yard / Yard (Längenmaß; = 0,914 m)
y-axis / Ordinatenachse, y-Achse
y-coordinate / Ordinatenwert
year / Jahr
year view / Jahresblatt (Terminkalenderübersicht)
yearly / jährlich
year-todate / aufgelaufen im Jahr
yellow cable / gelbes Kabel (= Ethernet-Kabel)
yellow, magenta, cyan (abbr. YMC) /

gelb, magenta, cyan (subtraktive
  Farbbildung)
yellow, magenta, cyan, black (abbr.
  YMCK) / gelb, magenta, cyan,
  schwarz (subtraktive Farbbildung)
yellow post / gelbe Post (traditionelle
  Postdienste)
yield / sich ergeben (Resultat); Ertrag
YMC (abbr. yellow, magenta, cyan) /
  gelb, magenta, cyan (subtraktive
  Farbbildung)
YMCK (abbr. yellow, magenta, cyan,
  black) / gelb, magenta, cyan, schwarz
  (subtraktive Farbbildung)
YMODEM / y-Modem (Kommunikationsprotokoll für Dateitransfer auf
  PCs)
yoke / Ablenkspule (Bildsch.), Bügel
young / unerfahren
y-plates / Vertikalablenkplatten (Kathodenstrahlröhre)
y-read-write wire / Spaltendraht

Z

zap (abbr. zero add packed) / Löschen
  vor Addieren, heute auch für ‹Löschen› allgemein
z-axis / z-Achse (in dreidimensionalen
  Darstellungen)
zener breakdown / Zenerdurchbruch
  (Halbl.)
zener diode / Zenerdiode (Diode für
  konstante Spannungsbegrenzung)
zener voltage / Zenerspannung (Durchbruchsspannung)
zero / Null, Nullpunkt
zero access / Schnellzugriff
zero address / Nulladresse (adreßlos)
zero adjust / Nulleichung
zero byte / Nullbyte
zero character / Nullzeichen
zero check / Leerkontrolle, Nullkontrolle
zero compression / Nullunterdrückung

zero conductor / Null-Leiter

zero divide / Nulldivision (endlose Schleife)

zero division / Nulldivision (endlose Schleife)

zero error / Nullpunktabweichung

zero flag / Nullanzeige

zero level / Nullebene

zero offset / Nullpunktverschiebung

zero out / auf Null setzen

zero point / Nullpunkt

zero position / Nullstellung

zero suppression / Nullunterdrückung

zero wait state / Null-Wartezustand (kein Wartestatus in Speichern)

zerofill / Nullauffüllung

zeroize / mit Nullen auffüllen

zero-sums game / Nullsummenspiel

z-fold paper / Endlospapier (für Drukker)

zip code / Postleitzahl

ZMODEM / z-Modem (erw. Kommunikationsprotokoll für Dateitransfer auf PCs)

zonal / Zonen...

zonal beam / Zonenstrahl

zone / in Zonen einteilen; Bereich, linkes Halbbyte, Netzbereich, Zone

zone bit / Zonenbit

zone bit recording / Gruppencode-Aufzeichnung (Aufzeichnung auf Platten, bei der die Bitdichte auf allen Zylindern gleich ist)

zone portion / Zonenteil (linkes Halbbyte)

zone position / Zonenteil (linkes Halbbyte)

zoned / entpackt

zoned-decimal / gezont-numerisch (gepackt)

zoom / Gummilinse, Zoomobjektiv

zoom box / Zoom-Schaltfläche (Ben-Ob.)

zoom function / Zoom-Funktion

zoom statement / Zoom-Anweisung (graph.)

zooming / Zoomen (stufenlose optische Formatänderung)

Deutsch-Englisch

A

Abakus / abacus
abarbeiten / process
Abarbeitung / processing
Abbau (einer Warteschlange) / dequeuing
Abbild / picture
abbilden / image, map
Abbildung / illustration, image, map, mapping
abbrechen / abandon, abort, kill, quit, sever
abbrechen (bei Programmfehler) / cancel
abbrechen (wegen Systemfehler) / bomb
Abbremsung / retardation
Abbruch / abandonment, abort, severance
Abbruch (eines Programms) / abnormal termination, abortion, kill, truncation
Abbruchbedingung / condition of truncation
Abbruch-Schaltfläche (Ben-Ob.: zum Abbrechen einer Funktion) / cancel button
abdecken / cover, mask
Abdeckung / cover
abdichten / tighten
abdichten (luftdicht) / seal
Abdichtmittel / sealant
Abdruck / print
abdruckbares Zeichen / printable character
Abenteuerspiel / adventure game
Abfall / litter, rubbish
Abfall (el.) / decay, drop
Abfall (Minderung) / loss
Abfallbehälter / trash-can
abfallen (el.) / decay, drop
abfallend / gradient
Abfallkasten (am Lochstreifenstanzer) / chadbox
Abfallquote / fallout
Abfallzeit / fall time
Abfangen / trapping

abfärben / stain
abfertigen / dispatch
Abfindung / gratuity
abflachen / smooth
Abfrage / inquiry, interrogation, request
Abfrage (Tel.) / interrogation
Abfrage durch Beispiel (Abfragetechnik bei relationalen DB.) / query by example (abbr. QBE)
Abfrageeinrichtung / interrogator
Abfragekommando / sensing command
abfragen / inquire, interrogate, query, request, sample, scan
abfragen (zyklisch) / poll
Abfragen / inquiring, sampling, scanning
Abfrageregister / test register
Abfragestation / retrieval terminal, query station
Abfragestation (Tel.) / interrogation station
Abfragesystem / query system
Abfragetechnik / query technique
Abfühlbürste / brush
abfühlen / read, sense
Abfühlen / sensing
Abfühlstift / pecker
Abgabe / tax
Abgangskontrolle (i. S. des BDSG) / physical exit supervision, removal supervision
abgeblendet / dimmed
abgehen (Fernruf) / go out
abgehend (Tel.) / out-bound, outgoing
abgehender Anruf / dial(l)ing out
abgekürzte Rechenoperation / short arithmetic operation
abgekürzter Datenblock / short block
abgeleitet / derived
abgeleitete Schriftart (aus einer anderen nach Größe und Form) / derived font
abgenutzt / worn
abgeplattet / prolate

abgeschirmt / screened, shielded
abgeschlossen (fertig) / finished
abgestimmt / syntonic, tuned
abgestrahlte Leistung / radiated energy
abgestürztes System / hung system
Abgleichcode / match code
abgleichen / gang, match
abgleichen (kollationieren) / collate
Abgleichung / matching
abgrenzen / isolate
Abgrenzung / delimiting
Abhandlung / paper
abhängen / intercept
abhängen (abhängig sein) / depend
Abhängen / interception
abhängig / contiguous, dependent (ant), subject, subordinate, tributary
abhängige Variable / dependent variable
abhängiger Datensatz / member set
abhängiger Rechner / slave, slave computer
Abhängigkeit / dependence (ance), subjection
abheben (Geld) / withdraw
Abhebung (Geld) / withdrawal
abhelfend / remedial
Abhöreinrichtung / bug
abisolieren / skin, strip
Abisolieren / skinning
abisoliert (freigelegter Kontakt) / bare
Abisolierzange / stripper
Abklingzeit / decay time
Abkommen / agreement
Abkühlung / cooling
abkürzen / abbreviate
abkürzen (eines Vorganges) / shortcut
Abkürzung / abbreviation, acronym
Ablage / filing, filing system, stacking
Ablagefach / magazine, pocket
Ablagefachsteuerung / stacker select
Ablagekasten / tray
Ablagemagazin / stacker
Ablauf / cycle
Ablauf (Folge v. Vorgängen) / sequence
Ablauf (eines Programms) / execution, program run, run

Ablaufanalyse / flow analysis
Ablaufanweisung / run chart
ablaufen / pass
ablaufen (einer Frist) / expire
ablaufen (Programm) / execute, run
ablaufen (Zeit) / elapse
ablauffähig / executable, loadable
ablauffähiges Programm / executable program
ablaufinvariant (Programm, das von mehreren Benutzern gleichzeitig benutzt wird) / reentrant
Ablaufkette / sequence cascade
Ablauforganisation / process organization
ablauforientiert / process-oriented
ablauforientierter Systementwurf / process-oriented system design
Ablaufpfeil / control arrow
Ablaufrechner / object computer
Ablaufschaltwerk / sequence processor
Ablaufsteuerung / flow control
Ablaufverfolger (Testhilfe) / tracer
Ablaufverfolgung (protokollierendes Testen) / trace, tracing
Ablaufverfolgungsprotokoll / trace log
Ablaufzeit / elapse time
ablegen / file
ablegen (Karteikarte) / discard
ablehnen / refuse
ableiten (el.) / arrest, leak
ableiten (Spannung) / bleed off, deflect
ableiten (von) (zurückführen auf) / derive (from)
Ableiter / arrester, deflector
Ableitung (el.) / arrest, deflection, leak, leakage, shunt
Ableitung (Funktion) / derivative
Ableitung (Herleitung) / derivation
ablenken (Strahlen) / refract
Ablenkplatte (der Bildröhre) / deflection plate
Ablenkspule (der Bildröhre) / deflection coil, yoke
Ableselineal (transparentes Lineal zur Schriftgrößen- und Schrittweitenbestimmung) / reference reading rule
ablesen / read off

Ablochbeleg / punch form
ablöten / desolder, unsolder
Abluftanlage / exhaust
Abmagerung / slimline
abmelden / sign off
Abmeldung (Dialogsystem) / log-off, logoff, logout
Abmeldung (bei Datenfernübertragung) / exchange off (abbr. XOFF)
Abmessung / dimension
abmontieren / unrig
Abnahme (Minderung) / decrease, decrement
Abnahmekonfiguration (übergebene Maschinenausstattung) / acceptance configuration
Abnahmeprotokoll / acceptance certificate, test certificate
Abnahmeprozedur (-vorschrift) / acceptance test procedure
Abnahmeprüfung / acceptance inspection, acceptance test, proof test, specification test
Abnahmevorschrift / acceptance test procedure
abnehmbar / detachable
abnehmen (mindern) / decrease
Abnehmer (Empfänger) / acceptor
Abnehmer (Kunde) / taker
Abnehmerquittung / acceptor handshake
abnutzen / scuff, wear out
abnutzen (durch Reibung) / fret
Abnutzung / attrition, fading, scuff, wastage, wear, wearout
Abonnement / subscription
Abonnementsfernsehen / pay television
Abonnementsvertrag / subscription contract
abonnieren / subscribe
abrechnen / account
Abrechnung / accounting
Abrechnung (zwischen Banken) / clearing
Abrechnungsdaten / accounting data
Abrechungsprogramm / accounting routine, job accounting routine

Abrechnungssystem / accounting system
abreißen / score, snap off, tear off
Abreißschiene (bei Druckern) / cutting knife
Abriß / score, stub, talon
Abrißbeleg / stub sheet
Abrißfunke / break spark
Abrißkante / tear-off edge
Abrißkarte / scored card
Abrißschiene / tear-off blade
Abrißzettel / stub
Abrollgerät (Maus) / ball roller
Abruf / attention, recall, solicit
Abruf (Btx.) / retrieve
Abruf (aus einer Datei) / fetch
Abrufdatei / demand file
abrufen / fetch, recall, solicit
Abrufstatistik / subscriber-call statistics
Abruftaste / attention key
Abrufunterbrechung / attention interruption
Abrufzyklus (eines Befehls) / fetch cycle
abrunden / round
abrupter Übergang (Halbl.) / abrupt junction
Absatz / paragraph
Absatz (Vertrieb) / sale
Absatzförderung / sales promotion
Absatzgebiet / trading area
Absatzlage / sales situation
Absatzwesen / marketing
Absatzzeichen (Textv.) / carriage return character
absaugen / exhaust
Abschaltautomatik / automatic switch-off
Abschaltbereich / security unit
abschalten / break, cut off, deactivate, deenergize, disable, extinguish, passivate, power down, shut down, shut off, switch off, turn off
Abschaltkontakt / disabling contact
Abschaltung / cutoff, cutout, deactivation, passivation, power-down, shut-off
Abschaltverzögerung / turn-off decay
Abschattung / shading

Abschirmeinrichtung / protection facility

abschirmen / shield

Abschirmung / screening, shield, shielding

Abschlagsprozentsatz / percent minus

abschließen / close

abschließend / final, terminal, terminating, trailing

Abschluß / completion, finish

Abschluß (eines Vorganges) / closedown, termination

Abschlußanweisung / close instruction

Abschlußprogramm / terminator

Abschlußprozedur / close procedure

abschmelzbar / fusible

Abschneidefehler / truncation error

abschneiden / cut, shear

abschneiden (von Stellen einer Zahl) / truncate

abschneiden (aus Graph.) / crop

Abschneiden (von Teilen einer Graph.) / clipping, cropping, scissoring

abschneiden (von Stellen einer Zahl) / truncation

Abschneiden und Kleben (Blockverschiebung in der Textv.) / block move, cut and paste

Abschnitt / chapter, paragraph, period, section

Abschnittsetikett / segment label

Abschnittsmarke (beim Magnetband) / control mark

Abschnürung / pinch-off

abschrägen / chamfer, slant

Abschrägung / chamfer

abschrauben / unscrew

abschreiben / copy

abschreiben (amortisieren) / charge off, depreciate

Abschreibung (Amortisation) / depreciation

Abschrift / copy

absenden / initiate, post, send, send off

Absender / originator

Absenderkennung / source identifier

Absenderkennung (bei Datenübertragung) / originator indicator

absichtlich / wil(l)ful

absinken / fall

absinken (Kurve) / sag

absinken (z. B. der Leistung) / degrade

Absinken (z. B. der Signalstärke) / degradation

absolut / absolute

absolute Adresse / absolute address (abbr. AA), actual address, effective address, specific address

absolute Adressierung / absolute addressing

absolute Koordinate / absolute coordinate

absolute Spuradresse / absolute track address

absoluter Ausdruck / absolute expression, absolute term

absoluter Befehl / absolute command, absolute instruction

absoluter Fehler / absolute error

absoluter Nullpunkt / absolute zero

absoluter Punkt / absolute point

absoluter Sprung / absolute branch, absolute jump

absoluter Sprungbefehl / absolute branch instruction, absolute jump instruction

absolutes Feld (Tab-Kalk.) / absolute cell

absolutes Programm (nicht verschieblich) / absolute program, non-relocatable program

Absolutlader / absolute loader

Absolutwert / absolute value

Absolutzeitimpuls / real-time pulse

Absolvent (einer Universität) / fellow

absondern / exude, seclude

Absonderung / seclusion, segregation

Absorption / absorption

abspeichern (in einer Speicherstelle) / poke

Absperrvorrichtung / faucet

abspulen / take off, uncoil, unreel

Abstand / density, interval, pitch, space, spacing

Abstandsprüfung / bias test

Abstandsring / disk support

abstauben / dust

absteigen (Ordnungsbegriff) / descend

Absteigen / downswing

absteigend / descending, downward

absteigende Reihenfolge / descending order

absteigende Sortierung / descending sort

absteigender Ordnungsbegriff / descending key

abstellen / intercept

abstimmbar / tuneable

abstimmen / harmonize, syntonize, temper, tune

abstimmend / coordinating

Abstimmung / tuning

Abstimmungsstelle / clearing office

Abstrahlung / radiation

Abstrakt / abstract

abstrakte Maschine / abstract machine

abstrakter Automat / abstract automaton

abstrakter Datentyp / abstract data type

Abstraktion / abstraction

Abstraktionsgrad / level of abstraction

abstreichen (von Stellen einer Zahl) / round down

abstreifen / wipe

Abstreifer / wiper

abstufen / gradate, step

Abstufung / gradation

Absturz / crash

abstürzen / crash

absuchen / search

Absuchen einer Datei / file searching

Abszisse / abscissa

Abszissenachse / x-axis

Abszissenwert / x-coordinate

Abtastalgorithmus / scan-line algorithm

abtastbar / scannable

Abtasteinrichtung / scanner

abtasten / feel, read off, sample, scan, strobe

Abtasten / sampling, scanning

Abtaster / feeler, scanner

Abtastgerät / scanner device

Abtastimpuls / strobe pulse

Abtastkopf / scan head

Abtastöffnung / scan window

Abtastpunkt / scan spot

Abtastrate / sampling rate, scan rate

Abtastung / sample

Abtastzeile (des Bildsch.) / scan line

Abteilung / compartment, department, division

Abteilung (eines Betriebes) / department

abtönen / shade

abtrennen / detach, split off

Abundanz (→ Redundanz) / abundance

abwägen / weigh

abwandeln / variegate, vary

Abwandlung / variation

abwärts / downward

Abwärtskettung / downward chaining

abwärtskompatibel / downward compatible

Abwärtskompatibilität / downward compatibility

abwärtsportabel / downward portable

Abwärtsportabilität / downward portability

abwechselnd / alternative

abwechselnde Übertragung (Halbduplexbetrieb) / alternating transmission

abweichen / deviate, differ, variate

abweichen (vom Kurs) / drift

abweichend / variant

Abweichung / deviation

Abweichung (einer Frequenz, eines Signals) / drift

Abweichung (vom Normalfall) / variation

Abweichung (von der Normallage) / excursion

Abweichungsfehler (bei analogen Signalen) / drift error

abwesend / absent

Abwesenheit / absence

abwickeln (Band) / take off, unwind

Abwickeleinrichtung / unwinder

Abwickelspule / take-off reel

abzeichnen / initial

Abziehbild / decal
abzweigen / offset
Abzweigleitung / branch line
Abzweigseite (Btx.) / branch page
Achse / axle, pivot, shaft
achsenförmig (axial) / axial
acht… / octa…, octo…
Achtbit-Mikroprozessor / eight-bit microprocessor
Achtbit-Struktur / eight-bit structure
Achtbitzeichen / octet
Achtspurlochstreifen / eight-channel tape
achtzigspaltige Lochkarte (Normallochkarte) / eighty-column card
Acht-zu-vierzehn-Code (14-Bit-Code bei Bildplatten) / eight-to-fourteen code (abbr. EFM code)
ACM (amerikanischer Verband der Computerbenutzer) / ACM (abbr. association for computing machinery)
ADA (Name einer Programmiersprache) / ADA
Adapter / adapter
Adaptierung / adaptation, adjustment
Adaption / adaptation, adaption
Addend (2. Summand) / addend
addierbar / summable
addieren / add, sum
Addierfunktion / add function
Addiermaschine / adding machine
Addierschaltung / adding circuit
Addierstreifen / adding slip, adding tape, strip
Addierstreifenrolle / adding roll
Addier-Subtrahier-Werk / adder-subtracter
Addiertaste / add key, adding key
Addierwerk / adder
Addition / addition, summation
Additionsanweisung / add statement
Additionsbefehl / add instruction
Additionsregister / accumulating register
Additionsübertrag / add carry
Additionszeichen / addition sign
additiver Fehler / accumulated error
Ader (Kabel) / conductor, strand, wire

Administration (Verwaltung) / administration
Administrations- und Dispositionssystem / (administration and disposition system
administrative Datenverarbeitung → DV in der Verwaltung
Adreßabstand / displacement
Adreßaddierer / address adder
Adressat / addressee
Adreßaufruf / address call
Adreßauswahl / address selection
Adreßbereich / address range, address space
Adreßbildung / address generation
Adreßbuch (zur Umsetzung symbolischer Adressen in absolute) / address table, table of addresses
Adreßbus (Kanal für Adreßaktivierung) / address bus
Adreßcode / address code
Adreßdatei / address file
Adresse / address
Adreßende / end of address
Adreßendezeichen / end-of-address character
Adreßentschlüsselung / address decoding
Adreßerhöhung / address increment, automatic address increment
Adreßersetzung (im Rahmen einer Adreßmodifikation) / address substitution
Adreßfehler / address error
Adreßfeld / address array, address field
Adreßfolge / address sequence
Adreßform / address form
Adreßformat (Adreßcodeformat) / address code format, address format
Adreßgrenze / address boundary
Adreßhandel / address trade
adressierbar / addressable
adressierbare Netzeinheit / network addressable unit
adressierbarer Datensatz / addressable record
adressierbarer Punkt (graph. DV.) / addressable dot, addressable point

adressierbarer Speicher / addressable memory, addressable storage, addressed memory, addressed storage

adressierbares Register / addressable register

Adressierbarkeit / addressability

adressieren / address

Adressiermaschine / addressing machine, mailing machine

Adressiermethode / address mode, address technique, addressing technique

Adressierung / addressing

Adressierungsfehler / addressing error

Adreßkapazität / address capacity

Adreßkennsatz / address header

Adreßkonzept / address conception

Adreßkonstante / address constant (abbr. ADCON)

Adreßkopf / address header

Adreßlänge / address length, length of address part

adreßlos / addressless

Adreßmodifikation / address modification

Adreßnummer / address number

Adreßobergrenze (eines Bereiches) / upper-bound address

Adreßpegel / address level

Adreßpegelzähler / location counter

Adreßraum / address range, address space

Adreßrechnung / address arithmetic, address calculation, address computation, randomizing

Adreßregister / address decoder, address register

Adreßsatz / address record

Adreßschalter / address adder

Adreßsortieren / address sorting

Adreßspeicher / address storage

Adreßstruktur / address pattern, address structure

Adreßtabelle / address map

Adreßteil (des Befehls) / address code, address part, address section

Adreßteilung / address division

Adreßumrechnung / address conversion, address translation

Adreßuntergrenze (eines Bereiches) / lower-bound address

Adreßverkettung / address chaining

Adreßverschachtelung / address nesting

Adreßzähler / address counter

Adreßzeiger / address pointer

Adreßzuordnung / address assignment

ADV (Abk. automatisierte Datenverarbeitung) / ADP (abbr. automatic data processing)

ADVS (Abk. automatisiertes Datenverarbeitungssystem) / ADPS (abbr. automatic data processing system)

AFIPS (Amerikanischer Dachverband datenverarbeitender Gesellschaften) / AFIPS (abbr. American Federation of Information Processing Societies)

Agentur / agency

aggregierbar / summable

Aggregierbarkeit / aggregateability

aggregieren (zusammenfassen) / aggregate

ähnlich / similar

Ähnlichkeit / affinity, likeness, similarity

AIX (IBM-Version von UNIX) / AIX (abbr. advanced interactive executive)

Akkordarbeit / job-work

Akkumulator (zentrales Register einer Einadreßmaschine) / accumulator (abbr. AC)

Akkumulatorrechner (Ein-Adreß-System) / accumulator processor

akkumulieren (ansammeln) / accumulate

Akronym (Abkürzung) / abbreviation, acronym

Akte / document, dossier, paper

Aktendeckel / folder

Aktenförderbahn / telpher

Aktenplan / reference number system

Aktenschrank / filing cabinet

Aktenstoß / file

Aktentasche / briefcase

Aktentransporteinrichtung / dossier conveyor

Aktenvernichter / annihilator, shredder
Aktenzeichen / reference number
Aktie / share
Aktiengesellschaft / incorporated company (am.), joint-stock company (brit.)
Aktienkapital / capital stock
Aktion (Bedienungsmaßnahme) / action
aktionsorientierte Datenverarbeitung / communication-oriented data processing
Aktionsspiel / action game
aktiv / active
aktive Datei (in Bearbeitung) / active file
aktive Daten (im Arbeitsspeicher) / active data
aktive Leitung / active line
aktive Schaltung / active circuit
aktive Seite / active page
aktiver Speicher / active storage
aktiver Zustand / active state
aktives Bauelement / active component
aktives Bildschirmfenster / active window
aktives Feld (Tab-Kalk.) / active cell
aktivieren (einschalten) / activate, enable
Aktivierung / activation
Aktivierungszustand / activity state
Aktivität / activity
Aktivposten (Buchhaltung) / asset
Aktor (selbständiges Arbeitselement) / actor
aktualisieren / update
aktualisiert / updated
Aktualisierung / updating
aktuell / current
aktuelle Seite / current page
aktuelle Zeile / current line
aktuelle Zelle (Tab-Kalk.) / current cell
aktueller Satz / current record
aktueller Schlüssel / actual key
aktueller Zellen-Anzeiger (Tab-Kalk.) / current cell indicator
aktuelles Dateiverzeichnis / current directory, default directory

aktuelles Datum / current date
aktuelles Gerät / actual device, real device
aktuelles Laufwerk / current drive
Akustikausgabe / audio output
Akustikkoppler / acoustic coupler
Akustikmuffe / acoustic sleeve
akustisch / acoustic, audible, sonic
akustische Anzeige / acoustic alarm
akustische Ausgabe / acoustic output, audio output
akustische Eingabe / acoustic input, audio input
akustischer Alarm / audible alarm
akustisches Anzeigegerät / acoustic display
akustisches Signal / acoustic signal, audible signal, sound signal
akustooptisch (audiovisuell) / acoustooptical
Akzent / accent
Akzent Akut / acute accent
Akzent Gravis / grave accent
Akzent Zirkumflex / circumflex accent
Akzentbuchstabe / accent character
Akzenttaste / dead key
Akzidenzdruck / job printing
Alarm / alarm
Alarmanlage / warning equipment
Alarmanzeige / alarm display
Alarmbox (Ben-Ob.) / alert box
Alarmbereitschaft (versetzen in ...) / alert
Alarmdrahtelement / alarm device
Alarmeinrichtung / alarm equipment
Alarmglocke / gong
alarmieren / warn
Alarmklingel / warning bell
Alarmlampe / warning light
Alarmsignal / alarm signal
ALCOR-Gruppe (internationale Vereinigung zur Pflege von → ALGOL) / ALCOR group
Algebra / algebra
algebraisch / algebraic
ALGOL (mathematische Programmiersprache) / ALGOL (abbr. algorithmic language)

ALGOL-Umsetzer / ALCOR (abbr. ALGOL converter)

algorithmisch (in Rechenanweisungen formuliert) / algorithmic

algorithmische Programmiersprache (ALGOL) / algorithmic language (ALGOL)

algorithmisieren (in Form einer Rechenanweisung formulieren) / algorithmize

Algorithmus (Rechenanweisung) / algorithm, calculating rule

Aliasname (Hilfsname) / surrogate name

all... / pan...

allein / alone, lone

Alleinverkaufsrecht / franchise, monopoly

Alleinvertretung / sole agency

Allfrequenz-Rauschen / white noise

allgemein / common, general, public

allgemeine Datei / common file

allgemeine Geltung / prevalence

allgemeine Kommandosprache / common command language (abbr. CCL)

allgemeine Operation / global operation

allgemeiner Speicherbereich / common area

allgemeines Format (Tab-Kalk.) / general format, global format

allgemeingültig / universal

Allgemeingültigkeit / universality

allmählicher Übergang (Halbl.) / progressive junction

Allzweck... / all-purpose, universal

Allzweckprogrammiersprache für Anfänger (Abk. BASIC) / beginners all-purpose symbolic instruction code

Allzweckrechner / all-purpose computer

Allzwecksprache / all-purpose language, general purpose language

Alphabet / alphabet

alphabetisch / alphabetic(al)

alphabetische Tastatur / alphanumeric keyboard

alphabetisches Literal / alphanumeric literal

alphabetisches Sortieren / alphabetic sorting

alphabetisches Zeichen / alphabetic character

Alphageometrie (graph. Darstellungstechnik) / alpha geometry

alphamerisch (Abk. alphanumerisch; d. h. alle Zeichen umfassend) / alphameric (abbr. alpha-numeric)

Alphamosaik (graph. Darstellungstechnik) / alpha mosaic

alphanumerisch → alphamerisch

alphanumerische Adresse / alphanumeric address

alphanumerische Darstellung / alphanumeric representation

alphanumerische Daten / alphanumeric data

alphanumerische Variable / alphanumeric variable

alphanumerischer Bildschirm / alphanumeric display

alphanumerischer Code / alphanumeric code

alphanumerischer Ordnungsbegriff / alphanumeric key

alphanumerisches Datenfeld / alphanumeric data item

alphanumerisches Sortieren / alphanumeric sorting

Alphanummer (Ordnungsbegriff aus Buchstaben) / alpha number

Alphaphotographie (graph. Darstellungstechnik) / alpha photography

Alphaverarbeitung (Abk. → Textverarbeitung) / alpha processing

Alphazeichen / alphabetic character

als (in Vergleichen) / than

Altdaten / aged data

Alterung / aging

Altmaterialverwertung / salvage

Altpapier / waste paper

Aluminium (Element für p-dotierte Halbl.) / alumin(i)um

Amateurfunk / amateur radio, citizen band (abbr. CB)

Amerikanischer Standardcode / American Standard Code for Information Interchange (ASCII)

Amerikanisches Nationales Institut für Normung und Standardisierung (etwa wie Deutsches Institut für Normung/DIN) / American National Standard Institute (ANSI)

Ampere (Maß der Stromstärke) / ampere (abbr. amp)

Amperemeter (Stromstärkemesser) / ammeter, ampere meter

Amplitude / amplitude

Amplitudenabtastung / amplitude sampling

Amplitudenmodulation (binäre Datenübertragungstechnik) / amplitude modulation (abbr. AM)

Amt / board

amtlich / official

amtlich bekanntgeben / gazette

Amts... / official

Amtsbereich (Tel.) / switching center area

Amtsgeheimnis / official secret

Amtsgespräch (Tel.) / external call

Amtsverbindung (Tel.) / direct trunk call

Amtszeichen (Tel.) / dial(l)ing tone

an(geschaltet) / on

analog (internes Zeichendarstellungsverfahren) / analog(ue)

Analoganschluß / analog line

Analogausgabe / analog output

Analogdarstellung / analog representation

Analogdaten / analog data

Analogdatenverarbeitung (mit Analogrechner) / analog data processing

analog-digital... / analog-digital

Analog-digital... / analog-digital

Analog-digital-Rechner → Hybridrechner

Analog-digital-Wandler / analog-digital converter (abbr. ADC)

analoge Anzeige / analog display

Analogeingabe / analog input

analoger Schaltkreis / analog circuit

analoges Fernsprechnetz / analog telephone network

analoges Zeichen / analog character

Analoggröße / analog quantity

Analogimpuls / analog pulse

Analogon / analog

Analogrechner / analog computer

Analogschaltung / analog circuitry

Analogschrift / analog font

Analogspeicher / analog storage

Analogsteuerung / analog control

Analogzeichen / analog character, analog data

Analogzeichengeber / analog transmitter

Analyse / study

Analyse (Auswertung) / analysis

Analyseprogramm (zur Auswertung anderer Programme) / analyzer (analyser)

analysieren / analyse, analyze

analysieren (grammatikalisch) / parse

Analytiker (Organisator) / analyst

analytisch / analytic(al)

analytische Rechenmaschine (von Babbage, Turing) / analytic engine

anbieten / offer, tender

Anbieter (Btx.) / information provider, provider

Anbieteranschluß (Btx.) / information provider's connection

Anbieterkennzeichnung (Btx.) information provider's identification

Anbieterpflicht (Btx.) / information provider's obligation

Anbietervergütung (Btx.) / provider's remuneration

Anbieterverzeichnis (Btx.) / list of providers

andauern / stand

änderbar (Speicher) / alterable

änderbarer Festspeicher / alterable read-only storage

andere(r, s) / other

ändern / amend

ändern (Speicherinhalt) / alter, change

anders ausstatten (Zentraleinheit) / reconfigurate

Änderung / alteration, amendment, change

Änderungs... / revision

Änderungsaufzeichnung / change recording

Änderungsband / change tape

Änderungsbefehl / alter instruction

Änderungsbeleg / change document, change voucher

Änderungsbit / change bit

Änderungsdatei / activity file, amendment file, change file

Änderungsdaten / transaction data

Änderungsdienst / change service, data maintenance, updating

Änderungsdienstprogramm / change utility

änderungsfreundlich / alterable, easy to change

Änderungsfreundlichkeit / alterability, easiness of change

Änderungshäufigkeit (bei einer Datei) / fluctuation

Änderungskennzeichen / change code

Änderungslauf / update run

Änderungsliste / change list

Änderungsprogramm / change program, change routine, update program

Änderungsprogrammierer / amendment programmer

Änderungsprotokoll / activity log, change recording

Änderungsroutine / change routine

Änderungssatz / amendment record, change record, transaction record

Änderungsstand / change level

Änderungsverwaltung / change management

Andruck... / press-on

andrücken / press on

Andruckplatte / pressure plate

Andruckrolle / pinch roller

anfällig / prone

anfällig (für) / vulnerable (to)

Anfang / begin, origin, start, top

Anfang von... / start of...

anfangen / start

Anfänger / newcomer

Anfangs... / beginning-of, initial, original

Anfangsadresse / start address

Anfangsbegrenzer / starting delimiter

Anfangsbestand / initial inventory

Anfangsbuchstabe / initial

Anfangsetikett / header, header label

Anfangsfehler (der bei der Ersterfassung vorhanden ist) / inherent error

Anfangs-Großbuchstabe (mit größerem Schriftgrad am Anfang eines Absatzes) / drop cap, drop capital

Anfangskennsatz / header record, heading record (abbr. HDR)

Anfangsladeadresse / initial loading address

Anfangslader / initial loader, initial program loader

Anfangslage / start position, starting position

Anfangspositionierung / initial positioning

Anfangsprozedur / initial procedure

Anfangsrand / left-hand margin

Anfangsrandsteller / left-hand margin key

Anfangsroutine / beginning routine, leader routine

Anfangsspalte / begin column

Anfangsstatus / initial state

Anfangswert / initial value, seed

Anfangszeichen / initial character

anfertigen / make

anflanschen / flange

anfordern / demand, request

Anforderung / attention, demand, request, requirement

Anforderungsbestimmung / requirement definition

Anforderungsmodus / request mode

Anforderungstaste / request key

Anforderungszeichen / prompt, prompt character

Anforderungszustand / prompt mode

Anfrage / request

Anfrage (einer Station) / enquiry

anfragend / inquiring

Anfragende(r) / inquiring

anführen / lead

Anführungszeichen / inverted commas, quotation mark, quote

Angebot / bid, supply, tender

Angebot und Nachfrage / supply and demand

angeklemmt (an el. Leitung) / tapped

angelernt / semi-skilled

angemessen / adequate, suitable

Angemessenheit / adequance, suitableness

angenommenes Binärkomma (unterstelltes…) / assumed binary point

angenommenes Dezimalkomma (unterstelltes…) / assumed decimal point

Angerufener (Tel.) / telephonee

angeschaltet / on

angeschlossen / affiliated, associated

angeschlossen (an Zentraleinheit) / on-line

angestellt / salaried

Angestellte(r) / employee

angesteuert / selected

angetrieben / driven, powered

angewandt / applied

Angewandte Informatik / applied computer science, applied informatics

Angewandte Mathematik / applied mathematics

Angliederung / affiliation

angrenzen / flank, neighbo(u)r

Angriff (auf die Datensicherheit) / attack

anhalten / halt, pause, stop

Anhaltepunkt / breakpoint, checkpoint

Anhang / affix, appendix, subjoinder, supplement

anhängen / append, attach

anhäufen / cluster, pile

Anhäufung / cluster

anheben / jack

anheben (verstärken) / boost

anheften / pin

Animation / animation

Animationsrechner / animation computer

Anker (Erstzugriffssatz in einer Datenbank) / anchor

Ankersatz (→ Anker) / anchor record, owner set

Ankersegment (→ Anker) / anchor segment

Anklicken / clicking

anklopfen / knock

Anklopfen (Funktion moderner Fernsprecher) / call waiting, knock

Anklopfton (Tel.) / knock tone

ankommen (Tel.) / go in

ankommend (Tel.) / in-bound, incoming

ankommender Anruf / dial(l)ing in

ankündigen / advertise

Ankündigungs… / preparatory

Ankurbelung (der Wirtschaft) / pump priming

Anlage / installation, system

Anlage (zu einem Brief) / enclosure, inclosure

Anlagedaten / plant data

Anlagenbuchhaltung / assets accounting

Anlagenmitbenutzung / joint use of systems

Anlagenmodell / system model, system version

Anlagenüberwachung / process monitoring

Anlaß / occasion

Anlaßkontrolle (Datenschutz) / occasional supervision

Anlauf / starting up, start-up, warming up

anlaufen / warm up

Anlaufzeit / acceleration time, starting-up time, warm-up time

anlegen (Datei) / create

Anleihe / loan

anleiten / guide

Anleitung / guidance, guide

Anmeldeanforderung / logon request

Anmeldeaufforderung (bei Datenfernübertragung) / XON request

Anmeldemenü / logon menu

Anmeldemodus / logon mode

Anmeldemodus (bei Datenfernübertragung) / XON mode

anmelden / book, log on, sign on
Anmeldenachricht / logon message
Anmeldeprogrammdatei (bindet eine Station in ein LAN) / logon file
Anmeldeprozedur / logon procedure
Anmeldeprozedur (bei Datenfernübertragung) / XON procedure
Anmeldung / booking, login, logon
Anmeldung (bei Datenfernübertragung) / exchange on (abbr. XON)
Anmerkung / annotation, note
Anmerkung (durch Co-Autor in der Textv.) / redlining
annähern / approach, approximate
Annäherung (Lösung) / approach, approximation
Annahme (Hypothese) / hypothesis
Annahme (einer neuen Technologie) / acceptance
Annahme (Vermutung) / assumption, presumption
annehmbar / acceptable
annehmen / accept
annehmen (unterstellen) / assume
Annotation (ergänzende Beschreibung einer Inhaltsangabe) / annotation
annullieren / cancel, invalidate, nullify, revoke
Annullierung / cancelation, invalidation, nullification
Anode (positiver Strompol einer Röhre, eines Transistors) / anode, plate
Anodengitter / anode gate
Anodenkennung / anode characteristic
Anodenspannung / anode voltage, plate-supply
Anodensperrstrom (des Anodengitters) / anode cutoff current
Anodenstrom / anode current
Anodentor → Anodengitter
Anodenzündstrom (des Anodengitters) / anode trigger current
anonymisierte Daten / anonymizated data
Anonymisierung / anonymization
anordnen / order, rule
Anordnung (Auftrag) / ordinance
Anordnung (räumliche Lage) / layout

Anordnung (zueinander) / constellation
anorganisch / inorganic, mineral
Anpaßbarkeit / adaptability
anpassen / adapt, adjust, match, modulate, proportion
Anpassung / adaptation, adaption, adjustment, customization, matching, modulation
Anpassungsbereich / adjustment range
Anpassungseinheit / adaptor
Anpassungseinrichtung (Schnittstelle) / adapter, adapter facility, adapter unit
anpassungsfähig / adaptive, flexible
anpassungsfähige Steuerung / adaptive control (abbr. AC)
Anpassungsfähigkeit / elasticity, flexibility
Anpassungsprogramm / adapting program
Anpassungssteuerung / adaptive control
anregen / animate, motivate, stimulate
Anregung / motivation
anreichern / concentrate, enrich
Anreicherung / concentration, enhancement, enrichment
Anreicherungsschicht (in Halbleiterelementen) / carrier concentration layer
anreißen (Zeichentechnik) / scribe
Anreißen (Zeichentechnik) / scribing
Anruf (Tel.) / call, calling, dial(l)ing, telephone call
Anrufbeantworter / answering equipment, automatic answering equipment, telephone answering equipment, telephone responder
Anrufbeantwortung / answering
Anrufbestätigung / call confirmation
anrufen / call
anrufen (Gericht) / appeal
Anrufer / telephoner
Anrufer (rufende Station) / caller
Anruferkennung / call detection, call identification
Anruffangschaltung / call tracing

Anrufsignal / call sign

Anrufübernahme / call pickup

Anrufumleitung / call diversion, call forwarding

Anrufung (Gericht) / appeal

Anrufversuch / attempted call, call attempt

Anrufwiederholer / call repeater

Anrufwiederholung / call repeating, call repetition

Ansaugsystem (pneumatische Förderung) / suction system

Anschaffung / purchasing

anschalten / switch on, turn on

Anschaltung / activation, power-on

Anschaltverzögerung / turn-on delay

Anschauungsunterricht / object-lesson

Anschlag (beim Drucker) / impact, stroke

Anschlagdrucker (mech. Drucker) / impact printer

anschlagen / strike

anschlagfreier Drucker / non-impact printer

Anschlaghammer (eines Druckers) / hammer, striking hammer

Anschlagklicken / key clicking

Anschlagstärke / key touch

Anschlagstärke (eines Druckaggregates) / print force

Anschlagstärkeregulierung / key touch control

Anschlagverstärker / typing force

Anschlagwiederholung / typematic

anschließen / connect, hook up, interface

Anschluß / attachment, connection, junction, patching, port, terminal

Anschluß (Einbauplatz) / socket adapter

Anschluß (Tel.) / line, termination

Anschlußbaugruppe / adapter board

Anschlußbelegung / terminal assignment

Anschlußeinheit / attachment unit, connecting unit

Anschlußeinrichtung (für Speicherzugriff) / access features

Anschlußerweiterung(seinrichtung) / port expander

Anschlußfleck (bei integrierten Schaltkreisen) / bonding land, bonding pad, land

Anschlußgebühr / attachment charge, connect charge

Anschlußgenehmigung / attachment approval

Anschlußgerät / attach device

Anschlußkabel / trunk

Anschlußkasten (el.) / terminal box

Anschlußkennung / attachment identification

Anschlußleitung / access line, flex

Anschlußleitung (Tel.) / subscriber's line

Anschlußleiste / pinboard

Anschlußrahmen / adapter base

Anschlußstelle / interface, terminal

Anschlußtafel / pinboard

Anschlußwert (el.) / connected load

Anschlußzeit / attachment time

Anschlußzuordnung (in einem Stecker) / pin assignment

anschwellen / swell

ANS-COBOL (vom Amerikanischen Nationalen Institut für Normung und Standardisierung genormtes →COBOL) / ANS-COBOL, ANSI-COBOL

ANSI-COBOL →ANS-COBOL

ansprechbar / responsive

Ansprechbarkeit / responsiveness

Ansprechspannung / pick-up voltage

Ansprechstrom / pick-up current

Ansprechzeit / pick time

ansteigen / rise

Ansteigen / upswing

Ansteigen (eines Impulses) / rise

ansteigend / gradient, upward

ansteuerbar / selectable

Ansteuereinrichtung / trigger equipment

ansteuern / select

Ansteuern / selecting

Ansteuerung / triggering

Anstiegszeit / rise time

Anstoß / impulse, initiation
anstoßen (Lochkarte) / wreck
Anstrengung / effort
Ansturm / rush
Anteil / quota, share
anteilsmäßig zuordnen / prorate
Antenne / aerial, antenna
Anthropometrie (Anpassung an den Menschen und seine Bedingungen) / anthropometry
Antialiasing (Technik zur Vermeidung von Treppeneffekten in Graph.) / antialiasing, dejagging
Antiblendbelag / antiglare coating
antimagnetisch / antiferromagnetic(al)
Antimon (Element für n-dotierte Halbl.) / antimony
antippen (Sensortastatur) / tap
Antistatikbelag / antistatic coating
antistatisch (Vermeidung von statischen Aufladungen) / antistatic
Antivalenz (exklusives ODER) / EITHER-OR, exclusive OR (abbr. XOR), nonequivalence
Antivirenprogramm / antivirus program
antreiben / drive, impel
Antrieb / drive, gear, impellent, propulsion
Antriebsgeräusch / drive noise
Antriebskette / drive chain
Antriebsloch (Diskette) / drive hole
Antriebspese / spring belt
Antriebsrad / impeller, pulley
Antriebsrolle / drive capstan, drive gear, drive roller
Antriebsspindel / drive spindle
Antriebssteuerung / drive control
Antriebswelle / shaft drive
Antwort / answer, reply, response
antworten / answer, reply, respond
Antwortfeld / response field
Antwortmodus / response mode
Antwortmodus (bei Modems) / answer mode
Antwortseite (Btx.) / response frame
Antwortverhalten / response behaviour, response performance

Antwortzeit / response time
Antwortzustand / answer state
Anwachsen / increase
Anwärmen (Anlauf) / warming up
Anwärmzeit / warming-up time
Anweisung / clause
Anweisung (Befehl) / instruction
Anweisung (einer höheren Programmiersprache) / statement
anwendbar / applicable
anwenden / apply, utilize
Anwender / user
Anwenderanpassung / customizing
Anwenderkonfiguration / user configuration
Anwenderprogramm / application program, user program
Anwendersoftware / user software
Anwendung / application
Anwendungsbereich / sector of application
Anwendungsbeschreibung / application manual
anwendungsbezogen / application-oriented
Anwendungsentwicklung / application development
Anwendungsentwurf / application design
Anwendungsfenster / application window
Anwendungsgebiet / application area
Anwendungshandbuch / application manual
anwendungsorientiert / application-oriented
Anwendungsorientierung / application orientation
Anwendungspaket (Software) / application package
Anwendungsprofil / application profile
Anwendungsprogramm / application program
Anwendungsprogrammierer / application programmer
Anwendungsprogramm-Schnittstelle / application program interface (abbr. API)

Anwendungsschicht (oberste Schicht des ISO-Kommunikationsprotokolls) / application layer

Anwendungssoftware (Paket) / application package, application software

Anwendungsspezialist / application expert

anwendungsspezifischer integrierter Schaltkreis / application-specific integrated circuit (abbr. ASIC), gate array

Anwendungssteuerung / application control

Anwendungsstudie / application study

Anwendungssystem / application system

Anwendungsunterstützung / application support

Anwesenheit / attendance

Anwesenheitskontrolle / attendance supervision

Anwesenheitszeiterfassung / attendance recording

Anzahl / number

...-Anzahl / number of ...

Anzahlung / prepayment

anzapfen (Tel.) / tap

Anzapfung / break-in (sl.), tapping

Anzapfung (Tel.) / tap, tapping

Anzeige / display

Anzeige (Ankündigung) / notice

Anzeige (auf der Bedienungskonsole) / indicator

Anzeigedatei / display file

Anzeigeeinheit / display device, display unit

Anzeigefeld / display field, indicator panel

Anzeigeformat / display format

Anzeigegruppe / display group

Anzeigehintergrund / background display

Anzeigelampe / indicator lamp

Anzeigemaske / selection screen

Anzeigemenü / display menu

anzeigen / display, indicate, see

Anzeiger / detector

Anzeigetafel / blackboard

Anzeigeunterdrückung / display suppression

Anzeigevordergrund / foreground display

aperiodisch / acyclic(al), aperiodic(al), untuned

Aperturverzerrung / aperture distortion

APL (dialogorientierte Programmiersprache mit interpretierender Übersetzung) / APL (abbr. a programming language; algorithmic procedural language)

Apostroph / apostrophe, inverted comma, single quotation mark

Apparat / apparatus, machine

approximieren / approximate

Approximierung (Annäherung) / approximation

Approximierungsrechnung / approximate computation

APT (Programmiersprache für numerisch gesteuerte Werkzeugmaschinen) / APT (abbr. automatical progr. tools)

Äquivalenz / equivalence

arabische Zahl (Dezimalzahl) / arabic numeral

Arbeit / job, labour, work

arbeiten / labour, work

arbeiten (Gerät, Programm) / operate, run

arbeitend / working

arbeitende Datenstation / active station

arbeitender Rechner / active computer

arbeitendes Programm / active program

Arbeits... / working

Arbeitsablauf / work flow

Arbeitsablaufplan / work-flow chart

Arbeitsanalyse / operation analysis, work analysis

Arbeitsauftrag / job

Arbeitsauftragsverwaltung / job management

Arbeitsband / scratch tape, work tape

Arbeitsbedingung / working condition

Arbeitsbelastung / work stress, working load

Arbeitsbereich (Speicher) / scratch area, working area

Arbeitsblatt (Tab-Kalk.) / worksheet

Arbeitsdatei / work file

Arbeitsdaten / work data

Arbeitsdatenträger / work volume

Arbeitsdatum / job date

Arbeitsdiagramm / operation flowchart

Arbeitsdiskette / scratch diskette, work diskette

Arbeitseinheit / work unit

Arbeitsentgelt / wage

Arbeitsfläche (der Ben-Ob.) / desktop

Arbeitsfluß-Computerverarbeitung / work-flow processing

Arbeitsfolge / operation sequence

Arbeitsgang / operation, pass, shop operation, working operation

Arbeitsgruppe / team, workgroup

Arbeitsjahr / man-year

Arbeitskollege / teammate

Arbeitskosten / labor costs

Arbeitskraft / hand

Arbeitslauf (e. Progr.) / productive run

arbeitslos / out-of-work, unemployed

Arbeitslose(r) / out-of-work

Arbeitslosigkeit / unemployment

Arbeitsmonat / man-month

Arbeitsorganisation / process organization

Arbeitspensum / work load

Arbeitsplan / working schedule

Arbeitsplatte / scratch disk, work disk

Arbeitsplatte (Tisch) / work desk

Arbeitsplatz / workplace, workstation

Arbeitsplatzbeleuchtung / workplace illumination

Arbeitsplatzbeschreibung / job description

Arbeitsplatzbewertung / job evaluation

Arbeitsplatzrechner / personal computer (abbr. PC)

Arbeitsplatzrechner (der oberen Leistungsklasse) / workstation, workstation computer

Arbeitsplatzrotation / job rotation

Arbeitspotential / man-power

Arbeitsprogramm / active program

Arbeitsschicht / tour

Arbeitsschutz / industrial safety

Arbeitsspeicher / memory, working storage

Arbeitsspeicherabbild (bitweise) / working storage map

Arbeitsspeicherausdruck / working storage print-out

Arbeitsspeicherauslastung / working storage utilization

Arbeitsspeicherauszug / working storage dump

Arbeitsspeicherbank / working storage bank

Arbeitsspeicherbedarf / working storage requirement

Arbeitsspeicherbereich / working storage area

Arbeitsspeicherbeschreibung / working storage description

Arbeitsspeicherentlastung (Auslag. nicht benöt. Software) / stealthing

Arbeitsspeichererweiterung / add-on memory, memory expansion, working storage upgrading

Arbeitsspeichergröße / working storage size

Arbeitsspeicherimparität / working storage imparity

Arbeitsspeicherkapazität / working storage capacity

Arbeitsspeicherkapitel / working storage section

Arbeitsspeichermerkmale / working storage characteristics

Arbeitsspeicherparität / working storage parity

arbeitsspeicherresident (im Arbeitsspeicher gesp.) / memory-resident

Arbeitsspeicherschutz / working storage protection

Arbeitsspeichersicherung / working storage saving

Arbeitsspeicherstelle / working storage location

Arbeitsspeicherverwaltung / working storage management

Arbeitsspeicherzuweisung / memory allocation, working storage allocation

Arbeitsstapel / work stack

Arbeitsstation / work station

Arbeitsstätte / workshop

Arbeitsstudie / operation analysis

Arbeitsstuhl / work chair

Arbeitsstunde / man-hour

Arbeitssynthese / process synthesis

Arbeitstag / man-day

Arbeitsumgebung / working environment

Arbeitsvertrag / work contract

Arbeitsvorbereitung / operation scheduling, work scheduling

Arbeitsvorgang (an einem Dialogsystem) / transaction

Arbeitsvorschrift / agenda

Arbeitsweise / operation mode

Arbeitszeit / job time, work time

Arbeitszeit (Dienstzeit) / working hours

Arbeitszeitangabe / job time

Arbeitszeitkontrolle / working hours supervision

Arbeitszeitverkürzung / reduction of working hours

Arbeitszustand / working state

Arbeitszyklus / duty cycle

Arbeitszylinder (Magnetplatte) / work cylinder

Architektur (eines Systems: charakteristische Struktur) / architecture (of a system), system architecture

Archiv / archive

Archivdatei / archive file

Archivdaten / archive data

archivieren / archive

Archivierung / filing

Archivierung (von Sicherungsdateien) / archiving

Archivorganisation / archive organization

Archivspeicher (für Altdaten oder zur Sicherung) / archival storage

Argument / argument

Argumentbyte / argument byte

Arithmetik / arithmetic

arithmetisch / arithmetic(al)

arithmetische Daten / arithmetic data

arithmetische Datenanordnung / arithmetic array

arithmetische Konstante / arithmetic constant

arithmetische Prüfung / arithmetic check

arithmetische Reihe / arithmetic progression

arithmetische Umwandlung / arithmetic conversion

arithmetischer Ausdruck / arithmetic expression

arithmetischer Befehl / arithmetic instruction

arithmetischer Elementarausdruck / arithmetic element

arithmetischer Operand / arithmetic operand

arithmetischer Operator (Rechenzeichen) / arithmetic operator

arithmetischer Überlauf / arithmetic overflow

arithmetischer Vergleich / arithmetic comparison

arithmetisches Mittel / arithmetic mean

arithmetisches Schieben / arithmetic shift

arithmetisch-logische Einheit / arithmetic-logic unit (abbr. ALU)

Arm (Plattenzugriff) / arm

Armaturentafel / instrument panel, panel

Armbanduhr / watch

arretieren / detent

Arretierung / detent

Arsen (Element für n-dotierte Halbl.) / arsenic

Art / kind, manner, type

...art / type of ...

Art und Weise / way

Artikel (Ware) / commodity

Artikelauszeichnung (im Handel) / item pricing

Artikelbestand / item stock

Artikelbewegung (im Lager) / item transaction

Artikelbewegungsdatei / item transaction file

Artikelnummer / item number

Artikelstammdatei / item master file

Artikelzeile (einer Rechnung) / item line

ASCII-Code / American Standard Code for Information Interchange

ASLT (fortgeschrittene Halbleitertechnik) / ASLT (abbr. advanced solid logic technology)

Assembler (Übersetzungssystem für maschinenorientierte Programmiersprache) / assembler, assembly, assembly programming system

Assemblerbefehl / assembler instruction

Assemblerhandbuch (Beschreibung) / assembler manual, assembly system reference manual

Assemblerprotokoll (Übersetzungsprotokoll) / assembler listing

Assemblersprache / assembler language, assembly language

assemblieren (übersetzen) / assemble

Assemblierung (Übersetzung) / assembling

Assemblierungslauf / assembler run

assoziativ (inhaltsorient.) / associative

Assoziativrechner / associative computer

Assoziativspeicher (mit inhaltsorientiertem Zugriff) / associative memory, associative storage

astabile Kippschaltung / astable circuit

asymmetrisch / asymmetric(al)

Asymptote (Annäherungslinie) / asymptote

asynchron (nicht taktgleich) / asynchronous

Asynchronbetrieb / asynchronous processing, asynchronous working

asynchrone Datenübertragung / asynchronous data transmission

asynchrone Kommunikation / asynchronous communication

asynchrone Steuerung / non-clocked control

asynchrone Übertragung / asynchronous transmission

asynchrone Verarbeitung / asynchronous operation

Asynchronrechner / asynchronous computer

asynchron-synchron... / asynchronoussynchronous

Atom... / nuclear

Attribut / attribute

ätzen / etch

Ätzung / etching

Ätzverfahren / etching technique

Audiogeräte (Tongeräte) / audio equipment

Audiovision (Technik für hör- und sichtbare Kommunikation) / audiovision (abbr. AV)

audio-visuell (mit Ohr und Auge wahrnehmbar, hörbar-sichtbar) / audiovisual

audiovisueller Unterricht / audio-visual instruction

auf / on

auf Band ausgeben / tape

auf Bildschirmgröße vergrößern (Fenster bei Ben-Ob.) / maximize

auf dem laufenden / up-to-date

auf Eins setzen (Bit) / set

auf gleicher Ebene / in-plane

auf Matrize schreiben / stencil

auf Null setzen / zero out

auf Null setzen (Bit) / unset

auf Wunsch gegen besondere Berechnung / optional at extra cost

Aufbau / structure

Aufbau (e. Warteschlange) / enqueuing

Aufbau (Überbau) / superstruction

aufbauen / build, synthesize

aufbauen (einer Verbindung) / establish

Aufbauorganisation / organizational structure

aufbereiten (zum Druck) / edit

aufbereitete Daten / prepared data

Aufbereitung / preparation

Aufbereitung (zum Druck, zur Ausgabe) / editing

Aufbereitungsmaske / control word

Aufbereitungsmaske (für Druckaufbereitung) / edit word, editing picture

Aufbewahrung / retention

Aufbewahrungsfrist / retention period,
retention time

Aufbewahrungsort / repositary

Aufbewahrungsvorschrift / retention
regulation

Aufbewahrungszeitraum / retention
period, retention time

aufdampfen / evaporate, vapor disposit

Aufdampfung / evaporation, overlay,
vapor deposition

aufdecken / unveil

aufeinanderfolgend / consecutive

aufeinanderfolgend (in Schüben) /
batched

auferlegen (Steuer) / impose

auffächern / fan out

Auffangvorrichtung / trap

Aufforderungsbetrieb / normal response mode

auffrischen (einer Ladung) / refresh

Auffrischschaltung / refresh circuit

Auffrischspeicher / refresh memory

Auffrischung (einer Ladung) / refreshing

Auffrischungsintervall / refresh-time
interval

Auffrischzyklus / refresh cycle

auffüllen / pad, replenish

Auffüllen / padding, replenishment

Auffüllzeichen / pad character

Aufgabe / function, job

Aufgabe (in sich geschlossener Rechnerprozeß) / task

aufgabenabhängig / task-dependent,
task-oriented

Aufgabenablauffolge / job sequence,
job stream

Aufgabenauslöser (Dienstprogramm) /
job scheduler

Aufgabenbereicherung / job enrichment

Aufgabenerweiterung / job enlargement

Aufgabenferneingabe / remote job
entry

Aufgabenfolge / job queue

Aufgabengliederung / subdivision of
functions

Aufgabenkette / job string

Aufgabenstellung (Organisation) / conceptual formulation

Aufgabensteuerung / job control, task
control

Aufgabensteuerungssprache / job
control language (abbr. JCL)

Aufgabenteilung / subdivision of functions

Aufgabenträger / subject of function

aufgabenunabhängig / task-independent

Aufgabenverwalter (Steuerprogramm)
/ task manager

Aufgabenverwaltung (Steuerung) /
task management

Aufgabenwechsel / job rotation

aufgeben (Stellung) / quit

aufgelaufen (im Jahr) / year-to-day

aufgelegt (Telephonhörer) / on-hook

aufgerufenes Programm / called program

aufgeteilt / split

aufgezeichnet / recorded

aufgliedern / dissect

Aufhängen (eines Programms in einer
Schleife, Schleifenfehler) / hang-up

Aufhebefunktion (macht vorangehende
Funktion rückgängig) / undo function

aufheben (löschen) / clear

Aufhebung / cancelation

aufheizen / heat up

Aufheizen / heating up

Aufheizzeit / heating-up time

aufhellen / brighten, whiten

Aufhellung / brightening, whitening

aufhören / finish

Aufklärungspflicht / obligation to explanation

Aufkleber / adhesive label, sticker

aufklinken / unlatch

aufladen / charge

Auflage (einer Druckschrift) / edition

Auflagefläche / seating

Auflagekonsole / bracket

auflisten / list
Auflistung / listing
auflösen / resolve, sever
auflösen (Geschäft) / liquidate
Auflösen / resolving
Auflösung / resolution
Aufnahme (einer neuen Technologie) / acceptance
Aufnahme (phot.) / taking
aufnahmebereit / receptive
Aufnahmebereitschaft / receptivity
aufnahmefähig / receptible
Aufnahmespule / take-up reel
Aufnahmetaste (an Aufzeichnungsgeräten) / recording key
Aufrechnung / accumulation
aufreihen / sequence, string
Aufreihungsanweisung / string statement
Aufriß / vertical section
Aufruf (eines Programms) / call, calling
Aufruf (Stichwort) / cue
Aufrufadresse / call address
aufrufbar / callable
Aufrufbefehl (für ein Unterprogramm) / call instruction, calling instruction
Aufrufbetrieb → Umfragebetrieb
aufrufen / call, invoke
aufrufendes Programm / calling progr.
Aufruffolge / call sequence
Aufrufprogramm / solicitor
Aufrufroutine / calling sequence
Aufrufschnittstelle / call interface
Aufrufversuch / call attempt
Aufrufzeit / call time
aufrunden (absolut: 0,0 ... bis 0,9 ... = 1) / round up
aufrunden (kaufmännisch: 0,5 und mehr = 1, unter 0,5 = 0) / round off
Aufschalten (Tel.) / offering
Aufschaltton (Tel.) / intrusion tone
aufschließen / unlock
aufschlüsseln / apportion
aufschrauben / unscrew
Aufsichtsbehörde / surveillance authority
aufsplitten / split
aufspulen / coil, spool, take up, wind up

Aufstapeln / stacking
aufsteigen (Ordnungsbegriff) / ascend
auf- und absteigen / up-and-down
aufsteigend / ascending
aufsteigende Ordnung / ascending order
aufsteigende Reihenfolge / ascending order
aufsteigende Sortierung / ascending sort
aufsteigender Ordnungsbegriff / ascending key
aufstellen / frame, install, situate, station
Aufstellung / installation
Aufstellung (Liste) / schedule
Aufstellungsort / setup site, site
Aufstellungszeit / setup time
aufteilen / apportion, partition, split
Aufteilung (von Gemeinkosten u. ä.) / apportionment
Auftrag / job, order
Auftrag (in sich geschlossener Rechnerprozeß) / task
Auftraggeber / orderer
Auftragnehmer / supplier
Auftragsabrechnung / job accounting
auftragsbezogen / job-oriented
Auftragserteilung / ordering
Auftragsformular / order form
Auftragskontrolle (i. S. des BDSG) / order supervision
Auftragssteuersprache / job control language
Auftragssteuerung / job controlling
Auftragsverarbeitung / order processing
auftreten (vorhanden sein) / occur
Auftreten (Vorhandensein) / occurence
Aufwand / effort, expenditure, outlay, overhead
aufwärts / up, upward
Aufwärtskettung / upward chaining
aufwärtskompatibel / upward compatible
Aufwärtskompatibilität / upward compatibility
aufwärtsportabel / upward portable

Aufwärtsportabilität / upward portability

Aufwärtszähler / increment counter

aufwendig / expensive

aufwerten / valorize

Aufwertung / valorization

Aufwickelgeschwindigkeit / take-up speed

aufwickeln (Band) / take up, wind up

Aufwickelspule / take-up reel

aufzählbar / enumerable

Aufzählbarkeit / enumerability

aufzeichenbar / recordable

aufzeichnen / log, record

aufzeichnen (notieren) / note

Aufzeichnen (von Daten) / recording

Aufzeichnung / recording

Aufzeichnungsdichte / density, recording density

Aufzeichnungsfehler / recording error

Aufzeichnungsgerät / recorder

Aufzeichnungsgeschwindigkeit / recording speed

Aufzeichnungskamm (bei Plattenstapelgeräten) / recording comb

Aufzeichnungs(magnet)kopf / record head

Aufzeichnungsmedium / recording medium

Aufzeichnungspflicht / obligation to accounting

Aufzeichnungsverfahren / mode of recording, recording technique

Aufzug / lift

Augenabstand (vom Bildschirm) / viewing distance

Augenblick / moment

augenblicklich / instantaneous

Augend (1. Summand) / augend

aus(geschaltet) / off

aus (vorbei) / over

aus dem Gleichgewicht bringen / unbalance

ausbalancieren / equilibrate

Ausbau (Erweiterung) / upgrading

ausbauen (erweitern) / upgrade

ausbauen (demontieren) / demount, disassemble

ausbaufähig / expandable, upgradeable

ausbaufähiges System / expandable system

Ausbaufähigkeit / upgradeability

ausbilden / qualify

Ausbildung / education, training

Ausbildung am Arbeitsplatz / on-the-job training, training on the job

Ausbildungsgang / course of training

Ausbildungsmethoden (in der Datenverarbeitung) / teachware

Ausbildungsplan / training schedule

Ausbildungszentrum / training center

ausblenden / blind out, shield

Ausblenden / reverse clipping, shielding

ausbreiten / spread

Ausbreitungsgeschwindigkeit / propagation speed

Ausdehnung / expansion

Ausdehnungsfähigkeit / longitudinal strength

ausdeuten / interpret

Ausdeutung / interpretation

Ausdruck / expression, phrase, term

Ausdruck (eines Druckers) / printout

ausdruckbar / printable

ausdruckbares Datenfeld / printable data item

ausdrucken / print out

ausdrücken (bedeuten) / express

ausdrücklich / explicit

Ausdrucksweise / phraseology, style

auseinandergezogene Darstellung / exploded picture, exploded view

auseinandergezogenes Kreisdiagramm / exploded pie graph

auseinanderklaffen / gap

Ausfall / blackout, breakdown, failure

ausfallsicher / failsafe

Ausfallzeit / downtime

ausfügen (am Bildschirm) / delete

Ausfügung / deletion

Ausfügungstaste / delete key (abbr. DEL key)

Ausfuhr / export

ausführbar / executable

ausführbarer Befehl / executable instruction

ausführbares Programm / object program

ausführen / perform

ausführen (Befehl) / obey

ausführen (exportieren) / export

ausführen (eines Programms) / do

ausführlich / detailed

Ausführung / execution, performance

Ausführungsphase (eines Befehls) / executing phase

Ausführungszeit / performance time

Ausführungszyklus (eines Befehls) / execute cycle

Ausfüllmuster (graph.) / paint

Ausgabe / data output, output

Ausgabe (Buch) / edition, issue, redaction

Ausgabe (Geld) / expense

Ausgabe (Version) / version

Ausgabeanweisung / output statement

Ausgabeaufbereitung / output editing

Ausgabebedingung / output condition

Ausgabebefehl / output instruction

Ausgabebeleg / output medium, output voucher

Ausgabebereich / output area

Ausgabebeschreibung / output description

Ausgabebestätigung / acknowledge output, output acknowledgement

Ausgabebestimmung / output format specification

Ausgabebestimmungsblatt / output specification form

Ausgabedatei / output file

Ausgabedaten / output data

Ausgabedatenträger / output media (pl.), output medium (sing.)

Ausgabeeinheit / output unit

Ausgabeeinrichtung / output facility

Ausgabefach / output magazine

ausgabefähig / issuable

Ausgabeformat / output format

Ausgabegerät / output device

Ausgabekanal / output channel

Ausgabemeldung / type-output

Ausgabemerkmal (z. B. Farbe, Helligkeit) / display attribute

Ausgabemodus / output mode

Ausgabeoperation / output operation

Ausgabeprogramm / output control program, output program

Ausgabeprozedur / output procedure

Ausgabepuffer / output buffer

Ausgaberoutine / output routine

Ausgabesatz / output record

Ausgabespeicher / output storage

Ausgabestauraum / let-out area

Ausgabesteuerung / output control

Ausgabesteuerwerk / output controller

Ausgabeunterbrechung / output interrupt

Ausgang / outlet

Ausgang (aus e. Unterpr.) / exit

Ausgangsadresse / home address

Ausgangsanschluß / output terminal

Ausgangsbuchse / exit hub

Ausgangsdaten / raw data

Ausgangsimpuls / output pulse

Ausgangskante (bei einem Klartextbeleg) / reference edge

Ausgangskonnektor (in einem Ablaufplan) / exit connector

Ausgangslastfaktor / fan-out

Ausgangsleistung / power output

Ausgangsparameter / default value

Ausgangsposition / home, start position, starting position

Ausgangspunkt / originator

Ausgangssignal / output signal

Ausgangsspannung / output voltage

Ausgangsspannung der ungestörten Eins / undisturbed one output

Ausgangsspannung der ungestörten Null / undisturbed zero output

Ausgangssprache / source language

Ausgangsstellung / home position, original position

Ausgangsstrom / output current

ausgeben / display, issue, output, put, write out

ausgeben (Fernschreiber, serieller Drucker) / type out

ausgeben (Geld) / expend, pay out

ausgebildet / trained

ausgeblendet / shielded
ausgebraucht / exhausted
ausgefranst (rechter Textrand bei Flattersatz) / ragged
ausgeglichen / balanced
ausgenommen (außer) / save
ausgerichtet / oriented
ausgerichtet (Rand) / aligned
ausgerüstet / mounted
ausgeschaltet / off
ausgestattet / equipped
ausgewählt / selected
ausgewuchtet / balanced
Ausgleich / compensation
Ausgleich (zwischen gegenläufigen Vorgängen) / arbitration
ausgleichen (kompens.) / compensate
Ausgleicher / compensator
Ausgleichsschaltkreis (löst Verklemmungen zwischen anderen auf) / tie-breaker
aushärten / cure
ausklappbar / foldout
ausklinken / trip
Auskunft / information
Auskunftei / consumers reporting agency
Auskunftsbereitschaft / ability to information
Auskunftserteilung / giving of information
Auskunftsgebühr / information charge
Auskunftsgerät / information terminal
Auskunftspflicht (Datenschutz) / obligation to information
Auskunftsrecht (eines Betroffenen nach dem BDSG) / access right, right to access, right to information
Auskunftssystem / data inquiry system
auskuppeln / declutch, disengage, uncouple, ungear
auslagerbar / pageable
auslagerbarer Bereich / pageable area
auslagern / relocate, swap out
Auslagerung / swapping-out
Auslands... / international
Auslandsamt (Tel.) / international exchange

Auslaß / outlet
auslassen / ignore, omit
Auslassung / omission
Auslassungszeichen / apostrophe
Auslassungszeichen (‹...›) / ellipsis
auslasten / utilize
Auslastung / utilization
Auslastungsgrad / utilization factor, utilization rate
Auslastungsplan / loading schedule, utilization schedule
Auslastungsprofil / utilization profile
auslaufen / run out
ausleihen / loan
auslesen / read out
Auslesen / readout
ausliefern / deliver
Auslieferung / delivery
Auslöseimpuls / stimulus, trigger pulse
auslösen / actuate, initiate, release, trigger, trip
auslösen (Impuls) / fire
Auslösen / triggering
Auslöser / release, trigger, trippet
Auslöseschaltung / trigger circuit, trigger switch
Auslösung / cleardown, clearing
Auslöten / unsoldering
Auslötspitze / unsoldering tip
Ausnahme / exception, saving
Ausnahme... / singular, special
Ausnahmebedingung / exceptional condition
ausnehmen (Ausnahme machen) / except
ausnutzbar / usable
Ausnutzbarkeit / usability
Ausnutzung / occupancy
Ausnützung / saturation, utilization
Ausnutzungsgrad / occupancy factor
ausprüfen / check out, test, test out
Ausprüfung / check-out
ausradieren / rub out
ausrangieren / scrap
ausreichen / reach
ausreichende Datensicherung / sufficient data security
Ausreißer (stat.) / outlier

ausrichten / orient
ausrichten (auf einen Rand) / align, justify
Ausrichtplatte / joggling plate
Ausrichtung / orientation
Ausrichtung (auf einen Rand) / alignment, justification
Ausrichtungsfehler / misalignment
Ausrückung (der Anfangszeile im Absatz) / hanging indent
Ausrufungszeichen / exclamation point
Ausrüstung / equipment, furniture
Aussage / predicate, statement
aussagen / predicate
Aussagenlogik (nach Boole) / Boolean algebra
aussagenlogisch / Boolean
ausschalten / deactivate, disable, power down, switch off, uncouple
ausschießen (Druckt.) / impose
Ausschlag (Skala) / swing
ausschließen / exclude, preclude, space out
ausschließend / prohibitive
ausschließlich / exclusive, only
Ausschließung / exclusion, preclusion
Ausschließzone (nicht bedruckter Teil einer Zeile) / hot zone
Ausschluß / exclusion, preclusion
Ausschnittzeichnung / detail drawing
Ausschreibung / call for tenders
Ausschuß (Abfall) / refuse, reject, trash
Ausschuß (Komitee) / board
Ausschuß... / spoilt
Ausschußdaten / garbage, junk
ausschwenken / tilt out
ausschwingen / decay
Ausschwingung / decay
Ausschwitzung / exudation
außen / external
Außen... / exterior, outboard, outer, outward
aussenden / emit, send out
Außendienst / field service
Außendiensttechniker / field engineer
Aussendung / emission
Außenhautsicherung / sheathing safety system

Außenseite / outside
Außenstände (Forderungen) / outstanding
Außenstation / outstation, remote station
Außenstelle (eines Rechners) / satellite station
außer / save
außer Betrieb / dead
äußere(r, s) / outer
Äußere (das) / external
äußere Adresse (eines Peripheriegerätes) / external address
außerbetrieblich / out-plant
außergewöhnlich / extraordinary, special
außerhalb / exterior
äußerlich / external, extrinsic(al), outward
außerplanmäßig / non-scheduled, unscheduled
äußerst / extreme, outermost, superlative, ultimate
aussetzen (zeitweilig) / intermit
Aussicht / prospect
ausspeichern / destage, read out
ausspeichern (aus einem Kellerspeicher) / pop
ausspeichern (in größeren Abschnitten) / roll out
aussperren / lock out
Aussperrung (eines Programms vom Zugriff, wenn bereits ein anderes arbeitet) / lockout
ausspionieren / spy
Aussprung / exit
Aussprungstelle / external point
Ausspuldatei / output spooling file
ausspulen (beim Spulbetrieb) / spool out
Ausspulen / output spooling
ausstaffieren / garnish
ausstatten / equip, fit out, furnish
ausstatten (einer Zentraleinheit mit Speicherkapazität und peripheren Geräten) / configurate
Ausstattung / equipment, furnishing, layout, outfit

Ausstattung (einer Zentraleinheit mit peripheren Geräten) / environment
Ausstellung (Scheck) / issuance
Aussteuermagazin (im Belegleser) / reject stacker
aussteuern / reject, select
Aussteuerung / rejection, selection
Aussteuerungsbefehl / select instruction
Ausstoß / delivery, ejection
Ausstoß (Produktionsmenge) / output
ausstoßen / eject, jet
ausstrahlen / radiate, ray
Ausstrahlung / emission
Austastlücke (bei der Fernsehübertragung) / blanking interval
Austastung (Eingabe ohne Bildsch.-Anz.) / blanking, gating
Austausch / exchange, interchange, inversion, replacement, substitution, transposition
Austausch... / substitutional
austauschbar / interchangeable, mountable, replaceable
Austauschbarkeit / commutability, interchangeability
Austauschdatenträger / exchange medium
austauschen / exchange, interchange, replace, substitute, transpose
Austauschen / replacing
austesten / debug, test, test out
Austesten / checkout, debugging
Auswahl / selection
auswählbar / generic
Auswählbarkeitsattribut / generic attribute
Auswahlbetrieb / select mode
Auswahlbild / option frame
auswählen / choose, extract, select
Auswählen / selecting
Auswahlfrage / multiple choice question
Auswahlmenü / select menu
Auswahlseite (Btx.) / menu page
Auswahlsortierung / selection sort
Auswahlstift (für die Arbeit an aktiven Bildschirmen) / selection pen

auswechselbar / movable, removable
auswechseln / exchange, replace
Ausweichadresse / alternative address
Ausweichrechenzentrum / backup computer center
Ausweichrechenzentrum (für Katastrophenfälle) / cold computer center
Ausweichsystem / backup system, standby system
Ausweis / badge
Ausweiskarte / badge card, code card, plastic card
Ausweiskarte (mit integriertem Mikrobaustein) / chip card
Ausweisleser / badge reader
auswerfen / eject
Auswerfen / ejecting
Auswerteinrichtung / evaluator
auswerten / analyze (analyse), evaluate
Auswertformular / scoring sheet
Auswertung / evaluation
Auswirkung / impact
Auswirkung der Datenverarbeitung / impact of data processing
Auswurf / ejection, throw-off
Auswurftaste / eject key
Auszeichnungsgerät / ticket unit
ausziehbar / telescopic
ausziehen (aus einem Text) / excerpt
Ausziehtusche / India-ink
Auszug / extract, extraction
Auszug (aus einem Text) / excerpt
Autocode (einfache, maschinenorientierte Programmierspr.) / autocode
Autogenschweißen / gas-welding
Automat / automat, automatic machine, automaton
Automatentheorie / automata theory
Automation → Automatisierung / automation
automationsgerecht / automation-oriented
automationsgerechte Gesetzgebung / automation-oriented legislation
Automationstheorie / automatics
automatisch / automated, automatic(al), machinable, machine-aided, self-acting

automatische Anrufbeantwortung /
auto answering, automatic answering

automatische Anrufwiederholung /
automatic redialing

automatische Anschaltung / unattended activation

automatische Aussteuerung (bei Aufzeichnungsgeräten) / recording level control

automatische Benutzerführung / auto prompt

automatische Betriebsweise / automatic mode

automatische Dateneingabe / automatic data input

automatische Datenerfassung / automatic data acquisition

automatische Datensicherung / automatic backup

automatische Datensicherung (in zeitlichen Intervallen) / autosave

automatische Einfädelung (von Magnetbändern) / automatic threading

automatische Fabrik / plant of the future

automatische Frequenzsteuerung (Funktechnik) / automatic frequency control (abbr. AFC)

automatische Gebührenerfassung /
automatic call recording

automatische Geräteprüfung / automatic device check

automatische Mustererkennung / automatic pattern recognition

automatische Neuberechnung (Tab-Kalk.) / automatic recalculation

automatische Prüfung / built-in check

automatische Rechenanlage / automatic computer (abbr. AC)

automatische Rufbeantwortungseinrichtung / automatic answering equipment (abbr. AAE)

automatische Sende- und Empfangseinrichtung (Duplexeinrichtung) / automatic send receive unit (abbr. ASR)

automatische Silbentrennung / automatic hyphenation

automatische Sprachübersetzung /
automatic language translation

automatische Vermittlung / automatic switching

automatische Wahl / auto dialling

automatische Wähleinrichtung / automatic calling equipment (abbr. ACE)

automatischer Betriebszustand / automatic operation

automatischer Empfang / automatic reception

automatischer Melder / automatic detector

automatischer Rückruf / automatic callback

automatischer Seitenumbruch (verändert sich bei Einfügung oder Löschung von Zeilen) / soft page break

automatischer Sendeaufruf / auto polling

automatischer Suchlauf / automatic library lookup

automatischer Terminkalender / automatic appointment book

automatischer Verbindungsaufbau /
auto calling, automatic call, automatic connection setup

automatischer Wählvorgang / automatic calling

automatischer Wiederanlauf / automatic recovery

automatischer Zeilenumbruch (verändert sich bei Einfügung oder Löschung von Text) / soft return

automatisches Löschen / autopurge

automatisches Startprogramm (im Festsp.) / autostart routine

automatisieren / automate

automatisiert / automated, automatic(al)

automatisierte Datenverarbeitung (Abk. ADV) / automatic data processing (abbr. ADP)

automatisierte Fabrik / automatic plant

automatisierte Textverarbeitung / automatic word processing

automatisiertes Buchungssystem /
automatic booking system

automatisiertes Datenverarbeitungs-system (Abk. ADVS) / automatic data processing system (abbr. ADPS)

automatisiertes Satzsystem (Druckt.) / automated typesetting system

automatisiertes Verfahren / automatic procedure

Automatisierung / automation

autonom / autonomous

autonome Entscheidung / autonomous decision

autonomer Rechner / standalone computer

Autor (Programmautor) / author

Autorensprache / author language

Autotelephon / car telephone

Autotypie / halftone

AV (Abk. → Audiovision) / audiovision

axial / axial

Axiom / axiom

azyklisch / acyclic

B

Bachman-Diagramm / Bachman diagram, structure diagram

Bahn (Papierbahn) / web

Bahn (Transportbahn) / bed

Bahnbrecher / pioneer

Balken / bar

Balkencode / bar code

Balkendiagramm / bar chart, bar graph, histogram

Balkenmenü (das aus der obersten Bildzeile nach unten aufgebaut wird) / pull-down menu

Balkenmenü (das aus der untersten Bildzeile nach oben aufgebaut wird) / pop-up menu

Bananenstecker / banana plug

Bananensteckerbuchse / banana jack

Band / band, reel, tape

Band (Buch) / tome, volume

Bandabschnittsmarke / tape mark

Bandabstand / band gap

Bandabstand (von Energiebändern) / energy gap

Bandanfang / beginning of tape (BOT)

Bandanfangsetikett / tape header label

Bandarchiv / tape library

Bandaufzeichnung / tape recording

Bandbetriebssystem (veraltet) / tape operating system

Bandblock / tape block

Bandbreite / spectrum

Bandbreite (Frequenzbereich) / bandwidth

Banddrucker / band printer

Banddruckroutine / tape-printer routine

Bandeinfädeln / tape threading

Bandeinheit / tape station, tape unit

Bandende / end of tape (EOT), tape-out, trailer

Bandendeetikett / tape trailer label

Bandetikett / volume label

Bandförderer / ropebelt conveyor

Bandführung / tape threading path

Bandführungsstück / tape leader

Bandgerät / tape deck, tape unit

Bandkanal (Spur) / tape level

Bandkantenschaden / tape edge damage

Bandkennsatz / tape label

Bandlücke / gap

bandorientiert / tape-oriented

Bandposition / tape position

Bandpositionierung / tape positioning

Bandrückspulung / tape rewind

Bandsatz / tape record

Bandschlupf / tape slippage

Bandschräglauf / tape skew

Bandspannung / tape tension

Bandspeicherdichte / tape density

Bandsprosse / frame

Bandspule / flanged spool, reel, spool, tape reel

Bandspur / tape track

Bandstation / tape drive

Bandverarbeitung / tape processing

Bandwechsel / tape swapping

Bank / bank

Bankauswahl (Technik zur Nutzung

größerer Arbeitsspeicher) / interleaving

Bankauswahlverfahren (zur Adreßumschaltung in Speichermodulen) / bank switching, memory interleave, memory interleaving

Bankautomat / cash-point dispenser, consumers transaction facility

Bankautomatisierung / bank automation

Bank(kassen)-Datenstation / teller terminal

Bankleitzahl / bank code

bar zahlen / pay down

Bargeld / cash

Bargeschäft / spot business

Barscheck / open cheque

BASIC (Allzweckprogrammsprache f. Anfäng.) / BASIC (abbr. beginner's all-purpose symbolic instruction code)

basieren / base

Basis / base

Basis (Grundfläche) / foot

Basisadresse / base address

Basisadreßregister / base address register, memory pointer

Basisadressierung / base addressing

Basisadreßverschiebung / base relocation

Basisanschluß / base terminal

Basisanwendung / basic application

Basisband / baseband

Basisbetrieb (des Betriebssystems) / basic control mode

Basisdaten / basic data

Basisdatenverarbeitung / basic data processing

Basisdotierung (Halbl.) / base doping

Basis-Ein-Ausgabe-System / basic input-output system (abbr. BIOS)

Basiselektrode (Transistor) / base electrode

Basisfläche (Grundfläche) / footpoint

Basisinformation / basic information

Basiskanal (ISDN) / base channel

Basiskomplement / radix complement

Basisregister (für Basisadresse) / base register

Basissatz / base record

Basissatz (in einer Datenbank) / owner set

Basisschriftart (eines Druckers) / base font

Basissoftware / basic software

Basissystem (einer Systemfamilie) / basic system

Basistransformation (Form eines Hash-Codes) / base transformation

Basiszahl / base, base number, radix

Basiszone (Halbl.) / base region

Batterie / battery

Batteriebetrieb / battery operation

batteriebetrieben / battery-operated, battery-powered

Bau / fabric

Baud (Maßeinheit für Schrittgeschwindigkeit; 1 Baud = 1 Schaltschritt/sec; Abk. Bd.) / baud

Baudot-Code (5-Kanal-Fernschreib-Code) / baudot code

Baueinheit / physical unit

Bauelement / component

bauen / engineer

Baugruppe / assembly

Baum (Strukturbaum) / tree

Baumschema / tree model

Baumstruktur / hierarchic structure, tree structure

Baumtopologie / tree topology

Bausatz (zum Nachrüsten) / kit

Baustein / building block, device, module

bausteinförmig / modular

Bausteinkorrespondenzsystem / modular correspondence system

Bausteinprinzip / modularity

Bausteinsystem / modular system

Bauteil / element

Bauvorschrift / building specification, specification

Bauweise / construction

BCD (binärverschlüsselte Dezimalzahl) / BCD (abbr. binary-coded decimal)

BCS (Britische Computer-Gesellschaft) / BCS (abbr. British Computer Society)

Bd (Abk. → Baud) / baud
beachtlich / striking
Beachtung / observance
Beamter / officer, official
Beanstandung / objection
Beanstandungsrecht / right to objection
Bearbeitung / handling, manipulation, processing
Bearbeitungszeit / process time
beaufsichtigen / invigilate
Beauftragter / commissioner
bedampfen / evaporate, vaporize
bedampft / evaporated, vaporized
Bedampfung / evaporation
Bedarf / needs
Bedarfswartung / remedial maintenance
bedeuten / mean, stand for
Bedeutung / meaning, signification
Bedeutung (Wichtigkeit) / relevancy, significance
Bedeutungsfehler (logischer Fehler) / semantic error
bedeutungslos / insignificant, meaningless
bedeutungsvoll / pregnant
bedienen / attend, manipulate, operate
Bediener / operator
Bedienerantwort / operator response
Bedieneranweisung / operator command
Bedieneraufruf / operator call
Bedienerfreundlichkeit / operator convenience
Bedienerführung / operator prompting, prompting
Bedienerhinweis / prompt
Bedienernachricht / operator message
Bedieneroberfläche / operating interface
Bedienersteuerung / operator control
Bedienerverständigung / operating communication
Bedienfeld (auf Gerätevorderseite) / front panel
Bedienknopf / control knob
Bedienteil / operating feature

bedienter Betrieb / attended operation
Bedientisch / control desk
Bedienung / attendance, handling, manipulating, operating, operation service, servicing
Bedienungsanleitung / operation guide
Bedienungsanweisung / operating instruction
Bedienungsausgabe / operating output
Bedienungsdokumentation / operating documentation
Bedienungseingabe / operating input
Bedienungseinrichtung / operating facility
Bedienungsfehler / bust, operating error
Bedienungsfeld (an Gerät oder auf Bildsch.) / console, control panel, panel, supervisory panel, switch panel
Bedienungsfläche / operating area
bedienungsfrei / unmanned
Bedienungshandbuch / operating manual, reference manual
Bedienungskonsol / masterconsole, operating console
Bedienungsmannschaft / operating crew
Bedienungsmaßnahme / action, operator action
Bedienungsprogramm / operating routine
Bedienungsprotokoll / operating protocol, operating recording
Bedienungsstation / operating terminal
Bedienungssteueranweisung / operating control statement
Bedienungssteuersprache / operating control language
Bedienungstafel / operation panel
Bedienungstagebuch / operating journal
bedingt / conditional
bedingte Anweisung / conditional statement
bedingte Entscheidung / conditional decision

bedingte Verzweigung → bedingter
Sprung / conditional branch

bedingter Ausdruck / conditional expression

bedingter Befehl / conditional instruct.

bedingter Halt / conditional breakpoint

bedingter Operand / conditional operand

bedingter Sprung / branch on condition (BC), conditional branch, conditional jump

bedingter Sprungbefehl / conditional branch instruction, conditional jump instruction

Bedingung / condition

Bedingung (Voraussetzung) / requirement

...-Bedingungen / terms of ...

Bedingungs... / conditioning

Bedingungsabfrage / conditional request

Bedingungsanweisung / if statement

Bedingungsanzeigeregister / condition code register

Bedingungsbefehl / if instruction

Bedingungseingang (eines Flipflop-Registers) / conditional gate

bedingungslos / unconditional

Bedingungsname / condition name

Bedingungsschlüssel / condition code

Bedingungsvariable / conditional variable

beeinflussen / affect, impact

beeinflussen (in unerlaubter Weise) / manipulate

Beeinträchtigung / nuisance

beenden / cancel, end, quit, terminate

beenden (Progr.-Lauf) / truncate

beendet / closed, over, past

Beendigung / closedown, ending, termination

befähigen / enable

befähigt / proficient

Befehl / instruction, operation

befehlend / imperative

Befehls... / instructional

Befehlsablaufsteuerung / instruction execution control

Befehlsabruf / instruction fetch

Befehlsabschluß / instruction termination

Befehlsabschlußsignal / operation limiter

Befehlsadresse / instruction address

Befehlsadreßregister / instruction address register

Befehlsänderung / instruction modification, modification

Befehlsart / instruction type

Befehlsaufbau / instruction format

Befehlsausführung / instruction execution

Befehlsausführungszeit / instruction period

Befehlsbyte (Teil des Befehls) / instruction byte, operation byte

Befehlsdecodiereinrichtung / instruction decoder, operation decoder

Befehlsdecodierung / instruction decoding, operation decoding

Befehlsdecodierwerk / instruction decoder, operation decoder

Befehlsfeld (Steuerleiste eines Bildschirms) / instruction field

Befehlsfolge / instruction sequence

Befehlsformat / instruction format

Befehlskette / catena, chain, instruction chain

Befehlskettung / command chaining, instruction chaining

Befehlslänge / instruction length

Befehlslängenkennzeichen / instruction length code

Befehlsliste / instruction list

Befehlsmakro / imperative macro instruction

Befehlsmenü / command menu

Befehlsmix (repräs. Kombinat. von Befehlen zur Leistungsbeurteilung eines Systems) / instruction mix, mix

Befehlsmodus (Systemzustand) / instruction mode

Befehlsname / instruction name

Befehlsphase / instruction phase

Befehlsschaltfläche (Ben-Ob.) / command button, OK button

Befehlsschlüssel / instruction code

Befehlssteuerblock / command control block

Befehlsteil (eines Programms) / procedure

Befehlstyp / instruction type

Befehlsübernahme / staticizing

Befehlsverknüpfung (so, daß mehrere Befehle nacheinander mit denselben Daten arbeiten) / pipelining

Befehlsvorrat / instruction repertoire, instruction set, operation set

Befehlswarteschlange / instruction queue

Befehlswort / instruction word

Befehlszähler / instruction address counter, instruction counter, instruction pointer, operation counter, program counter

Befehlszeit / instruction time

Befehlszyklus / instruction cycle, operation cycle

befestigen / attach, fix, mount, pin

befeuchten / humidify, moisten

befindlich / situated

Beförderung (Transport) / traction

befragen / interview

Befragung / interview, questioning

befristet / terminable

Befugnis / authority

befugt / competent

Befugter / authorized person

Begeisterte(r) / freak

Beginn / begin, start

beginnen / begin, start

beglaubigen / authenticate

beglaubigt / authenticated

Beglaubigung / authentication

begrenzen / delimit, limit, margin

Begrenzer(zeichen) / delimiter

begrenzt / bounded, limited, restricted

begrenzte Lauflänge (Platten-Aufzeichnungsverfahren) / run-length limited (abbr. RRL)

Begrenzung / barricade, limitation, margin

Begrenzungslinie / border line

Begriff / concept, notion

begrifflich / notional

Begriffsbildung / concept formation

Begriffsschrift (jedes Zeichen steht für einen Begriff, z. B. im Chinesischen) / ideography

Begriffssystem / system of concepts

begrüßen (bei Telekommunikation) / welcome

Begrüßung (bei Telekommunikation) / salutation, welcome

Begrüßungsseite (Btx.) / welcome page

begünstigen / promote

behalten / keep

Behälter / bin, container

behandeln / handle, treat

Behandlung / handling, treatment

beharren / persist

behebbar / recoverable

behebbarer Fehler / recoverable error, soft error

beheben / cure

beheben (Fehler) / recover

behelfsmäßig / improved, makeshift

beherrschend / dominant

Behörde / authority, board

behördlich / governmental

beidseitig / double-sided

beidseitig (Richtung) / both-way

beifügen / affix

beimessen / impute

beinahe / near

Beispiel / example

beispiellos / unexampled

Bekanntgabe / publishing

bekanntgeben / publish

bekanntmachen / advertise, manifest

Bekanntmachung / publication

Bekanntmachung (Indiskretion) / disclosure

bekommen / obtain

beladen / loaded; load

Belastbarkeit / load-carrying ability

belasten / charge, stress

belastet / stressed

Belastung / charge, load

Belastung (psychisch) / stress

beleben / animate

Beleg / document, sheet, voucher
Beleganstoß / jam, wreck
Belegaufbau / document format
Belegaufbereitung / document preparing
belegbar (Speicherplatz) / allocatable
Belegbezugskante (Belegkante) / document reference edge
Belegdatum / voucher date
Belegdrucker / validation printer
Belegeingabemagazin / forms hopper
belegen / occupy, reserve, use
belegen (Gerät, Speicherplatz) / allocate, engage, seize
Belegen (Gerät, Speicherplatz) / seizing
Belegexemplar / specimen copy
Belegfolgeprüfung / document position check
Belegkante / document edge, edge, forms edge
Belegleser / document reader
Beleglesevordruck / document reader form
beleglose Datenerfassung / automatic data entry, primary data entry
Belegnumerierung / document numbering
Belegnummer / document number
Belegschaft / staff
Belegschaftsdaten / personnel records
Belegsicherung / document protection
Belegsortierer / document sorter
Belegsortierleser / document sorter-reader
Belegstau / jam
belegt / used
belegt (Gerät, Speicherplatz) / allocated, reserved, seized
belegt (Leitung) / busy, occupied
Belegung (Gerät, Speicherpl.) / allocation, assignment, occupancy, seizure
Belegungsplan (bei Steckern und Buchsen) / pin assignment plan
belegverarbeitende Maschine (Belegleser, Belegsortierer) / document processing unit, document processor
Belegverarbeitung / document processing

Belegvorschub / document feed
Belegzeit / action period
beleuchten / illuminate, light
beleuchtet / illuminated, lighted
Beleuchtung / illumination, light, lighting
Beleuchtungsdichte / irradiance
Beleuchtungsstärke / illumination
Belichtung(szeit) / exposure
beliebig / arbitrary
beliebiger Zugriff / arbitrary access
belüften / blow, fan, ventilate
Belüfter / blower
Belüftung / ventilation
Bemaßung / dimensioning
bemerken / notice, remark (abbr. REM)
Bemerkung / comment, remark
Bemerkungsanweisung / comments statement
Bemerkungsfeld / comments field
benachbart / flanking, neighbo(u)r, neighbo(u)ring
benachbart (Neben . . .) / adjacent
benachbarter Kanal / adjacent channel
benachbartes Datenfeld / contiguous item
benachrichtigen / notify
Benachrichtigung / notification
Benachrichtigungspflicht / obligation to notification
Benachrichtigungsrecht / right to notification
benannt / named
benannte Zahl / concrete number
Benchmark (Bewertungsprogramm) / benchmark
benennen / name
benötigen / require, want
benutzen / use
Benutzer / user
Benutzerabfrage / user inquiry
benutzerabhängig / user-dependent
Benutzerabhängigkeit / user dependence
Benutzerakzeptanz / user acceptance
Benutzeranfangskennsatz / user header label

Benutzeranforderung / enduser requirement, user requirement

Benutzer-Anschlußbuchse / user port

Benutzeranwendung / user application

Benutzeranwendung (CSS) / client-based application

Benutzeraufruf / enduser call, user call

Benutzerausgang (in einem Programm) / user exit

benutzerbedingtes Ereignis / user event

Benutzerberatung / enduser advising

Benutzerberechtigung / user authorization

Benutzerbereich / private area

benutzerbestimmt / user-defined

Benutzerbeteiligung / user participation

Benutzerbibliothek / user library

Benutzercode / authority code

Benutzerdatei / user file

Benutzerdefinition / user definition

Benutzerdiskette / enduser diskette

Benutzerdokumentation / user documentation

Benutzerebene / user level

benutzereigen / user-own

Benutzerendekennsatz / user trailer label

Benutzerfehler / user error

Benutzerfeld / user field

benutzerfreundlich / easy to use, user-friendly

Benutzerfreundlichkeit / user friendliness

Benutzerführung / user prompting

Benutzerführung durch Menü / menu prompt

Benutzerfunktion / user function

benutzergeschrieben / user-written

benutzergesteuert / user-controlled, user-driven

Benutzergruppe / user group

Benutzerhandbuch / application manual, user guide, user manual, user's guide

Benutzerhilfe / user help function

Benutzerhinweis / user consideration

Benutzerklasse / class of service, user class

Benutzerkennsatz / user label

Benutzerkennzeichen / user identification

Benutzerkommando / user command

Benutzerkontrolle (i. S. des BDSG) / user supervision

Benutzermeldung / user message

Benutzermitwirkung / user participation

Benutzername / user name

Benutzeroberfläche / user interface

Benutzerordnung / user rules

benutzerorientiert / user-oriented

Benutzerorientierung / user orientation

Benutzerprofil / user profile

Benutzerprogramm / application program, user program

Benutzerprozedur / user procedure

Benutzerrechner (eines CSS) / client

Benutzerroutine / user routine

Benutzerschnittstelle / user interface

Benutzerschulung / user training

Benutzerservice / user service

Benutzersicht / external data view, external view, user view, user's view

Benutzersoftware / user software

benutzerspezifisch / user-specific

Benutzersprache / user language

Benutzer-Standardparameter / user default

Benutzerstation / user terminal

Benutzertyp / type of user

Benutzerüberprüfung / user verification

benutzerunabhängig / user-independent

Benutzerunabhängigkeit / user independence

Benutzerunterstützung / user support

Benutzerverband / enduser association

Benutzervereinigung / enduser association, enduser club

Benutzerverhalten / user behaviour

Benutzerverwaltung / user administration

Benutzerzustand / user state
Benutzung / use
beobachten / observe, sight, watch
Beobachtung / observation
Beobachtungsverfahren / observation technique
bequem / convenient, easy
Bequemlichkeit / ease
beraten / consult
Berater / adviser, advisor, consultant
Beratung / advising, consulting, consulting service
Beratungsfunktion / consulting function
Beratungsunternehmen / consulting firm
berechenbar / calculable, computable
Berechenbarkeit / calculability, computability
berechnen / calculate, compute, figure
Berechnung / calculation, computation, reckoning
berechtigen / authorize
berechtigt / authorized
berechtigte Interessen des Betroffenen / legitimated interests of a person concerned
berechtigte Interessen Dritter / legitimated third-party interests
berechtigter Benutzer / authorized enduser
berechtigter Zugriff / authorized access
Berechtigung / right
Berechtigung (zum Zugriff) / authorization
Berechtigungsnachweis / credential
Berechtigungsprüfung / authority check
Bereich / area, array, extent, region, span, scope, zone
Bereich (abgegrenzt) / precinct
Bereich (Blasenspeicher) / domain
Bereich (einer Größe) / range
Bereichsadresse / area address
Bereichsanfang / beginning of extent
Bereichsangabe / range specification
Bereichsbezeichner (Tab-Kalk.) / range expression

Bereichsdefinition / area definition
Bereichselement / array element
Bereichsende / end of extent
Bereichsformat (Tab-Kalk.) / range format
Bereichsfüllmuster (in Graph.) / area fill, region fill
Bereichsgrenze / area boundary
Bereichsname / area name
Bereichsname (Tab-Kalk.) / range name
Bereichsobergrenze / upper area boundary
Bereichsprüfung / range check
Bereichsüberschreitung / area exceeding
Bereichsuntergrenze / lower area boundary
Bereichsvariable / area variable
Bereichsvereinbarung / array declaration
bereit / prepared, prompt, ready, up
Bereitmeldung / ready flag
Bereitschaft / preparation, readiness, standby
Bereitschaftsdienst / on-call service
Bereitschaftskosten / standby costs
Bereitschaftsrechenzentrum / standby computer center
Bereitschaftsrechner / standby computer
Bereitschaftszeichen / prompt
Bereitschaftszeit / idle time, standby time, waiting time
bereitstehen / standby
Bereitstellung / provision
Bereitzustand / ready state, ready status
Bericht / list, report
Berichte (unregelmäßig erscheinende Veröffentlichungen) / proceedings
berichten / report
berichtigen / adjust, correct
Berichtigung / correction
Berichtigungspflicht (Datenschutz) / obligation to correction
Berichtigungsrecht / right to correction

Berichtsdatum / report date
Berichtswesen / reporting
Berichtszeitraum / report period
Bernoulli-Box (auswechselbare Festplatte) / Bernoulli box
Beruf(sgruppe) / profession
beruflich / occupational, professional
Berufsgeheimnis / professional secret
berufsmäßig / professional
Berufsverband / professional association
Beruhigung / settling
berühren / meet, touch
Berührung / touch
Berührungseingabe (über Sensoren) / sensor input
berührungsempfindlich / touch-sensitive
berührungslos / contactfree, touchfree
beschädigen / damage, injure, spoil
beschädigt / damaged, flawed, injured
Beschädigung / damage, injury
Beschaffenheit / habit
Beschaffung / provision
beschäftigen / task
beschäftigt (mit Arbeit) / busy
bescheinigen / certify
Bescheinigung / certificate, certification
beschichten / face, laminate
Beschichtung / coating
beschleunigen / accelerate, quicken, speed up
Beschleuniger / accelerator
Beschleunigerkarte (Steckkarte mit schnellerem Prozessor) / accelerator board, accelerator card
Beschleunigung / acceleration, speed-up
Beschleunigungsweg / acceleration distance
Beschleunigungszeit / acceleration time
beschließend / terminal
beschneiden (Endlosformular) / trim
Beschneiden (Endlosform.) / trimming
beschränkt (begrenzt) / bounded, confined, limited

Beschränkung / constraint
beschreibbar / recordable
beschreibbar (Speicher) / writeable
beschreiben / describe
beschreiben (spezifizieren) / specify
beschreiben (Datenträger) / write
beschreibend / descriptive
beschreibende Daten / descriptive data
beschreibende Programmiersprache (nicht prozedurale Programmiersprache) / descriptive programming language
beschreibendes Wissen (Wissensv.) / declarative knowledge
Beschreibung / specification
Beschreibung (von Daten) / description
Beschreibungsmakro / declarative macro instruction
Beschreibungsmethode / description method
Beschreibungsmodell / descriptive model
Beschreibungssprache / specification language
beschrieben / recorded
beschriften / inscribe
beschriftet / labelled
Beschriftung / inscription, labelling
Beschriftungsschild / designation label
Beschriftungsstelle (eines Formulars) / imprint position
beschützen / guard
Beschwerde (vor Gericht) / complaint
beseitigen / eliminate
Beseitigung / clearance, elimination, settling
besetzen / occupy
besetzt / full
besetzt (Leitung) / busy, occupied
Besetztmeldung (alle Leitungen besetzt) / all trunks busy
Besetztton / busy tone
Besetztzeichen / busy signal
Besetztzustand / busy state
Besichtigung / viewing
besitzen / possess

Besitzer / possessor
Besitzstörung / intrusion
besolden / salary
besondere Vertragsbedingungen / special terms of trade
Besonderheit / speciality
besonders / extra, particular
Bestand / population, inventory
Bestand (an Daten) / stock
beständig / continuous, frequent, persistent, steady
Bestandsaufnahme / stock-check
Bestandsdatei / master file
Bestandsdaten / inventory data
Bestandsfortschreibung / inventory updating
Bestandskonto / stock account
Bestandsrechnung / stock accounting
Bestandsveränderung / inventory variation
Bestandsverzeichnis / inventory
Bestandteil / component, ingredient, part
bestätigen / acknowledge, confirm, ratify
bestätigt / verified
Bestätigung / acknowledgement, confirmation, ratification, recognition
Bestätigungsmeldung / confirmation message
Bestätigungstaste / acknowledgement key
bestehen auf / stand on
bestellen (Dat.-Sch.-Beauftr.) / appoint
Bestellung (Datenschutzbeauftragten) / appointment
besteuern / tax
Besteuerung / taxation
bestimmbar / determinable
bestimmen (festlegen) / designate, determine
bestimmt (festgelegt) / definite, determinate, determined
Bestimmung / designation
Bestimmungsblatt / specification form
Bestimmungsort / destination
Bestückung (einer Platine) / components layout, placement

Bestückungsautomat / placement robot
Bestückungsplan (einer Platine) / layout diagram
Bestückungsseite (einer Platine) / component side
betätigen / press
betätigt / activated
Beteiligter / person involved
Beteiligung / participation
betonen / stress, underline
Betonung / emphasis, stress
Betonungszeichen (bei phonetischer Darstellung) / stress mark
betrachten / view
Betrachten / view
Betrachterprogramm (für Dateien auf Bildsch.) / viewer, viewer program
Betrachtungsweise / aspect
Betrachtungswinkel / viewing angle
Betrag / amount, quantum, rate, sum
Betragsfeld / amount field
betreiben / operate
Betreiben / operation
Betreiber (von Netzen) / carrier, common carrier
Betreiberpflicht / carriers duty
Betreuung (von Kunden) / support service
Betrieb / operation
Betrieb (Unternehmen) / enterprise
betrieblicher Datenschutzbeauftragter / data protection officer
betriebliches Informationssystem / business information system
Betriebs... / operational
Betriebsablauf / flow of operations
Betriebsanlage / factory, plant
Betriebsanleitung / guide book
Betriebsanweisung / directive
Betriebsart / mode, operation mode
Betriebsartanzeige / mode indicator, operation mode indicator
Betriebsartschalter / operation mode switch
betriebsbereit / ready
Betriebsbereitschaft / state of readiness

Betriebsdaten / operating data

Betriebsdatenerfassung / automatic input, factory data capture, factory data acquisition, industrial data capture

Betriebsdatenstation (zur automatischen Erfassung) / data entry

Betriebsdauer / operating time

betriebseigen / in-house

betriebsfähig / operable, serviceable

Betriebsfähigkeit / serviceability, workability

Betriebsführung / industrial management

Betriebsgeheimnis / corporate secrecy

betriebsintern / in-house

Betriebskapital / rolling capital

Betriebskosten / operating costs, running costs

Betriebsmaterial / operating supplies

Betriebsmittel / resource

Betriebsmitteldaten (z. B. Menüs, Piktogramme einer Ben-Ob.) / resource data

Betriebsmittelplanung / resource scheduling

Betriebsmittelverbund / peripherals interlocking, resource interlocking

Betriebsplanung (im Rechenzentrum) / operating scheduling

Betriebsprogramm (BS) / operating program

Betriebsrat / personnel council, works council

Betriebsratsvorsitzender / shop chairman, shop steward

Betriebsrechner / plant computer

Betriebsspannung / operating voltage

Betriebssprache (zur Systemsteuerung) / operating language

Betriebsstoff / fuel

Betriebsstrom / operating current

Betriebsstromanzeige / power indicator

Betriebsstunde / operating hour

Betriebsstundenzähler / operating time counter

Betriebssystem / operating system (abbr. OS)

Betriebssystemresidenz / operating system residence

Betriebstakt / operating clock frequency

Betriebstemperatur / operating temperature

Betriebsüberwachung / operating supervision

Betriebsunfall / shop accident

Betriebsunterbrechung / operating interrupt

Betriebsunterbrechungsversicherung / interruption insurance

Betriebsunterlagen / operating documents

Betriebsverfassungsgesetz / Industrial Democracy Act

Betriebsverhalten / operating performance, performance

Betriebswissenschaft / scientific management

Betriebszeit / operating time, operation time, power-on time

Betriebszeit (System) / duty, uptime

Betriebszustand / operating state

Betroffener / person concerned

Betrug / fraud

beugen (von elektr. Strahlen) / diffract

Beugung / diffraction

Beurkundung / certification

beurteilen / judge

Bevollmächtigter / attorney

bevorrechtigen / privilege

bevorrechtigt / preemptive, privileged

Bevorrechtigung / preemption, preference

bewahren / keep

bewegen / move

bewegen (auf dem Bildsch.) / animate

beweglich / mobile, movable, moving

bewegliche Kabelverbindung / strappable line

bewegliche Verbindung (zweier Geräte durch Kabelbrücke) / strappable connection

Beweglichkeit / mobility

Bewegtbild / full motion picture, moving image

Bewegtbild... / full-video
Bewegtbildübertragung / moving-image transmission
Bewegung / motion, movement
Bewegungsanalyse (Arbeitswissenschaft) / micromotion study
Bewegungsband / transaction tape
Bewegungsdatei / activity file, amendment file, transaction file, update file
Bewegungsdaten / transaction data
Bewegungshäufigkeit (einer Datei) / activity rate
Bewegungssatz / amendment record, transaction record
Bewegungszeit / flight time
Bewegungs-Zeit-Untersuchung / motion study
Beweis / proof
Beweis der Fehlerfreiheit / proof of correctness
Beweisführung / reasoning
Bewerbungsschreiben / letter of application
bewerten / appraise, evaluate, price, rate, score, value, validate
bewertet / rated, valued
Bewertung / appraisal, evaluation, rating, validation, valuation, weighing
Bewertung (Leistungsvergleichsverfahren bei Datenverarbeitungssystemen) / benchmark test
Bewertung (Gesamtpreis = Menge × Einzelpreis) / price formation
Bewertungskriterium / evaluation criterion
Bewertungsprogramm (für System-Leistungsvergleiche) / benchmark program
Bewertungssystem / system of evaluation
Bewertungstestreihe / validation suite
Bewertungsverfahren / evaluation method
bewilligen / grant
Bewilligung / grant
bewirtschaften / ration
bezahlen / pay
Bezahlung / pay, payment

bezeichnen / designate, note, signify
Bezeichnen / identifying
bezeichnend / significant
Bezeichner / handle, identifier, designator
Bezeichnung / designation, label
Beziehung / relation, relationship
bezogen (auf) / based (on)
bezüglich / referable, relative
Bezug (in Briefen) / replying identification
Bezug nehmen (auf) / refer (to)
Bezugnahme / reference
Bezugsadresse / reference address
Bezugsband / reference tape, standard tape
Bezugsgröße / base
Bezugsmaß / absolute coordinate, absolute dimension, absolute measurements
Bezugspunkt / benchmark, pole, reference point
Bibliothek / library
Bibliothekar / librarian
Bibliothekseigner / library owner
Bibliotheksprogramm / library program
Bibliotheksroutine (ist ablauffähig in Bibliothek gespeichert) / library routine
Bibliotheksspeicher / library residence
Bibliotheksverwaltung / library maintenance
Bibliotheksverwaltungsprogramm / librarian, library maintenance program, library manager, library program
Bibliotheksverzeichnis / library directory
bidirektionale Datenübertragung (Duplexübertragung) / bidirectional data communication
bidirektionaler Bus / bidirectional bus
biegen / flex, offset
biegsam / flexile, plastic, pliable
Biegsamkeit / pliability
Bilanz / balance sheet
Bild / image, picture (abbr. pic)

Bild... / video..

Bild rollen / screen roll (abbr. scroll)

Bildabtaster / graphic scanner, video scanner

Bildabtastgerät / graphic scanner, video scanner

Bildanalyse / image analysis

Bildaufbereiter / graphic editor, image editor

Bildaufbereitung / image editing

Bildauffrischung / screen refreshing

Bildauflösung / resolution

Bildaufzeichnung / image recording

Bildaufzeichnung und -übertragung / videography

Bildaufzeichnungsgerät / image recorder, video recorder

Bildausgabe / image output, video display

Bildbereich / image area

Bildbeschreibungssprache / image description language

Bildbibliothek / graphic library, image library

Bildbreite / display width

Bilddarstellung / image representation

Bilddarstellungsweise (auf Bildsch. oder Drucker) / imaging model

Bilddatei / image file

Bilddateiformat / graphics file format

Bilddaten / graphic data

Bilddekomprimierung / image decompression

Bilddigitalisierer (Mult-Med.) / frame grabber, grabber, screen grabber, video digitizer

Bilddigitalisierung / image digitizing

Bilddurchlauf (auf Bildsch.) / rolling

Bildeingabe / image input

Bildelement / graphic element, picture element (abbr. pel, pixel)

Bildempfangsgerät / video receiver

bilden / build, form, frame, pattern

Bilderkennung / image recognition, recognition of images

Bilderweiterung / image enhancement

Bilderzeugung / image generation

Bildfeld / image area

bildfernschreiben / teleautograph

Bildfernschreiben / teleautography

Bildfernschreiber / teleautograph

Bildfernsprecher / television telephone

Bildfrequenz / vision frequency

Bildfunk / facsimile radio

Bildfunktion / image function

Bildgenerator / image generator

Bildgerät / image set

Bildgrenzen / graphic limits

bildhaft / pictorial

bildhaft dargestellt / pictured

Bildhelligkeit / image light intensity

Bildhintergrund / display background, image background

Bildhöhe / display height

Bildinhalt / image content

Bildkommunikation / image communication, video communication

Bildkomprimierung / image compression

Bildkontrast / image contrast

Bildlageregulierung (bei Bildschirmgerät) / centering control

bildlich / figurative

Bildlupe / image magnifier

Bildmenge / quantity of images

Bildmodus / video mode

Bild-nach-oben-Taste / page-up key (abbr. PgUp key)

Bild-nach-unten-Taste / page-down key (abbr. PgDn key)

Bildplatte / compact disc (abbr. CD), disc, optical disc, optical videodisc, videodisc

Bildplatte (nicht überschreibbar) / CD-ROM (abbr. compact disc/read-only memory)

Bildplattengerät / optical disc unit

Bildpuffer / display buffer

Bildpufferspeicher / image buffer

Bildpunkt / picture element (abbr. pel, pixel)

Bildpunktabbild / pixel image

Bildqualität / image quality

Bildraum / image space

Bildröhre / picture tube, video display tube

Bildrollen / screen rolling (abbr. scrolling)

Bildrollbalken / scroll bar

Bildrollbalken-Anzeiger / scroll-bar pointer

Bildrollpfeil / scroll arrow

Bildroll-Schaltfläche / scroll box

Bildroll-Sperrtaste / scroll lock key

Bildscanner / graphics scanner

Bildschärfe / contrast, focus, image definition, sharpness

Bildschärferegulierung / contrast control

Bildschirm / display, display screen, screen, video screen

Bildschirm (für Überwachungszwecke) / monitor

Bildschirm mit Bildwiederholung / refresh terminal

Bildschirm mit direkt gesteuertem Strahl / random-scan terminal

Bildschirm mit zeilenweise gesteuertem Strahl / bit-mapped terminal, raster-scan terminal

Bildschirmabdruck (über Drucker oder Speicher) / screen dump

Bildschirmabspeicherung / screen capture

Bildschirmadapter / terminal adapter

Bildschirmarbeit / screen handling, screen work

Bildschirmarbeitsplatz / display console, terminal workstation

Bildschirmarbeitstisch / terminal work desk

Bildschirmart / screen type

Bildschirmauflösung / screen resolution

Bildschirmaufteilung / screen layout

Bildschirmaufteilung (Zerlegung) / split screen

Bildschirmausgabe / soft copy, terminal output

Bildschirm-Benutzeroberfläche / visual interface

Bildschirmdarstellungselemente (z. B. Dialogfeld, Schaltflächen usw.) / screen elements

Bildschirmdiagonale (Größenmaß für Bildschirme) / screen diagonal

Bildschirmeingabe / terminal input

Bildschirmfilter / screen filter

Bildschirmflimmern / screen flicker

Bildschirmformat / screen format

Bildschirmformatierung / mapping

Bildschirmformular (Bildschirmmaske) / display form

Bildschirmfrequenz / screen frequency

Bildschirmgerät / video display unit (abbr. VDU), video monitor, video set, video terminal, visual display unit

Bildschirmgröße / screen size

Bildschirminhalt / display image, screen contents

Bildschirminhalt nach oben verschieben / scroll upward

Bildschirminhalt nach unten verschieben / scroll downward

Bildschirminhalt verschieben / shift display

Bildschirmkapazität / screen capacity

Bildschirmkonsol / display console

Bildschirmlöschtaste / clear screen key (abbr. CLS key)

Bildschirmmaske / display background, display format, display map, mask

Bildschirmmaskengenerierungsprogramm / mapper, mask generator

Bildschirmmodus / screen mode

Bildschirmoberfläche / screen surface

bildschirmorientiert / display-oriented, screen-based

Bildschirmrechner / video computer

Bildschirm-Schon-Programm (schaltet Bildsch. nach bestimmter Zeit dunkel) / screen saver utility

Bildschirmschreibmaschine / display typewriter

Bildschirmschrift / screen font

Bildschirmseite (Menge der Information, die ein Bildsch. zeigt) / display page, screen page, video display page

Bildschirmstation / display terminal

Bildschirmsteuereinheit / display control unit, display controller

Bildschirmsteuerung / display control

Bildschirmstrahlung / screen radiation, video display terminal radiation

Bildschirmtabelle / spread-sheet

Bildschirmtelephonie / video telephony

Bildschirmtext (der Bundespost; Abkürzung: Btx) / interactive videotex, videotex

Bildschirmtextabfrage / videotex inquiry

Bildschirmtextanschluß / videotex connection, videotex subscriber's station

Bildschirmtextbenutzer / videotex user, viewer

Bildschirmtextdecoder / videotex decoder

Bildschirmtextdienst / interactive videotex service

bildschirmtextfähig / videotex-compatible

Bildschirmtextgebühren / videotex charges

Bildschirmtextmitteilung / videotex message

Bildschirmtextnetz / videotex network

Bildschirmtext-Rechnerverbund / videotex computer network

Bildschirmtextseite / videotex page

Bildschirmtextseitennummer / videotex page number

Bildschirmtext-Software / videotex software

Bildschirmtextsuchbaum / videotex selection tree

Bildschirmtextsystem (in Großbritannien) / Prestel

Bildschirmtexttastatur / videotex keyboard

Bildschirmtextteilnehmer / videotex subscriber

Bildschirmtext-Teilnehmernummer / videotex subscriber number

Bildschirmtextterminal / videotex terminal

Bildschirmtextverzeichnis / videotex register

Bildschirmtextzeichen / videotex character

Bildschirmunterstützung / screen support

Bildschirmzeitung / videotext

Bildschirmzyklus / display cycle

Bildsignal / video signal

Bildspeicher / image storage, mapped memory, matrix memory, video memory, video random-access memory (abbr. video RAM, VRAM)

Bildstabilisierung (beim Bildschirm) / vertical image control

Bildsteuereinheit / graphics controller

Bildsteuersystem (bei einem Bildsch.) / video adapter, video controller, video display adapter

Bildsymbol / icon

Bildtelegramm / phototelegram, teleautogram

Bildtelegraph / video telegraph

Bildtelegraphie / phototelegraphy, video telegraphy

Bildtelephon / video telephone, visual telephone

Bildübertragung / image communication, phototelegraphy

Bildübertragung (vom Puffer zum Bildschirm) / copy cycle

bildumhüllender Textdruck / wraparound type

Bildumlauf / wraparound

Bilduntertext / legend

Bildveränderung / image changing, image transformation

Bildverarbeitung / image processing, imaging

Bildvordergrund / dynamic image, dynamic picture, foreground, foreground display, image foreground

Bildwiederholfrequenz / refresh rate, screen refresh frequency

Bildwiederholrate (Bildsch.) / frame rate, screen refresh frequency

Bildwiederholspeicher / frame buffer, regeneration buffer, screen buffer, screen refresh memory, video buffer

Bildwiederholung (bei der Kathoden-

strahlröhre) / image regeneration, display regeneration, regeneration
Bildzeichen (Piktogramm) / pictograph
Bildzergliederung / image dissection
Bildzerleger / image dissector
billig / inexpensive, low-cost
Bimetall / bimetal
binär / binary, dual, dyadic
binär verschlüsselt / binary-coded
binär verschlüsselte Dezimalzahl / binary-coded decimal (abbr. BCD)
binär verschlüsselte Dezimalzahlendarstellung / binary-coded decimal representation
binär verschlüsselte Dezimalziffer / binary-coded decimal digit
Binäranzeige / binary display
Binärarithmetik / binary arithmetic
Binärausgabe / binary output
Binärcode / binary code
Binärdaten / binary data
binär-dezimal... / binary-to-decimal...
Binärdezimalcode / binary-coded decimals
Binärdezimalumwandlung / binary-to-decimal conversion
Binärdezimalwandler / binary-to-decimal converter
binäre Darstellung / binary notation, binary representation
binäre Eins / binary one
binäre Größe / binary quantity
binäre Null / binary zero
binäre Operation / binary operation
binäre Synchron-Kommunikation / binary synchronous communication
Binäreingabe / binary input
Binärelement / binary cell
binärer Baum / binary tree
binärer Schaltkreis / binary circuit
binäres Schieben / binary shift
binäres Signal / binary signal
binäres Sortieren / binary sorting
binäres Suchen / binary search
binäres Zahlensystem / binary numerical system
Binärfeld (= 1 Bit) / binary field, binary item

Binärkomma / binary point
Binärkomplement / two's complement
Binärmuster / bit pattern
Binärstelle (Bit) / binary digit (bit)
Binärübertrag / binary carry
Binärzahl / binary number
Binärzeichen / binary character
Binärziffer / binary digit (abbr. bit)
Bindeglied / link
Bindelader (Systemprogramm) / linking loader
Bindemittel / binder
Bindemodul (übersetzter Teil eines Programms) / object module
binden (von Programm-Modulen) / bind, link
Binden (von Programm-Modulen) / bind, binding, linkage
Bindeprogramm / linkage editor
Binder / binder, linkage editor, linker
Bindestrich / hyphen
Bindestrich, der immer geschrieben wird (z. B. Müller-Thurgau) / hard hyphen
Bindestrich, der nur bei Silbentrennung geschrieben wird (z. B. Computer) / soft hyphen
Bindezeit (Progr.-Übers.) / link time
Bindungseinzug (einseitig bei Textv.) / binding offset
Binom / binomial
binomisch / binomial
Biochip (Schaltkreis auf der Basis organischer Verbindungen) / biological chip
Biocomputer (auf der Basis organischer Schaltelemente) / biological computer
biometrisches Kennzeichen (z. B. Fingerabdruck in der Datensicherheit) / biometric identifier
Bionik (Kunstwort aus Biologie und Elektronik; Anwendung von Prinzipien der Biologie in der Elektronik) / bionics (abbr. biology and electronics)
Biosignal (elektrischer Impuls in lebenden Organismen) / biological signal
Biosignalverarbeitung / bio-signal processing

Biotransistor (auf der Basis organischer Verbindungen) / biological semiconductor

bipolar / bipolar

bipolarer Halbleiter / bipolar semiconductor

bipolarer Transistor / bipolar transistor

biquadratisch / quartic

biquinär (den Biquinärcode betreffend) / biquinary

Biquinärcode (binärer Zahlencode aus 2 plus 5 Bits, von denen jeweils zwei Bits 1 sind) / biquinary code

bis (eine Bedingung eintritt) / until

Bis-Schleife (Programmschleifentyp) / repeat-until loop, until loop

bistabil (stabil in zwei verschiedenen Zuständen) / bistable

bistabiler Speicher / bistable storage

Bit (Binärstelle) / bit (abbr. binary digit)

Bitabbildmodus (Form des Graphikmodus) / bit image mode

Bitabbildung / bit mapping

Bitadresse / bit location, bit position

Bitauswahl (aus einem Byte) / bit selection

Bitblock (Teil einer Punktgraphik) / bit block

Bitdichte (auf einer Speicherfläche) / bit density

Bitfehler / bit error, bit falsification

Bitfehlerrate / bit error rate

Bitfehlerwahrscheinlichkeit / bit-error probability

Bitfolge / bit string

Bitfrequenz (Bit/sec) / bit frequency

Bitimpuls / rectangular pulse, square pulse

Bitinversion (0 zu 1, 1 zu 0) / bit flipping

Bitmuster / bit combination, binary pattern

bitorientiert / bit-oriented

bitorientierter Befehl (für die Bearbeitung einzelner Bits) / bit-oriented instruction

bitparallel (mehrere Bits parallel, d. h. gleichzeitig übertragen) / bit-parallel

Bitposition / bit location

Bitprüfung / bit check

Bits je Zoll (BPI) / bits per inch (bpi)

Bits pro Sekunde (BPS) / bits per second (bps)

Bitscheibe / bit chip, bit slice

Bitscheibenkopplung / bit slicing

Bitschlupf (beim Magnetband) / bit slip

bitseriell (mehrere Bits seriell, d. h. nacheinander übertragen) / bit by bit, bit-serial

bitserielle Schnittstelle / serial interface

Bittakt / bit timing

Bitübertragung / bit transmission

Bitübertragungsebene (des ISO-Kommunikationsprotokolls) / physical layer

Bitverarbeitung / bit manipulation

Bitversatz / skew

bitweise / bit by bit

bivalent / bivalent, two-condition

Black-Box (Denkmodell) / black box

Blase / bubble

blasen / blow

Blasendiagramm / bubble chart

Blasenspeicher / bubble storage

Blatt / paper, sheet

Blatt (der Baumstruktur) / final node, leaf

Blattbreite / sheet width

Blattende (beim Drucken) / printer overflow

Blättern (am Bildschirm) / page turning

Blattfalzperforation / sheet fold perforation

Blattfernschreiber / console teleprinter

Blattgröße / sheet size

Blatthöhe / sheet length

Blatthöheneinstellung / sheet length adjustment

Blattleser (Klartextlesertyp) / page reader

Blattschreiber (zur Bedienung einer Zentraleinheit) / automatic send and receive (abbr. ASR), console printer, console typewriter

Blattschreiber (Fernschreiber) / page printer

Blattschreiberprotokoll / console listing, console protocol

Blattseiteneinstellung / horizontal sheet adjustment

Blattvorschub / bill feed

Blattwendeeinrichtung / sheet inverter

Blei / lead

bleihaltig / plumbiferous

Bleisatz / hot type

Bleistift / pencil

Bleistiftanspitzer / sharpener

Blende (phot.) / aperture

blenden / glare

Blendenverschluß / shutter

blendfrei / glarefree, nonglare, non-reflecting

Blendfreiheit / nonglaring, non-reflecting

Blendschutzfilter / glare filter

Blendung / glare

Blick / view

Blickfeld / visual field, sight

Blickkontrolle / peek-a-boo, visual check

Blind... / dummy, reactive

Blinddaten / dummy data

Blindeingabe / touch-typing input

Blindenschrift / Braille, Braille alphabet, embossed printing

blindes Suchen (Suchverfahren) / blind search

Blindgruppe (Tel.) / padding

blindschreiben / touch-type

Blindstrom / idle current

Blindtastatur (ohne Zeichen) / blind keyboard

Blindwiderstand / reactance

Blindzeichen / dummy character

Blinkanzeige / flashing display

Blinkeinrichtung (beim Bildschirm) / flasher

blinken / flash

Blinken / flash, flashing

Blinken (der Schreibmarke) / blinking, flashing

blinkender Cursor / flashing cursor

Blinker (Schreibmarke) / blinker

Blinkfrequenz / flash frequency

Blinkzeichen / flashing symbol

Blitzschutz / lightning-arrester

Blitzschutzsicherung / lightning protection

Block / block, physical record

Blockadresse / block address, block number

Blockanfangskennzeichen / block header

Blockanzahl / block number, number of blocks

Blockaufbau / block structure

Blockchiffrierung / data encryption standard (abbr. DES)

Blockdiagramm / block diagram, block model

blocken (zu Blöcken zusammenfassen) / block

Blocken / blocking

Blockende / end of block

Blockendezeichen / end-of-block code

Blockfaktor / blocking factor

Blockfehler / block error

Blockfehlerwahrscheinlichkeit / block-error probability

Blockformat / block format

blockieren (sperren) / block, freeze

Blockierimpuls / disable pulse

Blockierschaltung / clamping circuit

Blockierung / blocking

Blockierung (gegenseitige Behinderung zweier Aktivitäten im Rechner) / deadlock

Blocklänge / block length, block size, length of data block

Blocklängenfeld / block length field

Blocklücke / block gap, gap, interblock gap

Blockmodus (blockweises Übertragen) / block mode

Blockmosaik (graph. Verfahren zur Zeichendarstellung) / block mosaic

Blockmultiplexbetrieb / block-multiplex operation

Blockmultiplexkanal / block-multiplex channel

Blockmultiplexverarbeitung / block multiplexing

Blockoperation (in Graph. und Textv.; z. B. Verschiebung) / block operation

Blockparität / block parity

Blockparitätsprüfung / block redundancy check

Blockparitätszeichen / block check character, frame check sequence

Blockprüfung / block check

Blocksatz (Textv.) / full justification, justified output, justified print

Blocksatz ohne Silbentrennung / hyphenless justification

Blockschema / block model

Blockschrift / block letters

Blocksortieren / block sorting

Blockstruktur (Programmarchitektur) / block structure

Blocktastatur / block keyboard

Blocktransfer (blockweise Übertragung) / block transfer

Blockung (Zusammenfassung zu Blöcken) / blocking

Blockverschiebung (in der Textv.) / block move, cut and paste

Blockvorspann / block prefix

blockweise / block by block

Blockzählen / block count

Blockzähler / block counter

Boden(fläche) / floor, floor space

Boden (Unterseite) / bottom

Bodenbelastung / floor loading

Bodengestell (für doppelten Boden im Rechenzentrum) / floor rack

Bodenplatte / base plate

Bogen / arc

Bogenmaß / arc measure

Bohrer / drill

Bolzen / bolt, gib, pin

bonden (verbinden von Leiterplatten und elektronischen Bauelementen durch automatisches Löten) / bond

Bonus / premium

Bonus-Malus-Vertrag (für termingerechte Lieferung) / bonus-penalty contract

Boolesch (Boole betreffend) / Boolean, logic(al)

Boolesche Algebra / Boolean algebra

Boolesche Funktion / Boolean function

Boolesche Logik / Boolean logic

Boolesche Operation / Boolean operation

Boolesche Wahrheitstabelle / Boolean operation table

Boolescher Ausdruck / Boolean expression

Boolesches Verknüpfungszeichen / Boolean operator

Bordrechner (in einem Raum- oder Luftfahrzeug) / airborne computer, on-board computer

Bordrechner (bei Fahrzeugen, Maschinen usw.) / on-board computer

Bote / messenger

BPI (Bits je Zoll) / bpi (abbr. bits per inch)

BPS (Bits pro Sekunde) / bps (abbr. bits per second)

Brachzeit / idle time

Braille-Ausgabe-Tablett (für Blindenschrift) / Braille display

Braille-Schrift (Blindenschrift) / Braille

Braille-Tastatur (für Blindenschrift) / Braille keyboard

Braille-Zeichen (Blindenschrift) / Braille character

Brainstorming (Methode zur gemeinsamen Sammlung von Ideen) / brainstorming

Brainware (Kunstwort für geistige Arbeit beim Entwickeln von Systemen) / brainware

Branche / industry segment

Branchenanwendung / vertical application

Branchensoftware / vertical market software

Brandmelder / fire detector

Brandschutz / fire protection

brauchbar / usable

Brauchbarkeit / usability

Brauchbarkeitsdauer / life utility

brauchen / require

Braunsche Röhre (Oszilloskop) / oscilloscope

brechen / crack

Brechung (Licht) / diffraction
Brechzeit (e. Kontaktes) / break time
breit / wide
Breitband / broadband, wideband
Breitbanddatenkommunikation / wideband data communication
Breitbandkanal / wideband channel
Breitbandkommunikation / wideband communication
Breitbandleitung / wideband line
Breitbandmietleitung / wideband leased line
Breitbandnetz / broadband network, wideband network
Breitbandverteilnetz / wideband distribution network
Breite / width
Breitensuche (Suchstrategie) / breadth-first search
Breitlochband / wide punched tape
Breitschrift / wide font
Breitwagen (Schreibm.) / long carriage
Bremse / brake
bremsen / brake
Bremsweg / retardation distance
Bremszeit / deceleration time, retardation time
Brennpunkt / focus
Brennpunkt... / focal
Brief / letter
Briefgeheimnis / secrecy of letters
Briefkasten (elektronischer) / mailbox
Briefkopf / heading
Briefmarke / stamp
Brieföffnungsmaschine / letter opening machine
Briefpost / letter post
Briefqualität (der Schrift) / letter quality
Briefschließmaschine / letter enveloping machine
Briefübermittlung (auch elektronisch) / mail boxing
bringen / get
Broschüre / booklet, leaflet
Bruch / crack, rupture
Bruch (math.) / fraction
Bruchstrich / fraction bar, fraction line

Bruchstück / piece
Brücke (el.) / bridge, jumper, jumper wire
Brückenprogramm (für Übertrgg. auf andere Systeme) / bridgeware
Brückenschaltung / bridge circuit
Brückenstecker / strapping plug
brummen / hum
Brummen / hum
Brummfrequenz / hum frequency
Brummspannung / ripple
brutto / gross
Bruttokapazität (von Speichern) / gross capacity, nonformatted capacity
Bruttopreis / gross price
Bruttoverdienst / gross income
Buch / book
buchen / book
Buchen / accounting, booking
Bücher prüfen / audit
Buchertaste (an Kassenmaschinen) / working key
Buchführung / accounting, bookkeeping
Buchhaltung / accounting, bookkeeping
Buchse / gland, hub, jack, socket
Buchsenfeld / socket board
Buchsenstecker / female connector
Buchstabe / alphabetic character, letter
Buchstabencode / letter code
Buchstabendaten (alphabetischer Text) / alpha data
buchstabengetreu / literal
Buchstabenkette / letter string
Buchstabenschlüssel / alphabetic key
Buchstabentaste / alphabet key, letter key
Buchstabenumschaltung / letter shift
Buchstabenverarbeitung / alpha processing
Buchstaben-Ziffern-Umschaltung (Fernschreiber) / case shift, letters-figures shift
Buchstabenverschlüsselung / alphabetic coding
Buchstabenvorrat / alphabetic character set

buchstabieren / spell
Buchung / accounting, booking entry, posting
Buchung (einer Bestellung) / reservation
Buchungs... / posting
Buchungsautomat / automatic book-keeping machine
Buchungsmaschine / accounting machine, booking machine
Buchungsnummer / journal number
Buchungsplatz (an einem Rechner) / booking terminal
Buchungsschlüssel / booking code
Buchungsstation / reservation terminal
Budget (Plan) / budget
Budgetplanung / budget planning
Bügel / bail, yoke
Bündel / pack, wad
Bündelstrahl / spot beam
Bündelung / grouping
Bundesdatenschutzgesetz / Federal Law on Data Protection
bündig / flush
bündig ausgerichtet / justified
Bürgschaft / sponsion
Büro / office
Büro... / secretarial
Büro der Zukunft / office of the future
Büroangestellte(r) / clerk, white-collar worker
Büroarbeit / clerical work, desk work, office work
Büroarbeitskraft / office worker
Büroarbeitsplatz / office workstation
Büroautomation / automated office, office automation (abbr. OA)
Büroautomatisierung / office automation (abbr. OA)
Bürobedarf / office supply, stationery
Bürocomputer / business computer, compact business computer, compact computer, office computer
Bürodiktiergerät / office dictation machine
Bürodruck / office printing
Bürodrucker / office printer
Bürofachhändler / office supply dealer

Bürofernschreiben / teletex service
Bürofernschreibmaschine / teletex typewriter
Bürofernschreibnetz / teletex network
Bürogeräte / office equipment
Bürographik / business graphics, office graphics
Büroinformationssystem / office information system
Büroklammer / paper clip
Bürokommunikation / office communication
Bürokommunikationssystem / office communication system
Bürokommunikationstechnik / office communications
Bürokratie / bureaucracy, officialism, red tape
Bürolandschaft (Großraumbüro) / office landscape
Büromaschine / business machine, office machine
Büroorganisation / office organization
Büropersonal / clerical staff, office-hands
Büroschreibmaschine / office typewriter
Bürosystem / office equipment system
Bürotechnik / office technology
Bürovorsteher / head-clerk
Bürste / brush
Bus (Kanal eines Mikrocomputers) / bus
Busanforderung / bus request
Busarchitektur / bus architecture, bus topology
Busbreite / bus width
Busbreitenerweiterer / bus extender
Buskonzept / bus conception
Busmaus (wird über eigene Steckkarte angeschlossen) / bus mouse
Busnetz / bus network, linear network
busorientiert / bus-oriented
Busschnittstelle / bus interface
Bussteuereinheit / bus controller
Bustopologie / bus topology
Bustreiber / bus driver
Bu-Zi-Umschaltung → Buchstaben-Ziffern-Umschaltung

Byte (Bitgruppe, meist 8 Daten- und 1 Prüfbit) / byte
Byteadresse / byte address
Bytebefehl / byte instruction, byte operation
Bytecode / byte code
Bytegrenze / byte boundary
Bytemaschine / byte computer
Byte-Multiplexbetrieb / byte-multiplex mode
Byte-Multiplexkanal / byte-multiplex channel
Byte-Multiplexverarbeitung / byte multiplexing
byteorientiert / byte-oriented
byteparallel (mehrere Bytes parallel, d. h. gleichzeitig übertragen) / byte-parallel
Bytes versetzen (um ein Halbbyte) / offset
byteseriell (mehrere Bytes seriell, d. h. nacheinander übertragen) / byte-serial
Bytestruktur / byte structure
Byteversetzung (um ein Halbbyte) / offset
byteweise / byte by byte

C

C (Name einer wichtigen Programmiersprache) / C
Cache-Speicher (Ergänzungsspeicher zum Arbeitsspeicher oder zu Platten zur Arbeitsbeschleunigung) / cache, cache memory
Carbonband / carbon ribbon
CCITT (Internationales Beratungsorgan der Postanstalten für den Fernmeldebereich) / CCITT (abbr. Comité Consultatif International Télégraphique et Téléphonique)
CD-ROM (nicht überschreibbare optische Platte) / CD-ROM (abbr. compact disc read-only memory)
Centronics-Schnittstelle (Stand.-

Schnittstelle für Drucker) / Centronics interface
CEPT (Europäische Vereinigung der Postanstalten zur Entwicklung des Bildschirmtextes) / CEPT (abbr. Conference of European postal and Telecommunications Administrations)
CGA (Stand.-Farbgraphik-Karte) / CGA (abbr. Colour Graphics Adapter)
changieren / flare
charakterisieren / feature
Charakteristikum / feature
charakteristisch / symptomatic(al), typic(al)
Chassis / chassis
Chef / chief, principal
Chefprogrammierer / chief programmer
Chef-Sekretär-Anlage (Tel.) / executive-secretary telephone
Chiffreschlüssel / code key
Chiffrierdaten / cryptodata
chiffrieren / cipher, codify, encipher, encrypt
Chiffriergerät / ciphering equipment
Chiffriermaschine (zur Geheimverschlüsselung) / cipher machine
Chiffrierung / ciphering, ciphony, codification, enciphering, encryption
Chiffrierverkehr / ciphony
Chip (integrierter Schaltkreis, eigentl. Schnipsel) / chip
Chipgehäuse mit quadratisch angeordneten Kontaktreihen / quad-row package
Chipgehäuse mit zwei parallelen Kontaktreihen / dual in-line package (abbr. DIP)
Chipkarte (Ausweiskarte mit integriertem Prozessorchip) / smart card
Chiprechner (Computer auf einem einzigen Chip) / chip computer
Chiptopologie / chip topology
chronologisch (in zeitlicher Folge) / chronologic(al)
Cicero (Schriftgröße) / pica
CIM (computerintegrierte Fertigung) /

CIM (abbr. computer-integrated manufacturing)

CISC-Rechner (Computer mit erweitertem Befehlsvorrat) / complex instruction set computer (abbr. CISC)

Client-Server-Architektur (Struktur eines CSS) / client-server architecture

Client-Server-Netz / client-server network

Client-Server-System (Netz aus Benutzer- und Dienstrechnern) / client-server system

Clip-Art (graph. Grundmuster für komplexe Graphiken) / clip art

Clusteranalyse (stat. Auswertungsverfahren) / cluster analysis

Clusterbildung / clustering

COBOL (kaufmännische Programmiersprache) / COBOL (abbr. common business oriented language)

CODASYL (Internationaler Ausschuß zur Pflege von →COBOL) / CODASYL (abbr. Conference on Data Systems Languages)

Code / code

codeabhängig / code-dependent, codeoriented

Codeausdruck / code value

Codebasis / base of code

Codeelement / code element

Codeerweiterung / code extension

Codeerzeuger / code generator

Codeerzeugung / code generation

codegebunden / non-transparent

Codeliste / code set

Codeoptimierung / code optimizing

Codeprüfung / code check

Codesegment (Teil eines Objektprogramms) / code segment

Codeseite / code page

Codetabelle / code table

Codetaste / alternate coding key (abbr. ALT key)

Codeübersicht / code chart

Codeumschaltung / alternate code switching, escape

Codeumsetzer / code converter, code translator, transcoder

Codeumsetzung / code conversion, code translation

codeunabhängig / code-independent, transparent

Codeungebundenheit / transparency

Codewandler / code converter

Codierblatt / coding form, coding sheet

Codiereinrichtung / encoder

codieren / code

Codierer / coder

Codierformular / coding form

codiert / coded

Codierung / coding

Codierzeile / coding line, line of code (abbr. LOC)

COM (Abk. Computerausgabe auf Mikrofilm, serielle Schnittstelle bei PCs) / COM (abbr. computer-output microfilm, communication port)

Compiler (Kompilierer) / compiler

Compiler mit drei Durchläufen (ist der Normalfall) / three-pass compiler

Computer / computer

Computer am Arbeitsplatz / computer on the job

computerabhängig / computer-dependent

Computerangst / computer anxiety, cyberphobia

Computeranwendung / computer application

Computerausgabe auf Mikrofilm (COM) / computer-output microfilm (COM)

Computerauswirkung / impact of computers

computerbasiert / computer-based (abbr. CB ...)

Computerbasteln / hobby computing

Computerbausatz / computer kit

Computerbegeisterter / computer freak

computerbegeisterter Jugendlicher / computer kid

Computerbetrug / computer fraud

Computer-Camp (Form der Ausbildung) / computer camp

Computerclub / computer club

Computerdaktyloskopie (Fingerabdruckerkennung) / computer dactyloscopy
Computerdemokratie / computer democracy
Computerdiagnose / computer diagnosis
Computerentwicklung (HW) / computer engineering
Computerfachsprache / computer
idiom
Computerfaszination / computer fascination
Computerfreak (nutzt Computer sehr
intensiv) / computer freak, power user
Computergeneration / computer
generation
computergeregelt / computer-managed
Computergesellschaft / computer society
computergesteuert / computer-controlled
computergestützt / computer-based
computergestützte Teamarbeit /
workgroup computing
Computergraphik (als Anwendungsgebiet) / computer graphics
Computergraphik (als einzelne Darstellung) computer graphic
Computergrößenklassen / computer
categories
Computergrundbuch / computer land
register
Computerhersteller / computer manufacturer
computerintegrierte Fertigung / computer-integrated manufacturing
(CIM)
computerisieren (mit Rechnern ausstatten, mit Hilfe von Rechnern erledigen) / computerize
computerisiert / computerized
Computerisierung / computerization
Computerkasse / computer cash register
Computerkorrespondenz / computer
correspondence

Computerkriminalität / computer
abuse, computer crime, computer
criminality, computer-aided crime
(abbr. CAC)
Computerkunst / computer art
Computerladen / computer shop
Computerleasing (Mietform) / com-
puter leasing
Computerleistung / computer through-
put
computerlesbar / computer-readable
Computerlinguistik / computer lin-
guistics
Computerliteratur / computer litera-
ture
Computermagazin / computer maga-
zine
Computermanipulation (Form der Kri-
minalität) / computer manipulation
Computermarkt / computer market
Computermedizin / computer medicine
Computermißbrauch / computer abuse
Computermißbrauchsversicherung /
computer abuse insurance
Computermusik / computer music
Computerpersonal / computer staff
Computerpotenz / computer power
Computerprogramm / computer pro-
gram
Computerprogrammierung / com-
puter programming
Computerrecht (als Rechtsgebiet) /
computer law
Computerrechtsprechung / computer
jurisdiction
Computerrevolution (drastische Ver-
änderung von Techniken durch Com-
putereinsatz) / computer revolution
Computersabotage / computer sabo-
tage
Computersachverständiger / com-
puter expert witness
Computersatz (Druckt.) / computer
composition, computer typesetting
Computerschnittstelle / computer interface
Computersoziologie / computer sociology

Computerspiel / computer game
Computerspielzeug / computer toy
Computerspionage / computer espionage
Computersucht / computer addiction
computersüchtig / computer addictive
Computertechnik / computer technology
Computertechniker / computer engineer
Computertomographie (computergest. Schichtaufn.) / computer tomography
computerunabhängig / computer-independent
computerunterstützt / computer-aided, computer-assisted, computer-managed
computerunterstützte Fertigung / computer-aided manufacturing
computerunterstützte Instruktion / computer-aided instruction (abbr. CAI)
computerunterstützte Konstruktion / computer-aided design
computerunterstützte Planung / computer-aided planning (abbr. CAP)
computerunterstützte Qualitätskontrolle / computer-aided quality supervision (abbr. CAQ)
computerunterstützte Softwareentwicklung / computer-aided software engineering (abbr. CASE)
computerunterstützte Unterweisung (Abk. CUU) / computer-aided instruction (abbr. CAI)
computerunterstützte Verwaltung / computer-aided office (abbr. CAO)
computerunterstützter Vertrieb / computer-aided sales (abbr. CAS)
computerunterstütztes Entwerfen / computer-aided design (CAD)
computerunterstütztes Industriewesen / computer-aided industry (abbr. CAI)
computerunterstütztes Ingenieurwesen / computer-aided engineering
computerunterstütztes Lernen / computer-aided learning (abbr. CAL)

computerunterstütztes Messen und Regeln / computer-aided measurement and control (abbr. CAMAC)
computerunterstütztes Publizieren / computer-aided publishing (abbr. CAP)
computerunterstütztes Testen / computer-aided testing (abbr. CAT)
Computervermögen / computer power
Computerverstand (Kenntnisse über Computer) / computer literacy
Computervirus / computer virus, Trojan horse
Computer-Vision (Form der graphischen Verarbeitung) / computer vision
Computerwörterbuch / computerized dictionary
Computerwurm (Bez. für Computervirus) / computer worm, worm
Computerzeitalter / computer era
Computerzeitschrift / computer journal, computer magazine, computer periodical
COM-Recorder (Aufzeichnungsgerät für → COM) / COM recorder
Container-Rechenzentrum (mobiles Rechenzentrum z. B. für Katastrophenfälle) / container computer center
Copyright (Urheberrecht) / copyright
Copyright-Hinweis (in Software, Schriftwerken usw.) / copyright notice
Corona (Druckwerk des Laserdruckers) / charger unit, corona unit
Courierschrift (Stand.-Schrift von Druckern) / Courier
Courseware (Mittel und Methoden des rechnerunterstützten Lernens) / courseware
CPM (Methode der Netzplantechnik) / CPM (abbr. critical path method)
CP/M (Betriebssystem für Mikrocomputer) / CP/M (abbr. control program for microcomputers)
CRC (zyklische Redundanzprüfung bei Platten und Disketten) / CRC (abbr. cyclic redundancy check)
CSMA/CD-Verfahren (Methode zum

kollisionsfreien Mehrfachzugriff auf private Ortsnetze) / carrier sense multiple access with collision detection (abbr. CSMA/CD)

CTRL-ALT-DEL (Tastenkombination für einen Warmstart nach einem Systemfehler) / CTRL-ALT-DEL (abbr. control key, alternate key, delete key)

Cursor (Schreibmarke) / cursor

Cursortaste / arrow key, cursor key

Cursortaste nach links / left arrow key

Cursortaste nach oben / up arrow key

Cursortaste nach rechts / right arrow key

Cursortaste nach unten / down arrow key

Cursorzeichen in Form einer Hand / grabber hand

CUU (Abk. → computerunterstützte Unterweisung)

Cyan-Magenta-Gelb (Grundfarben der subtraktiven Farbdarstellung) / cyan, magenta, yellow (abbr. CMY)

Cyan-Magenta-Gelb-Schwarz (Grundfarben der subtraktiven Farbdarstellung, ergänzt um Schwarz) / cyan, magenta, yellow, black (abbr. CMYK)

D

Dachschräge (Impulsverzerrung eines Binärimpulses) / pulse tilt

dämpfen / attenuate, damp, extenuate

dämpfen (mech.) / baffle

dämpfen (Schall) / mute

Dämpfer (Stoßdämpfer) / damper

Dämpfung / attenuation, damping

Dämpfungselement / attenuator

Dämpfungsschaltung / pad

dann (wenn... dann) / then

darstellen / picture, present, represent

darstellend / representative

Darstellung / picture, presentation, representation

Darstellungsart / type of representation

Darstellungsbereich / display space, display surface

Darstellungselement / representation element

Darstellungselement (Bildelement) / display element

Darstellungsfeld / viewport

Darstellungsschicht (des ISO-Kommunikationsprotokolls) / presentation layer, representation layer

Datei / data set, file

Datei aufrufen / activate a file

dateiabhängig / file-oriented

Dateiabschluß / file closing

Dateiabschlußanweisung / file closing statement

Dateiabschlußroutine / close routine

Dateiabschnitt / file section

Dateiadressierung / file addressing

Dateiaktualisierung / file updating

Dateiänderung / file change

Dateianfang / file beginning

Dateianfangskennsatz / file header, file header label, header, header label

Dateiangabe / file option

Dateianordnung / file layout

Dateiarchivnummer / file serial number

Dateiart / file type, type of file

Dateiattribut / file attribute

Dateiaufbau (Struktur) / file structure

Dateiaufbereiter / editor, file editor, file handler

Dateiaufbereitung / file editing

Dateiauswahl / file selection

Dateibehandlung / file handling

Dateibelegungsdichte / file packing

Dateibelegungstabelle / file allocation table

Dateibereich / file area

Dateibeschreibung / file description

Dateibestimmung / file description, file type specification, specification

Dateibezeichner / file handle

Dateibibliothek / file library

Dateidefinition / file definition

Dateidefinitionsanweisung / file definition statement

Dateidefinitionsblock / file definition block

Dateidefinitionsmakro / file definition macro

Dateidefragmentierung / file defragmentation

Datei-Diensteinheit (CSS) / file server

Dateidienstprogramm / file utility

Dateieigentümer / file owner

Dateiende / end of file

Dateiendekennsatz / file trailer label, trailer label

Dateiendekennzeichen / end-of-file label

Dateienverbund / file combination

Dateieröffnung / file opening

Dateieröffnungsanweisung / file opening statement

Dateierstellung / file creation

Dateierstellungsdatum / file creation date

Dateierzeuger / creator, file creator

Dateifamilie / file family

Dateifluktuation / file fluctuation

Dateifolgenummer / file sequence number

Dateiform / file type, type of file

Dateiformat / file format

Dateifragmentierung (Verteilung auf unterschiedliche Speicherbereiche) / file fragmentation

Dateifrequentierung / file access rate

dateigebunden / file-oriented

Dateigeneration (Großvater-Vater-Sohn) / file generation, generation data set

Dateigenerierung / file creation, file generation

Dateigrenze / file boundary

Dateigröße / file size

datei-integrierte Datenverarbeitung / file-integrated processing

Dateikatalog / file catalog

Dateikatalogsystem / file catalog syst.

Dateikenndaten / file specification

Dateikennsatz / file label

Dateikennung / file identifier

Dateikettung / file catenation

Dateikomprimierung / file compression

Dateikonvertierung / file conversion

Dateikopie / file copy

Dateilöschung / file deletion

Dateimodus / file mode

Dateiname / file identification, file name

Dateinamenszusatz (Suffix) / file extension

Dateiordnung in Eingabe-Reihenfolge / arrival sequence

Dateiordnung in Schlüssel-Reihenfolge / keyed sequence

Dateiorganisation / file architecture, file defragmentation, file organization, file structure

Dateiparameter / file parameter

Dateipflege / file maintenance

Dateiprofil / file profile

Dateiprozessor / file processor

Dateiprüfung / file checkup

Dateireorganisation / file reorganization

Dateischutz / file protection

Dateischutzmodus / file protect mode

Dateisegment / file segment

Dateisicherheit / file security

Dateisicherung / file backup

Dateisicherungsblock / file security block

Dateispeicherbereich / file extent

Dateisperre / file lock

Dateisperrung / file locking

Dateisteuerblock / file control block

Dateisteuerprogramm / file control processor

Dateisteuersprache / file control language

Dateisteuertabelle / file control table

Dateisteuerung / file control

Dateisuchfeld (Ben-Ob.) / browse dialog box

Dateisymbol (Ben-Ob.) / file icon

Dateisystem / file system

Dateiträger / file medium

Dateitransfer (über Telekommunikationseinrichtungen) / file transfer

Dateitransfer zwischen gleich-

rangigen Geräten (in einem Orts-
netz) / peer-to-peer file transfer
Dateiverarbeitung / file processing
Dateiverfalldatum / file expiration date
Dateiverwalter / file manager
Dateiverwaltung / file management
Dateiverwaltungssystem / file man-
agement system
Dateiverzeichnis / directory (abbr.
DIR), file directory
Dateivorrecht (gibt an, welche Opera-
tion mit der Datei erlaubt ist) / file
privilege
Dateiwechsel / file changeover
Dateiwiederherstellung / file recovery
Dateizugriff / file access
Dateizugriffshäufigkeit / file access
rate
Dateizuordnung / file allocation
Dateizuordnungstabelle / file alloca-
tion table (abbr. FAT)
Dateidienst / data telecommunication
service, telecommunication service
Daten / data
Datenabfrage / data inquiry
Datenabfragesprache / data query
language
datenabhängig / data-dependent, data-
sensitive
Datenabruf / data fetch
Datenabstraktion / data abstraction
Datenadresse / data address
Datenadreßkettung / data address
chaining
Datenaktualisierung / data updating
Datenaktualität / data topicality
Datenalarm / data alarm
Datenänderung / data mutation, muta-
tion
Datenanforderung / data request
Datenanschlußgerät / data communi-
cation adapter unit
Datenanzeige / data display
Datenarchiv / data archives
Datenart / data type
Datenattribut / data attribute
Datenaufbereitung (für die Erfassung)
/ data preparation

Datenaufbereitung (zum Druck) / data
editing
Datenaufbereitung (aus Rohdaten) /
data reduction
Datenaufstellung / data list
Datenaufzeichnung / data recording
Datenausgabe / data output, output
Datenausgabestation / data output
station
Datenausspähung (Form der Compu-
terkriminalität) / data spying
Datenaustausch / data exchange, data
interchange, data transmission
Datenaustausch-Format / data inter-
change format (abbr. DIF)
Datenauswahl / data select, data selec-
tion
Datenband / data tape
Datenbank / data bank, data base
Datenbankabfrage / data base inquiry
Datenbankbegriffe / data base concepts
Datenbankbenutzer / data base user
Datenbankbeschreibung / data base
description, data base schema, data
dictionary, repository
Datenbankbeschreibungssprache /
data base description language, data
description language (abbr. DDC)
Datenbankbeschreibungssystem /
data dictionary system
Datenbankbetreiber / data base carrier
Datenbankdiagramm / data base dia-
gram
Datenbank-Diensteinheit / data base
server
Datenbankentwurf / data base design
Datenbankformat / data base format
Datenbankintegrität / data base inte-
grity
Datenbankmanipulationssprache /
data base manipulation language
Datenbankmaschine (Spezialrechner)
/ data base machine
Datenbankmodell / data base model
Datenbankorganisation / data base or-
ganization
Datenbankprogramm / data base pro-
gram

Datenbankrechner (Spezialrechner) / data base computer

Datenbankschema (Datenbankbeschreibg.) / data base schema, schema

Datenbanksegment / data base segment

Datenbanksicherung / data base security

Datenbanksoftware / data base software

Datenbank(abfrage)sprache / data language, query language

Datenbankstruktur / data base structure

Datenbanksystem / data bank system, data base system (abbr. DBS)

Datenbank-Treiberprogramm / data base driver

Datenbankverbund / data base linkage

Datenbankverwalter / data base administrator, data base manager

Datenbankverwaltung / data base maintenance, data base management

Datenbankverwaltungssprache / data administration language (abbr. DAL), data base administration language

Datenbankverwaltungssystem / data base management system (abbr. DBMS)

Datenbankwelle (Trend zu Datenbanken) / data base wave

Datenbankwiederherstellung / data base recovery

Datenbankzugriff / data base access

Datenbank-Zugriffssoftware / data base engine

Datenbasis (DB) / data base, data pool

Datenbearbeitung / data manipulation

Datenbearbeitungssprache (für Datenbanksysteme) / data manipulation language

Datenbereich / data area

Datenbeschreibung / data description, data specification

Datenbeschreibungssprache (für Datenbanksysteme) / data description language

Datenbeschreibungsverzeichnis (in Unternehmen oder DB) / data dictionary

Datenbestand / data base, data stock

Datenbestand in Schlüsselfolge / key-sequenced data set

Datenbestand in Zugangsfolge / entry-sequenced data set

Datenbeziehung / data relation

Datenbibliothek / data library, library of data

Datenbit / data bit

Datenblatt / data sheet

Datenblock / data block, block

Datenblock (DFÜ) / data frame

Datenblocklänge / length of data block

Datenbreite (eines Kanals oder Busses) / data capacity

Datenbus / data bus

Datenbusstecker / data bus connector (abbr. DB connector)

Datendarstellung / data representation

Datendatei / data file

Datendefinition / data declaration, data definition

Datendefinitionsanweisung / data definition statement

Datendefinitionssprache (DB) / data definition language

Datendeklaration / data declaration

Datendekomprimierung / data decompression

Datendelikt / data crime

Datendiebstahl / data larceny

Datendirektübertragung / on-line data transmission

Datendrucker (nicht graphikfähig) / data printer

Datendurchsatz / data rate, data throughput

Dateneigentümer (nach Datenschutzrecht derjenige, der Daten besitzt und dafür verantwortlich ist) / data owner

Dateneingabe / data entry, data input

Dateneingabestation / data entry station, data input station

Dateneingabesystem / data entry system, data input system

Dateneinheit / data object, data unit
Datenelement / data element, data item
Datenendeinrichtung / data terminal
   equipment (abbr. DTE)
Datenendgerät / data terminal, termi-
   nal
Datenendstation / data device, data
   processing terminal, terminal
Datenereignis / data event
Datenerfassung / data acquisition, data
   capture, data capturing, data collecting, data collection, data gathering,
   data recording
Datenerfassung vom Urbeleg / sec-
   ondary data entry
Datenerfassungsarbeit / data collec-
   tion work
Datenerfassungsarbeitsplatz / data
   entry station
Datenerfassungsbeleg / data collection document
Datenerfassungsfehler / data collection error
Datenerfassungsmaske (im Dialog) /
   data entry form
Datenerfassungspersonal / data col-
   lection personnel
Datenerfassungsprogramm / data col-
   lection program
Datenerfassungsprotokoll / data col-
   lection protocol
Datenerfassungssystem / data collec-
   tion system
Datenerfassungstastatur / data collec-
   tion keyboard
Datenerfassungsverfahren / method
   of data collection
Datenerfassungsverwaltung / data
   collection management
Datenermittlung / data determination
Datenerhebung / data ascertainment
Datenfälschung / data forgery
Datenfehler / data alert, data error
Datenfeld / data field, data item, field
Datenfeldformat / data item format
Datenfeldlänge / length of data field
Datenfeldmaske (schützt vor falscher
   Eingabe) / data mask, field template

Datenfeldname / data item name
Datenfeldtrennzeichen / data item separator
Datenfernübertragung / data communication (abbr. data com), data telecommunication (abbr. datel), remote
   data transmission
*Datenfernübertragungs-Betriebssy-
   stem* / data communication operating
   system
Datenfernübertragungseinrichtung /
   data communication equipment
   (abbr. DCE)
Datenfernübertragungsleitung / data
   communication line
Datenfernübertragungsnetz / data
   communication network
*Datenfernübertragungs-Steuerein-
   heit* / data communication control
   unit
Datenfernübertragungssteuerung /
   data communication control
Datenfernübertragungssystem / data
   communication system
Datenfernverarbeitung / teleprocessing
   (abbr. TP)
*Datenfernverarbeitungssteuersy-
   stem* / teleprocessing monitor
Datenfernverarbeitungssystem / tele-
   processing system
Datenfluß / data flow
Datenflußanalyse / data flow analysis
Datenflußkonzept / data flow architec-
   ture
Datenflußlinie / data flow line
Datenflußplan / data flowchart
Datenflußrechner / data flow computer
Datenfolge / data sequence
Datenformat / data format
Datenfreigabe / data entering
Datenfreigabetaste / data enter key
Datenfriedhof / data graveyard
Datenfunk / radio data transmission
Datengeheimnis (Datenschutz) / data
   confidentiality, data secrecy
Daten-Geheimverschlüsselung / data
   encryption
Datengenerator / data generator

Datengerät / data device

datengesteuert / data-controlled, data-directed, data-driven

Datengitter / relation chart

Datengrenze / data boundary

Datengruppe / data group

Datengruppenstufe / data group level

Datenhaltung / data keeping

Datenhandhabung / data manipulation

Datenhandhabungssprache (für Datenbanksysteme) / data manipulation language

Datenhierarchie / data hierarchy

Dateninhalt / data value

Dateninkonsistenz (Fehlerhaftigkeit) / data inconsistency

Datenintegration / data integration

Datenintegrität (Datenfehlerfreiheit) / data integrity

Datenkanal / data channel

Datenkapsel / data capsule, capsule

Datenkennzeichnung / data identification

Datenkette / data chain, data string

Datenkettung / data chaining

Datenklassifikation (nach dem Geheimhaltungsgrad) / military classification

Datenkommunikation / data communication (abbr. data com)

Datenkomprimierung / data compaction, data compression

Datenkonsistenz (Fehlerfreiheit) / data consistency

Datenkonstante / data constant

Datenkontrolle / data supervision

Datenkonvertierung / data conversion

Datenkonzentrator / data concentrator

Datenleitung / data line

datenlogisch / data-logical

datenlogisches Modell / physical data model

Datenlöschung / data deletion, data erasure

Datenmanipulation (i. S. von Fälschung) / data manipulation

Datenmißbrauch / abuse, data abuse

Datenmodell / data model

Datenmodifizierung / data modification

Datenmodul / data module

Datenmodus (Betriebszustand) / data mode

Datennachbehandlung / data subsequent treatment

Datenname / data name

Datennetz / data network

Datenoase (Land ohne oder mit sehr liberalen Datenschutzvorschriften) / data haven, data oasis

Datenobjekt (Dateneinheit) / data object

Datenordnung / data order

Datenorganisation / data organization

datenorientiert / data-oriented

Datenpaket (Datenmenge in der Paketvermittlung) / data packet, datagram

Datenpaketvermittlung / data packet switching

Datenpflege / data maintenance

Datenpool / data basis, data pool

Datenprüfung / data validation

Datenpuffer / data buffer

Datenpufferung / data buffering

Datenquelle / data origin, data source

Datenrate (Datendurchsatz) / data rate

Datenredundanz / data redundancy

Datenregister / data register

Datenrisiko / data risk

Datensafe (Datentresor) / data safe

Datensammeln / data collecting

Datensatz / data record, record

Datensatzaufbau / record layout

Datensatzauswahl / record selection

Datensatzbereich / record area

Datensatzbeschreibung / record description

Datensatzerkennung / record identification

Datensatzformat / record format

Datensatzkennzeichen / record identifier

Datensatzkette / chain of records

Datensatzlänge / length of data record

Datensatzname / data record name, record name

Datensatznummer / record number

Datensatzparameter / data record specifier

Datensatzschlüssel / record key

Datensatzsperre / record locking

Datensatzstruktur / data record structure, structure of data record

Datensatzzeiger / record pointer

Datenschalter / data switch

Datenschließfach (im Rechenzentrum) / data box

Datenschutz (Schutz der Intimsphäre von natürlichen Personen) / data privacy, data protection, privacy, privacy protection, protection of data privacy

Datenschutzanmeldung / data protection registration

Datenschutzaufsichtsbehörde / data protection surveillance authority

Datenschutzbeauftragter / commissioner for data protection, data protection officer, data security engineer

Datenschutzbeirat / data protection advisory board

Datenschutzbestimmung / data protection regulation

Datenschutzdelikt / data protection crime, data protection offence

Datenschutzeinrichtung / data protection facility

Datenschutzgesetz / data protection act

Datenschutzklausel (in Verträgen) / data protection clause

Datenschutzkommission / data protection committee

Datenschutzkontrolle / data protection supervision

Datenschutzmaßnahme / data protection measure

Datenschutzmeldepflicht / data protection compulsery registration

Datenschutzmethode / data protection method

Datenschutzrat / data protect. council

Datenschutzrecht (als Rechtsanspruch) / data protection right

Datenschutzrecht (als Rechtsgebiet) / data protection law

Datenschutzregister / data protection register

Datenschutzstrafvorschrift / data protection penalty regulation

Datenschutzveröffentlichung / data protection announcement

Datenschutzversicherung / data protection insurance

Datensegment / data segment

Datensenke (Ort, wo die Daten hingehen) / data sink, drain, sink, target

Datensicherheit / data security

Datensicherung / data safeguarding, data security

Datensicherungsautomatik / automatic data protection feature, automatic data safeguarding

Datensicherungsbeauftragter / data security officer

Datensicherungseinrichtung / data security facility

Datensicherungsmaßnahme / data security measure

Datensicherungs- und -schutzmaßnahmen / data security

Datensicht / data view

Datensichtgerät / video terminal

Datensichtstation / video display console, video display terminal (abbr. VDT)

Datensignal / data signal

Datenspeicher / data memory, data storage

Datenspeichereinheit / data storage unit

Datensperre / data lock

Datensperrung / data locking

Datenspur / data track

Datenstapel / data batch

Datenstation / communication terminal, terminal

Datenstation für Wählverkehr / dial-up communication terminal

Datenstationsrechner / front-end processor

Datensteuerung / data control

Datenstrom / data stream
Datenstruktur / data structure
Datensuche / data searching
Datensystem / data system
Datentabelle / data table
Datentablett (Eingabegerät) / data tablet
Datentastatur / data entry keyboard, data keyboard
Datentaste / data key
Datentechnik / data systems technology
Datenteil (eines Programms) / data division
Datentelephon / data telephone
Datenterminal / data terminal
Datenterminal-Bereitmeldung / data terminal ready (abbr. DTR)
Datenträger / data carrier, data medium (pl. media), medium, record carrier
Datenträgeranfangskennsatz / volume header label
Datenträgerarchivnummer / volume reference number, volume serial number
Datenträgeraustausch / data carrier exchange
Datenträgerende / end of volume
Datenträgerendekennsatz / end-of-volume label, volume trailer label
Datenträgeretikett / volume label
Datenträgerinhaltsverzeichnis (bei Magnetplatten) / volume table of contents (abbr. VTOC)
Datenträgerkatalog / volume catalog
Datenträgerkennsatz (Mg.-Band) / volume identification, volume label
Datenträgerlöscheinrichtung / media eraser
Datenträgerlöschgerät / data carrier erasing device
Datenträgername / volume name
Datenträgerschutz / volume security
Datenträgerverwaltung / data media administration
Datenträgerwechsel / volume switch
Datentransformation / data transformation

Datentransport / data transport
Datentresor / data safe
Datentyp / data type
Datentypist(in) / data typist
Datentypprüfung / type checking
Datenübermittlung / data interchange
Datenübertragung / data communication, data exchange (abbr. datex)
Datenübertragung (auf einen anderen Datenträger) / data transceiving
Datenübertragung (über eine Leitung) / data transfer, data transmission
Datenübertragungsabschnitt / communication link
Datenübertragungsanschluß / communication adapter
Datenübertragungsblock / block
Datenübertragungsdienstleistungen (der Post) / datel services
Datenübertragungseinheit / data unit of transmission
Datenübertragungsleitung / data transmission line
Datenübertragungsmodell / communication reference model
Datenübertragungsnetz / communication network
Datenübertragungsprogramm / data communication program
Datenübertragungsrate / data transfer rate, data transmission rate
Datenübertragungsschnittstelle / data communication interface, communication interface
Datenübertragungs-Software / communication software
Datenübertragungssteuerung / communication control, data link control
Datenübertragungs-Steuerzeichen / data link escape
Datenübertragungsvereinbarung (Protokoll) / network protocol
Datenübertragungsverfahren / communication procedure
Datenübertragungsweg / communication line, communication route
Datenumfeldanalyse / data environment analysis

Datenumformung / data transformation

Datenumschichtung / data regroupment

Datenumsetzung / data conversion

datenunabhängig / data-independent

Datenunabhängigkeit / data independence

Datenunfall / data accident

Datenunkenntlichmachung / data defacing

Datenunterdrückung / data suppression

Datenursprung / data origin

Datenvektor / data vector

Datenveränderung / data alternation

Datenverantwortlicher (i. S. des BDSG) / data processor in charge

Datenverantwortlichkeit (i. S. des BDSG) / data responsibility

Datenverarbeiter (Person) / data processor

Datenverarbeitung / data processing (abbr. DP)

Datenverarbeitung außer Haus / service data processing

Datenverarbeitung für Dritte / third-party data processing

Datenverarbeitung in der Verwaltung / administrative data processing

Datenverarbeitungsabteilung / data processing department

Datenverarbeitungsanlage / computer

Datenverarbeitungsberuf / data processing job, data proc. profession

Datenverarbeitungsinstruktor / data processing instructor

Datenverarbeitungskaufmann / data processing commercial clerk

Datenverarbeitungskontaktperson / data processing contact person

Datenverarbeitungskosten / costs of data processing

Datenverarbeitungslehrer / data processing instructor, data processing teacher

Datenverarbeitungsmanager / data processing manager

Datenverarbeitungsmitarbeiter / computer personnel

Datenverarbeitungsnetz / data processing network

Datenverarbeitungsorganisation / application organization, data processing organization

Datenverarbeitungsorganisation (Verband) / data processing association

Datenverarbeitungsorganisator / data processing organizer

Datenverarbeitungspersonal / computer personnel, data processing personnel, data processing staff, liveware

Datenverarbeitungsprojekt / data processing project

Datenverarbeitungsrecht (als Rechtsanspruch) / data processing right

Datenverarbeitungsrecht (als Rechtsgebiet) / data processing law

Datenverarbeitungsrechtsprechung / data processing jurisdiction

Datenverarbeitungsrevision / data processing auditing

Datenverarbeitungsrevisor / data processing auditor

Datenverarbeitungsspezialist / data processing specialist

Datenverarbeitungssystem / computer system, data processing system (abbr. DPS)

Datenverbindung / data connection

Datenverbund / data aggregate, data interlocking

Datenverdichtung / data aggregation, data compaction, data compression

Datenverfälschung / data falsification

Datenverkapselung / data encapsulating

Datenverkehr / traffic

Datenverknüpfung / data link

Datenverknüpfungsprogramm / data link program

Datenverletzung / data contamination, data corruption

Datenverlust / data loss, overrun

Datenvermittlung / data exchange (abbr. datex), data switching

Datenvernetzung / data linking, data networking

Datenverschlüsselung / data ciphering, data coding, data enciphering, data encoding

Datenverschlüsselungstechnik (bei Platten) / data encoding schema

Datenvervielfacher / data multiplexer

Datenverwaltung / data administration, data management

Datenverzeichnis / data directory

Datenweg / bus

Datenweitergabe / data dissemination

Datenweiterleitung / data forwarding

Datenwiedergewinnung / data retrieval, fact retrieval

Datenwilderei (von Hackern in fremden Systemen) / data poaching

Datenwort / data word, word

Datenzugriff / data access

Datenzwischenträger / intermediate data carrier

Datexanschluß / datex access feature

Datex-Benutzerklasse / datex user class

Datexdienst (der Deutschen Bundespost) / datex service

Datex-L-Betrieb / datex line switching

Datexnetz / datex network

Datex-P-Betrieb / datex package switching

datieren / date

datiert / dated

Datum / date

Datum (selten gebrauchte Singularform von ‹Daten›) / datum (pl. data)

Datumsformat / date format

Dauer / duration, time

Dauer... / standing

Dauerbelastungs-Erkrankung (z. B. Sehnenscheidenentzündung bei anhaltender Tastaturarbeit) / repetitive strain injury (abbr. RSI)

Dauerbetrieb / continuous operation

Dauerfehler / unrecoverable error

Dauerfunktionstaste / autorepeat key, repeat key

dauerhaft / hard, lasting, non-transient, permanent, stable, strong, uninterrupted

Dauerhaftigkeit / constancy, permanence, stability, stableness

Dauerlochstreifen (aus Kunststoff) / long-life tape

dauernd / perpetual, standing

Dauerstellung / permanency

Dauerstörung / permanent fault

Dauertastenfunktion / autorepeat, key repeat

Dauertest / fatigue test

Dauerüberlagerungsdatei (Schnellspeicherbereich auf Platten) / permanent swap file

Dauerumlauf / recirculation

Dauerumschaltung / shift-out

Dauervertrag / subscription contract

dazwischenliegend / interjacent

deaktivierbare Unterbrechung / maskable interrupt

deaktivieren / deselect

Deckenbeleuchtung / skylight

Debetzeichen / debit symbol

Debitorenbuchhaltung / accounts receivable

dechiffrieren / decipher, decrypt

Dechiffrierung / deciphering, decryption

Deckel / cover, roof

Decodiereinrichtung / decoder

decodieren / decode

Decodiermatrix / decoding matrix

Decodiernetzwerk / decoding network

Decodierphase (der Befehlsausführung) / decoding phase

Decodierung / decoding

Decodierwerk / decoding unit

Deduktion / deduction

Deduktion (Folgerung) / inference

Deduktionssystem / deduction system

deduktiv / deductive

deduktiver Beweis / deduction

Defekt / defect

defekte Spur / damaged track

defekter Sektor / damaged sector

Defektelektron (Halbl.) / mobile hole, p-hole

definieren / define
Definition / definition
Definitionsanweisung / definition statement
Defragmentierung (Dateireorganisation) / defragmentation
dehnbar / tensile
Dehnbarkeit / extensibility, tensibility
dehnen / strain
dehnen (Magnetband) / stretch
Dehnung / strain
Dehnung (Magnetband) / stretch
Dekade / decade
dekadisch / decadic
deklarative Programmiersprache (nichtprozedurale Programmiersprache) / declarative programming language
Dekompilierer / decompiler
dekomprimieren / decompress
Dekomprimierung / decompression
dekremental (rückwärts zählend) / decremental
Dekrementalzähler (Rückwärtszähler) / decrement counter
Deltaröhre (Farbbildschirm mit im Dreieck angeordneten Elektronenkanonen) / delta tube
Demodulation / demodulation
Demodulator / demodulator
demodulieren / demodulate
Demonstrationsprogramm / demo program (abbr. demo)
Demontage / disassembly
demontieren / strip
Demoskopie / demoscopy
Demultiplexeinrichtung / demultiplexer
Denkschrift / exposé
Densitometer (Schichtdickemeßgerät) / densitometer
Depaketierung (Zerlegung von Datenpaketen) / depacketizing
deponieren / deposit
Dequalifikation / dequalification
derselbe (dieselbe, dasselbe) / same
Deskriptor (Textbeschreibungsstichwort) / descriptor

Deskriptorliste / list of descriptors
designiert / designate
detailliert / detailed
Detektor / detector
Determinante / determinant
Determiniertheit / determination
deutlich / obvious
Deutlichkeit / obviousness
dezentral / peripheral
dezentrale Datenerfassung / decentralized data acquisition, decentralized data gathering, source data collection
dezentrale Datenverarbeitung / decentralized data processing, distributed data processing
dezentralisieren / decentralize, distribute, localize
dezentralisiert / decentralized, distributed
Dezentralisierung / decentralization, distribution
Dezibel (logarithmische Maßeinheit für den Vergleich physikalischer Größen) / decibel
dezimal / decimal
Dezimalbefehl (für Dezimalrechnung) / decimal instruction
dezimal-binär... / decimal-to-binary
Dezimaldarstellung / decimal notation
dezimal-gepackte Zahl / decimal-packed number
Dezimalklassifikation / decimal classification
Dezimalkomma / decimal point
Dezimalrechnung / decimal arithmetic
Dezimalstelle / decimal place
Dezimalsystem / decimal system
Dezimaltabulator / decimal tabulator (abbr. decimal tab)
dezimal-ungepackte Zahl / decimal-unpacked number
Dezimalzahl / decimal number
Dezimalzahlensystem / decimal number system
Dezimalzähler / decimal counter
Diagnose / diagnosis
Diagnoseeinrichtung / diagnostic facility

Diagnoseprogramm / diagnostic program

Diagnoserechner / diagnostic computer

Diagnosesystem / diagnostic system

diagnostisch / diagnostic

diagnostische Daten / diagnostic data

diagnostizieren / diagnose

diagonal / diagonal

Diagonale / diagonal

Diagramm / chart, diagram, pattern, plot

Diagramm mit logarithmischem Maßstab / logarithmic graph

Diagrammblock / box

Dialekt (Spielart einer Programmiersprache) / dialect

Dialog / conversation, dialog(ue), transaction

Dialog... / conversational

Dialogablauf / interaction run

Dialogabschluß / interaction stop

Dialoganwendung / transactional application

Dialogbetrieb / conversational mode, interactive mode

Dialogbox (Ben-Ob.) / box, dialog box

Dialogbuchhaltung / interactive bookkeeping

Dialogdatenerfassung / interactive data acquisition

Dialogdatenverarbeitung / interactive data processing

Dialogeingriff / interaction

Dialogeröffnung / interaction start

Dialogfähigkeit / interactive facility

Dialogfeld (Ben-Ob.) / box, dialog box

Dialogführung / dialog control

Dialoggerät / conversational station

Dialoggestaltung / design of dialog

Dialog-Graphikverarbeitung / interactive graphics

Dialogisierungsgrad / degree of interaction

Dialog-Job-Verarbeitung / interactive job entry

Dialogkomponente / interaction component

Dialogmedien / interactive media

Dialogoberfläche (Dialogschnittstelle) / interactive interface

dialogorientiert / conversational

dialogorientierte Programmiersprache / interactive program. language

Dialogprogramm / interactive program

Dialogprogrammierung / interactive programming

Dialogprotokoll / interaction protocol

Dialogrechner / interactive computer

Dialogschnittstelle / interactive interface

Dialogseite (Btx.) / dialog page

Dialogsitzung / interactive session, work session

Dialogsprache / conversational language, dialog language, interactive language

Dialogstation / interactive station, interactive terminal, work station

Dialogsteuerung / conversational prompting

Dialogsystem / interactive system, query-reply system, transaction system

Dialogtechnik / interaction technique

Dialogverarbeitung / interactive processing, transaction processing

DIANE (Datenbanknetz im europäischen Netz EURONET) / DIANE (abbr. Direct Access Network for Europe)

Dia-Schau (Folge von Standbildern; Mult-Med.) / slide show

Dichotomie (auf dem Wert 2 basierend) / dichotomy

dichotomisch (auf dem Wert 2 basierend) / dichotomizing

dichotomisches Suchen → binäres Suchen / dichotomizing search

dicht (angeordnet) / dense

dicht (luft..., wasser...) / tight

Dichte / density

dichten (abdichten) / seal

Dichtung (luftdicht) / seal, sealing

Dichtungsring / washer

dick / thick

Dicke / thickness

Dickschichtschaltkreis / thick-film circuit

Dickschichtspeicher / thick-film storage

Didaktik / didactics

Diebstahl / larceny, theft

Diebstahl (von Software oder Hardware-Entwürfen) / piracy

Dielektrikum / dielectric medium

dielektrisch / dielectric

dienen / serve

Dienst (der Post) / service

Dienstanweisung / service instruction

Diensteinheit (Server) / server

dienstfrei / off duty

Dienstleistung / service

Dienstleistungsabteilung / service department

Dienstleistungsbetrieb / service enterprise

Dienstleistungsmarkt / service market

Dienstleistungsvertrag / service contract

Dienstplan / roster

Dienstprogramm / computer utility, server, service program, service routine, utility, utility program

Dienststunden / office-hours

Differential / differential

Differentialrechnung / differential calculus

Differenz / difference

differenzieren / differentiate

Differenzierer / differentiator

differenziert / differential

Differenzierung / differentiation

diffundieren (eindringen in eine Substanz) / diffuse

diffus / scattered

Diffusion (Eindringen in eine Substanz) / diffusion

Diffusionstransistor (Transistorherstellungsart) / diffusion transistor

Digigraphik (Eingabe von Bildern mit digitaler, punktweiser Technik) / digigraphic

digital (auf Ziffern beruhend) / digital

digital und analog / hybrid

digital-analog / digital-analog

Digital-analog... / digital-analog

Digital-analog-Wandler / digital-analog converter

Digitalanzeige / digital display

Digitalausgabe / digital output

Digitalbild / digital image

Digitalbildschirm / digital monitor

digitale Bildaufzeichnung / digital optical recording

digitale Darstellung / digital representation

digitale Daten / digital data

digitale Datenverarbeitung / digital data processing

digitale Steuerung / digital control

Digitaleingabe / digital input

digitales Fernsprechnetz / digital telephone network

digitales Signal / digital signal

digitales Zeichen / digital character

digitales Zeichengerät / digital plotter

Digitalimpuls / digital pulse

digitalisieren / digitalize, digitize

Digitalisierung / digitalization, digitization, digitizing

Digitalnetz / digital network

Digitalrechner / digital computer

Digitalschaltung / digital circuit

Digitalschrift / digital font

Digitalsignal / digital signal

Digitalübertragung (Fernspr.) / digital transmission

Digitalumsetzer / digitizer

Digitalzeichen / digital character

Digitalzeichengeber / digital transmitter

diktieren / dictate

Diktiergerät / dictaphone

Dimension / dimension

dimensional / dimensional

dimensionieren / dimension

Dimensionsvereinbarung (einer Tabelle) / dimension declaration

Diode / diode

Diodendurchbruch / diode breakdown

Diodeneffekt / diode effect

Diodenkennlinie / diode characteristics

Diodenmatrix / diode matrix

Dipol / doublet

direkt (angeschlossen) / one-level

direkt (unmittelbar) / direct, immediate

direkt durchgeschaltete Verbindung / direct station-to-station connection

Direktanschluß (an Zentraleinheit) / direct connection, on-line connection

Direktanschluß (über ein Netz) / direct communication adapter

Direktausgabe / direct output

Direktbefehl / direct instruction

Direktbuchung / direct booking

Direktbuchungssystem / direct booking system

Direktdaten (im Dialog direkt zugänglich) / direct data

Direktdruck (ohne Zwischenspeicherung) / immediate printing

direkte Adresse / direct address

direkte Adressierung / direct addressing

direkte Datenerfassung / direct data acquisition

direkte Datenverarbeitung (schritthaltend im Dialog) / direct data processing

direkte numerische Steuerung / direct memory control

direkte numerische Werkzeugmaschinensteuerung / direct numeric control (abbr. DNC)

direkte Saldierung / net balance

direkte Verdrahtung (ohne Kabelbäume) / mattress wiring

Direkteingabe / direct input

Direktentschlüsselung / direct decryption

direkter Antrieb / direct drive

direkter Druck / direct print

direkter Zugriff / direct memory access, random access (abbr. RA)

direktes Schreiben (über Tastatur) / key-to-print

direktes Suchen / direct search

Direkthilfe(funktion) / on-line help

Direktkorrektur (eines Programms) / patch

direktleitende Verbindung (körperlicher Kontakt) / physical connection

Direktoperand / immediate operand

Direktor / manager

Direktruf (über Standleitung) / direct call

Direktrufleitung / line for direct call

Direktrufnetz / leased line network

Direktrufverkehr / non-switched traffic

Direktsteuerung (Werkzeugmaschinensteuerung) / direct digital control

Direktumstellung / direct reorganization

Direktverarbeitung / direct processing

Direktverschlüsselung / on-line encryption

Direktwahl / automatic dial(l)ing

Direktwahltaste (Tel.) / key for direct call

Direktwert (bei Operanden) / actual value

Direktzugriff / direct access, immediate access, random access

Direktzugriffsdatei / direct file, random access file, random file

Direktzugriffsspeicher / addressable memory, addressable storage, addressed memory, addressed storage, direct access memory, direct access storage, random access memory (RAM), random access storage

Direktzugriffsspeicher für Überlagerungstechnik / page-mode random access memory

Direktzugriffs-Speichergerät / direct access storage device (abbr. DASD)

Direktzugriffsspeicherung / direct access mode (DAM)

Disjunktion / disjunction, inclusive OR

Diskette / disk, diskette (8 inch), flexible disk, floppy disk (8 inch), microfloppy (3,5 inch), minifloppy (5,25 inch)

Diskette (beidseitig benutzbar, muß aber gewendet werden) / flippy-floppy

Diskettenaufkleber / diskette label

Disketten-Doppellaufwerk / dual disk drive

Diskettenhülle / disk jacket, jacket, sleeve
Diskettenkapazität / disk capacity
Diskettenlaufwerk / disk drive
Diskettenpuffer- bzw. -cachespeicher / disk buffer, disk cache
Diskettenspeicher / disk storage
Diskettenspeicheroptimierer / disk optimizer
Diskettenspur / disk track
Diskettensteuereinheit / disk control unit, disk controller
Diskettenvergleich / disk compare
Diskettenzugriff / disk access
diskontinuierlich / discontinuous
diskontinuierlicher Betrieb / discontinuous current flow
diskret / discrete
diskrete Darstellung / discrete representation
diskreter Halbleiter / discrete semiconductor
diskreter Schaltkreis / discrete circuit
diskretes Bauelement / discrete component
diskretes Signal / discrete signal
diskretes Zeichen / discrete character
Diskussionsforum / panel
Diskussionsleiter / moderator
Diskussionsleitung / moderation
Disponent / managing clerk
disponieren / plan
Disposition / disposition
Dispositionssystem / disposition system
Distanz / distance
Distanz (Adreßabstand) / displacement
Distanzadresse / bias address, displacement address
Divergenz (Abweichen der Farbpunkte auf Bildsch.) / divergence, divergency
divergieren / diverge
Dividend (zu teilende Zahl) / dividend
dividieren / divide
Dividierwerk / division unit
Division (math.) / division
Division durch null (unzulässige Operation) / division by zero

Divisionsfehler / division error
Divisionsrest / division remainder
Divisionsrestverfahren / division remainder method
Divisionszeichen / division sign
Divisor (Teiler des Bruches) / divisor
Dokument / document, scripture
Dokumentar / documentor
dokumentarisch / documentary
Dokumentation / documentation
Dokumentationsprogramm / documentation program
Dokumentationssprache / documentation language
Dokumentationsstelle / clearing house, clearing office, documentation center
Dokumentationssystem / documentation system
Dokumentaustauschprotokoll (spez. Verfahren) / office document interchange format (abbr. ODIF)
Dokumentbeschreibung / document description
Dokument-Datei / document file
Dokumentenarchitektur / document architecture
Dokumentenarchitektur (spez. Verfahren) / office document architecture (abbr. ODA)
Dokumentenauswertung / document analysis
dokumentenecht / accepted for use in official documents
Dokumentenformat / document format
Dokumentengrundschrift / document base font
Dokumenten-Inhalts-Architektur (Stand. der Dok.-Verw.) / document contents architecture (abbr. DCA)
Dokumentenscanner / document reader, document scanner
Dokumenten-Übertragungs-Architektur (Stand. der Dok.-Verw.) / document interchange architecture (abbr. DIA)
Dokumentenvergleichsprogramm / document comparison utility

Dokumentenwiedergewinnung /
document retrieval

Dokumentfenster (Ben-Ob.) / document window

dokumentieren / document

Dokumentieren / documenting

Dokumentsymbol (Ben-Ob.) / document file icon

Domäne (relationales Datenbanksystem) / domain

Donator (Elektronenspender bei Halbl.) / donor

doppel... / bi...

Doppel... / alternate, double, dual

Doppelaufzeichnung / double recording

Doppelbelegung / double assignment

Doppelbelegung (Kollision) / double seizure

Doppelbetrieb / dual working

Doppelbild (auf Bildschirm) / ghost

Doppelboden (im Rechenzentr. zur Kabelverleg.) / false floor, raised floor

Doppelbruch / compound fraction

Doppelbuchstabe / ligature

Doppelbyte / double byte

Doppeldiskette (zweiseitig nutzbar) / dual floppy

Doppeldiskettenlaufwerk (für zwei Disketten) / dual floppy drive, twin floppy-disk drive

Doppeldruckverfahren / overprinting

Doppelfunktionstaste / alternate action key

Doppelkettung / double chaining

Doppelklicken (mit der Maus) / double click

Doppel-Koaxialkabel / twinaxial cable

Doppellaufwerk / twin drive

Doppellesekopf / pre-read head

doppelpolig / bipolar

Doppelprozesor / double processor, dual processor

Doppelprozessor (fehlertolerant) / tandem processor

Doppelprozessorsystem / twin processor system

Doppelprüfung / duplication check

Doppelpunkt / colon

Doppelpufferung (z. B. bei Druckern) / double buffering

Doppelrechner (zur Sicherung) / duplex computer, parallel computer, tandem computer

Doppelrechnersystem / bi-processor system, twin computer system, twin system

Doppelsäulendiagramm (mit zwei verschiedenen Maßstäben auf einer Achse) / paired bar graph

Doppelstrombetrieb / polar current working

Doppelsystem / bi-processor system, dual system, twin system

doppelt / double, dual, twice, twin

doppelte Dichte / double density, dual density

doppelte Genauigkeit (bei Gleitkommazahlen) / double precision, long precision

doppelte Länge / double length

doppelte Speicherdichte (bei Disketten) / double density (abbr. DD)

doppelter Zeilenabstand / double space

Doppelunterstreichung (Textv.) / double underline

Doppelvorschub (für getrennte Formularführung) / dual carriage

Doppelvorschubdrucken / dual carriage print

Doppelwort / doubleword

Doppelwortadresse / doubleword address

dotieren / contaminate, dope

Dotiersubstanz / dopant, doping material

dotiert / contaminated, doped

Dotierung / contamination, doping

Dotierungsstoff / dopant, doping material

Dozent / lecturer

drängen / urge

Draht / rod, wire

Draht unter Spannung / live wire

Drahtanschluß (zwischen Kabelader

und Halbleiterkontakt) / wire bond, wire bonding

Drahtbrücke / wire strap

Drahtdurchkontaktierung / wire through-connection

drahtgewickelt / wire-wound, wire-wrapped

drahtlos / wireless

Drahtmodell (graph.) / wire-frame model

Drahtspeicher / rod memory

Drahtsteckkontakt (Drahtspirale auf Vierkantkontakt) / wire wrapping

Drahtwickelkontaktierung / wire wrapping

Drahtwickeltechnik (für Kontakte) / wrapping

Drehachse / spindle

drehbar / hinged, swivel

Drehbewegung / spin, traverse

drehen / spin, turn

drehen (graph.) / rotate

Drehfehler / turning error

Drehkippständer (für Bildsch.) / tilt-swivel stand

Drehkondensator / variable capacitor

Drehlager / swivel

Drehmoment / torque

Drehpunkt / pivot

Drehring / swivel

Drehschalter / rotary switch, turnswitch

Drehstrom / rotary current, three-phase current

Drehung / torsion

Drehung (graph.) / rotation

Drehwartezeit (beim Platten- und Diskettenzugriff) / rotation delay, rotational latency

Drehzahl / speed

Drehzylinder / rotor

Dreiadreßbefehl / three-address instruction

Dreiadreßrechner / three-address computer

Dreiadreßsystem / three-address system

Dreibiteinheit / triad

dreidimensionale Graphik / three-dimensional chart, three-dimensional graph

dreidimensionaler Bereich / three-dimensional array

dreidimensionales Arbeitsblatt (Tab-Kalk.) / three-dimensional spreadsheet

dreidimensionales Koordinatensystem / gnomon

dreidimensionales Modell / three-dimensional model

Dreieck / triangle

dreieckig / triangular

Dreiexzeßcode (Stibitzcode) / excess-three code

dreifach / ternary, triple

dreifarbig / tri-chromatic(al)

dreiphasig / three-phase, triphase

Drei-Schichten-Schema (Datenbankmodell) / three-level concept

dringend / pressing, urgent

Dringlichkeit / instancy, urgency

Dritte(r) / third party

dritte Ausfertigung / triplicate

dritte Umschaltung (Fernschreibertastatur) / third shift

drosseln / baffle

Drosselspule / choke, reactor

Drosselung / slow-down

Druck / force, press, pressure, push

Druck (Abdruck) / print

druckaufbereitete Daten / edited data

druckaufbereitetes Datenfeld / edited data item

Druckaufbereitung / editing

Druckaufbereitungsbefehl / editing instruction

Druckaufbereitungsmaske / editing mask, mask

Druckaufbereitungszeichen / editing symbol, mask character

Druckausgabe / printer output

Druckband / printer tape

Druckbefehl / print command

Druckbild / print image

Druckbildsteuerung / format control

Druckbreite / print span, print width

Druckdatei / print file

Druckeinstellung / print alignment

druckelektrisch (Substanz, die bei Druckeinwirkung ihren elektrischen Widerstand verändert) / piezo-resistive

druckempfindlich / pressure-sensitive

druckempfindliches Papier (Noncarbon-Papier) / pressure-sensitive paper

drucken / print

Drucken / printing

drücken (einer Taste) / actuate, depress, press, push

Drucken im Hintergrund (im Multitasking) / background printing

druckend / writing

Drucker / printer

Druckeranschluß / printer port

Druckerdatei / printer file

Druckeremulation (Nachahmung eines anderen Druckers) / printer emulation

Druckerformular / printer form

druckerinterne Bitmapschrift (nicht veränderbar) / intrinsic font

druckerinterne Schriftart / internal font

Drucker-Lärmschutzabdeckung / printer cover

Druckerpapier / printer form, printer paper

Druckerschrift / printer font

Druckersteuersprache / printer control language (abbr. PCL)

Druckersteuerung / printer control

Druckersteuerwerk / printer control unit

Druckerstörung / printer error, printer failure

Druckertreiberprogramm / printer driver

Druckerwarteschlange / printer queue

druckfähig / printable

Druckfehler / misprint

druckfertig (DTP) / camera-ready

Druckformat / print format

Druckformatleiste (Ben-Ob. für Textv.) / style bar

druckfreier Bereich / nonprinting area

Druckgeschwindigkeit / printing speed

Druckhammer / print hammer

Druckhöhe / print height

Druckkette / belt, print belt, print chain

Druckkopf / print head

Druckkosten / printing costs

Druckleistung / printing rate

Druckmaske / print mask

Druckmatrix / print matrix

Druckmesser / manometer

Druckpresse / press

Druckprogramm / print program

Druckpufferspeicher / print buffer, printer buffer

Druckpunkt / action point

Druckqualität / print quality

Druckregler / pressure balance

Druckschmierung / pump-fed lubrication

Druckschriftleser / type reader

Druckseiten-Layoutabbildung (auf dem Bildsch.) / greeking

Druckserver (zentraler Drucker für mehrere Benutzer) / print server

Druckspalte / print column

Druckspooler (übernimmt Druckdateien in einen Speicher und arbeitet sie seriell ab) / print spooler

Druckstab / print bar

Drucksteuerung / print control

Drucktaste (bewirkt, daß der aktuelle Bildschirminhalt gedruckt wird) / print screen key (abbr. PrtSc key)

Drucktechnik / typography

drucktechnisch / typographic(al)

Drucktrommel / print drum

Drucktype / letter, type

Drucktype mit Oberlänge / bold type

druckungeeignet / unprintable

Druckvorlage / artwork, artwork mask, lithograph

Druckwalze / drum, print drum

Druckwegoptimierung / printway optimization

Druckwerk / print engine, printing unit

Druckzeile / printing line

dual → binär

dual verschlüsselt → binär verschlüss.

Dualcode (Binärcode) / dual code

Dualität / duality
Dualsystem / dual system
Dualzahl / dual number
Dübel / dowel
dunkel / dark, opaque
dunkel getönt / shaded
Dunkelfeld (für Paßwort) / dark field
Dunkelsteuerung (Eingabe ohne Sichtbarmachung auf dem Bildschirm) / blanking
Dunkeltönung / shading
dünn / thin
Dünndruckpapier / bible paper, India-paper
dünnflüssig / mobile
Dünnschichtschaltkreis / thin-film circuit
Dünnschichtspeicher / magnetic film memory, thin-film storage
Dunstware (Kunstwort für angekündigte Software, die noch nicht realisiert ist) / vapor ware
duodezimal (auf 12 basierend) / duodecimal
duplex (gleichzeitiger Betrieb in beiden Richtungen) / duplex, either-way
Duplex... / full-duplex
Duplexbetrieb (gleichzeitig in beiden Richtungen) / duplex mode, duplex operation
Duplexcomputer (Doppelprozessor) / duplex system
Duplexeinrichtung → automatische Sende- und Empfangseinrichtung
duplexfähig / able to duplex operation
Duplexkanal / duplex channel
Duplexübertragung / duplex transmission
Duplikat / duplicate
duplizieren / duplicate
Duplizierung / duplication
durch (räumlich) / through
durch Eilboten schicken / express
durchblättern / browse
durchbrennen / fuse, melt
durchbrennen (el.) / burn-out
Durchbruch (eines Widerstandes) / breakdown

Durchbruchsbereich / breakdown region
Durchbruchsspannung (Halbl., Widerstand) / breakdown voltage
Durchbruchstemperatur (Halbl.) / breakdown temperature
durchdacht / studied
Durchdenken (eines Problems) / walk-through
durchdringen / penetrate
durchdringbar / penetrable
Durchdringung / penetration
Durchdringungsgrad / degree of penetration
Durchdringungstest (von Sicherungseinrichtungen) / penetration test
durchfärben / imbue
durchfeuchten / imbue
durchfließen (Gatter) / gate
Durchforschung / search, searching
durchführbar / feasible, practicable, workable
Durchführbarkeit / feasibility, practicability, workability
Durchführbarkeitsuntersuchung / feasibility study
durchführen / perform, transact
Durchgang (el.) / continuity
Durchgangsamt (Tel.) / transit switching center
Durchgangsvermittlung (Tel.) / transit switching
Durchgangszeit (durch einen Transistor) / transit time
durchgehend / non-stop, passing
durchgelocht / chadded
durchkontaktieren / connect through
Durchkontaktierung (von Leiterschichten) / interlayer connection, through-connection
Durchlaßbereich / conductivity state region
durchlässig / permeable, porous
durchlässig (Halbl.) / conducting, conductive
Durchlässigkeit / penetrability, permeability, porosity
Durchlässigkeitsgrad / transmittance

Durchlaßrichtung (Halbl.) / forward direction

Durchlaßspannung / conductivity state voltage

Durchlaßstrom / conductivity state current

Durchlaßzeit / passage time

Durchlaßzustand / on-state

Durchlauf / pass

Durchlauf (Programm) / run

Durchlaufeffekt (Tab-Kalk.) / ripple-through effect

durchlaufen / cross, pass, traverse

durchlaufender Übertrag / ripple-through carry

Durchlaufunterbrechungstaste (Bildsch.) / pause key

Durchlaufzeit / run time

durchleuchten / roentgenize, screen

Durchmesser / diameter

durchnumerieren / serialize

Durchnumerierung / serialization

durchplattiert / plated-through

Durchsatz / computer throughput, efficiency, throughput

Durchsatzrate / throughput rate

Durchsatzrate (eines Kanals) / transfer rate

Durchsatzzeit / throughput time

durchschalten / connect through, interconnect

Durchschaltetechnik / line switching

Durchschaltung / line connection, through-connection

durchschauen / see through

Durchschlag / copy, press-copy

Durchschlag (el.) / breakdown

Durchschlagpapier / typing paper

durchschnittlich / average, mean, medial, medium

durchschnittliche Drehwartezeit (bei Magnetplatten und -disketten) / average rotation decay

durchschnittliche Operationszeit / average operation time

Durchschnittsgeschwindigkeit / average speed

Durchschnittswert / average value

Durchschreiben / duplication

Durchschreibeformular / multipart form

Durchschuß (beim Drucktext) / leading

Durchschuß (bei Formularen, Büchern) / interleaf

durchsehen (genau) / peruse

Durchsicht / revision

Durchsicht (genau) / perusal

durchstreichen (Textv.) / strike out, strike through (thru)

Durchstreichung (Textv.) / strike-out, strike-through (thru)

Durchsuchung / search, searching

Durchwahl (Tel.) / direct inward dial-(l)ing

durchziehen / pull through

Düse / nozzle

dyadisch (auf 2 basierend) / binary, dual, dyadic

dynamisch (im Zeitablauf sich ändernd) / dynamic

dynamische Abfühlung (Abfühlung des bewegten Beleges) / flight sensing

dynamische Bibliothek / dynamic link library (abbr. DLL)

dynamische Computergruppe (neuartige Rechnerarchitektur) / dynamic computer group

dynamische Programmierung (Optimierungsverfahren) / dynamic programming

dynamische Programmverschiebung / dynamic program relocation

dynamische Systemarchitektur (neuartige Rechnerarchitektur) / dynamic system architecture

dynamische Verknüpfung (zweier Programme, die dieselben Daten benutzen) / dynamic link

dynamischer Bereich / dynamic area

dynamischer Datenaustausch / dynamic data exchange (abbr. DDE)

dynamischer Speicher / dynamic random access memory (abbr. DRAM), dynamic storage

dynamisches Bereichsattribut / range attribute of area

dynamisches Binden (während des Programmlaufs) / dynamic binding

dynamisches Objekt (eingebunden in ein anderes, wird mitgeändert, wenn das Original geändert wird) / dynamic object

dynamisches Testen / dynamic testing

dynamisches Variablenfeld / dynamic array

E

EAN (Abk. Europäisches Artikelnummernsystem) / EAN (abbr. european article numbering system)

EBCDIC (erweiterter, binärverschlüsselter Dezimalcode) / EBCDIC (abbr. extended binary-coded decimal interchange code)

eben (flach) / planar, plane

Ebene / layer, level, plane, rank

Echo / echo

Echoplex-Verfahren (empfangene Nachricht wird komplett zur Prüfung an Sender zurückgesandt) / echoplex

Echoprüfung / echo check, loop check

Echounterdrückung / echo suppression

echt / genuine, real, true

echte Adresse / absolute address, actual address, effective address, real address

echter Bruch (math.) / proper fraction

echter Name / real name

echtes Komplement (Zehner- oder Zweierkomplement) / true complement

Echtheit / originality

Echtverarbeitung / real processing

Echtzeit / real time

Echtzeit... / real-time

Eckblech / gusset

Eckenabschnitt (LK) / card corner, corner cut

eckige Klammer / bracket, square bracket

eckige Klammer auf / square bracket open

eckige Klammer zu / square bracket close

Edelgas / noble gas

Edelmetall / noble metal, precious metal

editieren (zur Ausgabe aufbereiten) / edit

Editierstation (für Bildschirmtext) / editing terminal

Editiertaste (z. B. Einfügetaste, Löschtaste) / edit key

Editierzustand / edit mode

EDV (Abk. elektronische Datenverarbeitung) / EDP (abbr. electronic data processing)

EDVS (Abk. elektronisches Datenverarbeitungssystem) / EDPS (abbr. electronic data processing system)

effektiv / effective

Effektivität / effectiveness, efficiency

Effektivität der Büroarbeit / office efficiency

Effektivitätsmaßstab / efficiency measure

Effektivwert / root mean square

Effektor (Ausgabegerät bei Prozeßrechnern, die einen techn. Prozeß beeinflussen) / actor, actuator, effector

EGA-Karte (Platine für verbesserte graph. Auflösung) / EGA board (abbr. enhanced graphic adapter)

EIA (amerik. Verband von Rechner- und Elektronikherstellern) / EIA (abbr. Electronic Industry Association)

eichen / calibrate, ga(u)ge

Eichmaß / ga(u)ge

Eichung / calibration, ga(u)ging

eidesstattliche Erklärung / statuary declaration

eigen / own, proprietary

Eigen... / inherent

Eigenherstellung / self-making

eigenleitend / intrinsic

Eigenprogrammierung / internal programming, selfprogramming

Eigenschaft / predicate, property (pl.: properties), quality

Eigenschaftsfenster / attribute window

Eigenschwingung / natural frequency, natural oscillation

Eigentest / self-check, self test

eigentlich / actual, intrinsic

eigentliche Daten (Sachdaten) / actual data

Eigentum / ownership, property

Eigentum(srecht) / proprietorship

Eigentümer / owner, proprietor

Eigentums... / proprietary

Eignung / aptitude, qualification

Eignungsprüfung / aptitude test

Eil... / speed

Eilauftrag / rush order

eilige Nachricht / express

Eimerspeicher / bucket store

ein / one

ein... / mono..., uni...

Ein... / mono..., one..., uni...

ein ablaufinvariantes Programm gemeinsam benutzen / code sharing

ein Kennzeichen löschen / unmark

Einadreßrechner / single-address computer

Ein-Aus... / on-off

Ein-Ausgabe-Anschluß / input-output port

Ein-Ausgabe-Anweisung / input-output statement

Ein-Ausgabe-Befehl / input-output instruction

Ein-Ausgabe-Bereich / input-output area

Ein-Ausgabe-Beschreibung / input-output description

Ein-Ausgabe-Bus / input-output bus

ein-ausgabe-bezogen (bei Daten) / physic(al)

Ein-Ausgabe-Datei / input-output file

Ein-Ausgabe-Format / input-output format

Ein-Ausgabe-Gerät / input-output device

Ein-Ausgabe-Kanal / input-output channel

Ein-Ausgabe-Kapitel (eines Programms) / input-output section

Ein-Ausgabe-Makrobefehl / input-output macro

Ein-Ausgabe-Parameter / input-output parameter

Ein-Ausgabe-Programm / input-output program

Ein-Ausgabe-Prozessor / input-output processor

Ein-Ausgabe-Puffer / input-output buffer

Ein-Ausgabe-Schnittstelle / input-output interface

Ein-Ausgabe-Steuersystem / input-output control system (IOCS)

Ein-Ausgabe-Steuerung / input-output control, peripheral control

Ein-Ausgabe-Steuerwerk / input-output control unit, input-output controller, input-output unit, peripheral controller

Ein-Ausgabe-System / input-output control system (abbr. IOCS)

Ein-Ausgabe-Umleitung / input-output redirection

Ein-Ausgabe-Unterbrechung / input-output interrupt

Ein-Ausgabe-Zeit / input-output time

Ein-Aus-Schalter / on-off switch

Ein-Aus-Taste / on-off key

einbauen / encase, incase

Einbaurahmen / chassis

Einbauschlitz (für Schaltkarten) / card slot

einbeschreiben (math.) / inscribe

einbetten / embed

Einbettungsschicht (Halbl.) / buried layer

einbeziehen / include

einblenden (Bildschirm) / overlay

Einblendung (Bildschirm) / overlay

einbrechen / break in (sl.)

einbrennen (Fehler in elektronischen Bauelementen durch Inbetriebnahme finden) / burn in

einbrennen (Inhalt in einen Festsp.) / blow, burn

einbringen (Erfolg) / profit

Einbruchmeldeanlage / break-in alarm system

Ein-Chip-Processor / single-chip microprocessor

eindeutig / unambiguous, unique

Eindeutigkeit / unambiguity

eindimensional / unidimensional

eindimensionale Tabelle / unidimensional table

eindimensionale Zahl / unidimensional number

eindimensionaler Zugriff / unidimensional access

eindringen / intrude

Eindringen / intrusion

Eindruck / impression

einen Schritt machen / step

Einerkomplement / one's complement

Einerstelle / unit position

einfach / elementary, primitive, unit

einfach (einmal) / simple

einfach (leicht) / easy

Einfachdatei (ohne Beziehungsangaben zwischen den einzelnen Sätzen) / flat file

einfache Dichte (bei Disketten) / single density (abbr. SD)

einfache Genauigkeit (bei Gleitkommazahlen) / short precision, single precision

einfacher Zeilenabstand / single space

Einfachfehler / single error

Einfachformular (ohne Kopie) / one-part form

Einfachheit / simplicity

Einfachimpulsschrift / single pulse recording

Einfachkettung / single chaining

Einfachstrombetrieb / single current operation

einfädeln / thread

Einfädelung (von Magnetbändern) / threading

einfahren (neues System) / run in

Einfahren (neues System) / running-in

Einfallswinkel (von Strahlen) / wave angle

Einfangen (Tel.) / trapping

einfarbig / monochrome, monochromic(al), plain

Einfarbigkeit / monochromaticity

einfassen / gird

Einflankensteuerung / mono-edge triggering

Einfügemodus / insert mode

einfügen / insert

einfügen (in einen Text) / infix

einfügen (in ein Dokument) / paste

Einfügen (in einen Text) / infix

Einfügung / insertion

Einfügungstaste / insert key

Einfügungszeichen / insertion character

einführen / implement, introduce, usher

Einführung / guide, guide book, introduction

Einführung (eines Systems) / implementation

Eingabe / input

eingabeabhängig / input-bound

Eingabeanschluß / input port

Eingabeanweisung / get statement, input statement

Eingabeaufruf / enter call, type-in

Eingabe-Ausgabe... / input-output

Eingabe-Ausgabe-Analyse / input-output analysis

Eingabebefehl / input instruction

Eingabebeleg / input medium, input voucher

Eingabebereich / input area

Eingabebeschreibung / input description

Eingabebestätigung / acknowledge input, input acknowledgement

Eingabebestimmung / input format specification

Eingabebestimmungsblatt / input specification form

Eingabedaten / entry data, input data

Eingabedatenstrom / input data stream

Eingabedatenträger / input media (pl.), input medium (sing.)

Eingabedatei / input file

Eingabeeinheit / input unit

Eingabeeinrichtung / input facility
Eingabefach / input magazine
Eingabefehler (manuell) / type error, typing error
Eingabefeld / input field
Eingabeformat / input format
Eingabegerät / input device, input unit
Eingabekontrolle (i. S. des BDSG) / input supervision
Eingabemagazin / hopper
Eingabemaske (beim Bildschirm) / input mask
Eingabemodus / input mode
Eingabeoperation / input operation
Eingabeprogramm / input program
Eingabeprozedur / input procedure
Eingabepuffer / input buffer
Eingaberoutine / input routine
Eingabe-Rücksprung-Taste / enter-return key
Eingabesatz / input record
Eingabespeicher / input storage
Eingabestauraum / let-in area
Eingabesteuerprogramm / input control program
Eingabesteuerung / input control
Eingabesteuerwerk / input controller
Eingabetaste / carriage return key, return key
Eingabeunterbrechung / input interrupt
Eingabe-Verarbeitung-Ausgabe-Prinzip (Abk. EVA-Prinzip) / input-processing-output principle
Eingabe-Verarbeitung-Ausgabe-Schleife (Abk. EVA-Schleife) / input-processing-output loop
Eingabezeile / entry line
Eingang / entry, inlet
eingängig / plausible
Eingängigkeit / plausibility
Eingangsanschluß / input terminal
Eingangsimpuls / input pulse
Eingangskonnektor (in Ablaufdia-grammen) / input connector
Eingangslastfaktor / fan-in
Eingangsleistung / input, power-input
Eingangssignal / input signal

Eingangsspannung / input voltage
Eingangsstrom / input current
eingebaut / built-in
eingebaute Funktion / built-in function
eingebautes Modem / integral modem, internal modem
eingebautes Plattenlaufwerk (in PC) / internal hard disk
eingeben / enter, input, read, read in
eingeben (in eine DB) / post
eingeben/ausgeben / input-output
eingebettet / embedded
eingebetteter Befehl / embedded instruction
eingebettetes Formatierungskom-mando (Textv.) / embedded formatting command
eingebettetes Kommando / embedded command
eingebettetes Objekt / embedded object
eingebundene Graphik (in einen Text) / anchored graphic
eingeklammert / parenthetic(al)
eingerahmt (graph., Textv.) / framed
eingerissen (Formular) / jaggy
eingeschaltet (in Betrieb) / active
eingeschränkte Funktion / restricted function
eingeschränkter Dialog / restricted dialog
eingeschränkter Zugriff / restricted access
eingeteilt (in Abschnitte) / sectional
eingeteilt (Skala) / scaled
eingetragen / registered
eingetragenes Warenzeichen / registered trade-mark
Eingeweihter / insider
eingravieren / engrave
eingreifen / intervene
eingrenzen / isolate
Eingriff / intervention, invasion
Eingriff (des Operators) / action
Einheit (Gerät) / unit
einheitlich / uniform, unitary
einheitliche Betriebsnummer / universal firm code

Einheitlichkeit / uniformity

einige / several, some

einkapseln / encapsulate

einklagbar / enforceable, suable

Einklagbarkeit / suability

Einkommen / income, purchase, revenue

Einkristall / monocrystal, single crystal

einkristallin / monocrystalline

einkuppeln / engage

einlagern / swap in

Einlagerung / swapping-in

Einlauf-Compiler (benötigt nur einen Durchlauf zur Übersetzung) / one-pass compiler

Einlegeboden / shelf (pl. shelves)

einlegen / mount

einleiten / trigger

einleiten (eines Vorgangs) / initialize

einleitend / preliminary

Einleitung / initialization, initiation, introduction, preliminary

Einleitung (el.) / leading-in

Einleitung (in einen Text) / preamble

einlesen / input, read

Einlesen / readin

einlösen (Scheck) / pay in

einmal / once

Einmalgebühr / one-time charge

Einmalkohlepapier / one-time carbon paper

einnehmen (Platz) / take up

einpassen / seat

Einpassen (von graphischen Darstellungen am Bildschirm, Gummibandfunktion) / rubber banding

Einpassen (von graph. Darstellungen in einen Rahmen) / boxing

einpflanzen / implant

Einpflanzung / implantation

einphasig / single-phase

Einplatinenrechner / monoboard computer, one-board computer, single-board computer

Einplatzbetrieb / single-station operation

Einplatzbetriebssystem / single-station operating system

Einplatzrechner / single-station computer

Einplatzsystem / single-position system, single-station system, single-user system

einpolig / unipolar

einprägen / impress

Einprogrammbetrieb / single-program operation

einrahmen (graph., Textv.) / frame

einrasten / snap in

einreichen / pass in

einreihen (in eine Warteschlange) / enqueue

einreihig / single-row

einrichten / institute

Einrichtung / appliance, equipment, facility, setup

Einrichtungen / facilities

Einrichtungs... (Einbahn...) / one-way

Einrichtungsgegenstände / furnishing

einrücken / indent

einrücken (ineinandergreifen) / mesh

Einrückung (Textv.) / indent, indentation

eins / one

Eins / one

einsatzbereit / standby

einsaugen / imbibe

Einschaltautomatik / automatic switch-on

Einschalt-Bildschirm (erstes Bild nach Systemstart) / start-up screen

einschalten / activate, enable, energize, plug, switch on

Einschaltstromspitze / start-up peak

Einschaltung (eines Gerätes) / activation

Einschätzung / assessment

Einschichtpapier / single-sided non-carbon paper

einschieben / slide in

einschließen / imply

einschließlich / including, inclusive

Einschließung / surround

Einschluß / inlay

Einschmelzung / melting

einschneiden / gash

Einschnitt / gash

einschränken / restrict, retrench

Einschränkung / limitation, restriction

einschreiben / write in

Einschriftleser / single-font reader

Einschrittschrift (alle Zeichen haben gleiche Breite) / monospace font, non-proportional font

Einschub / stack

Einschub... / slide-in

Einschubeinheit / slide-in unit

Einschubschlitz / slot

Einschwärzung / inking

Einschwingvorgang / transient

einseitig / one-sided, single-edge, single-sided, unilateral

einseitig gerichtet / unidirectional

einseitig wirkend / unidirectional

Einserkomplement / complement on one

einsetzen / seat

Einsichtsrecht / right to inspection

einspaltig / single-column

einsparen / save

Einsparungen / savings

einspeichern / read in, stage, write in

einspeichern (in größeren Abschnitten) / roll in

einspeichern (in einen Kellerspeicher) / push

einspringen / enter into

Einsprungstelle / entrance, entry, entry point

einspulen (beim Spulbetrieb) / spool in

Einspulen / input spooling

Einspuraufzeichnung / single-track recording

einstecken (el.) / plug, plug in

einstecken (mech.) / push in

einstellbar (justierbar) / adjustable

einstellbare Anschlagstärke (eines Druckaggregates) / adjustable penetration control

einstellbare Tastenanschlagstärke / adjustable key touch

einstellbarer Rand / adjustable margin

einstellbares Komma / adjustable point

Einstellbereich (Anpassungsbereich) / adjustment range

einstellen / modulate, regulate, set

einstellen (richtig) / adjust

Einstellen / regulating

einstellig / monadic, one-digit

Einstellknopf / adjustment knob

Einstellmotor / positioning motor

Einstellung / modulation

Einstellung (Justage) / setting

Einstellvorschrift / adjustment instruction

Einstiegsmodell (kleinste Computergröße) / low-end model, tiny model

Einstiegssystem (kleinste Computergröße) / entry-level system

einstreuen / intersperse

einstufen / rate, tax

einstufig / one-level, single-level, single-stage

Einstufung / grading

eintasten / gate, key, key in, type in

Eintastgeschwindigkeit / keying speed

einteilen / grade

einteilen (Maßstab) / graduate

Einteilung (Maßskala) / graduation

Einteilungsfaktor (Skala) / scale factor

Eintrag / entry

eintragen (ausfüllen) / fill out

eintragen (Gewinn bringen) / profit

eintragen (Verzeichnis) / enrol, register

einträglich / lucrative, paying

Eintragung / inscription

eintreten / enter

Eintrittsbedingung / entry condition

Einweg... / one-way

Einweisung / briefing

Einwilligung / consent

Einwohnerinformationssystem / citizen information system

Einwortbefehl / single-word instruction

einzahlen / pay in

Einzahler / payer

einzeilig / single-line, single-row

Einzel... / individual, mono..., single

Einzelbeleg / single-document, single-sheet

Einzelbenutzer / single user

Einzelblatteinzug / single-sheet feeder
Einzelblattförderer / sheet conveyor
Einzelblattzuführung / cut-sheet
   feeder, sheet feeder
Einzeldaten / unique data
Einzeldatenträger / single medium
Einzelformular / cut form, sheet
Einzelgerät / single device
Einzelhandel / retail trade
Einzelheit / item, particular
Einzelkosten / itemized costs
Einzellöschzeichen / character erase
einzeln / discrete, individual, odd, single
Einzelnetz / separate network
Einzelposten / single item
Einzelprogrammverarbeitung / single
   tasking, single-task processing
Einzelrechner / standalone computer
Einzelsatzdatenträger / unit record
Einzelschritt / single step
Einzelschritt… / step-by-step
Einzelschrittbetrieb / single-step oper-
   ation
Einzeltest / particular test, single test
einziehbar / retractable
einzigartig / unique
Einzweck… / single-purpose
EISA (Industriestandard für Mikrorech-
   ner in USA) / EISA (abbr. Extended
   Industry Standard Architecture)
Eisen / iron
eisen… / iron
ELAN (Programmiersprache für pädagogische Aufgaben) / ELAN (abbr. educational language)
elastisch / elastic, flexible, resilient
Elastizität / flexibility
Elastizität (im Hinblick auf den Ausgleich von Störungen) / resiliency
Elektriker / electrician
elektrisch / electric(al)
elektrisch änderbarer Festspeicher /
   electrically alterable read-only memory (abbr. EAROM)
*elektrisch änderbarer programmier-
   barer Festspeicher* / electrically
   alterable programmable read-only
   memory (abbr. EAPROM)

elektrisch löschbarer Festspeicher /
   electrically erasable read-only memory (abbr. EEROM)
*elektrisch löschbarer programmier-
   barer Festspeicher* / electrically
   erasable programmable read-only
   memory (abbr. EEPROM)
elektrische Ladung / electric charge
elektrischer Strom / electric current
elektrisches Feld / electric field
Elektrizität / electricity
elektrochemisch / electrochemic(al)
Elektrode / electrode
Elektrolumineszenzbildschirm / electroluminescent display
Elektrolyse / electroanalysis, electrolysis
Elektrolyt / electrolyte
elektrolytische Aufzeichnung / electrolytic recording
Elektrolytkondensator / electrolytic capacitor
Elektromagnet / electromagnet
elektromagnetisch / electromagnet-
   ic(al)
elektromagnetisches Spektrum (aller
   elektronischen Strahlungen) / electromagnetic spectrum
elektromechanisch / electromechan-
   ic(al)
Elektron / electron
Elektronenbeschuß / electron bombardment
Elektronenbeweglichkeit / electron
   mobility
Elektronenemission / electron emission
Elektronenemissionsbereich / electron-emitting area
Elektronengehirn (unzweckmäßiger
   Ausdruck für Computer) / electronic
   brain
Elektronenkanone / electron gun, gun
Elektronenröhre / electron tube, electronic tube
Elektronenschale (im Atom) / electron
   orbit
Elektronensicherung / fusetron

Elektronenstrahl / beam, electron beam, electron stream

elektronenstrahladressierter Speicher / electronic beam-addressed memory (abbr. EBAM)

Elektronenstrahl-Lithographie / electron beam lithography

Elektronenstrahlröhre / electron ray tube

Elektronik / electronics

Elektronik (elektronischer Teil eines Gerätes) / electronic system

Elektronikindustrie / electronic industry

elektronisch / electronic(al)

elektronische Ablage (von Daten) / electronic filing

elektronische Briefübermittlung / electronic mailboxing

elektronische Datenverarbeitung (Abk. EDV) / electronic data processing (abbr. EDP)

elektronische Datenverarbeitungsanlage (Abk. EDVA) / electronic data processing system (abbr. EDPS)

elektronische Musik / electronic music

elektronische Post / electronic mail (abbr. e-mail)

elektronische Publikation / electronic publishing

elektronische Rechenmaschine / electronic calculator

elektronische Strahlung / electro-magnetic radiation

elektronische Wandtafel (MBS) / electronic bulletin board

elektronische Zeitung / electronic journal, electronic newspaper

elektronischer Bankdienst / cash management system, electronic banking

elektronischer Brief / electronic mail

elektronischer Briefkasten / electronic mailbox, telebox

elektronischer Datenaustausch / electronic data interchange (abbr. EDI)

elektronischer Kalender / electronic calendar

elektronischer Papierkorb (Lösch-funktion) / electronic wastebasket, electronic wastepaper basket

elektronischer Plattenspeicher (simulierter Plattenspeicher in einem RAM-Speicher) / electronic disk

elektronischer Schaltkreis / electronic circuit

elektronischer Schreibtisch (Multi-funktionssystem) / electronic desk

elektronischer Zahlungsverkehr / electronic funds transfer system

elektronisches Arbeitsblatt (Tab-Kalk.) / electronic spreadsheet, spreadsheet

elektronisches Buch / electronic book

elektronisches Büro (Multifunktions-system) / electronic office

elektronisches Datenverarbeitungssystem (Abk. EDVS) / electronic data processing system (abbr. EDPS)

elektronisches Datenvermittlungssystem / electronic data switching system

elektronisches Dokument (Beleg, der mit Hilfe von Telekommunikationssystemen übertragen wird) / electronic document

elektronisches Musikinstrument / electronic musical instrument

elektronisches Postfach / electronic mailbox, telebox

elektronisches Telephonbuch (über Btx. zugänglich) / electronic telephone directory

elektronisches Wählsystem / electronic switching system

elektronisches Wörterbuch / electronic dictionary

Elektronisierung / electronization

Elektrophorese (Elektronenwanderung) / electrophoresis

elektrophotographisch / electrophotographic

elektrosensitiv (auf elektrische Impulse ansprechend) / electrosensitive

elektrostatisch / electrostatic, static

elektrostatischer Speicher / electrostatic memory

elektrostatisches Zeichengerät / electrostatic plotter
Element / item
Element (Bauteil) / element
Element (einer Gruppe) / member
elementar / elemental, elementary
Elementarblock / elementary block
elementare Adresse / elementary address
Elementarfunktion / elementary function
Elementaroperation / elementary operation
Elementgruppe / element group
Elevator (Aufzug) / elevator
Eliteschriftgrad (hat 12 Zeichen / Zoll) / elite
Emission / emission
Emissionsbereich (Halbl.) / emitter zone
Emissionsvermögen / emissivity
Emitter (Halbl.) / emitter
Emitteranschluß / emitter electrode
emittergekoppelt / emitter-coupled
emittergekoppelte Schaltlogik / emitter-coupled logic (abbr. ECL)
Empfang / radio reception, receiving, reception
empfangen / accept, receive
empfangen (habend) / received
empfangende Datenstation / accepting station
Empfänger / acceptor, addressee, recipient
Empfänger (Gerät) / radio receiver, receiver
Empfangsadresse / destination address
Empfangsantenne / receiving antenna
empfangsbereit / recipient
Empfangsbetrieb / receive mode
Empfangsfeld / destination field
Empfangsgerät / receiver terminal
empfangsseitig / receive-site
Empfangsstation (gerufene Station) / called station
empfehlen / recommend
empfehlenswert / recommendable

Empfehlung / recommendation
empfindlich / selective, sensitive
Empfindlichkeit / selectivity, sensitivity
empirisch (auf Erfahrung beruhend) / empiric(al)
Emulation (→ emulieren) / emulation
Emulator (→ emulieren) / emulator
emulieren (nachbilden eines Systems durch ein anderes mit Hilfe von Hardware) / emulate
Emulsion (Filmschicht) / emulsion
Emulsions-Laserspeicher-Technik (Bildpl.) / emulsion laser storage
End... / terminating
Endadresse / end address, high address
Endausbaustufe / ultimate configuration
Endbegrenzer / stop delimiter
Endbenutzer (Benutzer) / direct enduser, enduser
Endbenutzersystem / enduser system
Ende / end, tail
Ende des übertragenen Blockes / end of transmission block
Ende von... / end of...
Endeabfrage / end scanning
Endeadresse (bei einer Eingabedatei) / at-end address
Endeanweisung / end statement, stop statement
Endebedingung (e. Programmschleife) / at-end condition, end condition
Endebefehl / stop instruction
Endekriterium / end criterion, terminate flag
Endemeldung / end message
Enderoutine / terminating routine
Endesatz / end record
Endetaste / end key
Endezeichen / back-to-normal signal, end character, end symbol, terminator
Endfußnote (am Ende des Textes, nicht der Seite) / endnote
endgültig / decided, final
endgültig verloren / irrecoverable
endgültiger Befehl / effective instruction

Endknoten (in einem Graphen) / final node

Endknoten (in einem Netz) / final network node

Endlage / stop position

endlich (begrenzt) / finite

endlicher Algorithmus / finite algorithm

endlicher Automat / finite automaton

endlos / unending

Endlosformular / continuous form, endless form, fanfold form, tab form

Endlospapier / continuous form paper, fanfold paper, z-fold paper

Endlosschleife / endless loop, infinite loop

Endlosvordruck / continuous printed form

Endpunkt (einer Zeile) / endpoint

Endpunktübertragung / end-to-end transmission

Endrand / right-hand margin

Endstelle / terminal

Endstufe (eines Schaltwerkes) / output stage

Endtermin / end date

Endverbraucher / ultimate consumer

Endvermittlungsstelle / terminal exchange

Endwert / accumulated value

Energie / energy, power

Energieband / energy band

eng gepackt / compact

eng zusammengepackt / packaged

Engpaß / bottleneck

entblocken / deblock, unblock

Entblocken / deblocking, unblocking

Entblockung / deblocking, unblocking

entbündeln / unbundle

Entbündelung (der Hard- und Softwarepreise) / unbundling

entfernen (aus einer Warteschlange) / dequeue

entfernen (beseitigen) / eliminate, take out

entfernt / distant

entfernt (vom Rechner) / remote

entfernt untergebracht / remoted

Entfernung / distance

entflammbar / flammable

Entflammbarkeit / flammability

entformalisieren / unformat

entgegengesetzt / inverse, opponent, opposed, opposite, polar, revers

entgegensetzen / oppose

entgegenwirken / react, resist

enthalten / contain, enclose, hold

enthalten sein / go into

Entität (Satzinhalt eines Datenbanksegmentes) / entity

Entitätstyp (Satztyp bei Datenbanken) / entity type

entketten / unchain

entkoppeln / decouple, degenerate

Entkoppeln / decoupling

Entkoppler / decoupler

entladen (el.) / discharge, unload

Entladen (el.) / discharging, unloading

Entladung (el.) / discharge

entlasten / relieve

Entlastung / relief

entlöschen (Löschvorgang rückgängig machen) / undelete, unerase

Entlüftung / ventilation

entmagnetisieren / degauss, demagnetize

Entmagnetisierung / demagnetization

Entnahme (eines Wechseldatenträgers) / removal

entnehmen / take from

entnehmen (eines Wechseldatenträgers) / demount, remove

entpacken / unpack

Entpacken / unpacking

entpackt / unpacked, zoned

entpackte Daten / unpacked data

entpaketisieren (Datenpaket auflösen) / unpacketize

Entpaketisieren (Datenpaket) / unpacketizing

Entprellen / debouncing

Entropie (Maß für den Informationsgehalt) / entropy

entschachteln / demultiplex

entscheidbar / decidable

Entscheidbarkeit / decidability

entscheiden / decide
entscheidend (kritisch) / crucial
Entscheidung / decision
Entscheidungsbasis / base of decision
Entscheidungsbaum / decision tree
Entscheidungsbefehl / discrimination instruction
Entscheidungsmodell / decision model
Entscheidungsprozeß / decision procedure
Entscheidungsregel / decision rule
Entscheidungssystem / decision support system
Entscheidungstabelle / decision table
Entscheidungstabellengenerator / decision-table program generator
Entscheidungstheorie / decision theory
entschieden / decided
Entschluß / resolution
entschlüsseln / decipher, decode, decrypt, uncode
Entschlüsseln / decoding
Entschlüsselung / deciphering, decoding, decryption
Entschlüsselungseinrichtung / decoder
Entspannkerbe (Diskettenhülle) / relief notch
entsperren / unlock
Entsperrtaste / unlock key
Entsperrung / unlocking
entsprechen / correspond
entsprechend / corresponding
Entsprechung / correspondence
Entstehungsort / point of origin
entstören / dejam
entweichen (aus einem Programmteil in einen übergelagerten zurückspringen) / escape
entwerfen / design, project, style
entwickeln / develop, evolve, industrialize
entwickeln (sich) (chemisch) / extricate
entwickelt (fortgeschritten) / advanced
Entwickler / developer
Entwicklung / development, engineering

Entwicklungsdauer / development time
Entwicklungsdokumentation / development documentation
Entwicklungslabor / laboratory
Entwicklungsland / developing country
Entwicklungsstau / development backlog
Entwicklungsstrategie / development strategy
Entwicklungssystem (zur Entwicklung von Software) / developing system
Entwicklungswerkzeug / developer's toolkit
Entwicklungszyklus / design cycle
Entwurf / design, draft, project
Entwurfsblatt / draft sheet, layout sheet
Entwurfskontrolle / design review
Entwurfsmatrix / design matrix
entzerren / equalize
entzerrende Übertragungseinrichtung (durch Wiederholung) / regenerative repeater
Entzerrer / equalizer, regenerative repeater
Entzerrung / equalization
entziehen / steal
epitaxiale Schicht (durch Epitaxie entstanden) / epitaxial layer
Epitaxialtransistor (Bauart von Transistoren) / epitaxial transistor
Epitaxialwachstum (Aufwachsen einer Halbleiterschicht) / epitaxial growth
Erde (el.) / earth, ground
erden (el.) / earth, ground
Erdfunknetz / ground radio network
Erdleiter (el.) / earth wire
erdsynchron (im Weltraum immer über derselben Stelle der Erde) / geosynchronous
Erdung (el.) / earth, grounding
Erdvermessung / geodesy
Ereignis / event, incident, occasion
ereignisgesteuert / event-driven
erfahren / practiced
Erfahrung / experience, know-how
erfassen (von Daten) / acquire, capture, collect, gather

Erfassung (von Daten) / acquisition, capture, collecting, gathering

erfinden / invent

Erfinder / inventor, originator

erfinderisch / inventive, originative

Erfindung / invention, origination

Erfindungsgabe / inventiveness

Erfolg / success

Erfolg haben / succeed

erfolglos / ineffective, unsuccessful

erfolgreich / successful

erforderlich / necessary

erforderliche Eingabe / solicited input

Erfordernis / requirement

erforschen / investigate, search

Erforschung / investigation

ergänzen / add, append

ergänzend / supplementary

Ergänzung / appendix, supplementation

Ergänzungsfunktion / optional function

Ergänzungsmaschine / supplementary machine

Ergänzungsspeicher (Schattenspeicher) / shaded memory, shadow storage

Ergebnis / outcome, upshot

Ergebnisfeld (beim Rechnen) / calculated field

Ergibtzeichen / colon equal (:=)

Ergonomie (Wissenschaft von der Anpassung der Arbeitswelt an die Bedingungen des Menschen) / biotechnology, ergonomics, human engineering

Ergonomiker (→Ergonomie) / ergonomist

ergonomisch (→Ergonomie) / ergonomic(al)

erhalten / receive

erhalten (schützen) / preserve

Erhaltung (Bewahrung) / preservation

erheben (erforschen) / investigate

Erhebung (Untersuchung) / investigation

Erhebung (stat.) / poll

Erhebungsmethode / investigation method

Erhebungsverfahren / method of investigation

erhellen / light

erhitzen / heat

erhöhen / augment

erhöhen (auch stufenweise) / increment

Erholzeit / recovery time

Erinnerung / reminder

Erinnerungssignal / reminder signal

erkennbar / recognizable

erkennen / detect, recognize

erkennend / cognitive

Erkenntnis / cognition

Erkennung / cognition, detection, recognition

Erkennungsangaben / identifying

erklären / define, explain

erklären (erläutern) / illustrate

Erklärung / explanation

Erklärung (einer Abbildung) / legend

Erklärung (Text in einer Graphik) / callout

Erklärungsmodell / explanatory model

erlauben / license (ce), permit

Erlaubnis / permission

erlaubt / permitted

erläutern (durch Beispiel) / exemplify

Erläuterung (durch Beispiel) / exemplification

erledigen / dispatch

erledigt / settled

Erledigung / settling

Erleichterung / facility

Erlös / proceeds, profit

ermangeln / lack

ermitteln / locate, snap

Ermittlung / snapping

Ermüdung / fatigue

ermüdungssicher / fatigue-proof

ernennen (Datenschutzbeauftragten) / appoint

Ernennung / appointment

erneuern / renew

erneut benutzen / reuse

erneut versuchen / retry

erneutes Übertragen / passing-on, retransmission

eröffnen / open

eröffnete Datei (kann direkt bearbeitet werden) / open file

Eröffnung / opening

Eröffnungsanweisung / open instruction

Eröffnungsbildschirm (zeigt Namen der Software an und enthält Copyrighthinweis) / title screen

Eröffnungsprozedur / open procedure

Eröffnungsprozedur (Dialog) / sign-on procedure

erproben / prove, try

erprobt / proved, tried

erprobt (im praktischen Einsatz) / field-tested

Erprobung / proof, proving

errechnen / generate

errechnete Adresse / generated address

erregen / excite, pick

Erregung / excitation

erreichen / reach

Ersatz / substitution

Ersatz (nicht vollwertig) / surrogate

Ersatz... / alternate, backup, substitute

Ersatzkanal / alternative channel

Ersatzrechner / backup computer

Ersatzschlüssel / alternate key

Ersatzspur (einer Magnetplatte) / alternate track, alternative track, backup track

Ersatzspurbereich / alternate track area

Ersatzspurverkettungssatz / bad-track linking record

Ersatzspurzuweisung / alternate track assignment

Ersatzteil / replacement part, spare part

Ersatzteildienst / replacement part service, spare part service

Ersatzweg (Datenübertragung) / alternate route

Ersatzzeichen (Textv.: das Zeichen ‹ ~› für ein zu wiederholendes Wort) / swung dash, tilde

Ersatzzylinder / alternate cylinder, alternative cylinder

erscheinen (Buch) / issue

Erscheinung (Phänomen) / phenomenon

erschöpft / exhausted

ersetzen / replace, substitute

Ersetzen / replacing

Ersetzung / replacement, substitution

Ersetzungsbefehl / substitution instruction

Ersetzungsverfahren / substitution method

Ersetzungszeichen / replacement character

erst / first

Erst... / primary

erstatten / remunerate

Erstattung / remuneration

erstaunlich / surprising

Ersteingabe / initial input

erstellen / create

Erstellung (einer Datei) / creation

Erstellungsdatum / creation date

Erstkopiezeit / first copy-out time

erstmalige Einspeicherung / initial storage

Erstspur / primary track

Ertrag / proceeds, yield

ertragreich / productive

erwägen / consider

erwärmen / heat

Erwärmung / heating

erwarten / anticipate, await, estimate, expect, wait

Erwartung / pending, prospect

erweiterbar / extensible, upgradeable

erweitern / broaden, enhance, expand, extend, upgrade

erweitern (Text) / interpolate

erweitert / extended (abbr. XT)

erweiterte Speicherbeschreibung (Technik zur Vergrößerung des Arbeitsspeichers bei MS-DOS) / expanded memory specification (abbr. EMS)

erweiterte Technik (bei PCs, etwa um 1983) / extended technology (abbr. XT)

erweiterter Dezimal-Binär-Code (wichtiger Interncode für DV-Systeme) / extended binary-coded decimal interchange code (abbr. EBCDIC)

erweiterter Graphikstandard (Stand. für Graphikkarten) / extended graphics array (abbr. XGA)

Erweiterung / enhancement, expansion, extension, upgrading

Erweiterung (e. Textes) / interpolation

Erweiterungsbus / expansion bus

erweiterungsfähig / expandable, upgradeable

Erweiterungsfähigkeit / upgradeability

Erweiterungskarte / expansion board, expansion card

Erweiterungsplatine / upgrade board, upgrade card

Erweiterungsprogramm / extension program

Erweiterungsspeicher / add-on memory

Erweiterungsspeicher (bei MS-DOS) / expanded memory

Erweiterungsspeicherkarte / expanded memory board

Erweiterungsspeicherkonzept (für MS-DOS) / expanded memory specification (abbr. EMS)

Erweiterungssteckplatz / expansion slot

Erwerb / purchasing

erwerben / gain, purchase

erwerbstätig / gainfully employed

erzeugen / generate, produce

erzeugend / generating

Erzeuger / creator, generator

Erzeugnis / make, product

Erzeugung / generation, production

Erzeugungsanweisung / generate statement

Erziehungswissenschaft / pedagogy

Erzwingung / forcing

erzwungen / forced

erzwungener Seitenumbruch (Textv.) / forced page break, hard return

Etage / floor

Etappe / hop

Ethernet (verbreiteter Ortsnetzstandard) / Ethernet

Etikett / label, tag, ticket

Etikettdrucker / label printer, ticket printer

etikettieren / label, tag

Etikettleser / ticket reader

Europäischer Computer-Hersteller-Verband / European Computer Manufacturers Association (abbr. ECMA)

Europäisches Artikelnummernsystem (EAN) / european article numbering system (EAN)

Europaplatine (genormt 100 × 160 mm) / eurocard, europe card

evakuieren (ein Vakuum aufbauen) / evacuate, rarefy

Eventualfall (Katastrophe) / contingency

Evolvente (math.) / involute

EXAPT (Programmiersprache für numerische Werkzeugmaschinensteuerung) / extended automatic programming for tools (abbr. EXAPT)

exemplarisch / exemplary

exklusiv / exclusive

exklusives ODER (Antivalenz) / anticoincidence, EITHER-OR operation, exclusive OR, nonequivalence

Experiment / experiment

Experte (Fachmann) / expert

Experte (eigentl. Hexenmeister) / wizard

Expertensystem (DV-System zur Speicherung und Auswertung großer, spezialisierter Informationsmengen) / expert system

Expertensystemschale (Systemprogramm ohne Wissensbasis; Wissensv.) / expert system shell

Expertenwissen / expert knowledge

explizit / explicit

explizite Adresse (enthält Angaben über Länge des Operanden und Basisregister) / explicit address

explizite Adressierung / explicit addressing

explizite Längenangabe / explicit length specification

Explosionsbild / explosion picture
Explosionsdarstelllung / exploded view
Exponent / exponent, superscript
Exponentialzeichen (meist ‹∗∗› oder ‹ ˆ ›) / caret, exponential sign
exponentiell / exponential
exponentielle Darstellung (Gleitkommazahl) / exponential notation, exponential representation
extern / external
externe Darstellung / external representation
externe Datei / external file
externe Daten / external data
externe Datenerfassung / external data gathering
externe Datensicherung / external data safeguarding
externe Datensicht / external data view, user view
externe Datenverarbeitung / external data processing
externe Funktion / external function (abbr. XFCN)
externe Kommunikation / external communication
externe Operation / external operation
externe Rechenzeit / external runtime
externe Revision / external auditing
externe Speicherplatte (im separaten Gerät) / external hard disk
externe Steuereinheit / external control unit, external controller
externe Steuerung / external control
externe Unterbrechung / external interrupt
externe Verarbeitung / external processing
externe Verarbeitungsgeschwindigkeit / external processing speed
externer Befehl / external command (abbr. XCMD), external instruction, external operation
externer Beleg / external document
externer Bus / external bus
externer Datenschutzbeauftragter / external data protection officer

externer Direktzugriffsspeicher / direct access volume
externer Rechner (außer Haus) / external computer
externer Speicher / external storage, peripheral storage
externer Verweis (auf ein anderes Programm) / extend reference
externer Zeichenvorrat / external character set
externes Format / external format, input-output format
externes Modem (nicht in den PC integriert) / external modem
externes Suchen / external search
externes Zeichen / external character
Externsortierung / external sorting
Extra... / extra...
extrahieren (aus Datenbeständen auswählen) / extract
Extrahierung (Form eines Hash-Codes) / bit extraction
Extrakt / extraction
Extrapolation / extrapolation
extrapolieren / extrapolate
Extrem(wert) / extreme

F

Fabrik / factory, mill, plant
Fabrik der Zukunft / factory of the future
Fabrikanlage / factory, plant
Fabrikation / manufacturing
fabrikneu / virgin
fabrizieren / fabricate
Fach / case
Fachabteilung / enduser department
Facharbeiter / skilled worker
Fachausdruck / technical term
Fachausdrücke / nomenclature
Fachausstellung / special fair
Fachgebiet / specialism, subject
Fachgeschäft / one-line business
fachkundig / learned

fachlich erfahren / skil(l)ful, skilled

fachliche Qualifikation / professionalism

Fachmann / domain expert, expert, specialist, technician

fachmännisch / specialistic

Fachmesse / special fair

Fachnormenausschuß / engineering standards committee

Fachsimpelei / shoptalk

Fachsprache / nomenclatures, shop language, special language, technical terminology, terminology

Fachverband / professional association

Fachwissen / domain knowledge

Fachzeitschrift / professional journal, technical journal

Factoring (Finanzierungsmethode durch Verkauf von eigenen Forderungen) / factoring

Fadenkreuz / reticle, reticule

Fadenkreuzeinrichtung / reticle facility

Fadenkreuzlupe / reticle lens

fähig / able, capable

Fähigkeit / ability

Fähigkeit (berufliche Erfahrung) / proficiency

fahrbar / mobile

Fahrzeugelektronik / automotive electronics

Faksimile (genaue Kopie) / facsimile

Faksimilezeitung (übertragen über Fernkopierer) / facsimile newspaper

Faktor (math.) / factor

Faktorenanalyse / factor analysis

faktoriell (math.: n-Fakultät betreffend) / factorial

Fakturiermaschine / invoicing machine

Fakultät (math.) / factorial

fällig / due, receivable

fällig (Schuld) / payable

Fälligkeitsdatum / aging date

falls / if

Fallstudie / case study

Falltür (Bez. für Computervirus) / trapdoor

fallweise Wartung / remedial maintenance

falsch / bogus (sl.), false, illegal, improper, incorrect, wrong

falsch... / mis..., pseudo...

falsch adressieren / misdirect

falsch adressierte Mail-Box-Nachricht / dead letter

falsch auswerten / misinterpret

falsch datieren / misdate

falsch handhaben / mishandle

falsch informieren / misinform

falsch schreiben / misspell

Falschausrichtung / misalignment

Falschauswertung / misinterpretation

falsche Adresse / misdirection

falsche Anwendung / misapplication

fälschen / falsify, forge, fudge (sl.), imitate

falsches Datum / misdate

Falschtrennung (Silbentrennung) / bad break

Fälschung / falsification, forgery, fudge (sl.), imitation, sham

Fälschungssicherheit / falsification security

Falte / fold

falten / fold

Faltprospekt / folder

Falz / fold

Falzabstand / fold spacing

falzen / fold

Falzperforation / folding perforation

Familie (von Systemen) / family

Familientelephon (mit mehreren Nebenanschlüssen) / family telephone

fangen (von Ladungsträgern in einem Halbl.) / trap

Fangen (von Ladungsträgern in einem Halbl.) / trapping

Fangschaltung / call tracing

Farad (Maßeinheit der el. Kapazität) / farad

Faradayscher Käfig / Faraday cage

Farbabtaster / colo(u)r scanner

Farbauswahl-Dialogfeld / colo(u)r dialog box

Farbauswahlmenü / colo(u)r schema

Farbband / ink ribbon, ribbon

Farbbandhub / ribbon lift

Farbbandkassette / ribbon cartridge

Farbbandumschaltung / ribbon shift

Farbbandzoneneinsteller / ribbon zone selector

Farbbefehl / colo(u)r instruction

Farbbildschirm / chromatic terminal, colo(u)r monitor, colo(u)r screen, colo(u)r terminal, multichrome screen

Farbdarstellung / colo(u)r representation

Farbdichte / ink density

Farbe / color (= am.), colour (= brit.)

Farbe (des Druckers) / ink

Farbechtheit / colo(u)r fastness

farbempfindlich / panchromatic(al)

farbfreie Stelle / void

Farbgebung / colo(u)ration

Farbgraphik-Karte / colo(u)r graphics adapter (abbr. CGA)

Farbhelligkeit / colo(u)r brightness

farbig / chromatic(al)

Farbmodell (z. B. RGB) / colo(u)r model

Farbqualität (Farbton plus Farbsättigung) / chroma

Farbplotter / colo(u)r plotter

Farbsättigung / colo(u)r saturation

Farbscanner / colo(u)r scanner

Farbsignal (in einem Videosignal) / chrominance

Farbstoff(teilchen) / pigment

Farbstoff-Polymer-Aufzeichnung (Form der Speicherung bei überschreibbaren Bildpl.) / dye-polymer recording

Farbstufendarstellung (ohne kontinuierliche Übergänge) / contouring

Farbtabelle / colo(u)r chart

Farbton / colo(u)r shade, hue, tincture, tone

Farbtuch (des Druckers) / ink cloth

Farbumsetztabelle / colo(u)r look-up table, video look-up table

Farbzeichengerät / colo(u)r plotter

Faser / fiber, fibre

faserförmig / fibrous

Fassung / mounting, socket

Fassungsvermögen / capacity, reach

Faustregel / rule of thumb

Feder / spring

Federklemme / spring clip

Federkraft / spring

federn / spring

federnd / springy

Federung / spring, springing

Fehlanzeige / nil return

Fehleingabe / misentry

fehlend / missing, omitted

Fehler / defect, error, failure, fault, incident, mistake

Fehler (des Speichermed.) / blemish

Fehler beseitigen / debug

Fehler suchen / troubleshoot

Fehlerabgrenzung / trouble locating

Fehlerablagefach (bei Beleglesern) / error forms stacker

Fehleradresse / error location

Fehleranalyse / error analysis, fault analysis, fault isolation

fehleranfällig / fault-prone

Fehleranzeige / failure indicator, fault indicator

fehleranzeigendes Prüfverfahren / error-detecting check method

Fehlerart / type of error, type of fault

Fehlerausdruck / error printout

Fehlerausgabe / error typeout

Fehlerbehandlung / error handling

fehlerbehebend / corrective

fehlerbehebende Wartung / corrective maintenance

Fehlerberechnung / error calculation

Fehlerbereich / error span

Fehlerberichtigung / error correction

Fehlerbeseitigung / debugging, error recovery, fault recovery

Fehlerbyte / error byte

Fehlerdiagnose / error diagnosis, fault diagnosis

Fehlererkennung / error detection

Fehlererkennung (automatisch durch Programm) / error trapping

Fehlererkennungscode / error-checking code, error-detecting code

fehlerfrei / accurate, correct, error-free, exact

Fehlerfreiheit / accuracy, correctness

Fehlerfortpflanzung / error propagation

fehlerhaft / bad, defective, erroneous, faulty, imperfect, incorrect, uncorrect

fehlerhaft (Programmbeendigung) / abnormal

fehlerhafte Stelle / flaw

fehlerhafte Verzweigung / wild branch

fehlerhaftes Ende / abnormal end (abbr. abend)

Fehlerhäufigkeit / error rate, failure frequency, failure rate

Fehlerhinweis / error prompt

Fehlerkontrolle / error check, error checking

Fehlerkorrekturcode / error-correcting code

fehlerkorrigierendes Prüfverfahren / error-correcting check method

Fehlerliste / error list

fehlerlos / perfect

Fehlermeldung / error message, logout

Fehlernachricht (wird ständig wiederholt, bis der Fehler behoben ist) / beacon message

Fehlerprotokollierung / failure logging

Fehlerprüfprogramm / error-checking program

Fehlerprüfung / error checking

Fehlerregister / error register

Fehlerroutine / error routine

Fehlersektor (Magnetplatte, -diskette) / bad sector

Fehlersignal / alarm

Fehlerspur (Magnetplatte, -diskette) / bad track

Fehlerspurverzeichnis / bad-track table

Fehlerstatistik / error statistic

Fehlerstelle (im Kristallgitter) / imperfection

Fehlerstelle (auf einem Speichermedium) / blemish

Fehlerstop (im Programm) / error stop

Fehlersuche / fault location, troubleshooting

Fehlersuchliste / troubleshooting chart

fehlertolerant (widerstandsfähig gegen Fehler) / tolerant

fehlertoleranter Rechner / tolerant computer

fehlertolerantes System / fault-tolerant system

Fehlertoleranz / fault tolerance

Fehlerüberwachung / error supervision

Fehlerunterbrechung / error interrupt

Fehlerursache / error cause, failure c.

fehlerverdächtig / suspect

Fehlerverfolgung / error tracing

Fehlerverhältnis (prozentuale Fehlerhäufigkeit) / error ratio

Fehlerwahrscheinlichkeit / error probability

Fehlerzeichen / error code

fehlgeleitet / misrouted, missent

Fehlinformation / misinformation

fehlleiten / misroute, missend

fehllochen / mispunch

Fehllochung / mispunching

Fehlstelle / void

fein / fine

fein verteilen / disperse

fein verteilt / dispersed

Feinabstimmung / fine coordination

Feindiagramm / fine diagram

Feineinstellung / fine tuning, vernier

Feinjustierung / vernier adjustment

Feinmechanik / light engineering, precision mechanics

feinschleifen / hone

Feinverteilung / dispersion

Feinwerktechnik / precision engineering

Feld / array, field

Feld (Bedienungsfeld) / panel

Feld (Tab-Kalk.) / cell

Feld mit fester Länge / fixed-length field

Feldadresse / field address

Feldadresse (Tab-Kalk.) / cell address

Feldattribut / field attribute

Feldauswahl / field selection

Feldbegrenzung / field boundary

Felddefinition / field definition

Feldeffekttransistor (Abk. FET) / field-effect transistor (abbr. FET)

Feldergebnis (eines realen Versuchs) / field finding

Feldexperiment / field experiment

Feldformat / field format

Feldgröße / field size

Feldgröße (Tab-Kalk.) / cell format

Feldinhalt / field contents

Feldinhaltsfestlegung (Tab-Kalk.) / cell definition

Feldlänge / field length, field width, length of data field

Feldlängenangabe / field-length specification

Feldlängenfeld / field-length field

Feldname / field name, identifier

Feldnamensverzeichnis / identifier list

Feldprüfung / field check

Feldrechner / array processor, vector computer

Feldschlüssel / field code, field key

Feldsicherung (Tab-Kalk.) / cell protection

Feldteiler / field separator

Feldüberlauf / field overflow

Feldübertragung / field transport

Feldversuch / field experiment, field study, field trial

Feldverweis (Tab-Kalk.) / cell reference

Feldzeiger (Cursor bei Tab-Kalk.) / cell pointer

Femtosekunde (10^{-15} Sekunden, Abk. fs) / femtosecond (abbr. fs)

Fenster (Teil des Bildschirms) / screen window, window

Fenster (zum Sinnbild) verkleinern / minimize

Fenstereigenschaft / window attribute, window property

Fensteröffnung / window opening

Fensterschließung / window closing

Fenstersoftware (läuft unter graph. Ben-Ob.) / windowing software

Fenstertechnik / windowing

Fenstertransformation / window transformation

Fensterumgebung (graph. Ben-Ob.) / windowing environment

Fensterumschlag / panel envelope

fern... / remote, tele...

Fern... / remote, tele...

Fernabfrage / remote inquiry

Fernalarmierung / remote alarm

Fernausgabe / remote output

fernbedienen / teleguide

Fernbedienung / teleguidance

Fernbedienungsgerät / remote control device

Fernbedienungsgerät (von Fernsehgeräten) / key pad

Fernbetrieb / remote mode

Fernbetriebseinheit / communication control unit, communication controller

Ferndiagnose / remote diagnosis, telediagnosis

Ferndiagnosesystem / remote diagnostic system

ferndiagnostizieren / telediagnose

Ferneingabe / remote entry, remote input

ferngesteuert / remote-controlled

Fernkamera / telephote

Fernkopie / facsimile (abbr. FAX), telecopy

Fernkopieranschluß / facsimile transmission line

Fernkopierdienst / facsimile transmission service

Fernkopier-Diensteinheit / fax server

Fernkopierempfänger / facsimile receiver

fernkopieren / telecopy, telefax

Fernkopieren / facsimile communication, facsimile telegraphy, fascimile transmission, telecopying, telefax

Fernkopierer / facsimile station, remote copier, telecopier, telefax unit

Fernkopiergerät / facsimile machine, fax machine, remote copier, telecopier

Fernkopier(steck)karte (für einen PC) / fax board

Fernkopierleitung / facsimile subscriber line

Fernkopiermodem / fax modem

Fernkopiersender / facsim. transmitter

Fernleitung / long-distance line

Fernlenkung / radio control

Fernmeldeanlage / telecommunication equipment

Fernmeldebehörde / telecommunication authority

Fernmeldedienst / signal-service, telecommunication service

Fernmeldeeinrichtung / telecommunication equipment

Fernmeldegebühren / telecommunication charges

Fernmeldeingenieur / telecommunication engineer

Fernmeldeleitung / telecommunication line

Fernmeldemonopol / telecommunication monopoly

Fernmeldeordnung / telecommunication decree

Fernmelderecht / telecommunication law

Fernmeldesatellit / telecommunication satellite

Fernmeldetechnik / telecommunications, telecommunications engineering

fernmessen / telemeter

Fernmeßgerät / telemeter

Fernmeßtechnik / telemetry

Fernmessung / telemetering, telemetry

Fernmeßvermittlungsstelle / telemetry exchange (abbr. TEMEX)

Fernnetz / wide area network (abbr. WAN)

Fernprogrammierung / teleprogramming

Fernschalten / telesignal(l)ing

Fernschaltgerät / signal(l)ing unit

Fernschreibcode / five-channel code

Fernschreibdienst / telex service

Fernschreibdirektruf / teleprinter direct call

fernschreiben / telegraph, teleprint, telescript, teletype

fernschreiben (mit Fernkopiereinrichtungen) / telewrite

Fernschreiben (als einzelne Nachricht) / teleprinter message

Fernschreiben (als Technik) / alphabetic telegraphy, teleprinted communication, teleprinter communication

Fernschreibgebühr / teleprinter charge

Fernschreibgerät / teleprinter, teletypewriter (abbr. TTY)

Fernschreibleitung / telegraph line, teleprinter line

Fernschreiblochstreifen / five-channel tape, teleprinter tape

Fernschreibnetz / telegraph network, teleprinter network

Fernschreibsystem / telex system

Fernschreibtastatur / teleprinter keyboard

Fernschreibvermittlung / telegraph exchange (abbr. telex)

Fernschreibzeichen / teleprinter character

Fernsehbildschirm / telescreen

fernsehen / teleview

Fernsehen / television

Fernsehgerät / television set

Fernsehkamera / telecamera

Fernsehsendung / telecast

Fernsehzuschauer / televisor, viewer

Fernsprechanschluß / telephone subscriber line

Fernsprechanzeige (am Fernsprechgerät) / telephone display

Fernsprechapparat / telephone set

Fernsprechbandbreite / telephone bandwidth

fernsprechen → telephonieren / telephone

Fernsprecher → Telephon / telephone set

Fernsprechgebühren / telephone charges, toll

Fernsprechkonferenz / audioconference

Fernsprechleitung / telephone line

Fernsprechnetz / telephone network

Fernsprechvermittlung / telephone switching

Fernsprechvermittlungsstelle / telephone exchange, telephone switching center

Fernsprechverzeichnis / telephone directory

Fernsprechwesen / telephony

fernsteuern / telecommand, telecontrol

Fernsteuern / telecommand, telecontrol

Fernsteuerung / remote control, telecommand, telecontrol

fernübertragen / telecommunicate

Fernübertragung / telecommunication

fernüberwachen / telediagnose, telemonitor

Fernüberwachung / telemonitoring

Fernüberwachungsgerät / telemonitor

fernverarbeiten / teleprocess

Fernverarbeitung / teleprocessing

fernwarten / telemaintain

Fernwartung / on-line maintenance, remote maintenance, telemaintenance

Fernwirksystem / remote control system

Fernwirkung / distant effect, side effect

Fernzeichnen / teledrawing

Fernzugriff / remote access

Ferrit (Eisenoxidart) / ferrite

Ferritkern / ferrite core

Ferritkernspeicher / ferrite core memory

ferromagnetisch / ferromagnetic(al)

Fertig... / canned

Fertigprogramm / prefabricated program

fertigstellen / finish

Fertigung / fabrication, production

Fertigungsautomatisierung / manufacturing automation

Fertigungsplan / production schedule

Fertigungssteuerung / production control

fest / solid

fest (beständig) / firm, non-varying

fest (Länge) / fix, fixed

fest verbunden / non-switched

Festbild / fixed image, still image, still picture

Festbildkommunikation / fixed-image communication

Festbildspeicher / fixed-image memory

feste Blocklänge / fixed block length

feste Daten / constant data

feste Feldlänge / fixed field length

feste Länge / fixed length

feste Satzlänge / fixed record length

feste Wortlänge / fixed word length

fester Ausdruck / constant expression

fester Datensatz / fixed data record

festes Datenfeld / fixed data item

festes Format / fixed format

Festfrequenz-Bildschirm / fixed-frequency monitor

festgelegt / fixed

festgeschaltet / permanently connected, permanently switched, point-to-point switched

festgeschaltete Verbindung / non-switched line

festgesetzt / set

festhalten / hold down, retain

festklammern / clip

festklemmen / clamp, clip

Festkomma / fixed point

Festkommazahl / fixed-point arithmetic, fixed-point computation, integer arithmetic

Festkommabefehl / fixed-point instruction

Festkommadarstellung / fixed-point notation, fixed-point representation

Festkommavariable / fixed-point variable, integer variable

Festkommazahl / binary integer, fixed-point number, integer

Festkopf / fixed magnetic head

Festkopfplatte (jede Spur mit eigenem Kopf) / fixed-head disk, head-per-track disk drive

Festkörper / solid body, solid state

Festkörper... / solid-state

Festkörpermodell / solid model

Festkörperphysik / solid-state physics

Festkörperschaltkreis / solid logic

Festkörperschaltung / monolith

Festlängenoperand / fixed-length operand

festlegen / fix, predefine, rule, state

Festlegung / predefinition
Festleitung / tie line
Festplatte / fixed disk, fixed magnetic disk, fixed storage
Festplattenlaufwerk / fixed-disk drive
Festplatten-Schnittstelle (Stand.) / enhanced small drive interface (abbr. ESDI)
Festplattenspeicher / fixed-disk storage
Festprogramm / fixed program, hardwired program
Festprogramme (eines DV-Systems) / firmware
festprogrammiert / fix-programmed
Festpunkt / fixed point
Festspeicher (Nur-Lese-Speicher) / hardwired memory, non-erasable storage, read-only memory (ROM)
Festspeicherschrift / built-in font
Festspeicher-Steckkarte / ROM card
feststellbar (ermittelbar) / ascertainable
feststellbare Taste / stay-down key
feststellen (ermitteln) / ascertain
feststellen (der Umschalttaste) / shift lock
Feststelltaste (für Umschalttaste) / capslock key, shift-lock key
Feststellung / statement
festverdrahtet / hardwired, wired
festverdrahtete Steuerung / hardwired controller
festverdrahteter Speicher (Festspeicher) / hardwired memory
festverdrahtetes Programm (Festprogramm) / hardwired program
Fest-Wechsel-Platte / fixed and removal disk
Festwert / constant
Festwort / fix-length word
FET (Abk. → Feldeffekttransistor) / field-effect transistor (abbr. FET)
fett (Schrift) / bold
Fettdruck / bold-face printing, heavy print
feucht / humid, moist, wet
Feuchtigkeit / humidity, moisture

Feuchtigkeitsanzeiger / hygroscope
feuchtigkeitsbindend / hygroscopic(al)
feuchtigkeitsfest / moisture-proof
Feuchtigkeitsgehalt / humidity
Feuchtigkeitsmesser / hygrometer
feuerbeständig / fire-resistant
feuerfestes Glas / silex
feuergefährlich / inflammable
Feuerlöschanlage / sprinkler system
Feuerlöscher / extinguisher
Feuermelder / fire alarm system
feuersicher / fire-proof
Feuerwehr / fire-brigade
Fibonacci-Zahl (math.) / Fibonacci number
FIFO-Methode (bei Warteschlangen: erstes ankommendes Signal wird auch zuerst bearbeitet) / FIFO (abbr. first in, first out)
figurative Konstante (besondere Art von Literalen) / figurative constant
Film / film
Filmaufzeichner (zur Aufzeichnung von Bildschirminhalten) / film recorder
Filmspeicher / photo-optical storage
FILO-Methode (bei Kellerspeichern: zuerst eingegebenes Signal wird als letztes wieder ausgegeben) / FILO (abbr. first in, last out)
Filter / cascade connection, drain, filter
Filter (Ausführung mehrerer Funktionen nacheinander an derselben Datei) / pipe
filtern / drain, filter
Filterprogramm / filter program
Filterzeichen (das Zeichen ‹ | ›) / pipe sign
Filz / felt
Filzschreiber / felt-tip pen
Finalität / finality
Finanzbuchhaltung / financial accountancy
finanziell / financial
Finanzierungsgesellschaft / finance company
Finanzverwaltung / financial management

Finanzwesen / finance

Fingerabdruckerkennung / dactylogram recognition, fingerprint recognition

Fingerabdruck-Erkennungsgerät / fingerprint recorder

Fingerabdruckidentifikation / dactyloscopy

finit (endlich) / finite

Firmennetz (weltweites) / company network

Firmware (Festprogramm eines DV-Systems) / firmware

fixieren / fix, locate

fixieren (des Druckbildes beim Laserdrucker) / fuse

Fixieren / locking

Fixierstation (beim Laserdrucker) / fuser station

Fixierung (des Druckbildes beim Laserdrucker) / fusing

Fixkosten / fixed costs

Fixpunkt / breakpoint, checkpoint, ledger

Fixpunktsatz / breakpoint record

Fixpunktverfahren / breakpoint method, checkpoint method

Fixpunktwiederanlauf / checkpoint restart

flach / flat, plain, plane, tabular

Flachbaugruppe / flat module

Flachbett (eines Zeichengerätes) / flatbed

Flachbettscanner / flatbed scanner

Flachbettzeichengerät / flatbed plotter

Flachbildschirm / flat-panel display, flat screen

Fläche / plain, plane

Flachelektronenstrahlröhre / flat cathode-ray display

Flächendiagramm / plane chart

Flächendiode / junction diode

Flächenfüllfunktion (graph.) / faucet

Flächengleichrichter / surface-contact rectifier

Flächengraphik / area graphic

Flächenmodell (graph.) / surface model

Flächentransistor / junction transistor

Flächenwiderstand / sheet resistance

Flachgehäuse (für integrierte Schaltungen) / flat pack

Flachkabel / ribbon cable

Flachtastatur / horizontal keyboard, low-profile keyboard

flackern / glint

Flackern / glint

Flankensteuerung / signal edge triggering

Flansch / flange

Flanschdichtung / gasket

flattern (el.) / jitter

Flattern (el.) / jitter

Flattern (Zustand, in dem das System nur Seiten lädt, aber keine Programme abarbeitet) / thrashing, unbalanced state

Flattersatz (Druckt.) / unjustified output, unjustified print

Fleck / spot

Fleck (Schmutzfleck) / blot

fleckenfrei / stainless

flicken / patch

Flicken / patch

fliegen / fly

fliegender Druck / hit-on-the-fly print, on-the-fly print

fliegender Magnetkopf / floating head, flying head

Fließband / line-assembly, pipeline

Fließbandkonzept (bei Befehlsausführung) / pipeline conception

Fließbandverarbeitung (mehrerer Befehle in der Steuereinheit eines Rechners) / pipelining

fließen / flow

fließend / floating

Fließkomma → Gleitkomma

Fließtext (Textv.) / continuous text, soft return, word-wrapping

flimmerfrei / flickerfree, flickerless, glimmerfree

Flimmerfreiheit / flickerlessness

flimmern / flicker, glimmer

Flimmern / flicker, flickering, glimmer

Flipflop-Register / bistable circuit, bistable multivibrator, flipflop register

Flipflop-Schaltung / flipflop circuit

flüchtig / non-permanent, transient, volatile

flüchtiger Speicher (der bei Stromabschaltung seinen Inhalt verliert) / volatile memory, volatile storage

Flüchtigkeit (von Speichern) / volatility

Flughöhe (Kopfabstand bei Platten) / gap, head gap, head-to-disk distance

Flugnavigation mit Radar und Fernsehen / teleran (abbr. television radar air navigation)

Flugsimulator / flight simulator

Fluktuation / attrition, fluctuation

fluoreszieren / fluoresce

fluoreszierend / fluorescent

Fluß / flow, flux

Flußdiagramm / flowchart

flüssig / fluid, liquid

Flüssigkeit / fluid, liquid

Flüssigkristallanzeige / liquid-crystal display (abbr. LCD)

Flüssigkristallanzeige-Drucker (Seitendruckertyp) / LCD printer

Flüssigkristallbildschirm (mit Hintergrundbeleuchtung) / backlit display

Flußlinie / flow line

Flußrate (je Zeiteinheit) / flow rate

Flußwechsel (magn.) / flux change, flux reversal

Folge / succession

Folge (Reihe) / series, train

Folge (Sequenz) / sequence

Folge... / sequential

Folge von... / sequence of ...

Folge von Standbildern (Mult-Med.) / slide show

Folgeadresse / chaining address, continuation address

Folgeband / continuation tape

Folgebild (bei Bildschirmarbeit) / continuation screen

Folgefehler / sequence error

folgegebunden / sequenced

Folgekontrolle / sequence check

folgen / follow

folgen (nachfolgen) / ensue

folgen (räumlich u. zeitlich) / succeed

folgen auf / follow

folgend / following, next, sequent

folgend (räumlich u. zeitlich) / succeeding, successive

Folgeprogramm / successor program

folgerichtig / consistent

Folgerichtigkeit / consistence, consistency

folgern / infer

Folgerung / implication, inference

Folgesatz / continuation record

Folgesteuerung / sequence control

Folie / foil

Folientastatur / membrane keyboard, plastic-foil keyboard

Folioformat (am. Papierformat, 8,5 × 11 Zoll) / folio format

forcieren / force

Förderbahn / conveyor

fördern (transportieren) / further, lift

fördern (vorantreiben) / push

Förderschnecke / screw-conveyor

Förderung / furthering

Förderung (Unterstützung) / promotion

Forderungen / receivables

Form / form, shape

Form (Guß...) / mould

formal / formal

formal falsch / invalid

formale Logik / formal logic, symbolic logic

formale Sprache / formal language, formalized language

formaler Test / formal test

formalisieren / formalize

Formalisierung / formalization

Formalismus / formalism

Formalziel / formal objective

Format / format

Formatangabe / format specification

Formatanweisung / format statement

Formatbeschreibung / format description, picture

Formatbibliothek / format library

Formatdatei / format file

Formateinblendung (Bildschirmmaske) / format superimposition

Formatfehler / format error

formatfrei / nonformatted, unformatted
formatieren / format
Formatierer / formatter
formatiert / formatted
formatierte Daten / formatted data
formatierte Datenbank / formatted
data base system
Formatierung / formatting
Formatkennzeichen / format identifier, format label
Formatkontrolle / format check
Formatname / format name
Formatspeicher / format storage
Formatumwandlung / coercion
Formatvereinbarung / format declaration
Formatverwalter (Dienstprogramm) /
format manager
Formatvorschrift / format requirement
Formatzeichen / format character
Formcode / graphic code
Formel / formula
Formelbearbeitungsleiste (Tab-Kalk.) / formula bar
formen / form, model, mould, pattern,
shape
Formfehler / formal error, syntactic error, syntax error
Formgebung / shaping
Formgestaltung / styling
Formular / form, paper
Formularablage (bei Druckern) / forms
stacker
Formularabmessung / form dimension
Formularanfang / top of form
Formularanfangsvorschub / top-form
feed operation
Formularaufbau / form layout
Formularausrichtung / forms adjustment, forms alignment
Formularbreite / form width
Formulardrucker / forms printer
Formularende / end of form, printer
overflow
Formularentwurf / form layout, forms
design, spacing
Formularentwurfsblatt / form layout
sheet

Formularformat / forms format
Formularführung (beim Drucker) /
forms guide
Formulargestaltung / form layout
Formularhöhe / form depth
Formularkennzeichnung / form identifier
Formularkopf / form heading
Formularkörper / form body
Formularsatz / form set
Formularstellungsloch (zur Kontrolle
der Zeilensteuerung bei Endlosformularen) / forms position checkhole
Formularsteuerungslochstreifen /
printer carriage tape
Formularträger (Endlosbahn für zu bedruckende Gegenstände, z. B. Ausweiskarten) / forms carrier
Formularverwaltung / forms management
Formularvordruck / preprinted form
Formularvorschub / form feed
Formularvorschubsteuerung / form
feed control
Formularwechsel (beim Drucker) /
form overflow
Formvorschrift / formal requirement
formwidrig / informal
Formwidrigkeit / informality
forschen / research
Forschung / research
Forschungsstätte / laboratory
Fortdauer / persistence, persistency
fortdauern / persist
fortgeschritten / advanced, sophisticated
fortgeschrittene Technik / advanced
technology (abbr. AT)
FORTH (nichtprozedurale Programmiersprache) / FORTH (abbr. fourth
= 4th)
fortlaufend / serial, successive
fortlaufende Numerierung / consecutive numbering, serial numbering
fortlaufende Reihenfolge / sequential
order
fortlaufende Sicherung / incremental
backup

fortlaufender Druck (mehrerer Datei-en) / chained printing

Fortpflanzungsfehler / propagated error

FORTRAN (Name einer mathematischen Programmiersprache) / FORTRAN (abbr. formula translator)

Fortschaltung / advancing

fortschreiben / update

Fortschreibung / updating service

fortschreiten / advance, progress

Fortschreiten / advancing, progressing, progression

fortschreitend / advancing, progressing, progressive

Fortschritt / advance, progress

fortsetzen / continue, proceed

Fortsetzung / continuation, proceeding

Fortsetzungszeile / continuation line

fortwährende Fehleranzeige (bis der Fehler behoben ist) / beaconing

Fort- und Weiterbildung / advanced training, supplementary education

Fracht / freight

Frage / query, question

Frage-Antwort-System / question-answer system

Frage-Antwort-Zyklus / inquiry-response cycle

fragen / question

Fragezeichen / interrogation point, interrogation mark, question mark

fraglich / questionable

fragmentiert (in Fragmenten gespeichert) / fragmented

Fragmentierung (Verteilung einer Datei auf unterschiedliche Speicherbereiche) / fragmentation

Fraktal (unregelmäßiges Muster, aus geom. Funktionen gebildet) / fractal

Fraktalgeometrie / fractal geometry

Fraktur (Schriftart) / black letter, german type

frankieren / prepay, stamp

Frankiermaschine / franking machine

frankiert / post-paid

Frankierung / prepayment

Fräsmaschine / mill

Frau / woman

Frauen / women

Frauenarbeit / woman's work

frei / free, idle, spare, uncommitted, unreserved

...frei / ...less, no..., non...

frei definierbares Zeichen (Btx.) / dynamically redefinable character

frei programmierbar / freely programmable

frei programmierbares Steuerwerk / RAM-programmed control unit

frei benutzbare Software / public domain software

frei beweglich / freemoving

freie Abfrage / open query

freie Daten (i. S. des BDSG) / free data, unrestricted data

freie Fläche / clear band

freie Kapazität / spare capacity

freie Programmierung / free programmability

freier Anschluß / flying lead

freier Arbeitsspeicherbereich / dynamic working storage area

freier Datenträger / free data carrier

freier Dialog / free dialog

freier Parameter / arbitrary parameter

freies Format / free format

freies Gerät / unassigned device

freies Zeichnen / free drawing

Freigabe / deallocation, release

Freigabe (Leitung) / enabling, unblocking

Freigabeankündigung / release notice

Freigabedatum / data expired, expiration date

Freigabenummer (einer Programmversion) / release number

Freigabesignal / enabling signal

Freigabetaste / carrriage return key, data enter key, enter key, return key

freigeben / deallocate, enable, free, release

freigeben (Leitung) / clear, unblock

Freihandlinie (graph. DV) / dragging

Freihandzeichenprogramm / draw program, drawing program

Freihandzeichenwerkzeug / draw tool
Freihandzeichnen / freehand drawing
freilaufend / freewheeling
Freileitung / open wire
Freiliste (für Arbeitsspeicher) / address available table
Freimachung (einer Leitung) / clearance
Freiplatzverwaltung (bei Speichern) / free storage administration
freischwingend / freerunning
Freispeicherliste / free memory table
freistehend / freestandig
Freitext / free text
Freiton (Tel.) / ringing tone
Freiware (Software, die kostenlos verfügbar ist) / freeware
Freizone (eines Beleges) / clear area
fremd / extrinsic(al), foreign, strange
Fremd... / extraneous
Fremdassembler (Kreuzassembler, Wirtsassembler) / cross assembler
Fremdcompiler (Kreuzcompiler, Wirtscompiler) / cross compiler
Fremderregung / separate excitation
Fremdformat / foreign format
Fremdgerät / alien machine, foreign device
Fremdgerätelieferant (Lieferant von fremden Geräten unter eigenem Namen) / original equipment manufacturer
Fremdherstellung / extraneous making
Fremdhilfe / outside help
Fremdkapital / outside capital
Fremdkontrolle / external supervision
Fremdprogrammierung / extraneous programming, outside programming
Fremdschicht (Halbl.) / pollution layer
Fremdsoftware / extraneous software
Fremdsprachenübersetzung / foreign language translation
Fremdsystem / strange system
frequent / frequent
Frequenz / frequency
frequenzabhängig / periodic(al), tuned
Frequenzabtastung / frequency scanning

Frequenzband / frequency band, wave band
Frequenzbereich / frequency band
Frequenzfilter / frequency filter
Frequenzmodulation / frequency modulation (abbr. FM)
Frequenzmultiplexverfahren / frequency-division multiplexing
Frequenzteilung / frequency division
Frequenzumschaltung / frequency shift keying
frequenzunabhängig / aperiodic(al), untuned
Frequenzzähler / frequency counter
Friktionsantrieb / friction drive
Friktionsvorschub (bei einfachen Druckern) / friction feed
Fritte (Sintermasse) / frit
Fritter (einfacher Detektor) / coherer
Fronteinzug / front feeder
frühest / first
Frühwarnsystem / early warning system
frühzeitig / early
fs (Abk. f. →Femtosekunde; = 10^{-15} Sekunden) / femtosecond (abbr. fs)
Fuge / seam
fühlbar / palpable, sensible, tactile
Fühlbarkeit / tactility
Fühler / detector
Fühlhebel / sensing lever
führen / guide
führen (mech.) / steer
führend (Ziffern) / leading
führende Null / leading zero, left-hand zero
Führung (Menschenführung) / leadership
Führungsaufgabe / executive function
Führungsgröße (Regelkreis) / reference input
Führungskante (Beleg) / guide edge
Führungsloch / carrier hole, feed hole
Führungsloch (bei Druckformularen) / carrier hole, sprocket hole
Führungsplatte / steering plate
Führungsrand (bei Druckformularen) / tractor margin

Führungsschiene / guidance, table-track

Führungszeugnis / good-conduct certificate

Füllbereich (graph. Fläche für Farbe oder Muster) / fill area

füllen (einer graph. Fläche mit Farbe oder Mustern) / fill

Füllfederhalter / stylograph

Füllfeld (Feld ohne eigenen Namen) / filler, filler item

Füllstand / filling level

Füllstandsanzeiger / filling level indicator

Füllzeichen / fill character, filler byte, filler character, slack byte

Fundament / footing, foundation, seating

Fünfbiteinheit (Pentade) / pentade, quintet

Fünfschrittcode / five-unit code

Fünfspur-Lochstreifen / five-track tape

Funk / radio

Funk... / wireless

Funkbild / radio-photogram

Funke / spark

funken / radio, send

Funk-Fernschreibgerät / radio teleprinter, radio teletypewriter

Funkkommunikation / cordless communication

Funkleitstrahl / radio beam

Funkmeßtechnik / radar (abbr. radio detecting and ranging)

Funknetz / radio circuit, radionetwork

Funkortung / radio orientation

Funkpeilung / radiobearing

Funkrufdienst / radio call service

Funkspruch / radiogram

Funkstille / radio silence

Funkstörung / radiointerference

Funktechnik / radio technique, radio technology

Funktelegramm / radiotelegram

Funktelegraphie / radiotelegraphy

Funktelephon / radio telephone

Funktelephonnetz / radio telephone network

Funktion / function, role

funktional / functional

funktionale Auflösung / functional decomposition

funktionale Organisation / functional organization

funktionale Programmiersprache / functional language, functional programming language

funktionale Programmierung / functional programming, function-oriented programming

funktionaler Entwurf / functional design

funktionieren / behave, function

Funktionieren / operating

funktionierend / going

Funktions... / functional

Funktionsablauf / functional routine

Funktionsanweisung / function statement

Funktionsargument / function argument

Funktionsaufruf / function call, function reference

Funktionsbaugruppe / function assembly

Funktionsbeschreibung / function specification

Funktionsbit / function bit

Funktionsbyte / function byte

Funktionsdiagramm / functional diagram

Funktionseinheit / functional unit

Funktionselement / function element

funktionsfähig / operable, operative, viable

Funktionsfähigkeit / operability, operativeness, viability

funktionsgemäß / functional

Funktionsgenerator / function generator

Funktionsmakrobefehl / functional macro instruction

Funktionsname / function name

Funktionsprozedur / functional procedure

Funktionsschalter / function switch

Funktionssicherung / function safe-
guarding
Funktionssteuerung / function control
Funktionsstörung / malfunction
Funktionstastatur / control keyboard,
function keyboard
Funktionstaste / control key, function
key
Funktionstastensicherung / check
keying
Funktionstest / function test, functional
test
Funktionstrennung / function separa-
tion
Funktionsumfang / range of function
funktionsunfähig / inoperable, inopera-
tive
Funktionsunfähigkeit / inoperability
Funktionsunterbrechung / escaping
Funktionsverbund / functional inter-
locking
Funktionswert / function value
Funktionszeichen / functional charac-
ter
Funktionszeit (eines Systems) / action
period
Funktionszustand / processor state,
state, status
Funktionszustandsregister / processor
state register
Funktionszustandswort / processor
state word
Funküberwachung / radio monitoring
Funkverbindung / radio communication
Funkverkehr / radio communication,
radio traffic
Fusion / fusion
Fußhebel / pedal
Fußnote / footnote, gloss, note
Fußschalter / foot switch
Fußzeile (Textv.) / bottom line, footer
Fuzzy-Logik (unscharfe Logik, arbeitet
mit Wahrscheinlichkeiten) / fuzzy
logic

G

G (Abk. f. → Giga …)
Gabel / cradle, fork
Gallium (Element für p-dotierte Halbl.)
/ gallium
Galliumarsenid (Halbleitergrundstoff) /
gallium arsenide (abbr. GaAs)
Gallone (Hohlmaß brit. 4,541, am.
3,78 l) / gallon
galvanisch / galvanic(al)
galvanisch getrennt / galvanic separated
galvanisch verbunden / galvanic connected
Galvanometer (Stromstärkemesser) /
galvanometer
ganz besetzt (Steckkarte) / fully populated
ganze Zahl / whole number
Ganzseitenbildschirm (hat Hochformat) / full-page display, portrait display
Ganzseitendarstellung (auf dem Bildschirm) / full screen display
ganztägig / whole-time
Ganzzahl / integer
ganzzahlig / integer, whole-numbered
ganzzahliger Quotient / integer quotient
ganzzahliger Rest (der Division) / integer remainder
Garantie / assurance, guarantee
Garantieempfänger / warrantee
Garantiegeber / warranter
garantieren / assure, ensure, guarantee,
warrant
garantiert / guaranteed, warranted
Gas / fluid, gas
Gasbildung / gasification
gasdicht / gas-tight
Gasentladungsbildschirm / gas-discharge display
Gasentladungslampe / glow-discharge
lamp, glow-lamp
gasförmig / fluid, gasiform
Gastcomputer / guest computer
Gastsprache / guest language

Gatter / gate

Gatterdurchlaufzeit / gate switching time

Gatterschaltung / gate

Gauß-Verteilung / Gaussian distribution

geätzt / etched

geätzte Schaltung / etched circuit

Geber / generator

Gebläse / blower

geblockt / blocked

geblockte Ausgabe / blocked output

geblockte Daten / blocked data

geblockte Eingabe / blocked input

geblockter Satz / blocked record

Gebrauchsanweisung / instruction for use

gebrauchsfähig / serviceable

Gebrauchsfähigkeit / serviceability

Gebrauchsmuster / industrial design, registered design

Gebrauchswert / utility value

gebraucht / second-hand, used

Gebrauchtrechner / second-hand computer

gebrochen (math.) / fractional

Gebühr / charge, fee

Gebührenbefreiung / remission

Gebührencomputer (Post) / call charge computer

Gebührendatenerfassung / call record journaling

Gebühreneinheit / unit of charge

gebührenfrei / nonchargeable

gebührengünstig / low-charge, low-chargeable

gebührenpflichtig / billable, chargeable

Gebührensatz / tariff

Gebührenzähler / charge counter, tariff time switch

Gebührenzählung / charge metering, message accounting

Gebührenzuschreibung / charge ascribing

gebunden / committed

gedacht / virtual

Gedächtnis / memory

gedämpft / damped

Gedankenstrich / dash

Gedankenverbindung / association

gedrängt / terse

gedruckt / printed

gedruckte Leiterplatte / printed circuit board

gedruckte Schaltkarte / printed circuit card

gedruckter Schaltkreis / printed circuit

geeicht / calibrated

geeignet / applicable, proper, qualified

geerdet (el.) / earthed, grounded

Gefahr / danger

gefährden / endanger

Gefälle / gradient

gefälscht / false

geflochten (Umspinnung von Leitungen) / braided

Gegen... / contra...

gegen Null gehen (math.) / vanish

Gegenbegriff / antonym

Gegenkopplung / degeneration

Gegenphase / paraphase

Gegenschreiben (beim Fernschreiben) / break-in

gegenseitig / mutual

gegenseitige Verbindung / intercommunication, interconnection

Gegenseitigkeit / mutuality

Gegensprechschaltung / talk-back circuit

Gegenstand / item, matter, object

Gegenstation (Tel.) / outstation

Gegenstück / match

Gegentaktverkehr / push-pull communication

Gegenteil / inverse

gegenüberliegende Seiten (eines Buches) / facing pages

gegenüberstellen / oppose

Gegenwart / today

gegenwärtig / current, present

Gegenwirkung / reaction

gegliedert / structured

Gehalt / pay, salary

Gehalt (Inhalt) / body

Gehaltsabrechnung / pay-roll accounting

Gehaltsliste / pay-roll

Gehäuse / body, cabinet, capsule, case, cover, encasement, housing, package, packaging

geheim / privat, secret

Geheimcodepreisgabe / cryptographic compromise

Geheimhaltung / nondisclosure, secrecy

Geheimnis (vertrauliche Mitteilung) / confidence

Geheimnisbruch / break of secrecy

Geheimschlüssel / / ciphering code

Geheimschlüssel... / crypto...

Geheimschrift / cipher, cryptograph

Geheimverschlüsselung / ciphering, scrambling

gehen / go

Gehirn / brain

Geist (Hintergrunddienstprogramm bei UNIX) / daemon

Geist (bewegliches kleines Bild, das auf dem Bildsch. vor festem Hintergrund bewegt werden kann; z. B. bei Computerspielen) / sprite

Geisterbild (Telev.) / phantom image

Geisterbild (Mehrfachbild beim Bildschirm) / multiple image

gekennzeichnet / labelled, tagged

gekettet / chained

gekettete Adressierung / chained addressing

gekettete Datei / chained file

gekettete Daten / chained data

geklebt / bonded

gekonnt / elegant

gekoppelt / coupled

gekörnt / granular

Gekritzel / scratch

geladen / loaded

geladen (el.) / charged

Geländer / rail

gelb, magenta, cyan (subtraktive Farbbildung) / yellow, magenta, cyan (abbr. YMC)

gelb, magenta, cyan, schwarz (subtraktive Farbbildung) / yellow, magenta, cyan, black (abbr. YMCK)

gelbe Post (traditionelle Postdienste) / yellow post

gelbes Kabel (Ethernet-Kabel) / yellow cable

Geld / money

Geld... / monetary

Geldausgabeautomat / automatic cash dispenser, cash dispenser

Geldgeber / sponsor

geldlich / pecuniary

Geldschein / note

geleast (gemietet) / leased

Gelegenheit (günstige) / occasion

gelegentlich / occasional

Gelenk / hinge

gelocht / punched

Geltungsbereich / domain

gemacht / made

gemäß / pursuant

Gemeinkosten / overhead costs

gemeinnützig / non-profit

gemeinsam / common, consolidated, public, together

gemeinsam benutzbar / shareable

gemeinsam benutzen / share

gemeinsam benutzt / shared

gemeinsame Benutzung / sharing

gemeinsame Betriebsmittel / shared resources

gemeinsame Bibliothek / shared library

gemeinsame Datei / shared file

gemeinsame Dateinutzung / file sharing

gemeinsame Daten / shared data

gemeinsame Datenbenutzung / data sharing

gemeinsamer Bereich / shared area

gemeinsamer Bereich (in dem unterschiedliche Daten nacheinander behandelt werden) / same area

gemeinsamer Speicher / shared memory

gemeinsames Gerät / shared device

Gemeinschaftsanschluß / party-line

Gemeinschaftsarbeit / team-work

Gemeinschaftsrechner / communal computer

Gemeinsprache (Umgangssprache) / informal language, standard language
Gemeinwesen / polity
gemietet / leased
gemischtes System (aus Komponenten unterschiedlicher Hersteller) / mixed system
genau / accurate, exact, fine, minutely, precise, strict
genau angepaßt / tight-fitting
genau ansehen / see over
genau beschreiben / qualify
genau prüfen / scrutinize
genaue Prüfung / scrutiny
Genauigkeit / accuracy, fidelity, minuteness, particularity, precision
Genehmigung / approval, permission
Generation (DV-Syst.) / generation
Generationsprinzip (Datensicherung) / father-son principle
Generator / generator
Generatorprogramm / generator program
generieren / generate
Generierung / generation
Generierungslauf / generating run
Generierungsphase / generating phase
Generierungssprache / generating language
genietet / riveted
genormt / standardized
genormtes Bildschirmgerät / standard video terminal
Geodäsie (Erdvermessung) / geodesy
geodätisch / geodetic(al)
Geometrie / geometry
geometrisch / geometric(al)
geometrische Reihe / geometric progression
geometrischer Ort / locus
geometrisches Mittel / geometric mean
geordnet / classified, orderly, organized, sorted
geordnet (in einer Folge) / sequenced
geostationär (im Weltraum immer über derselben Stelle der Erde) / geostationary

gepackt (Dezimaldarstellung) / packed
gepackte Daten / packed data
gepackte Dezimalzahl / packed decimal
gepacktes Datenfeld / packet data item
gepacktes Format / packet format
geplant / planned
gepuffert / buffered
gequetscht / crimped
gerade / straight
gerade (noch) / just
gerade (Zahl) / even
Gerade / line, straight-line
gerade Bitzahl / even parity
gerade Zahl / even number
Geradeausprogramm (ohne Sprünge und Schleifen) / linear program, non-cyclic program, straight-line code
geradlinig / rectilinear, straight-line
geradzahlig / even-numbered
Geradzahligkeit / parity
gerastert / screened
Gerät / apparatus, appliance, device, instrument, unit
Geräte / equipment
geräteabhängig / device-dependent
Geräteabhängigkeit / device dependence
Geräteadresse / device address
Geräteangabe / device specification
Geräteart / type of device
Geräteauflösung (z. B. bei Bildsch. oder Drucker) / device resolution
Geräteausfall / device failure
Geräteausstattung / device configuration
Geräteaustauschbarkeit / alternate device capability
Gerätebedienungsfeld / device control panel
Gerätebelegung / device allocation
Gerätebeschreibung / technical device manual
Gerätebetriebsart / device operation mode
Gerätebyte / device byte
Gerätefehler / device error, device fault

Gerätefreigabe / device deallocation
gerätegesteuert / device-controlled
Gerätehersteller / device manufacturer, equipment manufacturer
Geräteklasse / device class
Gerätekennzeichen / device identifier
Gerätekennzeichnung / device identification
Gerätekompatibilität / device compatibility
Gerätename / device name
Gerätenummer / device address
geräteorientiert / device-oriented
Geräteschein (bei Kauf- oder Wartungsvertrag) / device certificate
Geräteschnittstelle / device interface
Gerätestatus / device status
Gerätestatusregister / device status register
Gerätestecker / device plug
Gerätesteuereinheit / device control unit, device controller, dev. processor
Gerätesteuerprogramm / device driver
Gerätesteuerung / device control
Gerätesteuerzeichen / device control character
Gerätetabelle / device table
geräteunabhängig / device-independent
Geräteunabhängigkeit / device independence
Geräteverbund (mehrerer Rechner) / device interlocking
Geräteverwaltung / device handling
Gerätezeichen / device character
Gerätezuordnung / device assignment
geräumig / roomy
Geräumigkeit / roominess
Geräusch / noise, sound
geräuscharm / quiet
Geräuschbelastung / noise load
geräuschdämmend / noise-absorbing
geräuschlos / soundless
Geräuschlosigkeit / quietness
Geräuschpegel / noise level
gerecht / just
gereihter Code / single-threaded code, threaded code

gerichtet / directed
gerichtete Abtastung / directed scanning
gerichteter Graph / directed graph
Gerichtsgutachten / legal opinion
Gerichtsgutachter / court-appointed expert
Gerichtskosten / legal charges
Gerichtsstand / venue
Gerichtsverfahren / legal procedure
geringe Auflösung / low resolution (abbr. lo-res)
gerissen (Band, Streifen) / torn
Germanium (für Halbl.-Technik geeignetes chem. Element) / germanium
Germaniumdiode / germanium diode
Germaniumtransistor / germanium transistor
gerundet (Zahlen) / rounded
Gesamt... / overall
Gesamtbetrag / gross amount
Gesamtdurchsatz / total throughput
Gesamtsumme / grand total, sum total, total
Gesamttest / general test, total test
Gesamtumstellung / total changeover
gesättigt / saturated, steeped
geschachteltes Unterprogramm / nesting routine
Geschäft / business, shop
geschäftlich / business
Geschäftsauflösung / liquidation
Geschäftsbereich / portfolio
geschäftsführend / managing
Geschäftsführer / secretary
Geschäftsführung / management
Geschäftsgraphik / business graphics
Geschäftsjahr / trading year
Geschäftsmann / marchant
Geschäftsstelle / agency
Geschäftsverteilung / calendar
Geschäftszweig / branch
geschaltet / switched
geschätzte mittlere Lebensdauer / assumed mean life time
geschichtet / layered
Geschick / hand
geschickt / handy

geschlossen / closed

geschlossene Benutzergruppe (Btx.) / closed user group

geschlossene Entscheidung (bei voller Information) / closed decision

geschlossene Schleife (geschlossenes Regelsystem) / closed loop

geschlossener Datenbus (nicht ausbaufähig) / close bus system

geschlossener Rechenzentrumsbetrieb / closed shop

geschlossenes Netz (privates Ortsnetz) / closed network

geschlossenes Regelkreissystem / closed system

geschlossenes System (nicht verträglich mit anderen Systemen, vor allem beim BS) / proprietary system

geschmeidig / smooth

geschützt / protected, safe, secured

geschützte Datei / protected file, saved file

geschützte Daten / protected data, saved data

geschützter Arbeitsspeicherbereich / protected working-storage area

geschützter Bereich / protected area

geschützter Bindestrich (zwischen zwei Wörtern, die nicht getrennt werden sollen, z. B. Müller-Thurgau) / hard hyphen

geschützter Modus / protected mode

geschütztes Datenfeld / protected data item

geschütztes Leerzeichen (hier wird kein Zeilenumbruch vollzogen) / hard space

geschweifte Klammer / brace, curly bracket

Geschwindigkeit / speed, velocity

Geschwindigkeitsumsetzer / velocity converter

Gesellschaft / society

Gesellschaft (Firma) / corporation

Gesellschaft (Verband) / association

Gesellschafter / partner

Gesellschafts... (Firmen...) / corporate

gesendet / sent

Gesetz / law

gesetzmäßig (jur.) / legitimate

Gesichtspunkt (Aspekt) / aspect

Gesichtswinkel (Bildschirm) / visual angle

gespannt (straff) / taut, tense

gespeichert / stored

gespeicherter Absatz (eines Programms oder Textes) / stored paragraph

gespeichertes Programm / stored program

gesperrt / disabled, locked

gesperrt (Schrift) / spaced out

gesperrte Datei / locked file

gesperrte Daten / locked data

gesplittet / split

Gespräch / conversation

Gespräch (Tel.) / talk

Gesprächseinheit / call unit

Gesprächsgebühr (Tel.) / tariff

Gesprächsverbund (in einem Netz über Bildsch. u. Tastatur) / chat

gesperrt (Druckt.) / spaced

gesperrt (nicht zugreifbar) / inaccessible

gespult / wound

gestaffelte Fenster / staggered windows

Gestalt / figure, form

gestalten / design, form, model, pattern

Gestaltung / design, formation

gestapelt / stacked

gestapeltes Säulendiagramm (mehrere Werte in einer Säule) / stacked column graph

Gestell / chassis, frame, stand

Gestell(rahmen) / rack

Gestellbelegung / frame layout

Gestellrahmen / frame

gesteuert / controlled, driven

gestört / troubled

gestreut / scattered

gestreute Datei / random file, scattered file

gestreute Organisation (von Dateien) / scattered organization

gestreute Speicherung (einer Datei) /

random organization, scattered storage

gestreutes Laden / scattered loading

gestreutes Lesen (aus verschiedenen Bereichen) / scatter read, scattered reading

gestreutes Speichern (in verschiedene Bereiche) / scatter write, scattered storage

gestuft / stepped

geteilter Bildschirm / split screen

getestet / tested

getrennt / separate

Getriebe / gear

Getrieberad / pinion

Gewähr / warrant

gewährleisten / insure, guarantee, warrant

Gewährleistung / warranty

Gewährleistungshaftung / warranty liability

Gewährleistungsverpflichtung / warranty engagement

gewaltsam / violent

Gewandtheit / readiness

Gewebe / fabric

Gewebefarbband / cloth ribbon, textile ribbon

Gewebefilter / tissue filter

Gewerbe / trade

Gewerbeaufsicht / trade control

gewerblich / industrial

Gewerkschaft / labor union, trade union, union

Gewerkschaftler / unionist

Gewerkschaftswesen / trade-unionism, unionism

Gewicht / weight

gewichten / weight

gewichtet / weighted

Gewichtung / weighting

Gewichtungsfaktor / weighting factor

gewickelter Kontakt / wrapped connection

Gewinde / thread

Gewinde schneiden / tap

Gewindebohrer / tap

Gewinn / benefit, gain, profit

Gewinnbeteiligung / profit sharing

gewohnheitsmäßig / routine

gewöhnlich / normal, usual

gewohnt / used

gewunden / serpentine, tortuous

gezackt (Treppenlinie) / jagged

gezahnt / serrate, toothed

gezogener Transistor (Bauart von Transistoren) / grown transistor

gezont-numerisch (gepackt) / zoned-decimal

Giga... (Vorsatzzeichen für Maßeinheiten, 10^9 bzw. 2^{30} Einheiten) / giga... (abbr. G)

Gigabit ($2^{30} = 1\,073\,741\,824$ Bit) / gigabit (abbr. Gbit)

Gigabyte ($2^{30} = 1\,073\,741\,824$ Byte) / gigabyte (abbr. GB)

Gigaflops ($2^{30} = 1\,073\,741\,824$ Gleitkommaoperationen je Sekunde) / giga floating-point operations per second (abbr. GFLOPS)

Gigahertz ($10^9 = 1\,000\,000\,000$ Hertz) / gigahertz (GHz)

GIGO (Sinnbild für die Abhängigkeit der DV-Ergebnisse von richtigen Eingabedaten: Abfall eingeben, Abfall ausgeben) / GIGO (abbr. garbage in, garbage out)

Gipfelpunkt / crest, peak point

Gipfelspannung / peak-point voltage

Gipfelstrom / peak-point current

Gitter (el.) / gate, grid

Gitter (Kristallgitter) / lattice

gitterartige Störung / criss-cross

Gitterspannung / grid voltage

Glas / glass

gläsern / glassy

Glasfaser / fiber, fibre, optical fibre, optical waveguide

Glasfaserkabel / light-wave cable, optical waveguide cable

Glasfaserkommunikation / optical waveguide communication

Glasfaserleitung / optical waveguide line

Glasfasertechnik / fibre optics, optical waveguide technology

Glasfaserübertragung / optical wave-guide transmission

glasklar / glassy

Glasscheibenrechner / calculator on substrate (abbr. COS)

glatt / plain

glätten / polish, smooth

Glättung (von Diskettenoberflächen) / polishing

Glättung (von Kurven) / smoothing

glaubwürdig / credible

gleich / equal, identic(al)

gleich... (iso...) / iso...

gleich (wie) / like

gleich weit entfernt / equidistant

gleichartig / homogeneous

Gleichartigkeit / homogeneity

gleichbleibend / constant

gleichförmig / uniform

Gleichförmigkeit / uniformity

Gleichgewicht / equilibration, equilibrium

Gleichheit / equality, identity

Gleichheitszeichen / equal sign, equals

Gleichlauf / synchronism

Gleichlaufanlage / selsyn

gleichlaufend / parallel

gleichlaufender Zugriff (Doppelzugriff) / parallel access

Gleichlaufprüfung / synchronous check

Gleichlaufschwankung / flutter

gleichrangiges Gerät (arbeiten im Netz mit demselben Protokoll) / peer

gleichrichten / rectify

gleichrichtend / rectifying

Gleichrichter / detector, rectifier

Gleichrichtung / rectification, rectifying

gleichsam / quasi

gleichseitig / equilateral

gleichsetzen / equal

gleichsetzen (math.) / equate

Gleichstrom / direct current

gleichtaktig / synchronous

Gleichung / equation

Gleichungssatz (Satzprogramm für komplizierte Formeln mit Brüchen) / equation typesetting

gleichwertig / equivalent

Gleichwertigkeit / equivalence

gleichwinkling / equiangular

gleichzeitig / coincident, concurrent, simultaneous, synchronous

gleichzeitig (im Hauptspeicher) befindlich / co-resident

gleichzeitige Ausführung / concurrent execution

gleichzeitige Verarbeitung / concurrent processing

Gleichzeitigkeit / coincidence, concurrency, simultaneity, synchronism

Gleitbewegung / slide

gleiten / float, slide

Gleiten / floating, sliding

gleitend / floating, sliding

gleitende Ersetzung / floating replacement

gleitende Graphik (Abbildung, die sich dort einpaßt, wo im Text eine Lücke ist) / floating graphic

Gleitkomma / floating point

Gleitkommaarithmetik / floating-point arithmetic

Gleitkommaautomatik / automatic floating-point feature

Gleitkommabefehl / floating-point instruction

Gleitkommadarstellung / floating-point notation, floating-point representation

Gleitkommaexponent / characteristic

Gleitkommaoperation / floating-point operation

Gleitkommaoperationen je Sekunde / floating-point operations per second (abbr. FLOPS)

Gleitkommarechnung / floating-point calculation

Gleitkommavariable / real variable

Gleitkommazahl / binary real number, floating-point number, real

Gleitkommazahl mit doppelter Genauigkeit / double-precision floating-point number

Gleitkommazahl mit einfacher Genauigkeit / single-precision floating-point number

Gleitkopfplatte / moving head disk

Gleitkopfplattenstation / moving head disk drive

Gleitpunkt (= Gleitkomma) / floating point

Gleitzeit (Arbeitszeit) / flexible worktime, flextime

Glied / member, unit

Gliederung / construction, formation, structure, structuring

glimmen / fluoresce, gleam, glow

Glimmen / glow

Glimmentladung / corona discharge

Glimmer (Mineral) / mica

Glimmröhre / glow lamp, glow-discharge lamp

global / global

globale Variable / global variable

globaler Bereich / global area

Glocke / bell

Glocken und Pfeifen (Ausdruck für besonders komfortable Möglichkeiten eines Programms) / bells and whistles

Glossar / glossary

Glühbirne / bulb

Glühlampe / incandescent bulb

goldgelötet / gold-bonded

goldkontaktiert / gold-bonded

Gotik (Schriftart) / gothic

Grad / degree, grade, pitch, rate

Gradientenfaser (Glasfasertyp) / graded-index fibre

graduell / gradual

Grafik → Graphik

grafisch → graphisch

Grammatik / grammar

grammatikalisch / grammatic(al)

Graph (math.) / graph

Graphentheorie (math.) / graph theory

Graphik (als Darstellungstechnik) / graphics

Graphik (als einzelne Darstellung) / chart, graphic

Graphikanschluß / graphics port

Graphik-Anwendung / graphics application

Graphik-Austausch-Format / graphics interchange format (abbr. GIF)

Graphik-Coprozessor / graphics co-processor

Graphikdatenverarbeitung / graphic data processing, graphics

Graphikdatenverarbeitung (mit graph. Ein- und Ausgabe) / active graphics

Graphikdatenverarbeitung (nur für graph. Ausgabe) / passive graphics

Graphikdrucker / graphics printer

graphikfähig / able to graphic representation

graphikfähiger Bildschirm / graphic display

graphikfähiger Drucker / printer plotter

Graphikfähigkeit / ability to graphic representation

Graphikgrundform / graphics primitive

Graphikkarte (eines Bildsch.) / display adapter, display board, video board, video card

Graphikmodus (Betriebsart) / graphics mode, graphics view, plot mode, video mode

Graphikprogramm / graphic program, plot routine

Graphikprozessor / graphics processor

Graphikrechner / graphic computer, graphics computer

Graphik-Scanner / graphics scanner

Graphikschnittstelle / graphical interface, graphics interface

Graphik-Software / graphic software

Graphiksonderzeichen / graphics character

Graphik-System / graphic system

Graphik-Tablett (Gerät zur graph. Eingabe) / digitizer, graphics tablet

Graphik-Terminal / graphics terminal

Graphikumsetzung (von Bitabbildung in Vektorgraphik) / autotrace

Graphik-Zusatzkarte (mit Graphik-Coprozessor) / graphics accelerator board

graphisch / graphic(al)

graphisch darstellen / chart, graph, plot, portray

graphische Anzeige / graphic display

graphische Ausgabe / graphic output

graphische Ausgabeeinheit / graphic output unit

graphische Benutzeroberfläche / graphical user interface (abbr. GUI)

graphische Darstellung / graphical representation, image representation, pictorial representation

graphische Datenverarbeitung / computer graphics

graphische Eingabe / graphic input

graphische Eingabeeinheit / graphic input unit

graphische Grundform / primitive

graphische Programmiersprache / graphic language, graphic programming language

graphischer Befehl / graphic instruction

graphischer Bildschirmarbeitsplatz / graphic workstation

graphischer Zwischenspeicher / clipboard, scrapbook

graphisches Kernsystem (genormtes Grundsystem für graph. DV) / graphical kernel system (abbr. GKS)

graphisches Segment / graphic segment

graphisches Sonderzeichen / graphic symbol, special graphic character

Graphit / graphite, lead

Grat (scharfe Kante) / burr

Gratifikation / gratuity

gratis / gratuitous

Gratissoftware (wird im Hardware-Preis berechnet) / bundled software

grau / grey

Grauton / gray tone, grey tone

Grautonbildschirm / gray-scale display

Grautonskala / gray scale

Grauwert / gray tone, grey tone

Gray-Code (einfacher Binärcode) / Gray code

Greifwerkzeug / gripping device

Grenz... / marginal

Grenzadresse / boundary address

Grenze / border, bound, boundary, limit

Grenzfläche (Halbl.) / boundary

Grenzpaar (Ober- u. Untergrenze) / bound pair

grenzüberschreitend / transborder, transfrontier, transnational

grenzüberschreitende Datenübertragung / transnational data transmission

grenzüberschreitende Datenverarbeitung / transnational data processing

grenzüberschreitender Datenverkehr / transnational data communication

Grenzwert / boundary value, limit, marginal

Grenzwertprüfung / marginal check

griechisches Schriftzeichen / Greek character

Griff / grip, handle

grob / coarse, rough

Grobdiagramm / rough diagram

Grobeinstellung / rough adjustment

Grobentwurf / rough copy

Grobkalkulation / rough calculation

Grobkonzept / rough conception

Grobprojektierung / rough system design

Grobrecherche / browsing

Grobschätzung / rough estimate

groß / large

Groß... / large-scale, mass...

groß schreiben / capitalize

Großbaustein / multi-chip

Großbuchstabe / capital letter, upper-case character, upper-case letter

Großbuchstaben / capital letters (abbr. caps)

Größe / magnitude, size

Größenangabe / dimensional information

Größeneinteilung / sizing

Größenklasse / size class

Größensymbol (Ben-Ob.) / size icon

größenveränderbar / scalable

Größer-als-Zeichen / greater-than symbol

Größer-gleich-Zeichen / greater-or-equal symbol

großformatig / large-sized
Großhandel / wholesale
Großinitial (am Anfang von Absätzen; Textv.) / stickup initial
Großintegration / large-scale integration (LSI)
Groß-Kleinbuchstaben unterscheiden / case-sensitive
Groß-Kleinbuchstaben-Unterscheidung / case sensitivity
Großmenge (große Menge) / bulk
Großraumbüro / open-plan office
Großrechner / mainframe
Großrechnerhersteller / mainframer
Großschreibung / capitalization, use of capital letters
Großspeicher / bulk memory, mass storage
größt / most, superlarge, ultralarge
Größt... / most, superlarge, ultralarge
größtmöglich / maximal
Größtrechner / supercomputer, superlarge computer
Groß- und Kleinschreibung / use of capital and small letters
Großvaterband (Sicherungstechnik bei Magnetbändern) / grandfather tape
Groupware (Software für Anwendungen in kleinen PC-Gruppen) / groupware
Grube (Laserpkt. auf Bildplatte) / pit
Grund... / radical, root
Grundanschauung / philosophy
Grundausrüstung / basic hardware
Grundausstattung (eines Rechners) / basic configuration
Grundbaustein / basic module
Grundbetriebssystem / basic operating system
gründen / found, institute
Grundfrequenz / fundamental
Grundfunktion der Datenverarbeitung / basic function of data processing
Grundgedanke / key-note
Grundgerät / mainframe
Grundgeräusch / basic noise

Grundgesamtheit / population
Grundgröße / basic item
Grundhaltung (grundsätzliche Einstellung) / tenor
Grundlage / base, fundamental
grundlegend / basic, bottom, fundamental
gründlich / deep, radical
Grundlinie / ground line
Grundlinie (der Schrift) / base line, body line
Grundmagnetisierung / bias
Grundplatine / motherboard
Grundplatte (Sockel) / base, base plate
Grundpreis / base price
Grundprogramm (des Betriebssystems) / nucleus, nucleus program
Grundrechenart / basic arithmetic operation, first rules of arithmetic, fundamental operation of arithmetic
Grundsatz / policy, principle, rule
Grundsätze ordnungsgemäßen Datenschutzes / generally accepted principles of data privacy
Grundsätze ordnungsgemäßer Buchhaltung / generally accepted principles of accounting
Grundsätze ordnungsgemäßer Datensicherung / generally accepted principles of computer security
Grundsätze ordnungsgemäßer Datenverarbeitung / generally accepted principles of data processing
Grundsätze ordnungsgemäßer Datenverarbeitungsdokumentation / generally accepted principles of data processing documentation
Grundsätze ordnungsgemäßer Speicherbuchhaltung / generally accepted principles of computer-stored accounting
Grundschriftart (eines Druckers) / base font, body face, initial base font
Grundstellung / home, home position
Grundstrich (bei Schrift) / stem
Grundtakt / basic clock rate, basic pulse rate
Gründung / foundation

Grundzahl / cardinal number
Grundzahl (Basiszahl) / base number
Gruppe / element group, gang, group, lot
Gruppe (stat.) / cluster
Gruppenbildung / classification
Gruppencode (zum Fehlerprüfen) / group code
Gruppencode-Aufzeichnung (Aufzeichnung auf Platten, bei der die Bitdichte auf allen Zylindern gleich ist) / group-code recording, zonebit recording
Gruppenfuß / control footing report group
Gruppenikone / group icon
Gruppenkopf / control heading report group
Gruppenprüfung / group control
Gruppensortieren / heap sort
Gruppenstufe / group level
Gruppensymbol / group icon
Gruppenverarbeitung / group processing
Gruppenwechsel / control break, group control change
Gruppenzähler / group counter
gruppieren / group
Gruppierung / aggregation, grouping
gültig (jur.) / legal
gültig (richtig) / significant, valid
Gültigkeit / validity
Gültigkeitsbereich / scope
Gültigkeitsprüfung / validity check
Gummibandfunktion → Einpassen
Gummidichtung / rubber-joint
gummieren / rubberize
Gummierung / rubber coating
Gummilinse / zoom
Gummiwalze / platen
Gurt / girdle
gut verkäuflich / saleable
Gutachten / opinion
Gutachter / expert
Güte (Qualität) / quality
Güteprüfung / quality check
Gütesiegel / quality seal
Guthaben / account

H

H (Abk. f. → Henry, Maß der Induktion) / henry (abbr. H)
Haarlinie (dünnstmögliche Darstellung einer Linie) / hairline
Habenseite (eines Kontos) / credit
hacken / hack
Hacker (jemand, der intensiv Computer als Hobby nutzt, auch zum Eindringen in fremde Systeme) / hacker
Hackersprache (spez. Sprache der → Hacker) / hacker slang
Haftpflicht / liability
haftpflichtig / liable
Haftungsausschluß / non-warranty
Haken (Stelle im Programm, an der leicht Änderungen, Ergänzungen usw. angebracht werden können) / hook
halb / half
halb... / semi...
Halb... / semi...
Halbaddierer / half adder
Halbaddierwerk / half adder
halbautomatisch / semi-automatic(al)
Halbbyte / half-byte, nibble
halbdirekt / half-direct
halbdirekte Datenerfassung / Erfassung von maschinenlesbaren Belegen) / half-direct data acquisition
halbdirekter Zugriff / semidirect access
halbduplex / half-duplex
Halbduplexbetrieb / alternate communication, half-duplex communication, half-duplex operation, ping-pong technique
Halbfabrikat / semifinished product
Halbgraphik (Bildschirm oder Drucker mit teilgerasterter Darstellung) / semigraphic
halbieren / bisect, halve
Halbimpuls / half-pulse
Halbleiter / electronic semiconductor, semiconductor
Halbleiterbauelement / semiconductor device
Halbleiterchip (für Dünn- u. Dick-

schichtschaltungen) / flip chip, semiconductor chip

Halbleiterdiode / semiconductor diode

Halbleiterfestspeicher / semiconductor
read-only memory

Halbleiterherstellung / semiconductor
manufacture

Halbleiterindustrie / semiconductor industry

Halbleiterkristall / semiconductor crystal

Halbleiterphysik / semiconductor physics

Halbleiterplättchen / semiconductor
wafer

Halbleiterplatte / RAM disk, solid-state
disk

Halbleiterschaltkreis / semiconductor
circuit

Halbleiterscheibe / semiconductor
wafer

Halbleiterspeicher / semiconductor
memory

Halbleitertechnologie / semiconductor
technology

Halbleitertopologie / semiconductor topography, semiconductor topology

Halbleiterübergang / semiconductor
junction

Halbleiterzone / semiconductor region

halblogarithmisch / semilogarithmic

Halbsubtrahierer / half-subtracter

Halb-Steckkarte / half card, short card

Halbton (Druckt.) / halftone

Halbtonvorlage / halftone original

Halbwertzeit / half-life period, half period

Halbwort / double byte, halfword, segment

Halbwortadresse / halfword address

Halbwortbefehl / halfword instruction

Halbwortgrenze / halfword boundary

Halbwortkonstante / halfword constant

Hälfte / half

Hall-Effekt (Spannungsdifferenz von
elektrischen Feldern, die sich in magnetischen Feldern befinden) / Hall
effect

Hall-Generator (Gerät, das magnetische Felder mit Hilfe des Hall-
Effektes mißt) / Hall generator

Hall-Konstante (Maß für Stärke des
→ Hall-Effektes) / Hall constant

Halt / halt, hold, stay, stop

haltbar / stable

Haltbedingung / stop condition

Halteglied / hold element

halten / halt, hold, stop

Haltepunktbetrieb / halt-point mode

Halterung / clamp, mounting

Haltevorrichtung / bail

Hamming-Abstand (Anzahl der in zwei
Wörtern nicht übereinstimmenden
Zeichen) / Hamming distance, signal
distance

Hamming-Code (fehleranzeigender
Code) / Hamming code

Hand / hand

Hand... / manual

Handabtaster / handset scanner

Handapparat (Tel.) / handset

Handauflage / hand rest

handbetrieben / hand-operated

Handblockschrift / handwritten block
letters

Handbuch / handbook, manual

Handeingabegerät / manual input
device

Handel / trade

Handel treiben / deal, merchandise,
trade

handeln (verhandeln) / negotiate

Handels... / mercantile, merchant,
trading

Handelsbrauch / commercial usage,
custom, usages, trade usage

Handelsgericht / industrial court

Handelsgeschäft / deal

Handelsgesellschaft / company, trade
company

Handelsregister / trade register

Handelsschranken / trade barriers

handelsüblich / customary in the trade,
usual in trade

Handfernsprecher / compact telephone

handgeschrieben / handwritten

handgesteuerte Neuberechnung
(Tab-Kalk.) / manual recalculation

handhaben / manage, manipulate

Handhabung / handling, management

Handhabungsgerät (Roboter) / handling equipment, robot

Handhabungssprache (für Datenbanken) / manipulation language

Handhabungstechnik / handling technology

Händler / dealer, merchant

Händler (Einzel...) / retailer

Händlerrabatt / trade discount

Handlesegerät / code pen, data pen, datapen, handhold reader

handlich / handy, manageable

Handlichkeit / handiness

Handlochen (von Lochkarten) / keypunching

Handlochkarte / hand-operated punched card

Handmikrorechner / handheld computer

Handscanner / handset scanner

Handschrift / handwriting

Handschriftbeleg / handwritten document

Handschrifterkennung / handwriting recognition

Handschriftleser / handwriting reader

Handsteuergerät / manual control device

Handvermittlung (Tel.) / manual exchange

Handwerk / handicraft

Handzuführung / hand feed

hängen (fehlerhafte Unterbrechung eines Prozesses) / hang

Hardcopygerät / video printer

Hardware / hardware

Hardware-Basis (das Computersystem) / hardware platform

hardwarebasis-abhängig / platform-dependent

Hardwarebasis-Abhängigkeit / platform dependence

hardwarebasis-unabhängig / platform-independent

Hardwarebasis-Unabhängigkeit / platform independence

Hardware-Ergonomie / hardware ergonomics

Hardware-Fehler / hard error, hardware failure, machine error

Hardware-Funktion / hardw. function

Hardware-Integrität (Fehlerfreiheit) / hardware integrity

Hardware-Kombination (von Produkten unterschiedlicher Hersteller) / mixed hardware

Hardware-Konfiguration (Maschinenausstattung eines Rechners) / hardware configuration

hardware-kompatibel / hardware-compatible

Hardware-Kompatibilität / hardware compatibility

Hardware-Kosten / hardware costs

Hardware-Markt / hardware market

Hardware-Monitor (Prüfeinrichtung, aus Hardware bestehend) / hardware monitor

hardware-programmiert (festverdrahtet) / hardware-programmed

Hardware-Prüfeinrichtung / hardware checking facility

Hardware-Prüfung / hardware check

Hardware-Rücksetzung / hardware reset

Hardware-Schließsystem / hardware key

Hardware-Schnittstelle / hardware interface

Hardware-Steuerung / hardware control

Hardware-Störung / hard failure, hardware defect, hardware malfunction

Hardware-Unterbrechung / hardware interrupt

Hardware-Vertrag / hardware contract

Hardware-Wartung / hardware maintenance

Hardware-Zuverlässigkeit / hardware reliability

harmonische Oberschwingung / overtone

Härtegrad / temper
härten / temper
Hartkopie / hardcopy
Hartkopie-Gerät / hardcopy unit, receive-only printer, video printer
hartlöten / braze
Hartlötung / brazing
Hartplatte (Magnetplatte im Gegensatz zur flexiblen Diskette) / hard disk, rigid disk
Hartsektor (Diskette) / hard sector
hartsektoriert (Diskette) / hard-sectored
Hartsektorierung (Diskette) / hard-sectoring
Hash-Algorithmus / hash algorithm
Hash-Code (zum Umrechnen eines Ordnungsbegriffes in die physische Adresse) / hash algorithm, hash code
Hash-Code-Anwendung / hashing
Haube / hood
Haufen / heap, pile
Häufigkeit / frequency
Häufigkeitskurve / frequency curve
Häufigkeitsverteilung / frequency distribution
häufigster Wert (stat.) / mode
Haupt... / general, main, major, master, prime, principal
Hauptanschluß / main attachment, main line
Hauptanwendung / main application
Hauptbedienungsplatz (eines Rechners) / main console
Hauptbereich / prime data area
Hauptbuch / ledger
Hauptdokument (Textv.) / master document
Hauptgruppe / major
Hauptgruppe (Gruppenw.) / main group
Hauptindex / main index, master index
Hauptinhaltsverzeichnis (einer Bibliothek) / root directory
Hauptkatalog / main catalog
Hauptleitung / trunk circuit
Hauptleitung (Tel.) / trunk line
Hauptmenü / main menu
Hauptnetz / backbone network

Hauptplatine / motherboard
Hauptprogramm / main body, main program
Hauptrechner / central computer
Hauptrechner (im Netz) / host, host computer
Hauptrechner (im Verbund) / master computer
Hauptrechner-Satellitenrechner-... / master-slave...
hauptsächlich / capital, major, primal, principal
Hauptschalter / master switch
Hauptschleife / main loop, major loop
Hauptschlüssel / main key, major key, master key, passe-partout, pass-key
Hauptsegment (Teil des Programms, das bei Ausführung immer im Arbeitsspeicher geladen ist) / main segment
Hauptspeicher / central memory, general storage (abbr. GS), main memory, main storage, primary storage
Haupt(überwachungs)station / master station, master terminal
Hauptsteuerprogramm / executive, executive program, executive routine, super program, supervisor
Hauptstromanschluß / main terminal
Haupttakt (in einem Rechner) / master clock
Hauptteil (Rumpf) / body
Hauptverzeichnis / main directory
Hauptweg (Verbindung) / artery
Haus... / interoffice
Hausdruckerei / in-house print office
Haushalt / household
Haushaltsrechner (zur Hilfe im Haushalt) / housekeeping computer
Haustelephon / interoffice communication, interphone
Hebdrehwähler / two-motion switch
Hebebühne / platform
Hebel / hand gear, lever
heften / crimp
Heftmaschine / stapling machine
Heimarbeit / home working, outwork
Heimarbeiter / outworker

Heimcomputer (für nichtprofessionellen Einsatz) / home computer

heimlich / covert, stealth

Heimtaste (für Grundstellung der Schreibmarke) / home key

Heimterminal (Fernsehgerät als Bildschirm für Heimcomputer) / home terminal

heiß / thermionic

heißlaufen / overheat

Heißpunkt (auf einem Halbl.) / hotspot

heizen / heat

Heizfaden / filament

Heizrippe / radiator

Heizstrom / filament current

Heizung / heating

helfen / aid, help

Helixdrucker (Spiraldrucker) / helix printer

hell / light

Helligkeit / brightness, light

Helligkeitssteuerung (Bildschirm) / brightness control

helltasten / intensify

Helltastung / intensification, unblanking

Hemmdraht (Kernspeicher) / inhibit wire

hemmen / arrest

Hemmung / arrest, inhibition

Henry (Maß der Induktion, Abk. H) / henry (abbr. H)

herabsetzen / derate, reduce, remit

herausfordern / challenge

Herausforderung / challenge

Herausgabe / publishing

Herausgeber (eines Schriftwerkes) / redactor

herauslesen / read out

herausnehmbar (z. B. Wechselplatte) / demountable

herausnehmen / demount, uncase, unmount

herausschreiben / write out

herausschwenken / pan

herausspringen (Unterprogramm) / exit

heraussuchen / pick

herausziehen / pull out

hergestellt / made, produced

herkömmlich / traditional

hermetisch (absolut dicht) / hermetic(al)

Herr der Daten (nach Datenschutzrecht derjenige, der Daten besitzt und dafür verantwortlich ist) / data owner

herstellen / manufacture, produce

Hersteller / manufacturer, producer

Hersteller steckerkompatibler Geräte / plug-compatible manufacturer (abbr. PCM)

Herstellung / manufacture, formation, make, making, production

Hertz (Hz; Maßeinheit für Schwingungen) / hertz (abbr. Hz)

herumwickeln / wrap

Herunterfahren (eines Systems) / running down

herunterladbar / downloadable

herunterladbare Schrift (von externen Speichern in den Drucker) / downloadable font, soft font

herunterladen / download

Herunterladen (in einem Verbund auf eine tiefere Ebene bringen) / downloading

hervorbringen / produce

hervorheben / highlight, stress

hervorheben (durch Punktierung) / punctuate

Hervorhebung / highlighting

Hervorhebung (durch Punktierung) / punctuation

hervorragend / superlative

hervortretend (Schrift) / bold

heterogen / heterogeneous

Heuristik (Methoden zur Verbesserung der Erkenntnis) / heuristics

heuristisch / heuristic(al)

heuristische Programmierung / heuristic programming

heuristische Suche / heuristic search

heuristisches Wisssen / heuristic knowledge

heute / today

hexadezimal → sedezimal

Hieb (Universalwort der → Hacker) / hack (sl.)

Hierarchie / hierarchy

hierarchisch / hierarchic(al)

hierarchische Auflösung (logische Gliederung einer Gesamtheit in Teile) / hierarchic decomposition

hierarchische Datei / hierarchic file

hierarchische Datenbank / hierarchic data base system

hierarchischer Aufbau / hierarchic structure

hierarchisches Datenmodell / hierarchic data model

Hi-Fi → Höchstgenauigkeit

Hilfe / aid, help

Hilfebereich / help area

Hilfe-Bildmaske / help screen

Hilfe-Funktion (eines Betriebssystems) / help, help function

Hilfemenü / help menu, help screen

Hilfeseite / help page

Hilfetaste / help key

Hilfetext / help text

Hilfs... / auxiliary, dummy, intermediate, sub...

Hilfsbeleg / auxiliary document

Hilfsbereich / additional area

Hilfsbit / auxiliary bit

Hilfsdatei / auxiliary file, scratch file

Hilfsfunktion / auxiliary function

Hilfsgerät / auxiliary device

Hilfskanal / auxiliary channel

Hilfskästchen (der OCR-H-Schrift) / auxiliary field

Hilfsmittel / accessory, resource

Hilfsprogramm / accessory, auxiliary program

Hilfsspeicher / auxiliary storage, temporary storage

hinaufladbar / uploadable

hinaufladen / upload

Hinaufladen (in einem Verbund auf eine höhere Ebene bringen) / uploading

Hindernis / hump, obstacle

hintereinander / tandem

Hintergrund (niedere Priorität beim Multiprogramming) / back, background

Hintergrundbereich / background partition

Hintergrundgeräusch / background noise

Hintergrundmuster (in Graph., Ben-Ob.) / desktop pattern

Hintergrundprozeß (eigentlich Dämon) / daemon, demon

Hintergrundrauschen / snow

Hintergrundspeicher (Ergänzungsspeicher zum Arbeitsspeicher oder zu Platten zur Arbeitsbeschleunigung) / cache, cache memory

Hinterkante (eines Beleges) / trailing edge

hinterst / rearmost

hinterste(r, s) / last, rear

Hinweis / hint, consideration

Hinweisbox (Ben-Ob.) / alert box

hinweisen / index, indicate

Hinweisfenster / reference display window

Hinweiszeichen / index, sentinel

hinzufügen / subjoin

Hitze / heat

hitzebeständig / heat-proof, refractory

Hobby-Computer (nicht für professionellen Einsatz) / hobby computer, home computer

hoch / high

hoch (binär) / up

hochauflösend / high-resolution

Hochdruck (Druckt.) / letter press

hochentwickelt / sophisticated

hochfahren / run up

Hochfahren (eines Systems) / running up

Hochformat / portrait, upright format

Hochformatmodus / portrait mode

Hochfrequenz / high frequency, radio frequency

Hochfrequenztechnik / high-frequency engineering, radio technology

Hochgeschwindigkeit / high speed

Hochgeschwindigkeitsbus / high-speed bus

Hochgeschwindigkeitskanal / high-speed channel

Hochgeschwindigkeitstechnik / very high-speed integration

hochgestellt (Textv.) / raised, superscript

hochgestellte Schrift (Textv.) / superscript

hochheben / elevate, lift, raise

Hochintegration (Stufe der Halbleiterintegration) / very large-scale integration (abbr. VLSI)

Hochkomma / apostrophe, inverted comma, single quotation mark

Hochleistungs… / high-performance

Hochleistungsrechner / high-performance computer

Hochreinheitsraum (z. B. in der Halbleiterfertigung) / clean room

Hochsprache (der Gebildeten) / educated language

Hochsprache (Programmiersprache) / very high-level language

höchst / most, uppermost

Höchst… / high, highest, most, uppermost

höchste Adresse / highest-order address

höchste Ebene / top level

höchste Gruppenstufe / highest-order group level

höchste Priorität / highest-order priority, top priority

hochstellen (Textv.) / raise, superscribe

Hochstellung (von Potenzen, Textv.) / raising, superscript

Höchstgenauigkeit (der Wiedergabe) / hi-fi (abbr. high fidelity)

Höchstintegration / super large-scale integration (abbr. SLSI), very large-scale integration (abbr.VLSI)

Höchsttaktfrequenz-Modus / turbomode

Höchstwert / high-value, maximum

höchstwertig / highest order, most significant

höchstwertig (linke Stelle einer Zahl) / leftmost

höchstwertige Stelle (einer Zahl) / lefthand position, most significant position

höchstwertiges Bit / highest-order bit

höchstwertiges Zeichen (eines Zeichenvorrates) / most significant character

Hochtechnologie / future technology, high technology, hightec

Höhe / pitch

hohe Auflösung / high resolution (abbr. hi-res)

hohe Speicherdichte (Disketten) / high density (abbr. HD)

höher / higher

höhere Programmiersprache / advanced language, high-level language (abbr. HLL), high-level programming language, very high-level language

höhere Rechenart / advanced arithmetic operation

höherer Dienst (Telekommunikationssysteme, die Daten zwischenspeichern) / higher service

höherwertig / higher-order

Hohlraum (in Schriftzeichen, wie z. B. beim ‹o›) / bowl, counter

holen / get

Holographie / holography

holographisch / holographic(al)

holographischer Speicher / holographic memory

Hologramm (dreidimensionale Abbildung) / hologram

Holzeit (des Befehls aus dem Arbeitsspeicher) / fetch time

homogen / homogeneous

Homogenität / homogeneity

Homographie (gleiche Schreibweise von Wörtern unterschiedlicher Bedeutung) / homography

homonym (gleichlautend) / homonymous

Homonym (gleichlautendes Wort mit anderer Bedeutung) / homonym

Homonymie (gleiche Aussprache und Schreibweise von Wörtern unterschiedlicher Bedeutung) / homonymy

Homophonie (gleiche Aussprache von Wörtern unterschiedlicher Bedeutung) / homophony

honen (feinschleifen) / hone

hörbar / audible

hörbar-sichtbar (audio-visuell) / audio-visual

hören / listen

Hörer (Station, die prüft, ob eine andere sendet) / listener

Hörer auflegen / ring off

horizontal / horizontal

Horizontalablenkplatten (Kathodenstrahlröhre) / x-plates

Horizontalablenkung / horizontal deflection

Horizontalaufzeichnung / horizontal recording

Horizontalbildlageregelung (beim Bildschirm) / horizontal centering control

horizontale Austastlücke / horizontal blanking interval

horizontaler Rücklauf (des Elektronenstrahls beim Bildsch.) / horizontal retrace

horizontales Bildrollen / horizontal scrolling

Horizontalprüfung / horizontal redundancy check

Horizontalzuführung (der Diskette) / horizontal feed

Hörweite / ear-shot, sound

Hub / lift, swing, upstroke

Hubring (Verstärkungsring der Diskette) / hardhole

Huckepack / piggy-back

Huckepackkarte (Zusatzkarte, die in eine Grundkarte eingesteckt wird) / piggy-back board

Huckepacktechnik (zur Montage von Schaltkreisen auf anderen Schaltkreisen) / piggy-back technique

Huckepackschaltkreis (der auf einem anderen montiert ist) / piggy-back circuit

Hülle (einer Diskette) / jacket

Hülse / can

Humanisierung am Arbeitsplatz / humanization of work

hundert / hundred

Hundert / hundred

Hurenkind (Textv.: letzte Zeile eines Absatzes, die am Anfang einer Seite steht) / widow

Hybrid... / hybrid

Hybridrechner (mit analoger und digitaler Zeichendarstellung) / analog-digital computer, combined computer, digital-analog computer, hybrid computer, hybrid processor

Hybridschaltung / hybrid circuit

Hybridtechnik / hybrid technology

Hydraulik / hydraulics

hydraulisch / hydraulic(al)

hydraulisches Getriebe / fluid drive

Hyperbel / hyperbola

hyperbolisch / hyperbolic

Hypervisor (übergeordnetes Betriebssystem) / hypervisor

Hypotenuse / hypotenuse

Hypothek / mortgage

Hypothese / hypothesis, supposition

hypothetisch (zweifelhaft) / hypothetic(al)

Hysterese (magnetische Trägheit) / hysteresis

Hysterese-Effekt (bei Ferrit) / backlash, hysteresis effect, snap-back effect

Hysterese-Schleife / hysteresis loop

I

IBM-kompatibel / IBM-compatible

ideal / ideal

Identifikation / identification

Identifikationsmerkmal / identification mark

Identifikationsnummer / identification number

Identifikationszeichen / identifier, identify sign

identifizierbar / identifiable
identifizieren / identify
Identifizieren / tagging
Identifizierung / identification
Identifizierungszeichen / identifier, identify sign
identisch / identic(al)
Identität / identity
IEC (Internationale Elektronische Kommission, Normungsinstitution der →ISO) / IEC (abbr. International Electronical Commission)
IEE (Brit. Vereinigung der Elektroingenieure) / IEE (abbr. Institution of Electrical Engineers)
IEEE (US-Vereinigung der Elektro- und Elektronik-Ingenieure, Normungsinstitution) / IEEE (abbr. Institute of Electrical & Electronics Engineers)
ignorieren / ignore
Ignorierzeichen / ignore character
Ikone / icon, ikon
Illuminanz (Maß für die einfallende Lichtmenge) / illuminance
im Fernsehen übertragen / telecast, televise
im Uhrzeigersinn / clockwise
imaginär (math.) / imaginary
immanent (einbegriffen) / immanent
immer wiederkehrend / recurring
Imparität / imparity
Imparitätskontrolle / odd-even check
impfen (Halbl.) / seed
Impfkristall / seed crystal
Impfstoff (Bez. für Antivirenprogramm) / vaccine
Implantat / implant
implementieren / implement
Implementierung / implementation
implizite Adresse (enthält keine direkten Angaben üb. Länge der Operanden u. Basisregister) / implicit address
implizite Adressierung (arbeitet ohne direkte Angabe von Adressen und Feldlängen) / implicit addressing
implodieren (einer Vakuumröhre) / implode
Import / import

importieren / import
imprägnieren / impregnate
Impressum (eines Druckwerkes) / imprint, masthead
Improvisation / improvisation
Improvisationslösung / kludge (sl.)
improvisieren / improve
Impuls / impulse, pulse, signal
Impulsabstand / pulse spacing
Impuls-Amplituden-Modulation / pulse amplitude modulation
Impulscode / pulse code
Impulscode-Modulation / pulse code modulation (abbr. PCM)
Impulsdauer / pulse duration
Impulsdauer-Modulation / pulse duration modulation
Impulsfolge / pulse repetition, pulse train
Impulsfolgefrequenz / pulse repetition frequency
Impulsform / pulse form, pulse shape
Impulsfrequenz / pulse frequency
Impulsgenerator / electronic pulse generator, pulse emitter
Impulshinterflanke / pulse trailing edge
Impulsschrittlänge / pulse width
Impulssender / emitter
Impulsunterscheider / discriminator
Impulsverstärkung / pulse regeneration
Impulsvorderflanke / pulse leading edge
in Anspruch nehmen / task
in beiden Richtungen / bidirectional
in Betrieb sein / going, operate
in der Schwebe sein / suspend
in ein anderes Programm übertragen / export
in ein Tagebuch eintragen / journalize
in eine Reihenfolge bringen / sequence
in Gang setzen / launch
in gegenseitiger Verbindung stehen / intercommunicate
in Grundstellung bringen / homing
in Klammern setzen / parenthesize
in Kürze / shortly
in Linie (Reihe) anordnen / line

in Losen gefertigt / batch-fabricated
in Rechnung stellen / invoice
in Richtung auf / toward(s)
in Scheiben schneiden / dice
in serielle Reihenfolge bringen / serialize
in Streifen schneiden (trennen) / slit
in Worten ausdrücken / verbalize
in Zonen einteilen / zone
inaktiv / inactive
inaktiv sein / sleep
Inanspruchnahme / occupation
Inbetriebnahme / commencement, implementing
Inbetriebnahmeprotokoll / commissioning certificate
Index / index
Indexausdruck / indexed expression
Indexdatenfeld / index data item
Indexfunktion / index function
Indexgrenze / index boundary
indexieren / index, subscript
indexiert / indexed, subscripted
Indexierung / indexing, subscription
Indexklammer / index bracket
Indexloch (Diskette) / index hole
Indexname / index name
Indexregister / index register
index-sequentiell / index-sequential
index-sequentielle Datei / indexed-sequential file, index-sequential file
index-sequentielle Organisation (von Dateien) / indexed-sequential organization
index-sequentielle Speicherung / indexed-sequential access mode (ISAM), index-sequential access mode
index-sequentielle Speicherung (einer Datei) / index-sequential organization
index-sequentieller Zugriff / indexed-sequential access
Indexsortieren / index sorting
Indextabelle / index table, subscript list
Indexwert / index value
Indexwort / index word
Indexwortdatei (Textv.) / concordance file
indirekt / indirect, mediate, multilevel

indirekte Adresse / indirect address
indirekte Adressierung / indirect addressing
indirekte Datenerfasssung (Erfassung über einen zusätzlich erstellten Datenträger) / indirect data collection, indirect data gathering
indirekte Eingabe (über Datenträger) / indirect input
indirekter Antrieb / indirect drive
indirekter Befehl (mit indirekter Adresse) / indirect instruction
indirekter Benutzer (nutzt Rechner über Hilfsperson) / indirect enduser
indirekter Druck (über Spulprogramm) / indirect print
indirekter Zugriff / indirect access
Indium (Element für p-dotierte Halbl.) / indium
Indiumantimonid (Halbleitergrundstoff) / indium antimonide
Individualdaten / individual data
Individualkommunikation / individual communication
Individualsoftware / individual software
individueller Datenschutz / individual data privacy
Individualität / identity, personality
individuell / individual
Individuum / individual
indizieren / index, subscript
indiziert / indexed, subscripted
indizierte Adresse / indexed address
indizierte Adressierung / indexed addressing
indizierte Datei / indexed file
indizierte Daten / indexed data
indizierte Organisation (von Dateien) / indexed organization
indizierte Variable / indexed variable
indizierter Sprungbefehl / indexed branch instruction
indiziert-verkettete Datei / index-chained file
indiziert-verkettete Organisation (von Dateien) / index-chained organization
indiziert-verketteter Zugriff / index-chained access

Indizierung / indexing, subscription

Induktion / induction

induktionsfrei / non-inductive

induktiv / inductive

induktiver Beweis / inductive proof

Induktivität / inductance, inductivity

Induktor / inductor, rotor

industrialisieren / industrialize

Industrialisierung / industrialization

Industrie / industry

Industrie... / industrial

Industrieelektronik / industrial electronics

industriell / industrial

industrielle Datenverarbeitung / industrial data processing

Industrieproduktion / industrial output

Industrieroboter / industrial robot

Industriestandard / industrial standard

Industriestandardarchitektur (am. Stand.) / industry standard architecture (abbr. ISA)

induzieren / induce

induziert / induced

ineinandergreifen / interlock

Infektion (mit Computerviren) / infection

Inferenzmaschine (des Expertensystems) / inference engine, inference machine

Inferenzsystem (des Expertensystems) inference system

infinitesimal / infinitesimal

Infinitesimalrechnung / calculus, infinitesimal calculus

infizieren (mit Viren) / infect

Infizieren (mit Viren) / infecting

Infizierung (mit Viren) / infection

Inflation (Geldentwertung) / inflation

infologisches Modell (informationslogisches Modell) / infological model, informatory model

Informant / informant

Informatik / computer science, informatics

Informatiker / computer scientist, information scientist

Information / information

informationelle Selbstbestimmung / informational self-determination

informationelle Transparenz / informational transparency

Informationsabteilung / information department

Informationsanbieter (Btx.) / information provider

Informationsangebot / information supply

Informationsausgabe / information output

Informationsausstoß / information output

Informationsaustausch / communication, conversation

Informationsbank / information base, information pool

Informationsbarriere / information barrier

Informationsbasis / information base

Informationsbedarf / information need, information requirement

Informationsbedürfnis / information need, information requirement

Informationsbegehren / information desire

Informationsbereich / information sphere

Informationsbeschaffung / information procurement

Informationsbewertung / evaluation of information

Informationsdarstellung / information representation

Informationsdiebstahl / information larceny

Informationsdienst / information service

Informationseingabe / information input

Informationseinheit / information unit

Informationsfluß / information flow

Informationsflut / information flood

Informationsfunktion / information function

Informationsgesellschaft / information society

Informationsgehalt / information content

Informationsgewinnung / information acquisition

Informationsgleichgewicht / information balance

Informationsgut / information good

Informationshändler / information broker

Informationshaushalt / information housekeeping

Informationsinfrastruktur / information infrastructure

Informationsingenieur / information engineer

Informationskontrolle / information supervision

Informationslogistik / information logistics

Informationsmanagement / information management

Informationsmanagementsystem / information management system

Informationsmanager / chief information manager

Informationsmedium / information medium

Informationsnachfrage / information demand

Informationsnetz / information network

Informationsorganisation / information organization

Informationsprozeß / information process

Informationsquelle / information resource

Informationsrecht (als Rechtsanspruch) / right to information

Informationsrecht (als Rechtsgebiet) / law of information

Informationsseite (Btx.) / information page

Informationsstelle / information department

Informationstechnologie / information technology

Informationstheorie/information theory

Informationsträger / information carrier

Informationsüberangebot / information explosion

Informations- und Kommunikationstechnik / information and communication technology

Informations- und Planungssystem / information and planning system

Informationsunsicherheit / uncertainty of information

Informationsverarbeitung / information processing

Informationsverdichtung / information compression

Informationsverheimlichung / information hiding

Informationsverlust / information loss

Informationsweitergabe / information transmission

Informationswert / information value

Informationswiederfindung / information retrieval

Informationswiedergewinnung / information retrieval

Informationswirtschaft / information economy

Informationswissenschaft / information science

Informationszentrum / information center

Informationszusammenhang / context of information

Informationszweck / information object

Informatisierung / informatization

informell / informal

informieren / inform

informiert / informed

Informierung / informing

Infra... / infra...

Infrarot / infrared, ultrared

Infrarotlicht / infrared light

Infrarotlumineszenzdiode / infrared-emitting diode

Infrastruktur / infrastructure

Ingenieur / engineer

Ingenieurwesen / engineering

Ingenieurwissenschaften / technics

Inhaber / owner, possessor

Inhalt / content(s), substance

Inhalt (eines Buches) / matter, subject, topic

inhaltsadressierter Speicher (Assoziativspeicher) / data-addressed memory

inhaltsorientiert (Assoziativspeicher) / content-addressed, content-oriented

inhaltsorientierte Adresse / associative address

inhaltsorientierter Speicher (Assoziativspeicher) / content-addressable memory (abbr. CAM)

inhaltsorientierter Zugriff / content-oriented access

Inhaltsverzeichnis / table of contents

Inhaltsverzeichnis (einer Bibliothek) / directory (abbr. DIR)

inhärent (anhaftend) / inherent

initialisieren (mit Kennzeichen versehen) / initialize

initialisiert (mit Kennzeichen versehen) / initialized

Initialisierung (Kennzeichnung eines Datenträgers) / initialization

Initialisierungsprogramm / initializer

Initiator (Steuerprogramm zum Anstoß einzelner Routinen) / initiator

Injektion (eines Ladungsträgers) / injection

injizieren (Ladungsträger) / inject

inklusive ODER-Schaltung / inclusion

inklusives ODER / inclusive OR

Inkonsistenz (Fehlerhaftigkeit) / inconsistency

inkremental (vorwärts zählend) / incremental

Inkrementalcompiler (kann einzelne Befehle übersetzen und in ein Programm einfügen) / incremental compiler

Inland… / national

inländisch / native

innen / inside, internal

Innen… / inboard, interior

Innengewinde / female thread

Innenkreis / incircle

innerbetrieblich / interoffice

innerbetriebliche Daten / internal data

innerbetriebliche Datenübertragung / in-house data communication, inplant data communication

innerbetriebliche Datenverarbeitung / internal data processing

innerbetrieblicher Rechner / in-house computer

innerbetriebliches System / in-house system

innere(r, s) / inner

Innovation / innovation

Innovationsrate / rate of innovation

Innovationsschub / innovative advance

inoffiziell / inofficial

ins Gleichgewicht bringen / equilibrate

Insellösung / insular solution, isolated application

Inspektion / inspection

instabil / instable

Instabilität / instability

Installationshandbuch / installation manual

Installationsprogramm / installation program, installer, setup program

installieren / install, set up

Installierung / installation, setup

Installierung rückgängig machen / uninstall

Installierungsroutine / setup routine

instand halten / service

instandsetzbar / restorable

Instandsetzbarkeit / restorability

Instanz / instance

Instanz bilden (OOP) / instantiate

Instruktor / instructor

Instrument / instrument, tool

instrumentell / instrumental

Integral / integral

Integralrechnung / integral calculus

Integration / integration

Integrationsstufe / integration level

Integrationstest (zusammengehöriger Software) / integration test

integrieren / integrate

Integrieranlage / differential analyzer
Integrierer / integrator
Integrierschaltkreis / integrator
integriert / integrated
integrierte Baueinheit / integrated component
integrierte Datenverarbeitung (Abk. IDV) / integrated data processing (abbr. IDP)
integrierte Injektionslogik (Halbleiterbautechnik) / integrated injection logic
integrierte Optik / integrated optics
integrierte Schaltung / integrated circuit (abbr. IC)
integrierte Software / integrated software
integrierter Arbeitsplatz / integrated workstation
integrierter Emulator / in-circuit emulator (abbr. ICE)
integrierter Halbleiter / integrated semiconductor
integrierter Logikbaustein (enthält Programm) / logic chip
integrierter Mikroprozessor / integrated microprocessor
integrierter Schaltkreis / chip, integrated circuit (abbr. IC), miniaturized circuit, solid-state circuit
integrierter Speicherbaustein / solid-state memory
integriertes Datennetz / integrated data network
integriertes digitales Dienstenetz / integrated services data network (abbr. ISDN)
integriertes Informationssystem / integrated information system
integriertes Rechnungswesen-Programmpaket / integrated accounting package
integriertes Softwarepaket / packaged software
Integrierung / integration
intelligent / intelligent, smart
intelligente Datenstation (frei programmierbar mit eigenem Arbeitsspeicher und Programmsteuerung) / intelligent terminal
intelligente Maschine (enthält einen eigenen Prozessor) / smart machine
intelligenter Drucker (programmierbarer Laserdrucker mit beliebiger Graphik- und Schriftdarstellung) / intelligent printer
intelligenter Rechner / intelligent computer
intelligentes Leitungssystem (enthält eigenen Steuerprozessor) / smart cable
intelligentes Terminal (enthält einen eigenen Prozessor) / smart terminal
Intelligenz / intelligence
Intensität / intensity
Interaktion / transaction
interaktiv (Dialogverkehr) / interactive
interaktive Bildplattenanwendung / interactive videodisc application
interaktive Bildverarbeitung / conversational graphics
Interessengruppe / lobby
Interferenz / interference
Interferenzgeräusch (in Leitungssystemen) / babble
Interleave-Faktor (bei Plattenspeicherung) / interleave factor
Interleave-Technik (zum schnelleren Zugriff auf Platten) / interleaving
intermittierend (zeitweilig) / intermittent
intermittierende Störung / intermittent fault
intern / internal, intra...
international / international
internationale Artikelnummer / international article number
Internationale Standard-Organisation (Abk. ISO, Normungsinstitution in Genf) / International Standard Organization (abbr. ISO)
Internationale Telekommunikations-Union (Abk. ITU) / International Telecommunication Union (abbr. ITU)
Internbus / local bus
interne Adresse / internal address

interne Darstellung / internal representation

interne Datei / internal file

interne Datensicherung / internal data safeguarding

interne Datensicht (bei Datenbanken) / internal data view, internal view

interne Kommunikation / internal communication (abbr. intercom)

interne Kontrolle / internal check

interne Operation / internal operation

interne Rechengeschwindigkeit / internal processing speed

interne Rechenzeit / internal runtime

interne Revision / internal auditing

interne Steuerung / internal control

interne Unterbrechung / internal interrupt

interne Verarbeitung / internal processing

interne Zeit / internal time

interner Befehl (MS-DOS) / internal command

interner Befehl (wird innerhalb der ZE ausgeführt) / internal instruction

interner Beleg / internal document

interner Bus / internal bus

interner Code / internal code

interner Speicher / internal storage

interner Zeichenvorrat / internal character set

internes Format / internal format

internes Peripheriegerät (z. B. das Diskettenlaufwerk im PC) / internal device

internes Steuerwerk / internal control unit, internal controller

internes Suchen / internal search

internes Zeichen / internal character

Internspeicher / memory

Internzeitgeber / internal clock

Interpolation / interpolation, mediation

Interpoliereinrichtung / director

interpolieren / intercalate, interpolate

Interpreter (Form eines Übersetzungsprogramms) / interpreter

Interpreterbeschleunigung / threading

Interpreterprogramm (wird interpretierend übersetzt) / interpreter program

Interpretersprache (Programmiersprache, die interpretierend übersetzt wird) / interpreter language

interpretieren / interpret

interpretierend / interpretative

Interpretierer (Form eines Übersetzungsprogramms) / interpreter

interpretierte Programmiersprache / interpreted language

Interpretierung (auch als Form der Programmübersetzung) / interpretation

Interprozeßkommunikation / interprocess communication

Interpunktion / punctuation

Interpunktionsprogramm / punctuation program

Intimsphäre (einer natürlichen Person) / privacy

Intrusion (Eindringung) / intrusion

Intrusionsschutz / intrusion protection

invariabel / invariable

invariant (sich nicht ändernd) / invariant

Invariante / invariant

Inventar / inventory

invers / inverse

inverse Bildschirmdarstellung (positiv statt negativ und umgekehrt) / reverse video

inverse Darstellung (positiv statt negativ und umgek.) / reverse presentation

inverser Schrägstrich (linksgeneigt) / inversed slant

Inversion / inversion

invertieren (ins Gegenteil verkehren) / invert

invertierte Liste (in Datenbanken) / inverted file

inwendig / interior

Ion / ion

Ionen... / ionic

Ionenbeschuß-Drucker (Seitendruckertyp) / ion-deposition printer

Ionenimplantation (Dotierung von Halbl.) / ion implantation

Ionenwanderung (in Halbl.) / ionic migration, migration

ionisierbar / ionizable
ionisieren / ionize
Ionisierung / ionization, ionizing
irrational (math.) / surd
irrationale Zahl/ irrational number, surd
Irrtum / mistake
Irrtum vorbehalten / errors expected
Irrungszeichen / erase signal
ISO (Abk. Internationale Standard-Organisation, Normungsinstitution in Genf) / ISO (abbr. International Standard Organization)
ISO-7-Bit-Code / ISO 7-bit interchange code
isochron (zeittaktgleich) / isochronous
isochroner Betrieb / isochronous operation
Isokline (Linie der Punkte mit gleicher Magnetisierung) / isocline
ISO-Kommunikationsprotokoll (für systemunabhängige Kommunikation) / ISO reference model
Isolator / insulator
Isolierband / rubber tape, tape
isolieren / segregate
isolieren (el.) / insulate
isolierend / insulating
isoliert / alone, lone
isolierte Datenverarbeitung (in Form von Insellösungen) / isolated data processing
isoliertes Programm (ohne Beziehung zu anderen) / standalone program
Isolierung (el.) / insulation
isometrisch (maßrichtige, aber nicht perspektivische Graphik) / isometric(al)
isometrische Abbildung (maßrichtige, aber nicht perspektivische Graphik) / isometric view
isomorph (strukturgleich) / isomorphic
Isomorphie (Strukturgleichheit) / isomorphism, isomorphy
ISO-Referenzmodell (für systemunabhängige Kommunikation) / ISO reference model
Ist-Analyse / actual state analysis
Ist-Aufnahme / actual state inventory

Ist-Wert / actual size, actual value
Ist-Zustand / actual state
Iteration (math.) / iteration
Iterationsschleife / iteration loop
iterativ (math.) / iterative, repetitive
iterative Anweisung / iterative statement
iterative Rechenoperation / iterative arithmetic operation
iteriert-indirekte Adressierung / deferred addressing
ITU (Abk. Internationale Telekommunikations-Union) / ITU (abbr. International Telecommunication Union)

J

Jahr / year
Jahresabschluß (der Buchhaltung) / annual statement of accounts
Jahresblatt (Terminkalenderübersicht) / year view
Jahrgang (Zeitschrift) / volume
jährlich / annual, yearly
je / per
Job / job
Jobkiller (negativer Ausdruck für die Möglichkeiten des Rechnereinsatzes) / job killer
Jobknüller (positiver Ausdruck für die Möglichkeiten des Rechnereinsatzes) / job hit
Josephson-Computer (Tieftemperaturrechner) / cryogenic computer
Joule (Maßgröße der elektrischen Leistung) / joule
Journal / journal
Jungprogrammierer (Nachwuchskraft) / junior programmer
Junktor (Operationszeichen) / junctor
Jurist / lawyer
juristisch / juridic(al)
justieren / adjust, justify, set
justiert / justified
Justierung / adjustment, justification

K

Kabel / cable, cord, lead, trunk
Kabelabschirmung / cable shielding
Kabelanschluß / cable junction
Kabelbaum / cable harness, harness
Kabelbewegungsschleife / slackness loop
Kabeleinführung / cable entry point
Kabelendverteiler / cable pothead
Kabelfernsehen / cable television
Kabelführung / cable duct, cable route, cable routing
kabelgebundene Übertragung / wire communication
Kabelhalter / cable support
Kabelkanal / cable conduct
Kabelklemme / loop-tip terminal
Kabelkommunikation / cable communication
Kabelmantel / cable sheath
Kabelmontage / cable fanning
Kabelmuffe / cable gland
Kabelnetz / cable network
Kabelnummer / cable number
Kabelrohr / cable conduit
Kabelrundfunk / wired broadcasting
Kabelschacht / cable duct, cable funnel
Kabelschuh / cable shoe
Kabelseele / cable core
Kabelstecker / cable connector, cable plug
Kabelstecker-Adapter / cable matcher
Kabeltrommel / cable reel
Kabelummantelung / sheath
Kabelverbindung (der Enden von Kabeln) / cable splicing
Kabelverlegung / cable laying
Kabelverzweigung / cable fanout
Kachel (Speicherbereich für virtuelle Seite) / page frame
Kalender / calendar
Kalenderjahr / legal year
Kalenderprogramm / calendar program

kalibrieren / calibrate, ga(u)ge
Kalkulation / calculation
kalkulieren / calculate
kalter Wiederanlauf (Kaltstart) / cold restart
Kaltlötung / cold joint, cold solder connection, dry joint
Kaltstart (Neustart mit Löschung aller alten Daten im Arbeitsspeicher) / cold boot, cold start
Kamera / camera
kameralistische Buchhaltung / cameralistic accountancy
Kamm / comb
Kammdrucker / comb printer
Kammzugriff (bei Magnetplattenstapeln) / magnetic disk-pack access
Kanal / bus, channel
Kanal (Lochstreifen) / level
Kanal (eines Mikrocomputers) / bus
Kanaladresse / channel address, channel number
Kanaladreßwort / channel address word
Kanalanschluß / channel adapter, channel interface, port
Kanalbefehl / channel command
Kanalbefehlswort / channel command word (abbr. CCW)
Kanalbelegung / channel loading
Kanalbündel / channel group
Kanalcodierung / channel encoding
Kanaldecodierung / channel decoding
Kanalkapazität / channel capacity
Kanalkopplung / integrated channel adapter
Kanalnummer (Kanaladresse) / channel number
Kanalprogramm / channel program
Kanalschalter / channel switch
Kanalspeicher / channel buffer
Kanalsteuereinheit / channel control unit, channel controller
Kanalsteuerung / channel control
Kanalteilung / channel subdivision
Kanalverwaltung / channel scheduling
Kanalzustand / channel status

Kanalzustandsregister / channel status register

Kanalzustandswort / channel status word

Kanalzustandszeichen / channel status character

kanonische Ordnung (nach Wortlänge und Alphabet) / canonic order

Kante / arc, edge

Kapazität / capacity

Kapazität (eines Kondensators) / capacitance

Kapazitätsauslastung / capacity usage

Kapazitätsdiode / varactor diode

Kapazitätsplanung / work load planning

Kapazitätsüberschreitung / capacity overflow

kapazitiv (den el. Widerstand betreffend) / capacitive

Kapital / capital, fund

Kapitälchen (Schriftart, bei der ausschließl. höhere und niedrigere Großbuchstaben verwendet werden; Textv.) / small capitals (abbr. small caps)

Kapitel / chapter, section

Kapitelname / section name

Kappe / cap

Kapsel / capsule

Kapselung / encapsulation

Kardangelenk / joint

Kardinalzahl / cardinal number

Karte / card

Karte (Steckkarte) / board

Kartei / file, index file

Karteikarte / index card, record card

Karteireiter / tab

Kartenablagefach (Lochkartenmaschinen) / card stacker

Kartenanstoß / card jam

Kartenanstoß (Lochkartenleser) / jam, wreck

Kartenart / card type

Kartendoppler / card reproducer

Kartenführung (Lochkartenleser) / card guide

Kartenlocher / card puncher

Kartenmagazin / card hopper

Kartenmischer / card collator

Kartennumerierung / card numbering

Kartenprüfgerät / card verifier

Kartenrückseite / card back

Kartenspalte / card column

Kartenstau / jam

Kartentelephon / chip-card telephone

Kartenvorderseite / card face

Kartenzeile / card row

kartesische Koordinate / Cartesian coordinate

Kartographie / cartography

Karussellspeicher / lazy susan, roundabout storage

Kaskade / cascade

kaskadenförmig / cascade

Kaskadenschaltung / cascade, tandem connection

Kaskadensortierung / cascade sorting

Kasse / cash-box, cash-register, payoffice, point of sale (POS)

Kassenabteilung / money-office

Kassenbeamter / teller

Kassenbeleg / sales slip, slip

Kassenbelegdrucker / slip printer

Kassenbüro / pay-office

Kassenmaschine / cash register

Kassenterminal / point-of-sale terminal

Kassenterminalsystem / point-of-sale system

Kassenzettel / slip

Kassette / cartridge, cassette

Kassetten(magnet)band / cartridge tape, cassette tape

Kassettengerät / tape deck

Kassettenschrift (Ergänzungsschrift bei Druckern) / cartridge font

Kassierer / cashier, teller

Kasten / box

Katalog / catalog

Katalogeintrag / catalog entry

katalogisieren / catalog

katalogisiert / cataloged

Katalogspeicher (Assoziativspeicher) / catalog memory

Katalogverwaltung (Dateikatalog) / catalog management

Katalysator / promoter
Katastrophe / catastrophe
Katastrophenhandbuch / contingency manual
Kategorie (Klasse) / category
Kathete / leg
Kathode (negativer Strompol) / cathode
Kathodenheizung / cathode heating
Kathodenstrahlanzeige / cross display
Kathodenstrahlen / cathode rays
Kathodenstrahlröhre / cathode ray tube (abbr. CRT), video display terminal (abbr. VDT)
Kauf / purchase
kaufen / purchase
Kaufbedingungen / terms of purchase
Kaufmann / merchant
kaufmännisch / commercial, mercantile, merchant, trading
kaufmännische Programme / business software
kaufmännische Programmiersprache / commercial programming language
Kaufpreis / purchase price
kausal / causal
Kausalität / causality
Kegel / taper
Kegelrad / bevel wheel
keimfrei / sterile
Keimfreiheit / sterility
kein / no . . .
keine(r, s) / none
kellern / stack
Kellern / stacking
Kellerautomat / pushdown automaton
Kellerbasis / stack basis
Kellerbefehl / stack instruction
Kelleretikett / stack header
Kellermaschine / stack computer
Kellerprogramm / stack program
Kellerspeicher / cellar, extensible stack, pop stack, pushdown stack, pushdown storage, stack
Kellerungsverfahren / stack procedure
Kellerzähler / stack pointer
Kenndaten / characteristics
Kennfrequenz / characteristic frequency

Kennlinie / characteristic curve
Kennlinie (bei Platten) / index line, initial line
Kennlochung / detection punch
Kennsatz / label record
Kennsatzname / label name
Kennsatzsektor (bei Disketten) / label sector
Kennsignal / identifying signal
Kennung / identification character, label
Kennung (bei Datenübertragung) / answer code
Kennungsabfrage / identification request
Kennungsanforderung / answer code request
Kennungsgeber / answer generator
Kennungsschlüssel / identification key
Kennwort / call word, code word, keyword, password
Kennwortmakrobefehl / keyword macro
Kennwortparameter / keyword parameter
Kennzahl / coefficient
Kennzeichen / badge, flag, indication, label, mark
Kennzeichenausrichtung (durch Kennzeichenvorsätze bei der Tab-Kalk.) / label alignment
Kennzeichenvorsatz (Tab-Kalk.) / label prefix
kennzeichnen / feature, flag, identify, label, mark, sign
Kennzeichner / qualifier
Kennzeichnung / identification (abbr. ID), labelling, qualification
Kennzeichnungsbit / flag bit
Kennziffer / code digit
Keramik / ceramic
Keramikgehäuse / ceramic package
keramisch / ceramic
Kerblochkarte / edge-notched card
Kern / core, nucleus
Kern . . . / nuclear
Kern (eines Programms) / kernel
Kernberuf / main profession

Kerninformatik / basic computer science, basic informatics

Kernprogramm / nucleus program

Kernspeicher / core, core memory, ferrite core memory

Kernspin (Drehimpuls des Atomkerns) / nuclear spin, spin

Kernspinresonanz (Beeinflussung des Drehimpulses von Atomkernen) / magnetic resonance

Kettadresse / chain address

Kettbefehl / chain instruction

Kette / catena, chain, string, train

Kettendrucker / belt print., chain print.

Kettenlinie / catenary

Kettenreaktion / series of reactions

Kettenschaltung / ladder network

Kettfeld / address pointer, chain field, link field

Kettung / chaining, concatenation

KI (Abk. → Künstliche Intelligenz) / artificial intelligence (abbr. AI)

Kieselgel / silicon gel

Killersoftware (allg. Bez. für Computerviren) / killer software

Kilo... (Vorsatzzeichen für Maßeinheiten, 10^3 bzw. 2^{10} Einheiten) / kilo... (abbr. K)

Kilobaud (10^3 = 1000 Schaltschritte / sec) / kilobaud (kbd)

Kilobit (2^{10} = 1024 Bits) / kilobit

Kilobyte (2^{10} = 1024 Bytes) / kilobyte (KB)

Kilohertz (10^3 = 1000 Schwingungen / sec, Abk. kHz) / kilohertz (abbr. kHz)

Kilowort (2^{10} = 1024 Wörter, Maß für Speicherkapazität) / kiloword

Kinderrechenmaschine / abacus

kippen / sweep, tilt

Kippen / transition

Kippfrequenz / sweep frequency

Kippschalter / flip switch, toggle switch, tappet switch

Kippschalterreihe / DIP switch

Kippschaltung (bistabile) / flip-flop, vibrator

Kippunkt / breakdown point

Klackfunktion / clack function

Klacktaste / clacking key

Klammer (Büroklammer) / clip

Klammer (eckige) / bracket

Klammer (geschweifte) / brace

Klammer (runde) / parenthesis

Klammer auf / left bracket, left parenthesis

Klammer zu / right bracket, right parenthesis

Klammeraffe (das Zeichen ‹à› oder ‹@›) / commercial a

Klammerausdruck / aggregation in parenthesis, bracket term

Klammerbilanz / bracket balance

klammerlose Darstellung (von Formeln) / infix notation

klappbar / hinged

Klappe / lid

klappen / flap

Klapptastatur / foldout keyboard

Klarmachen (eines Gerätes) / making clear, making ready

Klarschrift (visuell lesbar) / plain writing

Klarsichttasche / transparent folder

Klartext / cleartext, plain text

Klartextbeleg / plain-text document

Klartextbelegdrucker / plain-text document printer

Klartextbelegleser / plain-text document reader

Klartextbelegsortierleser / plain-text document sorter-reader

Klartextperforator / printing perforator

Klartextschrift / plain text characters

Klasse / class

klassifizieren / classify, grade, range, subsume

Klassifizierung / classification, subsumption

klassisch / classic(al)

Klauenhalterung / claw

Klausel / clause

Klebeeinrichtung (Lochstreifen) / splicer

Klebeetikett / adhesive label, sticker

kleben / glue, paste, splice

Kleber / glue
Klebestreifen / glue strip
Klebstoff / paste
Klebung / splice
Klebung (Metall) / bonding
klein / small, small-sized, tiny
Klein... / small-sized
Kleinbetrieb / small business
Kleinbuchstabe / small letter, lower-case character, lower-case letter
Kleinbuchstabenhöhe / x-height
Kleincomputer / small-sized computer
kleiner (als) / less (than)
kleiner Minicomputer / microminicomputer
Kleiner-als-Zeichen / less-than symbol
Kleiner-gleich-Zeichen / less or equal symbol
Kleinintegration (erste Stufe der Halbleiterintegration) / small-scale integration
Kleinlochkarte / small punched card
Kleinrechner / small computer
Kleinschreibung / use of small letters
kleinst / minimal
kleinste adressierbare Speichereinheit (Speicherstelle) / smallest addressable memory unit
kleinste denkbare Informationseinheit (Bit) / basic indissoluble information unit
Kleinstwert / minimum
Kleintastatur (als selbständige Einheit) / keypad
Kleintastatur (mit sehr kleinen Tasten) / chiclet keyboard
Klemmbacke / jaw
Klemme / clamp, clip
Klemme (am Kabel) / connecting terminal
Klemmenleiste / terminal block
Klemmring / lock-nut
Klemmschaltung / clamping circuit
klicken (Maustaste kurz betätigen) / click
Klickfunktion / click function
Klicktaste / clicking key
Klickton / clicking pip, clicking tone

Klient (Benutzerstation; CSS) / client
Klimaanlage / air condition(er)
Klimabox / small air conditioning unit
klimatisiert / air-conditioned
Klimatisierung / air conditioning
Klingel / bell
Klinke / jack
Klinkenrad / ratch-wheel
Klon (baugleicher Rechner) / clone
Klonen (baugleiche Rechner herstellen) / cloning
knacken / crack
Knacker (Einbrecher in ein fremdes System) / breaker (sl.)
Knacker (Bez. für Computervirus) / cracker (sl.)
knapp / terse
Knick / offset
Knopf / button
Knoten / node
Knoten... / nodal
Knotenamt / gateway exchange, nodal switching center
Knotenamt (Tel.) / exchange
Knotennetz / node network
Knotenrechner / communication computer, front-end computer, remote front-end processor
Koaxialkabel / coaxial cable
Koaxialstecker / coaxial connector
Kobold (bewegliches kleines Bild, das auf dem Bildsch. vor festem Hintergrund bewegt werden kann; z. B. bei Computerspielen) / sprite
Kode → Code / code
Kodieren → Codieren / coding
Koeffizient / coefficient
Koerzitivkraft (magnetische Kraft zur Neutralisierung eines Magnetfeldes) / coercive force
Kognitionswissenschaft / cognition science
Kohlefarbband / carbon ribbon
Kohlefarbband (auf Kunststoffbasis) / film ribbon
Kohlefilter / charcoal filter
Kohlepapier / carbon paper
Kollege / associate

Kollektor (Trans.) / collector
Kollision / collision
Kolonnenverschiebung / column shift
Kolumnentitel / running headline, running title
Kombination / combination, mix
Kombinationsbildschirm (erhält sämtliche Bildinformationen einschl. Farbe in einem Signal) / composed video display
Kombinationsfehler / combined error
Kombinationsgerät / combined drive
Kombinationsnetz (öffentlich u. privat) / hybrid network
Kombinationsnetz (aus Stern-, Maschen-, Ring- und Liniennetzen kombiniert) / combined communication network
Kombinationsschlüssel / match code
Kombinationssprungbefehl / combined branch instruction
Kombinationstastatur (mit Daten- u. Funktionstasten) / combined keyboard
Kombinationstastenanschlag / composed sequence
kombinatorisch / combinatorial
kombinieren / combinate, join, mix
kombinierte Säulen-Linien-Graphik / mixed column-line graph
kombinierter Feldverweis / mixed call reference
kombinierter Ordnungsbegriff / combined keyword
Komfort / comforts, convenience(s)
komfortabel / convenient
Komma / comma, point
Kommaausrichtung / decimal alignment
Kommaautomatik / automatic decimal point facility
Kommando / control command
Kommando-Datei (BS) / command processor (COMMAND.COM)
kommandogesteuert / command-driven
Kommando-Interpretierer (BS) / command interpreter

Kommandoprozessor / command processor
Kommandoschaltfläche (Ben-Ob.) / command button
Kommandosprache / command language, job control language
Kommandozustand / command mode, command state
Kommaregel / decimal point rule
Kommastellung / point position
Kommaverschiebung / point shifting
Kommentar / comment, note sentence
Kommentaranweisung / comment statement, note statement
Kommentarzeile / comment line
kommentieren / comment, notice
Kommentierung / commentation
kommerziell (kaufmännisch) / commercial
kommerzielle Anwendung / business application
kommerzielle Datenverarbeitung / business data processing, commercial data processing
kommerzieller Kleinrechner / small business computer
kommerzieller Rechner / business computer, commercial computer
kommerzielles Undzeichen (&) / ampersand
Kommission / board
kommunal / municipal
kommunales Gemeinschaftsrechenzentrum / municipal data processing center
Kommunikation / communication
Kommunikationsanalyse / communication analysis
Kommunikationsanwendung / communication application
Kommunikationsdiagramm / communication diagram, communication matrix
Kommunikationsdiensteinheit / communication server
Kommunikationseinrichtung / communication device, communication equipment

kommunikationsfähig / able to communication

Kommunikationskanal / communication channel

Kommunikationsleitung / communication line

Kommunikationsmethoden / comware (abbr. communication ware)

Kommunikationsnetz (mit Übertragungs- und Speicherfunktion) / store-and-forward network

Kommunikationsparameter / communication parameter

Kommunikationsprogramm / communication program

Kommunikationsprotokoll / data communication protocol, communication interface, communication protocol

Kommunikationsprozeß / communication process

Kommunikationsrechner / communication computer

Kommunikationssteuerung / communication control

Kommunikationssystem / communication system

Kommunikationstechnik / communications, communications technics

Kommunikationsverbindung / communication channel

Kommunikationsverbund / communication interlocking

Kommunikationsverhalten / communication behaviour

Kommunikationswissenschaft / communication science

kommunizieren / communicate

Kommutator / commutator

kompakt / compact

Kompaktbaugruppe / package

Kompaktbauweise / compact design

Kompaktbildplatte / compact disk (CD), compact videodisk

Kompaktdiskette (3,5 Zoll) / compact floppy disk, microfloppy

Kompaktkassette (Form der Magnetkassette) / compact cassette, compact data cartridge

Kompaktrechner (Bürocomputer) / compact computer

Kompander (spez. Einrichtung zur Verbesserung der Übertragungsqualität) / compander

kompatibel (verträglich) / compatible

kompatibel mit alten Programmfassungen / backward compatible

Kompatibilität / compatibility

Kompensation / compensation

Kompetenz / competence

Kompetenzabgrenzung / delimitation of competence

Kompilieren (Übersetzen) / compiling

Kompilierer (Übersetzer) / compiler, compiling program

Kompilierersprache / compiler language

Kompilierprogramm / compiler program

Kompilierung (Übersetzung eines Programms) / compilation

Komplement / complement

komplementär / complementary

komplementäre Addition (= Subtraktion) / complementary addition

komplementärer Halbleiter / complementary metal-oxide semiconductor (abbr. CMOS)

Komplementbildung / complementation

Komplementiereinrichtung / complementer

komplementieren / complement

Komplementzahl / complement

komplex / complex

Komplex / complex

Komplexität / complexity

kompliziert / complicated, intricate, tricky

Kompliziertheit / complexity

Komponente / component

Komponentenmodularisierung / component modularization

Komponentenparallelisierung / component parallelization

komprimieren / compress

Komprimierprogramm / packer

Komprimierung / compressing, compression

Kondensator / capacitor, condenser

Kondensatorspeicher / capacitor storage

Konferenz / conference

Konferenz (mit Beiträgen zu einem Thema) / symposium

Konferenzschaltung / conference circuit, conference service

Konfiguration (Hardware-Ausstattung der ZE) / configuration

Konfigurationsdatei (BS) / configuration file (CONFIG.SYS)

Konflikt / conflict

Konfliktlösung / conflict resolution

Kongreß / congress

Kongruenz / congruence

Konjunktion / conjunction

Konjunkturzyklus / trade cycle

konkretisieren / substantiate

Konkurrenz / contention

Konkurrenzbetrieb / contention mode

konkurrieren / compete

Konnektor / connector

Können (von Menschen) / skill

konsistent / consistent

Konsistenz / consistency

Konsol(e) / console (abbr. CON)

Konsolausgabe / console output

Konsolbediener / console operator

Konsoleingabe / console input

Konsonant / consonant

konstant / constant, non-varying, stabilized, steady

Konstante / constant, constant data, constant expression

konstante Lineargeschwindigkeit (bei Bildpl.) / constant linear velocity (abbr. CLV)

konstante Winkelgeschwindigkeit (bei Bildpl.) / constant angular velocity (abbr. CAV)

Konstanthalteeinrichtung / stabilizer

Konstanz / permanence

konstruieren / construct, design, engineer

Konstrukt / construct

Konstruktion / design, engineering

Konsumelektronik / consumers electronics

Kontakt / contact

Kontaktabbrand / contact erosion

Kontaktanordnung (in einem Kabelstecker) / contact configuration

Kontaktanschluß / pin

Kontaktbuchse / contact socket

Kontaktbuckel (Halbl.) / pillar

Kontaktbürste / contact brush

Kontaktöffnungszeit / contact break time

Kontaktperson / contact person

Kontaktschließzeit / contact make time

Kontaktschlitz / slot

Kontaktstecker / contact plug

Kontaktstelle / junction

Kontaktstift / wiring pin

Kontaktverstärker / contact stiffener

Kontenrahmen / chart of accounts

Kontermutter / lock-nut

Kontext (Sinnzusammenhang) / context

kontextabhängig / context-dependent

kontextunabhängig / context-independent

kontinuierlich / continuous

kontinuierliches Signal / steady signal

Konto / account, ledger

Kontoblatt / ledger sheet

Kontokarte / ledger card

Kontokartenzuführung / ledger card device

Kontonummer / account number, accounting code

Kontrast / contrast

Kontrast... / black-and-white

kontrastarm / low-contrast

kontrastieren / contrast

kontrastreich / high-contrast

Kontravalenz (exklusives Oder der Booleschen Algebra) / nonequivalence

Kontrollablauf / supervising routine

Kontrollampe / check lamp

Kontrollbeleg / control document

Kontrollblattschreiber / monitoring printer

Kontrollblock (Steuerblock) / control block

Kontrolldaten / check data

Kontrolle / check, checking, checkup

Kontrolleinrichtung / supervisory equipment, supervisory facility

Kontrollesen (nach dem Schreiben auf Magnetspeicher) / read check, read-after-write check

Kontrollfluß / supervisory data flow

kontrollierbar / manageable

kontrollieren / check

kontrolliert / checked

Kontrollinformation / check information

Kontrollnachricht / check message

Kontrollrückkopplung / monitoring feedback

Kontrollschaltung / supervisory circuit

Kontrollstruktur / control structure

Kontrollsumme / checksum

Kontrollsystem / supervisory system

Kontrollton (bei Tastatureingabe) / beep

Kontrollverfahren / supervisory procedure

Kontrollzeichen / check symbol

Kontrollzustand / supervisory mode

Kontrollzyklus / check cycle

Kontroverse (Widerstreit) / contention

Kontur / outline

Konturschrift / outline font

Konus / cone

Konventionalstrafe / penalty

konventionell / conventional

konventionelle Programmierung (mit Sprachen der 3. Generation) / conventional programming

konventioneller Speicher (bei MS-DOS die ersten 640 KB des Arbeitsspeichers) / base memory

konventioneller Speicherbereich (bei MS-DOS die ersten 640 KB des Arbeitsspeichers) / conventional memory

Konversationslexikon / encyclop(a)edia

Konvertierung / conversion, mapping

Konvertierungsbefehl / conversion instruction

Konzentrator / concentrator, gateway

konzentrieren / package, pool

konzentriert / lumped, pooled

Konzept / concept, conception

Konzepthalter / copy holder

konzeptionelle Datensicht / conceptional data view

konzeptionelle Datenstruktur / conceptional data structure

konzeptionelles Modell (DB) / conceptional model, conceptual schema

Konzeptmodus (bei Druckern) / draft mode

Konzentrator / data concentrator, network processor

Konzentrizität / concentricity

kooperativ / cooperative

kooperative Verarbeitung (zweier Computer an einer Aufgabe oder denselben Daten) / cooperative processing

Koordinate / coordinate

Koordinatengraphik / coordinate graphics

Koordinatenschreiber / coordinatograph, x-y plotter, x-y recorder

Koordinatenwandler / resolver

Koordinatensystem / coordinate system

Koordinator / coordinator

koordinieren / coordinate

koordinierend / coordinating

Koordinierung / coordination

Kopf (einer Datei) / head

Kopf... / mental

Kopfabstand (bei Platten) / head-to-disk distance

Kopfabstand (von der Magnetfläche) / head gap

Kopfadresse (des Schreib-Lese-Kamms bei Plattenspeichern, Diskettenstationen) / head address

Kopfauswahl / head selection

Kopfende / top

Kopffenster (Diskette) / access hole, access window

Kopffenster (der Diskettenhülle) / head slot, head window

Kopfhörer / phones

Kopfpositionierung / head positioning

Kopfrechnen / mental arithmetic

Kopfreinigungseinrichtung (für Magnetköpfe) / head-cleaning facility

Kopfzeile / caption, heading line

Kopie / copy, manifold

Kopiemodifikation / copy modification

Kopieranweisung / copy statement

Kopiereffekt (z. B. bei Magnetbändern) / crosstalk, print through

kopieren / copy, reproduce

Kopieren / copying, duplication

kopiergeschützt / copy protected

Kopierlauf / copy run

Kopierprogramm / copy program

Kopierschutz / copy protection

kopierschützen / copy protect

Kopierschutzstecker / dongle

Koppelglied / coupling element, switching element

Koppelpunkt / crosspoint

Koppelrechner / coupled computer

Kopplung / coupling, interconnection, interlinking

Koprozessor (meist zur Verbesserung mathematischer Anwendungen) / co-processor

körnen / granulate

körnig / granulous

Kornstärke (phot.) / grain

Körnung / granularity, granulation

Korona (des Laserdrucker) / corona unit, corotron

Koroutine (gleichzeitig im Arbeitsspeicher wie andere Routinen) / co-routine

Körper (Rumpf) / body

körperlich / material

Körperschaft / corporation, statutory corporation

Körperschaft des öffentlichen Rechts / public corporation

Korrektur / correction, recovery

Korrektur durch Abdecken (Schreibm.) / cover-up correction

Korrektur durch Abheben (Schreibm.) / lift-off correction

Korrekturband (bei Schreibm.) / correcting ribbon

Korrektureinrichtung / correcting feature

Korrekturfahne / galley-proof

Korrekturspeicher (bei Schreibm.) / correction memory

Korrekturtaste / correcting key, unlock key

Korrekturzeichen / mark of correction

Korrelation / correlation

Korrelationsanalyse / correlation analysis

Korrelationskoeffizient / correlation coefficient

Korrespondenz / correspondence

Korrespondenzfähigkeit (eines Druckers) / near-letter quality (abbr. NLQ)

Korrespondenzqualität (hohe Druckqualität) / correspondence quality

korrespondierendes Datenfeld / corresponding data item

korrigieren / correct

korrigierend / corrective

Kosekans / cosecant

Kosinus / cosine

kosten / cost

Kosten / costs

Kostenart / cost item, type of costs

Kosteneinsparung / cost-saving

Kosten-Kompensation-Verfahren / costs compensation method

Kosten-Kosten-Vergleich / cost-cost comparison

Kosten-Leistungs-Verhältnis / input-output ratio

kostenlos / gratuitous

Kosten-Nutzen-Analyse / cost-benefit analysis

Kosten-Nutzen-Verhältnis / cost-benefit ratio

Kostenrechnung / cost calculation, costing

Kostenschätzung / cost rating

Kostenstelle / cost center

Kostenträger / cost unit
Kostenumlage / cost allocation
Kotangens / cotangent
Kraft / energy, force, power
Kraft… / powered
Kraftfeld (el.) / field
Kraftimpuls / momentum
Kralle (bei Endlosdrucksätzen) / crimp
Krallenbindung (bei Endlosdrucksätzen) / crimp lock
kreative Büroarbeit / creative office work
Kreditkarte / credit card
Kreis / circle, pie, round
Kreis… / orbital
Kreisbahn / orbit
Kreisbewegung / round
Kreisdiagramm / pie chart, pie graph
kreisförmig / circular, orbital, round
Kreislauf / cycle
Kreuzassembler / cross assembler
Kreuzcompiler / cross compiler
Kreuzschraffur / cross hatching
Kreuzsimulationsprogramm / cross simulator
kreuzverbunden (schwerer logischer Dateifehler) / cross-linked
kriechen / creep
Kriechstrom / leakage current, surface leakage
Kriminalität / crime, criminality
Kristall / crystal
Kristallgitterlücke / vacancy
kristallisieren / solidify
Kristallisierung / solidification
Kristallisierungskern (Halbl.) / seed
Kristallscheibe / crystal wafer
Kristallwachstum / epitaxy
Kristallzüchtung / crystal growing, crystal pulling
Kriterium / criterion
kritisch / critical
kritischer Fehler / critical defect, critical error
kritischer Weg (Netzplantechnik) / critical path
kritzeln / scratch
Krümmung / curvature, curve, flexion

Kryotron (Supraleitschaltelement) / cryotron
Kryptoalgorithmus / cryptoalgorithm
Kryptoanalyse (zur Entschlüsselung von Geheimcodes) / cryptoanalysis
Kryptographie (Geheimcode) / cryptography
Kryptologie (Lehre von der Geheimverschlüsselung) / cryptology
kubisch / cubic
Kugel / ball
Kügelchen / globule, pellet
kugelförmig / spherical
Kugelgelenk / global joint
Kugelkoordinatenumrechner / ball resolver
Kugelkopf (Schreibm.) / spherical printhead, spherical typehead
Kugelkopfdrucker / ball printer
Kugellager / ball bearing
Kugelschreiber / ball pen
Kühlelement / frigistor
kühlen / refrigerate
kühlend / refrigerant
Kühlrippe / gill, radiator
Kühlung / refrigeration
kumulativ / cumulative
kündbar / terminable
Kunde (Käufer) / customer, purchaser
Kundendienst / after-sales service, customer field service, customer service, field service, repair service, service
Kundendiensttechniker / field service technician, service-man
Kundenrechenzentrum / service computer center
kundenspezifisch / custom, customized
kundenspezifische Halbleiterschalttechnik / gate array technique
kundenspezifische Software / custom software
kündigen / give notice
Kündigung / notice
Kündigungsfrist / notice period
Kundschaft / custom
Kunstgriff / trick
künstlich / artificial, simulated, synthetic(al)

künstlich herstellen / synthesize
Künstliche Intelligenz (Abk. KI) / artificial intelligence (abbr. AI)
künstliche Sprachausgabe (synthetische Stimme) / synthesized voice
künstliche Sprache / artificial language, formal language, formalized language
künstliche Stimme / artificial voice
Kunststoff / plastic, synthetic, synthetic material
Kunststoffschicht / laminate
Kupfertiefdruck / photogravure
Kupplung / clutch
Kurbel / crank, handle
Kurs / quotation
Kursiv (Schrifttyp) / italic
kursiv drucken / italicize
kursorisch / excursive
Kurve / curvature, curve
Kurvenabtaster / curve tracer
kurvenförmig / curvilinear
Kurvengraphik / curve graphics
Kurvenleser / curve follower
Kurvenschreiber / x-y plotter
Kurvenzeichner / plotter
kurz / short
Kurzadresse / abbreviated address
Kurzadressierung / abbreviated addressing
Kurzarbeit / short time
Kurzbeschreibung / abstract
Kürze / short, terseness
kurze Steckkarte (benötigt nur den halben Steckplatz) / short card
Kürzel / grammalogue
kürzen / shorten
kurzfristig / short-dated
Kurzlochkarte / stub card
Kurznachricht / newslet
Kurzschluß / short, short circuit
Kurztelegramm / short message
Kurztitel / lemma
Kürzung / reduction, shortening
Kurzwahl (Tel.) / abbreviated dial-(l)ing, speed calling
Kurzwahltaste (Tel.) / key for abbreviated dial(l)ing

Kurzwelle / shortwave
Kurzwellenbereich / shortwave range
Kurzzeit... / short-term, short-time
kurzzeitig / momentary
Kuvertdrucker / envelope printer
Kuvertiermaschine / enveloping machine
Kybernetik (Regelungstechnik) / cybernetics
Kybernetiker / cyberneticist
kybernetisch / cybernetic(al)
kyrillisch (Zeichenart) / cyrillic

L

labil / instable, unstable
Labor (Entwicklungslabor) / laboratory
Lack / lacquer, paint
Lackdraht / enameled wire
lackieren / lacquer, paint
Lacküberzug / paint coat
ladbar / loadable
Ladeadresse / load address, loading address
Ladeanweisung / load statement
Ladebefehl / load instruction
ladefähig / loadable
Lademodul (eines Betriebssystems) / load module
Lademodus / load mode
laden / load
laden (el.) / charge
laden (urladen) / bootstrap
Laden der Anfangsgrößen / preloading
laden und starten (BS) / load and go
Ladeprogramm / loader, loader routine
Ladezeit / load time
Ladung / charge, load
ladungsgekoppelt / charge-coupled
ladungsgekoppelter Halbleiterbaustein / charge-coupled device
Ladungsspeicher / charge-coupled storage
Ladungsträger / carrier, charge carrier

Lage / situation, state

Lager (Bestand) / stock, store

Lager (Ersatzteile) / depot

Lager (mech.) / bearing

Lagerbestand / stock

Lagerhaltung / stock-keeping

Lagerhaussteuerung / storehouse control

Lagerung (mech.) / bearing

Lagerungsbedingung / store condition

lahmlegen / cripple

laienhaft / unprofessional

laminieren / laminate

Lampe / lamp

Lampenfassung / lamp holder

Lampenfeld / lamp panel

Lampensockel / lamp socket

Landen (des Kopfes auf der Magnetplatte) / crash

länderspezifisch (z. B. Zeichenalphabet, Sprache usw.) / country-specific

Landung (Berührung des Kopfes mit der Magnetfläche) / head crash, landing

lang / long

Länge / footage, length

lange erprobt / time-tested

Längenangabe / length specification

Längenattribut / length attribute

Längenfehler / length error

Längenfeld / length field

Längenregister / length register

langfristig / long-dated

Langlebigkeit / longevity

länglich / prolate

Längs... / longitudinal

langsam / slow, tardy

Langsamkeit / tardiness

längsgerichtet / lengthwise

längslaufend / longitudinal

Längsparität / longitudinal parity

Längsperforation / vertical perforation

Längsschnitt / longitudinal section

Längssummenkontrolle / longitudinal redundancy check

Längstrennung / slitting

Längung (Magnetband) / stretching

Langwelle / long wave

Langwellenbereich / long-wave range

Langzeit... / long-term, long-time

lapidar (kurz u. bündig) / lapidary

läppen (polieren) / lap

Lärmschutzhaube / bonnet

Laser (Lichtverstärkung durch Emissionsanregung von Strahlung) / laser (abbr. light amplification by stimulated emission of radiation)

Laserdrucker / electrophotographic printer, electrostatic printer, laser printer

Laserflachbettabtaster / laser flatbed scanner

Laserlicht / laser light

Laserspeicher (Bildpl.) / laser storage

Laserstrahl / laser beam

Laserstrahlenabtastgerät / laser scanner

Lasertechnik / laser technology

Last / burden, load

Lastfaktorverhältnis / fan-in-fan-out ratio

Lastverbund / load interlocking, performance interlocking

lateinische Schrift / Latin characters

latent (verborgen vorhanden) / latent

Latenzzeit (Wartezeit) / latency, latency time

Lauf (Programm) / run

Laufanweisung / DO clause, DO instruction, DO statement, FOR statement, perform statement

laufen (Gerät, Programm) / run

laufend / current, routine, serial

Laufklausel / FOR clause, perform clause

Laufnummer / serial number

Laufrad / runner

Laufrolle / caster, roller, sheave

Laufvariable / indexed variable, control variable

Laufwerk / drive, driving mechanism

Laufwerk (für Band bzw. Kassette) / deck

Laufwerksbezeichner (z. B. ‹C› für die Festplatte) / drive designator, drive name

Laufwerksbezeichner (bei Apple-Computern) / drive number

Laufwerks-Einbauplatz (in einem Computer) / drive bay

Laufzeit / elapse time, run time, running time, runtime

Laufzeit (eines Signals) / propagation time

Laufzeitrechner / runtime computer, runtime system

Laufzeitspeicher / circulating storage, delay-time storage

Laufzeitzähler / runtime counter

laut / loud

Laut / phone

läuten / ring

Lauthören (am Tel. mit Zusatzlautsprecher) / open listening

Lautschrift (zur Darstellung der Aussprache) / phonetic spelling

Lautschrift (Schriftart aus einzelnen abstrakten Buchstaben, aus denen Wörter zusammengesetzt werden) / phonetic transcription

Lautsprecher / loudspeaker

Lautstärke / loudness, sound intensity

Lautstärkemesser / phonometer

Lautwertzeichen (z. B. Akzente usw.) / diacritical mark

Lautzeichen / phonogram

Lawinendurchbruch / avalanche breakdown

Layout (graph.) / layout

leasen (mieten) / lease

Leasing (Mieten) / leasing

Leasingrate / leasing instal(l)ment

Leasingvertrag (Mietvertrag) / lease contract, leasing contract

leben / live

lebend / living

Lebenddaten / life data

lebendes Inventar (Personal) / livestock

lebendig / live

Lebensdauer / life, life cycle, life span

Lebenserwartung (stat.) / expectancy

leer / blank, empty, vacuous, void

Leer... / dummy, null

leer machen / vacate

Leeradresse / blank address

Leeranweisung / dummy statement, exit statement

Leerbefehl / dummy instruction, non-operation

Leerblock / dummy block

Leerdatei / dummy file

Leere / vacuousness

Leereintrag / blank entry

leeren / blank, vacate

Leerfeld (Tab-Kalk.) / blank cell

Leerformular / blank

Leerkarte (ohne Schaltelemente) / bare board

Leerkontrolle / zero check

Leerlauf / idling, lost motion

Leermodul / dummy module

Leerroutine / dummy routine

Leersatz / dummy record

Leerseite / blank page

Leerspalte / blank column

Leerstelle / blank, gap

Leertaste / space bar, space key

Leerwert / null value

Leerzeichen / blank, blank character, idle character, space, space character

Leerzeile / blank line, space line

Leerzeile nach Absatz (Textv.) / spacing after

Leerzeile vor Absatz (Textv.) / spacing before

legierter Transistor (Bauart von Trans.) / alloyed transistor

Legierung / alloy, alloying

Legitimität / legitimacy

Lehr... / didactic

Lehrautomat / teaching machine

lehrbar / teachable

lehren / teach

Lehrer / instructor, teacher

Lehrgang / seminar

Lehrling / apprentice

Lehrmaschine (zum Einsatz in Schulen) / learning machine, teaching machine

Lehrsatz / theorem

leicht / light

leicht (einfach) / easy
leicht (mühelos) / facile
Leichtigkeit / ease
Leichtmetall / light metal
leise / noiseless
leisten / perform
Leistung / performance, power
Leistungsabgabe / power drain
Leistungsanalyse / performance analysis
Leistungsaufnahme / power input
Leistungsbeschreibung / performance specification
Leistungsbewertung / performance evaluation
Leistungsdiode / power diode
Leistungselektronik / power electronics
Leistungsfähigkeit / capability, performance, potential, productivity, rating
Leistungsgarantie / performance guarantee
Leistungsgrad / performance rate
Leistungshalbleiter / power semiconductor
Leistungskriterium / performance criterion
Leistungslohn / incentive wage
Leistungsmerkmale / capability characteristics
Leistungsmessung / performance measurement
Leistungsqualität / performance quality
Leistungsprüfung / performance evaluation
Leistungstransistor / power transistor
Leistungsverbund / performance interlocking
Leistungsvergleich / performance comparison
Leit... / routing
Leitbegriff / paradigm
Leitdatenstation / control terminal
leiten / control, route
leiten (auch el.) / lead
leiten (el.) / conduct
leiten (organisatorisch) / manage

Leiten (el.) / conducting
Leiten (organisatorisch) / leading
leitend (überwachend) / executive
Leiter / leader
Leiter (el.) / conductor
Leiter (Organisation) / manager
Leiterbahn / conducting path, land
Leiterpaar / wire pair
Leiterplatte / board, circuit board, mounted board, printed circuit board
Leiterplattenentwurf / board design
Leitfaden / vade-mecum
leitfähig / conducting, conductive
Leitfähigkeit / conductivity
Leitkarte (Kartei) / head card, header card
Leitpunktreihe (Textv.) / leader
Leitseite (Btx.) / leading videotex page
Leitstation / control station
Leitung / control, route
Leitung (el.) / conduction, lead, pipeline, wire
Leitung (Tel.) / line, trunk
leitung (Organisation) / management
Leitungsabfrage (automatische Kontrolle, ob Leitung besetzt ist) / line scanning
Leitungsabfrage (bei Handvermittlung im Fernsprechnetz) / line request
Leitungsabschnitt / line section
Leitungsanschluß / line termination
Leitungsausnutzung / line utilization
Leitungsausnutzungsgrad / line utilization rate
Leitungsband / conduction band
Leitungsbandbreite / line band width
Leitungsbelastung / line load
Leitungsbelegung / line occupancy, line seizure
Leitungsbündel / line group, trunk group
Leitungsdämpfung / line loss
Leitungsdurchsatz / line throughput
Leitungsfreigabe / line enable
Leitungsgebühr / line charge
Leitungsgeräusch / line noise
Leitungsgeschwindigkeit / line speed
Leitungskapazität / line capacity

Leitungskonzentrator / line concentrator

leitungslos / cordless

Leitungsmiete / line leasing

Leitungsmultiplexer / line multiplexer

Leitungsniveau (Signalstärke) / line level

Leitungsorganisation / leading organization

Leitungsprozedur / line procedure

Leitungsprüfprogramm / line test program

Leitungspuffer / line buffer

Leitungsquerschnitt / cross section of a line

Leitungsschnittstelle / line interface

Leitungsspannung / line voltage

Leitungssteuerung / line control

Leitungsstörung / line fault

Leitungssystem / line system

Leitungsverbindung / line connection

Leitungsverstärker / line amplifier, line driver

Leitungszugriff (in einem LAN) / channel access

Leitweg / route

Leitweglenkung / routing

Leitwert (el.) / admittance

Leitwert (Kabel) / conductance

lenkbar / guidable, tractable

Lenkbarkeit / tractability

lenken / steer

Lenkungsausschuß / steering committee

Leporellofalzung (Zickzackfalzung) / fanfolding

Leporellopapier (Endlospapier) / fanfold form, fanfold paper

Lern... / didactic

Lerncomputer / educational computer

lernen / learn

lernen (erfahren) / profit

Lernen / learning

lernende Maschine (adaptives System) / learning machine

lernender Rechner / learning computer

lernendes Programm / learning program

lernfähig (anpassungsfähig) / adaptive

Lernfähigkeit / adaptability

Lernprogramm / learn program

lesbar / legible, readable, recognizable

Lesbarkeit / legibility, readability

Leseanweisung / read statement

Lesebefehl / read instruction

Lesedraht (beim Kernspeicher) / sense wire

Lesefehler / read error

Lesegerät / reader

Lesegeschwindigkeit / reading rate

Lesekopf / read head, reading head

Lesemodus / read mode

Lesen / get, pick up, read

Lesen / reading

Lesen nach dem Schreiben (Prüftechnik bei Bildpl.) / direct read after write

Lesen während des Schreibens (Prüftechnik bei Bildpl.) / direct read during write

Lesepistole / code pen

Leser / reader

Leserichtung / read direction

Lesesicherheit / reading reliability

Lesespannung / read voltage, reading voltage

Lesespannung der ungestörten Eins / undisturbed one

Lesespannung der ungestörten Null / undisturbed zero

Lesesperre / read lock

Lesespule / read coil

Lesestelle / reading point

Lesestrom / read current, reading current

Lesewiederholung / rereading

Lesezyklus / read cycle

letzte(r, s) / last, ultimate

letzter Termin / dead-line

Leucht... / illuminated

Leuchtanzeige / lighted display

Leuchtdichte / luminance

Leuchtdiode / light-emitting diode (abbr. LED)

Leuchtdiodenanzeige / light-emitting diode display

Leuchtdiodendrucker (Seitendrucker-typ) / LED printer

Leuchte / luminary

leuchten / gleam

leuchtend / lucent, luminous

Leuchtfähigkeit / lucency

Leuchtfeld / lamp panel

Leuchtstift / light pen, pen

Leuchtstoffröhre / fluorescent lamp

Leuchtsubstanz / phosphor

Leuchtzeichen (Markierung) / blip

lexikalisch / lexical

lexikalische Analyse / lexical analysis

lexikographisch / lexicographical

Lexikon / dictionary, encyclop(a)edia, lexicon

Licht / light

Licht... / photo...

Lichtausbeute / luminous efficacy

Lichtbatterie / solar cell

Lichtbogen / arc, flashover

Lichtbogenunterdrückung / arc suppression

lichtbrechend / refractive

Lichtbrechung / refraction

Lichtdichte / light density

Lichtdruck (Druckt.) / phototype

lichtdurchlässig / translucent

Lichtdurchlässigkeit / translucence

Lichteinfallrichtung / direction of light

lichtelektrisch / electrophotograph-ic(al), photoelectric(al)

lichtelektronisch / electrophotograph-ic(al), photoelectric(al)

Lichtempfänger / photoreceiver

lichtempfindlich / light-sensitive

Lichtempfindlichkeit / luminous sensitivity, photosensitivity

Lichthalbleiter / photosemiconductor

Lichthof (phot.) / halation, halo

Lichtimpuls / light pulse

Lichtkollektor / light-sensitive collector, solar battery

lichtleitend (elektrisch leitend durch Lichteinfall) / photoconducting

Lichtleiter (elektrischer Leiter, der durch Lichteinfall leitend wird) / photoconductor

lichtmagnetisch / photomagnetic(al)

Lichtpause / blue print

Lichtpausverfahren / ammonia process, heliographic printing

Lichtpunkt / flying spot

Lichtpunktabtastung / flying-spot scanning

Lichtreflexion / light reflexion

Lichtsatz / automated typesetting, photocomposition, photosetting

Lichtsatzanlage / photocomposing equipment

Lichtschranke / light barrier

Lichtsensor / photosensor

Lichtstärke / luminosity

Lichtstift / light pen, pen, pick device, selection pen

Lichtstift (für Sensorbildschirm; eigentlich Zauberstab) / wand

Lichtstiftverfolgung / light-pen tracking

Lichtstrahl / gleam, light beam

Lichtundurchlässigkeit / opacity

Lichtverstärker → Laser

Lichtwelle / light wave

Lichtwellenleiter / fiber, light-wave cable, optical fiber

Lichtwellenleiterkommunikation / fiber communication

Lichtwellenleitertechnik / fiber optics

Liebhaberei / hobby

Lieferant / dealer, supplier, vendor

liefern / provide

lies mich (Informationsdatei in Programmen) / read me (README)

LIFO-Methode (bei Kellerspeichern: letztes eingegebenes Signal wird als erstes wieder ausgegeben) / LIFO (abbr. last in, first out)

LIFO-Prinzip (bei Kellerspeichern) / last in, first out (abbr. LIFO)

Lineal / rule

linear / in-line, linear, straight-line, unidimensional

lineare Liste / linear list

lineare Optimierung / linear optimization, linear programming

lineare Programmierung (ohne Schleifen programmiert) / linear programming

linearer Code (nichtzyklisches Programm) / linear code

lineares Datenfeld / linear array

lineares Suchen (alle Werte der Reihe nach absuchen) / linear search

linearisieren / linearize

Linearität / linearity

Linearmotor (für kontinuierliche Bewegung des Platten-Schreib-Lese-Kamms) / voice coil motor

linguistische Informatik / linguistic informatics

Linie / line

Linie (Druckt.) / rule

Liniendiagramm / line chart, line graph

Liniengitter / grid

Liniengraphik (ohne Grautöne) / line art

Linienleitung / series line

Liniennetz / bus network, line communication network, linear network, series network

Linienzeichnung / line drawing

liniieren / line

linke (Seite eines Druckwerks, gerade numeriert) / verso

linker Rand / left margin

linkes Halbbyte / zone

links / left

linksbündig / flush left, left justified

linksbündige Ausrichtung (rechts ausgefranst) / ragged-right alignment

Linksbündigkeit / left-side justification

Linotype / (Setzmaschine) linotype

Lippe / lip

LISP (Programmiersprache für Listenverarbeitung) / LISP (abbr. list processing)

Liste / book, list, listing, register, report, schedule

Listenbild / list layout

Listenelement / / element of a list

Listenformat / list format

listenorientiert / list-oriented

Listenverarbeitung / list processing

Listprogrammgenerator / report generator, report program generator (abbr. RPG)

Literal (selbstdefinierender Wert) / literal, quoted string, self-defining constant, self-defining data, self-defining value

Literalbereich (eines Programms) / literal pool

Literaturverzeichnis / bibliography

Lithographie (Druckt.) / lithography

Lithographie (lithographisches Druckexemplar) / lithograph

lithographieren / lithograph

Litze / cord, strand

lizensieren / licence (se)

Lizenz / licence (se), permit

Lizenzgeber / licenser

Lizenzgebühr / licence (se), licence fee

Lizenzerteilung / licensing

Lizenznehmer / licensee

Loch / hole

Loch (Halbl.) / p-hole

Lochabstand / hole spacing

Lochbandvorschub (am Drucker) / bill feed, tape-controlled carriage, tape-operated carriage

Lochbeleg / punched document

Lochbereich / punch area

Lochcode / punch code

lochen / punch

Lochen / perforating, punching

Locher / punch

Locher (für Lochkarten) / keypunch

Löcherbeweglichkeit (bei Halbl.) / hole mobility

Löcherleitfähigkeit (bei Halbl.) / p-type conductivity

Löcherleitung (Halbl.) / hole conduction, p-type conduction

Löcherstrom (Halbl.) / hole current

Lochetikett / punched ticket

Lochgerät / punch device

Lochkarte / card, punch card, punched card

Lochkartencode / card code

Lochkartendoppler / punch card reproducer

Lochkarteneingabe / punch card input

Lochkartenerfassung / punch card collection

Lochkartengeräte / card equipment

lochkartengesteuert / card-controlled

Lochkartenleser / punch card reader

Lochkartenleserstanzer / punch card punch-reader

Lochkartenmaschine / punch card machine

Lochkartenmischer / punch card collator

lochkartenorientiert / punch-card-oriented

Lochkartenprüfer / punch card verifier

Lochkartensatz (-stapel) / deck

Lochkartenstapel / punch card deck

Lochkartensystem / card system

Lochkartenverarbeitung (veraltet) / punch card processing

Lochkartenzuführung / card feed

Lochkombination / punch combination

Lochmaske (Bildsch.) / shadow mask

Lochschrift / punch code

Lochstelle / hole site, punch hole, punching position

Lochstreifen / paper tape, punch tape, punched paper tape, punched tape

Lochstreifenarchivierung / paper tape filing

Lochstreifenaufwickler / tape winder

Lochstreifenausgabe / paper tape output

Lochstreifeneingabe / paper tape input

Lochstreifengerät / paper tape unit

Lochstreifenkanal / paper tape channel

Lochstreifenkarte / tape card

Lochstreifenkartei / tape card index file

Lochstreifenkartengerät / tape card unit

Lochstreifenkartenleser / tape card reader

Lochstreifenkartenstanzer / tape card punch

Lochstreifenleser / paper tape reader

Lochstreifenlesestanzer / paper tape punch-reader

Lochstreifenrolle / paper tape roll

Lochstreifenschleife / paper tape loop

Lochstreifenschreibautomat / flexowriter

Lochstreifenschreibmaschine / tape typewriter

Lochstreifenstanzer (Fernschreiber) / reperforator

Lochstreifentasche / tape pocket

Lochstreifentechnik / paper tape technique

Lochstreifenverarbeitung / paper tape processing

Lochung / hole punch hole

Lochzone / curtate

Logarithmentafel / table of logarithms

logarithmisch / logarithmic(al)

Logarithmus / logarithm

Logbuch (handschriftliches Protokoll am Rechner) / log, logbook

Logik (als formale Wissenschaft) / logics

Logik (beim Denkvorgang) / logic

Logikanalysator / logical analyzer

Logikbaustein / logic unit

Logikbombe (Virustyp) / logic bomb

Logikchip / logical chip

Logikdiagramm / logical diagram

Logikkalkül / deduction calculus, logic calculus

logisch / logic(al)

logische Addition / Boolean addition

logische Adresse / logical address

logische Äquivalenz / logical equivalence

logische Datei / logical file

logische Daten / logical data

logische Dialogstation / logical work station

logische Ebene / logical level

logische Entscheidung / logical decision

logische Folge / consecution

logische Folgerungen je Sekunde (Leistungsmaßstab für Expertensystem) / LIPS (abbr. logical inferences per second)

logische Funktion / Boolean function, logical function

logische Gerätenummer / logical device number

logische Komplementierung (Negation) / Boolean complementation

logische Multiplikation / logical multiplication

logische Operation / Boolean operation, logical operation

logische Ordnung / logical order

logische Programmierung (Programmiertechnik) / logic programming

logische Sicht (in einem Datenbanksystem) / logical view

logische Verarbeitung / record-oriented processing

logischer Anfang / logical begin

logischer Ausdruck / Boolean expression, logical expression

logischer Befehl / logical instruction

logischer Fehler (inhaltlicher Fehler) / logical error, semantic error

logischer Gerätename / logical device name

logischer Operator / logic operator, logical connector, logical operator

logischer Programmfehler (der das Programm unter bestimmter Bedingung zum Absturz bringt) / logical bomb

logischer Satz / logical record

logischer Schaltkreis / logic circuit

logischer Schluß / syllogism

logischer Schritt / logical step

logischer Test / logical test

logischer Vergleich / logical comparison

logisches Ende / logical end

logisches Gerät / logical device

logisches Laufwerk / logical drive

logisches Modell / logical model

logisches NICHT (der Booleschen Algebra) / NOT

logisches NICHT-UND (der Booleschen Algebra) / NOT-AND (abbr. NAND)

logisches ODER (der Booleschen Algebra) / OR

logisches ODER-NICHT (der Booleschen Algebra) / NEITHER-NOR, nondisjunction, NOR

logisches Schieben (eines Bitmusters) / end-around shift, logical shift

logisches Suchen / logical search

logisches Symbol / logical symbol

logisches UND (der Booleschen Algebra) / AND

Logistik (Nachschub- u. Versorgungswesen) / logistics

logistisch / logistic(al)

LOGO (Programmiersprache für Ausbildungszwecke) / LOGO

Logogramm (aus Zeichen gebildetes Symbol) / logogram

Lohn / pay, wage

Lohnarbeitsrechenzentrum / job shop computer center

Lohnerhöhung / wage increase

Lohn-Preis-Spirale / wage-price spiral

Lohnsteuerabzug / pay-as-you-earn

Lohn- und Gehaltsabrechnung / wages accounting

Lohnzahlung / wage payment

lokal / local, regional

lokale Variable / area variable, local variable

lokales Netzwerk / local area network (LAN)

Longitudinalaufzeichnung (bei Platten und Disketten) / longitudinal recording

Los (Partie) / lot

...los / ...less

lösbar / resoluble, resolvable

löschbar / erasable

löschbare Bildplatte / erasable laser optical disk (abbr. ELOD)

löschbarer programmierbarer Festspeicher / erasable programmable read-only memory (abbr. EPROM)

löschbarer Speicher / erasable storage

löschbarer und programmierbarer Festspeicher / erasable programmable read-only memory (abbr. EPROM)

Löschbereich / purge area

Löscheinrichtung (für Disketten, Kassetten, Bänder) / bulk eraser

löschen / blank, clear, delete, erase, expunge, extinguish, kill, purge, reset, rub out

löschen (systematisch nicht benötigte Daten entfernen) / purge

Löschen / deleting, erasing, purging

Löschen (unbeabsichtigt) / destruction

Löschen mit ultraviolettem Licht (bei Festsp.) / ultraviolet erasing

Löschen nach Ausgabe / blank after

Löschen vor Addieren / zap (abbr. zero add packed)

löschend / destructive

löschende Addition / destructive addition

löschende Subtraktion / destructive subtraction

löschendes Lesen / destructive read

Löschkopf / erase head

Löschtaste / cancel key, clear key, correcting key, delete key (abbr. DEL key), erase key

Löschung / clearance, deletion, erasure, extinction

Löschungspflicht (Dat-Sch.) / obligation to deletion

Löschungsrecht (Dat-Sch.) / right to deletion

Löschzeichen / delete character

Loseblattbuch / loose-leaf notebook

lösen / part

lösen (Problem) / solve

Losgröße / batch size, lot size

löslich / soluble

Lösung / solution

Lösung (Annäherung) / approach

Lösungsmittel / solvent

Lot / plumb

Lötauge (in gedruckter Leiterbahn) / land, soldering tag

Lötaugenmuster (bei gedruckten Leiterbahnen) / land pattern

lötbar / solderable

Lötbarkeit / solderability

loten / plumb

löten / solder

Löten / soldering

lötfreie Verbindung / solderless connection

Lötkolben / soldering iron

Lötöse / tab, tag, terminal tag

Lötpaste / flux

Lötpistole / soldering gun

lotrecht / plumb

Lötstelle / joint, junction, solder joint, terminal

Lötung / soldering

Lötzinn / solder, tin-solder

Lücke / gap

Luft / air

luftdicht / hermetic(al), sealed

Luftdruck / air pressure

Lüfter / blower, fan

Luftfilterung / air filtering

Luftführung / airflow

luftgekühlt / air cooled

Luftloch / air gap, vent

Luftpolster (bei Plattenspeichern) / air, air bearing, cushion

Luftschacht / ventiduct

Luftschleuse (zur Luftreinhaltung) / air lock

Luftstrom / airflow

Lüftungsanlage / ventilator

Lüftungskanal / air duct

Lüftungsschlitz / louver

Luftverunreinigung / air pollution

Lumineszenz (Lichtemission durch Energiezufuhr) / luminescence

Lux (Maß für Beleuchtungsstärke) / lux

M

M (Abk. f. → Mega...)

machen / make

mächtig / mighty

Mächtigkeit (einer Programmiersprache) / mightiness

Madenschraube / grub screw, slug

Magazin / magazine

Magazin (Behälter) / bin

Magnet / magnet

Magnet... / magnetic(al), magnetized

Magnetabtaster / magnetic scanner

Magnetabtastung / magnetic reading, magnetic scanning

Magnetaufzeichung / magnetic(al) recording

Magnetaufzeichnungsverfahren mit Rückkehr in den neutralen Zustand / return-to-zero recording (abbr. RZ)

Magnetaufzeichnungsverfahren mit Rückkehr zum Ausgangspunkt / return-to-bias recording

Magnetband / magnetic tape, tape

Magnetbandantrieb / capstan drive, magnetic tape drive

Magnetbandarchiv / magnetic tape filing, magnetic tape library

Magnetbandarchivnummer / tape serial number, volume serial number

Magnetbandaufzeichnung / magnetic tape recording

Magnetbandaufzeichnungsdichte / magnetic tape density

Magnetbandausgabe / magnetic tape output

Magnetbandauszug / magnetic tape dump, tape dump

Magnetbandbreite / magnetic tape width, tape width

Magnetbandcartridge (Spezialkassette hoher Präzision) / tape cartridge

Magnetbandcode / magnetic tape code

Magnetbanddatei / magnetic tape file, tape file

Magnetbanddicke / magnetic tape thickness

Magnetbandduplikat / magnetic tape duplicate, tape duplicate

Magnetbanddurchlauf / magnetic tape passage

Magnetbandeinfädelung / magnetic tape threading, tape threading

Magnetbandeingabe / magnetic tape input, tape input

Magnetbandeinheit / magnetic tape station, magnetic tape unit, tape unit

Magnetbanderfassungsstation / key-to-tape unit

Magnetbandetikett / magnetic tape label

Magnetbandfehler (des Bandes selbst) / tape fault

Magnetbandfehler (in den Daten) / tape error

Magnetbandführung / tape threading

Magnetbandgerät / magnetic tape device

Magnetbandgeschwindigkeit / magnetic tape speed, tape speed

Magnetbandkante / magnetic tape edge, tape edge

Magnetbandkassette / magnetic tape cartridge, magnetic tape cassette

Magnetbandlänge / magnetic tape length, tape length

Magnetbandlaufwerk / magnetic tape drive, tape drive

Magnetbandorganisation / magnetic tape organization

Magnetbandpositionierung / magnetic tape positioning

Magnetbandprüfung / magnetic tape check, magnetic tape test

Magnetbandschleife / magnetic tape loop, tape loop

Magnetbandschleifenspeicher / tape loop storage

Magnetbandsicherung / magnetic tape safeguarding, tape protection

Magnetbandsortierung / magnetic tape sorting

Magnetbandspur / magnetic tape track, tape track

Magnetbandstation / magnetic tape unit, tape unit

Magnetbandstation (kontinuierlich arbeitend) / streamer

Magnetbandsteuereinheit / magnetic tape control unit, magnetic tape controller, tape control unit

Magnetbandsteuerung / magnetic tape control, tape control

Magnetbandstreckung / magnetic tape stretching, tape stretching

Magnetbandtransfer / magnetic tape data transfer

Magnetbandtransport / magnetic tape transport, tape transport

Magnetbandvorschub / magnetic tape movement, tape movement

Magnetbandwechsel / magnetic tape swapping, tape swapping

Magnetbandzugriff / magnetic tape access, tape access

Magnetbereich (in einer Spur) / magnetic domain

Magnetbeschriftung / magnetic inscription

Magnetbildband / video tape

Magnetbildplatte / magnetic videodisk

Magnetblase / bubble, magnetic bubble

Magnetblasenspeicher / bubble storage, magnetic bubble memory

Magnetdatenträger (Band, Diskette, Kassette, Platte) / magnetic medium (pl. media), magnetic storage, volume

Magnetdiode / madistor

Magnetdiskette (8″, 5,25″, 3,5″) / floppy disk (abbr. FD), magnetic disk, magnetic diskette, microfloppy (3,5″), minifloppy (5,25″)

Magnetdiskettenadresse / floppy disk address

Magnetdiskettenarchiv / floppy disk library

Magnetdiskettenarchivierung / floppy disk filing

Magnetdiskettenarchivnummer / floppy disk serial number

Magnetdiskettenaufzeichnung / floppy disk recording

Magnetdiskettenaufzeichnungsdichte / floppy disk density

Magnetdiskettencode / floppy disk code

Magnetdiskettencomputer / floppy disk computer

Magnetdiskettendatei / floppy disk file

Magnetdiskettenduplikat / floppy disk duplicate

Magnetdiskettenerfassungsstation / key-to-diskette unit

Magnetdiskettenformatierung / floppy disk formatting

Magnetdiskettenhülle / floppy disk jacket

Magnetdisketteninhaltsverzeichnis / floppy disk directory

Magnetdiskettenkennsatz / floppy disk label

Magnetdiskettenlaufwerk / floppy disk drive

Magnetdiskettenname / floppy disk name

Magnetdiskettenorganisation / floppy disk organization

Magnetdiskettenpositionierung / floppy disk positioning

Magnetdiskettenschutzhülle / floppy disk envelope

Magnetdiskettensektor / floppy disk sector

Magnetdiskettensektorierung / floppy disk sectoring

Magnetdiskettensicherung / floppy disk data safeguarding

Magnetdiskettenspeicher / floppy disk storage

Magnetdiskettenstation / floppy disk station, floppy disk unit

Magnetdiskettensteuereinheit / floppy disk controller

Magnetdiskettentransport / floppy disk transport

Magnetdiskettenverzeichnis / floppy disk directory

Magnetdiskettenzugriff / floppy disk access

Magnetdraht (für Datenspeicherung) / magnetic wire, plated wire

Magnetdrahtspeicher (veraltet) / magnetic wire storage, plated wire storage

Magnetdrucker / electromagn. printer

Magnetetikett / magnetic ticket

Magnetetikettleser / magnetic wand reader

Magnetfarbe / magnetic ink

Magnetfeld / magnetic field

Magnetfeldröhre / magnetron

Magnetfeldstärke / magnetizing force

Magnetfeldstärkenmeßgerät / magnetometer

magnetgesteuert / solenoid-operated

magnetisch / magnetic(al)

magnetische Feldstärke / magnetic field strength

magnetische Stromdichte / flux

magnetische Trägheit (Hysteres) / hysteresis

magnetischer Widerstand / reluctancy

magnetisieren / magnetize

magnetisiert / magnetized

Magnetisierung / magnetization, magnetizing

Magnetismus / magnetism

Magnetkarte / card, magnetic card

Magnetkartenspeicher / card random access memory (abbr. CRAM), magnetic card storage

Magnetkassette / data cartridge, magnetic cartridge, magnetic cassette

Magnetkassettenlaufwerk / magnetic cartridge drive

Magnetkassettenspeicher / tape cassette storage

Magnetkern / magnetic core

Magnetkernspeicher / magnetic core memory

Magnetkontencomputer / magnetic ledger-card computer

Magnetkontenkarte / magnetic ledger-card

Magnetkonto / magnetic ledger

Magnetkopf / head, magnetic head

magnetomotorisch (Speichertyp) / magneto-motoric

Magnetpartikel / magnetic particle

Magnetplatte / disk, hard disk, magnetic disk

Magnetplattenadresse / magnetic disk address

Magnetplattenantrieb / magnetic disk drive

Magnetplattenarchiv / magnetic disk library

Magnetplattenarchivierung / magnetic disk filing

Magnetplattenarchivnummer / magnetic disk serial number

Magnetplattenaufzeichnung / magnetic disk recording

Magnetplattenaufzeichnungsdichte / magnetic disk density

Magnetplattenausgabe / magnetic disk output

Magnetplattenauszug / magnetic disk dump

Magnetplattenbetriebssystem / magnetic disk operating system

Magnetplattencode / magnetic disk code

Magnetplattendatei / magnetic disk file

Magnetplattenduplikat / magnetic disk duplicate

Magnetplatteneingabe / magnetic disk input

Magnetplatteneinheit / magnetic disk unit

Magnetplattenerfassungsstation / key-to-disk unit

Magnetplattenetikett / magnetic disk label

Magnetplattenkassette (Schutzhülle) / magnetic disk cartridge

Magnetplattenlaufwerk / hard drive, magnetic disk drive

Magnetplattenname / magnetic disk name

Magnetplattenorganisation / magnetic disk organization

Magnetplattenpositionierung / magnetic disk positioning

Magnetplattenrechner / magnetic disk computer

Magnetplattenschutzhülle / magnetic disk protection cover

Magnetplattensektor / magnetic disk sector

Magnetplattensicherung / magnetic disk data safeguarding

Magnetplattenspeicher / magnetic disk storage

Magnetplattenstapel / magnetic disk pack

Magnetplattensteuereinheit / magnetic disk control unit, magnetic disk controller

Magnetplattensteuerung / magnetic disk control

Magnetplattenstation / magnetic disk storage unit

Magnetplattensystem / magnetic disk system

Magnetplattentransport / magnetic disk transport

Magnetplattenzugriff / magnetic disk access

Magnetschalter / solenoid switch

Magnetschicht / magnetic coat, magnetic layer

Magnetschichtspeicher / magnetic coating storage, magnetic film memory

Magnetschichttechnologie / magnetic coating technology

Magnetschrift / magnetic ink characters, magnetic characters, magnetic writing

Magnetschriftdrucker / magnetic ink printer

Magnetschrifterkennung / magnetic ink character recognition (abbr. MICR)

Magnetschriftleser / magnetic ink character reader, magnetic ink reader

Magnetspeicher / magnetic memory, magnetic storage

Magnetspur / magnetic track

Magnetstreifen / magnetic strip(e)

Magnetstreifen... / magnetic-striped

Magnetstreifenkarte / magnetic badge card, magnetic strip card

Magnetstreifenleser / magnetic strip reader

Magnetstreifenspeicher / magnetic strip storage

Magnettinte / magnetic ink

Magnettrommel / drum, magnetic drum

Magnettrommeladresse / magnetic drum address

Magnettrommelorganisation / magnetic drum organization

Magnettrommelsicherung / magnetic drum data safeguarding

Magnettrommelzugriff / magnetic drum access

Magnetverstärker / magnetic amplifier (magamp)

Magnetwiderstand / magneto-resistance, magneto-resistor

magnetwiderstandsbeständig / magneto-resistive

magnetooptisch / magneto-optical

Magnetostriktion (Längenänderung ferromagnetischer Materialien im Magnetfeld) / magneto-striction

magnetostriktiv (→ Magnetostriktion) / magneto-strictive

mahnen / remind

Mail-Box / computer mail

Mail-Box-System / bulletin board system (abbr. BBS), electronic mailbox (abbr. e-mail)

Makler / broker

Makro (...befehl) / macro

Makroassembler (Programmiersprache für die Erstellung von Makrobefehlen) / macro assembler

Makroaufruf / macro call

Makroaufzeichnungsprogramm / macro recorder

Makrobefehl / macro, macro instruction

Makrobefehl aufrufen / activate a macro

Makrobibliothek / macro library

Makroersetzung (durch die echten Befehle) / macro substitution

Makrohandbuch / macro manual

Makroname / macro name

Makroprogramm / macro program, script

Makroprozessor (Umwandlungsprogramm für Makrobefehle) / macro processor

Makroroutine / macro routine

Makrosprache / macro language

Makroverzeichnis / macro directory

Makulatur / spoilage

Malbürste (Werkzeug von Graphikprogrammen) / paint brush

malen / paint

Malprogramm (bitorientiert) / paint program

Malus (Vertragsstrafe) / penalty

Management-Informationssystem / management information system (abbr. MIS)

manche / some

manchmal / sometimes

Mandant / client

Mandantenfähigkeit / ability to clientele processing

Mandantensystem / clientele system

Mangel / lack, shortage, shortness

mangelhaft / deficient

Mangelhaftigkeit / deficiency

Manipulation / deception, manipulation, spoofing

manipulieren (fälschen) / gerrymander

manipulierend / manipulative

manipuliert / manipulated

Mannjahr / man-year

Mannmonat / man-month

Mannstunde / man-hour

Manntag / man-day

Mantel (eines optischen Leiters) / cladding

Mantisse (positive Ziffern einer Gleitkommazahl) / mantissa

manuell / manual

manuelle Dateneingabe / manual data input

manuelle Datenerfassung / manual data acquisition

manuelle Datenverarbeitung / manual data processing

manuelle Programmeingabe / keyboard program input

manueller Betrieb / manual operation

Manuskript / script, scripture

Manuskript (Druckvorlage) / manuscript

Marginaltitel (Textv.) / side head

Marke / flag, mark, marker

Markenartikel / patent article

Markenbyte / label byte

Markierabfühlung / mark detection

Markierbeleg / mark sheet, marked sheet

Markierbelegleser / mark reader, mark scanner, mark sheet reader, optical mark reader

markieren / flag, highlight, mark

Markierlochkarte / marked card

markiert / highlighted, tagged

Markierung / blip, highlighting, mark, marker, marking, sentinel

Markierung rückgängig machen / unmark

Markt / market

Marktforschung / market research

Marktforschung (empirische) / sampling

Marktführer / market leader

Masche / mesh

Maschennetz / meshed communication network

Maschine / engine, machine

maschinell bearbeiten / machine

maschinell herstellen / machine

maschinell lesbar / computer-readable, machine-readable

maschinell lesbarer Beleg / machine-readable document

maschinell lesbarer Datenträger / machine-readable medium

maschinell runden / half-adjust

maschinelle Datenverarbeitung / data processing by machine

maschinelle Programmeingabe / external program input

maschinelle Sprachübersetzung / machine translation

maschinelles Lesen / mechanical reading, reading by machine

maschinelles Wörterbuch / computerized dictionary

Maschine-Maschine-Kommunikation / machine-machine communication

Maschinenadresse (echte Adresse) / absolute address, actual address, address, machine address, real address

maschinenabhängig / machine-dependent

Maschinenausfall / machine failure

Maschinenausrüstung / hardware

maschinenauswertbar / machine-evaluable

Maschinenbefehl / computer instruction, machine instruction

Maschinencode / absolute code, internal code, machine code, native code, object code

Maschineneinsatz / machine employment

Maschinenformat / machine format

maschinenintern / internal(ly)

maschineninterner Code / machine code

Maschinenkennzeichen (für das BS) / machine identification

Maschinenlauf / machine run

maschinenlesbar / machine-readable

maschinennah / machine-oriented

maschinenorientiert / machine-oriented

maschinenorientierte Programmiersprache / computer-oriented language, low-level programming language, machine-oriented programming language

Maschinenprogramm / object program

Maschinenprotokoll / machine protocol

Maschinenraum / machine room

Maschinenschreiber(in) / typist

Maschinensprache / computer code, computer language, machine language

Maschinenteil (eines Programms) / environment division

Maschinentest / machine test

Maschinentoleranz / machine tolerance

maschinenunabhängig / machine-independent

maschinenunabhängige Programmiersprache / computer-independent programming language

Maschinenwort / machine word

Maschinenzeit / machine time

Maschinenzyklus / machine cycle

maschinisierbar / machinable

Maske / bit pattern, picture (abbr. pic)

Maske (Bildschirmeinteilung) / mask

Maskenbit / mask bit

Maskenentwurf / mask design

Maskenfeld / mask field

Maskengenerator (für die Erstellung von Bildschirmmasken) / form generator, mask generator

maskengesteuert (Dialogarbeit am Bildschirm) / mask-controlled, mask-oriented

maskenprogrammiert / mask-programmed

Maskerade (unberechtigter Zugriff durch illegale Benutzung einer zugriffsberechtigten Identifikation) / masquerading

maskieren / mask

Maskierung / masking

Maß / measure

Masse (el.) / earth, grounding

Maßeinheit / measure, scale unit

Massenaufbereitung (von Daten) / bulk updating

Massendaten / mass data

Massenkommunikation / mass communication

Massenspeicher / bulk memory, mass storage

Masseträgheit / inertia

maßgeschneidert (Programm) / tailor-made

massiv / solid

Maßnahme (des Operateurs) / action

Maßstab / scale

maßstabgetreu / true to scale

maßstäblich / full-scale

Matchcode (Kombinationsschlüssel) / match code

Mater (Druckt.) / mould

Material / material, matter, stuff

materiell / material, physical

Mathematik / mathematics

mathematisch / mathematic(al)

mathematische Funktion / mathematical function

mathematische Logik / mathematical logics

mathematische Programmiersprache / mathematical programming language

mathematische Programmierung / mathematical programming

mathematischer Ausdruck / mathematical expression

mathematischer Koprozessor / math coprocessor, mathematical coprocessor, numeric coprocessor

mathematischer Rechner / arithmetic computer

mathematisches Modell / mathematical model

mathematisch-technische Datenverarbeitung / mathematical data processing

Matrix / matrix

Matrixabtaster (graph. Abtaster) / matrix scanner

Matrixbildschirm (graph. Bildschirm) / matrix display

Matrixcode (für Rasterdarstellung) / matrix code

Matrixdrucker (graph. Drucker) / dot-matrix printer, matrix printer

Matrixelement / array element, matrix element

Matrixfeld / array

Matrixrechner / array processor

Matrixschaltung / matrix circuit

Matrixspeicher (Ferritkernspeicher) / matrix storage

Matrixvereinbarung / array declaration

Matrixzeichen / matrix character

Matrixzeilendrucker / matrix line printer

Matrize (Druckt.) / die

Matrizen (pl. von Matrix) / matrices (pl. of matrix)

mattieren / tarnish

m-aus-n-Code / m-out-of-n code

Maus (Rollkugelgerät) / mouse

Mäuseklavier (Kippschalterreihe) / DIP switch

Mausempfindlichkeit (Verhältnis zwischen Mausbewegung und Cursorbewegung) / mouse sensitivity

mausfähig / mousable

Maussteuerung / mouse control

Mausziehen (Maustaste drücken, festhalten und Maus bewegen) / shift-click(ing)

Maxidiskette (8 Zoll) / maxidisk, maxifloppy

maximal / maximal

maximieren / maximize

Maximierung / maximization

Maximum / maximum, peak

M-Bindestrich (von der Breite des Buchstabens ‹m›) / em-dash

M-Bruch (einstelliger Bruch von der Breite des Buchstabens ‹m›) / em-fraction

Mechanik / mechanics

Mechaniker / mechanic

mechanisch / mechanic(al)

mechanische Maus / mechanical mouse

mechanisieren / mechanize

Mechanisierung / mechanization

Mechanismus / machine, mechanism

mechanistisch / mechanistic(al)

Medianwert (stat.) / median

Media-Steuer-Schnittstelle / media control interface (abbr. MCI)

Medien (pl. von Medium) / media (pl. of medium)

Medienforschung / media research

Medienpolitik / media policy

Medienrecht / law of communication media

medizinisch / medical

medizinische Informatik / medical informatics

Mega... (Vorsatzzeichen für Maßeinheiten, 10^6 bzw. 2^{20} Einheiten) / mega... (abbr. M, meg)

Megabit ($2^{20} = 1\,048\,576$ Bit) / megabit

Megabitchip / megabit chip

Megabyte ($2^{20} = 1\,048\,576$ Byte) / megabyte (abbr. MB, Mbyte)

Megaflops (Maßeinheit für Rechengeschwindigkeit, eine Million Gleitkommaoperationen pro Sekunde) / megaflops (abbr. million floating-point operations per second)

Megahertz ($10^6 = 1\,000\,000$ Hertz) / megahertz (abbr. MHz)

Megamini (hochleistungsfähiger Minirechner) / megamini

Megapixel (Auflösung von 1024 × 1024 Bildpunkten) / megapixel

Megawort (2^{20} = 1 048 576 Wörter) / megaword (abbr. MW)

mehr / more

mehr... / multi...

Mehr... / multi..., poly...

Mehradreß... / multi-address

Mehradreßbefehl / multi-address instruction

Mehradreßoperation / multi-address operation

Mehradreßmaschine / multi-address machine

Mehradreßrechner / multi-address computer, multiple-address computer

Mehradreßsystem / multi-address system

mehradrig / multi-core, multiwire

Mehranschluß... (Stationen mit mehreren Fernleitungen) / multi-line

Mehranwendungs-Kommunikation / inter-application communication

mehrbahniger Druck / multiweb print

mehrbahniger Drucker / multiweb printer

Mehrbelastung / surplus load

mehrbenutzbar / shareable

Mehrbenutzbarkeit / shareability

Mehrbenutzerbetrieb / multi-user operation

Mehrbenutzerrechner / multi-user computer

Mehrbenutzerspiel / multi-user game

Mehrbenutzersystem / multi-user system

Mehrdateiverarbeitung / multifile processing

mehrdeutig / ambiguous, equivocal

Mehrdeutigkeit / ambiguity, equivocation

mehrdimensional / multidimensional

mehrdimensionale Messung / multidimensional measurement

mehrdimensionale Tabelle / multidimensional table

mehrdimensionaler Zugriff / multidimensional access

Mehreckenlinie / polyline

mehrfach / multiple, plural

Mehrfach... / multiple

mehrfach aufrufbar (Programm, das ohne Neuladen mehrfach benutzt werden kann) / reusable

Mehrfachadressierung / multi-addressing

Mehrfachanschluß / multiport

Mehrfachauswahl / multiple selection

Mehrfachauswertung / multiple evaluation

Mehrfachbedingung / multiple condition

Mehrfachbild (auf Bildschirm) / multiple image

Mehrfachbus / multibus

Mehrfach-Chip / multi-chip

mehrfache Genauigkeit (bei Gleitkommazahlen) / multiple precision

Mehrfachfunktion / multifunction

Mehrfachkanal / multichannel

Mehrfachkettung / multiple chaining

Mehrfachkommunikation / multiple communication

Mehrfachleitung / highway

Mehrfachlochung / multiple punching

Mehrfachmöglichkeit / alternative

Mehrfachnutzen (beim Drucken) / multiple copy

Mehrfachprozeßrechnersystem / multiple computer system

Mehrfachspalten (Textv.) / newspaper columns, snaking columns

Mehrfachstart (eines Programms durch mehrere Benutzer) / multilaunching

Mehrfachverbindung / multiple connection

Mehrfachvererbung (OOP) / multiple inheritance

Mehrfachzugriff / concurrent access, multi-access, multiple access

Mehrfarben... / multi-colo(u)r

Mehrfarben-Graphikstandard (graph.) / multicolor graphics array (abbr. MCGA)

mehrfarbig / multichrome, multi-colo(u)red, polychrome, varicolo(u)red

Mehrfrequenz-Bildschirm / multisync monitor

mehrfunktional / multi-functional

Mehrfunktions... / multifunction

Mehrfunktionsbelegleser / multifunctional document reader

Mehrfunktionssystem / multifunctional system

Mehrgangdruck (für stärkeren, fetteren Druck) / multiple-pass printing

Mehrheit / majority

Mehrkanalsystem / multichannel system

Mehrlagen-Leiterplatte / multilayer board

Mehrlagenpapier / multipart paper

mehrmalig / repeated

mehrmals / several times

Mehrpfadprogramm / multithread program

Mehrphasenstrom / multi-phase current

mehrphasig / multi-phase, polyphase

Mehrplatzsystem / multi-position system, multi-station system

mehrpolig / heteropolar

Mehrpunkt... / multipoint

Mehrpunktbetrieb / multipoint operation

Mehrpunktverbindung / multipoint connection

Mehrrechnerbetrieb / multiprocessing

Mehrrechnersystem / multi-computer system, multiprocessor system

mehrsprachig / multi-lingual

Mehrspulendatei (auf mehreren Magnetbändern) / multireel file

Mehrspuraufzeichnung / multitrack recording

Mehrspurkopf / head stack

mehrstufig / multilevel, multistage

Mehrweg... / multiway

Mehrwegübertragung / multipath transmission

Mehrwert / overvalue

mehrwertig / multi-valued, polyvalent

Mehrwertigkeit / polyvalence

Mehrwertsteuer / value-added tax

Mehrwortausdruck / multiword expression

Mehrwortbefehl / multibyte instruction, multiword instruction

Mehrzahl / plural

Mehrzweck... / general purpose, multipurpose

Mehrzweckbus (Spezialentwicklung von Hewlett-Packard) / general purpose interface bus (abbr. GPIB)

Mehrzweckrechner / general purpose computer

Mehrzweckregister / general purpose register, multipurpose register

Mehrzweckschnittstelle / general interface

Meinung / opinion

Meinungsforschung / public opinion research

Meinungsumfrage / public-opinion poll

meist / most

Meldeanlage / reporting facility

Meldegesetz / registration act

melden / message, report, state

Meldepflicht (Dat.-Sch.) / obligation to registration

Meldewesen / system of registration

Meldung / message, report

Menge / amount, quantity, quantum

Menge (zusammengehöriger Gegenstände) / set

Mengendaten / quantitative data

Mengengerüst / quantity listing

mengenmäßig / quantitative

Mengentheorie / set theory

menschlich / human

menschliche Sprache / human language

Mensch-Maschine-... / man-machine

Mensch-Maschine-Kommunikation / man-machine communication

Mensch-Maschine-Schnittstelle / human-machine interface, man-machine interface

Mensch-Maschine-System / man-machine system

Menü (Bildschirmausgabe zur Benutzerführung) / menu

Menü (Ben-Ob.) / list box
Menüauswahl / menu selection
Menübalken / menu bar
Menübaum / menu tree
Menüebene / menu level
Menügenerator / menu generator
menügesteuert / menu-driven
Menümaske / menu mask
Menüname / menu name
Menüsteuerung / menu control
Menüsteuerung (Benutzerführung) / menu prompting
Menütechnik / menu logic
merken / memorize
Merkmal / criterion, symptom
Merkmal (eines Satzes) / attribute
Merkpunkt (Punkt am Beginn einer Zeile) / bullet
Mesatransistor → Tafeltransistor
Meß... / measuring
meßbar / commensurable, measurable, mensurable
meßbare Größe / quantity
Meßbarkeit / measurability, mensurability
Meßbildverfahren / photogrammetry
messen / measure, scale
Messerklemme / knife connector
Messerkontakt / blade contact
Meßfühler / sensing element, sensor
Meßgerät / meter
Meßlehre / ga(u)ge
Messung / measure, measurement
Meßwert / measured value
Meßwerte / measured data
Meßwerterfassung / data logging, measured data acquisition
Meßwertwandler / transducer
Metadatei (Datei, die andere Dateien beschreibt) / meta file
Metadaten (Daten, die über Daten etwas aussagen) / meta data
Metall / metal
metallbeschichten / metallize
Metallbeschichtung / metallization
Metall-Halbleiter-Feldeffekttransistor / metal semiconductor field-effect transistor (abbr. MESFET)

metallisch / metallic
metallisieren / metallize
Metallisierung / metallization
Metall-Isolator-Halbleiter-Feldeffekttransistor / metal insulator semiconductor field-effect transistor (abbr. MISFET)
Metall-Keramik-Technik / cermet (abbr. ceramic-metal)
Metallmantel / can
Metall-Nitridoxid-Halbleiter-Feldeffekttransistor / metal nitride-oxide semiconductor field-effect transistor (abbr. MNOSFET)
Metall-Nitridoxid-Halbleiter / metal-nitride-oxide semiconductor (abbr. MNOS)
Metall-Oxid-Halbleiter / metal oxide semiconductor (abbr. MOS)
Metall-Oxid-Halbleiter-Feldeffekttransistor / metal oxide semiconductor field-effect transistor (abbr. MOSFET)
metallüberzogen / plated
Metanotation (Beschreibung einer Sprache und ihrer Ausdrücke) / meta-notation
Metasprache (Sprache zur Beschreibung einer Sprache) / meta language
Meter / meter
Methode / approach, method, manner
Methodenbank / method base
Methodenbanksystem / method base system
metrisch / metric(al)
metrisches Maßsystem / metric system of measurement
metrisches System / metric system
Microsoft-Diskettenbetriebssystem / Microsoft disk operating system (abbr. MS-DOS)
Middleware (Einrichtungen zur Programmabwicklung auf nichtkompatiblen Rechnern; Emulatoren, Simulationsprogramme) / middleware
MIDI (Schnittstelle für Ton- und Musikein- und -ausgabe) / musical instrument digital interface (abbr. MIDI)

Miete / hire, leasing, rent

mieten / hire, lease, rent

Mieter / lessee, tenant

Mietfinanzierungsgesellschaft / lease-finance company

Mietgebühr / rental

Mietkosten / lease rental charges, renting costs

Mietleitung (Standleitung) / leased line, private line

Mikro… / micro…

Mikroassembler / micro-assembler

Mikroausrichtung (Einfügen von Leerräumen in eine Zeile für den Blocksatz) / microjustification

Mikrobaustein (Halbleiterscheibe) / chip

Mikrobefehl (auf der Ebene des Steuerwerks eines Rechners) / microinstruction

Mikrobild / microimage

Mikrobildspeicher / microform

Mikrocode (Programmiersprache auf der Ebene des Steuerwerks eines Rechners) / microcode

Mikrocomputer / micro, microcomputer

Mikrocomputerbausatz / microcomputer kit

Mikrodatenträger / microform

Mikrodiskette (3,5-Zoll-Diskette) / microdisk, microdiskette, microfloppy, microfloppy disk

Mikroelektronik / microelectronics

Mikrofilm / microfilm

Mikrofilmarchivgerät / microfilm retrieval unit

Mikrofilmausgabe / computer output microfilm (abbr. COM)

Mikrofilmbetrachter / microfilm viewer

Mikrofilmeingabe / computer input microfilm (abbr. CIM)

Mikrofilmkamera / microfilm camera

Mikrofilmkarte / microfiche

Mikrofilmlesegerät / microfilm reader

Mikrofilmlochkarte / aperture card

Mikrofilmstreifen / microstrip

Mikrofilmtechnik / micrographics

Mikrokanal / micro-channel

Mikrokanal-Architektur / micro-channel architecture (abbr. MCA)

Mikrokanalbus / microchannel bus

Mikrometer ($= 0,001$ mm) / micrometer

Mikrominiaturisierung (Superintegration von Schaltelementen) / microminiaturization

Mikromodul (integrierter Schaltkreis) / micromodule

Mikron ($= 0,001$ mm, veraltet für →Mikrometer) / micron

Mikrooperation (auf der Ebene der →Mikroprogrammierung) / microoperation

Mikrophon / microphone

Mikroplanfilm / fiche, microfiche

Mikroprogramm (auf der Ebene des Steuerwerks eines Rechners) / microprogram

mikroprogrammieren / microprogram

Mikroprogrammierung (auf der Ebene des Steuerwerks eines Rechners, statt festverdrahteter Befehle) / microprogramming

Mikroprozessor / microprocessor

Mikroprozessorsteuereinheit / micro control unit

Mikrorechner-Entwicklungssystem / microcomputer development system

Mikroschaltbaustein / microchip

Mikroschalter / microswitch

Mikroschaltkreis / microcircuit

Mikrosekunde (1 / 1000 msec) / microsecond

Mikroskop / microscope

Mikrospeicher (für →Mikroprogramme) / micromemory

Mikrosteuerung / microcontrol

Mikroverfilmung / microfilming

Mikrowelle / microwave

Militär / military

militärisch / military

Milliarde / billion (am.), milliard (brit)

Milli… (Vorsatzzeichen für Maßeinheiten, 10^{-3} Einheiten) / milli… (abbr. m)

Millimeterpapier / graphic paper, scale paper

Million Instruktionen je Sekunde / million instructions per second (abbr. MIPS)

Millionstel / millth

Minderheit / minority

minderwertig / substandard

Mindest... / minimum

Miniatur... / midget

miniaturisieren / miniaturize

miniaturisiert / miniaturized

Miniaturisierung / miniaturization

Minicomputer (Computer der mittleren Größenklasse) / minicomputer

Minidiskette (5,25-Zoll-Diskette) / minidiskette, minifloppy, minifloppy disk

Minikassette / minicartridge, minicassette

minimal / minimal

Minimal... / minimum

minimieren / minimize

Minimierung / minimization

Minimum / minimum

Minuend (die zur verringernde Zahl) / minuend

minus / minus

Minuszeichen / minus sign, negative sign

Minute / minute

Misch... / mixer

Mischbauart / hybrid design

mischen / collate, merge, mix

Mischen / merge, merging

Mischkommunikation / mixed communication

Mischprogramm / merge program

Mischpult / mixer

Mischsortieren / collating sort, merge sort

Mischung / compound

miß... / mis...

Miß... / mis...

Mißbrauch / abuse, misapplication, misuse

mißbrauchen / misuse

mißtrauen / suspect

Mißverhältnis / maladjustment

mißverständlich / mistakable

Mißverständnis / mistake

mißverstehen / mistake

Mißwirtschaft / mismanagement

mit / with

mit dem Lichtstift arbeiten / picking

mit der Maschine schreiben / type

mit Nullen auffüllen / zeroize

mit Sternzeichen versehen / starred

mit Transistoren bestücken / transistorize

mit Transistoren bestückt / transistorized

mit Vorzeichen versehen / signed

Mitarbeiter / associate

Mitarbeiterinformation / information of employees

Mitarbeiterrufanlage / staff locator

Mitbestimmungsrecht / right to codetermination

Mitbewerber / competitor

Miteigentümer / part owner

miteinander verbinden / interconnect

Mitglied / insider

Mitglied (einer wissenschaftlichen Institution) / fellow

mitnehmen / pick up

Mitnehmer (Klinke) / dog

Mitnehmer (Nocke) / tappet

mitschleppen / inherit

mitschwingend / resonant

Mitte / middle

mitteilen / message

mitteilen (nicht geheimhalten) / disclose

Mitteilung / memo, notice

Mitteilungsfeld / memo field

Mitteilungsseite (Btx.) / communication page

Mitteilungsübermittlungssystem / message handling system

Mittel / mean

Mittel (für einen Zweck) / measure

Mittel... / mid..., middle

Mittelachse / centerline

mittelbar / indirect, mediate

mittelgroß / medium, medium-scale, medium-sized, middle-sized

Mittellinie / axis
Mittelpunkt / center, middle
mittelständischer Betrieb / middle-class enterprise
Mittelwelle / medium wave
Mittelwellenbereich / medium-wave band
Mittelwert / mean
Mittelwertbildung / averaging
mittlere(r, s) / mean, medial
mittlere Geschwindigkeit / average speed
mittlere Integration (Stufe der Halbleiterintegration) / medium-scale integration (abbr. MSI)
mittlere Lebensdauer / mean life span
mittlere Reparaturzeit / meantime to repair
mittlere Zugriffszeit / average access time, mean access time
mittlerer Störungsabstand / mean time between failures (abbr. MTBF)
Mitwirkungsrecht / right to participation
Mnemotechnik (Technik der Verwendung von gedächtnisstützenden Bezeichnungen bei der Programmierung) / mnemonics
mnemotechnisch / mnemonic
mnemotechnischer Code (mit symbolischer Adressierung) / mnemonic code, mnemonic instruction code
mobile Datenendstation / portable data terminal
mobile Datenerfassung / mobile data collection
mobile Datenverarbeitung / mobile data processing
mobiler Computer / portable computer
mobiler Funkdienst / mobile radio service
mobiler Mikrorechner / mobile microcomputer, portable microcomputer
mobiles Datenerfassungsgerät / mobile data collection terminal
mobiles Fernsprechnetz / mobile telephone network

mobiles Funktelephon / mobile radio telephone
Modell / model
Modellbildung / model forming, model-(l)ing
Modem (Modulations- u. Demodulationsgerät für Datenfernübertragung über Fernsprechleitungen) / data set, line adapter, modem (abbr. modulator/demodulator)
Modem-Bereitmeldung / data set ready (abbr. DSR)
modern / modern, present-day, recent
Modifikation (Änderung von Befehlen innerhalb eines Progr.) / modification
Modifikationsregister / index register, modifier register
Modifikator / modifier
modifizieren (Befehl) / modify
modifiziert / modified
modifizierte Frequenzmodulation / modified frequency modulation (abbr. MFM)
modifizierte Wechselschrift / modified non-return-to-zero recording
Modul / module
modular / modular, unitized
modulare Programmierung / modular programming
modularer Entwurf / modular design
modulares Programm (aus einzelnen kombinierten Programm-Modulen bestehend) / modular program
modulares Programmpaket für kaufm. Aufgaben / modular accounting package
modulares System / modular system
modularisieren (in Einzelmodule auflösen) / modularize, unitize
modularisiert / modularized, unitized
Modularisierung (in Einzelmodule aufgelöst) / modularization
Modularität / modularity
Modulation / modulation
Modulator / modulator
Modulbibliothek (enthält die Programme in Modulform) / module library, relocatable library

modulieren / modulate
Modulkarte (Platine) / module board
Modulo-n-Prüfziffernfunktion (Verfahren zur automatischen Prüfung eingegebener Ordnungsbegriffe) / mod function, modulo-n function
Modulsystem / modular system
Modultest (Test eines einzelnen Programm-Moduls) / module test
Modus / mode
möglich / possible
Möglichkeit / capability, possibility, way
Molekül / molecule
molekular / molecular
Molekularcomputer (Biocomputer, dessen Schaltelemente auf molekularer Ebene arbeiten) / molecular computer
Moment / instant
Monat / month
monatlich / monthly
Monitorsteuerung / monitor control
Monokristall / single crystal
Monolith (Festkörperschaltung aus einem Kristallblock) / monolith
monolithisch / monolithic(al)
monolithischer Schaltkreis / monolithic circuit
Monolithspeichertechnik / monolithic storage technique
Monomodefaser (Glasfaserleitungstyp) / monomode fibre
Monoplatte / monodisk
monostabil / monostable
monostabile Kippschaltung / monostable circuit
Montage / assembly, mounting
Montagegestell / jig
Montageroboter / mounting robot
Montagezeichnung / assembly drawing
Monte-Carlo-Methode (stat. Simulationsverfahren) / Monte-Carlo method
Monteur / installer, mechanic
montieren / mount
montierter Mikrobaustein / micro assembly

Morphem (kleinste sprachliche Sinneinheit) / morpheme
Morphologie (Lehre von den Kristallformen; Lehre von den Sprachformen) / morphologic(al)
morphologisch (→ Morphologie) / morphologic(al)
Morsecode / Morse code
Morsepunkt / Morse dot
Morsestrich / Morse dash
Morse-Telegraph / Morse telegraph
Mosaikdrucker / mosaic printer
Mosaikzeichen (Rasterzeichen) / mosaic character
Motivation / motivation
motivieren / motivate
Motor / motor
motorisiert / motor-driven, motorized, motor-operated
Motorläufer / rotor
Motorständer / stator
MS-DOS (Abk. Microsoft-Diskettenbetriebssystem) / MS-DOS (abbr. Microsoft disk operating system)
Muffe / sleeve
mühelos / facile
Müll / garbage
Multifunktionsarbeitsplatz / electronic desk, integrated workstation, multifunction workstation
Multifunktionssystem / multifunction system
Multimediaanwendung (auf einem PC) / desktop video, multimedia application
Multimedia-Datenbanksystem / hypertext system
Multimedia-Erweiterung(sprogramm) / multimedia extension
Multimediakommunikation (audiovisuelle Kommunikation) / multi-media communication
Multimedia-PC / multimedia personal computer (abbr. MPC)
Multimediasystem (System für audiovisuelle Anwendungen, einschl. Bewegtbildverarbeitung) / hypermedia system, multi-media system

Multimodefaser (Glasfaserleitungstyp) / multimode fibre

Multimomentaufnahme / work sampling

multiplex betreiben / multiplexing

Multiplexbetrieb / multiplex access, multiplex mode, multiplex operation

Multiplexeinrichtung / multiplexing equipment

Multiplexkanal (kann gleichzeitig mit mehreren angeschlossenen Geräten arbeiten) / multichannel, multiplexer, multiplex channel

Multiplexverbindung / multiplex line

Multiplikand (die zu vervielfachende Zahl) / multiplicand

Multiplikation / multiplication

Multiplikationswerk / multiplier unit

Multiplikator (Vervielfacher) / multiplier

multiplizieren / multiply

Multiprogrammbetrieb / multiprogramming, multiprogram. operation

Multiprogramm-Beschleunigungsfaktor / saved-time multiprogramming factor

Multiprogramm-Verzögerungsfaktor / elapsed-time multiprogramming factor

Multiprozessorkonzept / multiprocessor conception

Multiprozessorsystem / multiprocessor system

multistabil / multistable

Multitaskbetrieb / multitasking

mündlich / oral, verbal

Münzfernsprecher / pay station, pay telephone

Münzgeld / hard cash

Münzgeldrückgeber / coin returner

Musikhintergrund (beim Tel.) / music hold-on

Musikerzeugung / music generation

Musikkassette (Magnetkassettentyp) / musicassette

Muster / model, pattern, prototype

Muster (Beispiel) / example

Musteranalyse / pattern analysis

Mustererkennung / pattern recognition, recognition of pattern

musterhaft / exemplary

Musterverarbeitung / pattern processing

Mustervertrag / exemplary contract

Mutter... / master

Mutterband (Systemband, mit dem Software geliefert wird) / master tape

Mutterdiskette (Systemdiskette, auf der Software geliefert wird) / master diskette

Muttergesellschaft / parent company

Mutterkassette (Systemkassette, auf der Software geliefert wird) / master cartridge

Muttersprache / native language

Mutterspule / master spool

m-Wege-Suchen / find out of m ways

N

nach (zeitlich) / after

nach... / post...

Nach... / ending, post...

nach links verschieben / shift left

nach rechts verschieben / shift right

Nachabbildung (bei Sicherungsverfahren) / after image

nachahmen / imitate

Nachahmung / imitation

Nachbar / neighbo(u)r

Nachbarspalte (Textv.) / side-by-side column

Nachbau / imitation

Nachbauen / copying

Nachbearbeiter (Hardware- oder Softwareeinrichtung) / postprocessor

Nachbearbeitung / postprocessing

nachbilden / reproduce

Nachbildung / analog, reproduction

nachdenken / reflect

Nachdruck / reprint

nachdrucken / reprint

Nachfolge / succession

nachfolgen / follow
nachfolgend / subsequent
nachfolgendes Leerzeichen / trailing space
Nachfolger / successor
Nachfrage / demand
nachfragen / consult
nachführen / track
Nachführen / tracking
Nachführzeichen / tracking character
nachfüllen / refill
nachladen / reload
Nachladen / reloading
nachlassen / fade
nachlassend / recessive
nachlässig / inadvertent
Nachlauf / hunting
nachleuchten / afterglow, luminesce, phosphoresce
Nachleuchten (bei Leuchtdioden) / afterglow, luminescence, persistence, persistency, phosphorescence
Nachmittag (in Zeitangaben) / PM, also P. M. (abbr. post meridiem)
nachprüfbar / verifiable
nachrangige Verarbeitung (Multiprogramming) / background processing
nachrangiges Programm (Multiprogramming) / background program
Nachrangigkeit / background
Nachrechner (nachgeordneter Spezialrechner) / back-end computer, back-end system
nachregeln / readjust
Nachregelung / readjustment
Nachricht / information, message
Nachrichten / news
Nachrichtenagentur / news agency
Nachrichtenanfang / beginning of message
Nachrichtenaufbau / message structure
Nachrichtenaustausch / communication
Nachrichtenaustausch über Satelliten / satellite communication
Nachrichtenbehandlung / message handling
Nachrichtenblock / message block

Nachrichtenbüro / press-agency
Nachrichtenendezeichen / end-of-message character
Nachrichtenfluß / message flow
Nachrichtenflußsteuerung / message flow control
Nachrichtenformat / message format
Nachrichteninhalt / message information
Nachrichtenkopf / header, heading, message header
Nachrichtenpaket (Übertragungseinheit) / message package
Nachrichtenquelle (Sendestation) / message source
Nachrichtenquittung / message acknowledgement
Nachrichtenrahmen (Formatvorgabe für die Nachrichtenübertragung) / frame, message frame
Nachrichtensenke (Empfangsstation) / message sink
Nachrichtenübertragung / message transmission
Nachrichtenverteilung / message distribution
Nachrichtenwarteschlange / message queue
Nachrüstbausatz / add-on kit
nachrüsten / retrofit
Nachrüstung / retrofitting
Nachsatz / trailer record
nachschlagen / look up
Nachschlagtabelle / look-up table
nachsehen (nach einem Speicherinhalt) / peek
nachsenden / redirect
Nachspann / trailer
nächste(r, s) / next
nachstellen / readjust
Nacht... / night-time, overnight
nachträglich / subsequent
nachträgliche Dokumentation / subsequent documentation
nachträgliche Erweiterung (eines Rechners) / field expansion
Nachweis / verification
nachweisbar / provable, traceable

nachweisen / prove, verify

nachzählen / recount

nachwirken / trail

Nadel / needle

Nadeldrucker / needle printer, wire matrix printer, wire printer, wire-pin printer

Nadeldruckkopf / wire printing head, wire printing mechanism

Nadelvorschub (bei Nadeldruckern) / pin feed

nah verwandt / germane

Nahbereichszone (Tel.) / local area, local fee zone

Nahbetrieb / local mode

nahe / near

Näherungsfehler / approximation error

Näherungsrechnung / approximate computation, approximation

Näherungswert / approximate value

nahtlos / seamless

nahtlose Einfügung (neuer Systemkomponenten) / seamless integration

Nahverkehrs... / short-haul

Name / name, title

Namengeber / answer generator

Namengeberanforderung / answer code request

Namengeberzeichen (beim Fernschreiber) / answer code

Namensbildung / name forming

Namensdefinition / name definition

Namenseintrag / name entry

Namenskatalog / name catalog

Namensliste / list of names

Namensschild / name-plate

Namenssuffix (bei MS-DOS) / extension

Namenstaste (Tel.) / name key

Namensvereinbarung / name declar.

Namensverzeichnis / nomenclature

nämlich / namely

NAND (Abk. →logisches NICHT-UND)

Nano... (Vorsatzzeichen für Maßeinheiten, 10^{-9} Einheiten) / nano... (abbr. n)

Nanoinstruktion (Befehl auf Chipebene) / nanoinstruction

Nanometer (10^{-9} = 0,000000001 Meter = 0,001 →Mikrometer) / nanometer

Nanoprogrammierung (Programmierung auf Chipebene, statt fester Schaltung der Halbleiter) / nanoprogramming

Nanosekunde (Abk. nsec; 10^{-9} = 0,000000001 Sekunden) / nanosecond (abbr. ns, nsec)

narrensicher / foolproof

national / national

Nationaler Fernseh-System-Ausschuß (US-Organisation für Fernsehfragen, auch nationales technisches Fernsehsystem) / National Television System Committee (abbr. NTSC)

natürlich / elemental, natural

natürliche Programmiersprache / natural programming language

natürliche Sprache / native language, natural language

natürliche Zahl / natural number, non-negative integer

natürlicher Logarithmus / natural logarithm

natürlichsprachliche Schnittstelle / natural language interface

Navigation / navigation

Navigationsrechner / navigation computer

Navigieren (in einer Datenbank arbeiten) / navigation

N-Bindestrich (von der Breite des Buchstabens ‹n›) / en-dash

N-Bruch (einstelliger Bruch von der Breite des Buchstabens ‹n›) / en-fraction

n-Dotierung (Halbl.) / n doping

Neben... / incidental, minor, slave, sub...

Nebenanschluß / extension, shunt

Nebenbuchhaltung / subsidiary bookkeeping

Nebeneinanderabbildung (von Graphiken auf einem Bildsch.) / tiling

Nebengeräusch / sidetone

Nebenkanal / bypass channel, secondary channel

Nebenproblem / side-issue

Nebenprodukt / by-product
Nebenrechner (dem Hauptrechner untergeordnet) / slave computer
Nebenschluß / shunt
Nebenschlüssel / minor key, slave key
Nebensprechen (Tel.) / crosstalking
Nebenstation (der Hauptstation untergeordnet) / slave station
Nebenstelle / substation
Nebenstellenanlage (Tel.) / privat branch exchange
Nebentätigkeit / part-time work
Nebenwirkung / side effect
Nebenziel / secondary objective
Negation / negation
Negationsfunktion / NOT function
Negationsglied / negator
negativ / negative
Negativbild / negative image
Negativdarstellung / inverse representation, inverse video, negative representation
negative Größe / negative
negative Transistorelektrode / source
negativer Schrägstrich / backslash, reverse slant
negatives Quittungszeichen / negative acknowledgement (abbr. NAK)
Negativhalbleiter / negative metal-oxide semiconductor (abbr. NMOS)
Negativ-Kanal-Metalloxidhalbleiter / negative-channel metal-oxide semiconductor (abbr. NMOS)
negativleitend (Halbl.) / n-type
Negativschrift (helle Konturen auf dunklem Grund) / drop-out type, negative type
negieren / negate
Negieren / negating
Neigung / tendency
Neigungswinkel / inclination, tilt angle
nein / no
NE-Metall / non-ferrous metal
Nenn... / rated
Nennbetrag / nominal amount
Nennbetrieb / rated duty
nennen / name
Nenner (Bruch) / denominator

Nennleistung / power rating, rated output, wattage rating
Nennspannung / rated voltage
Nennstrom / rated current
Neonröhre / neon lamp
NetBIOS (Basis-Netz-Ein-/Ausgabe-System, Anschlußsystem von MS-DOS für PCs an Ortsnetze) / NetBIOS (abbr. network basic input/output system)
netto / net
Netto... / net
Nettodurchsatz / net data throughput, net throughput
Nettokapazität / net capacity
Nettopreis / net price
Netz / net, network, system
Netz (allgemeines Stromnetz, Hauptnetz) / mains
Netz... / power
Netz zwischen gleichrangigen Stationen (Ortsnetz) / peer-to-peer network
netzabhängig / network-dependent
Netzadapter / network adapter
Netzadresse / network address
Netzanschluß (Stromversorgung) / power connection
Netzarchitektur / network architecture, network configuration, network structure, network topology
netzartig / net, reticular
Netzausfall / power failure, network failure
Netzausfallschutz / power failure protection
Netzbereich / network area, zone
Netzbetreiber / network carrier
Netzbetrieb / line operation
netzbetrieben / line-operated
Netzbetriebssystem / network operating system (abbr. NOS)
Netz-Diensteinheit / network server
Netzdrucker (im Netz direkt ansprechbarer Drucker) / network printer
Netzebene / network area, network level
Netzfilter / power line filter
Netzform / network configuration

Netzfrequenz / commercial frequency, power frequency, supply frequency

Netzgestaltung / network design

Netzkabel / power cable

Netzkennzahl / network code number

Netzknoten / network node

Netzlast / network load

Netzlaufwerk (im Netz direkt ansprechbare Plattenstation) / network drive

Netzmodell / network model

netzorientiert / network-oriented

Netzplan / network plan

Netzplantechnik / network planning technique

Netzprotokoll / network protocol

Netzprozessor / network processor

Netzpuffer / network buffer

Netzrechner / network computer

Netzschalter / on-off switch, power switch

Netzschnittstelle / network interface

Netzschnittstellenkarte / network interface card

Netzsicherung / power circuit breaker

Netzsoftware / network software

Netzspannung / mains voltage, supply voltage

Netzspannungsschwankung / supply voltage fluctuation

Netzspezialist / network engineer

Netzsteckdose / power socket

Netzstecker / power plug

Netzsteuerprogramm / network control program

Netzsteuerung / network control (NC)

Netzstrom / line current, mains current

Netzstromversorgung / commercial power supply, mains supply

Netztakt / network clock pulse

Netztakteinheit / network clock

Netzteil / power supply unit

Netzteilnehmer / network user

netzunabhängig / network-independent

Netzverbindungsrechner / gateway

Netzverbund / network interlocking

Netzverwalter (Systemprogramm) / network administrator

Netzwerk / mesh net, network

Netzwerkdiagnose / network diagnosis

Netzwerkschicht (Schicht des ISO-Kommunikationsprotokolls) / network layer

Netzwischer (sehr kurzer Spannungsabfall im Stromnetz) / quick-break

neu / new, recent

neu abtasten / rescan

neu berechnen (Tab-Kalk.) / recalculate

neu bewerten / revaluate

neu blocken / reblock

neu definieren / redefine

neu einstellen / recalibrate

neu eröffnen / reopen

neu erstellen / regenerate

neu gestalten (der vorhandenen Software) / reengineer

neu machen / redo

neu numerieren (eines Dokumentes) / repaginate

neu ordnen / reorder

neu positionieren / reposition

neu schreiben / rewrite

neu setzen (Druckt.) / recompose

neu stanzen / repunch

neu übersetzen / recompile

neu übertragen / retransmit

neu vorbereiten / reinitialize

neu zeichnen / redraw

neu zuordnen / reassign

neu zuweisen / repartition

Neuabtastung / rescanning

Neuauflage / reissue, remake

Neuberechnung (Tab-Kalk.) / recalculation

Neuberechnungsreihenfolge (Tab-Kalk.) / recalculation order

Neuberechnungsverfahren (Tab-Kalk.) / recalculation method

Neublockung / reblocking

Neudefinition (eines bereits definierten Speicherbereichs) / redefining

neue Zeile / new line

Neuerstellung / regeneration

neugestalten (der vorhandenen Software) / reengineer

Neugestaltung (vorhandener Software) / reengineering

Neuheit / recency

Neuinitialisierung (eines bereits initialisierten Datenträgers) / reinitialization

Neunerkante (LK) / nine-edge

Neunerkomplement / complement on nine, nine's complement

Neunerprobe / casting-out-nines, nine proof, nine's check

Neunspuraufzeichnung / nine-track recording

Neunspurband / nine-track tape

Neunumerierung (eines Dokumentes) / repagination

Neuordnung / rearrangement

neuronales Netz / neural network, neuronal network

neutral / neutral

neutralisieren / neutralize

Neutralisierung / neutralization

Neuzeichnung / redraw

neuzeitlich / modern

Neuzuordnung / reassignment

Neuzuweisung / repartition

nicht / no, not

nicht... / non...

Nicht... / non...

nicht abdruckbar / nonprinting, unprintable

nicht abdruckbares Zeichen / nonprintable character

nicht absetzbar (nicht verkäuflich) / unsalable

nicht abtastbar / unscannable

nicht adressierbarer Hilfsspeicher / bump

nicht angeschlossen / off-line

nicht anpaßbar / unadaptable

nicht ausdrücklich / implicit

nicht ausführbar / nonexecutable

nicht auslagerbar (resident) / non-pageable

nicht auswechselbar / unexchangeable

nicht bedruckbar / nonprinting

nicht behebbar / irrecoverable

nicht behebbare Störung / irrecoverable defect

nicht behebbarer Fehler / irrecoverable error

nicht beieinanderliegend / non contiguous

nicht bereit / unready

nicht bevorrechtigt / unprivileged

nicht dauerhaft / non-permanent

nicht deaktivierbare Unterbrechung / non-maskable interrupt (abbr. NMI)

nicht decodierbarer Operationsteil / operation code trap

nicht dialogfähig / noninteractive, non-transactional

nicht eingetragen / unregistered

nicht feststellbar / unascertainable

nicht gleichrichtend / non-rectifying

nicht in Betrieb / idle

nicht indexiert / unsubscripted

nicht indiziert / unsubscripted

nicht lesbar / nonreadable, unreadable, unscannable

nicht löschbar / non-erasable

nicht löschend / non-destructive

nicht mausfähiges System / non-mousable system

nicht monoton / non-monotonic

nicht montiert / unmounted

nicht normalisiert / unnormalized

nicht normgerecht / non-standard

nicht programmierbare Datenstation / non-intelligent terminal

nicht reserviert / unreserved

nicht resident / transient

nicht residentes Kommando / transient command

nicht segmentiert / unspanned

nicht spezifiziert / unspecified

nicht standardisiert / non-standard

nicht übertragbar / importable, untransferable

nicht umkehrbar (irreversibel) / irreversible

nicht umsetzbar / inconvertible, unconvertible

nicht vergleichbar / incommensurable, incomparable

nicht verflochten / noninterlaced

nicht verschachtelt / noninterlaced

nicht verunreinigt / uncontaminated

nicht vorhanden / unavailable

nicht wahrnehmbar / imperceptible

nicht wiederfindbar / irretrievable

nicht wiederherstellbar / unrecoverable

nicht zerstörend / non-destructive

nicht zu behebender Fehler / unrecoverable error

nicht zugewiesen / unassigned

Nichtbeachtung / oblivion

nichtbenachbartes Datenfeld / noncontiguous data item

nichtdialogfähig / noninteractive, nontransactional

nichtdialogfähige Verarbeitung / noninteractive processing

nichtdynamischer Bereich / nondynamic area

Nichteisenmetall (NE-Metall) / nonferrous metal

nichtflüchtig / non-volatile

nichtflüchtiger Speicher (hält Inhalt auch bei Wegfall der Stromversorgung) / non-volatile memory, nonvolatile storage, permanent storage

NICHT-Funktion / NOT function

Nicht-größer-als-Zeichen / not-greater-than sign

nichtig / null

Nicht-kleiner-als-Zeichen / not-less-than sign

nichtleitend / insulating, nonconducting

Nichtleiter / insulator, nonconductor

nichtlinear / non-linear

nichtlineare Optimierung / non-linear optimization

nichtmechanischer Drucker / non-impact printer

nichtmonoton / non-monotonic

nichtnumerisch / non-numeric

nichtpolarisiert / non-polarized

nichtprozedurale Programmiersprache / declarative language, declarative programming language, non-procedural programming language

nichtresident / non-resident

Nichts / nothing

NICHT-Schaltung / negator, NOT circuit

nichtspezialisiert / nondedicated

nichtssagend / trivial

nichttrivial / bedeutungsvoll, sinnreich) / nontrivial

Nichtübereinstimmung / nonconformance

Nicht-Übertragbarkeit (von Software) / importability

NICHT-UND-Funktion / NAND operation, NOT-AND function, nonconjunction

NICHT-UND-Schaltung / NAND circuit, NOT-AND circuit

niederdrücken / oppress

Niederfrequenz / low frequency

Niederlassung / agency

Niederspannung / low tension

niederstwertig / least significant

niederwerfen / thrash, thresh

niederwertig / lower-order, low-order

niedrig / low, small

Niedrigbauweise / slimline

niedriger / lower

niedrigste Adresse / lowest-order address

niedrigste Gruppenstufe / lowest-order group level

niedrigste Priorität / lowest priority, lowest-order priority

Niedrigstwert / low-value

niedrigstwertig / lowest-order

niedrigstwertig (rechte Stelle einer Zahl) / rightmost

niedrigstwertige Stelle (einer Zahl) / rightmost position

niedrigstwertiges Bit / lowest-order bit

Niet / rivet

nieten / rivet

Niveau / level

n-leitend (überschußleitend; Halbl.) / n-type

n-leitender Halbleiterbereich / n-type region

n-leitendes Material (z. B. Antimon, Arsen; Halbl.) / n-material

n-Leitung (Halbl.) / n-type conduction

noch nicht fällig / undue
Nocke / cam
Nockengetriebe / cam gear
Nominal… / nominal
nominell / nominal
Noncarbonpapier (Selbstdurchschreibepapier) / carbonless paper, non-carbon paper (abbr. NCP)
Noncarbonverfahren / non-carbon printing
Noppe / nap
Norm / norm, standard
normal / usual
Normal… / standard
normaler Trennstrich (Textv.) / required hyphen
Normanschluß / standard interface
normalisieren / normalize
normalisiert / normalized
normalisierte Gleitkommazahl / normalized floating-point number
Normalisierung / normalization
Normalkanal / standard channel
Normallochkarte / eighty-column card
Normalpapier / standard paper
Normalstellung / home position
Normalverteilung (stat.) / normal distribution, standard distribution
Normalwert / normal
Normalzustand / normality
normativ / normative
normen / standardize
Normenausschuß / standards committee
normgerecht / normal, standard
normieren / scale
Normieren / scaling
normierte Programmierung / standardized programming
Normschrift / standardized characters
Normung / standardization
Normungsinstitution / standards organization
Notabschaltung / emergency cutout
Notar / notary
notariell / notarial
notariell beglaubigen / notarize
Notation → Notierung

Notbehelf / makeshift
Notbetrieb / emergency mode
Notfall / emergency
notieren / note, quote
Notierung (nach bestimmten Regeln festgelegte Aufzeichnung von Merkmalen von Zeichen, Zeichenklassen und Zeichengruppen, vor allem bei Programmiersprachen) / notation
Notiz / memorandum, notice
Notizblock / cratchpad, notepad, pad
Notizblockfunktion / scratchpad facility
Notizblockspeicher (für schnelle Zwischenergebnisse) / scratchpad memory
Notizbuch / notebook
Notizbuchcomputer / notebook, notebook computer
Notruf / emergency alarm
Notrufmelder / emergency alarm box
Notschalter / emergency switch
Notstromversorgung / emergency power supply
Notstromversorgung (mit Batterien) / battery backup
notwendig / necessary
Notwendigkeit / necessarity
np-Übergang (Halbl.) / np-junction, np-transition
np-Übergangsbereich (Halbl.) / np-junction zone, np-transition region
nsec (Abk. →Nanosekunde)
n-stufig / n-ary
Nukleartechnik / nuclear technology
Nukleus (Kern eines Programms) / kernel, nucleus
Null / naught, nil, nothing, nought, zero
Null… / neutral
Nulladresse (adreßlos) / zero address
Nullanzeige / zero flag
Nullauffüllung / zerofill
Nullbyte / nil byte, zero byte
Nulldivision (endlose Schleife) / zero divide, zero division
Nullebene / zero level
Nullkontrolle / zero check
Nulleichung / zero adjust

Null-Leiter / neutral lead, zero conductor

Nullmodem (serielle Verbindung zwischen zwei PCs) / nullmodem

Nulloperation (Leeroperation) / donothing instruction, non-operation (abbr. NOP), no-operation instruction, waste instruction

Nullpunkt / neutral point, origin, zero, zero point

Nullpunktabweichung / zero error

Nullpunktverschiebung / zero offset

Nullstellung / zero position

Nullsummenspiel / zero-sums game

Nullunterdrückung / zero compression, zero suppression

Null-Wartezustand (kein Wartestatus in Speichern) / zero wait state

Nullzeichen / zero character

numerieren / number

numeriert / numbered

Numerierung / numbering

numerisch / digital, numeric(al)

numerische Adresse / numerical address

numerische Anzeige / numerical display

numerische Äquivalenz / numerical equivalence

numerische Darstellung / numerical representation

numerische Daten / numerical data

numerische Mathematik / numerical mathematics

numerische Steuerung (von Werkzeugmaschinen) / numerical control (abbr. NC)

numerische Variable / numerical variable

numerischer Ausdruck / numerical expression

numerischer Bereich / numerical area

numerischer Code / numerical code

numerischer Ordnungsbegriff / numerical key, numerical keyword

numerisches Datenfeld / numerical data item

numerisches Literal / numerical literal

numerisches Sortieren / numerical sorting

Nummer / number

Nummernanzeige / number display

Nummernbereich / range of numbers

Nummernschalter (Tel.) / number plate

Nummernscheibe (Tel.) / number plate

Nummernsystem / number system

Nummernzeichen (das Zeichen ‹#›) / number sign

nur / only

Nur-Anzeige-Einheit / display-only unit

Nur-Empfangsgerät / receive-only unit

nur-lesbare Bildplatte / optical read-only memory (abbr. OROM), read-only optical disk

Nur-Lese-Datenstation / read-only terminal

nur-lesen (Eigenschaft der Festsp.) / read-only

Nur-Lesen-Attribut / read-only attribute

Nut / groove, notch

Nutz... / useful

nutzbar machen / utilize

Nutzbarkeit / serviceability

nutzbringend / profitable

Nutzen / advantage, benefit, profit, utility, utility value

Nutzen (Zahl der Durchschläge beim Drucken) / copy

Nutzenzahl (beim Drucker) / copy capability

nützlich / useful

Nützlichkeit / usefulness

nutzlos / useless

Nutzlosigkeit / uselessness

Nutzungsbewilligung (bei Software) / permission of use

Nutzungsdauer / service life

Nutzungsrecht / right to use

Nutzungsvertrag / licence agreement

Nutzwertanalyse / utility value analysis

O

Ober... / super
Oberbegriff / genus (pl. genera), major
Oberdeskriptor / main descriptor
obere(r, s) / upper
obere Grenze (eines Bereiches) / upper bound
obere Umschaltung (Tastatur) / upper case
oberer Speicher (bei MS-DOS) / high memory
oberer Speicherbereich (bei MS-DOS) / high memory area, upper memory area (abbr. UMA)
oberes Byte (von zweien) / high byte
Oberfläche / face, surface
Oberflächenätzung / surface etching
Oberflächenbehandlung / surface treatment
Oberflächendiffusion (Halbl.) / surface diffusion
Oberflächenleitung / surface conduction
Oberflächenmodell (graph.) / surface model
oberflächenmontierbar (Platine) / surface-mountable
Oberflächenmusterung / texture
Oberflächenneutralisierung (Halbl.) / surface passivation
Oberflächensperrschichttransistor / surface barrier transistor
Oberflächenwissen / shallow knowledge
oberflächlich / superficial
Obergrenze / ceiling
Oberkante / top edge, upper edge
Oberlänge (Drucktype) / ascender
Oberrand (Textv.) / top margin
Obersatz (in einer Datenbank) / owner
Oberschwingung / harmonic
Oberseite / top side
Oberteil (eines Gerätes) / top section
Objekt (OOP) / instance
Objektbibliothek (von lauffähigen Programmen) / runtime library
Objektdatei (Datei im Objektcode) / object file

objektiv / impartial, objective
Objektiv (phot.) / lens, object lens
Objektivität / impartiality, objectivity
objektorientiert / object-oriented
objektorientierte Graphik (basiert auf verarbeitbaren Bildelementen) / object-oriented graphics
objektorientierte Graphikverarbeitung / structured graphics
objektorientierte Programmiersprache / object-oriented programming language
objektorientierte Programmierung / object-oriented programming (abbr. OOP)
Objektprogramm (ablauffähiges Programm) / executable program, object program, program phase, runtime version, target program
Objektprogramm im Arbeitsspeicher / core program
Objektverknüpfung und -einbettung / object linking and embedding (abbr. OLE)
Obligationen / bonds
obligatorisch / mandatory
OCR-A-Schrift (OCR-Schrifttyp) / OCR-A font
OCR-B-Schrift (OCR-Schrifttyp) / OCR-B font
OCR-Etikett / OCR ticket
OCR-H-Schrift (OCR-Handschrifttyp) / handwritten blockletters, OCR-H font
OCR-Schrift / OCR font
oder / or
ODER-Funktion / disjunction, OR function
ODER-NICHT (der Booleschen Algebra) / NOT-OR (= →NOR)
ODER-NICHT-Funktion / NOR function
ODER-NICHT-Schaltung / NOR circuit
ODER-Schaltung / OR circuit
offen / open, open-ended
offene Architektur (nicht herstellergebunden) / open architecture

offene Entscheidung / open decision

offene Schleife (offenes Regelsystem) / open loop

Offene-Posten-Buchhaltung / open-item method, unsettled item method

offener Bus (erlaubt den Anschluß beliebiger Peripherie) / open bus

offener Rechenzentrumsbetrieb (für jeden zugänglich) / open shop

offenes Netz / open network

offenes System (nicht herstellergebunden) / open system

offenkundig / manifest, overt

offenkundige Daten / obvious data

offenlegen / disclose

Offenlegung / disclosure

offensichtlich / evident, obvious

öffentlich / public

öffentliche Bibliothek / public library

öffentliche Datei / common file, public file

öffentliche Daten / public data

öffentliche Datenbank / public data base system

öffentliche Meinung / public opinion

öffentlicher Adreßraum / public address space

öffentlicher Bereich (eines Speichers) / common area, public area

öffentlicher Speicherbereich / common area, public area

öffentliches Datennetz / public data network

öffentliches Netz / public network

Öffentlichkeitsarbeit / public relations

offiziell / official

offline (nicht angeschlossen) / off-line

öffnen / open

Öffnung / opening, nozzle

Öffnungszeiten / shop-hours

offsetdrucken / offset

Offsetdruck / offset, offset printing

Ohm (Maßeinheit des el. Widerstands) / ohm

ohne / no-...

oktal (Zahlensystem auf der Basis 8) / octal

Oktaldarstellung / octal representation

Oktalzahl / octal number

Oktalzahlensystem / octal number system

Oktalzeichen / octal numeral

Okular (phot.) / ocular

Öl / oil

ölen / oil

online (angeschlossen) / on-line

Operand (Inhalt einer Speicheradresse) / operand

Operandenadresse / operand address

Operandenlänge / length of operand

Operandenregister / operand register

Operandenteil (eines Befehls) / operand part

Operateur (Bediener) / operator

Operateurfehler / bust

Operation / operation

operational (praktisch ausführbar) / operational

Operationalität (praktische Ausführbarkeit) / operationality

Operationsgeschwindigkeit / operation velocity

Operationsregister / operation register

Operationsschlüssel / operation code

Operationsspeicher / operation memory

Operationssteuerung / operation control

Operationsteil (des Befehls) / instruction part, opcode, operation code, operation part

Operationsverstärker / operational amplifier

Operationszeichen (math.) / operator

Operator-Vorrang (math.) / operator precedence

optieren / opt

Optik / optics

optimal / optimal

Optimalbereich / rated range

optimale Neuberechung (Tab-Kalk.) / optimal recalculation

Optimalprogramm / optimal program, optimally coded program

optimieren / optimalize, optimize

optimierend / optimizing

optimierender Compiler / optimizing compiler

Optimierung / optimation, optimization

Optimum / optimum

Option (Wahlmöglichkeit) / option

Option aktivieren (Ben-Ob.) / choose

Optionsfeld (Ben-Ob.) / option button

Optionsschaltfeld (Ben-Ob.) / check box

Optionsschaltfläche (Ben-Ob.) / option button, radio button

optisch / optic(al)

optisch lesbar / photosensing

optisch lesbare Schrift / optical font

optische Abtastung / optical scanning

optische Anzeige / optical display

optische Aufzeichnung / optical recording

optische Ausweiskarte / optical badge card

optische Datenübertragung / optical communication

optische Erkennung / optical recognition

optische Leitung / optical line

optische Maus / optical mouse

optische Platte / disc, video disc

optische Platte (nicht überschreibbar) / CD-ROM (abbr. compact disc read-only memory)

optische Platte (überschreibbar) / rewritable optical disc (abbr. ROD)

optische Platte für einmaliges Schreiben und beliebig häufiges Lesen / write once, read many (abbr. WORM)

optische Schrift / optically readable characters, optically readable font

optische Speicherplatte / optical disc

optische Wechselplatte / removable disc

optische Zeichenerkennung / optical character recognition (abbr. OCR)

optischer Abtaster / optical scanner

optischer Computer / optical computer

optischer Datenträger / optical medium

optischer Leser / optical character reader, optical reader

optischer Seitenleser / optical character sheet reader

optischer Speicher / optical storage

optischer Speicher (nicht änderbar) / static optical memory

Optoelektronik / opto-electronics

optoelektronisch / opto-electronic(al)

optoelektronischer Halbleiter / opto-electronic semiconductor

Optokoppler / optical coupler

optomechanische Maus / opto-mechanical mouse

ordentlich / orderly, regular, tidy

Ordinalzahl / ordinal number

Ordinate / ordinate, y-axis

Ordinatenachse / y-axis

Ordinatenwert / y-coordinate

ordnen / file, order, range

Ordnen / classifying, ordering

Ordnung / grading, orderliness

Ordnungs... / ordinal

Ordnungsbegriff / access code, access key, identification key, key, keyword

Ordnungsbegriffssystem / keyword system

Ordnungsdaten / control data, key data

Ordnungsmäßigkeit der Buchhaltung / correctness of accounting

Ordnungsmäßigkeit der Datensicherung / correctness of data security

Ordnungsmäßigkeit der Datenverarbeitung / correctness of data processing

Ordnungsnummer / key number

Ordnungswidrigkeit / irregularity

Ordnungszahl / ordinal number

Organigramm / organizational chart

Organisation / organization

Organisations... / organizational, red-tape

Organisationsabteilung / organization department

Organisationsanalyse / organizational analysis

Organisationsaufruf (des Betriebssystems) / control system call

Organisationsauftrag / organizational instruction

Organisationsbefehl / organizational instruction

Organisationsberater / organizational consultant

Organisationsdiagramm / organization chart

Organisationsentwurf / organizational design

Organisationsgrad / level of organization

Organisationshandbuch / organization manual

Organisationskontrolle (i. S. des BDSG) / organization supervision, organizational supervision

Organisationsmethoden (in der Datenverarbeitung) / orgware (abbr. organization ware)

Organisationsmittel / organizational resource

Organisationsmodell / organizational model

Organisationsprogramm / control program

Organisationsprogrammierer / application development programmer, organization programmer

Organisationsschnittstelle / organizational interface

Organisationstheorie / organizational theory

Organisationsunterstützung / organizational support

Organisator / organizer, promoter

Organisator (Analytiker) / analyst

organisatorisch / housekeeping, organizational

organisch / organic

organisieren / organize

Organisieren / housekeeping, organizing

organisiert / organized

Orgware → Organisationsmethoden in der Datenverarbeitung / orgware (abbr. organization ware)

orientieren / orient

orientiert / oriented

Orientierung / orientation

original / original

Original... / original

Originalbeleg / source document, voucher

Originaldokument / source document

Originalgerätehersteller / original equipment manufacturer (abbr. OEM)

Originalität / originality

Originalsoftware / master software

Originalspeicherbereich (für bestimmte Daten) / bucket

ortho... (gerade, richtig) / ortho...

orthographisch / orthographic(al)

örtlich / local, regional

örtlicher Drucker (im LAN, nur von einem Rechner aus ansprechbar) / local printer

örtlicher Speicher (im LAN, nur von einem Rechner aus ansprechbar) / local memory, local storage

örtliches Laufwerk (im LAN, nur von einem Rechner aus ansprechbar) / local drive

Ortsbereich / local area

Ortsbetrieb / local mode

Ortsleitung (Tel.) / local line

Ortsnetz (Tel.) / local network

Ortsnetz (für hausinterne Kommunikation) / local area network (abbr. LAN)

Ortsnetz-Steuerprogramm / local area network manager (abbr. LAN manager)

Ortsvermittlung / local exchange

Öse / tag

Oszillator (Schwingungserzeuger) / oscillator

Oszilloskop / oscilloscope, scope

Ozon / ozone

ozonreich / ozoniferous

Oxid / oxide

oxidieren / oxidate, oxidize

Oxidierung / oxidation

P

Paar / pair
paarig / geminate, matched, twin
paarig anordnen / geminate
Paarigkeitsvergleich / matching
packen / pack
Packen (von Dezimalziffern) / packing
Packungsdichte (von Bauelementen) / component density, packaging density
pädagogisch / pedagogic(al)
pädagogische Informatik / educational informatics
Paddel (Zusatzgerät zur Eingabe bei Computerspielen) / paddle
paginieren (numerieren) / paginate
Paket / packet
Paketdatenstation / packet terminal
Paketier-Depaketier-Einrichtung (Paketvermittlung) / packet assembly-disassembly (abbr. PAD)
paketieren / packet, packetize
Paketieren (Paketvermittlung) / packetizing
Paketvermittlung / packet switching
Paketvermittlungsnetz / packet-switched network
Palette / palette
Papier / paper
papierarme Verwaltung / paperlean administration
Papierausstoß / paper throughput
Papierauswerfer / paper ejection
Papierbahn / paper web
Papierdatenträger (sing.) / paper data medium
Papierdatenverarbeitung (über Belegeingabe und Druckausgabe) / paper data processing
Papierdurchsatz / paper throughput
Papierende / end of paper
Papierformat / forms format, paper size
papierfrei / paper-free
Papierführung (beim Drucker) / paper guide
Papiergewicht / paper weight
Papierkrieg / paper-warfare

papierlos / paperless
papierlose Verwaltung / paperless administration
papierloses Büro / paperless office
Papierqualität / paper quality
Papierrolle / paper roll, web
Papiersorte / paper type
Papierstau (Drucker) / jam, jamming, paper jam, paper jamming
Papierstaub / lint
Papiertraktor (beim Drucker) / paper tractor
Papiertransport / paper transport
Papiervorschub / paper feed
Papiervorschub nach dem Drucken / advance after, skip after, space after
Papiervorschub vor dem Drucken / advance before, skip before, space before
Papierwagen (bei Druckern) / paper carriage
papierweißer Bildschirm / paper-white monitor
Parabel / parabola
Parabolantenne / disk antenna
parabolisch / parabolic
Parachor (Grenzwert für den annehmbaren Leistungsgrad eines DV-Systems) / parachor
Paradigma (Leitbegriff eines Sachgebietes) / paradigm
Paragraph / paragraph
parallel (zeitlich oder räumlich nebeneinander) / parallel
Parallelaufzeichnung / double recording, parallel recording
Parallelausgabe / parallel output
Parallelbetrieb / parallel operation
Parallelbezeichnung / alias
Paralleldrucker (wird über Parallelschnittstelle angeschlossen) / parallel printer
parallele Addition / parallel addition
parallele Subtraktion / parallel subtraction
paralleler Algorithmus / parallel algorithm
paralleles Addierwerk / parallel adder

paralleles Subtrahierwerk / parallel subtracter

parallelisieren (von serieller Übertragung auf parallele übergehen) / deserialize

Parallelogramm / parallelogram

Parallelprogrammbetrieb / parallel programming

Parallelrechner / parallel computer, simultaneous computer

parallelschalten / shunt

Parallelschaltung / parallel circuit, parallel connection, shunt circuit

Parallelschnittstelle (bitparallel) / parallel interface

parallel-seriell / parallel-serial, parallel-to-serial

Parallel-seriell-Umsetzung / parallel-series conversion, parallel-to-serial conversion

Parallel-seriell-Wandler / parallel-series converter

Parallel-Serien-Umschalter / dynamicizer

Parallelübertragung / parallel transmission

Parallelumstellung / parallel reorganization

Parallelverarbeitung / parallel processing

Parameter / argument, parameter

parametergesteuert / parameter-driven

Parameterliste / data list, list of parameters

parametrisch / parametric(al)

parametrische Daten / parametric data

parametrisches Programmieren (Programmanpassung mit Hilfe von Parametern) / parametric programming

parametrisieren / parameterize

Parametrisierung / parameterization

parasitär / parasitic(al)

Parität / parity

Paritätsbit / parity bit

Paritätsfehler / bad parity, parity error

Paritätskontrolle / parity check

Paritätszeichen / parity character

parken (Magnetplattenkamm) / park

Parkstellung (des Magnetplattenzugriffskamms) / park position

Parkzone (bei Platten) / landing zone

Parlamentscomputer / parliamentary computer

Parsebaum / parsing tree

Parseralgorithmus / parser algorithm

Parsergenerator / parser generator

partiell / partial

Partition-Einteilung (von Platten) / high-level format

Partizipation / partizipation

partizipieren / partizipate

Partner / partner

passend / suitable

passierbar / passable

passiv / passive

passive Datei / passive file

passive Daten / passive data

passive Seite / passive page

passive Systemkomponente / passive component

passiver Druck / passive print

passives Fenster / passive window

passivieren / passivate

Passivierung / passivation

Paßwort / access code, access key, callword, password

Paßworteingabe / password input

Paßwortprüfung / password check

Paßwortschutz / password protection

Patent / patent

Patentanmeldung / patent-application

patentfähig / patentable

patentieren / patent

patentiert / patent, patented

Patentinhaber / patentee

Patentschutz / protection by patent

Patentverletzung / patent infringement

Pauschalbetrag / lumped sum

Pause / break, pause

Pausetaste / break key

PC (Abk. f. Personalcomputer) / personal computer (abbr. PC)

PC-Großrechner-Kopplung / micro-to-mainframe

p-Dotierung (Halbl.) / p doping

Pegel / level

Peilantenne / loops antenna
Peilstrahl / signal beam
Pen-Computer (sehr kleiner tragbarer Computer mit Pen-Eingabe) / notepad computer, pen computer
Pendant / match
pendeln / reciprocate, shuttle
Pendeln / hunting
Pendeln (Fahren zum Arbeitsplatz) / commuting
Pendelverkehr / shuttle
Pendler / commuter
Perforation / perforation
Perforationssteg / tie
perforieren / perforate
Perforiermaschine / perforator
perforiert / perforated, sprocketed
Periode / period
periodisch / cyclic(al), oscillatory, periodic(al), tuned
periodisch ablaufen / cycle
periodisch wiederkehrend / recurrent
periodischer Dezimalbruch / recurring decimal, repeating decimal
periodisches Durchlaufen / cycling
Periodizität / intermittency
peripher / peripheral
periphere Übertragung (im Bereich der peripheren Geräte und Kanäle) / radial transfer
peripherer Speicher / backup storage, peripheral storage, secondary storage
peripheres Gerät / input-output device, peripheral, peripheral device
Peripherie / circumference, periphery
Peripheriegerät / peripheral, peripheral device, peripheral equipment, peripheral unit
permanent / non-volatile, permanent
permanente Datei / permanent file
Permanentspeicher (hält Inhalt auch bei Wegfall der Stromversorgung) / non-volatile memory, permanent storage
Permutation (systematische Vertauschung) / permutation
permutieren (systematisch vertauschen) / permute

Person / person
Personal / employees, personnel, staff
Personal... / personal
Personalcomputer / personal computer
Personalien / particulars
Personalinformationssystem / personal information system (abbr. PIS)
Personalkosten / labor costs
Personalleiter / staff executive
Personalrat / personnel council
personenbezogene Daten / personal data
Personenkennzeichen / personal identifier
persönlich / personal
persönliche Geheimzahl (bei Bankausweiskarten) / personal identification number (abbr. PIN)
persönlicher Informationsmanager (Dienstprogramm für persönliche Dienste wie Terminkalender, Datenbank usw.) / personal information manager (abbr. PIM)
Persönlichkeitssphäre / privacy
Petrinetz / Petri network
Petrinetzknoten / token
Petrinetzpfeil / arc
Pfad (durch ein Programm = konkrete Reihenfolge der auszuführenden Befehle) / path
Pfandbriefe / bonds
Pfeiltaste (Cursortaste) / arrow key
Pflege / maintenance
pflegen / maintain
Pflichtenheft / requirements specification, specification
Pfundzeichen / pound sign
Phantasiezeichen (eigentl. Säuferwahn) / dingbat
Phantomschaltung / phantom circuit
Phase / period, stage
Phase (ablauffähiges Programm) / phase, program phase
Phase (el.) / phase
Phasen... / phasing
Phasenbibliothek (enthält die Programme in ablauffähiger Form) / core image library, object library

Phasenkonzept / concept of phases, life cycle conception, phase conception

Phasenmodulation / phase modulation

phasenmoduliert / phase-modulated

Phasen-Nulleiter-Spannung / phase-to-neutral voltage

Phasenprogramm / object program, phase

Phasen-Verschiebungs-Verschlüsselung / phase-shift keying (abbr. PSK)

Phasen-Wechsel-Aufzeichnung (Aufzeichnungsmethode bei überschreibbaren optischen Platten) / phase-change recording

Philologie (Sprachwissenschaft) / philology

philologisch (sprachwissenschaftlich) / philologic(al)

Philosophie / philosophy

Phon (Maß der Lautstärke) / phon

Phonem (akustisches Bedeutungselement) / phoneme

Phonetik / phonetics

phonetisch (Aussspracheform der Sprache) / phonetic(al)

Phonologie / phonology

Phonostecker / phono connector, phono plug

Phosphor (Element für n-dotierte Halbl.) / phosphorous

Photo... / photo...

Photodiode / photocell, photodiode

photoelektrisch / photoelectric(al)

photoelektrische Abtastung / photoelectric scanning

photoelektrische Zelle / photocell

Photoemitter (Substanz, die bei Lichteinfall Elektronen abgibt) / photoemitter

Photographie / photograph

photographieren / photograph

photographisch / photo-optical

photographischer Speicher / photographic storage

Photokopie / photocopy, photostat

photokopieren / photostat

Photolithographie (Druckt.) / photolithography

photomagnetisch / photomagnetic(al)

Photomaskierung (Verfahren zur photographischen Übertragung komplizierter Muster auf eine Fläche, z. B. in der Halbl.-Fertigung) / photomasking

Photon (Lichtquant) / photon

Photosatz / cold type, photo composition, phototypesetting

Photosatzanlage / photocomposing equipment

Photosatzrechner / phototypesetting computer

Physik / physics

physisch / physic(al)

physisch fortlaufend / physical serial

physische Adresse / psysical address

physische Datei / physical file

physische Daten / physical data

physische Ebene / physical level

physische Folge / physical sequence

physische Ordnung / physical order

physische Verarbeitung / input-output-oriented processing

physischer Anfang / physical begin

physischer Gerätename / physical device name

physischer Satz (= Block) / block

physischer Speicher / physical memory

physisches Ende / physical end

physisches Format / physical format

physisches Laufwerk / physical drive

Picosekunde ($10^{-12} = 0,001 \rightarrow$ Nanosekunden) / picosecond (abbr. ps, psec)

Pictureklausel (zur Definition von Bereichen bei COBOL) / picture clause

Piepser (Personenrufeinrichtung) / bleeper

Piktogramm (Bildzeichen, Ikone) / graphic data, icon, ikon, pictograph, suitcase

piezoelektrisch (Substanz, die bei Druckveränderung elektrische Impulse abgibt) / piezoelectric(al)

Piezowiderstand (Substanz, die bei Druckeinwirkung ihren elektrischen Widerstand ändert) / piezo-resistance

Pinsel (graph.) / brush

Pinselbild (graph.) / brush style

Pinselgraphik / brush style

PIPO-Schnittstelle (für parallele Ein- und Ausgabe) / parallel in, parallel out (abbr. PIPO)

PISO-Schnittstelle (für parallele Ein- und serielle Ausgabe) / parallel in, serial out (abbr. PISO)

Pit (Vertiefung in einer Bildplatte durch Laserstrahleinwirkung, entspricht dem → Bit) / pit

PL/1 (Programmiersprache für kaufmännische und technische Anwendungen) / PL/1 (abbr. programming language no. 1)

Plan / budget, plan, schedule

Planartransistor (Bauart von Transistoren) / planar transistor

planen / plan, schedule

Planer / planner

Plankostenrechnung / budgetary cost accounting

planmäßig / methodic(al), planned, scheduled, systematic(al)

planmäßige Wartung / scheduled maintenance

Planspiel / planning game

Planung / planning

Plasma / gas

Plasmabildschirm (Röhre enthält ionisierte Edelgase, die leuchten können) / gas panel, gas plasma display, gas-discharge display, plasma display

Platine / board, card, circuit board, printed circuit

Platinenaufnahmerahmen / card chassis

Platinenkante / edge board

Platinenrahmen / board cage, card cage

Platinenträger / board cage, card cage

Platte / plate

Platte (Magnetplatte) / disk

Plattenarchiv / disk library

Plattenaufzeichnung / disk recording

Plattenbereich / disk partition

Plattenbetriebssystem / disk operating system (abbr. DOS)

Platten-Cachespeicher / disk cache

Platten-Diensteinheit / disk server

Platteneinheit / disk unit

Plattenkapazität / disk capacity

Plattenlandung (Berührung der Platte mit dem Kopf) / disk crash

Plattenlaufwerk / disk drive

plattenloser Arbeitsplatzrechner (CSS) / diskless workstation

plattenorientiert / disk-oriented

Plattenpufferspeicher / disk buffer

Plattenscheibe / platter

Plattenschnittstelle / disk interface

Plattenspeicher / disk storage

Plattenspeicheroptimierer / disk optimizer

Plattenspur / disk track

Plattenstapel / disk pack

Plattensteuereinheit / disk control unit, disk controller

Plattenzugriff / disk access

plattiert (metallüberzogen) / plated

Platzbedarf / local requirements

Platzhalter / place holder

Platzreservierung (in Verkehrsbetrieben) / seat reservation

plausibel / plausible

Plausibilität / plausibility, reasonableness, validity

Plausibilitätprüfung / plausibility check, validity check

plazieren / place

p-leitend (mangelleitd.; Halbl.) / p-type

p-leitender Halbleiterbereich / p-type region

p-leitendes Material (z. B. Indium, Gallium; Halbl.) / p-material

p-Leitung (Halbl.) / p-type conduction

Plexiglas / perspex

Plotter (Zeichengerät) / plotter

Plotterschrift / plotter font

Plotterstift / plotter pen

plus / plus

Plus / plus

Pluszeichen / plus, plus sign, positive sign

pneumatisch / pneumatic(al)

pn-Übergang (Halbl.) / pn-junction, pn-transition

pn-Übergangsbereich / pn-junction zone, pn-transition region

Pol (el.) / pole

polar / polar

Polarisation / polarization

polarisieren / polarize

polarisiert / polarized

Polarität / polarity

Polarkoordinaten (geben Entfernung vom Ursprung und Winkel im Ursprung an) / polar coordinates

polieren / furbish, polish

Poliermittel / polish

Politik / policy, politics

politisch / politic(al)

Polschuh / shoe

Polynom / polynomial

polynomisch / polynomial

Pool (Interessengemeinschaft) / pool

portabel (Softwareeigensch.) / portable

Portabilität (Übertragbarkeit von Software auf ein anderes System) / portability

Porto / postage

POS-Abbuchungsautomat / accountancy terminal, automatic teller machine, POS bookkeeping machine

POS-Geldrückgeber / POS coin changer

positionieren (Magnetkopf auf den Plattenzylinder fahren) / position, seek

Positionierung (des Plattenkopfes über einem Plattenzylinder) / positioning, seek

Positionierzeit (bei Platten, Disketten) / positioning time, seek time

Positionsanzeiger / cursor, locator

positiv / positive

positiv (el.) / plus

Positivbild / positive image

Positivdarstellung / positive representation

positivdotiert (Halbl.-Eigenschaft) / p-type

positive Transistorelektrode / drain

positive Ziffer (einer Zahl) / significant digit

positives Quittungszeichen / positive acknowledgement

Positivhalbleiter / positive-channel metal-oxide semiconductor (abbr. PMOS)

Positiv-Kanal-Metalloxidhalbleiter / positive-channel metal-oxide semiconductor (abbr. PMOS)

Positron (positiv geladenes Elementarteilchen, Gegensatz des Elektrons) / positron

Post / post

Post… / postal

postalisch / postal

Postanweisung / money-order

Postbearbeitungsmaschine / postal treatment machine

Postbeförderung / mailing

Postdienst / postal service

Postgebühr / postage, mail charge

Postfach / pigeon hole, post-office box

Postleitzahl / postal code, postcode, zip code

Postmodem / postal modem

Postmonopol (der Nachrichtenübertragung) / postal monopoly

PostScript (Seitenbeschreibungssprache für Drucker von Adobe) / PostScript

PostScript-Drucker / PostScript printer

PostScript-Schrift / PostScript font

Postsendung / mail, post

Potential (auch el.) / potential

potentiell / potential

Potenz (einer Basis) / exponent, power

potenzieren / exponentiate

Potenzieren / exponentiation, raising to a power

Potenzierung / exponentiation

Potenzschreibweise / power mode

Prädikat (Aussage über eine Eigenschaft) / predicate

Präfixdarstellung (von Formeln ohne Klammer) / prefix notation, prefix representation, Polish notation

Präfixschreibweise (klammerfreie Schreibweise für Formeln) / Polish notation

prägen / emboss
Prägepresse / mill
Pragmatik (Beziehungen zwischen sprachlichem Ausdruck, seiner Bedeutung und dem handelnden Menschen) / pragmatics
pragmatisch / pragmatic(al)
Prägung / impression
praktisch / convenient, hands-on, practical, operative
praktische Ausbildung / hands-on training
praktische Tätigkeit / practice
praktizieren / practice
Prämie / bonus, premium
Prämisse / premise
Präsentationsgraphik / business graphics, presentation graphics
Präzedenzfall / precedent
Präzession (Kreiselbewegung) / precession
Preis / price
Preis festsetzen / price
Preisangebot / bid, price quote
Preisbindung / price maintenance
Preis-Leistungs-Verhältnis / price performance ratio
Preisliste / price list
Preisnachlaß / discount
Preissenkung / price-cutting
preiswert / unexpensive
prellen (schwingen von angestoßenen Kontakten) / bounce
Prellen (Schwingen von angestoßenen Kontakten) / bouncing
Pressemitteilung / press release
Pressewesen / press
Preßspan / press-board
Preßteil / pressing
primär / primary
Primär... / primary
Primärbibliothek (enthält die Programme in Primärsprache) / source library
Primärcode / source code
Primärdatei / primary file
Primärdaten / primary data
Primärdatenerfassung / primary data entry

Primärprogramm (in symbolischer Programmiersprache) / source program
Primärprogrammausgabe / source output
Primärprogrammeingabe / source input
Primärschlüssel / major key, primary key
Primärspeicher / primary storage
Primärsprache / source language
Primzahl / indivisible number, prime number
Printmedien / printed media
Prinzip / principle
Priorität (Vorrang eines Programms vor einem anderen) / priority
Prioritätsebene / priority level
Prioritätsfestlegung / priority determination
Prisma / prism
privat / private
private Bibliothek / private library
private Datei / private file
private Daten / private data
private Nebenstellenanlage (Tel.) / private automatic branch exchange (abbr. PABX), private branch exchange (abbr. PBX)
private Paketvermittlung / private package switching exchange (abbr. PPX)
privater Adreßraum / private address area
privates Ortsnetz / in-house network, local area network (abbr. LAN)
privilegierte Betriebsart / privileged mode
privilegierter Befehl / privileged instruction
privilegierter Benutzer / privileged enduser
pro / per
Probe / sample
Probeabzug / pull
Probebelastung / proof load
Probedruck / proof copy, test print, trial print
Probelauf / dry run, trial run
Problem / problem, question, trouble

Problemanalyse / problem analysis

Problemanalytiker / analyst, system analyst

Problembeschreibung / problem description

Problemdefinition / problem definition

Problemlösung / problem solution

Problemlösungsverfahren / problem solution technique, problem-solving method

problemnah / problem-oriented

problemorientierte Programmiersprache / problem-oriented language

Problemverfolgung / problem tracking

Produkt / product

Produktfunktionsuntersuchung (Ableitung der Struktur eines Produktes aus seinen Funktionen und seinem Aufbau) / reverse engineering

Produktion / make, production

Produktion auf Abruf / just-in-time production

Produktionsautomatisierung / factory automation

Produktionsplanung und -steuerung / production planning and scheduling (abbr. PPS)

produktiv / productive

Produktivität / productivity

Produktlinie / line

produzieren / produce

Prognose / prognosis, prognostication

prognostizieren / prognosticate

Programm / computer program, program (abbr. prog)

Programm, das nach Beendigung im Arbeitsspeicher verbleibt / terminate-and-stay-resident program

Programmabbruch / abnormal end (abbr. ABEND), abnormal termination, abortion, blowup

programmabhängig / program-dependent, program-sensitive

Programmabhängigkeit / program dependence

Programmablauf / programm flow

Programmablaufplan / programming flowchart

Programmabrechnung (Rechenzeit) / program accounting

Programmabruf / program fetch

Programmabschnitt / program control section

Programmabzug / program dump

Programmadaptierung (an individuelle Anforderungen) / program adaption

Programmadresse / program address

Programmaktualisierung / program enhancement

Programmänderung / program amendment

Programmänderung (während des Laufs) / program modification

Programmanfang / beginning of program

Programmanfangsadresse / program start address

Programmanfangsroutine / program beginning routine

Programmanweisung / program statement

Programmarchiv / program archive

Programmaufbereiter / program editor

Programmaufbereitung / program editing

Programmaufruf / program request

Programmausführung / program execution

Programmausführungszeit / program execution time, program runtime

Programmausgabe / program output

Programmausgang / program exit

Programmausstattung / software

Programmautor / author, program author

Programmbaustein / module, program module

Programmbeendigung / program stop, program termination

Programmbefehl / program instruction

Programmbereich / partition, program area

Programmbeschaffung / program procurement

Programmbeschreibung / program description

Programmbezeichnung / program identification, program name

Programmbibliothek / library, program library

Programmblock / program block

Programmdatei / program file

Programmdiebstahl / program larceny

Programmebene / program level

Programmeingabe / program input

Programmeingang / program entry

Programmende / end of program

Programmendeadresse / program end-address

Programmenderoutine / end-of-program routine, program ending routine

Programmentwicklung / program development

Programmentwicklungssystem (Programmierwerkzeug) / program development system, software tool

Programmentwurf / program design

Programmentwurfsmethode / program design method

Programmereignis / program event

Programmerkmal / program feature

Programmerstellung / program creation

Programmfamilie / program family

Programmfehler / bug, program error, program fault

Programmfehlerbehandlung / program error recovery

Programmfehlerfreiheit / software integrity

Programmfolge / program sequence

Programmfreigabe / program release

Programmfunktionstaste / function key, program-function key

Programmgenerator / program generator

Programmgenerierung / program generation

programmgesteuert / program-controlled

programmgesteuerter Dialog / program-controlled dialog

Programmhaltepunkt / checkpoint

Programmier... / programming

Programmierabteilung / programming department, programming section

Programmieranweisung / programming instruction

Programmierausbildung / programming education, programming training

programmierbar / programmable

programmierbare Schnittstelle / programmable interface

programmierbarer Festspeicher / programmable read-only memory (abbr. PROM)

programmierbarer Speicher (adressierbar) / programmable memory

Programmierbarkeit / programmability

programmieren / program

Programmieren / programming

Programmieren im Maschinencode / absolute programming

Programmierer / programmer

Programmiererhandbuch / programmer's manual, programming manual

Programmiererwort / programmer word

Programmierfehler / programming error

Programmiergerät (für Festspeicher) / programming device

Programmierhandbuch / programmer's manual, programming manual

Programmierkapazität / programming capacity

Programmierkomfort / programming convenience

Programmierkonvention / programming convention

Programmierkosten / costs of programming, programming costs

Programmiermethode / coding, programming method

Programmiersprache / language, program language, programming language

Programmiersprache der 1. Generation (Maschinensprachen) / first-generation language

Programmiersprache der 2. Genera-

tion (Assemblersprachen) / second-generation language

Programmiersprache der 3. Generation (höhere prozedurale Sprachen) / third-generation language

Programmiersprache der 4. Generation (nichtprozedurale Sprachen) / declarative language, fourth-generation language

Programmiersprache der 5. Generation (Sprachen für Künstliche Intelligenz) / fifth-generation language

Programmiersprachengeneration / progamming language generation

Programmierstufen / steps of program

Programmiersystem / programming system

programmiert / programmed

programmierte Datensicherung / programmed data safeguarding

programmierte Schnittstelle / programmed interface

programmierte Unterweisung / programmed instruction

programmierte Unterweisung (zum Selbstlernen) / cookbook

Programmiertechnik / programming technique

programmierter Halt / programmed stop

programmiertes Lernen / programmed learning

Programmierumgebung / programming environment

Programmierung / computer programming, programming

Programmierung mit Entscheidungstabellen / programming by decision tables

Programmierung mit festen Adressen / absolute coding

Programmierunterstützung / programming support

Programm-Ikone / program item

Programm-Informations-Tabelle / program information file (abbr. PIF)

programmintegrierte Verarbeitung / program-integrated processing

Programminvarianz / program invariance

Programmkarte (steckbarer Festspeicher mit Programm) / program card

Programmkassette / program cartridge

Programmkatalog / program catalog

Programmkenndaten / program specification

Programmkennzeichnung / program identification, program identifier

Programmkommentar / program comment, program text

programmkompatibel / program-compatible

Programmkompatibilität / program compatibility

Programmkonvention / program convention

Programmkonvertierung / program conversion

Programmkoordinierungsbereich / executive storage area

Programmladen / program loading

Programmlader / program loader

Programmlauf / object run, program run

Programmlaufdauer / object time, program runtime

Programmlaufzeit / object time, program runtime

Programm(übersetzungs)liste / program listing

Programmlogik / program logic

Programm-Manipulation / program manipulation

Programm-Maske / program mask

Programm-Modifikation (Änderung eines Programms durch Befehle dieses Programms) / program modification

Programm-Modul / module, program module

Programmname / program name

Programmoptimierung / program optimizing

Programmpaket / package, program package, software package

Programmparameter / program parameter

Programmphase (ablauffähiges Programm) / object program, program phase

Programmpflege / program maintenance

Programmplanung / program planning

Programmplatine / program board

Programmportabilität / program portability

Programmpriorität / program priority

Programmresidenz (Speicher, in dem sich die Programmbibliothek befindet) / program residence

Programmrevision / program auditing

Programm-Revisions-Version / maintenance release

Programmroutine (Teilprogramm) / program routine, routine

Programmsatz / program sentence, sentence

Programmschalter / alterable switch, program switch, switch, switchpoint

Programmschema / program schema

Programmschleife / loop, program cycle, program loop

Programmschleifenzähler / cycle counter, program cycle counter

Programmschnittstelle / program interface

Programmschritt / program step

Programmsegment / program segment

Programmsegmentierung / program segmentation

Programmseite (überlagerbares Segment) / program page

Programmsicherheit / program security

Programmsicherung / program protection

Programmspeicher / program memory, program storage

Programmsprache / programming language

Programmsprachengeneration / programming language generation

Programmstart / program start

Programmstatus / program state, program status

Programmstatusvektor / program status vector

Programmstatuswort / program status word

Programmsteuertaste / command key, control key, instruction key, program control key, program key, program selection key

Programmsteuertastenfeld / command key panel, instruction key panel

Programmsteuerung / computer controlling, program control

programmsteuerungsintensiv / central-processor-bound

Programmsteuerwerk / instruction control unit, program control unit, program controller, progr. processor

Programmstop / breakpoint, program stop

Programmstruktur / program architecture, program structure

Programmstrukturplan / program structure chart

Programmsystem / program system

Programmtabelle / program descriptor, program table

Programmtest / program test

Programmtestzeit / program testing time, testing time

Programmtrommel (bei LK-Lochern) / program drum

Programmtyp / type of program

Programmübergangsstelle (Programmschnittst.) / program interface

Programmüberlagerung / program overlay

Programmübersetzer / program translator

Programmübersetzung / program translation

Programmübertragbarkeit / program portability

Programmumadressierung / program relocation

Programmumstufung (hinsichtlich der Priorität) / program reclassification

Programmumwandler (für Autocode) / autocoder

Programmumwandlung / program conversion

programmunabhängig / program-independent

Programmunterbrechung / program interrupt

Programmunterbrechungsebene / program interrupt level

Programmverbund / program interlocking

Programmverknüpfung / program linkage, program linking

Programmverschiebung (im Arbeitsspeicher) / program relocation, relocation

Programmversion / program version

Programmverwalter (Dienstprogramm) / program manager

Programmverwaltung / program management

Programmverweilzeit / program residence time

Programmverzeichnis / directory (abbr. DIR), program directory

Programmverzweigung / branch, program branch

Programmvorgabe / program target

Programmwahl / program selection

Programmwechsel / program change

Programmzerstörer (Computervirus) / crasher (sl.)

Programmzustand / program mode, program state

Programmzweig / program branch

Programmzyklus / program cycle

Projekt / project

Projektbericht / project report

Projektdauer / project period, project time

Projektdokumentation / project documentation

Projekt(arbeits)gruppe / project team

Projektion / projection

Projektionsbildschirm / projection terminal

Projektkontrolle / project inspection

Projektleitung / project management

Projektmanagement / project management

Projektmanagement-Programm / project management program

Projektorganisation / project management

Projektplanung / project planning, system(s) engineering

Projektsteuerung / project control

Projektstudie / study

Projektüberwachung / project supervision

projizieren / project

PROLOG (Name einer Programmiersprache) / PROLOG (abbr. programming in logic)

prompt / prompt

proportional / proportional

Proportionaldruck / proportionally spaced printing

Proportionalschrift / proportional font

Protokoll / journal, listing, log, minutes, protocol, report

Protokollband / log tape

Protokolldatei / log file

Protokolliereinrichtung / logger

protokollieren / log, minute, protocol, record

Protokollierung / logging

Protokollprogramm / logging program, protocol program

Protokollschicht (des ISO-Kommunikationsprotokolls) / protocol layer

Protokollschreibmaschine / logging typewriter

Protokollwandler / protocol converter

Prototyp (Urbild) / prefiguration, prototype

Prototyping (Methode der Softwareentwicklung mit Hilfe von Musteranwendungen) / prototyping

Provision / premium

provisorisch / provisional, tentative

Prozedur / procedure

prozedurale Programmiersprache / procedural language, procedural programming language, procedure-oriented language, procedure-oriented programming language

prozedurales Wissen / procedural knowledge

Prozeduranweisung / procedure statement

Prozedurname / procedure name

Prozedurteil (eines Programms) / instruction area, procedure part, procedure section

Prozedurvereinbarung / declaratives (pl.), procedure declaration

Prozent / percent

Prozentrechnung / percentage calculation

Prozentsatz / percentage

prozentualer Fehler / percental error

Prozentzeichen (das Zeichen ‹%›) / percent sign

Prozeß / process

prozeßgeführt / process-guided

prozeßgeführte Ablaufsteuerung / process-oriented sequential control

prozeßgekoppelt / process-coupled

prozeßgekoppelter Betrieb / process-coupled operation

Prozeßgerät / process input/output device, process interface

prozeßintern / in-process

Prozeßkopplung / process coupling, process interfacing

Prozeßleitrechner / process control system

Prozessor (Rechnersteuerungsteil ohne Hauptspeicher) / processor

Prozessortaktgeber / processor clock

Prozeßperipherie / process interface system

Prozeßrechner (zum direkten Steuern technischer Abläufe) / numerical control computer, process computer, process computing system

Prozeßrechnersprache / process computing language, real-time language

Prozeßsteuerung / process control

Prozeßsteuerungsprogramm / process controlling program

Prüf... / checking, testing

Prüfanweisung / examine statement

Prüfanzeige / check indicator

Prüfbedingung / check condition

Prüfbericht / test report

Prüfbit / check bit, parity bit

Prüfbyte / check byte, checkbyte

Prüfeinrichtung / checking facility

prüfen / check, examine, prove, overlook, test, try, verify

prüfen (kritisch) / inspect

prüfen (überprüfen) / check

Prüfen / testing, verifying

Prüfer / trier

Prüfgerät / trier

Prüflesen / check reading, read after write

Prüfliste / checklist

Prüflocher / verifyer

Prüfprogramm / test program

Prüfpunkt (in einem Programm) / assertion

Prüfroutine / check handler

Prüfsiegel / seal of approval

Prüfspur / audit trail

Prüfstand / test-bench

Prüfsumme / gibberish total, hash total, proof total

Prüfung / check, proof, test

Prüfung (kritische) / inspection

Prüfung (eines Wertes) / validation

Prüfung (Überprüfung) / check, checking, checkup, verification

Prüfverfahren / test method

Prüfzeichen (zur Fehlerverhinderung) / error detection character, parity character

Prüfziffer / check digit, check number, check symbol, checkdigit

Prüfziffernverfahren / checkdigit calculation

Prüfzustand / test state

Prüfzustandsmeldung / test-state message

Pseudo... / pseudo...

Pseudoabschnitt (eines Programms) / dummy section

Pseudoadresse (gibt die Adresse des nächsten Befehls an) / pseudo address

Pseudobefehl (Anweisung an das Übersetzungsprogramm, einen bestimmten Befehl zu generieren) / pseudo instruction

Pseudocode (formale Sprache, die in eine Programmiersprache transformiert werden kann) / pseudocode

Pseudodatei / dummy file

Pseudoname (wird bei Mailbox-Betrieb häufig verwendet) / pseudonym

Pseudonym / alias, pseudonym

Pseudooperation (wird durch andere Befehle simuliert) / pseudooperation

Pseudorechner (Hardware existiert nicht, wird durch Software auf einem anderen Rechner emuliert) / pseudomachine

Pseudosatz / pseudo record

Pseudoseite (ohne Programminhalt beim Seitenaustauschverfahren) / dummy page

Pseudosprache (formale Sprache, die in eine Programmiersprache transformiert werden kann) / pseudolanguage

Pseudotetrade (nicht als Ziffer interpretiert) / pseudo four-bit code

Pseudotext (zur graphischen Entwurfsgestaltung) / Greek text

Pseudovariable / pseudo variable

Pseudozufallszahl / pseudo random number

Publikationserstellung am Schreibtisch / desktop publishing

Publikum / public

Puck (Eingabegerät mit Lupe bei Graphik-Tabletts) / puck

Puffer / buffer

puffern (zwischenspeichern) / buffer

Pufferregister / buffer register

Pufferschaltung / buffer circuit

Pufferspeicher / buffer

Pufferüberlauf / buffer overflow

Pufferung / buffering

Pufferverwaltung / buffer management

Pufferzeit / buffer time, slack

Pull-down-Menü (wird von oben nach unten geöffnet) / drop-down menu, pull-down menu

Pulscode / pulse code

Pulsfrequenzmodulation / pulse frequency modulation (abbr. PFM)

Pumpe / pump

pumpen / pump

Punkt / dot, spot

Punkt (Dezimalpunkt) / point

Punkt (Satzzeichen) / full stop, period

Punkt (Schriftgrad) / point

Punktabstand (der Lochmaske im Bildsch.) / dot pitch

punktadressierbar / all-point addressable, dot-addressable

Punkte je Zoll (Maß der Auflösung) / dots per inch (abbr. dpi)

Punktgenerator / dot matrix generator

Punktgraphik / bit-map graphics, bit-mapped graphics

Punktgraphik (als einzelne Abbildung) / scatter diagram

punktieren / dot

punktiert / dotted

punktierte Linie / broken line, dotted line

pünktlich / precise, punctual

Pünktlichkeit / punctuality

Punktraster / dot matrix

Punktrasterbildschirm / bit-mapped display

Punktrasterschrift / bit-mapped font

Punktschweißen / spot-welding

Punktzahl / score

Q

Quadrant (des Koordinatensystems) / quadrant

Quadrat / quadrat, quadrate, square

quadratisch / quadrate, quadratic, square

quadratischer Mittelwert / root mean square

Quadratwurzel / square root

quadrieren / square

Qualität / quality

qualitativ / qualitative

Qualitätsbeurteilung / quality assessment, quality judgement

Qualitätssicherung / quality assurance

Quantenmechanik / quantum mechanics

quantifizieren / quantize

quantifiziert / quantized

Quantifizierung / quantization

Quantität / quantity

quantitativ / quantitative

quantitative Daten / quantitative data

Quantum / quantum

Quarz / crystal, quartz

Quarzkristall / quartz crystal

quasi (Blind..., Schein...) / quasi...

Quasinorm / quasistandard

Quasistandard / de facto standard

Quecksilber / mercury

Quellcode (Primärcode) / source code

Quelle (symbolisches Programm; Sender von Daten im Netz) / source (source program; data source)

Quellenanweisung (des Primärprogramms) / source statement

Quellenbefehl (der Primärsprache) / source instruction

Quelle-Senke-Abstand / source-drain spacing

Querformat / landscape, landscape format, oblong format

Querformatbildschirm (Normalfall) / landscape display

Querformatmodus (beim Drucker) / landscape mode

quergerichtet / crosswise

querlaufend / transverse

Querlinie / traverse

Querparität / lateral parity

Querperforation / horizontal perforation

Querrechnen / crossfooting

Querrechnung / crossfooting

Querschnitt / cross-section, profile, transverse section

Querstrich / bar

Quersumme / cross sum, crossfoot, total of the digits

Quersummenkontrolle / cross sum check

Querverbindung / interconnection

Querverbindung (Tel.) / tie trunk

Querverweis / cross reference

quetschen / crimp

Quetschklemme (für elektrische Kontakte) / alligator clip

Quetschverbindung (bei Kontaktanschlüssen) / crimp connection

quibinär (den → Quibinärcode betreffend) / quibinary

Quibinärcode (binärer Zahlencode aus 5 plus 2 Bits, bei denen jeweils zwei Bits 1 sind) / quibinary code

quinär (auf 5 basierend) / quinary

Quinärcode (binärer Zahlencode aus 5 Bits) / quinary code

Quinärzahl (Zahlensystem auf der Basis 5) / quinary number

quittieren / acknowledge, receipt

Quittung / acknowledgement, handshaking, shake-hand, receipt

Quittungsanforderung / acknowledgement request

Quittungsbetrieb / hand-shaking

Quittungszeichen / acknowledge character

Quote / quota

Quotient / quotient

Quotientenregister / quotient register

Quotierung / quotation

QWERTY-Tastatur (englische Schreibmaschinentastatur) / QWERTY keyboard

QWERTZ-Tastatur (deutsche Schreibmaschinentastatur) / QWERTZ keyboard

R

Rabatt / discount

Rad / wheel

Radar (Funkmeßtechnik) / radar (abbr. radio detecting and ranging)

Radarbildschirm / radarscope, radar-screen

radial (sternförmig) / radial

radieren / erase, rub out

Radieren (auch Funktion in graph. Ben-Ob.) / rubout

Radiergummi / India-rubber, rubber

Radikand (Zahl, aus der eine Wurzel gezogen wird) / radicand

Radio(apparat) / radio

radioaktiv / hot, radioactive

radioaktive Strahlen / radium rays

radioaktiver Grundstoff / radioelement

Radioaktivität / radioactivity

Radiofrequenz / radio frequency

Radiofrequenz-Abschirmung / radio frequency shielding

Radius (Halbmesser) / radius

Radixpunkt (wo in Zahlen das Komma gesetzt wird) / radix point

Radixschreibweise (Stellenwertdarstellung von Zahlen) / radix notation, radix representation

radizieren (Wurzel ziehen) / extract the root of

Radizieren (Wurzelziehen) / extracting the root

Radizierung / evolution, root extraction

Radlaufkurve (Zykloide) / cycloid

Rahmen (Gestell) / chassis, rack

Rahmen (graph., Textv.) / box, frame

Rahmen (OOP) / frame

Rahmenart (graph., Textv.) / box style

rahmenmontiert / rack-mounted

Rahmentakt / frame clock

RAM-Hintergrundspeicher / RAM cache

Rampe / ramp

Rand / margin, side

Rand... / surrounding

Randausgleich (Blocksatz) / margin alignment

Randauslöser (Schreibm.) / margin release

Randbedingung / constraint, marginal condition

Randbegrenzer (Schreibm.) / margin stop

Randberuf / peripheral profession

Randbeschriftung / end printing

Rändelrad / thumb wheel

Rändelschraube / knurled screw

Randführungslochung / margin perforation

Randkerbung / marginal notch

Randkontakt (einer Platine) / edge-board contact

Randlochkarte / border-punched card, edge-punched card

Randschärfe (beim Bildschirm) / marginal sharpness

Randschicht (Halbl.) / depletion region

Randstecker (einer Platine) / edge connector

Randstreifen / rim

Rang / grade, order, range

Rangfolge / order of rank

Rangfolge(regel) / rule of precedence

Rangfolgefunktion / ranking

Raster / grid, screen

Raster(einteilung) / graticule

Raster(muster) / raster

Rasterbild / matrix image, raster image

Rasterbildprozessor / raster image processor (abbr. RIP)

Rasterbildschirm / raster display, raster screen

Rastercode / mosaic code

Rasterdrucker / dot printer, dot matrix printer, mosaic printer

Raster-Graphik / raster graphics

rasterisieren (Vektorgraphik in Bitabbildung umwandeln) / rasterize

Rasterisierung (Umwandlung einer Vektorgraphik in eine Bitabbildung) / rasterization

Rastermuster / matrix

rastern / grate, raster, scan, screen

Rasterpunkt / screen dot

Rasterpunktabfühlung / raster scanning

Rasterpunktlesen / dot scanning

rasterpunktorientiert / bit-map-oriented

Rasterschrift / raster font

Rasterung / grating, screening

Rate (Grad) / rate
Ratenkauf / hire-purchasing
Ration / ration
rational / rational
rationale Zahl / rational number, real
rationalisieren / rationalize, streamline
Rationalisieren / rationalizing
Rationalisierung / rationalization
rationell / streamlined
Raub (von Software oder Hardwareentwürfen) / piracy
Raubkopie / pirat copy, pirated copy, piratical copy
Rauch / fume, smoke
rauchen / fume, smoke
Rauchmelder / smoke-alarm system
rauh / gnarled, rude
Raum / room, space
Raumgeräusch / room noise
Raumgeräuschpegel / ambient noise-level
Raumladung (Halbl.) / space charge
räumlich / spacial, spatial
Raum-Multiplex-Betrieb (über separate Leitungen) / space-division multiplexing
Raumtemperatur / ambient temperature, room temperature
Räumung / clearance
Rauschabstand / signal-to-noise ratio
rauschen (el.) hiss, noise
Rauschen (el.) hissing, noise
Rauschfaktor / noise factor
Rauschgenerator / noise generator
Raute / rhomb, rhombus
Raute(nzeichen) / lozenge
rautenförmig / rhombic(al)
Rautenzeichen / hash
reagieren / respond
Reaktion / reaction, response
Reaktionszeit / reaction time
reaktivieren / reactivate
Reaktor / reactor
real / real
reale Adresse / real address
reale Adressierung / real addressing
reale Dialogstation / real workstation
reale Leitung / real line

reale Maschine / real machine
realer Arbeitsspeicher / real memory
reales Betriebssystem / real memory operating system
reales Gerät / physical device
realisierbar / realizable
realisieren / implement, realize
Realisierung / implementation, realization
Realität / fact
Realmodus / real mode
Realspeicher / physical memory, real memory, real storage
Realzeiteingabe / real-time input
Realzeitrechner (Prozeßrechner) / real-time computer
Realzeituhr / internal clock, real-time clock, timer
Rechen... / arithmetic
Rechenanweisung / algorithm, arithmetic statement, compute statement
Rechenart / calculus, operation of arithmetic
Rechenbefehl / arithmetic instruction
rechenbetont / computational
Rechenbrett / abacus
Recheneinheit (der Zentraleinheit) / arithmetic and logic unit (ALU)
Rechenfehler / miscalculation, miscount
Rechenfeld / computational item
Rechengeschwindigkeit / arithmetic speed, calculation speed, computer velocity, computing speed
rechenintensiv / computation-bound
Rechenkapazität / computing capacity
Rechenleistung / computing performance
Rechenmaschine / calculating machine, calculator
Rechenoperation / arithmetic operation
Rechenperle (Abakus) / bead
Rechenregel / rule of computing a numerical value
Rechenregister / arithmetic register
Rechenschaftslegung / rendering an account

Rechenschieber / slide rule, sliding rule

Rechentabellen / ready reckoner

Rechenvorgang / arithmetic process

Rechenvorschrift / calculating rule, calculation specification

Rechenvorzeichen / operational sign

Rechenwerk / arithmetic and logic unit, arithmetic element, arithmetic processing unit, arithmetic unit

Rechenwerk (eines Mikroprozessors) / registers and arithmetic-logic unit (abbr. RALU)

Rechenwerksprozessor / arithmetic processor

Rechenzeichen / arithmetic operator, operational sign

Rechenzeit / central processor time, computing time, machine time

Rechenzeitabrechnung / job accounting

Rechenzeitverteiler / dispatcher

Rechenzentrum / computer center, computing center

Rechenzentrumsorganisation / operating organization, organization of computing center

Recherche / recherche

recherchieren / recherche

rechnen / calculate, compute, reckon

Rechnen / calculation, computing

Rechner (Rechenanlage) / computer, data processor

Rechner der 1. Generation (etwa von 1934–1954) / first-generation computer

Rechner der 2. Generation (etwa von 1955–1961) / second-generation computer

Rechner der 3. Generation (etwa von 1962–1975) / third-generation computer

Rechner der 4. Generation (ca. ab 1975) / fourth-generation computer

Rechner der 5. Generation (intelligente Rechner, wurden ursprünglich bereits ab 1990/95 erwartet, sind jedoch bisher nicht entwickelt worden) / fifth-generation computer

Rechner mit reduziertem Befehlsvorrat (besonders leistungsfähiger Rechnertyp) / reduced instruction-set computer (abbr. RISC)

rechnerabhängig / computer-oriented, on-line

rechnerabhängige Datenerfassung / on-line data acquisition

rechnerabhängige Datenfernverarbeitung / on-line teleprocessing

rechnerabhängige Datenverarbeitung / on-line data processing

rechnerabhängige Verarbeitung / on-line processing

rechnerabhängiger Betrieb / on-line processing, on-line state

rechnerabhängiger Speicher / on-line storage

rechnerabhängiges Gerät / on-line peripheral device

rechnerabhängiges System / on-line system

Rechnerarchitektur / computer architecture

Rechnerbelegung / computer allocation

Rechnerbewertung / computer evaluation

rechnererzeugt / automated, computer-generated

rechnerfern / remote

rechnergeführter Dialog / computer-guided dialog

rechnergesteuert / automated, computer-controlled

rechnergesteuerte Fernsprechvermittlung / automatic calling and answering unit (abbr. ACAU)

rechnergesteuerte Nebenstellenanlage / computerized private branch exchange

rechnergesteuerte Vermittlungseinrichtung / computer-controlled switching equipment

rechnergesteuerter Dialog / computer-controlled dialog

rechnergesteuertes Hochregallager / computer-controlled stockhouse

Rechnerinstallation / computer installation

Rechnerklassifikation / computer classification

Rechnerkonfiguration / computer configuration

Rechnerkopplung / computer coupling

Rechnerlauf / computer run

Rechnernetz / computer network

Rechnernutzung / computer utilization

Rechnerraum / computer room

Rechner-Rechner-Ortsnetz / back-end local area network

Rechnersicherheit / computer security

Rechnersimulation / computer simulation

Rechnersteuerung / controlling by computer

Rechnersystem / computer system

Rechnertechnik / computer technology

rechnerunabhängig / computer-independent, off-line

rechnerunabhängige Datenerfassung / off-line data gathering

rechnerunabhängige Datenfernverarbeitung / off-line teleprocessing

rechnerunabhängige Datenübertragung / off-line data transmission

rechnerunabhängige Verarbeitung / off-line processing

rechnerunabhängiger Betrieb / off-line state

rechnerunabhängiger Speicher / off-line storage

rechnerunabhängiges Gerät / off-line peripheral device

rechnerunabhängiges System / off-line system

rechnerunterstützt / computer-aided (abbr. CA...), computer-managed

rechnerunterstützte Anamnese (Aufzeichnung von Patientendaten) / computer-aided anamnesis

rechnerunterstützte Information / computer-aided information (abbr. CAI)

rechnerunterstützte Medizin / computer-aided medicine

rechnerunterstützte numerische Werkzeugmaschinensteuerung / computerized numeric control (abbr. CNC)

rechnerunterstützte Planung / computer-aided planning (abbr. CAP)

rechnerunterstützte Programmierung / automatic coding

rechnerunterstützte Publikationserstellung / computer-aided publishing, desktop publishing

rechnerunterstützte Qualitätssicherung / computer-aided quality

rechnerunterstützte Schulung / computer-aided training

rechnerunterstützte Softwareentwicklung / computer-aided software engineering (abbr. CASE)

rechnerunterstützte Verwaltung / computer-aided office (abbr. CAO)

rechnerunterstützter Vertrieb / computer-aided sales (abbr. CAS)

rechnerunterstütztes Industriewesen / computer-aided industry (abbr. CAI)

rechnerunterstütztes Ingenieurwesen / computer-aided engineering (abbr. CAE)

rechnerunterstütztes Lehren / computer-aided teaching

rechnerunterstütztes Lernen / computer-aided learning (abbr. CAL)

rechnerunterstütztes Messen und Regeln / computer-aided measurement and control (abbr. CAMAC)

rechnerunterstütztes Testen / computer-aided testing

Rechnerunterstützung / computer aid

Rechnerwort / computer word

Rechnung / reckoning

Rechnung (Faktura) / account, bill, invoice

Rechnungsprüfung / audit, auditing

Rechnungswesen / accountancy

Recht / right

Recht (Rechtswissenschaft) / law

Recht des Betroffenen / right of a person concerned

rechte (Seite eines Druckwerks, ungerade numeriert) / recto

rechte Klammer / right bracket, right parenthesis

rechter Winkel / right angle

Rechteck / oblong, rectangle, square

rechteckig / oblong, quadrate, square

Rechteckigkeit / squareness

Rechteckimpuls (Binärimpuls) / rectangular pulse, square pulse

Rechteckwelle (Bitimpulsfolge) / square wave

rechter Rand / right-hand margin, right margin

rechtfertigen / vindicate

Rechtfertigung / vindication

rechtmäßig / lawful, legal

rechtmäßige Daten / lawful data

rechts / right

rechtsbündig (Textv.) / flush right, right justified

rechtsbündige Ausrichtung (links ausgefranst) / ragged-left alignment

Rechtsbündigkeit (Textv.) / right justification

Rechtschreibhilfe / spell aid, spell checker, spelling checker

Rechtschreibprüfung / spell verification

Rechtschreibung (Orthographie) / orthography, spelling

Rechtsgrundlage / legal basis

Rechtsinformatik / juridical informatics, law informatics

Rechtsschutz / legal protection

Rechtsverschiebung / right shift

rechtwinklig / rectangular, right-angled

rechtzeitig / timely

Recyclingpapier / rag-paper

redaktionell / editorial

Redaktionsschluß / press date

Redefinition (eines bereits definierten Speicherbereichs) / redefinition

reden / talk

redigieren / redact

Redigieren / editing, redacting, revision

redundant (zusätzlich vorhanden) / abundant, redundant

redundanter Code / redundant code

Redundanz (Zeichenüberfluß zur sicheren Übertragung von Informationen) / redundancy

Redundanzfreiheit / exemption from redundancy

Redundanzprüfung / redundancy check

reduzierbar / reducible

reduzieren / reduce

reell / real

reelle Variable / real variable

reelle Zahl / real number

Referat (Abteilung) / section

Referat (Beschreibung) / abstract

Referent / referee

Referenzliste / reference list

reflektieren / reflect

reflektierend / reflective

reflektiert / reflected, reflective

Reflektormarke (beim Magnetband) / reflective spot

Reflex / reflex

Reflexion / reflection

Reflexion(sgrad) / reflectance

Regel / norm, rule

Regel (Wissensv.) / rule

regelbar / controllable

regelbasiert (Wissensv.) / rule-based

Regelkreis / cybernetic model, feedback control system

regelmäßig / regular

regelmäßig wiederkehrend / periodic(al)

Regelmäßigkeit / orderliness, regularity

regeln / control, regulate, rule, settle

Regeln / regulating

regelnd / regulative

Regelstrecke (im Regelkreis) / control process, control section

Regelsystem / control system, cybernetic system

Regeltechnik / control engineering

Regelung / control, regulation

Regelwiderstand / rheostat

regenerativ / regenerative

regenerieren / reclaim, recycle, regenerate

regenerieren (von Impulsen) / reshape
regenerierend / regenerative
Regenerierung / recycling, regeneration
regieren / govern
Regierung / government
Region / region
Register / register
Registeradresse / register address
Registeradressierung / register addressing
Registerbefehl / register instruction
Registereinschubverfahren / buffer insertion, register insertion
Registerfreigabe / register release
Registerlänge / register capacity, register length
Registername / register name
Registerpaar / register pair
Registratur / filing office
registrieren / calendar, register, registrate
Registriergebühr (bei Shareware) / registration fee
Registrierkasse / cash register
Registrierung / registration
Regler / automatic controller, regulator
Regler (el.) / governor
Regreß / recourse
Regression / regression
Regressionsanalyse / regression analysis
Regulator / governor, modulator
regulierbar / adjustable
Regulierbarkeit / adjustability
regulieren / modulate
Regulierung / modulation
reiben / grind, rub
Reiben / rub, rubbing
Reibung / friction
reichen / reach
reichlich / opulent
Reichweite / coverage, range, reach
Reihe / bank, line-up, row, series, tandem, tier
Reihe (math.) / progression, series
Reihen... / in-line
Reihenanlage (Tel.) / party line system

Reihenfolge / consecution, order, sequence
Reihenfolgemakrobefehl / sequenced macro
Reihenfolgezugriff / sequential access, serial access
Reihenschaltung / series connection
reihenweise (nacheinander) / serial
Reihung / sequence
rein / pure
rein (unverfälscht) / straight
reiner Binärcode / natural binary code
reinigen / clean
Reinigungsmittel / detergent
Reinigungsvlies (der Diskettenhülle) / cleaning fleece
reißen / rift, rip, tear
Reißen / tear
Reißnadel / scriber
Reißzwecke / pushpin
Rekombination (Wiederverbindung von Atomkern und Elektron) / recombination
Rekombinationsgeschwindigkeit / recombination velocity
rekombinieren (Wiederverbinden von Atomkern und Elektron) / recombine
Rekomplement / recomplement
rekomplementieren / recomplement
Rekomplementierung / recomplementing
rekonstruieren / reconstruct
Rekonstruktion / reconstruction
Rekord / record
Rekursion (Wiederholung eines Programms oder einer Befehlsfolge) / recursion
rekursiv (sich selbst aufrufendes Programm) / recursive
Relais / relay
Relation / relation
relational (auf Relationen beruhend) / relational
relationale Datenbank / relational data base (abbr. RDB)
relationaler Ausdruck (enthält Vergleichsoperator) / relational expression

relationales Datenbanksystem / relational data base system

relationales Datenmodell / relational data model

Relationenkalkül / relational calculus

relativ / comparative, relative

relativ (zu) / based

relative Adresse / relative address, relocatable address

relative Adressierung / relative addressing

relative Koordinate / relative coordinate

relative Spur / relative track

relative Spuradresse / relative track address

relativer Durchsatz / relative throughput

relativer Fehler / percental error, relative error

relativer Nullpunkt / relative zero

relativer Sprung (bezogen auf die Aussprungadresse) / relative branch, relative jump

relativer Zellenverweis (Tab-Kalk.) / relative cell reference

Relativität / relativity

Relativierung / relativization

Relativlader / relocatable loader

Relevanz / pertinence, relevancy

remanent (magnetisch träge) / remanent

Remanenz (magnetische Trägheit) / remanence

rentabel / paying, profitable

Rentabilität / profitability

Reorganisation / readjustment, rearrangement, reorganization

reorganisieren / rearrange, reorganize

Reorganisieren / reorganizing

Reparatur / repair, reparation

Reparaturbetrieb / repair shop

reparaturbedürftig / repairable

Reparaturkosten / costs of repair

Reparaturzeit / repair time

reparierbar / recoverable, reparable

reparieren / patch, repair

Reportprogrammgenerator / report generator, report program generator (abbr. RPG)

repräsentativ / representative

reproduzierbar / reproducible

Reproduzierbarkeit / repeatability, reproducibility

Reprographie / reprography

Reserve... / spare, standby

Reservedatenträger / spill volume

Reserverechner / backup computer, standby computer

reservieren / reserve

reservieren (Speicherplatz, externe Geräte) / allocate, dedicate

reserviert / reserved

reservierte Bibliothek / reserved library

reservierter Arbeitsspeicherbereich / fixed working storage area, reserved working storage area

reservierter Bereich / dedicated area, reserved area

reservierter Speicher(bereich) / reserved memory

reserviertes Wort (einer Programmiersprache) / reserved word

reserviertes Zeichen (hat in einem Programm eine bestimmte Funktion) / reserved character

Reservierung (von Speicherplatz, externen Geräten) / allocation

resident (speicherresident) / resident

residente Datei / resident file

residente Daten / resident data

residente Schrift / resident font

residenter Compiler / resident compiler

residentes Kommando (im Arbeitsspeicher vorhanden) / resident command

residentes Programm / resident program

Residenz (Speicher für Programme) / residence

Resonanz / resonance, syntony

resorbieren (aufsaugen) / resorb

Rest / remain, remainder, residual, tail

Restbetrag / residue

Reste / splits
Restfehler / undetected error
restlich / remaining, residual
Restrisiko / residual risk
Restspannung / residual voltage
Reststrom / cutoff current, residual current
Resultante / resultant
Resultat / result
Resultattaste (Gleichtaste) / equals key
resultieren / result
resultierend / resulting
retten / rescue
Rettung / rescue
revidierter Text / recension
Revision / auditing, review, revisal, revision
Revision (Bücherrevision) / audit
Revolution / revolution
R-Gespräch (Angerufener zahlt Gebühr) / reverse charge call
rhombisch / rhombic(al)
Rhombus / rhomb, rhombus
Richtantenne / directional antenna
Richtfunk / directional radio
Richtfunkstrecke / directional radio line, radio link
richtig / proper, right, true
richtig schreiben / spell
Richtigkeit / trueness
richtigstellen / rectify
Richtlinie / guideline
Richtstrahl / directional beam, radiated beam
Richtung / direction, route
richtungsabhängig / direction-dependent
Richtungsänderung / turnaround
Richtungspfeil / arrow
Richtungstaktschrift (magn. Aufzeichnungsverfahren) / phase encoding (abbr. PE)
richtungsunabhängig / direction-independent
richtungweisend / trend-setting
richtungweisendes Produkt / trend-setter

richtungweisendes Unternehmen / trend-setter
Riegel / catch
riffeln / crimp, riffle
Riffelung / riffle
Ring / ring, torus
Ringkern / toroidal core
Ringleitung / loop, loop line
Ringleitungsnetz / ring network
Ringnetz / loop communication network, loop network
Ringschaltung / ring-connection
Ringschieberegister / circulating register
Risiko / peril, risk, venture
Risikokapital / venture capital
riskant / venturous
riskieren / peril, risk
Riß / rift, rip, tear
Riß (Formular) / jag
ritzen / scribe
Ritzen / scribing
Ritzgerät / scriber
Roboter / handling equipment, machine, robot
Roboteringenieur / roboticist
Robotertechnik / robotics
Robotik / handling technology, robotics
robust / tough
roh / rough
Rohentwurf (einer Druckseite bei DTP) / roughs, thumbnail
Rohling (für Produktion von Siliziumscheiben) / ingot
Rohr / conduit
Röhre / tube
Rohrleitung / conduit
Rohrstutzen / nipple
Rolle / roll, pulley
rollen / roll, scroll
Rollen (d. Bildschirminh.) / scrolling
Rollenantrieb / capstan
Rollenspiel / game of roles
Rollkugel / control ball, trackball
Rollkugelgerät (Art eines Zeigegerätes) / trackball device
Rollkugelsteuerung / mouse control
Rolltür / tambour door

Rollung (bei Tabellenkalkulation) / bring-up

röntgen (Röntgenaufnahme machen) / radiograph

Röntgenaufnahme / radiogram, radiography

Röntgenstrahlen / Roentgen rays

Rost / rust

rosten / rust

rostfrei / rustless, stainless

rostig / rusty

rot, grün, blau (additive Farbdarstellung) / red, green, blue (abbr. RGB)

Rotation / gyration, rotation

Rotationstiefdruck / rotogravure

rotieren / gyrate, revolve, roll, rotate, spin, turn

rotierend / revolving, rotary, rotative

Routine / routine

Rubrik / rubric

Ruck / jerk

Rück... / revertive

Rückblick / retrospection

rückblickend / retrospective

Rückbuchung / negative booking

Rückenklebung / back gluing

rückerstatten / reimburse

Rückerstattung / recompense, reimbursement

Rückfallsystem (Sicherungssystem) / fallback system

Rückfluß / reflux

Rückfrage / request

rückfragen / request

rückführbar / restorable

rückführbare Änderung / restorable change

Rückgang / recession, regression

rückgängig machen / undo

Rückgewinnung / reclamation

Rückgriff / fallback

Rückkanal / backward channel

Rückkauf / redemption, repurchase

rückkoppeln / feedback

Rückkopplung / feedback, reaction

Rücklauf / return

rückläufig / regressive, retrograde

Rücklauftaste / return key

Rückleitung / return circuit

rücklöten / resolder

Rücklöten / resoldering

Rückmeldung / acknowledgement, echo, feedback

Rückmeldesignal / echo

Rückprall / rebound

Rückruf (Fernspr.) / callback, recall

rückrufen (Fernspr.) / call back, recall

Rückrufmodem / callback modem

Rückschaltung / shift-in

rückschmelzen / meltback

Rückseite / back, flipside, rear, reverse

Rücksenden / return

Rücksendung / remand

rücksetzen / back-space

rücksetzen (Magnetband) / rewind

rücksetzen (in einen normierten Anfangszustand) / reset

Rücksetzen / resetting

Rücksetzen (Magnetband) / rewinding

Rücksetzknopf / reset button

Rücksetztaste / backspace key, reset key

Rücksetztaste (Bandstation) / rewind key

Rücksetzung / backspacing

Rücksprung / reentry, return

Rücksprungadresse / return address

Rücksprunganweisung / return statement

Rücksprungbefehl / return instruction

Rücksprungtaste (zur Erreichung eines übergeordneten Programms) / escape key (abbr. ESC key)

Rückspulen / rewind

Rückstand / backlog, residue

rückständig / outstanding

Rückstau / backlog

rückstoßfrei / recoilless

Rücktaste / backspace key

rückübersetzen / recompile

Rückübersetzer / recompiler

Rückübertragung / back transfer, retrocession

Rückverfolgung / backtracing, backtracking

rückvergrößern / re-enlarge, remagnify

Rückvergrößerung (eines Mikrofilms)
/ re-enlargement

Rückversicherung / reassurance, reinsurance

rückverzweigen / branch backward,
reenter

rückwandeln / reconvert

Rückwandlung / reconversion

rückwärts / backward, reversed

rückwärts lesen / read backward

rückwärts sortiert (absteigend sortiert)
/ backward sorted

Rückwärtsbewegung / regression

Rückwärtsblättern / downward page
turning

Rückwärtsfolgerung (Wissensv.) /
backtracking

Rückwärtskettung / backward chaining

Rückwärtslesen / backward reading

Rückwärtsschritt / backspace

rückwärtsspringen / branch backward

Rückwärtssuchen (Textv.) / backward
search

Rückwärtszähleinrichtung / decrementer

rückwärtszählen / decrement

ruckweise bewegen / hitch, jerk

rückweisen / reject, repel

Rückweisung / rejection

Rückweisungsquote / rejection number, rejection rate

rückwirkend / reactive, retroactive

Rückwirkung / retroaction

Rückwirkungsfreiheit / absence of interaction

rückzahlbar / repayable

Rückzahlung / repayment

Rufabweisung / call not accepted

Rufabweisungssignal / call-not-accepted signal

Rufannahme / call accepted

Rufannahmesignal / call-accepted signal

Rufdaten / call data

Rufdatenaufzeichnung / call data recording, call record journaling

Rufnummer / call number, calling number, selection number

Rufnummernanzeige (Tel.) / display
for call number

Rufnummernspeicher / call number
storage

Rufstromgeber / ringer

Rufzeichen / ring, ringing, sign

Ruhe... / idle, neutral, quiescent, rest

Ruhemeldung (eines Gerätes an die
ZE) / idle interrupt

Ruhemodus (ohne akustische Signale) /
quiet mode

ruhen / rest, sleep

ruhend (nicht in Bearbeitung) / dormant

Ruhestrom / closed circuit

Ruhezeit / unattended time

Ruhezustand / resting state

ruhig / quiet

rund / round

runden / round

Runden (von Zahlen) / rounding

Rundfunk / broadcast, broadcasting,
radio

Rundfunksender / broadcasting station

Rundfunksendung (Radiosendung) /
broadcasting

Rundschreiben / circular

rundsenden / send round

rundsenden (nur in einer Richtung) /
broadcast

Rundsendung (nur in einer Richtung) /
broadcasting

Rundungsfehler / truncation error

Rüst... / setting-up

rüsten / set up

Rüsten / setting-up

Rüstzeit / setting-up time

rütteln (zur Ausrichtung von transportierten Gegenständen) / joggle

RZ-Aufzeichnung (Magnetaufzeichnungsverfahren mit Rückkehr in den
neutralen Zustand) / dipole recording,
return-to-zero recording (abbr. RZ)

S

Sabotage / sabotage

sabotieren / sabotage

Sachbearbeiter / person in charge, specialist

Sachdaten / actual data, factual data

Sachgebiet / subject

sachkundig / expert

sachlich / objective, realistic

Sachnummer / item number

Sachregister / subject index

Sachversicherung / property insurance

Sachverstand / expert knowledge

Sachverständigengutachten / expert opinion

Sachverständiger / expert witness, judge, referee

Sachziel / real objective

Sägezahndiagramm / sawtooth diagram

Sägezahnverformung (Treppeneffekt) / sawtooth distortion

Saldenprüfung / balance control

saldieren / balance

Saldiermaschine / balancing calculator

Saldierung / balance

Saldo / balance

Sammelanschluß (Tel.) / private branch exchange line group

Sammelbestellung / omnibus order

sammeln / collect

sammeln (anhäufen) / cumulate, stack

sammeln (von Daten) / gather

Sammelschiene (Stromanschl.) / bus bar

sanieren (der vorhandenen Software) / reengineer

Sanierung (vorhandener Software) / reengineering

Satellit / satellite

Satellitenfunk / satellite transmission

Satellitenrechner / satellite computer

Satellitensystem / satellite system

sättigen / saturate

Sättigen / saturating

Sättigung / saturation

sättigungsgleichgewichtig / meta-stable

Sättigungskoerzitivkraft (→ Koerzitivkraft) / coercivity

Sättigungszustand / saturated mode

Satz / sentence

Satz (Datei) / record

Satz (Druckt.) / setting

Satzadresse / record address

Satzart / record type

Satzaufbau / record structure

Satzbefehl (eines Satzrechners) / typographic instruction

Satzgruppe (ein. Datenb.) / record set

Satzkettung / record chaining

Satzlänge / length of record, record length

Satzlängenfeld / record length field

Satzlängenklausel / record contains clause

Satzlücke / interrecord gap

Satzmerkmal / attribute

satzorientiert / record-oriented

satzorientierte Datei / record-oriented file

satzorientierte Datenverarbeitung / record-oriented data processing

Satzprogramm (eines Satzrechners) / typographic composition program

Satzrechenzentrum / typographic computer center

Satzrechner / composition computer, digiset, typographic computer

Satzsegment / record segment

Satzspiegel / print space, type area

Satzteil / phrase

Satzung / statute

satzungsgemäß / statutory

satzweise / record by record

Satzzeichen / punctuation character

Satzzeichen (Steuerzeichen für Druck von Daten) / typographic character

sauber / clean

säubern (einer Lötung) / deflux

Sauerstoff / oxygen

saugen / suck

Saugfähigkeit / absorbency

Säulendiagramm / bar chart, bar graph

Säulengraphik / column chart, column graph

säumen / edge

Schablone (für die Erstellung von gedruckten Schaltungen) / mask

schachteln / nest

Schachtelung / nesting

Schaden / spoil

Schadensersatzrecht / right to recovery of damages

Schale (Benutzeroberfläche) / shell

...schalig / ...shelled

Schall / sound

Schall... / sonic

Schall dämmen / quietize

schalldämmend / quietized, sound-absorbing

Schalldämmung / quieting, sounddamping

Schalldämpfer / mute

Schallmeßgerät / sonar

Schallschutzhaube (für Drucker) / acoustic enclosure, sound hood

Schaltalgebra / Boolean algebra, logic algebra

Schaltanlage / switchgear

Schaltbild / circuit diagram

Schaltdiagramm / plugging chart, plugging diagram

Schaltelement / circuitry element, circuitry unit, constituent, gate, logic element

schalten / switch, trip

Schalten / switching

Schalter / breaker, latch, switch

Schalter (Bank) / counter, teller

Schalter (für Kundenbedienung) / ticket office

Schalter → Programmschalter / alterable switch

Schalteranweisung / alter statement

Schalterbefehl / alter statement

Schalterleiste / switch panel

Schalterstellung / switch setting

Schalterterminal / counter terminal, teller terminal

Schaltfehler / hook-up error

Schaltfläche (Ben-Ob.) / box, button, push button, soft key

Schaltfunktion / switch function

Schaltgeschwindigkeit / switching speed

Schaltintegration / integration of circuitry elements

Schaltjahr / leap-year

Schaltkarte / board, card, card module

Schaltkreis / circuit

Schaltlogik / circuitry logic

Schaltplan / circuit layout, logic diagram

Schaltrad / ratchet

Schaltschnur (für Stecktafel) / patch cord

Schaltschrank / switchboard

Schaltschütz / contactor

Schalttafel / operator panel, panel, switchboard

Schalttag (29. Februar) / leap-day

Schalttechnik / switching logic

Schaltung / circuit, circuitry, hook-up, wiring

schaltungsintern / in-circuit

Schaltvariable / switching variable

Schaltwerk / mechanism

Schaltwerk (Schaltung, bei der die Ausgangssignale abhängig sind vom zeitlich verschiedenen Eintreffen mehrerer Eingangssignale) / sequential logic system

Schaltzeit / circuit time, switching time

Schar (math.) / family

scharf / keen

Scharfeinstellung / focusing

scharfkantig / sharp-edged

scharfstellen / focus

Scharnier / hinge

Schattenspeicher (nicht vom Programm ansprechbarer Speicher) / nonaddressable memory, shaded memory, shadow storage

schattierter Druck (Zeichen haben einen angedeuteten Schatten) / shadow printing

Schattierung / shadowing

schätzen / appraise, assess, estimate

Schätzen / estimate, rating

Schätzung / assessment, estimate, rating

Schätzverfahren / method of estimation, rating method
Schaubild / diagram, flip chart, graph
Schaumstoff / sponge
Scheck / check (am.), cheque (brit.)
Scheckkarte / check card (am.), cheque card (brit.)
Scheckkartengröße / card-size
Scheckschutzzeichen / check protection character
Scheibe / plate
Scheibe (Grundelement von Mikroprozessoren) / bit-slice
Scheibenprozessor (aus einer Halbleiterscheibe bestehend) / sliced processor
Schein... / sham
scheinbar / specious
Scheinleistung / apparent power
Scheinspeicher (virtueller Speicher) / apparent storage
Scheinwiderstand / impedance
Scheitelpunkt / crest, cusp, peak
Schema / pattern, schedule, schema, scheme
schematisch / schematic
schematisieren / schematize
Schere / shear
scheuern / rub
Scheuern / rub, rubbing
Schicht / coating, deposit, layer
Schichtarbeit / shift work
Schichtarbeiter / shiftman
Schichtaufnahme (phot.) / tomography
schichten / stratify
Schichtleiter (im Rechenzentrum) / shift supervisor
Schichtung / layering
Schichtung (Beschichtung) / lamination
Schichtwiderstand / film resistor
Schiebebefehl / shift instruction
schieben (Stellen) / shift
Schieben (Stellen) / shift
Schieberegister / shift register
Schiebeübertrag (Rückübertrag des Überlaufs in die niedrigste Stelle) / end-around carry

schief / inclinated
Schiene / rail
Schildkröte (Cursor der Programmiersprache LOGO) / turtle
Schlag (el.) / shock
Schlagschatten (graph.) / drop shadow
Schlagwort / catchword
Schlagwortkatalog / subject catalog
Schlagwortverknüpfung / catchword link
Schlagzeile / banner
Schlauch / hose
schlecht / bad
schlecht... / mis..
Schleier (phot.) / fog
Schleife / cycle, loop
Schleife bilden / loop
Schleife durchlaufen / loop
schleifen / grind
Schleifenabfrage / cycle request
Schleifenanweisung / perform statement
Schleifendurchlauf / cycle run
Schleifendurchlaufbefehl (für Unterprogramme) / perform statement
Schleifenzählung / cycle count
Schleifkontakt / sliding contact
Schleuse / lock
schließen / close, lock
Schließen mit Unsicherheiten / probabilistic reasoning
Schließeinrichtung / locking
Schließeinrichtung (an Rechnern) / key lock
Schließen (einer Datei) / closing
schlimmster Fall (eines Schadens) / worst case
Schlitz / cut, slot, throat
Schloß / lock
Schlupf / creep, slack, slippage
Schlüssel / code, key
Schlüsselfeld / key field
schlüsselfertig / turn-key
schlüsselfertiges System / turn-key system
Schlüsselgerät / ciphering equipment, cryptographic equipment, cryptographic machine

Schlüsselindustrie / pivot-industry

Schlüssellänge / key field length

Schlüsselmaschine / cryptographic machine

Schlüsselsicherheit / cryptosecurity

Schlüsselsortierung / key sort

Schlüsselsystem (zur Chiffrierung von Daten) / cryptographic system

Schlüsseltechnologie (Hochtechnologie) / key technology

Schlüsseltext (eines Geheimcodes) / cryptotext

Schlüsselvariable / key variable

Schlüsselwort / keyword

Schlüsselwortindex / keyword index

Schlußmarke (eines Magnetbandes) / final reflective spot

Schlußroutine / end-of-program routine

Schlußzeichen / back-to-normal signal

Schlußzeichen (zur Leitungsfreigabe) / clearing signal

schmal / narrow

Schmalband (Niederfrequenzband) / narrow band

Schmalbandkommunikation / narrowband communication

Schmalbandübertragung (im Bereich der Fernspr.-Frequenz) / in-band signalling

schmales Leerzeichen (hat nur ¼ der normalen Zeichenbreite) / thin space

Schmalschrift / condensed font

Schmalschriftzeichen / condensed type

Schmelz... / melting

schmelzen / flux, fuse, melt

Schmiegungskurve / osculant curve

Schmierbuchse / grease box, lubricator

schmieren / lubricate

Schmiermittel / lubricant

Schmierung / lubrication

Schmirgel / emery

schmirgeln / emery

Schmitt-Trigger (Trigger, der rechteckige Impulse erzeugt) / Schmitt trigger

schmutzen / stain

Schmutzfleck / blot, smudge, stain

Schnecke / helix

Schneckenantrieb / worm drive

Schneckenaufzeichnung (bei Magnetkassetten) / helical recording

Schneckendrucker / helix printer

Schneckengetriebe / worm gear

Schneckenrad / snail-wheel

Schneideeinrichtung / cutter

Schneidemaschine / guillotine

schnell / fast, quick, rapid

schnell erledigen / rush

Schnellberatung (über Fernspr.) / hot line, hot-line service

Schnelldrucker / high-speed printer

schnelle Datenverbindungs-Steuerung (einfaches Kommunikationsprotokoll, identisch mit SDLC) / high-level data link control (abbr. HDLC)

Schnelligkeit / rapidity

Schnell-Prototyping (Programmentwurfsmethode) / rapid prototyping

Schnellsortierung / quicksort

Schnellspeicher / high-speed memory

Schnelltaste / short-cut key

Schnelltaste (Ben-Ob.) / hot key

Schnelltrennformularsatz / snap-out form

Schnelltrennsatz / multipart form set

Schnellverknüpfung (zweier Dokumente) / hot link, warm link

Schnellwahl (Tel.) / speed calling

Schnellzugriff / fast access, quick access, rapid access, zero access

Schnittdarstellung / sectioning

Schnittkante / lip

Schnittmenge (Mengenrechnung) / intersection

Schnittpunkt / intersection

Schnittstelle / interface

Schnittstellenadapter / peripheral interface adapter (abbr. PIA)

Schnittstellenanpassung / interface adaption

Schnittstellenanpassungseinrichtung / interface adapter

Schnittstellenfeld (an der Rückseite eines PCs) / back panel

Schnittstellenkarte / interface card
Schnittstellenleitung / interface circuit
Schnittstellennorm / interface standard
Schnittstellenstecker / interface connector
Schnittstellensteuerung / interface control
Schnittstellenvervielfacher / interface multiplier
Schönschrift / letter quality
Schönschriftdruck / letter-quality printing
Schönschriftdrucker / letter-quality printer
Schottky-Diode (besonders schnelle Diode) / Schottky diode
schraffieren / hatch, shade
schraffiert / shaded
Schraffierung / hachures, shading
Schraffur / hatching
schräg / inclinated, oblique
schräg hintereinanderstellen (z. B. von Fenstern) / cascade
Schrägfläche / bevel, slant, tilt
Schräg-Hintereinanderstellung (z. B. von Fenstern) / cascading
Schräglauf (Mg.-Band) / skew
Schrägpfeil / slope arrow
schrägstellen (Schrift) / oblique
Schrägstellung / slant
Schrägstellung (Schrift) / obliquing
Schrägstrich / slash, solidus, virgule
Schrägzeichensatz (Kursivschrift) / slant character set
Schrank / cabinet
Schraube / screw
Schraubdeckel / screw-cap
schrauben / screw
schraubenförmig / helical
Schraubenlinie / spiral
Schraubenmutter / female screw, nut, screw nut
Schraubenschlüssel / screw-wrench, spanner
Schraubenzieher / screwdriver, turn-screw
Schreib... / record
Schreibadresse / write address

Schreibanweisung / write statement
Schreibarbeitsplatz / clerical work-station
Schreibautomat / automatic typewriter
Schreibbefehl / write instruction
Schreibblock / notepatch
Schreibbüro / typing office
Schreibdatum (einer Datei) / date of preparation, date written
Schreibdienst / typing department
schreiben / record, write
Schreiben / writing
schreibend / writing
Schreiben-Lesen / read-write (abbr. r/w)
Schreibfehler / misspelling, scribal error, write error
Schreibkerbe (Diskettenhülle) / write-enable notch
Schreibkopf / record head, write head
Schreib-Lese-Datei / read-write file
Schreib-Lese-Geschwindigkeit / readwrite speed, writing-reading speed
Schreib-Lese-Kamm (bei Magnetplatten) / magnetic disk-pack access-arm
Schreib-Lese-Kopf / combined head, head, magnetic head, read-write head, write-read head
Schreib-Lese-Spalt / recording gap
Schreib-Lese-Speicher / read-write memory
Schreiblocher / printing card punch
Schreibmarke / blinker, cursor
Schreibmarkensteuertastatur / cursor control keypad
Schreibmarkensteuertaste / cursor control key, cursor-movement key
Schreibmarkensteuertastenfeld / cursor control key field
Schreibmarkensteuerung / cursor control
Schreibmarkentaste / arrow key, cursor key
Schreibmaschine / typewriter
Schreibmaschinentastatur / typewriter keyboard
Schreibmaschinenwalze / platen, platen-roller

Schreibmodus / write mode

Schreiboperation / write operation

Schreibrad / print wheel

Schreibring (Band ist beschreibbar, wenn Ring in Spule eingelegt) / file protecting ring, write-enable ring

Schreibsatz (Druckt.) / typewriter composition

Schreibschrift / script

Schreibschrittabstand (Schreibm.) / pitch

Schreibschritteinsteller (Schreibm.) / pitch selection lever

Schreibschutz (gegen unerwünschtes Löschen und Überschreiben von Magnetdatenträgern) / write protection

Schreibschutzkerbe (Diskette ist beschreibbar, wenn Kerbe offen) / write-protect notch

Schreibschutzring (bei Magnetband) / tape protection ring, write protect ring

Schreibsperre / write lockout

Schreibspule (des Magnetkopfes) / write coil

Schreibstelle / character position

Schreibstift / pen

Schreibstiftcomputer (Kleinstcomputer mit Handschrifteingabe) / pen computer

Schreibstrahl / recording beam

Schreibstrom / write current

Schreibtermin / day written

Schreibtisch / desk

Schreibtischtest / desk check, desk test, dry run

Schreibüberlappung / write overlap

Schreibwagen (Schreibm.) / carriage

Schreibwalze (Schreibm.) / type drum

Schreibwerkumschaltung / upshift-downshift

Schreibzyklus / write cycle

Schrift / characters, characters font, font, type font

Schrift für Querformatdruck / landscape font

Schriftänderungszeichen / font change character

Schriftart / font (am.), fount (brit.)

Schriftarteditor / font editor

Schriftbild / print image, type face

Schriftcharakter / type style

Schriftdarstellung / type representation

Schriftdatei / font file

Schriftdickte (Breite der Schriftlinien) / width

Schriftersetzung (Bitgraphikschrift durch Vektorschrift ersetzen) / font substitution

Schriftfamilie / font family

Schriftgenerator / font generator

Schriftglättung (Antialiasing bei hoher Auflösung) / font smoothing

Schriftgrad (Schriftgröße) / character size, font size, type size

Schriftgut / written text

Schriftherunterlader / font down-loader

Schrifthöhe / character height, font size

Schriftkarte / font card

Schriftkassette (Zusatz bei Druckern) / font cartridge

Schriftlesen / character sensing

Schriftmetrik (Höhe und Breite der einzelnen Zeichen einer Schrift) / font metric

Schriftneigung / character inclination, inclination of font

Schriftnormierung / character standardization

Schriftschrägstellung (Kursivdruck) / type obliquing

Schriftseite (eines Beleges) / face

Schriftseite nach oben / face up

Schriftseite nach unten / face down

Schriftsetzen / typesetting

Schriftsetzmaschine / type setter

Schriftspeicher / font storage

Schriftstellung (z. B. kursiv) / posture

Schriftstil / style, style of font, type style

Schriftstück / document, writing

Schrifttum / literature

Schrifttype / type face

Schriftverbesserung (bei kleinem Schriftgrad auf Druckern) / hinting

Schriftzeichen / character
Schritt / pace, step
Schritt... / stepping
Schrittechnik / step mode
Schrittflanke (Anfang bzw. Ende eines
  Signals) / signal edge
schritthaltend / real time
schritthaltende Datenerfassung /
  real-time data acquisition
schritthaltende Datenverarbeitung /
  real-time processing
schritthaltende Verarbeitung / continuous processing, realtime processing
Schrittimpuls / clock
Schrittmotor / stepper motor, stepping
  motor
Schrittpuls / signal pulse
Schrittschaltung / step switching
Schrittschaltzeit (beim Schreib-Lese-
  Kamm von Platten) / step-rate time
Schrittsteuerung / pacing
schrittweise / step-by-step
schrittweise Änderung / incremental
  update
schrittweise Umstellung / stepwise
  changeover
schrittweise Verfeinerung / stepwise
  refinement
Schrott / scrap
Schrottwert / salvage value
schrumpfen / shrink
Schub / push
Schublade / drawer
Schublehre / caliber
schulden / owe
Schulden / liabilities
schulen / train
Schüler / student
Schulung / familiarization, instruction,
  training
Schusterjunge (Textv.: erste Zeile
  eines Absatzes, die am Ende einer
  Seite steht) / orphan
Schüttelsortieren / shakesort, shuttle-
  sort
Schutz / protection, safe
Schutz... / protective
Schutzabdeckung / apron

Schutzbereich / save area
Schutzeinrichtung / guard, protector
schützen / cover, police, protect, save
schützend / protective
Schutzgasrelais / reed relay
Schutzhüllenvertrag / shrink-wrap con-
  tract
Schutzkappe / fender
Schutzklausel / hedge clause
Schutzschalter / protect switch
Schutzsterndruck / asterisk printing
Schutzstreifen / guard bar
Schutzvorrichtung / safeguard
schutzwürdige Belange (Datenschutz)
  / interests worth being protected
schutzwürdige Daten (Dat.-Sch.) / data
  worth being protected
schwach / low, weak
schwach (Licht) / pale
Schwachstelle / flaw, weakpoint
Schwachstellenanalyse / weakpoint
  analysis
Schwachstrom / light current
schwanken / fluctuate, vibrate
Schwanken (der Bildpunktgröße bei
  Laserdruckern) / dithering
Schwankung / fluctuation
schwarzes Brett (MBS) / bulletin
  board
Schwärzungsgrad / density, gray scale
Schwarzweiß-... / black-and-white,
  monochrome
Schwarzweiß-Bildschirm / monochrome screen, monochrome terminal
Schwarzweiß-Darstellung / black-
  and-white representation
Schwebung (periodische Amplituden-
  schwankung) / beat
Schwebungsfrequenz / beat frequency
schweißen / weld
Schweißstelle / welded joint
Schwelle / threshold
Schwellenwert / threshold value
schwenkbar / swivel
schwenkbar montiert / swivel-mounted
Schwenkbereich / pivoting range
schwenken / pan, pivot

Schwenken / panning, pivoting
Schwenkrahmen / swing gate
schwer / heavy
schwer (eigentl. tödlich) / fatal
Schweregrad / severity code
schwerwiegend / serious
schwierig / severe
Schwierigkeit / problem, trouble
Schwierigkeit(sgrad) / severity
Schwindel / bogus (sl.)
Schwindelprogramm (zur Verbreitung von Viren) / spoofing program
schwinden / fade
Schwing... / oscillating
schwingen / oscillate, vibrate, wave
schwingend / oscillating, oscillatory, vibrant
Schwingkreis / resonant circuit
Schwingmetall / rubber-bonded metal
Schwingung / oscillation, vibration
Schwingungsschreiber / oscillograph
Schwingungsweite / amplitude
Sechsbiteinheit / sextet
Sechsbitrechner (veraltet) / six-bit-structure computer
sechsseitig / hexagonal
Sechsspurlochstreifen / six-channel tape
Sechzehnbit-Mikroprozessor / sixteen-bit microprocessor
Sechzehnbit-Struktur / sixteen-bit structure
sedezimal (auf der Zahl 16 basierend) / hexadecimal
Sedezimaldarstellung / hexadecimal representation
Sedezimalzahl (auf der Zahl 16 basierend) / hexadecimal number
Sedezimalzahlensystem (auf der Zahl 16 basierend) / hexadecimal number system, hexadecimal system
Sedezimalziffer (auf der Zahl 16 basierend) / hexadecimal digit
Segment / overlay, segment
Segmentadresse / segment address
Segmentanzeige (nur für Ziffern) / segment display, seven-segment display

segmentieren / segment
segmentiert / segmented, spanned
segmentierte Adressierung / segmented addressing
segmentierte Datei / segment-oriented file
segmentierter Adreßraum / segmented address space
Segmentierung / segmentation
Segmentname / segment name
Segmenttabelle / segment table
Segmenttransformation / segment transformation
segmentweise / segmental
Seh... / optic(al)
Sehne (graph.: Gerade, die einen Bogen schließt) / chord
sehr / very
Seidenfarbband / silk ribbon
Seite / flank, side
Seite (Bildschirmtextseite, Programmsegment) / page
Seiten... / lateral
Seiten pro Minute (Leistungseinheit bei Druckern) / pages per minute (abbr. PPM)
Seitenabruf / page demand
Seitenadresse / page address
Seitenadressierung / page addressing
Seitenansicht / side-face
Seitenansicht (zur Kontrolle des Druckbildes bei Textv.) / preview
Seitenattribut / page attribute
Seitenauslagerung / page-out operation
Seitenausrichtung (Hoch- oder Querformat) / page orientation
Seitenaustausch / paging
Seitenaustauschrate / paging rate
Seitenaustauschverfahren / paging
Seitenbeleg (für Klartextleser) / sheet document
Seitenbeschreibungssprache (Textv.) / page description language
Seitenbildspeicher (beim Drucker) / page-image buffer
Seitendrucker / page printer, page-at-a-time printer

Seitendruckformatvorlage (Textv.) / style sheet

Seiteneinlagerung / page-in operation

Seitenentzug / page stealing

Seitenersetzung (bei Seitenaustausch-verfahren) / page replacement

Seitenformat / page format, page layout

Seitenformat (Hochformat beim Bild-schirm) / vertical format

Seitenformatprogramm (für kombi-nierte Dokumente aus Texten und Graph.) / page layout program

Seitenfrequenzband / sideband

Seitenfuß (Formulargestaltung) / page footing

Seitenhöhe / page depth

Seitenkopf (Formulargestaltung) / page heading

Seitenkörper (Hauptteil eines Formu-lars) / page body

Seitenleser (spez. Klartextbelegleser) / sheet document reader

Seitenmarkierbeleg / mark page

Seitenmodus (Überlagerungstechnik) / page mode

Seitenmuster (DTP) / composite (abbr. comp)

Seitennumerierung / page numbering

Seitennummer / page number, pageno

seitenorientierte Adresse (Überlage-rungstechnik) / paged address

seitenorientierter Speicher / paged memory, paging area memory

Seitenperforation / sheet perforation

Seitenpuffer / page buffer

Seitenspeicher / page area memory, paging area memory (abbr. PAM)

Seitensupervisor (Steuerprogramm für Seitenaustausch) / paging supervisor

Seitentabelle / page table

Seitentabelle (für Seitenaustausch) / swap table

Seitentitel / lemma

Seitenüberlagerung / paging

Seitenüberlauf / printer overflow

Seitenumbruch (Textv.) / page break, page makeup

Seitenverhältnis (bei Formaten, Bildsch., graph.) / aspect ratio, lateral ratio

seitenweise überlagern / page

Seitenzahl / folio, page number, pageno

Seitenzähler / page counter, sheet counter

Seitenzählung / pagination, sheet count-ing

seitlich / lateral, sideways

Sekante / secant

Sekretär(in) / secretary

Sekretärfernsprecher / secretary tele-phone

Sekretariat / secretariat(e)

Sekretariatsrechner / secretarial com-puter

Sektor (Abschnitt auf einer Platte / Dis-kette) / sector

Sektoradresse / sector address, sector number

Sektoreinteilung (auf Platten und Dis-ketten) / low-level format

sektorieren (in Sektoren einteilen) / sectorize

Sektorieren (eine Spur in Sektoren ein-teilen) / sectoring

Sektorierung (Einteilung einer Disket-tenspur) / sectoring

Sektorkennungsfeld / sector identifier

Sektorloch / sector hole

Sektornummer / sector number

Sektortabelle / sector map

Sektorversetzung / sector interleave

Sektorversetzungsfaktor / sector in-terleave factor

sekundär / secondary, subsidiary

Sekundärdatei / secondary file

Sekundärdaten / secondary data

Sekundärfehler / secondary error

Sekundärprogramm / secondary pro-gram

Sekundärschlüssel / minor key, secondary key

Sekundärspeicher (externer Speicher) / mass storage, secondary storage

Sekundärspeichermedium (Platten, Disketten, Bänder, Bildplatten usw.)

/ secondary storage medium (pl. media)

Sekunde / second

selbst... / auto..., self...

Selbst... / self...

selbstabtastend / self-scanning

selbständig / autonomous, standalone

selbstanpassend / self-adapting

Selbstaufschreibung / self-recording

Selbstbeobachtung / introspection

selbstbeschreibend / self-documenting

selbstdefinierend / self-defining

selbstdefinierender Wert / literal

selbstdekrementierend (automatisch um 1 subtrah.) / autodecremental

selbstdokumentierend / autologic(al), self-documenting, self-explanatory

selbstdurchschreibendes Papier (Noncarbonpapier) / carbonless paper, non-carbon paper (abbr. NCP)

Selbstdurchschreibpapier / carbonless paper, non-carbon paper (abbr. NCP)

selbsteinfädelnd (Magnetband) / autothreading

selbsterklärend / self-explanatory

Selbsterregung / self-excitation

selbsterstellt / homegrown

selbstindizierend / autoindexed

selbstinkrementierend (automatisch um 1 erhöhend) / autoincremental

Selbstklebeband / adhesive splicing tape

selbstkonfigurierend / self-configurating

Selbstkontrolle / self-surveillance

Selbstkorrektur (automatische Korrektur) / autocorrection

selbstkorrigierend / self-correcting

selbstladend / self-loading

selbstmodifizierend / self-modifying

selbstprüfend / self-checking

Selbstprüfung / automatic check

selbstregelnd / self-regulating

selbststartend / self-triggering

Selbststeuergerät / automatic pilot

selbststeuernd / self-controlling

Selbststeuerung / automatic control, self-control

Selbststeuerungssystem (für Fahrzeuge) / autonavigator

Selbsttest / self test

Selbsttest nach Einschaltung / power-on self test (abbr. POST)

Selbstumschaltung / autoswitching

selbstverständlich / self-evident

Selbstwähldienst (Tel.) / automatic dial exchange, direct dial(l)ing, line switching

Selbstwählfernverkehr (Tel.) / direct distance dial(l)ing, subscriber trunk dial(l)ing

selbstzurücksetzend / self-resetting

selektiv / selective

selektive Informationsverbreitung / selective dissemination of information

Selektor / selector

Selektorkanal / selector channel

Selen (photoelektrisches Element) / selenium

Selenzelle / selenium cell

Semantik (Lehre von den Bedeutungsgehalten der sprachlichen Ausdrücke) / semantics

semantisch (die Bedeutung betreffend) / semantic(al)

semantische Analyse / semantic anal.

semantische Unschärfe / semantic indistinctness

semantischer Gehalt / meaning

semantisches Netz / semantic network

Semikolon / semicolon

Seminar / seminar, workshop

Semiotik (Wissenschaft von den Zeichen) / semiotics

semipermanenter Speicher (Festspeicher, der bedingt änderbar ist, z. B. →EPROM) / semipermanent storage

Sende... / transmitting

Sendeader (einer Leitung) / send wire

Sendeadresse (in einem Befehl) / sending address

Sendeankündigung / transmission announcement

Sendeantenne / transmitting antenna

Sendebereitschaft / ready-to-transmit status

Sendebestätigung / transmission confirmation
Sendebetrieb / send mode, transmit mode
Sende-Empfangs-Betrieb / send-receive mode
Sendefeld / sending field
senden / emit, route, send, transmit
senden (drahtlos) / radio
Senden / transmitting
sendend / sending
Sendenetz / network
Sender / transmitter, sender, station
Sender (drahtlos) / radio transmitter
Sender-Empfänger (mit Halbduplexbetrieb) / transceiver (abbr. transmitter and receiver)
Senderöhre / radio tube
sendeseitig / send-site
Sendestation (aufrufende Station) / calling station
Sendezeichen (in Ringnetzen) / token
Sendung / mission, sending
Seniorprogrammierer (erfahrener Programmierer) / senior programmer
Senke / well
senken / lower, sink
senkrecht / perpendicular, upright, vertical
Senkrechte / normal, perpendicular
Senkung / lowering, sag
Sensitivdaten (empfindliche Daten gemäß Datenschutzgesetz) / sensitive data
Sensitivierung / sensitisation
Sensitivität / sensitivity
Sensitivitätsanalyse / sensitivity analysis
Sensitivitätsstufe / sensitivity level
Sensor (Maschinenaggregat, das Reize in Form von Lichtimpulsen, akustischen Lauten oder anderen physischen Erscheinungen empfängt und in elektr. Impulse umwandelt) / sensor
Sensorbildschirm / active screen, touch panel, touch screen, touch-sensitive screen
Sensoreingabe / touch-sensitive input

Sensoreinrichtung / sensor facility
Sensor-Notebook (Notebook-Computer mit Sensortastenfeld) / touch pad
Sensor-Tablett / touch-sensitive tablet
Sensortastatur / touch keyboard
Sensortaste / touch key
Sensortechnik / sensor engineering
Separiermaschine (für Endlosformulare) / separating machine
Separierung / compartmentation
Sequentialisierung (in eine Reihenfolge bringen) / sequencing
sequentiell (logisch geordnet) / sequential
sequentielle Ausführung / sequential execution
sequentielle Datei / sequential file
sequentielle Speicherung / sequential access mode (abbr. SAM), sequential storage
sequentielle Speicherung (einer Datei) / sequential organization
sequentielle Verarbeitung / sequential processing
sequentieller Betrieb / sequential operation
sequentieller Speicher / sequential storage, serial storage
sequentielles Suchen / sequential search
sequentiell-verkettete Datei / queued-sequential file
Sequenz / sequence
Sequenzer (Schaltwerk, das eine Ablauffolge regelt) / sequencer
serialisierbar / serializable
Serialisierbarkeit / serializability
Serialisierung / serialization
Serie / batch, series, train
seriell (zeitlich oder räumlich nacheinander) / serial
serielle Addition / serial addition
serielle Arbeitsweise / serial operation
serielle Maus (wird an serielle Schnittstelle angeschlossen) / serial mouse
serielle Subtraktion / serial subtraction
serielle Übertragung / serial transmission

serielle Verarbeitung / serial processing

serieller Algorithmus / sequential algorithm

serieller Anschluß (für bitserielle Übertragung) / serial port

serieller Betrieb / serial operation

serieller Drucker (Zeichendrucker) / character printer, serial printer

serieller Zugriff / sequential access, serial access

serielles Addierwerk / serial adder

serielles Modem / serial modem

serielles Subtrahierwerk / serial subtracter

Seriell-parallel-Umsetzung / serial-parallel conversion, serial-to-parallel conversion, series-parallel conversion

Seriell-parallel-Wandler / serial-parallel converter, series-parallel converter

Serienbrief (Textv.) / computer letter, form letter, serial letter

Serienbriefausdruck / merge printing

Serienbrieffunktion / mail merge function

Serienfertigung / batch fabrication

serienmäßig herstellen / serialize

serienmäßig produziert / off-the-shelf

Serien-parallel-Umsetzer / staticizer

Serienproduktion / serial production, series production

Serienschaltung / series connection

Serife (waagerechter Querstrich an lateinischen Zeichen) / serif

serifenfrei (Schriftart ohne Serifen) / sans serif (fr.)

Server (Diensteinheit) / server, server station

Servicetechniker / service technician

Serviceunternehmen (Dienstleistungsbetrieb, der DV-Leistungen für Dritte übernimmt) / service bureau

Servo... / servo...

Servomechanismus / servomechanism

Servosystem / servomechanism, servosystem

Servotechnik / serving mode

Set / set

setzen / put

setzen (Druckt.) / compose, set

Setzmaschine / typesetting machine

Setzmaschine (Lichtsatz) / composer

Shareware (Software, die erst nach kostenloser Prüfung durch eine Gebühr bezahlt wird) / shareware

Sheffer-Funktion (logisches NICHT-UND) / Sheffer function

sich abmelden / log off

sich anmelden / log on

sich ausbreiten / propagate

sich befinden (gespeichert sein) / reside

sich beraten lassen / consult

sich drehen / swing, swivel

sich eignen / qualify

sich ergeben / yield

sich fortpflanzen / propagate

sich frei bewegen / swing

sich kreisförmig bewegen / planetary

sich rückwärts bewegen / regress

sich schneiden (Linien) / intersect

sich verhalten / behave

sich verlassen / rely

sich vermehren / proliferate

sich verpflichten / commit

sich verrechnen / miscount

sich wiederholen / recur

sich wiederholend / reproductive

sich (periodisch) wiederholend / repetitive

sicher / proof, safe, secure

Sicherheit / safety, security

Sicherheitsbeauftragter / safety representative, security administrator

Sicherheitsglas / safety glass

Sicherheitsschloß / latch

Sicherheitsschlüssel / patent key

Sicherheitsschrank / safety cabinet

Sicherheitstechnik / security technol.

Sicherheitsvorschrift / safety instruction

sichern / back up, protect, safeguard, save

Sichern / safeguarding, saving

sichernd / protective

sicherstellen / back up

Sicherstellung / backup

Sicherung / backup, protection, safe, saving, security

Sicherung (Dat-Sch.) / safeguard

Sicherung (el.) / fuse

Sicherungs... / protective, safeguarding

Sicherungsautomat / cutout

Sicherungsband / backup tape

Sicherungsbeauftragter / security representative

Sicherungsdatei / backup file (abbr. BAK file)

Sicherungsdaten / backup data

Sicherungsdiskette / backup diskette, backup floppy

Sicherungseinrichtung / protection facility

Sicherungsformat (bei Disketten, schützt vor unbeabsichtigter Neuformatierung) / safe format

Sicherungsfunktion / security function

Sicherungskopie / backup copy

Sicherungslauf / backup run

Sicherungsplatte / backup disk

Sicherungsprogramm / backup utility, safeguarding program

Sicherungsprotokoll / backup protocol

Sicherungsschicht (beim ISO-Kommunikationsprotokoll) / link layer

Sicherungsstift / cotter

Sicherungssystem (Standby-System) / fallback system, standby system

Sicherungsverbund / security interlocking

Sicherungsverfahren / safeguarding method

Sicht / view

Sicht... / visual

Sichtanzeige / visual display

sichtbar / unblanked, visible, visual

sichtbares Element (graph.) / unblanked element

sichtbares Zeichen / graphic character

Sichtbarkeit / visibility

Sichtfeld / field of view

Sichtkartei / visible file

Sichtkontrolle / visual check

Sichtprüfung / sight check, visual inspection

Sichtzeichen (Tel.) / visible indicator

Siebenbitcode (ASCII) / seven-bit code

Siebenbiteinheit / septet

Siebenspurband / seven-track tape

Siebdruck / silk-screen printing

Signal / signal

Signalausfall / dropout

Signalausgang / signal output device

Signalauswertung / gating, strobing

Signalbegrenzung / signal edge

Signaleingang / signal input device

Signaleinrichtung (akustisch, optisch) / annunciator

Signalerkennung / code recognition

Signalerzeuger / driver, signal generator

Signalerzeugung / signal generation

Signalflanke / signal edge

Signalfolge / burst, signal sequence

Signalgeber / signal(l)er

signalisieren / signalize

Signalisieren / signalizing

Signalparameter / signal parameter

Signalpegel / signal level

Signalspeicher / latch

Signal-Störabstand / signal-to-noise distance

Signal-Störverhältnis / signal-to-noise ratio

Signalumsetzer / signal converter

Signalumsetzung / signal conversion

Signalunterdrücker / transient suppressor

Signalverstärker / regenerator, signal amplifier

Signalwiederholung / signal repetition

signifikant / significant

Silbe / syllable

Silbentrennung / hyphenation, syllabication

Silbentrennungsprogramm / hyphenation program

Silicon Valley (Silizium-Tal, Bez. für eine Gegend südlich San Francisco, wo um die Stanford Universität eine große Zahl von Elektronikfirmen angesiedelt ist) / Silicon Valley

Silikon / silicone
Silizium / silicon
Silizium(halbleiter)scheibe / silicon chip
Siliziumscheibe (zur Aufnahme von Halbl.-Schaltkreisen) / silicon slice, silicon wafer, slice, wafer
SIMM-Speichermodul (einreihiges Speichermodul) / single in-line memory module (abbr. SIMM)
simplex (Betrieb nur in einer Richtung) / simplex
Simplexbetrieb (nur in einer Richtung) / simplex mode, simplex operation
Simplexübertragung (nur in eine Richtung) / simplex transmission
Simulation / simulation
Simulationsmodell / simulation model
Simulationsprogramm / simulation program
Simulationssprache / simulation language
Simulator (Einrichtung zur Simulation der Verhältnisse eines Rechners auf einem anderen) / simulator
simulieren / simulate
simuliert / simulated
simultan / concurrent, simultaneous
Simultanarbeit / simultaneous working
Simultanbenutzbarkeit / shareability
Simultanbetrieb / simultaneous mode, simultaneous operation
Simultandatenverarbeitung / simultaneous data gathering
Simultandokumentation / simultaneous documentation
Simultansteuerung / simultaneous control
Simultanverarbeitung / simultaneous processing
Simultanzugriff / simultaneous access
sinken / sink
Sintermasse / frit
sintern / frit, sinter
Sintern / sintering
Sinus / sine, sinus
sinusförmig / sinusoidal
Sinuskurve / sinusoid

Sinusschwingung / sine wave
SIP-Speichermodul (einreihiges Speichergehäuse) / single in-line package (abbr. SIP)
Sitz (einer Firma) / seat
Sitzplatz / seat
Sitzung / session
Skala / gamut, scale, spectrum
Skalar (eindimensionale Zahl) / scalar
skalarer Ausdruck / scalar expression
skalierbar (größenveränderlich) / scalable
skalierbare Prozessor-Architektur (RISC-Standard) / scalable processor architecture (abbr. SPARC)
skalierbare Schrift (beliebig vergrößer- bzw. verkleinerbare Schrift) / scalable font
skalieren / scale
Skalieren / scaling
Skalierung / scale
Skizze / sketch
skizzieren / sketch
Skript (Wissensv.) / script
SmallTalk (objektorientierte Programmiersprache) / SmallTalk
SNOBOL (zeichenkettenorientierte symbolische Programmiersprache) / SNOBOL (abbr. StriNg-Oriented symBOlic Language)
sobald (eine Bedingung eintritt) / when
Sockel / base, pedestal
Sockelschicht (eines Halbl.-Elementes) / base
sofort / immediate, instant
sofort einsetzbarer Ersatzrechner / hot standby (computer)
softsektoriert (Diskette) / soft-sectored
Softsektorierung (einer Diskette) / soft sectoring
Software / software
softwareabhängig / software-dependent
Software-Anbieter (Btx.) / software provider
Software-Architektur / software architecture

Software-Austausch / software exchange

Software-Diebstahl / software larceny

Software-Entwicklung / software development, software engineering

Software-Entwicklungsverfahren / software development method

Software-Entwicklungswerkzeug / software development tool

Software-Entwurf / software design

Software-Entwurfsmethode / software design method

Software-Ergonomie / software ergonomics

Software-Erzeugnis / software product

Software-Fehler / software fault

Software-Haus / software house

Software-Hersteller / softw. producer

Software-Ingenieur (Systemanalytiker) / software engineer

Software-Integrität (Fehlerfreiheit) / software integrity

Software-Kombination (von Produkten unterschiedlicher Hersteller) / mixed software

software-kompatibel / software-compatible

Software-Kompatibilität / software compatibility

Software-Krise / software crisis

Software-Lizenz / software leasing, software licence

Software-Markt / software market

Software-Modularität / software modularity

Software-Monitor (Meßprogramm) / software monitor

Software-Pflege / softw. maintenance

Software-Piraterie (Urheberrechtsverletzung) / software piracy

Software-Portabilität (Übertragbarkeit auf andere Systeme) / software portability

Software-Prüfung (Qualitätsprüfung) / software investigation

Software-Qualität / software quality

Software-Rechtsschutz / legal protection of software

Software-Schnittstelle / software interface

Software-Schutz (Sicherungsverfahren) / software protection

Software-Sektorierung (einer Diskette; änderbar) / soft-sectoring

Software-Steuerung / software control

Software-Technologie / software technology

Software-Test / software test

softwareunabhängig / software-independet

Software-Verbesserung / software enhancement

Software-Wartung / software maintenance

Software-Zuverlässigkeit / software reliability

Sohnband (Sicherungstechnik bei Magnetbändern) / son tape

solange (eine Bedingung gegeben ist) / while

Solange-Schleife (Programmschleifentyp) / do-while loop, while loop

Solarbatterie / solar battery

Solarrechner / solar calculator

Solarzelle (Lichtbatterie) / solar cell

solarzellenbetrieben / light-powered, solar-powered

Soll-Konzept / planned conception, scheduled conception

Sollseite (eines Kontos) / debit

Soll-Wert / scheduled value, set point

Soll-Zustand / planned status

Sonde / probe

Sonder... / special

Sonderausführung / special design, special model

Sonderausgang (aus einer Programmroutine) / special exit

Sonderausstattung / special configuration

Sonderbreite (bei Endlosformularen) / custom form width

Sonderfall / outlier

Sonderpreis / special price

Sonderzeichen / additional character, special character

sonst / else
sonstige / miscellaneous, sundry
Sorgfalt / particularity
sorgfältig / careful, thorough
Sorte / sort
Sortieralgorithmus / sort algorithm
Sortierbegriff / sort key
Sortierdatei / sort file
Sortierdaten / sort data
sortieren / sort
Sortieren / sorting
Sortieren durch Vertauschen / bubble sort
sortieren nach / sort by
Sortierer (Sortiermaschine) / sorter
Sortierfach / pigeon hole, sort stacker
sortierfähig / sortable
Sortierfähigkeit / sorting capability
Sortierfeld / sort field, sort item
Sortierfolge / collating sequence, sort sequence
Sortiermerkmal / sort criterion
Sortier-Misch-Generator / sort-merge generator
Sortierprogramm / sort program, sort routine, sorter
Sortierreihenfolge / sort order
sortiert / sorted
sortierte Folge von Sätzen / string
Sortierung / sort, sorting
Sortierverfahren / sorting method
Sound-Karte (Steck-Karte für Tonerzeugung) / sound board, sound card
sozial / social
soziale Auswirkung / social impact
soziale Sicherheit / social security
Sozialgesetzgebung / social legislation
Sozialstatus / social state
Sozialversicherung / social insurance
sozialwirtschaftlich / socio-economic(al)
Sozialwissenschaften / social sciences
Soziologie / sociology
soziologisch / sociologic(al)
Spaghetti-Code (unübersichtliches Programm) / spaghetti code
Spalt / gap
Spalte / column

Spaltenanzeiger (Textv.) / column indicator
Spaltenaufteilung / column splitting
Spaltenbreite (Druckt.) / measure
Spaltendraht / y-read-write wire
spaltenweise / column-by-column
spaltenweise Neuberechnung (Tab-Kalk.) / column-wise recalculation
Spaltenzahl (Textv.) / column number
Spaltung / splitting
Spannbügel / retainer, tension arm
Spanne / span
spannen / tauten, tense
Spannung / tension
Spannung (el.) / tension, voltage
Spannungsabfall / brownout, voltage drop
spannungsabhängig / voltage-dependent
Spannungsableiter / surge protector, surge suppressor, transient suppressor, voltage arrester
Spannungsanstieg / voltage rise
spannungsempfindlich / voltage-sensitive
spannungslos (el.) / cold
Spannungsmesser / voltmeter
Spannungsmessung / voltage metering
Spannungsquelle / voltage source
Spannungsregler / voltage regulator, voltage stabilizer
Spannungsschwankung / voltage swing
Spannungsspitze / spike
Spannungsstoß (in Leitungen) / line surge
Spannungsverstärker / booster
spärlich / sparce
sparsam / provident
sparen / spare
später / posterior
späteste(r, s) / last
Speicher / memory, storage
Speicherabbild / core image
Speicheradreßbereich / bank
Speicheradresse / memory address (abbr. MA), memory location, storage address

Speicheradreßregister / address generator

Speicherart / type of storage

Speicherauffrischung / memory refresh, RAM refresh

Speicherausdruck / memory print

Speicherausnutzung / storage utilization

Speicherauszug / dump, snapshot, storage dump

Speicherbank / bank, memory bank

Speicherbaustein / memory module

Speicherbelegung / storage occupancy

Speicherbelegungsplan / location chart

Speicherbereich / area, extent, memory area

Speicherbereich (auf einer Platte oder Diskette) / cluster

Speicherbereichsschutz / area protect feature, area protection

Speicherbereichsschutzeinrichtung / area protect feature

Speicherbereinigung / memory settlement

Speicherbereinigung (eigentl. Müllabfuhr) / garbage collection

Speicherbildschirm / direct view storage tube, storage tube

Speicherblock / memory block, memory stack

Speicherbus / memory bus

Speicherchip / memory chip, RAM chip

Speicherdichte / storage density

Speichereinheit / storage unit

Speicherelement / cell, storage cell, storage element, storage location

Speichererweiterung / memory expansion

Speichererweiterungs-Emulator (für MS-DOS von Lotus/Intel/Microsoft entwickelt) / Limulator (abbr. Lotus/Intel/Microsoft emulator)

Speicherfläche / data storage surface, storage surface

Speicherformat (eines Programms) / core image format

Speichergerät / storage device

Speichergröße / memory size

Speicherhierarchie / storage hierarchy

Speicherimparität / storage imparity

Speicherinhalt / memory contents

Speicherinhalt ausgeben / dump

Speicherkapazität / storage capacity

Speicherkarte / memory card, RAM card

Speicherkassette / memory cartridge

Speicherklasse / storage class

Speicherkontrolle (i. S. des BDSG) / storage supervision

Speichermatrix (des Kernspeichers) / core matrix

Speichermedien (pl.) / storage media

Speichermedium / storage medium

Speichermodul / bank, bank of memory, memory bank, memory module

speichern / memorize, record, store

Speichern / recording, storage

speichern und weitersenden (Übertragungstechnik) / store and forward

Speichern und Wiederfinden / storage and retrieval

speichernde Stelle (BDSG) / storage unit

Speicheroperand / storage operand

Speicheroperation / memory operation, storage operation

Speicherorganisation / storage organization

Speicherparität / storage parity

Speicherplatine / memory board, memory card

Speicherplatte / recording disk

Speicherplatzbedarf / memory requirements, storage requirements

speicherprogrammiert / store-programmed

speicherprogrammierte Wählvermittlung (Tel.) / store-programmed switching

Speicherprogrammierung / store programming

Speicherprogramm-Konzept (Grundkonzept aller Computer) / stored-program concept

Speicherraum (Kapazität) / storage space

speicherresident (im Hauptspeicher ständig gespeichert) / resident

Speicherschreibmaschine / memory typewriter

Speicherschreibschutz / storage write protection

Speicherschrott (bedeutungslose Daten in einem Speicherbereich) / hash

Speicherschutz / storage protection

Speicher(bereichs)schutz / memory protect(ion)

Speicherserver (im CSS) / central mass storage

Speichersortierung / internal sorting

Speicherspur / track

Speicherstelle (nimmt ein Zeichen auf) / memory location, memory position, storage position

Speichersteuerung / storage control

Speichersteuerwerk / storage control unit, storage controller

Speicherstruktur / memory structure

Speichertabelle / memory map

Speichertechnik / memory technology, storage technology

Speichertrommel / storage drum

Speichertypus / storage type

Speicherung / storage

Speicherverdichtung / storage compaction

Speichervermittlung (computergesteuerte Leitungsvermittlung) / message switching

Speichervermittlung (mit Zwischenspeicherung bei der Übertragung) / store-and-forwarding switching

Speicherverschränkung (Bankauswahl) / memory interleave

Speicherverwalter (Steuerprogramm) / memory manager

Speicherverwaltung / memory management

Speicherwerk / memory unit

Speicherwort / memory word, word

Speicherzeit (bei Halbl.-Elementen) / carrier storage time

Speicherzelle / cell, storage cell

Speicherzone / partition

Speicherzugriff / memory access

Speicherzuweisung / memory allocation, storage allocation

Speicherzyklus / memory cycle

Speicherzykluszeit / memory cycle time

Spektral... / spectral

Spektralfarbe / spectral colo(u)r

Spektrum / spectrum

Sperrdruck / letter spacing, spaced letters

Sperre / barricade, barrier, catch, lock, lock-out

Sperreffekt (in Netzen durch Überlastung) / turnpike effect

sperren / block, inhibit, interlock, lock, latch

sperren (Schrift) / space out

Sperren (Schrift) / spacing

Sperrfrist / retention period

Sperrichtung (Halbl.) / inverse direction

Sperrkennzeichen / blocking flag

Sperrklinke / detent, pawl, ratch

Sperrschicht (Halbl.) / barrier layer, depletion layer

Sperrschrift / spaced characters

Sperrstrom / latching current, reverse current

Sperrung / blocking, inhibition, locking

Sperrungspflicht (Datenschutz) / obligation to blocking

Sperrungsrecht (Datenschutz) / right to blocking

Sperrzeit / off-time

Sperrzone (Halbl.) / blocking state region

Sperrzustand / off-state

Spezial... / special

Spezialgebiet / special subject

spezialisieren / specialize

spezialisiert / specialized

Spezialisierung / specialization

Spezialkanal / dedicated channel

Spezialprogrammiersprache / special-purpose language

Spezialrechner / dedicated computer, single-purpose computer, special-purpose computer

Spezialsystem / dedicated system

Spezifikation / specification

Spezifikationsschein (im Rahmen eines Vertrages) / specification certificate

Spezifikationssprache (Beschreibungssprache) / specification language

Spezifikationssymbol / specificator, specifier

spezifisch / intrinsic, specific

spezifizieren / itemize, specify

spezifiziert / stated, specified

Spezifizierung / specification

sphärisch / spherical

Spiegel / mirror

spiegeln / mirror

Spiegeln (Duplikat anfertigen) / mirroring

Spiegelplatte (Sicherungsduplikat, das gleichzeitig mit dem Original geschrieben wird) / mirror disk

Spiegelung / reflex

Spiel / game

Spiel (mech.) / backlash, slackness

Spiele-Steckkarte / game adapter, game card

Spielkassette (für Computerspiele) / game cartridge

Spiel-Schnittstelle / game port

Spiel-Steuerkarte / game control adapter

Spieltheorie / game theory

Spielraum / margin

Spindelfenster (der Diskette) / central window

Spindelloch (bei Disketten) / drive spindle hole

Spion / spy

Spionage / espionage, spying

Spiraldrucker / helix printer

Spirale / helix, spiral

spiralig / helical, spiral

Spitze / cusp, nib, peak, pike, spike, tip

Spitzenbelastung / peak load, peak traffic

Spitzenbelastungszeit / peak traffic period

spitzengelagert / jewelled

Spitzenmodell / high-end model

Spitzenrechner / supercomputer

Spitzenstrom / surge current

Spleißeinrichtung (für Kabel) / splicing facility

spleißen / splice

Spleißen (Verbindung von Kabeladern) / splicing

Spline-Kurve (Interpolationstechnik) / spline curve

Splint / cotter, splint

Splitteinrichtung / splitter

spontan / spontaneous

sporadischer Fehler / sporadic fault

Sporn / spur

Sportspiel (Computerspiel-Art) / sports game

Sprachanalyse / speech analysis, voice analysis

Sprachausgabe / acoustic output, audio output, audio response, voice output, voice response

Sprachausgabegerät / voice output device

Sprache / language, speech

Sprache (→ Programmiersprache) / language, programming language

Spracheingabe / acoustic input, voice entry

Spracheingabegerät / voice entry device

Spracherkennung / recognition of speech, speech pattern recognition, speech recognition, voice recognition

Spracherzeugungssystem / VOCODER (abbr. voice coder)

Sprachgenerator / speech synthesizer, voice generator, voice synthesizer

Sprachgenerierung / voice synthesis

Sprachkommunikation / voice communication

Sprachlabor / language laboratory

sprachlich / linguistic(al)

Sprachmodus (Betriebsart von Kommunikationsleitungen) / voice mode

Sprachplatine / language board, language card

Sprachpost (künftiger Postdienst zur Speicherung zugesprochener Texte) / voice mail, voice store and forward

Sprachspeicher / voice memory

Sprachsynthese / speech synthesis

Sprachübersetzung / language translation

Sprachübersetzungsprogramm / language translation program

Sprachverarbeitung / voice processing

Sprachverschlüsseler (künstliche Stimme) / voice coder (abbr. VOCODER)

Sprachwissenschaft / linguistics

Sprachwissenschaftler / linguist

sprachwissenschaftlich / linguistic(al)

sprechen / talk

Sprecher (Station, die sendet) / talker

Sprechfunk / radiotelephony, voice radio

Sprechfunkgerät / radiotelephone

Sprechleitung (geeignet für analoge Signale) / voice-grade line

Sprechstelle (Tel.) / station

Sprechweise / speech

springen / branch, go

springen nach / branch to, go to (goto)

springen wenn... / branch if ...

Sprinkleranlage / sprinkler system

Sprinklerdüse / sprinkler nozzle

spritzen / splash

spritzlackieren / spray

Spritzpistole / spray

Sprossenrad / sprocket, sprocket wheel

Sprossenradvorschub (beim Drucker) / sprocket feed

Sprühdose (Werkzeug in Graphikprogrammen) / spray, spray can

sprühen / spray

Sprühnebel / spray

Sprung / branch, jump, transfer

Sprungadresse / branch address

Sprunganweisung / branch statement

Sprungbedingung / branch condition

Sprungbefehl / alternative instruction, branch instruction

Sprungdistanz / branch distance

Sprungfolgemodus / audit mode

Sprungfunktion / skip function

Sprungmarke / branch mark

Sprungstelle (einer Funktion) / saltus

Sprungtabelle / branch table

Sprungtaste (Tabulatortaste) / skip key

Sprungtest / leap-frog test

Sprungziel / branch destination, branch target

Spulbetrieb (Druckumleitung über Band oder Platte) / simultaneous peripheral operations online, spooling (abbr. SPOOL)

Spule (Magnetspule) / solenoid

Spule (Wicklung) / coil

spulen / wind

Spulenende (beim Magnetband) / end of reel

Spulenkörper (für eine Wicklung) / former

Spulprogramm (Hilfsprogramm für bessere Druckernutzung) / spooler

Spulpufferspeicher / spool buffer

Spur / channel, track

Spuradresse / home address, track address

Spuranfang / beginning of track

Spurdichte / density, track density

Spuren je Zoll (Angabe der Spurdichte bei Platten und Disketten) / tracks per inch (abbr. tpi)

Spurenabstand / track pitch

Spurendichte / track density

Spurenelement (Halbl.) / spot

Spurengruppe / band, cylinder

Spurkennsatz / track description record

Spurwahl / head selection

Spurwechsel / track switching

Spurweite / ga(u)ge

SQL (strukturierte Abfragesprache für DB) / SQL (abbr. structured query language)

Staat / state

Stab / rod

Stab (Spezialpersonal) / staff

Stabdrucker / bar printer, stick printer

stabil / hard, rugged, stable

stabilisieren / stabilize
stabilisiert / stabilized
Stabilisierung / settling, stabilization
Stabilisierungszeit (des Schreib-Lese-Kamms nach einer Positionierung) / settling time
Stabilität / constancy, stability, stableness
Stabsabteilung / staff department
Stabsstelle / staff office
Stachelrad (beim Drucker) / pinfeed wheel, sprocket, sprocket wheel, tractor
Stachelradvorschub (beim Drucker) / sprocket feed
Stacheltraktor (beim Drucker) / sprocket tractor
Stachelwalze (beim Drucker) / pinfeed device, tractor
Stadium / phase
staffeln / stagger
Staffelung / stagger
Stagnation / stagnancy
stagnieren / stagnate
stagnierend / stagnant
Stahl / steel
Stamm... / historical, master
Stammband / master tape
Stammdatei / master file
Stammdaten / historical data, master data
Stammdatenänderung / master data updating
Stammsatz / master record
Stand(ort) / stand
Stand der Technik / state of the art
Standard / standard
Standard... / default, preset
Standardanwendung / standard application
Standardausführung / standard design
Standardausgabegerät / standard output device
Standardbaustein / standard module
Standardbetriebsart / standard mode
Standardbrief / standard letter
Standard-Dateisuffix / default extension

Standarddruckprogramm / standard print program
Standardeingabegerät / standard input device
Standardeinstellung / default option, default setting
Standardformat / standard format
Standardfunktion / standard function
Standardgerät / standard device
standardisieren / standardize
standardisiert / standardized
Standardisierung / standardization
Standardkennsatz / standard file label
Standardlaufwerk / default drive
Standardmodus / standard mode
Standard-Planungs- und Anforderungskomitee (ANSI-Normungsgruppe) / standard planning und requirements committee (abbr. SPARC)
Standardprogramm / standard program
Standardregister / standard register
Standardschaltfläche (Ben-Ob.) / default button
Standardschnittstelle / standard interface
Standardschrift / default font
Standardsoftware (Programme, die für bestimmte Anwendungsbereiche mit größerer Varianzbreite erstellt werden) / standard software
Standardsteckverbindung / standard plug connection
Standardtext / standard text
Standardzeichen / standard character
Standbild (stehendes Bild) / fixed image, freeze image, still image, still picture
Ständer / stand
Standgerät / freestanding device
ständig / persistent
ständig umlaufen / recirculate
ständige Wartungsbereitschaft / on-call maintenance
Standleitung / dedicated line, leased line, non-switched line, private line
Standort / location, site
Standort-Lizenz (Lizenz für Software,

die es einem Betrieb erlaubt, die für den internen Gebrauch erforderlichen Kopien gegen geringe Gebühr zu erstellen) / site license (ce)

Standpunkt / standpoint, viewpoint

Standverbindung / dedicated connection, non-switched connection, non-switched line, point-to-point connection

Standverbindung (Mietleitung) / leased connection

Standzeit / life, life time

Stangendrucker→Stabdrucker

Stanzabfall / chad

Stanzeinheit / punch unit

stanzen / punch

Stanzen / punching

Stanzer / punch

Stapel / batch, pack, stack

Stapelanwendung / batch application

Stapelarchivnummer (bei Plattenstapeln) / pack serial number

Stapelausgabe / batch output

Stapelbetrieb / batch mode

Stapeldatei / batch file (abbr. BAT file)

Stapeleingabe / batch input

Stapelfernstation / remote batch terminal

Stapelfernverarbeitung / remote batch processing

stapeln / stack

Stapelrad / paddlewheel

Stapelspeicher / pop stack

Stapelstation / batch terminal

Stapelübertragung / batch transmission

Stapelverarbeitung / batch processing, bulk processing, job processing

stapelweise (verarbeiten) / batch

stark / heavy, strong

Stärke / strength

Stärke (Dicke) / thickness

Stärke(grad) / intensity

Starkstrom / power current

Starkstromkabel / power cable

Starkstromleitung / power line

starr / inflexible, rigid

Starrheit / inflexibility

Start / activation, begin, beginning, departure, start

Start... / commencement, initial, start, starting

Startadresse / starting address

Startaufruf / initial call

Start-Bit / start bit

starten / activate, begin, commence, initiate, start

startend / starting

Start-Festspeicher (enthält Urladeprogramm, das auch beim Abschalten nicht gelöscht wird) / start-up ROM (abbr. start-up read-only memory)

Startknopf / activate button

Startprogramm / starter

Startprogramm (einer Platte) / boot record

Startschritt / start element, start pulse

Start-Stop-Betrieb / start-stop mode, start-stop operation

Start-Stop-Verfahren / start-stop working

Start-Stop-Zeichen / start-stop signal

Startweg / start distance

Startzeichen / start signal

Startzeit / acceleration time

Station / station

stationär / static, stationary

Stationsadresse / station address

stationsintern / in-station

Stationsidentifizierung / station identification

Stationskennung (bei Datenübertragung) / answer code

Stationsumfrage / station cycle polling

statisch / static

statische (elektr.) Aufladung / static charge, static electricity

statische Datenverknüpfung / cold link

statischer RAM-Speicher / static random-access memory (abbr. SRAM)

statischer Speicher / static memory

statisches Bereichsattribut / scope attribute of area

statisches Bild / static image, static picture

statisches Objekt / static object
statisches Testen / static testing
statisches Variablenfeld / static array
Statistik / statistics
Statistikprogramm / statistical program
Statistik-Software / statistical software
statistisch / statistic(al)
statistischer Fehler / random error
Status / state, status
Statusbalken / state bar
Statusbit / status bit
Statusbyte / status byte
Statussignal / status signal
Statuszeile / state bar, state line
Staub / dust
staubdicht / dust-proof
staubfrei / dustless
Staubfreiheit / dustlessness
Staubsauger / vacuum cleaner
Staubschutzhaube / dust cover
stauen / jam
Stauung / congestion, jamming
Stechkarte (Zeitkontrolle) / clock card
Steckanschluß / port
steckbar / pluggable, plug-in...
Steckbaugruppe / plug-in circuit board
Stecker (el.) / connector, connector
   plug, contact plug, plug
Steckerbuchse / receptable, female
   plug
steckerkompatibel / pin-compatible,
   plug-compatible
Steckerkompatibilität / plug compati-
   bility
Steckerleiste (einer Platine) / edge-
   board connection
Steckkarte (Platine) / board, circuit
   board, plug-in card
Steckkontakt (Drahtspirale auf Vier-
   kantkontakt) / wrap connection
Steckkontaktbereich (eines integrier-
   ten Schaltkreises) / pin grid array
Steckkontaktstift / wrap pin
Steckplatte (Platine) / board
Steckplatz / slot
Steckplatz (der noch nicht belegt ist) /
   bay
Steckrahmen / board cage

Steckschalttafel (alte Technik der pro-
   grammierbaren Schaltung) / patch-
   board, pinboard
Steckschlüssel / socket wrench
Steckstellenauswahl / socket option
Steckteil / plug-in
Steckverbindung / plug connection
Steg-Schlitz-Verhältnis (bei Perfora-
   tion) / tie-cut ratio
stehen / stand
stehend (untätig) / standing
stehender Druck / standing print
Steigeleitung / riser
steigern / increase
Steigerung / increase
Steigung / gradient, pitch
Steigung (Kurve) / slope
steil / steep
Stelle / location, place, position
Stelle (im Stellenwertzahlensystem) /
   digit, digit position
stellen / put, stand
Stellenmaschine (veraltet) / six-bit-
   structure computer
Stellenschreibweise (für Zahlensyste-
   me) / positional notation, radix nota-
   tion, radix representation
Stellenübertrag (bei Addition) / carry-
   out, position carry
Stellenwert / positional value, weight
Stellenwertschreibweise (für Zahlen-
   syst.) / base notation, radix notation
Stellenwertzahlensystem / radix nota-
   tion number system
Stellgröße (im Regelkreis) / controlling
   variable
Stellmotor / servo-motor
Stellschraube / regulating screw, set-
   screw
Stellung / position, situation
Stellungsmakrobefehl / positional
   macro
Stellungsparameter / sequenced par-
   ameter
stellvertretend / subsidiary
Stellvertretersymbol / joker, wild card
Stellvertreterzeichen / joker, wild card
Stempel / stamp

Stempelkissen / ink-pad, stamp-pad
stempeln / impress, stamp
Stempelung / impression
Stenogramm / shorthand note, steno-graph
Stenographie / shorthand, stenography
stenographieren / write shorthand, stenograph
stenographisch / stenographic(al)
Stenotypist(in) / shorthand typist, sten-otypist
Stern / star
Sternadresse (relative Adresse) / aster-isk address
sternförmig / star-shaped
Sternleitung / radial line, star line
Sternleitungssystem / radial line syst.
Sternnetz / node network, star commu-nication network, star network, um-brella network
Sternschaltung / delta connection, star connection
Sternzeichen / asterisk, star
stetig / continuous
Steuer / tax
Steueranweisung / control statement
steuerbar / controllable
Steuerbefehl / command, control com-mand, control instruction
Steuerberater / tax consultant
Steuerbit / control bit
Steuerblock / control block
Steuerbus / control bus
Steuerbyte / control byte
Steuerchip / controlling chip
Steuer-Codezeichen (ASCII) / control code
Steuerdaten / control data
Steuereinheit / control unit, controller
Steuereinheit-Steckkarte / controller card
Steuereinrichtung / control feature
Steuerelement / control element
Steuerermäßigung / taxreduction
Steuerfestsetzung / taxing
steuerfrei / tax-exempt, tax-free
Steuerfreibetrag / tax exemption
Steuerfreiheit / tax exemption

Steuergerät / automatic controller, pilot
Steuergesetz / tax law
Steuerhebel / control lever
Steuerhebel (Hobbycomputer, Gra-phikcomputer) / joy-stick .
Steuerhinterziehung / tax evasion
Steuerimpuls / control pulse, control signal
Steuerimpulsauslöser / trigger
Steuerkanal / secondary channel
Steuerkeller (Kellerspeicherbereich) / control stack
Steuerkennzeichen / control label
Steuerklasse / tax bracket
Steuerknüppel / control lever, joy-stick, stick
Steuerleiste (auf der Bildschirmmaske) / report group
Steuerleitung / control wire
Steuerlochstreifen / control paper tape
Steuermenü / control menu
Steuermodus / control mode
steuern / control, direct, pilot, regulate, route
steuern (Fahrzeug, vor allem auf See und in der Luft) / navigate
Steuern / controlling, supervising
Steuerpflicht / tax liability
steuerpflichtig / taxable
Steuerprogramm / control program, controller, executive control program, handler, scheduler, supervisor
Steuerprogrammaufruf / supervisor call
Steuerprozedur (des Hauptsteuerpro-gramms) / control procedure
Steuerpult / console
Steuerrückerstattung / taxrefund
Steuerschleife (in einem Programm) / Do loop
Steuersignal / control signal
Steuerspannung / gate voltage
Steuerspeicher / control storage
Steuerstrom / base current
Steuersystem / control system
Steuertaste / control key (abbr. CTRL key)

Steuerung / controlling, supervision
Steuerungseinrichtung / controller
Steuerungsunterbrechung / control break
Steuerveranlagung / taxation
Steuerwerk / control unit, controller
Steuerzahler / tax-payer
Steuerzeichen / control character
Stichleitung / radiated line, spur line
Stichleitung (el.) / stub
Stichprobe / sample, random sample, spotcheck
Stichprobenentnahme / sampling
Stichtag / dead-line
Stichtagumstellung / fixed-day re-organization
Stichwort / catchword, keyword
Stichwortanalyse / keyword in context
Stift / gip, nib, pin
Stiftschraube / stud
Stiftung / foundation
Stift-Zeichengerät / pen plotter
stillegen / quiesce
Stillegung / quiescency, shutdown
stillgelegt / inoperative
Stillstand / stagnancy, stand, standstill
Stillstandszeit / downtime
Stimme / voice
Stimmenspeicherung / voice print
Stirnrad / spur gear
Stochastik (Teilgebiet der Stat.) / stochastics
stocken / stagnate
stockend / stagnant
Stop / halt, stop
Stop-Bit / stop bit
Stopschritt / stop element
Stopsignal / stop signal
Stoptaste / stop button
Stopweg / stop distance
Stopzeit / deceleration, deceleration time, stop time
Storchschnabel (Zeichengerät) / pantograph
stören / chatter, disturb, infere, mutilate, perturb, trouble
störend / disturbing, parasitic(al), spurious

störfrei / noisefree, noiseless
Störgeräusch / background noise, static noise
Störgeräusch (Knattern) / chatter
Störgröße (Regelkreis) / disturbance
Störimpuls (sehr kurzer Dauer) / glitch
stornieren / cancel
Stornierung / cancelation
Stornobuchung / negative booking, reversal
Störsignal (zusätzliches, fehlerhaftes Signal) / dropin
Störstelle (in einem Kristall) / impurity
Störunanfälligkeit (in Übertragungsleitungen) / high noise immunity
Störung / defect, disturbance, failure, fault, hit, interference, noise, perturbation, trouble
Störungsanfälligkeit / fault liability
störungsarm / low-noise
Störungsart / type of defect
Störungsaufzeichnung / failure logging
Störungsbeseitigung / crash recovery, emergency maintenance
Störungsmeldung / fault message
Störungsprotokoll / fault log
Stoß / burst, percussion, shock
Stoß (Bündel) / wad
Stoßbetrieb / burst mode
Stoßdämpfer / harter, shock-absorber
stoßen / hit
Stoßentladung / avalanche
stoßfest / shock-proof
Stoßfreiheit / impact-strength
stoßfrei / hitless
stoßgeschützt / shock-resistant
Stoßspannung / surge voltage
Stoßstange / bumper
straff / taut
Strahl / ray
Strahl (Elektronenstrahl) / beam
strahlen / beam, radiate
Strahlenablenkung / beam deflection
Strahlenaufzeichnung (hochwertige dreidimensionale Graphik-Darstellungstechnik) / ray tracing
strahlend / radiant

Strahlrohr / jet
Strahlung / radiation
strahlungsarm (Bildsch.) / low-radiation
Strahlungsmesser / radiometer
strangpressen / extrude
Strangpressen / extrusion
Strategie / strategy
strategisch / strategic(al)
Streamer-Magnetbandstation / streaming tape drive
Streaming-Betrieb (kontinuierliches Schreiben und Lesen beim Magnetband) / streaming mode
Strecke / route
Streifen / band, bar
Streifenbreite / band size, bandwidth
Streifencode / bar code
Streifencodeabtaster / bar code scanner
Streifenende / tape-out
Streifenetikett / bar code label
Streifenetikettabtaster / bar scanner
Streifenetikettleser / bar code reader
streifengesteuert / tape-controlled, tape-operated
Streifenkanal / tape level
Streifenleser (Beleglesegerät für Addierstreifen) / adding slip reader, journal reader, strip reader
Streifenspannung / tape tension
Streifenverarbeitung / tape processing
Streik / strike
streiken / strike
Streit (im MBS) / flame (sl.)
streng / rigorous
streng geheim / top secret
Streß / stress
streuen / scatter
Streukapazität / stray capacitance
Streuung / scatter, scattering
Streuung (Licht) / dispersion
Streuung (math.) / mean variation, variance
Streuung (von Licht) / scattering
Strich / line, stroke
Strichcode → Streifencode
Strichetikett / bar code label

Strichmarkierung / mark
Strom (el.) / current
Strom (von Daten) / stream
Stromabnehmer (Kollektor) / collector
Stromaggregat / power set
Stromanschluß / power connection
Stromanschlußleitung / power line
Stromart / type of current
strömen / stream
stromführend / current-carrying
Stromkreis / electric circuit
Stromlaufplan / wiring diagram
stromleitende Tinte / electrographic ink
stromleitender Graphitstift / electrographik pen
Stromlinie / streamline
stromlos / dead
Stromnetz / grid, network
Stromsperre / power-down
Stromstärke / amperage, power
Stromstoß (kurze Überspannung) / power surge, spike, surge
Strömungslehre / fluidics
Strömungstechnik / fluidics
Stromverbrauch / wattage
Stromversorgung / power supply
Struktogramm / program structure chart, structure chart
Struktogramm-Sinnbild / structure chart symbol
Struktur / fabric, structure, texture
Struktur... / structural
Strukturanalyse (Aufbauanalyse) / structure analysis
Strukturbeschreibung / structural description
Strukturblock / structure block
strukturell / structural, textural
strukturieren / structure
strukturiert / structured
strukturierte Abfragesprache / structured query language
strukturierte Daten / structured data
strukturierte Programmiersprache (für strukturierte Programmierung geeignet) / well-structured programming language

strukturierte Programmierung (wirtschaftliche Programmiermethode) / structured programming, top-down method

strukturierte Systementwicklung / structured systems development

strukturierter Entwurf / structured design

strukturiertes Programm / structured program

Strukturmodell / structured model

Struktursegment / segment

Struktursprache / structured language

Stück / piece

Stückakkord / piece-work

Stückliste / bill, bill of material, parts list

Stücklistenauflösung / bill explosion

stückweise / piecewise

Student / student

studieren / study

Stufe / degree, echelon, level, pace, rank, stage, step

Stufen... / stepped, stepping

Stufenfaser (Glasfasertyp) / step-index fibre

stufenförmig / cascade

Stufenkonzept / conception of levels

Stufennummer / level number

Stufensteuerung / pacing

stufenweise / stepwise

stufenweises Suchen / stepwise search

stumpf / obtuse

Stunde / hour

Stundenplan / time-table

Stundenzähler / hour meter

stündlich / hourly

Stütze / sustainer

stützen / sustain

Stylus (stiftartiges Gerät für Graphik-Tabletts) / stylus

subjektiv / subjective

Subjektivität / subjectivity

Subschema / subschema

subskribieren (Felder einer Tabelle mit einem Index bezeichnen) / subscribe

Subskribierung (Art der Tabellenverarbeitung) / subscribing

Subskript (Indexangabe bei einem Tabellenfeld) / subscript

Subskriptfeld / subscript field

substituieren / substitute

Substitution / substitution

Substrat / substrate

Subtrahend (die abzuziehende Zahl) / subtrahend

subtrahieren / subtract

Subtrahieren / subtracting

Subtrahiertaste / subtracting key

Subtrahierwerk / subtracter

Subtraktion / subtraction

Subtraktionsanweisung / subtract statement

Subtraktionsbefehl / subtract instruction

Subtraktionsregister / subtract register

Subtraktionsübertrag / subtract carry

Subvention / subsidy, subvention

subventionieren / subsidize

Suchalgorithmus / search algorithm

Suchanweisung / inspect statement, search statement

Suchargument / search argument

Suchbaum / search tree

Suchbefehl / search instruction

Suchdialog / search dialog

suchen / hunt, look up, search, seek

suchen (in einer Datei) / find

Suchen / search, searching

suchen nach / search for

suchen und ersetzen (Textv.) / search und replace

Suchfrage / search query

Suchgeschwindigkeit / search speed

Suchlauf / search run

Suchmodus (DB) / browse mode

Suchroutine / search routine

Suchschleife / search cycle

Suchschlüssel / search key

Suchstrategie / search strategy

Suchverfahren / search method

Suchzeit / search time

sukzessive Datenerfassung / successive data gathering

Summand / summand

summarisch / summary

Summe / amount, count, sum

Summenkontrolle / sum check

Summenzeichen / sigma sign

Summenzeile / total line

Summer / buzzer

Super... / super...

Superchip (Chip mit 10 MBit) / superchip

Superintegration (Stufe der Halbleiterintegration) / super high-scale integration (abbr. SHSI), ultra high-scale integration (abbr. UHSI), ultra-large-scale integration (abbr. ULSI)

Supermikro (Abk. für Supermikrorechner) / supermicro

Supermikrorechner (besonders leistungsfähiger Mikrorechner) / supermicrocomputer

Supermini (Abk. für Superminirechner) / megamini, supermini

Superminirechner (besonders leistungsfähiger Minirechner) / superminicomputer

supermodern / ultramodern

Supraleiter / superconductor, supraconductor

supraleitfähig / superconductive, supraconductive

Supraleitfähigkeit / cryogenic conduction, superconductivity, supraconductivity

Supraleitspeicher / cryogenic storage

Supraleitung / cryogenic conduction, superconduction, supraconduction

Symbol / character, symbol

Symbolgruppe / group, icon group

symbolisch / symbolic(al)

symbolische Adresse (in einem Primärprogramm) / mnemonic address, name, symbolic address

symbolische Codierung / symbolic coding

symbolische Programmiersprache / symbolic language, symbolic programming language

symbolische Programmierung / symbolic programming

symbolisches Adressieren (bei Primärprogrammen) / symbolic addressing

symbolischer Befehl / symbolic instruction

symbolischer Gerätename / symbolic device name

symbolischer Name / symbolic name

symbolisches Programm / symbolic program

symbolisches Programmieren / symbolic programming

Symbolschnittstelle (Ben-Ob.) / iconic interface

Symboltabelle / symbol table

Symbolvorrat / symbol set

Symbolzeichenschrift / symbol font

Symmetrie / balance, symmetry

symmetrisch / balanced, symmetric(al)

synchron / synchronous

Synchron... / synchro...

Synchronbetrieb / synchronous operation, synchronous working

Synchrondatenerfassung (autom. Datenerfassg. bei Originalaufzeichng.) / by-product data collection

synchrone Datenschnittstelle / synchronous communication interface adapter

synchrone Datenverbindungs-Steuerung (einfaches Kommunikationsprotokoll) / synchronous data link control (abbr. SDLC)

synchrone Kommunikation / synchronous communication

synchrones Übertragungsprotokoll / synchronous protocol

Synchronisation / synchronization

Synchronisationsstörung / jitter

Synchronisiereinheit / synchronizing unit

Synchronisiereinrichtung / synchronizer

synchronisieren / synchronize

synchronisiert / synchronized

Synchronisierung / synchronization, synchronizing

Synchronisierungssignal / synchronization signal

Synchronisierzeichen / synchronization character, synchronous idle character

Synchronrechner / synchronous comp.

Synchronübertragung / synchronous transfer, synchronous transmission

Synchronverarbeitung / synchronous processing

Synchrotron (Elektronenbeschleuniger) / synchrotron

Synektik (Problemlösungsverfahren) / synectics

Synergie (Zusammenwirken) / synergetics

synonym (gleichbedeutend) / synonymic(al), synonymous

Synonym (Gleichwort) / synonym

Synonymwörterbuch / synonym dictionary, thesaurus

syntaktisch (die Zeichenform betreffend) / syntactic(al)

Syntax (Lehre von den Formen sprachlicher Ausdrücke) / Syntax

Syntaxanalyse / parsing, syntactic analysis

Syntaxanalysierer / parser

Syntaxfehler / syntax error

Syntaxprüfung / syntax check

Synthese / synthesis

synthetisch / synthetic(al)

System / system

Systemabfragetaste / system request key

systemabhängig / system-dependent

Systemabhängigkeit / system dependence

Systemabstand / system distance

Systemanalyse / systems analysis, systems engineering

Systemanalytiker / systems analyst, systems engineer

Systemanforderungen / system requirements

System-Anwendungs-Architektur (Produkt von IBM) / systems application architecture (abbr. SAA)

Systemarchitektur (charakt. Struktur e. Systems) / system architecture

Systematik / systematics

systematisch / methodic(al), orderly, scientific(al), systematic(al)

systematische Numerierung / systematical numbering

systematischer Fehler / systematic error

systematisieren / system(at)ize

Systematisierung / systematization

Systemaufruf / system call

Systemausbau / system upgrading

Systemausfall / system breakdown, system crash

Systemausgabe / system output

Systemauslastung / system utilization

Systemauswahl / system choice

Systembediener / system operator (abbr. SYSOP)

Systembedienung / system operating

Systembedienungsbefehl / system command

Systembedienungskonsol / system console

Systemberater / systems analyst

Systembeschreibung / system description

Systembetreiber (eines MBS) / system operator (abbr. SYSOP)

Systembetreuer / system attendant

System-Betriebsmittel (z. B. Arbeitsspeicher, periphere Geräte) / system resource

Systembewertung / system valuation

Systembibliothek / system library

Systemdatei / system file

Systemdatum (Tagesdatum) / system date

Systemdiskette / system diskette

Systemdokumentation / system documentation

Systemdurchsatz / system throughput

Systemebene / system level

systemeigen / native

systemeigene Schriftart / native font, system font

systemeigene Sprache / native language

systemeigener Code / native code

systemeigener Compiler / native compiler

systemeigenes Dateiformat / native file format

Systemeigentest / system self-test

Systemeingabe / system input

Systemeingabe-Aufforderung / system prompt

Systemeinheit (ZE) / system unit

Systementwickler (Systemanalytiker) / system developer, system(s) engineer

Systementwicklung / system development, system(s) engineer

Systementwurf / system design

Systemerweiterung / system expansion

Systemfamilie / computer family

Systemfehler / system error, system fault

Systemfehlerbehebung / system recovery

systemfreie Kommunikation / open systems interconnection (abbr. OSI)

systemfremd / cross, extraneous, outside

systemgebunden / proprietary, system-oriented

systemgebundene Software / proprietary software

systemgebundenes Betriebssystem / proprietary operating system

systemgebundenes Dateiformat / proprietary file format

Systemgeneration / system generation

Systemgenerator / system generator

Systemgenerierung (Installierung des Betriebssystems) / system generation (abbr. SYSGEN)

Systemhaus (Systemhändler) / system house, system retailer

Systemimplementierung (Einführung) / system implementation

Systemintegration / system integration

Systemintegrität (Fehlersicherheit eines Systems) / system integrity

systemintern / intrasystem

Systemkern (Betriebssystem) / system nucleus

Systemkombination (von Hardware-

und Softwareprodukten unterschiedlicher Hersteller) / mixed ware

systemkompatibel / system-compatible

Systemkompatibilität / system compatibility

Systemkomponente / system component

Systemkonfiguration (Ausstattung eines Systems) / system configuration

Systemkonvention / system convention

Systemlauf / system run

Systemleistung / system performance

Systemmakrobefehl / system macro

Systemmeldung / system message

System-Netz-Architektur (Produkt von IBM) / systems network architecture (abbr. SNA)

Systemobjekt / system object

Systemoptimierung / system tuning

systemorientiert / system-oriented

Systemorientierung / system orientation

Systemparameter / system parameter

Systemperipherie / system peripherals

Systemplanung / system design

Systemplatte / system disk

Systemprädikat / system predicate

Systemprogramm / system program

Systemprogrammierer / system programmer

Systemprogrammierung / system programming

Systemprotokoll / system log

Systemprüfung / system check

Systemprüfung (Revision) / system auditing

systemresident (im System abgespeichert) / system-resident

Systemresidenz (Speicher für Programmbibliothek eines Systems) / system residence

Systemschnittstelle / system interface

Systemschnittstelle für kleine Computer (parallele Standardschnittstelle) / small computer system interface (abbr. SCSI)

Systemschulung / system familiarization, system training

Systemsicherheit / system security
Systemsicht (bei Datenbanken) / internal view
Systemsimulation / system simulation
Systemsoftware (Betriebssystem) / system software
Systemsprache / system language
Systemsteuerbefehl / system control command
Systemsteuersprache / system control language
Systemsteuerung / system control
Systemstörung / system failure
Systemtakt / system clock
Systemtest / systematical test
Systemtheorie / system theory
Systemüberwachung / system monitoring
Systemuhr / system clock
Systemumgebung / system environment
Systemumstellung / migration, system migration
systemunabhängig / system-independent
Systemunabhängigkeit / system independence
Systemunterstützung / system support
Systemvergleich / system comparison
Systemverhalten / system behaviour
Systemverwalter / system administrator, system manager
Systemverwaltung / system administration, system overhead
Systemverwaltungskommando / administrative command
Systemverwaltungsplatzbedarf (in einem Speicher) / overhead
Systemverwaltungszeit(bedarf) / overhead
Systemverzeichnis / system directory, system folder
Systemzeit / system time
Systemzeituhr / system timer
Systemzusammenbruch / bomb, system blackout
Systemzustand / control mode, system state, system status

Systemzustand (unter Steuerung des Hauptsteuerprogramms) / supervisor state
Systemzustandsanzeigefeld / system status panel
Systemzuverlässigkeit / system reliability
Szenario (Methode zur prognostischen Darstellung komplexer Sachverhalte) / scenario

T

tabellarisch / tabular
tabellarisch anordnen / tabulate
tabellarische Anordnung / tabulation
Tabelle / list, schedule, table
Tabellenbearbeitung / table handling
Tabellenelement / table element
Tabellenelementnummer / table element number
Tabellenfeld / table element, table field
Tabellenfeldname / table field name
Tabellengenerator / table generator
Tabellen-Graphik / table graphics
Tabellenkalkulation / spread-sheet analysis
Tabellenkalkulationsprogramm / spread-sheet program
tabellenorientiert / table-oriented
Tabellen-Punktreihe (Tab-Kalk.) / leader
Tabellensortieren / table sort
Tabellensteuerung / table control
Tabellensuchen / table look-up
Tabellen-Unterstützungsroutine (Textv.) / table utility
Tabellenverarbeitung / table processing
Tabellenwert / tabular operand, tabular value
Tabelliereinrichtung / tabulating feature
tabellieren / tab, tabulate
Tabellieren / tabulating

Tabelliermaschine (LK) / punch card tabulator, tabulating machine, tabulator

Tabellierung / tabulation

Tablett (Gerät für mobile Datenerfassung) / tablet

Tabulator / tab, tabulator

Tabulator löschen / tab clear

Tabulator setzen / tab set

Tabulatorlöschtaste / tabulator clear key

Tabulatorsetztaste / tabulator set key

Tabulatorspeicher / tabulator memory

Tabulatorstop / tab stop

Tabulatortaste / skip key, tab key, tabulating key, tabulator key

Tabulatorzeichen / tab character, tabulator character

Tafel / plate

Tafeltransistor (Bauart von Transistoren) / mesa transistor

Tag / day

Tagebuch / journal

tagen / session

Tagesabschluß / actual balance

Tagesdatum / date, todays date

Tageskalender / appointment book

Tageslichtprojektor / overhead projector

Tagesschlüssel (für Geheimcode) / daily keying element

Tageszeitung / newspaper

täglich / daily

Takt / beat, clock pulse, meter

Takteingang / clock input

Taktfrequenzumschalter / turbo switch

Taktgeben / clock, clocking

Taktgeber / clock, clock generator

Taktgeschwindigkeit / clock speed

Taktimpuls / clock pulse, clocked pulse

Taktmarke / timing mark

Taktraster / timing pattern

Taktrate / clock rate

Taktsignal (zur internen Koordination) / timing signal

Taktspur / clock marker

Taktzentrale / central clock

Tandembetrieb (Daten werden nebeneinander in mehreren Rechnern bearbeitet) / tandem processing

Tangens / tangent

Tangente / tangent

tangential / tangential

Tapete(nmuster) (graph.) / wallpaper

Tarif / tariff

Tarifgruppe / wage group

Tarifvertrag / wage agreement

Taschencomputer / handheld computer, pocket computer

Taschenrechner / pocket calculator

Taschenrechner (mit Solarzellenbetrieb) / solar calculator

Taschenübersetzer (für Sprachübersetzung) / pocket translator

Tastatur (auch als selbständiges Geräteteil) / keyboard

Tastaturabfrage / keyboard inquiry

Tastaturanordnung / keyboard arrangement

Tastaturbelegung / keyboard layout

Tastaturbereich / keyboard field

Tastaturcode / key code, scan code

Tastaturdauerfunktion / keyboard repeat

Tastaturdienstprogramm / keyboard enhancer

Tastatureingabe / keyboard entry, keyboard input

Tastaturerfassung / data entry, keyboard entry

Tastaturgerät / keyboard device

tastaturgesteuert / keyboard-controlled, keyboard-driven, keyboard-operated, key-controlled, key-driven

Tastaturkabel / keyboard cable

Tastaturkommando / keyboard command

Tastatur-Makrobefehl / keyboard macro

Tastaturpufferspeicher / keyboard buffer, type-ahead buffer

Tastaturschablone / keyboard template

Tastaturschloß / keyboard lock

Tastatursperre / keyboard disabling, keyboard lock

Tastatursteuereinheit keyboard controller, keyboard processor

Tastatur-Treiberprogramm / keyboard driver

Tastaturwahl (Fernspr.) / keyboard dial(l)ing, keyboard signaling

Taste / button, key, push button

Tastenanschlag / keyboard stroke, keypress, keystroke

Tastenanschlagskapazität (die das System in eine zeitliche Folge von Impulsen umsetzen kann) / type-ahead capacity

Tastenbeschriftung / key legend

Tastencode / key code

Tastenfeld / key field, key panel, keyboard field

Tastenfreigabe / button release

tastengesteuert / keyboard-driven, key-controlled, key-driven

Tastengruppe / button block, key block

Tastenhub / key drop, stroke

Tastenknopf / key button

Tastenkombination / keyboard shortcut

Tastenprellen / key bounce

Tastenreihe / bank of buttons, key row

Tastenschaft / stem

Tastensperre / key lock

Tasten-Statusanzeiger / key status indicator

Tastensteuerung / key control

Tastenwahl (Tel.) / pushbutton dial-(l)ing

tätig (in Betrieb) / active

Tätigkeit / work

Tätigkeit (des Bedieners) / action

Tätigkeitsbeschreibung / job description

Tatsache / fact

tatsächlich / actual

tatsächliche Adresse / real address

tatsächliche Geschwindigkeit / effective speed

tatsächliche Größe / actual size

tatsächlicher Wert / actual value

tauchen / plunge

Tauchlöten / dip-soldering

Tauglichkeit / aptitude

taumeln / tumble

tausend / thousand

Tausend / thousand

Tausenderpunkt / thousands separator

Tautologie (doppelte Erklärung) / tautology

tautologisch (doppelt erklärend) / tautologic(al)

Taxonomie (Klassifizierung) / taxonomy

TB (Abk. f. → Terabyte) / terabyte (abbr. TB, TByte)

TByte (Abk. f. → Terabyte) / terabyte (abbr. TB, TByte)

TCAM (Zugriffsverfahren bei Datenfernverarbeitung) / TCAM (abbr. → telecommunication access method)

TCP/IC (Standard-Kommunikations-Protokoll) / TCP/IC (abbr. transport control protocol/interface program)

Technik (als Verfahren) / technique

Technik (als Wissensgebiet) / engineering, technics, technology

Techniker / engineer, technician

Technikfeindlichkeit / hostility to technics

technisch / technical

technische Änderung / engineering change

technische Datenverarbeitung / technical data processing

technische Einrichtungen / technical facilities

technische Einzelheit / technicality

technische Maßnahme / technical measure

technische Unterlagen / technical documentation

technische Unterstützung / technical support

technische Veralterung / technical obsolescence

technischer Fortschritt / progress of the art

Technokratie / technocracy

Technologie / technology

Technologietransfer (Übertragung

von Techniken in andere, auch unterentwickelte Bereiche) / technology
transfer

technologisch / technologic(al)

Technozentrismus / technocentrism

Teflon (besonders hitzebeständiges Material) / teflon

teflonbeschichtet / teflon-coated

Teil / division, member, part, portion

Teilausfall / partial failure

Teilbaum / subtree

Teilbereich / subarea

Teilchen / particle

teilen / intersect

teilen (math.) / divide

Teiler (des Bruches) / divisor

Teilfeld / subfield

Teilfenster / subwindow

teilhaben / share

Teilhaber (an einem DV-System) / on-
line system user

Teilhaber (an einem Unternehmen) /
associate

Teilhabersystem / on-line system,
transaction-driven system

Teilinhaltsverzeichnis (einer Bibliothek) / subdirectory

Teilintegration / partial integration

Teilkette / substring

Teilkonzept / partial conception

Teilkreis / pitch circle

Teillieferung / short delivery

Teilmontage / subassembly

Teilnahme / participation

teilnehmen / participate

teilnehmend / participant

Teilnehmer / participant, participator,
partner

Teilnehmer (in einem Netz) / subscriber

Teilnehmer (Tel., Datenbank) / party,
subscriber

Teilnehmerabruf / subscriber call

Teilnehmerbetrieb / time-sharing operation

Teilnehmerbetriebsklasse / user class
of service

Teilnehmerbetriebssystem (mit virtueller Speicherung) / multiple virtual

system (abbr. MVS), time-sharing
operating system

Teilnehmerdienst (Dateldienst) / network customer service

Teilnehmersperre / subscriber lockout

Teilnehmersystem / time-sharing system

Teilnetz / subnetwork

Teilschicht / sublayer

Teilspannungsmesser / potentiometer

Teilstrecke / hop

Teilstreckenübertragung / store-and-
forward transmission

Teilstreckenverfahren (bei der Datenübertragung) / store-and-forward
principle

Teilstrich / scale line

Teilsystem / subsystem

Teilumstellung / partial migration

Teilung / splitting

Teilungsrest / remainder

teilweise / partly, partially

Teilzahlung / instal(l)ment, part payment

Teilzeichenfolge / substring

Telearbeit (Büroheimarbeit über Telekommunikation) / telecommuting,
teleworking

Telearbeit (mit Hilfe von Telekommunikationseinrichtungen) / home working, remote working, teleworking

Telearbeit leisten (Büroheimarbeit
über Telekommunikation) / telework

Telearbeitsplatz / teleworking place,
teleworkstation

Telebankdienst (Btx.) / home banking,
telebanking

Tele-Bank-Verfahren (über Btx.) /
homebanking, telebanking

Telebild / telephoto, telephotograph

Telebrief (papierlos übermittelter Brief,
Fernkopie) / mailgram

Teledatenstation / remote terminal

Tele-Einkauf (über Btx.) / electronic
shopping, home shopping, tele-shopping

Telegramm / telegram

Telegrammstil / telegraphese

Telegraph / telegraph
Telegraphie / telegraphy
Telegraphieprinzip / telegraph principle
telegraphieren / telegraph
telegraphisch / telegraphic(al)
Telegraphiezeichen / telegraph signal
Telekommunikation / remote communication, telecommunication
Telekommunikationsdienst / telecommunication service
Telekommunikationsordnung / telecommunication decree
Telekommunikationssystem / telecommunication system
Telekonferenz (mit Bildtelephon) / video conference
Telekonferenz (Zusammenschaltung von mehr als 2 Teilnehmern über Tel. oder Bildtel.) / teleconference
Telematik (Abk. aus Telekommunikation und Automatik) / compunication (abbr. computer communication), telematics (abbr. telecommunication and automatics)
Telephon / phone, telephone
Telephonbuch / telephone directory
Telephonhörer / telephon receiver
telephonieren / phone, telephone
telephonisch / telephonic
Telephonkonferenz (Zusammenschaltung von mehr als 2 Teilnehmern) / telephone conference
Telephontelegramm / phonogram
Telesoftware (über Fernsysteme abrufbare Software) / telesoftware
Teletex (verbesserte Form des Fernschreibens) / teletex
Temperatur / temperature
temperaturabhängig / temperature-sensitive
temperaturgesteuerter Widerstand / thermistor
tempern / anneal
Tempern / annealing
temporäre Datei / temporary file
Tendenz / trend
tendieren / trend

Tensor (mehrdimensionale Zahl) / multidimensional number, tensor
Tera... (Vorsatzzeichen für Maßeinheiten, 10^{12} bzw. 2^{40} Einheiten) / tera... (abbr. T)
Terabit ($2^{40} = 1\,099\,511\,627\,776$ Bit) / terabit (abbr. TBit)
Terabyte ($2^{40} = 1\,099\,511\,627\,776$ Byte) / terabyte (abbr. TB, TByte)
Term (Ausdruck) / term
Termin / term
Terminal / data terminal, terminal
Terminaldrucker / keyboard printer, printer terminal
Terminalemulation (Imitierung eines Terminals durch geeignete Software) / terminal emulation
terminalgesteuert / terminal-controlled
terminalisieren / terminalize
Terminalisierung / terminalization
Terminalsitzung / terminal session
Terminalsystem / terminal system
termingemäß / terminal
Terminologie / terminology
terminologisch / terminologic(al)
Terminplanung / scheduling
Terminüberwachung / follow-up
ternär (auf 3 basierend) / ternary
ternäre Darstellung / ternary representation
ternäres Zahlensystem (auf der Basis 3 aufbauend) / ternary number system
tertiär / tertiary
Tertiärspeicher / tertiary storage
Test / test
Test... / testing
Test unter Einsatzbedingungen / live test
Testader (eines Kabels) / test conductor, test wire
Testadresse / test address
Testanweisung / test statement
Testauswertung / test evaluation
testbar / testable
Testbarkeit / testability
Testbefehl / test instruction
Testdatei / test data file
Testdaten / test data

Testdatenbeschreibung / test data description

Testdatengenerator / test data generator

Testdatensatz / test case

Testdokumentation / test documentation

Testeinrichtung / test equipment

testen / debug, test

Testen / debugging, testing

Testergebnis / result of a test

Testgerät / tester

Testgerät (für Impulsüberwachung auf Leitungen) / breakout box

Testhilfe / debugging support

Testhilfeprogramm / debugger

Testkosten / costs of test

Testlauf / test run

Testobjekt / test object

Testplanung / test planning

Testprotokoll / test log, test protocol

Testumfeld / test bed, test environment

Testumgebung / test environment

Testzeit / testing time

teuer / expensive

Teufelskreis / vicious circle

Texas Instruments Graphik-Prozessor / Texas Instruments graphics architecture (abbr. TIGA)

Text / text (abbr. TXT)

Text (Schriftart) / paragon

Text... / textual

textabhängig / contextual

Textanalyse / text analysis

Textbaustein (Textv.) / boilerplate, text module

Textbearbeitung / text editing

Textbibliothek / text library

Textbuch (für gesammelte Texte zu einem Thema) / reader

Textdatei / text file

Textdaten / text data

Textdiagramm / text chart

Texteditor (Textbearbeitungsprogramm) / text editor

Textende / end of text (abbr. EOT)

Textendezeichen / end-of-text label

Textendgerät / text terminal

Texterfassung / text entry

Texterstellung / text generation, text production

Textfeld / text field

Textfolge / text string

Textgeber / code generator, string device

Texthandbuch / text manual

Textilfarbband (Drucker) / cloth ribbon, fabric ribbon

Textinformation / textual information

Textkommunikation / text communication, written communication

Textkonserve (vorformulierter Satz) / boilerplate

Textmarke (Textv.) / bookmark

Textmenü / text menu

Textmodus / text mode

Textorganisation / text organization

Textspaltengraphik / column text chart

Textverarbeitung / text processing, word processing (abbr. WP)

Textverarbeitungsprogramm / word processing program

Textverarbeitungssystem (Software) / text processing system, word processing system

Textverarbeitungssystem (Gesamtsystem) / text processor, word processor

Textwiedergewinnung / text retrieval

Thema / subject, topic

thematisch / topical

Theoretiker / theoretician, theorist

theoretisch / theoretic(al)

theoretisieren / theorize

Theorie / theory

...-Theorie / theory of ...

thermisch / thermal

Thermodrucker / thermal printer

thermodynamisch / thermodynamic

thermoelektrisch (elektrisch durch Wärmeeinfluß) / thermoelectric

Thermoelement / thermocouple

Thermotransferdrucker (Thermodruckertyp) / thermal transfer printer, thermotransfer printer

Thermo-Wachstransferdrucker / thermal wax-transfer printer

These / thesis

Thyratron (gasgefüllte Elektronenröhre) / thyratron

Thyristor (vierschichtiger Steuerhalbl.) / thyristor

ticken / tick

tief / deep

tief (binär) / low

Tiefdruck (Druckt.) / intaglio, intaglio printing

Tiefe / depth

Tiefensuche (Suchstrategie) / depth-first search

tiefgestellt (Index) / inferior

tiefgestellte Schrift (Textv.) / subscript

tiefgreifend / profound

tiefstellen (Textv.) / subscribe

Tiefstellung (eines Indexes) / lowering

Tiefstellung (Textv.) / subscript

Tieftemperatur... / cryogenic

Tieftemperaturrechner / cryogenic computer

Tieftemperaturtechnik / cryogenics

TIFF-Format (Dateiformat für Bitabbildung) / tagged image file format (abbr. TIFF)

Tilde (Wiederholungszeichen ‹~›) / tilde

tilgen / liquidate, pay off

Tilgung / liquidation

Timeware (zeitlich begrenzt nutzbare SW, die sich dann selbst zerstört) / timeware

Tinte / ink

Tintenbehälter (Tintenstrahldrucker) / ink bottle

Tintenradiergummi / ink-eraser

Tintenstift / ink-pencil

Tintenstrahldrucker / ink-jet printer

Tippfehler / typing error

Tisch / desk, table

Tisch(platte) / table

Tischcomputer / desktop computer

Tischdrucker / desktop printer, tabletop printer

Tischgerät / desktop, desktop device, desktop model

Tischplotter (Zeichengerät) / desktop plotter

Tischrechner / desktop calculator, desktop computer, tabletop calculator, tabletop computer

Tischrechnerfunktion / desktop calculating function

Titel / title

Titelleiste (Ben-Ob.) / titel bar

Titelsuche (in einer Literaturdatenbank) / title retrieval

Titelzeile / caption, head line, headline

Tochterkarte / daughter board

Token (Sendezeichen in Ringnetzen) / token

Token-Bus / token bus

Tokenring (Netzarchitektur von Ortsnetzen) / token loop, token ring

Tokenringnetz / token-ring network

Token-Verfahren (zur Vermeidung von Kollisionen in Ringnetzen) / token passing

Toleranz(bereich) / tolerance

tolerierbar / tolerable

Ton / tone

Tonaufzeichnungseinheit / sound recorder

Tonaufzeichnungsgerät / phonograph

Tonband / audio tape

tonen / tone

Toner (Farbpuder des Vervielfältigers und Laserdruckers) / toner

Tonerabscheider (bei Laserdruckern) / toner collector

Tonerfüllstand / toner supply level

Tonerkassette / toner cartridge, toner supply bin

Tonerpulver (für Laserdrucker und Vervielfältiger) / dry toner, toner powder

Ton-Erzeugungseinheit / sound generator

Tonerzuführung / toner feed

Tonfrequenz (im hörbaren Bereich) / audio frequency

Tonfrequenz (im nichthörbaren Bereich) / subaudio frequency

Tonfrequenzbereich (Niederfrequenzbereich) / audio range

Tongenerator / synthesizer, tone generator

Ton-in-Ton-Abbildung / continuous tone

Tonrundfunk / radio-broadcasting

tonwertrichtig / orthochromatic(al)

Top-down-Programmierung (strukturierte Programmierung) / top-down programming

Topologie (räuml. Strukt.) / topology

Tor / gate

Tortendiagramm / pie chart, pie graph

Totalausfall / blackout failure

Totzeit / dead time

Trabantenrechner / tributary computer

Trabantenstation / tributary station

tragbar / lap-top, mobile

tragbarer Mikrocomputer / mobile microcomputer

tragbarer Rechner / lap-top computer, mobile computer

tragbares Gerät / portable

tragbares Sprechfunkgerät / walkie-talkie

Tragbarkeit / mobility

träge / inert, slow

tragen / bear

Träger / carrier, support

Trägerband (für zu bedruckende Gegenstände) / carrier form

Trägerbeweglichkeit (der Halbleitersubstanz) / carrier mobility

Trägerdichte / carrier density

Trägerdurchdringung / carrier diffusion

Trägererzeugung / carrier generation

Trägerfrequenz / carrier frequency

Trägerfrequenztelegraphie / carrier telegraphy

Trägerfrequenztelephonie / carrier telephony

Trägerfrequenzübertragung / carrier transmission

Trägermaterial / substrate

Trägerplatte / carrier plate

Trägerschwingung / carrier wave

Trägerschwingungsamplitude / carrier amplitude

Trägersignal / carrier signal

Trägerspeichereffekt / hole-storage effect

Trägerspeicherung (in Halbl.-Elementen) / carrier storage

Trägerstrom / carrier current

Trägerwelle / carrier wave

Tragrahmen / gimbal

Traktor (beim Drucker) / tractor

Traktorvorschub / tractor feed

Tramiels Betriebssystem (nach Jack Tramiel) / Tramiel's operating system (abbr. TOS)

Transaktion / transaction

Transaktionscode / transaction code

Transaktionsnummer (beim Telebank-Verfahren) / transaction number (abbr. TAN)

transaktionsorientierte Programmierung (Dialogprogrammierung) / transaction-oriented programming

Transaktionsrate / transaction rate, rate of transaction

Transferbefehl / transfer instruction

Transfluxor (magn. Schalt- u. Speicherelement) / transfluxor

Transformationsgrammatik (Linguistik) / transformational grammar

Transformationsprogramm (graph.) / transformation program

Transformator / transformer

transformieren / transform

Transistor (Halbl.-Schaltelement auf Siliziumbasis) / transistor

Transistor mit einer p-n-Übertragungsstelle / unijunction transistor

Transistoranschlußleitung / transistor lead

Transistorherstellung / transistor manufacture

Transistorplättchen / transistor chip

Transistorsättigungsbereich / transistor saturation region

Transistorsperrbereich / transistor cut-off region

Transistor-Transistor-Logik (verbreitete Form der Schaltlogik) / transistor-transistor logic (abbr. TTL)

Transistorübergangsbereich / transition region

transkribieren (einen Zeichenvorrat in

einen anderen umschlüsseln) / trans-
literate
transparent / lucent, transparent
Transparenz / lucency, transparency
Transponder→ Übertragungs- und
Antwort-System
Transport / traction, transport
transportabel / portable
Transportbahn (für Datenträger) / bed
Transportbefehl / move instruction
transportierbar / transportable
transportierbarer Computer / portable
computer, transportable computer
Transportierbarkeit / transportability
transportieren / convey, move, trans-
port
Transportkarren / trolley
Transportkontrolle (i. S. des BDSG) /
transport supervision
Transportrolle / feed roll
Transportschacht (für Datenträger) /
chute
Transportschicht (des ISO-Kommunikationsprotokolls) / transport layer
Transportsteuerung / transport control
Transportweg / haul
Transputer (Kunstwort aus ‹trans› =
‹über etwas hinausgehen› und ‹Com-
puter›: Rechner, der über die Neu-
mann-Architektur hinausgeht) / trans-
puter (abbr. trans-computer)
Transversale (Linie, die einen Körper
schneidet) / transversal
transzendente Zahl / transcendental
number
Trapez (math.) / trapezium (brit.), tra-
pezoid (am.)
Trapezoid (math.) / trapezoid
treffen / hit, meet
Treffen (Besprechung) / meeting
Treffer (beim Absuchen einer Datei) /
hit
Treiber (Signalerzeuger) / driver
Treiberimpuls / drive pulse
Treiberprogramm / drive program
Treiberprozeß / drive process
Treibriemen / belt
Tremazeichen / diaeresis

Trend / trend
Trenddiagramm / trend chart
Trenn... / separating
Trennaufforderung / disconnect request
Trennbalken (zur Teilung des Bildsch.)
/ split bar
trennbar / separable
Trenneinrichtung / separator
Trenneinrichtung (für Formulare) /
burster
trennen / break, part, separate, unlink
trennen (abscheiden) / segregate
trennen (Papier) / burst, decollate
trennen (Verbindung) / disconnect
trennend / separating
Trennfilter / separating filter
Trennleiste (bei Formularsätzen) / split-
ting strip
Trennlinie / parting line
Trennmaschine (für Endlosformulare)
/ decollator
Trennschalter / breaker
Trennschaltung / isolating circuit
trennscharf / selective
Trennschärfe / selectivity
Trennsteckklinke / break jack
Trennsteckverteiler / break jack block
Trennung (Abscheidung) / segregation
Trennung (Verbindung) / disconnection
Trennzeichen / separator, tag
Treppenkurve (in Graph. bei zu gerin-
ger Auflösung) / jagged line, stair-
stepped line, stairstepping
Treppenkurveneffekt (durch zu gerin-
ge Auflösung) / aliasing
Treppenlinie (Graph.) / jagged line,
stair-stepped line, stairstepping
Tresor / safe
Treuhänder / factor
Triade (Dreibiteinheit) / triad
Trickfilm / animation
Trickfilmherstellung / animation
trickreich / sophisticated
Trigger (Auslöser) / trigger
Trigonometrie / trigonometry
Triode (Schaltelement mit drei Elektro-
den) / triode

Trockenbatterie / dry battery
Trockengleichrichter / metal rectifier
Trockentest / dry run
Trojanisches Pferd (Computervirus) / Trojan horse
Trommel / drum
Trommeldrucker (Walzendrucker) / barrel printer, drum printer
Trommelspeicher / drum storage
Trommelzeichengerät / drum plotter
tropentauglich / fully tropicalized, tropicalized
True-Basic (Standardform von BASIC, die compiliert wird) / True Basic
True-Type-Schrift (skalierbare Schriftart) / TrueType
Tunneldiode / tunnel diode
Tunneleffekt / tunnel effect
Tupel (DB: Folge von Feldern, Relation) / tuple
Turingmaschine (Modell zur Bestimmung von Algorithmen) / Turing machine
Turm (Bauform leistungsfähiger PCs) / tower
Turmgehäuse (Bauform leistungsfähiger PCs) / tower case
turnusgemäß wechselnd / rotative
Typ / norm, type
Typanweisung (Definitionsanweisung) / type statement
Type / model
Type (Druckt.) / slug
Typenabstand / character space
Typendrucker / type printer
Typenhebel / type bar, typebar
Typenkette (Kettendrucker) / type chain
Typenkorb / type basket
Typenkugel (Kugelkopfdruckwerk) / type ball
Typenrad / character wheel, daisy wheel, print wheel, type wheel
Typenraddrucker / type-wheel printer, wheel printer
Typenschild / name-plate, type plate
Typenstange / print bar, type bar
Typenträger / type carrier

Typenwalze (Walzendrucker) / type drum
Typenzylinder (Drucker) / type cylinder
typisch / characteristic, normal, typic(al)
typographischer Punkt (Schriftgrößenskala) / didot point
Typvereinbarung (Definitionsvereinbarung) / type declaration

U

üben / excercise, train
über... / hyper..., over..., super...
über eine Leitung leiten (hintereinander) / pipeline
Überangebot / oversupply, surplus supply
überarbeiten / rework
Überarbeitung / revision
Überbau / superconstruction
überbewerten / overvalue
Überblendung / cross fade
Überblick / overview, survey
überblicken / survey
Überblicksmodus (Textv.: zeigt nur die Überschriften eines Dokumentes) / outline mode
überbrücken / bridge, bypass
Überbrückung / bridge, bridging, bypass
überdenken / reconsider
überdrehen (Schraube) / overturn
Überdruck / excess pressure
Überdruck (ein zweites Zeichen an dieselbe Stelle drucken) / overprint
überdrucken (ein zweites Zeichen an dieselbe Stelle drucken) / overprint, type over
Überdruckventil / relief valve
überdurchschnittlich / surpassing
übereinstimmen / conform, match
übereinstimmend / coincident, homologous, unisonous
Übereinstimmung / coincidence,

concordance, conformance, conformity, congruence, consistence, consistency, rapport

Überfluß / superabundance, wealth

Übergabebereich / transfer area

Übergabeprotokoll / completion certificate

Übergabeseite (Btx.) / transfer page

Übergang / gradation, transit, transition

Übergangsfläche (Halbl.) / junction

Übergangsstelle / interface

Übergangsstelle (Diagramm) / connector

übergeben / hand over, transfer

übergehen (auf ein anderes System) / migrate

übergeordnet / superior

übergeordnetes Verzeichnis / parent directory

Übergeschwindigkeit / overspeed

übergreifend / spanned

Übergriff / invasion

Übergruppe (Gruppenwechsel) / supergroup

Übergruppenwechsel / major control change

überhitzen / overheat, superheat

überhitzt / overheated

Überhitzung / overheating

überhöht / inflated

überholen / get ahead

überholen (wiederherstellen) / recondition, refit

Überholung (Wiederherstellung) / reconditioning, refit

Überkapazität / over-capacity

Überkreuzprüfung / cross checking

überlagerbar (Seite) / overlayable

überlagern (el.) / heterodyne, interfere, superimpose, superpose

überlagern (Seite) / overlay, swap

Überlagern (von Seiten) / swapping

überlagerte Tastatur / overlayed keyboard

Überlagerung / interaction, interference

Überlagerung (el.) / superimposition, superposition

Überlagerung (Seite) / overlay

Überlagerungs... / heterodyne

Überlagerungsbereich / swapping area

Überlagerungsdatei / swap file

Überlagerungsdauer / swap time

Überlagerungstechnik / overlay technique

überlappen / interleave, lap, overlap

überlappend / interleaved, overlapping

überlappende Eingabe (auf einer Tastatur) / rollover

überlappender Druck / overlapping print

überlappt / interleaved, overlapping

überlappte Fenster / overlaid windows

überlappte Verarbeitung / overlapped processing

überlapptes Diagramm / overlay chart

überlapptes Eintasten / overlapped keying

Überlappung / lapping, overlap, overlapping

überlastbar / overloadable

Überlastbarkeit / overload capacity

überlasten / overload, overstress

überlasten (el.) / surcharge

Überlastung / congestion, overloading

Überlastung (eines schritthaltenden Systems durch zu häufiges Überlagern von Programmsegmenten) / thrashing

Überlauf / overflow

Überlaufanzeige / overflow indicator

Überlaufbereich / overflow area

überlaufen / spill

überlaufen (verlorengehen) / overrun

Überlaufen / spill

Überlauffehler / overflow error

Überlaufsatz / overflow record

Überlaufspur / overflow track

überlegen (beherrschend) / predominant, superior, supreme

Überlegenheit / predominance, supremacy

überlesen / ignore

überlesen (überspringen) / skip

Überlesen / skip, skipping

überlochen (LK) / overpunch

Überlochzone / overpunch zone

übermäßig / over
übermitteln / forward
übermittelnde Stelle (i. S. des BDSG) /
transmitting unit
Übermittlung / forwarding
Übermittlungsdaten / transmitted data
Übermittlungskontrolle (i. S. des
BDSG) / communication supervision
Übernahme → Abnahme
übernational / supranational
Überproduktion / surplus production
überprüfen / review, revise
Überprüfung / review, revisal
überraschen / surprise
Überraschung / surprise
Überraschungswert / surprisal value
übersättigen / supersaturate
Übersättigung / supersaturation
Überschall... / transsonic, ultrasonic
überschneiden / overlap
überschneiden (von Zeichen bei engem Satz) / kern
Überschneidung (von Zeichen bei engem Satz) / kerning
überschreibbare optische Platte /
rewritable optical disc (abbr. ROD)
überschreiben (und dabei löschen) /
overwrite, rewrite
überschreiben (beim Drucker) / type
over
überschreiben (unabsichtlich) / clobber
Überschreiben (gespeicherter Daten) /
overwriting
Überschreibmodus (Textv.) / overstrike mode, overtype mode, overwrite mode, type-over mode
überschreiten / overshoot
überschreiten (Termin) / overstay
Überschrift / heading, headline, rubric,
title
Überschriftsleiste (der Bildschirmmaske) / head field
Überschuß / excess, surplus
Überseeleitung / transoceanic cable
übersehen / overlook
übersetzen / put, translate
übersetzen (Programm) / compile, interpret

Übersetzen (Sprache) / translating
Übersetzerprogramm (für natürliche
Sprachen) / language processor,
language translator, translating pro-
gram, translator, translator program
Übersetzerprogramm (Programm) /
compiler, interpreter
Übersetzung / translation
Übersetzung (eines Programms) / com-
pilation, interpretation
Übersetzungsdatum / date compiled
Übersetzungslauf / compilation run
Übersetzungsliste / compilation list-
ing, source listing, translator listing
Übersetzungsprogramm / compiler,
interpreter, translating program
Übersetzungsprogramm (um eine hö-
here Sprache in eine andere zu über-
setzen) / transpiler (abbr. translator/
compiler)
Übersetzungsprotokoll / object listing
Übersetzungsrechner / source com-
puter
Übersetzungstabelle / translation table
Übersetzungstermin / day compiled
Übersetzungszeit / compile time,
translation time
Übersicht / digest, outline
Übersicht(splan) / schedule
Übersichtsdiagramm / general chart
Überspannung (el.) / overvoltage,
surge
überspringen / leap, skip
Überspringen / skip, skipping
übersteigen / exceed, surmount, surpass
übersteuern / overdrive
Übersteuerung / overdriving
Überstrom... / over-current
Überstunden / overtime
Übertrag / carry, overflow
übertragbar / transmissible, transferable
übertragbar (Software) / portable
übertragbare Programmiersprache /
portable language
übertragbare Software / portable software

Übertragbarkeit / transmissibility

Übertragbarkeit (eines Programment-wicklungssystems auf einen anderen Rechner) / rehosting

Übertragbarkeit (von Software) / portability

übertragen / communicate, move, relay, send, transmit

übertragen (von Kristallen) / implant

übertragen (von Daten in ein fremdes Programm) / import

übertragen (beim Rechnen) / carry

übertragen (zwischen Zentraleinheit und Peripherie) / transfer

übertragene Information / transinformation

Übertragsbit / carry bit

Übertragung / propagation, transmission, transmittal

Übertragung (von Kristallen) / implantation

Übertragung (von Daten in ein fremdes Programm) / import

Übertragung (zwischen Zentraleinheit und Peripherie) / transfer

Übertragungsabschnitt / transmission link

Übertragungs- und Antwort-System (Transponder) / transponder (abbr. transmit and respond)

Übertragungsbefehl / transfer statement

Übertragungsbereitschaft / readiness to transmission

Übertragungsbreite / transmitting width

Übertragungseinrichtung / transmission equipment, transmission unit

Übertragungs-Endezeichen / end-of-transmission label

Übertragungsfehler / transmission error

Übertragungsgeschwindigkeit / transmission speed

Übertragungskanal / transmission channel

Übertragungsleistung / transmission rate

Übertragungsleitung / transm. line

Übertragungsnetz / transmission network

Übertragungsprotokoll / transfer protocol, transmission protocol

Übertragungsprozedur / transmission procedure

Übertragungsrate / data transmission rate, transfer rate, transmission rate

Übertragungsrate (in Baud) / baud rate

Übertragungsrechner / transmission computer

Übertragungsrichtung / transmission direction

Übertragungsschnittstelle / transmission interface

Übertragungssicherheit / transmission reliability

Übertragungsstation (von der Erde zum Satelliten) / uplink

Übertragungssteuerung / transmission control

Übertragungssteuerwerk / transmission control unit

Übertragungsstrecke / transmission circuit

Übertragungsverfahren / transmission method

Übertragungsweg / transmission path, transmission way

Übertragungszeit / transfer time, transmission time

übertreffen / outrange

übertreten / violate

Übertretung / violation

überwachen / control, monitor, police, supervise, watch

Überwachen / supervising

überwachend / administrative, supervisory

Überwacher / administrator, supervisor

Überwacher (auch Person) / controller

überwacht / monitored

Überwachung / control, surveillance, supervision, watch

Überwachung (durch Mitlesen oder Mitschreiben) / monitoring

Überwachungs... / supervisory

Überwachungseinrichtung / invigilator

Überwachungskanal / monitoring channel

Überwachungsplatz / administrator's console

Überwachungsprogramm / monitor

Überwachungsprotokoll / supervisory listing

Überwachungssystem / monitor

überweisen / remit

Überweisung / remittance

Überweisungsabsender / remitter

Überweisungsempfänger / remittee

überwiegen / preponderate

überwiegend / preponderant

überzählig / spare, supernumerary

überzeugen / persuade

überzeugend / suasive

Überzeugung / persuasion

überziehen (Konto) / overdraw

Überziehung (Konto) / overdraft

Überzug / film

Überzug (Aufdampfung) / overlay

üblich / general, ordinary, prevailing

übrig haben / spare

übrigbleiben / remain

Übung / exercise, tutorial

...Uhr / ... o'clock

Uhrsignal (zum Steuern interner Vorgänge) / tick

Uhrzeit / current clock

Uhrzeit-Datums-Einrichtung (mit eigenem Akku) / clock-calendar board

Ultimo (letzter Werktag des Monats) / ultimo

Ultrakurzwelle / ultrahigh frequency, ultra-short wave

Ultrakurzwellenbereich / high-frequency range, ultrahigh frequency range, ultra-short wave range

Ultra-Leichtcomputer (Notebook-Computer) / ultra-light computer

Ultra-Mikrofiche (mit mindestens 90-facher Verkleinerung) / ultrafiche

Ultraschallfrequenz / superaudio frequency

ultraviolett / ultraviolet

umadressieren / redirect

umbenennen / rename (abbr. REN)

Umbenennung / renaming (abbr. REN)

umblocken / reblock

Umblockung / reblocking

umbrechen (Druckt.) / make up

Umbrella-Anbieter (Btx-Anbieter, der Informationen von Dritten verbreitet) / umbrella information provider

Umbruch (Druckt.) / make-up

Umbruchkorrektur / page-proof

Umdrehung / revolution

Umdrehungs... / rotational

Umdrehungsgeschwindigkeit / rotational speed

Umfang / circumference, magnitude, perimeter, size

umfassen / span

umfassend / global, large, overall

umfassende Operation / global operation

Umfeldanalyse (zur Datensicherung) / environment analysis

umformatieren / reformat

Umformatierung / reformatting

umformen / recast, transform

Umformen / transforming

umformend / transformative

Umformer / transformer

Umformer (el.) / converter, transformer

Umformung / recast, transformation

Umfrage / poll

Umfragebetrieb (Datenstationen von einer Zentrale zyklisch abfragen) / auto-polling, polling, polling mode, selecting mode

Umfragedurchlauf / polling pass

umfragen / poll

Umfragetechnik / polling technique

umgeben / surround

umgebend / ambient, surrounding

Umgebung / environment

Umgebungs... / environmental

umgebungsabhängige Hilfefunktion (Ben-Ob.) / context-sensitive help

Umgebungseinfluß / environmental influence

Umgebungstemperatur / ambient temperature

Umgebungsvariable / environmental variable

umgehen / bypass

Umgehung / bypass

Umgehung (von Sicherungseinrichtungen) / avoidance

umgekehrte Reihenfolge / reverse order

Umgestaltung (einer Zentraleinheit) / reconfiguration

umhüllen / envelop, jacket

Umhüllung / coating, envelope

umkehrbar / reversible

Umkehrbarkeit / reversibility

umkehren / inverse, invert, revert, turn around

Umkehrung / invers, reversal, reversion

umkleiden / coat

Umlauf / tour

umlaufen / circulate

umlaufen (Bildschirm) / wrap around

umlaufend / revolving

Umlaufmappe / floating file

Umlaufzeit / turnaround time

Umlaut / mutated vowel

umleiten / divert

Umleitung / diversion

Umleitung (z. B. einer Ausgabe auf ein anderes Gerät) / redirection

umlenken / deflect

Umlenkung / deflection

Umluft / air circulation

ummagnetisieren / reset

Ummagnetisierung / resetting

ummanteln / sheathe

ummantelt / jacketed, sheathed

Ummantelung / sheathing

umnummerieren / renumber

Umnummerierung / renumbering

Umordnung / reordering

umpolen / turn over

Umpolung / pole reversal, reversion, turn-over

Umpositionierung / repositioning

umprogrammieren / reprogram

Umprogrammierung / reprogramming

umrechnen / randomize

Umrechnung / randomizing

umreißen (skizzieren) / outline

Umriß (graph.) / contour

Umrißlinienschrift / laser font, outline characters, outline font

Umsatzsteuer / sales tax

Umschalteinrichtung / change over facility

umschalten / switch

umschalten (Groß-Klein-Schreibung) / shift

Umschalten / reversing, shifting, switching

umschalten auf Buchstaben (Fernschreiber) / unshift

Umschaltsperre / shift-lock

Umschalttaste / escape key, shift key

Umschaltung / change over

Umschaltung (Groß-Klein-Schreibung) / case shift, shift

Umschlag / envelope

umschlüsseln / recode, transcode

Umschlüsselung / recoding, transcoding, transliteration

umschreiben (neu schreiben) / retype

umschulen / retrain

Umschulung / retraining

umsetzbar / convertible

Umsetzeinrichtung (von einem Medium auf ein anderes) / transcriber

umsetzen / convert

umsetzen (einer Graphikform in eine andere) / tween (abbr. between)

umsetzen (von einem Medium auf ein anderes) / transcribe

Umsetzer / converter

Umsetzprogramm / conversion program

Umsetztabelle / conversion table

Umsetzung / conversion

Umsetzung (einer Graphikform in eine andere) / tweening ($\rightarrow$ tween)

Umsetzung (von einem Medium auf ein anderes) / transcription

umspannen / transform

Umspannung / transformation

umspeichern / restore, restoring

umspeichern (den Arbeitsspeicher in größeren Abschnitten frei machen für andere Programme oder Daten) / roll-out/roll-in

umspringen (Bildschirm) / wrap around

umständlich / inconvenient

umstellen / change over, invert

Umstellung / changeover

Umstellung (von Zeichen) / transposition

Umstellungsverfahren / method of changeover

Umstellungszeit / period of changeover

umsteuern / reroute

Umsteuern / rerouting

Umsteuerung / alternate routing, rerouting

Umsteuerverkehr / automatic divert

umstochene Schrift / laser font, outline characters, outline font

umstritten / debatable

Umwälzung / revolution

umwandeln (von Zahlenformen) / cast

Umweglösung finden / get around

umwickeln / tape

unabgestimmt / untuned

unabhängig / independent

Unabhängigkeit / independence

Unachtsamkeit / inadvertency

Unanfälligkeit / immunity

Unangemessenheit / inadequacy

unangepaßt / maladjusted

unannehmbar / unacceptable

unaufgefordert / unsolicited

unausführbar / unworkable

unausgerichtet / unaligned, unjustified

unausgesprochen / implicit

unausgetestet / undebugged

unausgewogen / unbalanced

unbeabsichtigt / inadvertent

unbearbeitet / raw

unbedeutend / trivial

unbedient / unattended

unbedienter Betrieb / unattended operation

unbedienter Empfang (automatisch) / unattended reception

unbedingt / imperative, unconditional

unbedingter Sprung / unconditional branch, unconditional jump

unbedingter Sprungbefehl / go-to instruction, unconditional branch instruction, unconditional jump instruction

unbefriedigend / unsatisfactory

unbefugt / incompetent, unauthorized

Unbefugter / unauthorized person

unbegrenzt / unbounded, unlimited

unbehebbar / non-recoverable, unrecoverable

unbehebbarer Abbruch / dead halt

unbehebbarer Fehler / fatal error, serious error

Unbekannte (math.) / unknown

unbelastet / unstressed

unbemannt / unmanned

unbenannt / innominate, unnamed

unbenannte Zahl / abstract number

unbenanntes Datenfeld / filler item

unbenanntes Symbol / abstract symbol

unbenanntes Zeichen / abstract symbol

unbenutzt / unused

unberechenbar / uncalculable, incomputable

unberechtigt / unauthorized

unberechtigter Zugriff / unauthorized access

unbeschädigt / intact, uninjured

unbeschränkt / illimitable

unbeschriftet / blank, empty, unlabelled

unbesetzt / unoccupied

unbesetzt (Stelle) / vacant

unbeständig / impermanent, inconstant, instable, labile, unstable, unsteady

Unbeständigkeit / inconstancy

unbestätigt / unconfirmed, unverified, unweighted

unbestimmbar / indeterminable, nondescript

unbestimmt / indefinite, indeterminable, nondescript, undefined, undetermined

unbestückt (z. B. Steckkarte) / unpopulated

unbeweglich / immobile, rigid
unbewegt / still
unbewertet / unvalued
unbewiesen / unproved
unbezahlt / unpaid
uncodiert / uncoded
UND → logisches UND
undatiert / undated
undefinierter Datensatz / undefined record
undeutlich erkennen / loom
undicht / leak
undifferenziert / undifferentiated
undotiert / uncontaminated
UND-Schaltkreis / AND circuit
undurchführbar / impracticable, infeasible
Undurchführbarkeit / impracticability, infeasibility
undurchlässig / unpermeable
Undurchlässigkeit / unpermeability
UND-Verknüpfung (der Booleschen Algebra) / AND operation, conjunction
UND-Zeichen (der Booleschen Algebra) / AND operator
uneben / uneven
uneingeschränkt / unconfined, unrestricted
uneinheitlich / inconsistent
unelastisch / incompressible, inelastic(al)
unempfindlich / non-sensitive, proof
Unempfindlichkeit / ruggedness
unendlich (math.) / infinite
Unendlich (math.) / infinity
unendlich einstellbar / infinitely variable
Unendlichkeitszeichen / infinity character
unentdeckt / undetected
unentschieden / undecided
unentwickelt / undeveloped
unerfahren / inexperienced, new, unexperienced, young
unergiebig / unproductive
unerlaubt / unlicensed
unerledigt / pending

unerprobt / unexperienced, unproved, untried
unerreichbar / unapproachable
unerwartet / unexpected
unfachmännisch / inexpert
unfähig / inable, unable
Unfall / accident ·
unfertig / unfinished
unformatiert / nonformatted, unformatted
unformatierte Daten / nonformatted data
unformatierte Datenbank / nonformatted data base system
unformatierter Datensatz / nonformatted data record
unfragmentiert / unfragmented
unfühlbar / impalpable
ungeblockt / unblocked
ungeblockte Ausgabe / unblocked output
ungeblockte Eingabe / unblocked input
ungebraucht / new, unused
ungebunden / uncommitted
ungedämpft / undamped
ungeeignet / inapplicable
ungeerdet / ungrounded
ungegliedert / structureless
ungehärtet / untempered
ungekennzeichnet / unlabelled, unmarked
ungeladen (el.) / uncharged
ungelernt / unlearned, unskilled
ungelöst / unsolved
ungelötet / unplumbed
ungenau / improper, inaccurate, inexact
Ungenauigkeit / inaccuracy
ungenügende Ladung / undercharge
ungenutzter Raum / dead space
ungeordnet / orderless, unclassified, unorganized
ungepackt / unpacked
ungepackte Daten / unpacked data
ungepacktes Datenfeld / unpacked data item
ungepacktes Format / unpacked format

ungepuffert / unbuffered
ungerade / odd, uneven
ungerade Bitzahl / odd parity
ungerade Seite / odd page
ungerade Zahl / odd number, uneven number
ungeradzahlig / odd-numbered, uneven-numbered
Ungeradzahligkeit / imparity
ungerichtet / undirected
ungerichteter Graph / undirected graph
ungeschult / untrained
ungeschützt / unguarded, unprotected
ungeschützte Daten / unprotected data
ungeschütztes Datenfeld / unprotected data item
ungesichert / unsaved, unsecured
ungesicherte Datei / unsaved file
ungesicherte Daten / unsaved data
ungesteuert / uncontrolled
ungestört / undisturbed, untroubled
ungetestet / untested
ungewöhnlich / singular, spectacular, uncommon, unusual
ungewohnt / unused
ungezont-numerisch (ungepackt) / unzoned-decimal
unglaubwürdig / incredible
ungleich / distinct, not equal, unequal, mismatched
ungleichartig / unlike
Ungleichgewicht / unbalance
Ungleichheit / inequality, mismatch
Ungleichheitszeichen / unequal sign
Ungleichung (math.) / inequality, unequation
ungültig / illegal, invalid
ungültig machen / nullify
Ungültigkeit / invalidity
Ungültigkeitszeichen / cancel character
unhandlich / unhandy
Unhandlichkeit / unhandiness
unhörbar / inaudible
unidirektionale Datenübertragung / unidirectional data communication, unidirectional data transmission

unidirektionaler Bus / unidirectional bus
uninformiert / uninformed
uninitialisiert (ohne Kennzeichen) / uninitialized
unintelligent / dumb, unintelligent
unintelligente Datenstation (ohne eigenen Prozessor) / dumb terminal
unipolarer Halbleiter / unipolar semiconductor
unipolarer Transistor / unipolar transistor
unitär / unary
Univac (erster zivil genutzter Computer, 1951 von Remington Rand auf den Markt gebracht) / Univac (abbr. universal automatic computer)
Universal... / universal
Universalrechner / all-purpose computer, general-purpose computer, mainframe, multipurpose computer
Universalschraubenschlüssel / monkey wrench
universell / global, universal
universelle asynchrone Parallel-seriell-Schnittstelle / universal asynchronous receiver/transmitter
universelle synchron/asynchrone Parallel-seriell-Schnittstelle / universal synchronous/asynchronous receiver/transmitter (abbr. USART)
universelle synchrone Parallel-seriell-Schnittstelle / universal synchronous receiver/transmitter (abbr. USRT)
Universeller Produktcode (am. Artikelnummernsystem, identisch mit →EAN) / UPC (abbr. universal product code)
Universität San Diego/Kalifornien / University of California San Diego (abbr. UCSD)
UNIX (mehrplatzfähiges Standardbetriebssystem für Rechner aller Größenklassen) / UNIX
UNIX-Schale (Ben-Ob. von →UNIX) / UNIX shell
unjustiert / unjustified

unklar / inoperable
unkompliziert / uncomplicated
unkontrollierbar / uncontrollable
unkontrolliert / unchecked
unkörperlich / immaterial
unkritisch / uncritical
unlesbar / illegible, unreadable
unleserlich machen / obliterate
unliniiert / unlined
unlogisch / illogical
unmeßbar / immeasurable
unmittelbar / immediate, ocular, proximate
unmittelbarer Zugriff / fast access
Unmittelbarkeit / immediacy
unmodifiziert / unmodified
unmöglich / impossible
Unmöglichkeit / impossibility
unnumeriert / unnumbered
unordentlich / untidy
unorganisiert / unorganized
unpaarig / unmatched
Unpaarigkeit / odd parity
unpassierbar / impassable
unperforiert / imperforate, unperforated, unsprocketed
unpraktisch / impractical
unproduktiv / non-productive
unprogrammierter Sprung (bei Vorliegen bestimmter Systemzustände) / trapping
unregelmäßig / inconstant, irregular, sporadic(al)
Unregelmäßigkeit / inconstancy
unrichtig / improper, untrue
unsauber / unclean
unscharf / fuzzy
unsicher / insecure, precarious, uncertain, unsafe
Unsicherheit / instability
Unsicherheit (beim Betrieb) / unsafety
unsichtbar / invisible
unsichtbare Formatierung (Textv.: wie → WYSIWYG) / off-screen formatting
unsichtbares Element (bei der Bildschirmausgabe) / blanked element
Unsinn / rubbish

unsinnige Daten eingeben, unsinnige Daten ausgeben / garbage in, garbage out (abbr. GIGO)
unsortiert / unsorted
unsozial / unsocial
unstetig / discontinuous
Unstetigkeit / discontinuity
unstrukturiert / unstructured
Unsymmetrie / unbalance
unsymmetrisch / unbalanced, unequal, unsymmetric(al)
unsystematisch / non-systematic(al), unmethodic(al), unsystematic(al)
untätig / inactive, passive, quiescent, standing
untauglich / unable, unapt
unteilbar / prime
unten / bottom
unter / under
Unter... / sub...
unter Spannung (el.) / hot
Unterabschnitt / subsection
Unterabteilung / subbranch
unterätzen / undercut
Unteraufgabenbildung / subtasking
Unterbau / substruction
Unterbaugruppe / subassembly
Unterbegriff / minor
unterbrechbar / interruptible
Unterbrechbarkeit / interruptibility
unterbrechen / break, disturb, interrupt, suspend
unterbrechen (eine Funktion) / escape
Unterbrecherkontakt / break contact
Unterbrechung / discontinuity, outage, pause, recess, time-out, trap
Unterbrechung (Programm) / break, interrupt, interruption
Unterbrechungsanalyse / interrupt analysis
Unterbrechungsanforderung / interrupt request
Unterbrechungsanforderungsleitung / interrupt request line
Unterbrechungsanzeiger (Vektor, dessen Werte eine Unterbrechung charakterisieren u. steuern) / vector, interrupt vector

Unterbrechungsbedingung / interrupt condition

Unterbrechungsbehandlung / interrupt handling

Unterbrechungsebene / interrupt level

unterbrechungsfrei / interruption-free, uninterruptible

unterbrechungsfreie Stromversorgung / uninterruptible power supply (abbr. UPS)

unterbrechungsfreie Wartung / online maintenance

unterbrechungsgesteuert / interrupt-controlled, interrupt-driven

Unterbrechungsmaske / interrupt mask

Unterbrechungsmaskenregister / interrupt mask register

Unterbrechungssignal / interrupt signal

Unterbrechungssteuerprogramm / interrupt handler, interrupt service routine

Unterbrechungssteuerung / interrupt control

Unterbrechungstaste / break key

Unterbrechungsvektor / interrupt vector

unterbringen / place, room, situate, station

unterbringen (auf Chip) / package

Unterbringung / placement

unterbrochen / halted, interrupted

Unterdatei / subfile

Unterdeskriptor (→ Deskriptor) / subdescriptor

unterdrücken / repress, suppress

Unterdrücken / suppressing

unterdrückend / suppressing

Unterdruckgebläse / vacuum blower

Unterdruckkammer / vacuum chamber

unterdrückt / suppressed

Unterdrückung / repression

Unterdrückung (bestimmter Zeichen) / suppression

Unterdrückungstaste (für eine laufende Funktion) / escape key (abbr. ESC key)

untere(r, s) / lower

untere Grenze (eines Bereiches) / lower bound

untere Umschaltung (Tastatur) / lower case

unterentwickelt / underdeveloped

unterer Bereich / low end

unterer Speicherbereich (die ersten 640 KByte bei MS-DOS) / low memory

unteres Byte (von zweien) / low byte

untergeordnet / subaltern, subordinate

Untergerät (Teilgerät) / subset

untergliedern / subdivide

Untergliederung / subdivision

Untergrenz... / lower-bound (abbr. lbound)

Untergruppe / minor

Untergruppe / minor group

Untergruppenwechsel (Gruppenwechsel) / minor control change

Unterhalt / keep

Unterhaltungselektronik / entertainment electronics

Unterkanal / subchannel

Unterkante (eines Beleges) / bottom edge, lower edge

Unterkonto / subaccount

Unterlänge (von Drucktypen) / descender

Unterlauf (Überlauf von Rechenfeldern bei extrem kleinen Zahlen) / underflow

Unterlegscheibe / shim, washer

Unterlieferant / second source, subcontractor

Untermenge / subset

Untermenü / submenu

Untermodul / submodule

unternehmen / undertake

Unternehmen / enterprise

Unternehmensforschung / operations research (OR)

Unternehmensspiel / management game

Unternehmung / undertaking

unterordnen / subordinate

Unterordnung / subordination

Unterprogramm / subprogram, subroutine

Unterprogrammadresse / subroutine address

Unterprogrammaufruf / subroutine call

Unterprogrammbibliothek / subroutine library

Unterprogrammeinsprung / subroutine entry

Unterprogrammvereinbarungsbereich / subroutine declarative area

Unterprogrammverschachtelung / subroutine nesting

Unterprogrammverwaltung / subroutine management

Unterrand (Textv.) / bottom margin

Unterricht / education, instruction, teaching

unterrichten / educate, instruct, teach

Unterrichtung / information

Untersatz (in einer Datenbank) / member

unterschätzen / underrate, undervalue

Unterschätzung / undervaluation

unterscheiden / differ, distinguish

Unterschied (Unterschiedlichkeit) / difference

unterschiedlich / different

unterschiedlich behandeln / discriminate

unterschlagen / misappropriate

Unterschlagung / misappropriation

unterschreiben / sign, signature, underwrite

unterschrieben / signed

Unterschrift / signature

Unterschriftenleser / signature reader

Unterschriftsstempel / signet

Unterschwingung (eines Impulses) / undershoot

Unterseite / bottom, bottom side

unterste(r, s) / undermost

unterstellen (annehmen) / assume

unterstreichen / underline, underscore

Unterstreichung / underline, underscore

unterstützen / back, facilitate, help, support

Unterstützung / help, promotion, relief, support

Unterstützungsroutine (in Dialogsystemen) / aid routine, help routine, support routine

untersuchen / explore, try

untersuchend / explorative

Untersuchung / reconnaissance, trial

Untersystem / subsystem

Unterteil (e. Gerätes) / bottom section

unterteilen / section

unterteilt / partitioned

Unterteilung / subdivision

Untertitel / subtitle

Unterträger / subcarrier

untervermieten / sublease

Unterverzeichnis (einer Bibliothek) / subdirectory (abbr. subdir)

unterweisen / instruct

Unterweisung / instruction

untrennbar / inseparable

unübersetzbar / intranslatable

unüberwindlich / insuperable

ununterbrochen / continuous, incessant, uninterrupted

unveränderbar / unalterable

unveränderlich / immovable, inalterable, unalterable, unchangeable

unverändert / unaltered, unvaried

unverbessert / unimproved

unverbessert (fehlerhaft) / uncorrected

unverbunden / unconnected

Unvereinbarkeit / inconsistence

unverfälscht / genuine, unsophisticated

unverkäuflich / unsalable

unverkettet / unchained

unverkürzt / unabbreviated

unverlangt / unsolicited

unvermeidlich / unpreventible

unveröffentlicht / unpublished

unverschieblich / non-relocatable

unversehrt / safe

Unversehrtheit (einer Datenbank) / integrity

unversichert / uninsured

unverständlich / incomprehensible

unverträglich / incompatible

Unverträglichkeit / incompatibility

unverzüglich / immediate
unvollständig / imperfect, incomplete, uncompleted
unvoraussagbar / unpredictible
unvorbereitet / unprepared
unvorhergesehen / sudden, unexpected
unvorschriftsmäßig / irregular
unvorsichtig / incautious
unwägbar / imponderable
unwahr / untrue
unwahrscheinlich / implausible, improbable
Unwahrscheinlichkeit / improbability
unwesentlich / immaterial
unwichtig / unimportant
unwiderlegbar / incontestable, unchallengeable
unwirksam / ineffective, non-effective
unwirtschaftlich / inefficient
Unwirtschaftlichkeit / inefficiency
Unwucht / unbalanced state, running untrue
unzerbrechlich / unbreakable
unzugänglich / impenetrable
unzulänglich / unsatisfactory
unzulässig / forbidden, illegal, inadmissible, objectionable, undue
unzulässige Adresse / invalid address
unzulässige Datenverarbeitung (Datenschutzrecht) / data abuse
unzulässige Operation / illegal operation
unzulässiger Befehl / illegal instruction
unzulässiges Zeichen / illegal character
Unzulässigkeit / inadmissibility
unzuständig / incompetent
unzustellbar / unclaimed
unzuverlässig / unreliable
Unzuverlässigkeit / unreliability
Uraufschreibung / original recording
Urbeleg / original document
Urdaten / raw data
Urkunde / document
Urkundenunterdrückung / spoliation
Urladeblock (einer Platte, Diskette) / boot block, boot sector

Urladediskette (auch -platte) / start-up disk
urladen / boot, bootstrap, start up
Urladeprogramm / bootstrap loader
Urlader / bootstrap, bootstrap loader
urladefähig (z. B. Diskette mit Urladeblock) / bootable
Urladeschalter / bootstrap initialization switch
Urladeverfahren / bootstrapping
Urladevorgang / start-up
Urlesen / bootstrap reading
Ursache / cause, principle
ursächlich / causal, causative
Ursprung / origin, parent, source
ursprünglich / native, original
Ursprungsbeleg / master document
Ursprungsdatei (von der Kopien erstellt werden) / source file
Ursprungsdaten / source data
Ursprungsdiskette (von der Daten erstmalig ins System gelangen) / source disk
Ursprungstabelle (Tab-Kalk.: von der andere abgeleitet werden) / source worksheet
Urteilsvermögen / reasoning
Usancen (Handelsbräuche) / usages
UUCP (weltweites Kommunikationsnetz für UNIX-Rechner) / UUCP (abbr. UNIX-to-UNIX copy)

V

vagabundieren (el.) / stray
Vakuum / vacuum
Vakuumröhre / vacuum tube
Vakuumschacht (Magnetbandstation) / vacuum stack
Valenz (Wertigkeit) / valence
Valenzelektron (bestimmt die chemophysikalische Eigenschaft eines Atoms) / valence electron
validieren (bewerten) / validate
Validierung (Bewertung) / validation

variabel / variable
variabel lang / variable-length
variabel langer Block / variable block
variabel langer Datensatz / variable data record
variabel langer Operand / variable operand
variabel langer Satz / variable record, variable-length record
variabel langes Datenfeld / variable data item
variabel langes Feld / variable field, variable-length field
variabel langes Speicherwort / variable word
Variable / variable
variable Blocklänge / variable block length
variable Daten / variable data
variable Feldlänge / variable field length
variable Kosten / variable costs
variable Länge / variable length
variable Operandenlänge / variable operand length
variable Satzlänge / variable record length
variable Taktlänge / variable cycle
variable Wortlänge / variable word length
Variablenausdruck / variable expression
Variablendeklaration / variable declaration
Variablenname / name of variable, variable identifier
variables Format / variable format
Variante (Sonderform) / variant
variieren / vary
variiert / varied
Variometer (Selbstinduktionsmesser) / variometer
Varistor (Widerstand mit von der Spannung abhängigem Leitwert) / varistor
Vaterband (Dat.-Sich.) / father tape
Vaterdatei (Dat.-Sich.) / father file
Vektor / vector
Vektoralgebra / vector algebra
Vektorbildschirm (mit direkt gesteuer-

tem Strahl) / random-scan terminal, x-y display
Vektor-Bitabbild-Umwandlung / vector-to-raster conversion
Vektoren... / vectorial
Vektorgenerator / vector generator
Vektorgraphik (durch geom. Funktionen erzeugt) / vector graphics
Vektorgraphik-Aufbereiter / vector editor
vektoriell / vectorial
Vektoroperation (Rechenoperation) / vector operation
Vektorrechner (besonders leistungsfähiger, rechenintensiver Computer) / array processor, pipeline processor, vector computer, vector processor
Vektorschrift (geom. erzeugt) / vector font
Ventil / valve
Ventilator / fan
verallgemeinern / generalize, universalize
Verallgemeinerung / generalization
Veralterung / obsolescence
veraltet / obsolete, out-of-date
veraltete Daten / aged data, decaying data
veränderbar / modifiable, varying
veränderlich / changeable, variable, varying
Veränderlichkeit / variability
verändern / change, vary
verändern (eines Befehls) / modify
veranlassen / prompt
veranschaulichen / illustrate
Veranschaulichung / illustration
verantwortlich / liable, responsible
Verantwortlichkeit / liability
Verantwortung / responsibility
verarbeitbar / processible
verarbeiten / handle, process
Verarbeiter (Programm zur Steuerung von Vorgängen im Rechner) / handler
Verarbeitung / processing
Verarbeitungsart / processing mode
Verarbeitungsbefehl / processing instruction

Verarbeitungseinheit / processing unit

Verarbeitungsleistung / processor performance

Verarbeitungsmodus / processing mode

Verarbeitungsstapel / batch file

Verarbeitungsunterbrechung / hesitation, interrupt

Verarmung (einer Halbleiterregion) / depletion

verästeln / ramify

Verästelung / ramification

Verb / verb

verbale Beschreibung (Programmbeschreibung) / verbal description

Verband (Vereinigung) / association, society

verbessern / improve, meliorate

verbessertes Erweiterungsspeicherkonzept (für MS-DOS) / enhanced expanded memory specification (abbr. EEMS)

Verbesserung / improvement, melioration

verbesserungsfähig / improvable, reclaimable

verbiegen / bend

verbieten / inhibit, prohibit, proscribe

verbinden / affiliate, connect, contact, interlock, interface

verbinden (beweglich) / strap

verbinden (durch Drähte) / wire

verbinden (gedanklich) / associate

verbinden (Tel.) / take over

verbinden (zusammenkleben) / splice

Verbinden (von Lochstreifen, Mikrofilmen) / splicing

verbindlich (zwingend) / obligatory

Verbindlichkeit / obligation

Verbindung / attachment, connection, contact, couple, join, junction

Verbindung (unterschiedlicher Substanzen) / bonding

Verbindung (Verknüpfung) / link

Verbindungsabbau / connection cleardown, connection release

Verbindungsaufbau / connection setup, dial-up

Verbindungsdauer / call time, circuit time, connect time, line holding time

Verbindungskabel / connector cable

Verbindungsschicht (des ISO-Kommunikationsprotokolls) / data link layer, session layer

Verbindungsstecker / connector plug

Verbindungsstelle / joint

Verbindungsstelle (Klebung) / splice

Verbindungsweg / route

verbolzen / gib

verborgen (unsichtbar) / hidden, occult

verborgene Datei / hidden file

Verbot / prohibition, proscription

verboten / forbidden, illegal

Verbrauch / wastage

verbrauchen / consume, dissipate

Verbraucher / consumer

Verbrauchsmaterial / expendable

Verbrechen / crime

verbreitern / broaden

Verbreitung / spread

Verbreitung (von Informationen) / dissemination, divulgence

Verbreitung (von Wellen) / propagation

Verbund / group, interlocking

Verbund... / composite

Verbundbefehl / compound instruction

Verbundbeleg / composite form

verbunden / connected, joint

verbunden (unterschiedliche Substanzen) / bonded

verbundene Norm / related standard (abbr. RSxxx)

verbundenes Dokument / associated document

verbundenes Kreis-Säulendiagramm (ein Diagramm ist Untermenge des anderen) / linked pie/column graph

Verbundgerät / compound device

Verbundlochkarte / dual card

Verbundnetz / interlocked network, internetwork

Verbundrechner / interlocked computer

verdeckte Anzeige / hidden display

verdeckte Ausgabe (verdeckte Anzeige) / hidden output

verdeckte Eingabe (verdeckte Anzeige) / hidden input

verdeckte Fläche (graph.) / hidden surface

verdeckte Kante (bei graph. Darstellung) / hidden line

verdeckter Steuercode (wie → WYSIWYG) / hidden code

verderblich / perishable

verdichten / compact, compress, condense, pack

Verdichter / condenser

Verdichtung / compaction, compressing, compression

verdienen / gain

verdrahten / wire

verdrahtet / wired

verdrahtetes Programm (Festprogramm) / wired program

Verdrahtung / wiring

Verdrahtungsseite (einer Platine) / non-component side, wiring side

verdrillen (Kabel) / twist

verdrillt (Kabel) / twisted

verdrillte Leitung / twisted line

verdrucken / misprint

verdünnt / rarefied

Verdunstung / humidification

veredeln / purify

vereinbaren / declare

Vereinbarung / convention(s), declaration, predefinition

Vereinbarungsanweisung / declarative statement

Vereinbarungsteil (eines Programms) / declaration part, declaratives

Vereinbarungszeichen / declarative character, declarator

vereinfachen / simplify

vereinfachen (Arbeit durch Mechanisierung) / deskill

Vereinfachung / simplification

vereinheitlichen / unify, unitize

Vereinheitlichung / unification

vereinigen / coalesce

Vereinigung (Verband) / association

Vereinigungsmenge (Mengenlehre) / union

vereinzelt (auftretend) / sporadic(al)

vererben (OOP) / inherit

Vererbung (OOP) / inheritance

Verfahren / mode, procedure, technique

verfahrensorientiert / procedural, procedure-oriented

Verfahrenstechnik / process engineering

Verfahrenstest / procedure test

Verfahrenswahl / procedure choice

Verfall / expiration

Verfalldatum / date expired, expiration date

verfallen / expire

verfälschen / distort, falsify

verfälscht / corrupt, corrupted

verfälschte Datei / corrupted file

Verfälschung / corruption

verfehlen / miss

verfeinern / refine

Verfeinerung / refinement

verfilmen / film

verflechten / interlace

Verflechtung / interlacing

verflochten / interlaced

verflüssigen / fluidify

verfolgen / follow up, hunt, trace

verfolgen (ein Ziel) / pursue

Verfolgen / tracing

verfügbar / available

verfügbar (frei v.) / discretionary

verfügbare Betriebszeit / serviceable time

Verfügbarkeit / availability

Verfügbarkeitsanzeiger / availability indicator

Verfügbarkeitsgrad / availability ratio, available ratio

verfügen / dispose

Verfügung / disposition

vergeuden / waste

verglasen / glass

Vergleich / compare, comparison, relation

vergleichbar / comparable

vergleichen / compare

vergleichend / comparative

Vergleichs... / comparative

Vergleichsanweisung / comparing statement

Vergleichsbedingung / relation condition

Vergleichsbefehl / comparing instruction

Vergleichseinrichtung / comparator

Vergleichsoperator / comparison operator, relational operator

Vergleichspunkt / benchmark

vergolden / gild

vergoldet / gilt

Vergröberung / coarsing, oversimplification

vergrößern / enlarge

vergrößern (maßstabgetreu) / scale up

vergrößern (phot.) / magnify

vergrößerter Arbeitsspeicher / extended memory

vergrößerter Zeichensatz / extended character set

Vergrößerung / enlargement

Vergrößerungsspeicherkonzept (für MS-DOS) / extended memory specification (abbr. XMS)

Verhalten / behavio(u)r

Verhaltensmaßregel / precept

Verhältnis / proportion, rate, ratio, relation

verhältnismäßig / pro rata, proportional, relative

verhandeln / negotiate

Verhandlung / negotiation

verhindern / prevent, prohibit

verhindernd / preventive, prohibitive

Verhinderung / prevention

verifizieren / verify

verifiziert / verified

Verkabelung / cabling

verkanten / tilt

Verkauf / sale, selling

verkaufen / sell, vend

Verkäufer / salesclerk, vendor

Verkaufsauftrag / sales order

Verkaufsbedingungen / sales terms

Verkaufsfreigabe (eines Systems) / announcement

Verkaufsplatz / point of sale (POS)

Verkaufspolitik / merchandising

Verkaufspreis / sales price

Verkehr / traffic

Verkehrsbelastung / traffic load

Verkehrsmessung / traffic measurement

Verkehrssimulation / traffic simulation

Verkehrssteuerung / traffic control

Verkehrsweg / transmission way

verketten / catenate, concatenate, chain, link

verkettet / catenated, chained, linked

verkettete Datei / chained file

verkettete Datenbank / chained data base system

verkettete Liste / chained list

verkettetes Drucken (mehrerer Dateien hintereinander) / chain printing

Verkettung / catenation, chaining, daisy chain

Verkettungsadresse / sequence address

Verkleidung / cover

verkleinern / shrink

verkleinern (maßstabgetreu) / scale down

Verkleinerung / reduction

Verkleinerungsfaktor (Mikrofilm) / reduction rate

Verklemmung (gegenseitige Behinderung zweier Aktivitäten im Rechner) / deadlock

verknüpfen / combine, relate

verknüpfen (von Programm-Modulen) / bind, link

verknüpft / linked, related

verknüpftes Objekt (wird bei Änderung des anderen Objektes mitgeändert) / linked object

Verknüpfung / integration

Verknüpfung (von Programm-Modulen) / linkage

Verknüpfungsadresse / link address

Verknüpfungsbefehl / link, link instruction

verlängern (zeitlich) / prolong

Verlängerung / extension

Verlängerung (zeitlich) / prolongation

verlangsamen / decelerate, slow down
Verlangsamung / deceleration
verlassen / abandon
Verlauf / progression
verlaufen (von Schriftzeichen) / bleed
Verleger / publisher
verlernen / unlearn
verletzen / violate
Verletzer / violator
Verletzung / violation
verlieren / lose
verloren / lost
verlorene Verkettung / lost chain
Verlust / loss
Verlust (an Leistung) / dissipation
Verlustleistung / power dissipation
vermaschen / intermesh, mesh
vermascht / intermeshed, meshed
vermeidbar / preventible
vermeiden / avoid
Vermerk / note
vermieten / let
Vermieter / lessor
vermindern / decrease, decrement, reduce
Verminderung / decrease, reducing, reduction
vermischen / mix
Vermittlung / switching
Vermittlungsamt (Tel.) / exchange
Vermittlungsart / type of switching
Vermittlungseinrichtung / switching equipment
Vermittlungsknoten / switching node
Vermittlungsnetz / switching network
Vermittlungsplatz (Tel.) / manual switching position
Vermittlungsrechner / switching computer
Vermittlungsstelle / switching center
Vermittlungssystem / switching system
Vermittlungstechnik / switching technology
vermittlungstechnisch / switching-oriented
Vermittlungszentrale / switching center
vermuten / presume
vermutlich / presumptive, supposed

Vermutung / assumption, presumption
verneinen / negate
vernetzen / net, network
vernetzt / networked
vernetzte Datenbank / network data base system
vernetztes Datenmodell / network data model
Vernetzung / connectivity, networking
Vernichter (für Akten) / annihilator
Vernunft / rationality, reason
vernünftig / rational, reasonable
veröffentlichen / publish
Veröffentlichung / publication
Verordnung / ordinance
verpassen / miss
verpfänden / mortgage
verpflichten / obligate, oblige
Verpflichtungserklärung / declaration of commitment
verrechnen (aufrechnen) / reckon up
Verrechnungskonto / offset account
verriegeln / interlock
Verriegelungsschaltung / latch circuit
verringern / cut, lower, reduce
versagen / fail
Versalsatz (nur aus Großbuchstaben) / capital letters
Versand / shipment
Versandgeschäft / mail-order business house
verschachteln / interlace, nest
verschachtelt / interlaced, nested
verschachtelte (Programm-)Struktur / nested structure
Verschachtelung / nesting
Verschachtelungstiefe / nesting level
verschiebbar / relocatable
Verschiebbarkeit / relocatability
verschieben / displace, relocate, shift, translate
Verschieben / relocating, shifting
verschiebend / relocating
verschieblich / relocatable
verschieblicher Programmcode / relocatable code
verschiebliches Programm / address-less program, relocatable program

Verschiebung / relocation

Verschiebung (von Kristallflächen) / translation, translatory movement

verschieden / different, distinct

verschiedenartig / heterogeneous, varied, various

Verschiedenartigkeit / heterogeneity

verschiedentlich / passim

verschleiern / veil

Verschleierung / deception, spoofing, veiling

Verschleiß / wear, wearout

verschleißen / wear out

Verschleißteil / expendable, expendable part, wearing part

verschließen / lock

Verschluß / cap

verschlüsseln / code, encode

verschlüsseln (chiffrieren) / scramble

verschlüsseln (in Geheimcode) / cipher, encipher

Verschlüsseln (in Geheimcode) / cipher

verschlüsselt / coded, keyed

verschlüsselte Darstellung / coded representation

verschlüsselte Daten / coded data, enciphered data

Verschlüsselung / code conversion, enciphering, encoding

Verschlußumschlag / flap

Verschmelzung / fusion

Verschmierung (von Klartextbelegen) / smudging

verschraubt / screwed

Verschraubung / screw joint

Verschwiegenheit / discretion

Verschwiegenheitspflicht (Datenschutz) / obligation to secrecy

verschwimmen (Bildsch.) / swim

verschwinden / vanish

verschwommen / fuzzy

versenden / mail, ship

versenkbar / flush

versenkt / flush

versetzen (Stellen) / shift

Versetzen (Stellen) / shift

Versetzung (eines Halbl.) / dislocation

Versicherer / insurer

versichern / insure

versichert / insured

Versicherung(sprämie) / insurance

Versicherungsgesellschaft / insurer

Versicherungsnehmer / insurant

versiert / experienced

Version / version

Versionsnummer / generation number, version number

versorgen / provide, supply

Versorgung / supply

Versorgungs... / logistic(al)

Versorgungsbereich / supply region

Verstand / brain, reason, sense

Verstandes... / mental

Verständigkeit / reasonableness

Verständigungsbereich / communication area

verständlich / comprehensive, intelligible, tangible, understandable

Verständlichkeit / comprehensibility, intelligibility, tangibility

verstärken / amplify, boost, intensify, magnify, relay

Verstärker / multiplier

Verstärker (el.) / amplifier, intensifier, magnifier, relay

Verstärker (Tel.) / repeater

Verstärkerbaugruppe / amplifier module

Verstärkerdiode / booster diode

Verstärkereinrichtung / amplifying equipment

Verstärkerleitung / loaded line

Verstärkung / intensification

Verstärkung (el.) / amplification, gain

verstecken / cache

versteckt / covert, hidden, secret

verstehen / understand

verstümmeln / garble, mangle, mutilate

Verstümmelung / garble, garbling, mutilation

Versuch / attempt, experiment, trial

Versuch und Irrtum (heuristisches Prinzip) / trial and error

versuchen / attempt, try

Versuch-und-Irrtum-Methode (empirische Erprobung) / trial-and-error method

Versuchsaufbau / breadboard construction

Versuchsstadium / laboratory stage

verteilen / distribute, spread

Verteiler (el.) / distributor, terminal block

Verteiler (in Schriftstücken) / distribution list

Verteilnetz / distribution network

verteilt / distributed

verteilte Datenbank / distributed data base system

verteilte Datenverarbeitung / distributed data processing

verteilte Datenstruktur (Datei ist in mehreren auseinanderliegenden Bereichen gespeichert) / noncontiguous data structure

verteilte Fenster (mehrere sichtbar nebeneinander) / tiled windows

verteilte Intelligenz / distributed intelligence

verteilte Lichtwellenleiter-Netzschnittstelle / fiber distributed data interface (abbr. FDDI)

verteilte Verarbeitung / distributed processing

verteiltes Informationssystem / distributed information system

verteiltes Netz / distributed network

verteiltes System / distributed system

Verteilung / distribution

Vertiefung / well

vertikal / vertical

Vertikalablenkung / vertical deflection

Vertikalablenkplatten (Kathodenstrahlröhre) / y-plates

Vertikalaufzeichnung (auf Platten) / perpendicular recording, vertical recording

Vertikalausrichtung (alle Spalten enden auf derselben Zeile) / vertical justification

Vertikalbildlagesteuerung (beim Bildschirm) / vertical centering control

Vertikal-Bildrollen / vertical scrolling

vertikale Redundanzprüfung (bei paralleler Datenübertragung) / vertical redundancy check (abbr. VRC)

Vertikalrücksprung (des Elektronenstrahls bei der Kathodenstrahlröhre) / vertical retrace

Vertikalzentrierung / vertical centering

Vertikalzuführung (von Disketten) / vertical feed

Vertrag / agreement, contract

vertragen (aushalten) / tolerate

verträglich / compatible

Verträglichkeit (Kompatibilität) / compatibility

Vertragsabschluß / conclusion of a contract

Vertragsbruch / break of contract

Vertragsverhältnis / contractual relationship

Vertragsverhandlung / contract negotiation

vertraulich / confidential

vertrauliche Mitteilung / confidence

Vertreter / exponent, factor

Vertrieb / sale, selling

Vertriebsbeauftragter / sales representative

Vertriebsleiter / sales manager

Vertriebsunterlagen / sales documentation

verunreinigen / contaminate

Verunreinigung / contamination, impurity

Verunreinigung (Halbl.) / pollution

veruntreuen / embezzle

Veruntreuung (Computerkriminalität) / embezzlement

verursachen / cause, determinate, originate

vervielfachen / multiply

Vervielfacher / expander, multiplier

vervielfältigen / manifold, mimeograph, reproduce

Vervielfältigen / duplication, reproducing, reprography

Vervielfältiger / hectograph, letterpress, manifolder, manifold-writer, mimeograph, office printer, reproducer

Vervielfältigung (als einzelnes Exemplar) / duplicate, mimeographed sheet

Vervielfältigung (als Verfahren) / mimeographing, office printing

Vervielfältigungsmatrize / stencil

vervollständigen / complete

vervollständigen (einer Strichgraphik zum vollen Bild) / render

Vervollständigung / completion

Vervollständigung (einer Strichgraphik zum vollen Bild) / rendering

Verwahrungsort / repository

verwalten / administrate, manage, service

verwaltend / administrative

Verwalter / administrator

Verwaltung / administration, maintenance, management

Verwaltungs... / red-tape ...

Verwaltungsangestellte(r) / administration secretary

Verwaltungsarbeit / clerical work

verwechseln / mistake

Verweilzeit / dwell, residence time

Verweis(ung) / reference

verweisen (auf) / refer (to)

Verweiszeile (Textv.) / jump line

verwenden / dispose

Verwendung / disposition, usage, utilization

Verwendungsklausel / usage clause

verwischen / smear, smudge

verzahnen / gear, interleave

verzeichnen / register

Verzeichnis / calendar, catalog, dictionary, folder, index, list, memorandum, register

Verzeichnisbaum / directory tree

Verzeichniskennzeichen (zeigt übergeordnetes Verzeichnis an) / directory marker

Verzeichnissortierung (der Dateien eines V.) / directory sorting

verzerrt / oblique

Verzerrung / distortion

verzichten / waive

verzögern / decelerate, defer, delay, lag, retard

Verzögern / retarding

verzögert / delayed

Verzögerung / deceleration, delay, lag, time delay, time lag

Verzögerungsschaltung / delay circuit, time-delay circuit

Verzögerungszeit / delay, delay time

verzweigen / branch, go to (goto)

verzweigen in das Kanalprogramm / transfer in channel

verzweigen nach / branch to, go to (goto)

verzweigen wenn... / branch if ...

Verzweigung / branch, branching, fork

Verzweigung mit Speicherung der Rücksprungadresse / branch and link

Verzweigungsbedingung / branch condition

Verzweigungsbefehl / branch instruction

Verzweigungsstelle (in einem Programm) / branch point

Verzweigungstabelle / branch table

verzwickt / tricky

VGA (Videokarten-Standard) / video graphics array (abbr. VGA)

VHS-System (verbreitetes System für Videoaufzeichnung) / video home system (abbr. VHS)

Vibration / vibration

vibrationsfrei / vibration-free

Vibrationsmelder / vibration alarm system

Vibrationsstärke / vibration strength

vibrieren / vibrate

Vibrieren / vibrating

vibrierend / vibrating

Videoband (Magnetbildband) / video tape

Videokamera (zur Aufnahme auf Magnetbildband) / video camera

Videokarte (mit der Steuerungselektronik des Bildsch.) / display adapter, display board, video adapter, video board, video card, video graphics board

Videokarten-Standard / video standard

Videokassette / video cassette
Videokonferenz / video conference
Videoplatte (optische Bildplatte) / video disk
Video-Programmsystem / video program system
Videospiel (Computerspiel) / video game
Videosystem / video system
Videotechnik / video technology
Videotext (nicht dialogfähige Fernsehzusatzeinrichtung) / videotext
Videotext-Decoder / broadcast videotex decoder
Videotextsystem (Fernsehzusatzsystem in Austastlücke, nicht dialogfähig) / broadcast videotex, teletext, videocast
Videotexttafel (enthält abrufbare Zusatzinformation zu Fernsehsendungen) / broadcast videotex page
viel / much
viel... / multi...
Viel... / multi..., poly...
viel(e) / many
Vieldeutigkeit / ambiguity
Vieleck (Polygon) / polygon
vielfach / multiple, multiplicate
Vielfach... / multiple
vielfach schalten / multiple
Vielfachmeßgerät / multimeter
Vielfachschaltung / multiple
Vielfalt / diversity, multiplicity, variety
vielfältig / multiplex
vielgestaltig / polymorphic, variform
Vierbiteinheit (Tetrade) / tetrade
Vierdrahtleitung (Telephonleitung) / four-wire circuit
Viereck / quad, quadrangle
viereckig / quadrangular
Vierereinheit / quartet
Vierergruppe / quaternary
Viererschaltung / phantom circuit
vierfach / quad, quadruple
vierfache Speicherdichte (bei Disketten) / quad density
Vierpolröhre / tetrode
Vierpoltransistor / tetrode transistor

vierseitig / quadrilateral
Vierspeziesrechenmaschine / four-species calculator
Viertel / quarter
Vierteljahres... / quarterly
vierteljährlich / quarterly
Viertelstunde / quarter-hour
Viertelzollkassette / quarter-inch cartridge (abbr. QIC)
Vierundsechzigbit-Mikroprozessor / sixty-four-bit microprocessor
Vierundsechzigbit-Struktur / sixty-four-bit structure
Viren entfernen / desinfect
Virenbekämpfungsprogramm / anti-virus program
Virenentfernung / desinfecting, desinfection
virtuell (gedacht) / virtual
virtuelle Adresse (gedachte Adresse) / logical address, virtual address
virtuelle Adressierung / virtual addressing
virtuelle Fernverarbeitungs-Zugriffsmethode / virtual teleprocessing access method (abbr. VTAM)
virtuelle Funktionstaste / virtual key
virtuelle Leitung (Paketvermittlung) / virtual line
virtuelle Platte (RAM-Speicher, der wie eine Platte organisiert ist) / virtual disk
virtuelle Speicherung / virtual storage (abbr. VS)
virtuelle Speicherverwaltung / virtual memory management
virtuelle Speicherzugriffsmethode / virtual storage access method (VSAM)
virtueller Arbeitsspeicher / virtual memory
virtueller Realmodus (Betriebsart von MS-DOS auf Mikroprozessoren vom Typ 80386 an) / virtual real mode
virtueller Rechner / virtual machine
virtueller Schaltweg (besteht real, kann aber später nicht rekonstruiert werden) / virtual circuit, virtual route

virtuelles Betriebssystem / virtual memory operating system

virtuelles Bild (existiert nur im Speicher, kann nicht vollständig auf dem Bildsch. gezeigt werden) / virtual image

virtuelles Gerät / virtual device

virtuelles Komma / virtual point

virtuelles Peripheriegerät / virtual device, virtual peripheral

Virus (Computervirus) / virus

visualisieren (in Bildern darstellen) / visualize

Visualisierung (Abstraktes bildhaft darstellen) / visualization

visuell / visual

visuell lesbar (durch den Menschen) / human readable, visually readable

visuell lesbarer Datenträger / visually readable medium

visuelle Lesbarkeit / visual readability

Vlies / fleece

Vliesinnenseite (der Diskettenhülle) / liner

Vokabular / vocabulary

Vokal / vowel

Volkseinkommen / social income

Volkswirtschaft / political economy

Volkszählung / census

voll / full

voll belegt / full

Volladdierer / full adder

Vollausbau (eines Systems) / maximum configuration

Vollauslochen (einer Lochkarte oder Lochspalte) / lacing

vollautomatisch / fully automatic

Vollbild (beim Bildschirm) / frame, full screen

volldigital / all digital

Vollduplexbetrieb / full duplex transmission

vollelektronisch / all electronic

Vollendung / completion, perfection

Vollgraphik / full graphic

völlig / total

vollkommen / ideal, perfect

Vollkommenheit / perfection

Vollmacht / letter of attorney, mandate

vollnumerisch / all numeric

Vollochung (Irrungszeichen beim Lochstreifen) / all-codes holes

Vollsicherung (z. B. einer Platte) / full backup

vollständig / complete, outright, quite, thorough, total

vollständige Kopie / deep copy

vollständige Sicherung (Dat-Sich.) / global backup

Vollständigkeit / completeness

Volltastatur / editing keyboard

Volltextbuchungsmaschine / alphabetic accounting machine

Volltextdatenbank / fulltext data base system

Volltextformat (Textv.: enthält neben dem eigentl. Text auch alle Steuerzeichen; Textübertragungsstandard) / rich text format

Volltextsuche / full-text search

volltransistorisiert / all-transistor

Volt (Stromspannungsmaßeinheit) / volt

von / of

von geringer Qualität / off-grade

von oben nach unten / top-down

von unten nach oben / bottom-up

von-Neumann-Architektur / von-Neumann architecture

Von-oben-nach-unten-Methode (Entwurfstechnik für komplexe Systeme) / top-down method

Von-unten-nach-oben-Methode (Entwurfstechnik für komplexe Systeme) / bottom-up method

vor(aus)... / pre...

Vor(aus)... / pre...

vor (zeitlich) / before

Vorabbildung (bei Sicherungsverfahren) / before image

Vorabdruck / preprint

voranbringen / promote

vorangehen / precede

voranstellen / prefix

vorantreiben / set on

Vorarbeit / preliminary

vorausblickend / prospective

Vorausdokumentation / preceding documentation

vorausgehend / preceding

Voraussage / forecast, forecasting

voraussagen / forecast

Vorausschau / projection

voraussehen / look ahead

voraussetzen / suppose

voraussetzen (stillschweigend) / imply

Voraussetzung / premise, supposition

voraussichtlich / estimated, presumable

Vorauswahl / preselection

vorauswählen / preselect

vorauszahlen / prepay

Vorbehalt / reservation

vorbei (zu Ende) / over

vorbereiten / prepare, set up

vorbereiten (Magnetdatenträger) / initialize

Vorbereiten / priming

vorbereitend / preliminary, preparative, preparatory

vorbereitende Maßnahme / preparative

Vorbereitung / preparation

Vorbereitungs... / preparatory

Vorbereitungsarbeit / preparatory work

Vorbereitungsphase / preparatory phase

Vorbereitungszeit / time of preparation

vorbeugen / prevent

vorbeugend / preventive, prophylactic

vorbeugende Wartung / preventive maintenance

Vorbeugung / prevention

Vorbeugungsmaßnahme / prophylaxis

vorblättern / turn page upward

Vorderansicht / front view

Vordergrund (höhere Priorität beim Multitasking) / foreground

Vordergrundbereich (bei Multitasking) / foreground partition

Vordergrundprogramm (Multitasking) / foreground program

Vordergrundverarbeitung (Multitasking) / foreground processing

Vorderkante (eines Beleges) / leading edge

Vorderseite / front, obverse

Vorderteil / nose

Vordruck / printed form

Vordruck (auf Endlosformularen vorher eingedruckt) / printing-in

voreingenommen / partial

voreinstellen / preset

Voreinstellung / presetting

vorfabrizieren / prefabricate

Vorfall / incident

Vorfertigung / fabrication

vorformatieren / preformat

Vorformatierung / preformatting

vorführen / demonstrate

Vorführung / demonstration (abbr. demo)

Vorgang / procedure, process

Vorgänger / precursor

vorgedruckt / preprinted

vorgefertigt / canned, precast

vorgegeben / default

vorgehen / precede

Vorgehensweise / procedure

vorgelocht / prepunched

vorgespannt / prestressed

Vorgriff / anticipation, lookahead, lookaside

Vorhaben / proposal

vorhalten (Vorrat) / hold

Vorhängeschloß / padlock

Vorherbestimmbarkeit / determination

vorhergehend / preceding, previous

vorherrschend / prepotent, prevalent

Vorhersage / prognosis, prognostication

vorhersagen / prognosticate

Vorlage / artwork, graphic master, model

Vorlauf (beim Magnetband) / leader

Vorlauf (eines Programms) / beginning routine

vorläufig / preliminary, provisional, temporary

Vorlaufprogramm / preparatory program

Vorlesung / lecture

vormerken / book

Vormittag (in Zeitangaben) / AM, also A. M. (abbr. ante meridiem)

Vorprogramm / interlude

Vorpufferung / anticipator buffering

Vorrang / precedence, privilege

Vorrang (eines Programms beim Multitasking) / priority

Vorrangigkeit / foreground

Vorrangprogramm / priority program

Vorrangstellung / primacy

Vorrangsteuerung / priority control

Vorrangsteuerwerk / priority controller

Vorrangverarbeitung / priority processing

Vorrat / provision, repertoire

vorrätig / stock

Vorratsdaten / externally stored data

Vorrechner / front-end computer, front-end processor (abbr. FEP)

Vorrecht / privilege

Vorrichtung / gadget

vorrollen (Bildschirminhalt) / roll up, scroll up, scroll upward

vorsätzlich / deliberate, wil(l)ful

Vorschaltwiderstand / dropping resistor

Vorschauübertrag / carry look ahead

vorschieben (des Papiers beim Drukker) / advance, feed

Vorschlag / proposal, suggestion

vorschlagen / propose, submit

vorschreiben / prescribe

Vorschrift / precept, prescript(ion), requirement, rule

vorschriftsmäßig / regular, standard

Vorschriftsmäßigkeit / regularity

Vorschub / advance, carriage, feed

Vorschubangabe (bei COBOL) / after-advancing option, before-advancing option

vorschubfreie Taste (z. B. Akzenttaste) / nonadvancing key, nonescaping key

Vorschubloch (Lochstr.) / center hole

Vorschublochband (Drucker) / paper loop

Vorschubschritt / advance increment

Vorschubsteuerstreifen (Drucker) / carriage tape

Vorschubsteuerung / advance control

vorsetzen (Magnetband) / forward-space, unwind

Vorsetzen / forward-spacing

Vorsetzen (Magnetband) / unwinding

Vorsetztaste (Magnetbandstation) / unwind key

Vorsicht / caution

vorsichtig / cautious

Vorsichtsmaßnahme / precaution, safe

Vorsilbe / prefix

Vorsitz führen / moderate

Vorsorge / providence

vorsorglich / provident

vorsortieren / presort

Vorsortierung / presort, presorting

Vorspann / prefix

Vorspannband (Magnetbandgerät) / leader, tape leader

Vorspannung / bias

vorspeichern / prestore

Vorstandsmitglied / officer

Vorstudie / pilot study

Vorteil / benefit, gain, profit

vorteilhaft / profitable

Vortrag / lecture

vorübergehend / momentary, passing, soft, temporary, transient

vorübergehend nicht verfügbares Kommando (Ben-Ob.) / dimmed command

vorübergehender Fehler / transient error

Vorübersetzer / precompiler

Vorurteil / partiality, preconception, prejudice

vorurteilsfrei / impartial

Vorverarbeitung / preprocessing

Vorverarbeitungsrechner / preprocessing computer

vorverlegt / forced

Vorwähler / allotter

Vorwahlnummer (Tel.) / prefix number

Vorwahlzähler / programmable counter

vorwärmen / preheat

vorwärts / forward, onward
Vorwärtsblättern / upward page turning
Vorwärtsfolgerung (bei Expertensystemen) / forward-tracing
Vorwärtskettung / forward chaining
Vorwärts-Rückwärts-Zähler / bidirectional counter
vorwärtstreibend / propulsive
Vorwärtswiderstand (einer Diode) / forward resistance
Vorwärtszähler / incrementer
Vorwärtszeiger (bei Verkettung) / forward pointer
Vorwiderstand / multiplier, series resistance
Vorwort / preamble, preface
Vorzeichen / algebraic sign, sign
vorzeichenlos / unsigned
Vorzeichenprüfung / sign check
Vorzeichenregel / rule of signs
Vorzeichenwechseltaste / change-sign key
vorzeitig / early, premature, untimely
vorziehen / prefer
Vorzugspreis / bargain price
Vorzugstarif / preference

W

waagerecht / horizontal
wachsen / grow, increase
Wachstum / increment
Wachstum (von Kristallen) / growth
Wachstumsrate / growth rate
Wackelkontakt / loose contact, slack joint
Wafer-Integration (Stufe der Halbleiterintegration) / wafer-scale integration
Wagen (Schreibm.) / carriage
Wagenrücklauf / carriage return
Wagenrücklauf/Zeilentransport / carriage return / line feed
Wagenrücklauftaste / carriage-return key

Wahl / selection
Wahl mit eingelegtem Hörer (Tel.) / on-hook dial(l)ing
Wählanschluß / dial-up subscriber's station
Wähleinrichtung / call equipment, dial, dialplate
wählen / select
wählen (Tel.) / dial
Wähler (Tel.) / selector, selector switch
wahlfrei / optional
wahlfreie Verarbeitung / random processing
wahlfreier Zugriff / direct access, random access
Wählleitung / dial-up line, switched line
wahllose Numerierung / unsystematical numbering
Wahlmöglichkeit / option
Wählnetz / switch network, switches network
Wahlparameter / alternative parameter, optional parameter
Wählscheibe (Tel.) / dial switch, dialswitch
Wählsystem / switched system
Wählverbindung / switched connection
Wählverkehr / switched traffic
wahlweise / electively, optional, selective
wahlweises Vorzeichen / optionally signed
Wahlwiederholung (Tel.) / redial(l)ing
Wahlwort / optional word
Wählzeichen (Tel.) / selection signal
Wählzustand / selection state
wahr / true
wahre Aussage / fact
während der Übersetzung (eines Programms) / at compile time
während der Verarbeitung (eines Programms) / at object time
Wahrheitstabelle (für Boolesche Funktionen) / truth table
wahrnehmbar / perceptible
Wahrnehmbarkeit / perceptibility
wahrnehmen / perceive
Wahrnehmung / perception, sense

Wahrnehmungsvermögen / percipiency

wahrscheinlich / likely, probable

Wahrscheinlichkeit / probability

Wahrscheinlichkeitsfaktor / certainty factor

Wahrscheinlichkeitstheorie / probability theory

Währungs… / monetary

Währungssymbol / currency sign, dollar sign

Walze / roll

Walzendrucker / barrel printer

Wand / wall

wandern (von Elektronen) / migrate

Wandfernsprecher / wall-mounted telephone

Warenauszeichnung / goods label-(l)ing

Wareneingang / stock-receipt

Warenzeichen / trade-mark

warm / thermal

Wärme / heat

Wärmeabgabe / heat dissipation

Wärmeableiter / heat sink

Wärmeaustauscher / heat exchanger

Wärmebatterie / thermobattery

Wärmedruckverfahren / thermocompression

Wärmeisolierung / heat insulation

Wärmeleitfähigkeit / thermal conductivity

Wärmeschalter / thermoswitch

Wärmestrahlung / heat flash

Wärmewiderstand / thermal resistance

warmlaufen / warm up

Warmstart (Wiederanlauf an der Stelle, an der der Ausfall stattfand) / reboot, warm boot, warm restart, warm start

Warneinrichtung / warning equipment

Warnsignal / alert

Wartbarkeit / maintainability

Warteaufruf / wait call

Wartebefehl / wait instruction

Wartefunktion / wait function

warten / await, stay, wait

warten (pflegen) / maintain, service

warten (Tel.) / hold on

Warten / camp-on, waiting

warten auf / wait for

warten bis / wait until

wartend / waiting

Warteschaltung / camp-on circuit, holding circuit, queuing circuit

Warteschlange / chain, queue, wait list, waiting line, waiting list

Warteschlange bilden / queue

Warteschlangenbildung / queuing

Warteschleife / pause, wait loop, waiting loop

Wartestatus / wait state

Wartezeit / latency, latency time, waiting time

Wartezustand / waiting state

Wartung / maintenance, service, servicing

Wartung nach Aufwand / per-call maintenance

Wartungsabstand / maintenance interval

Wartungsarbeiten / maintenance work

Wartungsbereitschaftszeit / maintenance standby time

Wartungsdienst / maintenance service

Wartungsdienst (beim Kunden) / customer engineering

Wartungsempfehlung / maintenance recommendation

Wartungsfeld / maintenance panel

wartungsfreundlich / maintainable

Wartungshandbuch / maintenance manual

Wartungsingenieur / maintenance engineer

Wartungskosten / costs of maintenance

Wartungsplan / maintenance schedule

Wartungsprogramm / maintenance program

Wartungsprozessor (für Dialogwartung) / maintenance processor

Wartungsschein (Wartungsvertrag) / maintenance certificate, maintenance specification

Wartungsstützpunkt / maintenance center

Wartungstechniker / customer engineer, field service technician, maintenance engineer, service technician

Wartungsunterlage / maintenance documentation

Wartungsunternehmen / maintenance enterprise

Wartungsvertrag / maintenance contract

Wartungszeit / maintenance time

Wartungszustand / maintenance mode

Was Sie sehen, bekommen Sie (Schlagwort der Textverarbeitung: Gedruckt wird, was auf dem Bildsch. sichtbar ist) / what-you-see-is-what-you-get (abbr. WYSIWYG)

Wasser / water

wasserdicht / waterproof, watertight

wassergekühlt / water-cooled

wasserhaltig / hydrus

Wasserkühlung / water-cooling

Wasserleitung / water conduit

Wasserzeichen (Papier) / watermark

Was-wenn-Analyse (Form der Simulation bei Tab-Kalk.) / what-if analysis

Watt / watt

Wattleistung / wattage

Wattsekunde (Maßeinheit für die Leistung) / watt-second

Wechsel / alternation, change

Wechsel... / alternate, exchangeable

Wechsel (eines Datenträgers) / removing

Wechsel (einer Seite) / swap

Wechsel (turnusmäßig) / rotation

wechselbar / exchangeable, soft

wechselbare, gekapselte Magnetplatte / disk cartridge

Wechselbetrieb (Halbduplexbetrieb) / alternate communication

Wechselbetrieb (Ein- oder Ausgabe mit zwei Geräten) / alternation

Wechselbeziehung / correlation

Wechseldatenträger / removable data carrier

Wechselfunktion / alternate function, alternative function

Wechselfunktionstaste / alternate function key

Wechsel-Massenspeicher / removable mass storage

wechseln / change

wechseln (eines Datenträgers) / swap

wechselnd / varying

Wechselplatte / removable disk, removable magnetic disk

Wechselplattenspeicher / removable magnetic disk storage

Wechselplattenstapel / removable magnetic disk-pack

wechselrichten (el.) / invert

Wechselrichter (el.) / inverter, vibrator

Wechselschlüssel / alternate key

Wechselschrift (Magnetaufzeichnungsverfahren) / non-return-to-zero recording (NRZ)

wechselseitig / either-way

wechselseitig (entsprechend) / reciprocal

wechselseitig beeinflussend / interactive

Wechselspannung / alternating voltage

Wechselspeichergerät / removable storage unit

Wechsel-Speichermedium / removable storage medium (pl. media)

Wechselsprechanlage / half-duplex intercommunication system, intercommunication switching system

Wechselsteckergerät (erlaubt zwei Stecker oder zwei Buchsenstecker zusammenzuschalten) / gender changer

Wechselstrom / alternating current (abbr. AC)

Wechseltaktaufzeichnung (Magnetaufzeichnungsverfahren) / two-frequency recording

Wechseltaktschrift / pulse-width recording

Wechselverkehr / half-duplex operation

Wechselwirkung / interaction, reciprocation, reciprocity

Weckaufruf (eines Programms) / program alert

Weckeinrichtung / wake-up facility

wecken / prompt

Wecker / buzzer, prompter
weder... noch / either .. nor
Weg / way
wegnehmen / take off
Weiche (Programmschalter) / alternable switch, switch, switchpoint
Weicheisen / soft iron
Weichlöten / soft-soldering
weiß / white
weit / long
weit (weg) / off
weitergeben / pass on
weiterleiten / send up, transfer
Weiterleitung / forwarding, transfer
Weiterverkauf / resale
weitreichend / long-range
Weitschrift (breitere als normale Zeichen) / expanded type, wide font
weitsichtig (vorausschauend) / prospective
Weitverkehr (Tel.) / long-range communication
Weitverkehrs... / long-haul
Welle / wave
Welle (Achse) / axle, shaft
Wellenbewegung / undulation
Wellenform (Analog- oder Digitalimpuls) / wave form
wellenförmig / undulated, wavy
Wellenlänge / wavelength
Wellenlängenbereich / band
Wellenleiter / waveguide
Welligkeit (el.) / ripple
Welt / world
Weltmarkt / world market
Weltraumsatellit / space satellite
weltweit / world-wide
Weltwirtschaft / world economy
Wendepunkt / reversal point
weniger (als) / less (than)
weniger bedeutend / minor
wenn / if
wenn-dann-anderenfalls (Format von Bedingungsanweisungen) / if-then-else
Wenn-dann-Aussage / if-then statement
Werbeleiter / press-agent

werben / advertise, promote
Werbeprospekt / leaflet, prospectus
Werber (Agent) / solicitor
Werbespruch / slogan
Werbung / publicity
Wer-da-Taste (Fernschreiber) / who-are-you key
Wer-da-Zeichen (Fernschreiber) / who-are-you symbol
Werk (Fabrik) / plant
werksintern / in-plant
Werkspionage / industrial espionage
Werkstatt / workshop
Werkzeug / tool
Werkzeug(ausstattung) / tool kit
Werkzeugkasten (Software-Werkzeug-Paket) / tool box
Werkzeugleiste (Ben-Ob.) / tool bar
Werkzeugmaschine / machine tool
Werkzeugspeicher (bei Werkzeugmaschinen) / tool storage
Werkzeugwechsel / tool change
Wert / price, value, worth
Wertebereich / range
Wertigkeit / valence
wertlos / refuse, useless
Wertstellungsdatum / date of value
wertvoll / valuable
Wesen / sum
Wesensmerkmal / feature
wesentlich / essential, material, substantial, vital
Wesentliche / substance
wesentlicher Bestandteil / essential part, integrant
Wettbewerb / competition
Wettbewerbs... / competitive
Wheatstone-Brücke (zum Messen von Widerständen) / Wheatstone bridge
wichtig / important, relevant
Wichtigkeit / importance
Wickelkontaktstift / wrap pin
wickeln / wind
Wicklung / winding
Wicklungsverhältnis / turnsrate
widerruflich / revocable
widerspiegeln / reflect
Widerspiegelung / reflection

widersprüchlich / contradictory, incoherent

Widerstand / resistance

Widerstand(selement) / resistor

Widerstands... / resistive

widerstandsfähig / imperishable, resistant, robust

Widerstandsfähigkeit / robustness

Widerstandsgröße / resistivity

Widerstandskraft / strength

wieder... / re...

wieder einhängen (Datenträger) / remount

wieder zusammensetzen / reassemble

Wiederanlauf / recovery

Wiederanlauf (nach einem Ausfall) / reboot, restart

Wiederanlauf (an der Stelle, an der der Ausfall stattfand) / reboot, warm restart, warm start

wiederanlaufen / recover

wiederanlaufen (neu starten) / reboot

wiederanlaufen (nach einem Ausfall) restart

Wiederanlauffähigkeit / restart capability

Wiederanlaufpunkt / restart point

wiederanlaufsicher / restart-proof

Wiederaufnahme / resumption

wiederaufnehmen / resume

Wiederauftreten / recurrence

Wiederfinden (von Daten) / retrieval

Wiedergabe / play back, reproduction

Wiedergabegerät / reproducer

wiedergeben / play back

wiedergeben (bildlich) / picture

wiedergewinnbar / retrievable

wiedergewinnen / retrieve

Wiedergewinnung (von Daten) / retrieval

Wiedergewinnung (von Rohstoffen) / recycling

Wiedergewinnungssystem / retrieval system

wiederherstellbar / restorable

Wiederherstellbarkeit / restorability

wiederherstellen / recover, recreate, restore

Wiederherstellen / restoring

Wiederherstellung / recovery, recreation, regeneration, restitution, restoration

Wiederherstellungszeit / rerun time

Wiederholangabe / replicator

Wiederholbarkeit / repeatability

wiederholen / repeat, replicate, rerun, rollback

wiederholen (math.; iterieren) / iterate

Wiederholfunktion / repeat function

Wiederholschleife (Programmschleife) / repetition loop

wiederholt lesen / reread

Wiederholung / repeat, repetition, rollback

Wiederholung (math.; Iteration) / iteration

Wiederholungsanforderung / request for repeat

Wiederholungshäufigkeit / repetitiveness

Wiederholungslauf / rerun

Wiederholungszeichen (Textv.: das Zeichen ‹ ~ ›) / swung dash, tilde

wiederladbar / reloadable

wiederprogrammierbar (Eigenschaft best. Festspeicher) / reprogrammable

wiederprogrammierbarer Festspeicher / reprogrammable read-only memory (abbr. REPROM)

wiederverbinden / reconnect

Wiederverbindung / reconnection

Wiedervergrößerung (in der Graphikverarbeitung) / blowback

Wiederverwendung / reuse

Wiedervorlage / hold-file

wiederwählen (Tel.) / redial

wiegen / weigh

willkürlich / arbitrary

Winchesterplatte (→ Winchester-Plattenlaufwerk) / Winchester magnetic disk

Winchester-Plattenlaufwerk (Festplattenlaufwerk, bei dem Platte und Zugriffsmechanismus in einer Kapsel eingeschlossen sind) / Winchester disk drive

Windows (Ben-Ob. von MS-DOS) / Windows

Windows NT (mehrplatzfähiges Betriebssystem von Microsoft) / Windows NT (abbr. Windows new technology)

Windows-Anwendung (Programm, das unter Windows läuft) / Windows application

Windung (einer Spule) / turn

Winkel / angle

Winkel... / angular

Winkelfunktion / angular function, trigonometric function

Winkelschnittverfahren (zum automatischen Lesen von Schriftzeichen) / angular section analysis

Wirbelstrom / eddy current

wirklich / actual, genuine, intrinsic, objective, real

wirkliche Adresse / real address

Wirklichkeit / objectivity, reality

Wirksamkeit / activity

Wirkungsbereich / range

Wirkungsgrad / efficiency

wirkungsvoll / effective, efficient

Wirt / host

wirtschaftlich / economic(al), profitable

wirtschaftliche Veralterung / economical obsolescence

Wirtschaftlichkeit / economic efficiency, economy, profitableness

Wirtschaftlichkeitsanalyse / efficiency analysis

Wirtschaftsberater / management consultant

Wirtschaftsinformatik / economical informatics

Wirtschaftsingenieur / industrial engineer

Wirtschaftswissenschaft / economics

Wirts-Programmsprache (in die andere Sprachelemente eingelagert werden können) / host language

Wirtsrechner (Verarbeitungsrechner, der für dezentrale Satellitenrechner Arbeit übernimmt) / host computer, host processor, host system

wischen / smear

wischfest / non-smudge, smear-resistant, smudge-proof

Wischfestigkeit / smear resistance

Wissen (von Experten) / knowledge

Wissen (von Menschen) / know-how

Wissensaussage / knowledge statement

wissensbasiertes System (Expertensystem) / knowledge-based system

Wissensbasis (eines Experten) / expert knowledge

Wissensbasis (eines Expertensystems) / knowledge base

Wissenschaft / science

Wissenschaftler / scientist

wissenschaftlich / scientific

wissenschaftliche Abhandlung / treatise

wissenschaftliche Darstellung (von Zahlen, entspricht der Gleitkommadarstellung) / scientific notation

wissenschaftliche Datenverarbeitung / scientific data processing

wissenschaftlicher Rechner / scientific computer

Wissensdarstellung (in Expertensystemen) / knowledge representation

Wissensdomäne (Teil der Wissensbasis eines Expertensystems) / knowledge domain

Wissenserwerb / knowledge acquisition

Wissensingenieur / knowledge engineer

Wissenskonsultation (Wissensv.) / knowledge consultation

wissensorientierte Programmiersprache (für Expertensysteme) / knowledge-oriented programming language

Wissensrahmen / frame, knowledge frame

Wissensverarbeitung (mit Hilfe von Expertensystemen) / knowledge processing

Wissenszweig / discipline

Woche / week
wöchentlich / weekly
wollen / mean
Wort / word
Wortadresse / word address
wortadressierbar / word-addressable
Wortadressierbarkeit / word addressability
Wörterbuch / dictionary
Wörterverzeichnis / glossary, vocabulary
Wortlänge / word length, word size
wörtlich / textual, verbal
Wortmaschine / word computer
wortorganisiert / word-structured
wortorientiert / word-oriented
Wortschatz (bei Datenbanken) / thesaurus
Wortstruktur / word structure
Wortvorrat (bei Datenbanken) thesaurus
Wurm (Form eines Computervirus) / worm
Wurzel / radix, root
Wurzelsegment (bei einer Datenbank) / root segment
Wurzelzeichen / radical sign
Wurzelziehen / evolution

X

x-Achse / abscissa, x-axis
XENIX (UNIX-Version von Microsoft) / XENIX
Xerographie / xerography
xerographischer Drucker (Seitendrukker) / xerographic printer
XEROX-Forschungszentrum Palo Alto / PARC (abbr. Palo Alto research center)
x-Modem (Kommunikationsprotokoll für Dateitransfer auf PCs) / XMODEM

Y

y-Achse / ordinate, y-axis
Yard (Längenmaß; 1 Yard = 0,914 m) / yard
y-Modem (Kommunikationsprotokoll für Dateitransfer auf PCs) / YMODEM

Z

z-Achse (in dreidimensionalen Darstellungen) / z-axis
Zacke / jag
Zackenlinie (Treppenlinie) / jaggy
Zahl / number
Zähl... / metering
zahlbar / payable
zahlen / pay
zählen / count, number, reckon
Zählen / counting, metering, tallying
Zahlen (Daten) schaufeln (sl., große Mengen von Zahlen/Daten verarbeiten) / number crunching
Zahlenbasis / base of numbers
Zahlenbereich (Tab-Kalk.) / range
Zahlencode / numerical code
Zahlendarstellung / number format, number notation
Zahlenfolge / sequence of numbers
Zahlenformat / number format
Zahlenkombinationsschloß / permutation lock
Zahlenkörper / number field
zahlenmäßig / numeric(al)
Zahlenraum / range of numbers
Zahlensicherung / protection of numbers
Zahlensperrtaste (zur Verwendung der Zifferntastatur als Cursorsteuertastatur) / numeral lock key (abbr. NUM lock key)
Zahlensystem / number system, numbering system, numerical system
Zahlenverhältnis / ratio

Zähler / counter

Zähler (bei COBOL) / tally

Zählerfeld (vor allem bei COBOL) / tally counter

Zählervoreinstellung / counter preset

Zählimpuls / metering pulse

zahlreich / numerous

Zählschleife / counter cycle, counting loop

Zahlung / payment

Zählung / count, reckoning

Zahlungsanweisung / check (am.), cheque (brit.)

Zahlungsempfänger / payee

zahlungsfähig / solvent

Zahlungsfähigkeit / solvency

Zahlungsmittel / currency

zahlungsunfähig / insolvent

Zahlungsunfähigkeit / insolvency

Zählwerk / register

Zahlzeichen / figure, numeral

Zahn / cog, notch, sprocket, tooth

Zahnkranz / sprocket

Zahnrad / cog-wheel, rack-wheel, toothed wheel

Zahnriemen / toothed belt

Zange / pliers, tongs

ZE (Abk. Zentraleinheit) / CPU (abbr. central processing unit)

zehn / ten

Zehn / ten

Zehner... / decadic

Zehnergruppe / decade

Zehnerkomplement / complement on ten, ten's complement

Zehnerpotenz / decimal power

Zehnerübertrag / decimal carry

Zehnervorgriff (bei Subtraktion) / borrow

Zehnfinger-Blindschreiben / touch typing

Zehnfingersystem / touch system

Zeichen (Kennzeichen) / sign

Zeichen (Teil eines Alphabets) / character, symbol

Zeichen... / plotting

Zeichen je Sekunde / characters per second (abbr. cps)

Zeichen je Zeile / characters per line (abbr. cpl)

Zeichen je Zoll / characters per inch (abbr. cpi)

Zeichen ohne Eigenwert / null character (abbr. NUL)

Zeichenabfühlung / mark sensing

Zeichenabstand (in der Zeile) / horizontal spacing

Zeichen(mitten)abstand / character pitch

Zeichenabtaster / character scanner

Zeichenabtastung / character scanning

Zeichenachse / character centerline

Zeichenadressierung / character addressing

Zeichenart / type of characters

Zeichenbetrieb / byte mode

Zeichenbreite / character pitch, character width

Zeichencode / character code

zeichendarstellend / character imaging

Zeichendichte / character density

Zeichendichte (bei Magnetdatenträgern) / packing density

Zeichendrucker / character printer

Zeichenerkennung / character reading, character recognition, character scanning, recognition of characters

Zeichenfehler / digit error

Zeichenfeld (aus Bildpunkten zur Aufnahme eines Zeichens) / character cell

Zeichenfolge / character string, string

Zeichenform / character shape

Zeichengeber / transmitter, sender

Zeichengenerator / character generator

Zeichengerät (Plotter) / plotter

Zeichengeschwindigkeit / plotting speed

Zeichengröße / character size

Zeichengrundlinie / character base line

Zeichenhöhe / character height

Zeichenkette / character string

Zeichenkettenbegrenzer / string terminator

Zeichenkettenoperation / string operation

Zeichenkettenvariable / string variable

Zeichenkettenverarbeitung / character string processing

Zeichenkonstante / character constant

Zeichenkontur / character outline

Zeichenleser / character reader

Zeichenlochkarte / mark-sense card

Zeichenmenge / character set

Zeichenmerkmal (z. B. fett, unterstrichen usw.) / character style

Zeichenmittellinie / char. reference line

Zeichenmodus (es werden Zeichen verarbeitet) / character mode

Zeichenmodus (es wird gezeichnet) / line draw mode

Zeichenneigung (Schriftart) / character inclination, character skew

zeichenorientiert / character-based, character-oriented

zeichenparallel / character-parallel

Zeichenparität / character parity

Zeichenschablone (für Flußpläne) / flowcharting template, template

Zeichenschritt / code pulse, signal element

zeichenseriell / character-serial

Zeichensetzung (Interpunktion) / punctuation

Zeichenstelle / character position

Zeichenstift-Plotter / pen-on-paper plotter, pen-plotter

Zeichensystem / plotting system

Zeichentaste / data key

Zeichen-Teilvorrat / character subset

Zeichenträger (Semaphor) / semaphore

Zeichenumriß / character outline

Zeichenumschaltung / character shift

Zeichenumsetzung / character conversion

Zeichenunterdrückung / character suppression

Zeichenverdichtung / character compression

Zeichenverschlüsselung / character coding

Zeichenvorrat / character set

Zeichenvorrat (in geordneter Reihenfolge) / alphabet

Zeichenzählung / character count

zeichenweise / character by character

zeichenweise arbeitend / character-oriented

zeichenweiser Betrieb / character mode

Zeichen-Zwischenraum-Verhältnis (bei Streifencode) / mark-to-space ratio

zeichnen / draw, plot

Zeichnen / drawing, plotting

Zeichner / drawer

Zeichnung / drawing

Zeigegerät (z. B. Maus) / pointing device

zeigen (mit der Maus auf eine Stelle des Bildsch.) / point

zeigen (auf) / point (to)

Zeiger / pointer

zeigergesteuert (Unterbrechungssteuerungstechnik bei Mikrorechnern) / vectored

zeigergesteuerte Unterbrechung / vector interrupt

Zeigervektor / dope vector

Zeile / line, row

Zeilen pro Sekunde (Maß für Druckgeschwindigkeit) / lines per second (abbr. lps)

Zeilenabschnitt / line segment

Zeilenabstand / leading, line distance, line pitch, line space, line spacing

Zeilenanzeige / line display

Zeilenaufbereiter / line editor

Zeilenauslösetaste / carriage return key

Zeilenausschluß / line justification

Zeilenbreite (Textv.) / line length, line width

Zeilendraht / x-read-write wire

Zeilendrucker / line printer, line-at-a-time printer

Zeileneditor / line editor (abbr. EDLIN)

Zeilenendevorwarnung (Schreibm.) / end-of-line warning

Zeilenhöhe / line height

Zeilenlänge / line length

Zeilenlineal (Textv., DTP) / forms layout ga(u)ge, ruler

Zeilennumerierung / line numbering

Zeilennummer / line number

Zeilensetzmaschine (Druckt.) / line-casting machine, linotype

Zeilensprung / horizontal skip, line skip, throw

Zeilensteuerung / line feed control

Zeilentransport / spacing

Zeilenvorschub / line feed, line skip

Zeilenvorschubzeichen / new-line character

zeilenweise / line by line, row-wise

zeilenweise Eingabe / line input

zeilenweise Phasenänderung (Telev.) / phase alternation line (abbr. PAL)

Zeilenzähler / line counter

Zeit / time

zeitabhängig / time-dependent, time-oriented

Zeitabrechnung / time accounting

Zeitabschaltung / time-out

Zeitanteil / slice, time share, time slice

Zeitanteilsverfahren (Betriebsart für Teilnehmerbetrieb) / time-sharing

Zeitanzeigeformat / time format

Zeitaufnahme / timing

zeitaufwendig / time-consuming

Zeitbedarf / time need

Zeitbemessung / time selection

Zeitbombe (Form des Computervirus) / time bomb

Zeitdiebstahl (Rechenzeit) / time theft

Zeiterfassung / time registration

Zeitersparnis / time saving

Zeitgeber / time emitter

Zeitgeberschaltung / timing circuit

zeitgesteuerte Sicherung (erfolgt autom. in regelmäßigen Intervallen) / timed backup

Zeitkontrollkarte / time card

zeitkritisch / time-critical

zeitlich / temporal

zeitlich bestimmen / time

zeitlich festgelegt / timed

zeitliche Regulierung / timing

Zeitlupe / slow motion

Zeitlupeneinrichtung / slow-motion facility

Zeitmeßgerät / horologe

Zeitmessung / horology, timing

Zeitmultiplexbetrieb / time-division multiplexing

Zeitmultiplexkanal / time-division multiplex channel

Zeitmultiplexverfahren / time division, time-division multiplex method

Zeitpunkt / moment

Zeitraffer / fast motion, quick-motion apparatus

Zeitraster / time-slot pattern

Zeitreihe / series of statistical values

Zeitschätzung / time estimate, time rating

Zeitscheibe / time slice

Zeitscheibenverfahren (→ Zeitanteils-verfahren) / time slicing

Zeitschlitz / time slot

Zeitschlitzverfahren / time-slot method

Zeitschrift / journal, periodical

Zeitsignal / strobe

zeitsparend / time-saving

zeittaktgleich / isochronous

zeittaktungleich / anisochronous

Zeitüberwachung / timer supervision

zeitunabhängig / time-independent

Zeitverhalten (eines Rechners) / run-time performance

zeitversetzt / time-displaced

Zeitvertreib / pastime

Zeitwort / verb

Zeitzuordnungsprogramm / scheduler

Zenerdiode (Diode für konstante Spannungsbegrenzung) / zener diode

Zenerdurchbruch / zener breakdown

Zenerspannung (Durchbruchsspannung) / zener voltage

zentral / central

Zentrale / central

Zentraleinheit (Abk. ZE) / central processing unit (abbr. CPU)

Zentraleinheitszeit (Rechenzeit) / central processor time

zentralisieren / centralize

zentralisiert / centralized

Zentralisierung / centralization

Zentraltaktsteuerung / central clock

Zentralvermittlungsamt (Tel.) / head exchange

Zentralverwaltung / central office

Zentrierbefehl / centering instruction

Zentriereinrichtung / centering facility

zentrieren / center

Zentrierung (Druckzeile) / centering

Zentrum / center

zerbrechen / crash, rupture

zerbrechlich / fragile

zergliedern / decompose

Zerhacker / chopper

zerknittern / rumple

zerlegbar / demountable, take-apart

zerlegen / decompose, intersect

zerlegen (Datenpaket) / depacketize

Zerlegung / decomposition

zerreißen / tear

zerstäuben / sputter

zerstören (löschen) / destroy

zerstörend / destructive

zertrennen / disjoint

Zickzackfaltung / fanfolding

zickzackgefaltet / fanfold

ziehen / pull

ziehen (mit der Maus) / drag

Ziehen und Auslösen (Transport von Text- oder Bildteilen mit Hilfe der Maus) / drag-and-drop editing

Ziehkartei / tub file

Ziel / aim, destination, end, object, objective, target

Ziel... / objective

Zieladresse / target address

Zielcode / object code

Zieldatei (in die etwas übertragen wird) / destination file, target file

Zieldaten / target data

Zieldiskette (auch -platte) / target disk

Zieldokument (in das etwas eingefügt wird) / destination document

Zielfunktion / objective function

zielgesteuert / goal-driven

Zielhierarchie / hierarchy of objectives

Zielinformation (in einer Datenbank) / target information

Zielprogramm / target program

Zielprozessor / target processor

Zielpunkt / goal

Zielrechner / target computer

Zielsatz (in einer Datenbank) / target record

Zielsprache / object language

Zielsprache (in die übersetzt wird) / target language

Zielsymbol (bei Zeichenumsetzung) / aiming symbol

Ziffer / digit, figure, numeral

Ziffern / numerics

Ziffernanalyse (Hash-Code-Verfahren) / figure analysis

Zifferndrucker / digital printer

Ziffernfeld / digit field, digit item

Zifferntastatur / figures keyboard, numeric keyboard

Zifferntaste / numerical key

Zifferntastenfeld / numeric keypad

Zifferteil (rechtes Halbbyte) / numeric portion, numerical portion

Ziffernumschaltung / figures shift

Zinsen / interests

Zinsrechnung / calculus of interest

Zitat / quotation

zitieren / quote

z-Modem (erweitertes Kommunikationsprotokoll für Dateitransfer auf PCs) / ZMODEM

Zoll (Längenmaß; 1 Zoll = 2,54 cm) / inch (abbr. in)

Zoll(gebühren) / custom

Zone / zone

Zonen... / zonal

Zonenbit / zone bit

Zonenfolge (Halbl.) / sequence of regions

Zonenlochung (in Zeile 11 oder 12 einer LK) / overpunch

Zonenstrahl / zonal beam

Zonenteil (linkes Halbbyte) / zone portion

Zoom-Anweisung (graph.) / zoom statement

Zoomen (stufenlose optische Formatänderung) / zoom

Zoom-Funktion / zoom function

Zoomobjektiv / zoom

zu den Akten legen / shelve

zu schnell laufen / overspeed

Zubehör / accessories, accessory, appliance, pertinents, supplies

Zubehör (Ben-Ob.) / desk accessory (abbr. DA)

Zubehörsatz (als Zusatzlieferung) / accessories kit, add-on kit

Zubehörteil / accessories, accessory

Zubehörteile / fittings

züchten (von Halbleiterkristallen) / breed

Züchten (von Halbleiterkristallen) / breeding, growing

Züchtung (von Halbleiterkristallen) / growth

zuerst / first

Zufall / accident, fortuity

zufällig / accidental, fortuitous, random, stochastic(al)

Zufälligkeit / fortuity

Zufalls... / random

Zufallsauswahl / random sample

Zufallsrauschen (in einer Leitung) / random noise

Zufallstest / random test

Zufallsvariable / random variable

Zufallszahl / random number

Zufallszahlengenerator / random number generator, randomizer

Zufallszugriff (Direktzugriff) / random access

zufriedenstellen / satisfy

zufriedenstellend / satisfactory

zuführen / feed, transport

Zuführung / feeding, transport

Zuführungsbahn / raceway

Zuführungsfehler / misfeed

Zuführungsrad / picker wheel

Zuführungsriemen / picker belt

Zug / train

Zugang / ingress

Zugang (zu einem Rechner) / admission

Zugangsberechtigung / right to admission

Zugangskontrolle (i. S. des BDSG) / admission supervision, physical access supervision

zugelassen / allowed, licensed, permitted

zugeschnitten / tailored

Zugkraft / pull

zugreifbar / accessible

zugreifen / access

Zugriff / access, data access

Zugriffsabsicht / access intent

Zugriffsarm (eines Magnetplattengerätes) / access arm, arm, actuator

Zugriffsart / access method, access mode

Zugriffsbedingung / access condition

Zugriffsberechtigter / accessor

Zugriffsberechtigung / authority, authorization, authorization to access

Zugriffsberechtigung (auf fremde Daten in Netzen) / access privileges

Zugriffsbereitschaft / readiness to access

Zugriffsbeschränkung / restriction of access

Zugriffsbewegung (des Plattenarms) / access motion, motion of access arm

Zugriffsbreite / width of access

Zugriffsdauer / access duration, access time

Zugriffsebene / access level

Zugriffserfordernis / requirement of access

Zugriffspfad / access path

Zugriffskontrolle (i. S. des BDSG) / access supervision

Zugriffsmechanismus (Platten-, Diskettenlaufwerk) / access mechanism

Zugriffsmethode / access method, access mode

Zugriffsrate / access rate

Zugriffsrecht / right to access

Zugriffsschutz / access protection

Zugriffstabelle / access table

Zugriffsumgebung / access environment

Zugriffsverfahren / access method, access mode

Zugriffsverhalten / access performance

Zugriffszeit / access time

Zugriffszyklus / access cycle (abbr. AC)

Zugwalze (am Druckertraktor) / friction drive roller

Zukunft / future

zukünftig / future

Zukunftstechnologie / future technology

zulassen / allow, let, permit

zulässig / acceptable, admissible, permissible, receivable, sufferable, valid

Zulässigkeit / admissibility

Zulässigkeit (jur.) / legitimacy

Zulässigkeit der Datenverarbeitung (bei personenbezogenen Daten) / legitimacy of data processing

Zulassung / allowance, permission

Zunahme / increment, swelling

zünden (bei Kontakten) / fire, ignite

Zünden (bei Kontakten) / firing

Zündspannung (bei einem Schaltwerk) / trigger voltage

Zündstrom (bei einem Schaltwerk) / trigger current

Zündung (bei Kontakten) / ignition

zunehmen / grow, increase

zunehmend / progressive

zuordnen (Speicherplatz, Geräte) / allocate, assign, coordinate, dedicate

Zuordner / allocator

Zuordnung (von Speicherplatz, externen Geräten) / allocation, allotment, assignment, coordination

Zuordnung aufheben / deallocate

Zuordnungsanweisung / assignment statement

Zuordnungsproblem / allocation problem

Zuordnungsstrategie / allocation strategy

Zuordnungtabelle / allocation table

Zuordnungszähler / allocation counter

zur Folge haben / implicate, involve

zur Verfügung stehen / stand by

zur Verfügung stellen / dedicate

zurück... / re...

zurückblättern / turn page downward

zurückdrehen / back off

zurückerstatten / recompense

zurückführbar / reducible

Zurückführung / reducing

zurückgeben / pass back

zurückgreifen (auf) / resort (to)

zurückkaufen / buy back, redeem, repurchase

zurückkehren / return

zurückprallen / recoil

zurückrollen (Bildschirminhalt) / roll down, scroll down, scroll downward

zurückrufen (Tel.) / ring back

zurückschicken / send back

zurückschnappen / snap back

zurückschreiben / rewrite

zurücksetzen / backout, backspace

zurücksetzen (Magnetband) / rewind

zurückspulen / rewind

zurückübersetzen (aus Objektcode in Quellcode) / disassemble

Zurückübersetzer (aus Objektcode in Quellcode) / disassembler

Zurückübersetzung (aus Objektcode in Quellcode) / disassembling

zurückverfolgen / retrace, trace back

zurückwirken / retroact

zurückzahlen / repay

zurückziehen / retract

Zurückziehen (aus d. Markt) / offtake

zurückzuweisend / rejectable

zusagen / promise

zusammenbacken / frit

zusammenbrechen / crash, collapse

Zusammenbruch / blackout

zusammenfassen (Gedanken) / sum, sum up, summarize

zusammenfassen (Gegenstände) / collect, pool

Zusammenfassung / summarization, summary, summing-up

zusammenfügen / coalesce

zusammenfügen (zu einem Datenpaket) / packetize

zusammengebrochen (Absturz) / down

zusammengefaßt / pooled

zusammengesetzt / complex, compound

zusammengesetzte Adresse / compound address

zusammengesetzter Ausdruck / compound expression

zusammengesetzter Rechenausdruck / arithmetic combination of terms

zusammengesetzter Schlüssel / composite key

Zusammenhang (Kohärenz) / coherence

zusammenhängend (kohärent) / coherent, contiguous

zusammenlaufen (z. B. von Linien) / converge

Zusammenlaufen (z. B. von Linien) / convergence

zusammenrechnen / totalize

zusammensetzen (montieren) / assemble

Zusammensetzung / composition

zusammenstellen / compilate

Zusammentragmaschine (für unterschiedliche Formulare) / forms collecting machine

Zusatz / feature, supplement

Zusatz(kennzeichen) / suffix

Zusatz... / backing, supplementary

Zusatzbaugruppe / auxiliary assembly group

Zusatzbefehl / additional instruction

Zusatzbit / additional bit

Zusatzeinrichtung / auxiliary facility

Zusatzgeräte (periphere Geräte) / ancillary equipment, attachment, auxiliary equipment

Zusatzkarte / daughter board

zusätzlich / additional, backing, extra, other, side-bar

Zusatzname (von Dateien) / extension, suffix

Zusatznutzennetz (ermöglicht dem Benutzer unterschiedliche Dienste) / value-added network (abbr. VAN)

Zusatzprogramm (zur Leistungsverbesserung von Software) / add-in program

Zusatzspeicher / backing storage

Zusatzzeichen / additional character

Zuschlagsprozentrechnung / percent plus

zuschneiden auf / tailor to

zusichern / assure

Zusicherung / assurance, promise

Zustand / state, status

zuständig / competent, qualified

Zustandsabfrage / status inquiry, status request

Zustandsanzeiger / status indicator

Zustandsbit / condition bit, status bit

Zustandsblock / status block

Zustandsdaten / status data

Zustandsinformation / status information

Zustandsmeldung / status message

Zustandsprüfung / status check

Zustandsregister / status register

Zustandstabelle / status table

Zustandsvektor (bei Mikroprozessoren) / status vector

Zustandswort / status word

zustimmen / okay

Zustimmung / okay

zuteilen / portion

Zuteilung / allocation, allotment

Zutritt (zu einem Rechner) / admission

zuverlässig / dependable, reliable, steady, unfailing

Zuverlässigkeit / dependability, reliability, steadiness, tenacity

zuweisen → zuordnen

zuweisen (Wert zu Variable) / let

Zuweisung → Zuordnung

Zwang / force

Zwangs... / forced

Zwangsparameter / required parameter

Zweck / object, purpose

zwecklos / unprofitable

Zweiader-Drillkabel / twisted-pair cable

Zweiadreßbefehl / two-address instruction

Zweiadreßrechner / two-address computer

Zweiadreßsystem / two-address system

zweiadrig / bifilar, two-core

Zwei-aus-fünf-Code / two-out-of-five code

zweibahnig / dual web

Zweibiteinheit / dibit, doublet

zweidimensional / two-dimensional

zweidimensionaler Bereich (Tabelle) / two-dimensional array

zweidimensionales Modell (graph.) / two-dimensional model

Zweidrahtbetrieb (Halbduplexbetrieb) / two-wire operation

Zweidrahtleitung / two-wire line

Zweieranschluß (Tel.) / two-party line

Zweierpotenz / power of two

Zweierkomplement / complement on two

Zweifarbendruck / two-colo(u)r printing

Zweifarbenfarbband / two-colo(u)r ribbon

zweifarbig / bichrome

Zweiflankensteuerung / double-edged triggering

Zweig / branch

Zweig (eines Programms) / leg, path

Zweiggesellschaft / ramification

Zweikanaleinheit / dual-channel unit

zweilagig / two-part

Zweileiterschaltung / two-wire circuit

Zweileiterverbindung / balanced line

zweiphasig / two-phase

zweipolig / bipolar

Zweiprogrammverarbeitung (einfache Form der Multiprogrammverarbeitung) / double programming

Zweipunktlager / bang-bang servo

Zweirichtungsdrucker / bidirectional printer

Zweirichtungsthyristor (Doppeltransistor) / triac

Zweirichtungstransistor / bidirectional transistor

Zweischichtpapier (zum Durchschreiben ohne Kohlepapier) / double-sided non-carbon paper

zweiseitig / bilateral, two-sided

zweiseitig... / bi...

zweiseitig wirkend (in beiden Richtungen) / bidirectional

zweiseitiges Drucken / duplex printing

zweiseitiges Kopieren / duplex copying

zweispaltig (Satzspiegel) / double columns, two-column(ed)

Zweistellungsschalter / toggle

Zweistellungstaste (z. B. Feststelltaste) / toggle key

zweistufig / two-stage

Zweit... / alternate

zweite(r, s) / second

zweite Generation / second generation

zweiteilig / two-part

Zweitkanal / co-channel

zweitrangig / secondary

Zweitrangigkeit / secondariness

Zweiunddreißigbit-Mikroprozessor / thirty-two-bit microprocessor

Zweiunddreißigbit-Struktur / thirty-two-bit structure

Zweiwege... / two-way

zweiwertig / bivalent, two-valued

Zwillings... / twin...

zwingen / force, oblige

zwingend / mandatory

zwingend bewiesen / stringent

zwingender Beweis / stringency

zwischen... / inter..., intermediate, meso...

zwischen die Zeilen schreiben / interline

zwischenbetrieblich / intercompany

Zwischenergebnis / intermediate result

Zwischenglied / interlink, link

Zwischenprogramm / interlude

Zwischenraum / blank, blank column, interval, space

Zwischenräume bildend (in Kristallgittern) / interstitial

zwischenschalten / interpose

zwischenschießen / interleave

Zwischenspeicher / buffer, clipboard, fast memory, intermediate data storage, intermediate memory

zwischenspeichern / buffer

Zwischenspeicherung / intermediate storage
Zwischenspur / insertion track
zwischenstaatlich / international
Zwischenstation / interstation
Zwischenstecker (zur Anpassung) / adapter, adapter plug
Zwischenstufe / interstage
Zwischensumme / batch total, subtotal
Zwischenträger / subcarrier
zwischenzeilig / interline, interlinear
Zwitter / hybrid
zyklisch / cyclic
zyklische Adreßfolge / wraparound
zyklische Programmierung / cyclic programming, loop coding
zyklische Redundanzprüfung / cyclic redundancy check

zyklischer Code (Programmschleife) / cyclic code
zyklisches Programm / cyclic program
Zykloide (Radlaufkurve) / cycloid
Zyklus / cycle
Zykluszeit / cycle time
Zylinder (Spurengruppe eines Plattenstapels) / cylinder
Zylinder... / cylindric
Zylinderadresse / cylinder address
Zylinderindex / cylinder index
Zylinderkonzept / cylinder concept
Zylinderüberlauf / cylinder overflow
Zylinderüberlaufspur / cylinder overflow track
zylindrisch / cylindric

rororo computer wird heraus-
gegeben von Ludwig Moos
und Manfred Waffender. Ein
Gesamtverzeichnis der Reihe
finden Sie in der *Rowohlt
Revue*. Jedes Vierteljahr neu.
Kostenlos in Ihrer Buchhandlung.

rororo computer wird herausgegeben von Ludwig Moos
und Manfred Waffender. Ein
Gesamtverzeichnis der Reihe
finden Sie in der *Rowohlt
Revue*. Jedes Vierteljahr neu.
Kostenlos. In Ihrer Buchhandlung.

DTP, CAD, Tools, Utilities

rororo computer

Sharebooks

Martin Goldmann / Claus Herwig / Garbiele Hooffacker **Computer im Telenetz** *Praxis und Programme für Datenreisende* (Buch mit Diskette rororo computer 9244) Der Band bietet einen einfachen und praxisnahen Einstieg in die unzähligen Wege der modernen Telekommunikation. Erforderlich ist dafür lediglich ein PC mit Modem sowie ein Telefonanschluß.

Wolfgang Taschner **Computer im Unterricht** *Praxis und Programme für Lehrer* (Buch mit Diskette rororo computer9242) **Computer im Verein** *Praxis und Programme für Information und Organisation* (Buch mit Diskette rororo computer 9243)

Musterlösungen

Thomas Tai **Abrechnen und verwalten mit Excel** *Musterlösungen für Angebote, Lieferscheine, Rechnungen, Kundenverwaltung, Zahlungsverkehr* (Buch mit Diskette rororo computer 9247) Die Verwaltung von Kundenadressen kann ebenso weitgehend Excel überlassen werden wie das Ausfüllen von Reisekostenabrechnungen und das Drucken von Schecks und Überweisungen. Die beiligende Diskette enhält ein Programm, mit dessen Hilfe man seine Überweisungen für den elektronischen Zahlungsverkehr auf Diskette speichern und bei der Bank abgeben kann.

Thomas Tai / Markus Hahner **Berichte verfassen mit Word für Windows** *Musterlösungen für Seminararbeiten, Diplomarbeiten, Dokumentationen, Projektberichte, Budgetreports, Umsatzstatements, Abschlußberichte* (Buch mit Diskette rororo computer 9245) **Korrespondenz erledigen mit Word** *Musterlösungen für Briefköpfe, Sierienbriefe, Kurzmitteilungen, Faxformulare, Adressenlisten, Etikettendruck* (Buch mit Diskette rororo computer 9246)

rororo computer wird herausgegeben von Ludwig Moos und Manfred Waffender. Ein Gesamtverzeichnis der Reihe finden Sie in der *Rowohlt Revue.* Jedes Vierteljahr neu. Kostenlos in Ihrer Buchhandlung.